Der Aufstieg der Manager

Wertewandel
im 20. Jahrhundert

Band 7

Herausgegeben von Andreas Rödder

Bernhard Dietz

Der Aufstieg der Manager

Wertewandel in den Führungsetagen
der westdeutschen Wirtschaft, 1949–1989

ISBN 978-3-11-077671-3
e-ISBN (PDF) 978-3-11-065127-0
e-ISBN (EPUB) 978-3-11-064694-8
ISSN 2366-9446

Library of Congress Control Number: 2020930384

Bibliografische Information der Deutschen Nationalbibliothek
Die Deutsche Nationalbibliothek verzeichnet diese Publikation in der Deutschen Nationalbibliografie; detaillierte bibliografische Daten sind im Internet über http://dnb.dnb.de abrufbar.

© 2021 Walter de Gruyter GmbH, Berlin/Boston
Dieser Band ist text- und seitenidentisch mit der 2020 erschienenen gebundenen Ausgabe.
Satz: le-tex publishing services GmbH, Leipzig
Druck und Bindung: CPI books GmbH, Leck

www.degruyter.com

Vorwort

Die vorliegende Arbeit ist die überarbeitete Fassung meiner Habilitationsschrift, die vom Fachbereich Geschichts- und Kulturwissenschaft der Johannes Gutenberg-Universität Mainz im November 2018 angenommen wurde.

Mein Dank gilt zuallererst Prof. Dr. Andreas Rödder, an dessen Arbeitsbereich in Mainz ich seit 2010 tätig bin. Er hat mir in all der Zeit dort viel Freiraum zum Forschen und kritischen Nachdenken gegeben. Die zahlreichen und guten Gespräche mit ihm drehten sich (zum Glück) nicht immer um die Wissenschaft und waren auch bei unterschiedlichen Meinungen immer von sehr viel Respekt und Sympathie geprägt. Als wir uns im Februar 2019 im Rahmen meines Habilitationskolloquiums zu Fragen des deutschen Sonderwegs duellierten (und einige Anwesende um meine wissenschaftliche Karriere fürchteten), habe ich die Robustheit der inhaltlichen Auseinandersetzung so verstanden, wie sie gemeint war: als Zeichen von echter Anerkennung. Dafür, aber auch für sein Vertrauen in mich und für seine grundliberale, entspannte und humorvolle Haltung als akademischer Lehrer möchte ich Andreas Rödder ganz herzlich danken. Auch den beiden anderen Gutachtern, Prof. Dr. Michael Kißener und Prof. Dr. Dominik Geppert, sei an dieser Stelle für ihre Unterstützung und für die vielen wertvollen Anregungen für das Buch gedankt.

Niedergeschrieben habe ich die Arbeit zum größten Teil während eines Aufenthaltes in Washington DC im akademischen Jahr 2016/17. Der Volkswagenstiftung möchte ich für diese Möglichkeit ganz herzlichen danken. Besonderer Dank gebührt in diesem Zusammenhang Prof. Dr. Simone Lässig vom Deutschen Historischen Institut Washington sowie Prof. Dr. Anna von der Goltz von der Georgetown University dafür, dass sie mir großen akademischen Freiraum, viele kluge Hinweise und ein (klimatisiertes!) Büro gegeben haben. Ohne die finanzielle Unterstützung durch die Deutsche Forschungsgemeinschaft während meiner Zeit in Mainz wäre das Projekt nie realisiert worden. Dafür bin ich sehr dankbar.

Großer Dank gebührt auch den vielen Mainzer Kolleginnen und Kollegen, aus denen in dieser Zeit Freunde geworden sind: PD Dr. Christopher Neumaier, Dr. Felix Römer, Dr. Anna Kranzdorf, Jun.-Prof. Dr. Andreas Lutsch, Dr. Thorsten Holzhauser, Bastian Knautz, Annette Neder und PD. Dr. Markus Raasch. Ein besonderer Dank gilt auch Dr. Jörg Neuheiser und Jun.-Prof. Dr. Eva-Maria Roelevink, mit denen ich Fachtagungen zu Themen aus dem Projekt veranstaltet habe und deren Anregungen und Kritik enorm hilfreich waren.

Verbunden bin ich außerdem Elise Wintz von De Gruyter für die fachkundige Betreuung in der Phase der Drucklegung und Robert Kreusch für ein sehr präzises Lektorat. Ganz großartige Arbeit hat meine Hilfskraft Ronja Kieffer geleistet: ihr verdanke ich kompetente Recherchen und immer wieder geduldiges Korrekturlesen.

Zum Schluss möchte ich meiner Familie danken: Meinen Eltern, Dagmar und Werner, dafür, dass sie mich regelmäßig und recht hartnäckig an die Abgabe der Habilitationsschrift erinnerten; meinen Schwestern, Dorothee und Helena, dafür, dass sie ihren großen Bruder immer noch nicht ernst nehmen und meinen beiden Kindern Arthur und Lilo, dafür, dass sie ihren Vater einfach nie in Ruhe lassen. Gewidmet ist das Buch aber meiner Ehefrau Christie – for all the reasons!

Inhaltsverzeichnis

Vorwort 5

1. Einleitung 11
    1.1   Thema und Fragestellung 11
    1.2   Zum Forschungsstand 16
    1.3   Methodischer Hintergrund und Quellen 29
    1.4   Aufbau 41

2. Führung nach dem Führer: Unternehmer und leitende Angestellte auf der Suche nach ihrer Rolle in den 1950er Jahren 45
    2.1   Aus der Defensive: Die Wirtschaftselite nach dem Zweiten Weltkrieg und der Aufbau eines neuen Unternehmerbildes . . 47
    2.2   Auf dem Weg zum „Regime der Manager"? Das Betriebsverfassungsgesetz von 1952 und die „geistig Schaffenden" 58
    2.3   Ist Führung lernbar? Die Baden-Badener Unternehmergespräche in den 1950er Jahren 67
    2.4   Harvard in Berlin? Der deutsche Sonderweg in der Führungskräfteausbildung 86
    2.5   Echte Männer oder doch nur Manager? Krise und Selbstverständigung der Wirtschaftseliten in den Wirtschaftswunderjahren 98

3. Der lange Abschied von der Autorität: Die Professionalisierung von Führung in den 1960er Jahren 113
    3.1   Die Sozialwissenschaften in der Wirtschaft 115
    3.1.1 Autoritäre oder funktionelle Führung 115
    3.1.2 Unternehmerische Reaktionen auf soziologische Kritik 123
    3.1.3 „Geborene" Vorstandsmitglieder? 134
    3.2   Führungssemantiken und Wirtschaftsöffentlichkeit im Wandel 139
    3.2.1 Manager statt Führungskraft 139
    3.2.2 „Gapologie" und die „amerikanische Herausforderung" . . . 143
    3.2.3 Der Wandel des Managerbildes 153

3.3 Führungskräfteausbildung seit den 1960er Jahren 157
3.3.1 Die Harzburger Akademie für Führungskräfte und die Gründe ihres Niedergangs 157
3.3.2 Paradigmenwechsel in der Unternehmensführung in Folge der Wirtschaftskrise von 1966/67 172
3.3.3 Das deutsche Harvard: Neue Führungslehre im Universitätsseminar der deutschen Wirtschaft 182

4. Das „1968" der Manager: Vetrauenskrise des westdeutschen Kapitalismus 203
   4.1 Die Unternehmer und die Öffentlichkeit 205
   4.2 Die Sorge um die Führungskräfte von morgen 219
   4.3 Antikapitalistischer Protest und unternehmerische Abwehr . 228
   4.4 Marxismus für Manager 233
   4.5 Generationenkonflikt der Manager 241
   4.6 Kulturalisierung und Moralisierung der Unternehmen 246

5. Die dritte Kraft zwischen Arbeit und Kapital? Die leitenden Angestellten in den 1970er Jahren 255
   5.1 Die leitenden Angestellten im „Datenkranz der Soziologen" . 258
   5.2 „Motor der Leistungsgesellschaft": Selbstverständigung und Interessenspolitik 267
   5.3 Manager im Schutz des DGB? 275
   5.4 Die Auseinandersetzungen über das Mitbestimmungsgesetz . 287
   5.5 „Schutz der Leistungseliten": Die leitenden Angestellten und die CDU/CSU 295

6. Zwischenfazit: „Wertewandelschub" oder „neuer Geist des Kapitalismus"? 299

7. Die „Aufwertung der Werte": Reflexiver Wertewandel, Flexibilisierungsparadigma und die Führungskräfte in den 1980er Jahren 307
   7.1 Der „Wertewandel": eine sozialwissenschaftliche Makrotheorie in Gesellschaft, Politik und Wirtschaft der 1980er Jahre 309
   7.1.1 Krise der Arbeitsgesellschaft? Anfänge und Kontext des Wertewandeldiskurses 311

7.1.2	„Alte" oder „neue" Werte? Von der Sozialstaatskritik zur liberalkonservativen Interpretation des „Wertewandels"	318
7.1.3	„Leistung hat Zukunft": Der „Wertewandel" in der Wirtschaftsöffentlichkeit	328
7.2	Elite, Privatuniversitäten und Managerinnen: Neue kapitalistische Leitbilder in den 1980er Jahren	341
7.2.1	Neue Eliten	343
7.2.2	Privatuniversitäten und Business Schools	358
7.2.3	Yuppies oder Postmaterielle Leistungseliten? Der „Wertewandel", Konsum und die Führungskräfte	375
7.2.4	„Feminine Leadership" in den 1980er Jahren	388
7.3	Das Ende „der starren Zeit": Der „Wertewandel" und die neue Arbeits- und Personalwelt in den 1980er Jahren	401
7.3.1	Flexibilisierung und veränderte Zeitstrukturen: Der „Wertewandel" im Personalmanagement	404
7.3.2	Personalpolitik im Zeichen des „Wertewandels": BMW in den 1980er Jahren	419
7.3.3	Das Werk Regensburg als Keimzelle eines neuen Arbeitszeitregimes	434
8.	Fazit: Der Aufstieg der Manager und der Wandel der normativen Konzepte von Arbeit, Leistung und Führung	449
Quellen- und Literaturverzeichnis		461
1	Quellenverzeichnis	461
1.1	Ungedruckte Quellen	461
1.2	Gedruckte Quellen	463
	a) Parteitage, Bundestagsprotokolle, Drucksachen	463
	b) Zeitungen und Zeitschriften	463
	c) Zeitgenössische Literatur	466
2	Literaturverzeichnis	495
Personenregister		519

1. Einleitung

1.1 Thema und Fragestellung

Alles begann mit den großen Streiks im Winter 1918/19. Im Zuge der Novemberrevolution legten auch die Angestellten der Berliner Metall- und Elektroindustrie die Arbeit nieder, um für höhere Gehälter und bessere Arbeitsbedingungen zu protestieren. Streikposten, die ein gemeinsames Vorgehen *aller* Angestellten sicherstellen sollten, verwehrten daher auch Direktoren, Prokuristen, Oberingenieuren und Abteilungsleitern einer Reihe von Berliner Firmen den Zutritt zu den Fabriken. Somit mussten auch die *leitenden* Angestellten gegen ihren Willen vor den Werkstoren bleiben. Das Verhalten der Streikposten lag durchaus in der Logik der Entwicklung der letzten Kriegsjahre, in denen eine breitere Angestelltenbewegung Gestalt angenommen und organisatorischen Vertretungen in den Betrieben und kollektiven Gehaltsforderungen zum Durchbruch verholfen hatte.[1] Von den neuen Angestelltenausschüssen sollte sich nun auch jene Gruppe vertreten fühlen, die sich vor dem Krieg als betriebliche Oberschicht herauskristallisiert hatte. Wer mehr als 5000 Mark im Jahr verdiente, durfte sich dieser Betriebselite zugehörig fühlen – denn so hatte das Angestelltenversicherungsgesetz von 1911 zum ersten Mal die Gruppe der leitenden Angestellten abgegrenzt.[2]

Nun, am Ende des Weltkriegs, war diese Sonderstellung in Gefahr. Die Angst vor einer Kollektivierung in einer einheitlichen Angestelltenschaft ging schon länger um. Aus Sicht der betroffenen Männer zeigte der Streik, dass ihre soziale und betriebliche Sonderstellung akut bedroht war, und so nahm eine Reihe von leitenden Angestellten von Siemens, der AEG und anderen Berliner Großbetrieben ihr Schicksal selbst in die Hand. Am 22. Dezember 1918 gründeten sie die VELA – die Vereinigung der leitenden Angestellten in Handel und Industrie.[3] Deren erste Aktion bestand in Verhandlungen mit den Gewerkschaften und

---

[1] Jürgen Kocka, Die Angestellten in der deutschen Geschichte 1850–1980: vom Privatbeamten zum angestellten Arbeitnehmer, Göttingen 1981.

[2] Das Kriterium war die Versicherungspflicht: Angestellte mit einem Jahresverdienst von mehr als 5000 Mark waren von ihr ausgenommen. Vgl. Barbara Bichler, Die Formierung der Angestelltenbewegung im Kaiserreich und die Entstehung des Angestelltenversicherungsgesetzes von 1911, Frankfurt a. M. 1997.

[3] Ursula E. Koch, Angriff auf ein Monopol. Gewerkschaften außerhalb des DGB, Köln 1981, S. 156 f. Vgl. Tobias Sander, Die doppelte Defensive. Soziale Lage, Mentalitäten und Politik der Ingenieure in Deutschland 1890–1933, 2. Auflage, Wiesbaden 2011, S. 192–201. Zur Geschichte der VELA und dem Problem ihrer ideologischen Nähe zum Nationalsozialismus vgl. David Robert White, Upper-middle-class complicity in the National Socialist phenomenon in Germany, PhD-Thesis, University of Edinburgh 2001.

den Firmenleitungen, um den leitenden Angestellten wieder Zugang zu ihren Büros zu ermöglichen. Geradezu symbolhaft steht am Beginn der Organisation der leitenden Angestellten dieser durch eine neue Solidargemeinschaft erwirkte Bruch mit den anderen Arbeitnehmern. Sie wollten nicht zur restlichen Angestelltenschaft gehören und waren daher bereit, sich mit anderen Männern[4] ihrer Position zusammenzuschließen – nicht auf der Basis des gemeinsamen Berufs oder der gemeinsamen Branche, sondern auf der Basis ihrer Funktion bzw. ihres Status in der Betriebshierarchie, beispielsweise als Abteilungsleiter.

Elitäres Selbstverständnis und kollektive Interessenvertretung waren dabei nicht immer leicht zusammenzubringen:

> Es klingt paradox, dass leitende Angestellte, die geistig schöpferischen, als Wirtschaftsführer anzusprechenden Persönlichkeiten, die sich herausheben aus der Menge der ausführenden Tätigkeiten, eine Organisation brauchen, eine Kollektivität über die gegebene Individualität stellen müssen,

erklärte der Hauptgeschäftsführer der VELA auf der Hauptversammlung der Organisation am 9. April 1921.[5] Die Idee einer Art Gewerkschaft für betriebliche Führungskräfte stieß auf kulturelle Ablehnung, aber in einer komplexer werdenden und zunehmend verrechtlichten Wirtschafts- und Arbeitswelt war es auch für die leitenden Angestellten notwendig geworden, ihre spezifischen Interessen gemeinsam zu vertreten. Mit ihrer leitenden Tätigkeit, ihren „geistig-schöpferischen" Aufgaben und ihrer „besonders gearteten seelischen Einstellung zur Arbeit" rechtfertigten sie ihre Abgrenzung von den restlichen Angestellten. Für sie war die Arbeit „nicht nur reine Ware, in ihr liegt Ehre, innere Befriedigung, Stolz".[6] Aber Angestellte waren sie dennoch. Obwohl sie aus ihrer Sicht „alle geistigen Herausforderungen des Unternehmertums" erfüllten,[7] gehörte ihnen die Fabrik nicht, ihre ökonomische Macht war ihnen nur übertragen worden. Sie waren also *Manager* – auch wenn sie 1918 noch nicht so hießen und sich der Begriff in Deutschland erst 50 Jahre später durchsetzen sollte.[8]

Der Beginn der Geschichte der leitenden Angestellten ist also in der Weimarer Republik zu suchen, ihre eigentliche Bedeutung bekommt sie aber erst nach dem Zweiten Weltkrieg. Die Emanzipationsbewegung der leitenden Angestellten ging in der Weimarer Zeit im Wesentlichen noch auf der Verbandsebene vonstatten. In den Betrieben wurden sie noch nicht als Zielgruppe identifiziert, eine systematische Führungskräfterekrutierung gab es noch nicht. Die leitenden Angestellten

---

[4] Frauen in Führungspositionen waren bis weit in die 1970er Jahre äußerst seltene Ausnahmen. Vgl. dazu Kapitel 7.2.4.

[5] Leo Müffelmann, Die Gewerkschaftsbewegung der leitenden Angestellten, in: Die soziale Bewegung der leitenden Angestellten [Schriften der Vereinigung der leitenden Angestellten in Handel und Industrie VELA, Heft II], Berlin 1921, S. 7–14, hier: 7.

[6] Ebd., S. 8.

[7] Ebd., S. 9.

[8] Vgl. Kapitel 3.2.1.

wurden zwar erstmals als arbeitsrechtliches Problem und soziologisches Phänomen erkannt und wissenschaftlich vermessen, aber eine größere gesellschaftliche Auseinandersetzung über leitende Angestellte oder Manager fand noch nicht statt. Waren die Verbände der leitenden Angestellten nach der Machtübernahme der Nationalsozialisten wie die aller anderen Arbeitnehmer zugunsten der Idee der Volksgemeinschaft aufgelöst oder gleichgeschaltet worden (wobei die VELA sich schon Ende 1932 ideologisch angepasst hatte)[9], begann nun nach 1945 nicht nur der organisatorische Wiederaufbau, sondern auch eine soziale Erfolgsgeschichte, die von einer steigenden Zahl der leitenden Angestellten wie auch einer zunehmenden Anerkennung ihrer besonderen Position zwischen Arbeitgeber und Arbeitnehmer geprägt ist. Für die Geschichte des Arbeitsrechts, der Mitbestimmung in den Betrieben und Unternehmen in der Bundesrepublik ist die Gruppe der leitenden Angestellten von zentraler Bedeutung. Dabei wurde um den Status dieser Männer (und bis zu den 1980er Jahren sehr wenigen Frauen) weiter gestritten und im Prinzip hatte sich an den Grundfragen, die im November 1918 vor den Werkstoren von Siemens und AEG diskutiert wurden, nicht viel geändert: Sollen alle Arbeitnehmer gemeinsam ihre Interessen gegenüber den Arbeitgebern vertreten oder gibt es eine Sondergruppe zwischen Arbeitnehmern und Arbeitgebern mit eigenen Problemen und Interessen? Gehören die leitenden Angestellten zur Unternehmensleitung oder zu den übrigen Angestellten und Arbeitern? Letztlich lief dies auf die entscheidende Frage hinaus: Wer kann und soll im Unternehmen führen?

In der zweiten Hälfte des 20. Jahrhunderts wurde der Manager auch in der Bundesrepublik zum Beruf. Die Unternehmensleitungen wurden professioneller, die Ausbildung der Manager systematischer. Bildung und innerbetrieblicher Bewährungsaufstieg und damit höhere Funktionen im unteren und mittleren Management waren vor allem seit den 1960er und 1970er Jahren für breitere Bevölkerungsschichten zugänglich. Gleichzeitig kam es zu einer internationalen und zu einem großen Teil populärwissenschaftlichen Expansion von Managementwissen durch neue Managementverlage, -zeitschriften und -ausbildungsstätten. Diese Geschichte der Professionalisierung, Demokratisierung sowie später auch der Verwissenschaftlichung des Managerberufs steht im Zentrum dieser Arbeit. Es sollen anhand der Führungskräfte empirische Antworten auf die Frage nach Idealen und Leitbildern in der Wirtschafts- und Arbeitswelt gegeben werden. Was bedeuten „Arbeit", „Leistung" und „Führung" 20, 30 und 40 Jahre nach dem Ende des Nationalsozialismus und der Gründung der Bundesrepublik, und welche Rolle spielt dabei der „Wertewandelschub" der späten 1960er und frühen 1970er Jahre? Welche normativen Konzepte liegen der Wirtschafts- und Arbeitswelt zugrunde, woher kommen sie und wie verändern sie sich? Welche Konflikte um die Benennung und Auslegung der normativen Ordnungen gab es? Konkret

---

[9] Sander, Die doppelte Defensive, S. 253.

gefragt: Wie haben sich vor dem Hintergrund des gesellschaftlichen und ökonomischen Wandels Arbeitsethos, Leistungsvorstellungen und Führungskonzepte verändert?

Zur Beantwortung dieser Fragen verfolgt die Untersuchung vier miteinander verwobene thematische Entwicklungsstränge:

- *erstens* die Geschichte der leitenden Angestellten: Anhand dieser Gruppe lassen sich spezifische Aussagen über sich verändernde ökonomische Leitbilder, Führungssemantiken und Arbeitswerte treffen. Den leitenden Angestellten kam eine Schlüsselrolle zu, weil ihre unternehmensinternen Orientierungskulturen sich sowohl nach „oben" als auch nach „unten" richteten: Als Chefs mussten sie Leistung einfordern und führen, gleichzeitig waren sie selbst weisungsgebunden und mussten ihre eigene Leistung gegenüber dem Unternehmer beziehungsweise dem Vorstand herausstellen. Für die Auseinandersetzungen über Autorität und Führung in der bundesdeutschen Wirtschaft stellten sie somit eine soziale Schlüsselgruppe dar.
- *zweitens* die Geschichte der Führungskräfteausbildung: Nach dem Zweiten Weltkrieg begannen westdeutsche Unternehmer intensiv über die Ausbildung des eigenen Nachwuchses nachzudenken. Nachdem sie noch in den 1950er Jahren eine Amerikanisierung der Managementausbildung und Business Schools nach amerikanischem Vorbild strikt ablehnten, führte vor allem seit den mittleren 1960er Jahren kein Weg mehr an einer Professionalisierung der Führungskräfteausbildung vorbei. Doch wie man Führung lehren sollte, welche Führungsmethoden zu vermitteln seien, blieb umstritten. Gerade deswegen erlaubt der historische Blick auf die verschiedenen Ansätze der Managerschulung einen Zugriff auf die normativen Konzepte von Führung, Leistung und Arbeit. Hier wurde Führungswissen aggregiert, kanonisiert und weitergegeben.
- *drittens* die Geschichte von Personalführungskonzepten, Motivationstechniken und Managementmodellen: Seit den 1920er Jahren wurde ausgehend von der amerikanischen Human-Relations-Bewegung auch in den deutschen anwendungsorientierten Arbeitswissenschaften über die ideale Gestaltung der Arbeitsumwelt und die Beteiligung von Arbeitern und Angestellten im Rahmen der betrieblichen Arbeitsorganisation geforscht. Nach 1945, vor allem aber um 1970 änderten sich nicht nur die Antworten der Personalexperten, sondern auch die Bereitschaft der Unternehmer, ihnen zuzuhören und die Ressource Mensch in den Mittelpunkt der betrieblichen Organisation zu stellen. Gerade in Verbindung mit der Geschichte der leitenden Angestellten und der Geschichte der Führungskräfteausbildung erlaubt diese wissensgeschichtliche Perspektive neue Aussagen über den schon länger vermuteten Wandel von einer autoritär-diszipliniert-kontrollierten zu einer vertrauensvoll-motivierenden und auf Selbstverantwortung setzenden Arbeitswelt.

- *viertens* die Konfliktgeschichte zwischen Unternehmen und Öffentlichkeit: Was Führung zu sein hatte und wie Leistung eingefordert und begründet wurde, konnten schon bald die Unternehmer nicht mehr allein entscheiden, sondern die Diskussion wurde von einer zunehmend kritischer werdenden Öffentlichkeit und sich verändernden politischen, arbeitsrechtlichen und medialen Rahmenbedingungen begleitet. Gelang es den westdeutschen Unternehmern nach 1945 relativ schnell, aus der gesellschaftlichen Defensive herauszukommen, wurde im Laufe der 1960er Jahre der Legitimationsdruck durch Wissenschaft und Gesellschaft wieder größer. Dieser verstärkte sich in den 1970er Jahren durch die Mitbestimmungsdiskussion und die Kritik der „neuen Linken". Die Strategien der Unternehmen, auf diese Öffentlichkeit nicht nur zu reagieren, sondern an der Formierung einer speziellen Wirtschaftsöffentlichkeit aktiv mitzuwirken und so dem Vertrauensverlust des Kapitalismus entgegenzuwirken, sind besonders aufschlussreich. Es zeigt sich, dass die alten Legitimationsstrategien um 1970 aus unterschiedlichen Gründen in eine Krise gerieten und es neuer Leitbilder bedurfte, bis auch diese um 1980 erodierten und der „Geist des Kapitalismus" sich erneut wandelte.

Die Untersuchung versteht sich als eine sozialkulturelle Problemgeschichte bundesdeutscher Wirtschaftseliten. Erforscht werden die Einstellungen zu Arbeit, Führung und Leistung und ihr Wandel in der zweiten Hälfte des 20. Jahrhunderts. Damit ist die vorliegende Untersuchung *erstens* ein Beitrag zur Kulturgeschichte des Kapitalismus in der Bundesrepublik. Mentalitäten, kulturelle Orientierungshorizonte und Rechtfertigungsformen westdeutscher Unternehmer und leitender Angestellter werden als historisch bedeutsame Untersuchungsgegenstände ernst genommen, aber nicht losgelöst von ökonomischen Notwendigkeiten und Zwängen interpretiert. Die Arbeit ist *zweitens* ein Beitrag zur Strukturbruchdebatte, also der vieldiskutierten Frage, ob sich um 1970 die ökonomischen Führungs- und Organisationsideale fundamental wandelten und ob sich ein neues Produktionsregime (Postfordismus/Posttaylorismus) von einem älteren abgrenzen lässt. Diese Frage lässt sich sinnvoll nur durch eine Einbettung in die längerfristigen wirtschaftsgeschichtlichen Zusammenhänge beantworten. *Drittens* versteht sich die Arbeit als Beitrag zu einer historischen Wertewandelforschung, also einer historischen Betrachtungsweise, die Werte – verstanden als Ideen, Ideale oder Leitbilder – als zentrale Faktoren gesellschaftlich-kultureller Ordnung und epochentypischer Mentalität versteht und ihren Wandel zu erklären sucht. Dabei grenzt sich diese historische Wertewandelforschung, die im Übrigen das ganze 20. Jahrhundert im Blick hat, von der sozialwissenschaftlichen Werteforschung nicht nur methodisch und theoretisch ab. Sie historisiert vielmehr auch die sozialwissenschaftliche Forschung der 1970er und 1980er Jahre und macht damit die wirklichkeitsformende Qualität ihrer Ergebnisse selbst zum Untersuchungsgegenstand.

1.2 Zum Forschungsstand

Wie oben schon erwähnt, ist die Thematisierung von „Leistung" und „Führung", von wirtschaftlichen Mentalitäten und insbesondere der sich verändernden Auffassungen von Unternehmertum nichts grundsätzlich Neues. Das gilt insbesondere für die Frage nach dem Wandel von Führungsstilen. Vor allem die Wirtschafts- und Unternehmensgeschichte diskutiert seit langem, wann nach 1945 und in welcher Form genau sich in Westdeutschland der Wandel vom stark autoritär-patriarchalischen „Herr-im-Hause"-Unternehmer zum tendenziell sozialpartnerschaftlichen Manager vollzogen hat. Maßgeblich sind die Arbeiten des Historikers Volker Berghahn, der die Zeit des „Wirtschaftswunders" als eine Periode identifiziert, in der autoritäre und paternalistische Führungsstile eine neue Hochzeit erlebten und amerikanische Einflüsse nur teilweise aufgenommen, nicht selten aber auch aktiv bekämpft wurden.[10] Dies habe sich ab Mitte der 1960er Jahre geändert. Berghahn brachte diese Entwicklung auf die Formel: „vom Betriebsführer zum ‚sozialverantwortlichen' Manager".[11] Eng verbunden mit der Frage nach den Führungsstilen ist das Thema „Amerikanisierung", also der Import amerikanischer Managementmodelle und Personalführungskonzepte, die generell als „modernisierend" eingeschätzt wurden.[12] Die neuere unternehmensgeschichtliche Forschung konnte allerdings zeigen, dass die „Amerikanisierung" kein stromlinienförmiger Prozess war, sondern in einem teilweise auch konfliktträchtigen Spannungsverhältnis zu nationalen Werten und Erfahrungen stand.[13]

Ob Berghahns Einschätzung eines generationellen und mentalen Wandels in der deutschen Unternehmerschaft um 1970 zutrifft, ob die Einschnitte früher zu suchen sind oder ob es gar keinen tiefgreifenden Wandel gab, ob eher mentale und habituelle Kontinuitäten zu betonen sind und lediglich ein vordergründiges Interesse am öffentlichen Unternehmerbild zu verzeichnen ist, bleibt ein umstrittenes Thema.[14] Ruth Rosenberger hat in ihrer Studie zur Entwicklung des

---

[10] Volker Berghahn, Unternehmer und Politik in der Bundesrepublik, Frankfurt a. M. 1985.
[11] Berghahn, Unternehmer und Politik, S. 228–257.
[12] Susanne Hilger, „Globalisation by Americanisation". American companies and the internationalisation of German industry after the Second World War, in: European Review of History/Revue européenne d'histoire 15 (2008), S. 375–401.
[13] Susanne Hilger, Amerikanisierung deutscher Unternehmen. Wettbewerbsstrategien und Unternehmenspolitik bei Henkel, Siemens und Daimler-Benz (1945/9–1975), Stuttgart 2004; Christian Kleinschmidt, Der produktive Blick. Wahrnehmung amerikanischer und japanischer Management- und Produktionsmethoden durch deutsche Unternehmer 1950–1985, Berlin 2002.
[14] Anders als Berghahn betont Paul Erker die mentalen und habituellen Kontinuitäten der deutschen Unternehmer. Paul Erker/Toni Pierenkemper (Hrsg.), Deutsche Unternehmer zwischen Kriegswirtschaft und Wiederaufbau. Studien zur Erfahrungsbildung von Industrie-Eliten, München 1998. Vgl. außerdem Volker Berghahn, Westdeutsche Unternehmer, Weltmarkt und Wirtschaftsordnung. Zur Bedeutung des Kartellgesetzes, in: Lothar

Personalmanagements in der Bundesrepublik Deutschland Berghahns These bestätigt. Die neue Devise in den Betrieben habe gelautet: „Nicht mehr Kommandieren und Befehlen, sondern Überzeugen". Rosenberger schränkt jedoch ein: Zum einen habe diese Liberalisierung in den Betrieben nicht grundsätzlich die hierarchische Ordnung des Betriebs in Frage gestellt. Zum anderen betont sie in Abgrenzung zu Berghahn, dass es sich bei der Durchsetzung des „kooperativen Führungsstils" als neues Leitbild im Betrieb nicht um eine „Demokratisierung oder Westernisierung innerbetrieblicher Arbeitsbeziehungen", sondern vornehmlich um einen „Verwissenschaftlichungsprozess" gehandelt habe.[15]

Auch andere Arbeiten, die sich mit der Geschichte des Personalmanagements und dem arbeitswissenschaftlichen Diskurs beschäftigen, betonen die Zäsur um 1970.[16] Die Forschungsergebnisse von Sabine Donauer sind in diesem Punkt eindeutig: Zwar sei die Frage nach dem richtigen Umgang mit „Autorität", „Führung" und „Motivation" schon früher im 20. Jahrhundert aufgekommen, aber das qualitativ Neue der personalpolitischen Ansätze um 1970 sei gewesen, dass die Quelle für eine Verbesserung der Leistungserzeugung nicht mehr in der Arbeitsumwelt (konkrete Arbeitsbedingungen, Mitbestimmung, Arbeitsschutz, Sport- und Freizeitmöglichkeiten etc.) gesehen wurde, sondern in der Arbeit selbst, also „der produktiven Verschmelzung des Einzelnen mit seiner angereicherten und vorgeblich bereichernden Tätigkeit".[17] Demnach hätten sich Personalführungskonzepte nicht mehr an der Idee der Human Relations, sondern stärker am Ansatz der Human Resources orientiert, der die Selbstmobilisierung kreativer Ressourcen des einzelnen Mitarbeiters zum übergeordneten Ziel erhebt. Damit folgt Donauer dem bereits zeitgenössisch wahrgenommenen Paradigmenwechsel in der Personalführung.[18]

Albertin/Werner Link (Hrsg.), Politische Parteien auf dem Weg zur parlamentarischen Demokratie in Deutschland. Entwicklungslinien bis zur Gegenwart, Düsseldorf 1981, S. 301–324; Klaus-Dietmar Henke, Die amerikanische Besetzung Deutschlands, München 1995.
[15] Vgl. Ruth Rosenberger, Experten für Humankapital. Die Entdeckung des Personalmanagements in der Bundesrepublik Deutschland, München 2008, S. 419 f.
[16] Vgl. Sabine Donauer, Faktor Freude. Wie die Wirtschaft Arbeitsgefühle erzeugt, Hamburg 2015, S. 58–75. Das Buch basiert auf der Doktorarbeit der Autorin. Vgl. Sabine Donauer, Emotions at work – working on emotions. The production of economic selves in the twentieth century Germany, Diss. Freie Universität Berlin, Berlin 2013, online verfügbar unter: URL: https://nbn-resolving.org/urn:nbn:de:kobv:188-fudissthesis000000100445-9 [Zugriff: 17.9.2019]. Vgl. auch Sabine Donauer, Job Satisfaction statt Arbeitszufriedenheit. Gefühlswissen im arbeitswissenschaftlichen Diskurs der siebziger Jahre, in: Pascal Eitler/Jens Elberfeld (Hrsg.), Zeitgeschichte des Selbst. Therapeutisierung. Politisierung. Emotionalisierung, Bielefeld 2015, S. 343–371.
[17] Sabine Donauer, Faktor Freude, S. 68.
[18] Raymond E. Miles, Human Relations or Human Resources, in: Harvard Business Review 4 (1965), S. 148–163, hier: 150. Zur frühen westdeutschen Rezeption des US-amerikanischen Paradigmenwechsels vgl. Rudolf W. Stöhr, Unternehmensführung auf neuen Wegen, Wiesbaden 1967.

Diese speziellere unternehmens- und arbeitsgeschichtliche Forschung wird inzwischen begleitet von einem allgemeinen Trend innerhalb der deutschen Zeitgeschichtsschreibung, dem Wandel sozioökonomischer Leitvorstellungen in der Zeit nach dem Zweiten Weltkrieg eine große Bedeutung beizumessen. Nicht zuletzt seit der globalen Finanzkrise von 2007/08 gilt das Interesse den historischen Ursprüngen unserer heutigen Wirtschaftswelt, und der Wandel der Arbeitsgesellschaft im letzten Drittel des 20. Jahrhunderts stellt einen Fluchtpunkt dar, der zu neuen Perspektiven auf eine dezidiert diachron angelegte Geschichte des Kapitalismus führt.[19] Dies korrespondiert mit einem erneuerten Interesse an einer Geschichte der Arbeit, das sich von der älteren Tradition der stark klassenbezogenen Arbeiter- und Arbeiterbewegungsgeschichte unterscheidet.[20] Generell wird dabei in der Zeitgeschichte um die Frage gestritten, ob die 1970er und 1980er Jahre als Jahrzehnte eines fundamentalen „Strukturbruchs" anzusehen sind und ihnen somit eine besondere Bedeutung für eine „Problemgeschichte der Gegenwart"[21] beigemessen werden kann. Die These eines „kumulativen Strukturbruchs" in den 1970er/80er Jahren wurde dabei besonders einflussreich vertreten: In den etwa zwanzig Jahren „nach dem Boom"[22] seien demnach die „Anfänge der Gegenwart"[23] bzw. die „Vorgeschichte der Gegenwart"[24] zu finden. Dem ökonomischen Strukturwandel spricht diese These langfristige Wirkungs- und Veränderungskraft hinsichtlich der politischen und sozialen Leitvorstellungen in den westeuropäischen Ländern zu.[25] Der Ausgangspunkt des neuen

---

[19] Jürgen Kocka, Geschichte des Kapitalismus, München 2014; Andreas Rödder, 21.0. Eine kurze Geschichte der Gegenwart, München 2015.
[20] Vgl. hierzu die Forschungsübersichten von Kim Christian Priemel, Heaps of work. The ways of labour history, in: H-Soz-Kult, 23.01.2014, URL: http://www.hsozkult.de/literaturereview/id/forschungsberichte-1223 [Zugriff: 17.9.2019], und Jörg Neuheiser, Arbeit zwischen Entgrenzung und Konsum. Die Geschichte der Arbeit im 20. Jahrhundert als Gegenstand aktueller zeithistorischer und sozialwissenschaftlicher Studien, in: Neue Politische Literatur 58 (2013), S. 421–448.
[21] Hans Günter Hockerts, Zeitgeschichte in Deutschland. Begriff, Methoden, Themenfelder, in: Historisches Jahrbuch 113 (1993), S. 98–127.
[22] Anselm Doering-Manteuffel/Lutz Raphael, Nach dem Boom. Perspektiven auf die Zeitgeschichte seit 1970, 2. Auflage, Göttingen 2010.
[23] Morten Reitmayer/Thomas Schlemmer (Hrsg.), Die Anfänge der Gegenwart. Umbrüche in Westeuropa nach dem Boom, München 2014.
[24] Anselm Doering-Manteuffel/Lutz Raphael/Thomas Schlemmer (Hrsg.), Vorgeschichte der Gegenwart. Dimensionen des Strukturbruchs nach dem Boom, Göttingen 2016.
[25] Vgl. Knud Andresen/Ursula Bitzegeio/Jürgen Mittag, Nach dem Strukturbruch? Kontinuität und Wandel von Arbeitsbeziehungen und Arbeitswelt(en) seit den 1970er-Jahren, Bonn 2011; Doering-Manteuffel/Raphael, Nach dem Boom; Konrad Jarausch (Hrsg.), Das Ende der Zuversicht? Die siebziger Jahre als Geschichte, Göttingen 2008; Hartmut Kaelble, The 1970s in Europe. A Period of Disillusionment or Promise? The 2009 Annual Lecture of the German Historical Institute London, London 2010. Vgl. dazu auch das Themenheft: European Responses to the Crisis of the 1970s and 1980s. Journal of Modern European History 9 (2011); Daniel T. Rodgers, Age of Fracture, Cambridge, MA/London 2011; Niall

Paradigmas – so die Vertreter der Strukturbruchthese – sei in grundlegenden ökonomischen Entscheidungen und Veränderungen der 1970er Jahre zu finden: dem Zusammenbruch des Systems fester Wechselkurse nach der Aufkündigung des Bretton-Woods-Abkommens 1973, dem Ölpreisschock von 1973, dem Abschied vom Keynesianismus und dem beginnenden Siegeszug des Monetarismus, symbolisiert in den Nobelpreisen für Friedrich August von Hayek 1974 und Milton Friedman 1976. Die in der Folge dominanten ökonomischen Strukturprobleme wie Inflation, schwaches Wirtschaftswachstum, Arbeitslosigkeit und Staatsverschuldung wurden zu den zentralen Herausforderungen für die deutsche Politik und Gesellschaft der 1970er Jahre. Der Paradigmenwechsel vom Keynesianismus zum Neoliberalismus, das „Ende des keynesianischen Traums",[26] gilt als zentrales Element des Strukturwandels des Kapitalismus und habe erheblichen Anteil an wirtschaftspolitischen Richtungsentscheidungen gehabt, welche den Übergang vom „Fordismus"[27] zum „Finanzmarktkapitalismus"[28] als vorherrschendes Produktionsregime[29] befördert hätten.[30]

Immer stärker zeigt sich, wie generell ökonomischen und sozioökonomischen Faktoren für die Analyse der letzten fünf Jahrzehnte eine zentrale Bedeutung zugesprochen wird. Lutz Raphael beschreibt sie als die Jahrzehnte „jenseits von Kohle und Stahl", in denen sich das Ende alter Industriebranchen als für die Zeit-

---

Ferguson [u. a.] (Hrsg.), Shock of the Global. The 1970s in Perspective, Cambridge, MA 2010; Andreas Wirsching, „Neoliberalismus" als wirtschaftspolitisches Ordnungsmodell? Die Bundesrepublik Deutschland in den 1980er Jahren, in: Werner Plumpe/Joachim Scholtyseck (Hrsg.), Der Staat und die Ordnung der Wirtschaft. Vom Kaiserreich bis zur Berliner Republik, Stuttgart 2012, S. 139–150.

[26] Winfried Süß, Der keynesianische Traum und sein langes Ende. Sozioökonomischer Wandel und Sozialpolitik in den siebziger Jahren, in: Konrad H. Jarausch (Hrsg.), Das Ende der Zuversicht? Die siebziger Jahre als Geschichte, Göttingen 2008, S. 120–137.
[27] Vgl. Rüdiger Hachtmann, Fordismus und Sklavenarbeit. Thesen zur betrieblichen Rationalisierungsbewegung 1941 bis 1944, in: ZZF-Bulletin 43/44 (2008), S. 21–34; Rüdiger Hachtmann/Adelheid von Saldern, Das fordistische Jahrhundert. Eine Einleitung, in: Zeithistorische Forschungen/Studies in Contemporary History 6 (2009), S. 174–185.
[28] Ein kapitalistisches Produktionsregime, welches auf einer besonderen quantitativen Größe der Finanzmärkte und deren qualitativer Dominanz über die „Realwirtschaft" beruhe, weshalb die auf kurzfristige Profitmaximierung ausgerichtete operative Logik der Finanzmärkte alle wirtschaftlichen Prozesse präge. Vgl. Paul Windolf (Hrsg.), Finanzmarkt-Kapitalismus. Analysen zum Wandel von Produktionsregimen, Wiesbaden 2005 (= Kölner Zeitschrift für Soziologie und Sozialpsychologie, Sonderheft 45). Eine eingehende Kritik des Analysekonzeptes „Finanzmarktkapitalismus" formulieren Wolfgang Krumbein [u. a.], Finanzmarktkapitalismus? Zur Kritik einer gängigen Kriseninterpretation und Zeitdiagnose, Marburg 2014.
[29] Laut Abelshauser die „Organisation der Produktion" bzw. das „soziale System der Produktion". Vgl. Werner Abelshauser, Umbruch und Persistenz. Das deutsche Produktionsregime in historischer Perspektive, in: Geschichte und Gesellschaft 27 (2001), S. 503–523, hier: 503.
[30] Vgl. Doering-Manteuffel/Raphael, Nach dem Boom, S. 15–16, 24.

genossen sichtbarer „Strukturbruch" vollzogen habe.[31] Weniger offensichtlich, aber mit dem ökonomischen Wandel verwoben, habe gleichzeitig ein fundamentaler sozialer Wandel stattgefunden. Gerade für diese einflussreiche Beschreibung eines „sozialen Wandels von revolutionärer Qualität" durch Anselm Doering-Manteuffel und Lutz Raphael gilt, dass sie den technischen Wandel durch die Entwicklung der Mikroelektronik und die abnehmende Bedeutung der arbeitsintensiven industriellen Massenproduktion als Ausgangspunkte für umfangreiche soziale und kulturelle Verschiebungen verstehen.[32] Dazu gehört auch die grundlegende Überlegung, ob die seit dem 19. Jahrhundert stetige Bedeutungszunahme von Konsum und Freizeit den Faktor Arbeit nicht längst zu einer zweitrangigen Kategorie in den subjektiven Lebensentwürfen der Menschen seit den 1970er Jahren gemacht habe.[33]

Es verwundert nicht, dass das seit einigen Jahren intensiv diskutierte „Strukturbruchparadigma" auch in die Kritik geraten ist. Der Frankfurter Wirtschaftshistoriker Wener Plumpe wendet sich ganz entschieden gegen die Interpretation der Zeit seit 1970er Jahren als eine mit „leise[r] Trauer" vorgetragene „Verlustgeschichte".[34] Die Erzählung von Deindustrialisierung, Verlust der arbeitsgestützen Ökonomie, Aufstieg des Neoliberalismus und damit eines unbegrenzten Finanzkapitalismus, der schließlich zum Crash von 2008/9 geführt habe, gehe an den wirtschaftshistorischen Realitäten vorbei, so Plumpe. Vielmehr sei das Verschwinden nicht konkurrenzfähiger Industriebranchen in Westeuropa und Nordamerika von Vorteil gewesen. Die Neuorganistation von Automobil- und Chemieindustrie, aber auch neue und boomende Wirtschaftsbereiche wie die Tourismus- und Freizeitindustrie und der in den 1970er Jahren expandierende öffentliche Dienst sprächen für einen „tiefgreifenden Formwandel" von Industrie und Arbeitsgesellschaft, also für eine „Häutung des Kapitalismus", nicht aber für eine grundsätzliche Krise des Kapitalismus.[35]

---

[31] Lutz Raphael, Jenseits von Kohle und Stahl. Eine Gesellschaftsgeschichte Westeuropas nach dem Boom, Berlin 2019.

[32] Doering-Manteuffel/Raphael, Nach dem Boom, S. 28. Vgl. auch die neue Einleitung zur zweiten Auflage des Bandes. Ähnlich wie Anselm Doering-Manteuffel und Lutz Raphael hatten letztlich auch schon Jean Fourastié, Eric Hobsbawm und Tony Judt vor allem aus ökonomischer Perspektive eine grundlegende Zäsur in den frühen 1970er Jahren beschrieben. Vgl. Jean Fourastié, Le Trente Glorieuses (ou la revolution invisible de 1946 á 1975), Paris 1979; Eric Hobsbawm, Age of Extremes. The Short Twentieth Century, London 1994; Tony Judt, Postwar. A History of Europe since 1945, London 2005.

[33] Andreas Wirsching, Konsum statt Arbeit? Zum Wandel von Individualität in der modernen Massengesellschaft, in: Vierteljahreshefte für Zeitgeschichte 57 (2009), S. 171–199; ders., From Work to Consumption. Transatlantic Visions of Individuality in Modern Mass Society, in: Contemporary European History 20 (2011), S. 1–26.

[34] Werner Plumpe, Das kalte Herz. Kapitalismus: Die Geschichte einer andauernden Revolution, Berlin 2019, S. 485.

[35] Ebd., S. 486, 499.

Herausgefordert von der „Strukturbruchthese" fühlen sich vor allem aber auch jene Historiker, die stärker das ganze 20. Jahrhundert im Blick haben und auf ältere Traditionen oder Vorgeschichten vermeintlich neuer Phänomene der Wirtschafts- und Arbeitswelt verweisen. In deutlicher Abgrenzung zu der Berghahn-Rosenberger-These von einem Wandel der Führungskultur um 1970 stehen etwa die Auffassungen des Historikers Karsten Uhl.[36] Er betont, dass Arbeiterzufriedenheit und die Beteiligung von Arbeitern und Angestellten im Rahmen der betrieblichen Arbeitsorganisation spätestens seit den 1920er Jahren zu den Standardthemen von Betriebswissenschaftlern, Arbeitspsychologen und Personalexperten gehörten.[37] Eine kontinuierliche Entwicklung von disziplinierenden zu partizipativen Führungsstilen sieht er dementsprechend nicht. Selbst die von Sozialwissenschaftlern und Historikern für die Zeit seit den 1970er Jahren konstatierte Subjektivierung von Arbeit, wie sie in Personalführungskonzepten wie dem Human Resources Management zum Ausdruck kommt, sieht Uhl in Grundzügen bereits in den Ansätzen des Social Engineering vor dem Ersten Weltkrieg realisiert.[38] Disziplinierung des Arbeiters oder Angestellten durch Subjektivierung von Arbeit ist demnach keine Neuerfindung des letzten Drittels des 20. Jahrhunderts, sondern generell als Aspekt der industriellen Moderne und immer im Kontext der betrieblichen Machtstrukturen zu untersuchen.[39]

Damit folgt Uhl dem amerikanischen Wirtschaftswissenschaftler Bruce Kaufman, der betont, dass viele amerikanische Firmen die Möglichkeit einer Effizienzsteigerung durch eine Personalpolitik, die sich den individuellen Potentialen der Mitarbeiter widmet, schon im späten 19. Jahrhundert erkannt hatten.[40] Tatsächlich haben die Versuche, über effizientere Wege und Methoden in der Organisation und Führung von Unternehmen nachzudenken und Management als eine Wissenschaft zu verstehen, eine längere Vorgeschichte. Im Vordergrund

---

[36] Karsten Uhl, Humane Rationalisierung? Die Raumordnung der Fabrik im fordistischen Jahrhundert, Bielefeld 2014.

[37] Rosenberger, Experten für Humankapital; Donauer, Emotions at work. Einen fundamentalen Einschnitt zwischen fordistischen und postfordistischen Ordnungsvorstellungen betont auch Timo Luks, Der Betrieb als Ort der Moderne. Zur Geschichte von Industriearbeit, Ordnungsdenken und Social Engineering im 20. Jahrhundert, Bielefeld 2010.

[38] Karsten Uhl, Der Faktor Mensch und das Management. Führungsstile und Machtbeziehungen im industriellen Betrieb des 20. Jahrhunderts, in: Neue Politische Literatur 55 (2010), S. 233–254, hier: 239 f. Vgl. hierzu auch Thomas Etzemüller (Hrsg.), Die Ordnung der Moderne. Social Engineering im 20. Jahrhundert, Bielefeld 2009.

[39] Vgl. die Beiträge in Lars Bluma/Karsten Uhl (Hrsg.), Kontrollierte Arbeit – disziplinierte Körper? Zur Sozial- und Kulturgeschichte der Industriearbeit im 19. und 20. Jahrhundert, Bielefeld 2012; daneben Peter-Paul Bänziger, Fordistische Körper in der Geschichte des 20. Jahrhunderts – eine Skizze, in: Body Politics 1 (2013), S. 11–40.

[40] Vgl. Bruce E. Kaufman, Managing the Human Factor. The Early Years of Human Resource Management in American Industry, Ithaca, NY 2008.

stand dabei die Frage, wie der Arbeitsprozess ideal zu strukturieren ist, also wie Arbeitsabläufe so zu steuern sind, dass sich die Produktivität menschlicher Arbeit steigern lässt. Das ursprüngliche und zentrale Problem des Managements bestand also seit der industriellen Revolution vereinfacht gesagt darin, Arbeit auf methodische und rationale Weise zu organisieren.[41] Der amerikanische Ingenieur und Arbeitswissenschaftler Frederick W. Taylor war mit seiner Idee, Arbeitsprozesse auf der Basis von wissenschaftlichen Studien detailliert vorzuschreiben und zu planen, besonders einflussreich und hat dem Produktionsregime, das sich auf ein solches *Scientific Management* gestützt hat,[42] seinen Namen gegeben. Der Taylorismus wird klassischerweise als eine rational-mechanistische Organisationsform angesehen, die auf konsequenter Arbeitsteilung basiert und menschliche Arbeit als zu optimierenden Produktionsfaktor ansieht. Entsprechend war der Taylorismus das ganze 20. Jahrhundert lang Feindbild all jener Reformbemühungen, die sich gegen Monotonie und Fremdbestimmtheit, also für eine „Humanisierung der Arbeit" eingesetzt haben.[43]

Die gern benutzte Dichotomie „tayloristisch versus human" ist historisch nicht ganz korrekt, denn bereits zu Taylors Zeit gab es im frühen Personalmanagement in den USA Ansätze, den Faktor Mensch, die humane Dimension der Arbeit stärker zu berücksichtigen.[44] Dennoch bewegt sich die arbeitswissenschaftliche Diskussion um die richtige industrielle Führung im Prinzip seit Taylor im Spannungsfeld zwischen Scientific Management und Human Relations.[45] Idealtypisch verstanden wird die Möglichkeit einer Steigerung der Produktivität somit entweder in einer weiteren Vermessung, Quantifizierung und Disziplinierung durch Lohn und Gehalt gesehen (Scientific Management). Oder die Möglichkeit einer Steigerung der Produktivität wird in Dezentralisation, Partizipation, partieller Rückführung der Arbeitsteilung in Gruppenarbeit gesehen und industrielle Disziplin und Leistung werden nicht nur durch materielle Anreize, sondern auch durch die Förderung von Zufriedenheit und Identifikation mit dem Betrieb motiviert (Human Relations). Basiert der Taylorismus auf Hierarchie, Stechuhr, Lohn und Kontrolle, so geht der Human-Relations-Ansatz von der prinzipiellen

---

[41] Vgl. Giuseppe Bonazzi, Geschichte des organisatorischen Denkens, Wiesbaden 2008.
[42] Frederick W. Taylor, The Principles of Scientific Management, Lexington, KY 2008 [Nachdruck der Originalausgabe von 1911].
[43] Die vielfältigen wissenschaftlichen, politischen, gewerkschaftlichen und betrieblichen Ansätze zu einer „Humanisierung der Arbeit" vor allem seit den 1970er Jahren sind inzwischen selbst ein produktives historisches Forschungsfeld geworden. Vgl. dazu Nina Kleinöder, „Humanisierung der Arbeit". Literaturbericht „Forschungsprogramm zur Humanisierung des Arbeitslebens", Düsseldorf 2016 (= Hans-Böckler-Stiftung, Working Paper Forschungsförderung, Nummer 008, Februar 2016).
[44] Vgl. Kaufman, Managing the Human Factor.
[45] Vgl. hierzu auch den hervorragenden Literaturüberblick bei Karsten Uhl, Der Faktor Mensch und das Management. Führungsstile und Machtbeziehungen im industriellen Betrieb des 20. Jahrhunderts, in: Neue Politische Literatur 55 (2010), S. 233–254.

Arbeits- und Leistungswilligkeit des Menschen aus und verschreibt sich somit einer Verbesserung der Arbeitsbedingungen.

Bruce Kaufman und Karsten Uhl sehen den Konflikt zwischen diesen beiden Basisprinzipien als prägend für das ganze 20. Jahrhundert. Ihre langfristige Perspektive deckt sich mit anderen Ansätzen, die in Bezug auf Arbeitsethos und Leistungsverständnis die gesamte Moderne seit den 1890er Jahren im Blick haben und die These eines grundlegenden Wandels um 1970 relativieren oder in Frage stellen.[46] Diese Relativierungen betreffen die scheinbar unbestreitbaren Brüche wie den Übergang von der Arbeits- zur Konsumgesellschaft,[47] den Wandel von industriellen zu post-industriellen Produktionsformen[48] oder das Ende des Fordismus.[49]

So berechtigt Karsten Uhls Hinweise auf Kontinuitäten und Traditionen im Gesamtblick auf das 20. Jahrhundert auch im Hinblick auf arbeitswissenschaftliche Theorien und Führungsstile sind, so stellt sich gerade für die Bundesrepublik doch die Frage nach Relevanz und Verbreitungsgrad dieser Ansätze vor den 1960er Jahren. Wie weiter unten gezeigt werden wird, bedurfte es spezifischer Veränderungen der gesellschaftlichen und ökonomischen Rahmenbedingungen, damit sich die deutschen Unternehmer im Laufe der 1960er Jahre von ihren tradierten Führungskonzepten trennten und sich für neue Organisations-

---

[46] Vgl. Nina Verheyen, Die Erfindung der Leistung, München 2018; dies., Bürgerliches Leistungsethos? Geschichtswissenschaftliche Korrekturen einer irreführenden Formel, in: Denis Hänzi (Hrsg.), Erfolg. Konstellationen und Paradoxien einer gesellschaftlichen Leitorientierung, Baden-Baden 2014, S. 45–61; dies., Die soziale Konstruktion individueller Leistung. Forschungsperspektiven zwischen Geschichts- und Sozialwissenschaften, in: Neue Politische Literatur 59 (2014), S. 63–87; Sebastian Conrad/Elisio Macamo/Bénédicte Zimmermann, Die Kodifizierung der Arbeit. Individuum, Gesellschaft, Nation, in: Jürgen Kocka/Claus Offe (Hrsg.), Geschichte und Zukunft der Arbeit, Frankfurt a. M. 2000, S. 449–475.

[47] Jörg Neuheiser, Vom bürgerlichen Arbeitsethos zum postmaterialistischen Arbeiten? Werteforschung, neue Arbeitssemantiken und betriebliche Praxis in den 1970er Jahren, in: Jörn Leonhard/Willibald Steinmetz (Hrsg.), Semantiken von Arbeit. Diachrone und vergleichende Perspektiven, Köln 2016 (= Industrielle Welt 91), S. 319–346; Peter-Paul Bänziger, Von der Arbeits- zur Konsumgesellschaft? Kritik eines Leitmotivs der deutschsprachigen Zeitgeschichtsschreibung, in: Zeithistorische Forschungen 12 (2015), S. 11–38.

[48] Werner Plumpe/André Steiner, Der Mythos von der postindustriellen Welt, in: dies. (Hrsg.), Der Mythos von der postindustriellen Welt. Wirtschaftlicher Strukturwandel in Deutschland 1960–1990, Göttingen 2016, S. 7–14.

[49] Vgl. Adelheid von Saldern/Rüdiger Hachtmann, Das fordistische Jahrhundert. Eine Einleitung, in: Zeithistorische Forschungen/Studies in Contemporary History 6 (2009), S. 174–185, Online-Ausgabe, URL: http://www.zeithistorische-forschungen.de/16126041-Editorial-2-2009 [Zugriff: 11.07.2016]; dies., „Gesellschaft am Fließband". Fordistische Produktion und Herrschaftspraxis in Deutschland, in: ebd., URL: http://www.zeithistorische-forschungen.de/16126041-Hachtmann-Saldern-2-2009 [Zugriff: 11.07.2016]; Rüdiger Hachtmann, Fordismus, Version: 1.0, in: Docupedia-Zeitgeschichte, 27.10.2011, S. 1–18, URL: http://docupedia.de/zg/Fordismus?oldid=84605 [Zugriff: 11.7.2016].

und Personalführungskonzepte öffneten. Im arbeitswissenschaftlichen Diskurs mochten viele der dann diskutierten Ideen und Konzepte eine lange Vorgeschichte haben, für diejenigen, die sich um 1970 praktisch mit diesen Konzepten befassten, waren sie dennoch revolutionär. Das gilt insbesondere für die Führungskräfteausbildung. Anders als an den amerikanischen Business Schools blieb in Deutschland die fachspezifische Ausbildung bis weit ins 20. Jahrhundert grundlegend. Management als eigenes Fach gab es lange Zeit nicht, „Führungswissen" wurde in der Praxis gelernt. Das Nachdenken über eine institutionalisierte Führungskräfteausbildung im engeren Sinne begann in der Bundesrepublik erst in den 1950er Jahren unter spezifischen historischen Bedingungen.

Die Geschichte der Führungskräfteausbildung in der Bundesrepublik ist in ihrem historischen Zusammenhang bisher noch nicht erforscht. Generell gibt es bisher nur vereinzelte Forschungsansätze zu den in dieser Untersuchung im Vordergrund stehenden Ausbildungsstätten Baden-Badener Unternehmergespräche, Bad Harzburger Akademie für Führungskräfte der Wirtschaft, Universitätsseminar der deutschen Wirtschaft (USW) und Wissenschaftliche Hochschule für Unternehmensführung.[50] In einer diachronen Perspektive wurde die Geschichte der Führungskräfteausbildung in der Bundesrepublik noch nicht behandelt. Die bisherige Vernachlässigung dieser speziellen ökonomischen Bildungsgeschichte ist umso erstaunlicher, als hinter diesen Institutionen ein relativ enges Netzwerk von prominenten deutschen Unternehmern stand,

---

[50] Die wichtigsten Veröffentlichungen hierzu sind: Armin Grünbacher, West German Industrialists and the Making of the Economic Miracle. A History of Mentality and Recovery, London 2017, S. 59–65; ders., The Americanisation that never was? The first decade of the Baden-Badener Unternehmergespräche, 1954–64 and top management training in 1950s Germany, in: Business History 54 (2012), S. 245–261; Matthias Kipping, The hidden business schools. Management training in Germany since 1945, in: Lars Engwall/Vera Zamagni (Hrsg.), Management education in historical perspective, Manchester/New York 1998, S. 95–110; Adelheid von Saldern, Das „Harzburger Modell". Ein Ordnungssystem für bundesrepublikanische Unternehmen, 1960–1975, in: Thomas Etzemüller (Hrsg.), Die Ordnung der Moderne. Social Engineering im 20. Jahrhundert, Bielefeld 2009, S. 303–330; dies., Bürgerliche Werte für Führungskräfte und Mitarbeiter in Unternehmen. Das Harzburger Modell, 1960–1975, in: Gunilla Budde/Eckart Conze/Cornelia Rauh (Hrsg.), Bürgertum nach dem bürgerlichen Zeitalter. Leitbilder und Praxis seit 1945, Göttingen 2010, S. 165–184; Daniel C. Schmid, „Quo vadis, Homo harzburgensis?" Aufstieg und Niedergang des „Harzburger Modells", in: Zeitschrift für Unternehmensgeschichte 59 (2014), S. 73–98; Friederike Sattler, „Harvard in Schloss Gracht": Das Universitätsseminar der Wirtschaft (USW). Wertewandel durch Management-Schulung?, in: Bernhard Dietz/Jörg Neuheiser (Hrsg.), Wertewandel in Wirtschaft und Arbeitswelt? Arbeit, Leistung, Führung in den 1970er und 1980er Jahren in der Bundesrepublik Deutschland, München 2016, S. 97–126. Auf die weiteren relevanten Veröffentlichungen wird in den einzelnen Kapiteln eingegangen.

die sich um die Organisation und Finanzierung der Führungskräfteausbildung bemühten. Dieses Netzwerk war wiederum elementarer Bestandteil der Verflechtungsstruktur aus Personen und Kapitalbeteiligungen, die als „Deutschland AG" inzwischen selbst zum Gegenstand der historischen Forschung geworden ist.[51]

Die Frage der ökonomischen Leistungselite beschäftigte bisher vor allem die soziologische Elitenforschung. Hier war es besonders der Darmstädter Soziologe Michael Hartmann, der die soziale Herkunft und Rekrutierung der Wirtschaftselite analysierte.[52] In einer Vielzahl von Untersuchungen kommt er zu dem Ergebnis, dass sich in den letzten 40 Jahren nichts an der exklusiven sozialen Rekrutierung der Wirtschaftsführer und Spitzenmanager geändert habe und diese nach wie vor vorrangig dem Großbürgertum entstammten. Grund für diese deutliche Einschränkung des Leistungsprinzips sei vor allem ein gruppenspezifischer Habitus. Sich auf die Ergebnisse von Hartmann stützend, konstatiert auch Hans-Ulrich Wehler in seiner Gesellschaftsgeschichte eine Tendenz der „elitären Schließung" innerhalb der bundesdeutschen Wirtschaftselite.[53] Im Gegensatz dazu halten Werner Plumpe und Christian Reuber die „Persistenz einer großbürgerlichen Sozialformation" für „unwahrscheinlich". Als Grund geben sie an, dass der „Kreis der potentiell Elitefähigen im 20. Jahrhundert sukzessive zugenommen hat, besonders stark in den 1920er Jahren und seit den 1960er Jahren".[54] Von viel größerer Bedeutung seien innerbetriebliche „Bewährungskarrieren" gewesen, wobei Führungspositionen im Regelfall aus dem eigenen Hause auf dem Weg einer Bewährungskette rekrutiert worden seien. Zu Recht weisen Plumpe und Reuber in ihrer Kritik an Hartmann darauf hin, dass über den „Habitus der Bourgeoisie" und dessen Wandel „es bis heute keine wirklich

---

[51] Ralf Ahrens/Boris Gehlen/Alfred Reckendrees (Hrsg.), Die „Deutschland AG". Historische Annäherungen an den bundesdeutschen Kapitalismus, Essen 2013. Vgl. auch Hans Günter Hockerts/Günther Schulz (Hrsg.), Der „Rheinische Kapitalismus" in der Ära Adenauer, Paderborn 2016.
[52] Vgl. Michael Hartmann, Eliten und Macht in Europa. Ein internationaler Vergleich, Frankfurt a. M. [u. a.] 2007; ders., Elitesoziologie. Eine Einführung, Frankfurt a. M. [u. a.] 2004; ders., Eliten in Deutschland – Rekrutierungswege und Karrierepfade, in: Aus Politik und Zeitgeschichte 10 (2004), S. 17–21; ders., Der Mythos von den Leistungseliten, Frankfurt a. M. [u. a.] 2002; ders., Topmanager – Die Rekrutierung einer Elite, Frankfurt a. M. 1996; ders., Kontinuität oder Wandel? Die deutsche Wirtschaftselite zwischen 1970 und 1995, in: Dieter Ziegler (Hrsg.), Großbürger und Unternehmer: Die deutsche Wirtschaftselite im 20. Jahrhundert, Göttingen 2000, S. 73–92.
[53] Hans-Ulrich Wehler, Deutsche Gesellschaftsgeschichte, Bd 5: Bundesrepublik und DDR 1949–1990, München 2008.
[54] Werner Plumpe/Christian Reuber, Unternehmen und Wirtschaftsbürgertum im 20. Jahrhundert, in: Budde/Conze/Rauh (Hrsg.), Bürgertum nach dem bürgerlichen Zeitalter, S. 151–164, hier: 160.

belastbaren sozialhistorischen Daten" gibt.[55] Dies gilt insbesondere für die seit den 1960er Jahren stark wachsende Gruppe der leitenden Angestellten.[56]

Als soziale Gruppe wurden die leitenden Angestellten in der Historiographie bisher kaum erfasst.[57] Klassiker der historischen Angestelltenforschung bezogen sich auf die niederen und mittleren Angestellten und interessierten sich vor allem für politische Einstellungsunterschiede und die Bedeutung des „neuen Mittelstands" für den Aufstieg des Nationalsozialismus.[58] Die Historische Sozialwissenschaft untersuchte insbesondere die Ursachen für die Entstehung einer modernen Angestelltenschaft in der deutschen und europäischen Geschichte und den Arbeiter-Angestellten-Unterschied.[59] Die leitenden Angestellten kamen hier nur in Abgrenzung zu der unteren und mittleren Angestelltenschaft vor. In der frühen Angestelltensoziologie wurde das Phänomen der Formierung der leitenden Angestellten diskutiert,[60] der Bezugsrahmen war hingegen wiederum

[55] Plumpe/Reuber, Unternehmen und Wirtschaftsbürgertum im 20. Jahrhundert, S. 164. Hinzu kommt, dass Hartmann in seiner Konzentration auf die Kategorie der Herkunft bzw. Klasse andere potentielle Diskriminierungsmechanismen des sozialen Aufstiegs (Geschlecht, Religion, Dialekt, ethnische Zugehörigkeit etc.) ausblendet.

[56] „Eine seit den 1960er Jahren stark wachsende Gruppe hingegen ist bis heute überhaupt nicht erforscht, obwohl ihr allein im Bayer-Konzern zu Beginn der 1970er Jahre mehrere tausend Personen angehörten: die Gruppe der leitenden Angestellten. [...] Hier dürfte sich auch die Masse der *Bildungsaufsteiger* [Hervorhebung im Original, B. D.] seit den 1960er Jahren finden, also die Akademiker erster Generation, die selbst so genannten einfacheren Verhältnissen entstammten. Über diese große Gruppe, die das Gesicht der Unternehmen seit den 1960er Jahren maßgeblich änderte, ist bis heute so gut wie nichts bekannt. Ob sich hier Merkmale *bürgerlicher Lebensführung* [Hervorhebung im Original, B. D.] ausprägen oder ausgeprägt haben, kann bestenfalls spekuliert werden." Plumpe/Reuber, Unternehmen und Wirtschaftsbürgertum im 20. Jahrhundert, S. 163. Vgl. hierzu auch Christian Reuber, Der lange Weg an die Spitze. Karrieren von Führungskräften deutscher Großunternehmer im 20. Jahrhundert, Frankfurt 2012.

[57] Vgl. hierzu Bernhard Dietz, Wertewandel in der Wirtschaft? Die leitenden Angestellten und die Konflikte um Mitbestimmung und Führungsstil in den siebziger Jahren, in: Bernhard Dietz/Christopher Neumaier/Andreas Rödder (Hrsg.), Gab es den Wertewandel? Neue Forschungen zum gesellschaftlich-kulturellen Wandel seit den 1960er Jahren, München 2014, S. 169–197.

[58] Siegfried Kracauer, Die Angestellten. Aus dem neuesten Deutschland, 2. Auflage, Frankfurt a. M. 1930; Michael Prinz, Vom neuen Mittelstand zum Volksgenossen. Die Entwicklung des sozialen Status der Angestellten von der Weimarer Republik bis zum Ende der NS-Zeit, München 1986; Hans Speier, Die Angestellten vor dem Nationalsozialismus. Ein Beitrag zum Verständnis der deutschen Sozialstruktur 1918–1933, Frankfurt a. M. 1989.

[59] Vgl. Kocka, Unternehmensverwaltung; Jürgen Kocka, Angestellte zwischen Faschismus und Demokratie. Zur politischen Sozialgeschichte der Angestellten. USA 1890–1940 im internationalen Vergleich, Göttingen 1977; ders., Die Angestellten in der deutschen Geschichte 1850–1980, Göttingen 1981; ders. (Hrsg.), Angestellte im europäischen Vergleich. Zur Herausbildung angestellter Mittelschichten im 19. Jahrhundert, Göttingen 1981; Mario König, Die Angestellten zwischen Bürgertum und Arbeiterbewegung, Zürich 1984.

[60] Fritz Croner, Die Angestelltenbewegung nach der Währungsstabilisierung, in: Archiv für Sozialwissenschaft und Sozialpolitik 60 (1928), S. 103–146.

die als einheitliche Klasse verstandene Angestelltenbewegung in ihrer Gesamtheit.[61] Den besten Überblick über die Geschichte der leitenden Angestellten bietet die arbeitsrechtliche Darstellung von Wolfgang Hromadka.[62] Gegenstand eigener sozialgeschichtlicher oder sozialkultureller Untersuchungen waren die leitenden Angestellten bisher nicht. Dabei könnte eine stärkere Berücksichtigung dieser Gruppe neue Antworten auf die Fragen nach den Mentalitäten von ökonomischen Leistungseliten im 20. Jahrhundert geben. Das konstatierte auch der Historiker Günter Schulz im Hinblick auf die leitenden Angestellten und die Frage der „bürgerlichen Werte":

> Die Orientierung am Leitbild des Selbständigen wurde bzw. wird durch vielfältige Faktoren der betrieblichen Praxis, durch gemeinschaftliche Organisation in den „Harmonieverbänden" sowie durch Wertorientierungen, Aufstiegserwartungen und Sprachgebrauch (Begriff der „Leitenden Angestellten") gestützt, wurde jedoch noch kaum untersucht.[63]

Dies wäre eigentlich Aufgabe der historischen Bürgertumsforschung, denn auch diese beschäftigt sich mit „Werten" als zentralem Bestandteil von Bürgerlichkeit im „langen 19. Jahrhundert".[64] Bei der Vermessung des „bürgerlichen Wertehimmels"[65] betonte die Bürgertumsforschung aber auch die Ambivalenzen und die Komplexität von bürgerlichen Wertvorstellungen.[66] Das gilt insbesondere für das Spannungsverhältnis zwischen Ideal und Wirklichkeit, das sich aus den hohen Ansprüchen „öffentlicher" bürgerlicher Wertvorstellungen und der notwendigen

---

[61] Vgl. vor allem Fritz Croner, Soziologie der Angestellten, Köln 1962.
[62] Wolfgang Hromadka, Das Recht der leitenden Angestellten im historisch-gesellschaftlichen Zusammenhang, München 1979.
[63] Günter Schulz, Die Angestellten seit dem 19. Jahrhundert, München 2000.
[64] Jürgen Kocka, Das lange 19. Jahrhundert. Arbeit, Nation und bürgerliche Gesellschaft, Stuttgart 2002. Vgl. Andreas Schulz, Lebenswelt und Kultur des Bürgertums im 19. und 20. Jahrhundert, München 2005 (= Enzyklopädie deutscher Geschichte 75), S. 19 ff.; ders., „Bürgerliche Werte", in: Andreas Rödder/Wolfgang Elz (Hrsg.), Alte Werte – Neue Werte. Schlaglichter des Wertewandels, Göttingen 2008, S. 29–36; vgl. Manuel Frey, Der reinliche Bürger. Entstehung und Verbreitung bürgerlicher Tugenden in Deutschland, 1760–1860, Göttingen 1997; Manfred Hettling, Die persönliche Selbständigkeit. Der archimedische Punkt bürgerlicher Lebensführung, in: ders./Stefan-Ludwig Hoffmann (Hrsg.), Der bürgerliche Wertehimmel. Innenansichten des 19. Jahrhunderts, Göttingen 2000, S. 57–78; Christina von Hodenberg, Der Fluch des Geldsacks. Der Aufstieg des Industriellen als Herausforderung bürgerlicher Werte, in: Hettling/Hoffmann (Hrsg.), Der bürgerliche Wertehimmel, S. 79–104; Andreas Gestrich, Familiale Werterziehung im deutschen Bürgertum um 1800, in: Hans-Werner Hahn/Dieter Hein (Hrsg.), Bürgerliche Werte um 1800. Entwurf – Vermittlung – Rezeption, Köln [u. a.] 2005, S. 121–140.
[65] Manfred Hettling/Stefan-Ludwig Hoffmann, Der bürgerliche Wertehimmel. Zum Problem individueller Lebensführung im 19. Jahrhundert, in: Geschichte und Gesellschaft 23 (1997), S. 333–359.
[66] Vgl. Hettling/Hoffmann, Der bürgerliche Wertehimmel; Hettling/Hoffmann (Hrsg.), Der bürgerliche Wertehimmel; Schulz, „Bürgerliche Werte"; Hahn/Hein (Hrsg.), Bürgerliche Werte um 1800.

individuellen Internalisierung durch soziale Praktiken ergibt.[67] Wie sinnvoll es allerdings ist, die Kategorie „Bürgerlichkeit" auf das 20. Jahrhundert zu übertragen, bleibt umstritten.[68] Dennoch dürfte es kaum zu bestreiten sein, dass beispielsweise „Arbeit" und „Familie" auch im 20. Jahrhundert – unabhängig von der Frage nach der Persistenz der Sozialformation „Bürgertum" – zentrale (und inhaltlich umstrittene!) Felder der gesellschaftlichen Selbstvergewisserung waren. Welche Bedeutung haben die Menschen „Arbeit" und „Familie" beigemessen? Diese Frage stellt sich auch dann, wenn man die Kategorie „Bürgerlichkeit" für das 20. Jahrhundert ablehnt.

Unterdessen führte die Frage nach Veränderungen der Arbeitswerte, der ökonomischen Kultur, der wirtschaftlichen und sozial-kulturellen Mentalitäten zu dem viel beachteten Werk der französischen Soziologen Luc Boltanski und Ève Chiapello „Der neue Geist des Kapitalismus".[69] Boltanski und Chiapello arbeiten die sozioökonomischen Veränderungen, die sie den „neuen Geist des Kapitalismus" nennen, anhand eines Vergleichs französischer Managementliteratur der 1960er und 1990er Jahre heraus. Die zentrale und provokante These des Buches besteht in Anlehnung an Michel Foucaults Begriff der „Gouvernementalität" darin, dass das System des Kapitalismus die Kapitalismuskritik von 1968 produktiv nutzbar gemacht habe und die Forderungen nach Entfaltung des Individuums, nach Kreativität und Autonomie sowie die Kritik an Hierarchie und Bürokratie von der Sozialkritik getrennt, aufgenommen und sich zu eigen gemacht habe. Der ökonomische Formwandel ist demnach Ausdruck eines „Wertewandels", „von dem sowohl Erfolg als auch Akzeptanz des Kapitalismus abhängen".[70] In eine ähnliche Richtung gehen weitere historisch inspirierte Gesellschaftsdiagnosen aus den Sozialwissenschaften, die nach den Ursachen der Subjektivierungs- und Ausbeutungsmechanismen fragten und die in postfordistischen Modellen wie „Arbeitskraftunternehmer" oder „unternehmerisches Selbst" zum Ausdruck kommen.[71]

[67] Hettling/Hoffmann, Der bürgerliche Wertehimmel, S. 333–359; dies., Zur Historisierung bürgerlicher Werte. Einleitung, in: dies. (Hrsg.), Der bürgerliche Wertehimmel, S. 7–21.
[68] Dafür plädiert Eckart Conze, Eine bürgerliche Republik. Bürgertum und Bürgerlichkeit in der westdeutschen Gesellschaft, in: Geschichte und Gesellschaft 30 (2004), S. 527–542; Gunilla Budde/Eckart Conze/Cornelia Rauh, Einleitung, in: dies. (Hrsg.), Bürgertum nach dem bürgerlichen Zeitalter, S. 7–25. Gegen die Kategorie „Bürgerlichkeit" für das 20. Jahrhundert sind Dieter Gosewinkel, Zivilgesellschaft – Bürgerlichkeit – Zivilität? Konzeptionelle Überlegungen zur Deutung deutscher Geschichte im 20. Jahrhundert, in: Budde/Conze/Rauh (Hrsg.), Bürgertum nach dem bürgerlichen Zeitalter, S. 29–52; Michael Schäfer, „Bürgerliche Werte" im Wandel. Zur Begriffsbildung des Bürgerlichen in der historischen Bürgertumsforschung, in: Dietz/Neumaier/Rödder (Hrsg.), Gab es den Wertewandel?, S. 121–137.
[69] Luc Boltanski/Ève Chiapello, Der neue Geist des Kapitalismus, Konstanz 2006.
[70] Ebd., S. 32.
[71] Boltanski/Chiapello, Der neue Geist des Kapitalismus; Günter Voss/Hans-Jürgen Pongartz, Der Arbeitskraftunternehmer. Eine neue Grundform der Ware Arbeitskraft, in: Kölner

In kritischer Auseinandersetzung mit den Ergebnissen von Boltanski und Chiapello gilt es zu fragen, inwiefern auch in der Bundesrepublik die 1970er Jahre eine Transformationsphase für einen „neuen Geist des Kapitalismus" darstellten.[72] Gab es eine Vertrauenskrise des kapitalistischen Systems? Welche ökonomischen Akteure entwarfen aus welchen Gründen neue Legitimationsstrategien und neue Leitbilder? Ist ein Formwandel des Kapitalismus auf die produktive Absorption der Kapitalismuskritik von 1968 zurückzuführen oder gibt es andere Gründe? Dass es in den 1970er und 1980er Jahren analog zum amerikanischen „Age of Fracture"[73] zu grundlegenden semantischen Verschiebungen gekommen war, die sich in marktförmigen Begriffen wie „Netzwerk", „Selbstregulierung", „Projekt" und „Standort" zeigten, wird immer deutlicher.[74] Arbeit, Leistung und Führung wurden in den beiden Jahrzehnten neu gedeutet und dies verlief keineswegs konfliktfrei.[75] Aber aus welchen Gründen kam es zu veränderten Wahrnehmungen der ökonomischen Wirklichkeit? Welche Folgen hatten die neuen Arbeits- und Führungssemantiken für die, die sie anwenden sollten: die Führungskräfte? Wurden die veränderten Semantiken in neue personalpolitische Strategien umgesetzt und wenn ja, welche Auswirkungen hatte dies?

1.3 Methodischer Hintergrund und Quellen

In der vorliegenden Untersuchung soll es um Wertewandel in den Führungsetagen der deutschen Wirtschaft gehen. „Wertewandel" ist selbstverständlich kein neuer Begriff, sondern bekannt geworden als eine sozialwissenschaftliche Theorie und empirische Umfrageforschung, die in den 1970er Jahren entworfen wurde,

---

Zeitschrift für Soziologie und Sozialpsychologie 50 (1998), S. 131–158; Ulrich Bröckling, Das unternehmerische Selbst. Soziologie einer Subjektivierungsform, Frankfurt a. M. 2007.
[72] Morten Reitmayer/Ruth Rosenberger (Hrsg.), Unternehmen am Ende des „goldenen Zeitalters". Die 1970er Jahre in unternehmens- und wirtschaftshistorischer Perspektive, Essen 2008. Vgl. dazu auch Paul Du Gay/Glenn Morgan (Hrsg.), New Spirits of Capitalism. Crises, Justifications, and Dynamics, Oxford 2013; Gabriele Wagner/Philipp Hessinger (Hrsg.), Ein neuer Geist des Kapitalismus? Paradoxien und Ambivalenzen der Netzwerkökonomie, Wiesbaden 2008.
[73] Rodgers, Age of Fracture.
[74] Ariane Leendertz/Wencke Meteling (Hrsg.), Die neue Wirklichkeit. Semantische Neuvermessungen und Politik seit den 1970er Jahren, Frankfurt a. M. 2016.
[75] Winfried Süß/Dietmar Süß, Zeitgeschichte der Arbeit. Beobachtungen und Perspektiven, in: Andresen/Bitzegeio/Mittag (Hrsg.), Nach dem Strukturbruch, S. 345–365; Dietmar Süß, Stempeln, Stechen, Zeit erfassen. Überlegungen zu einer Ideen- und Sozialgeschichte der „Flexibilisierung" 1970–1990, in: Archiv für Sozialgeschichte 52 (2012), S. 139–162; Leonhard/Steinmetz (Hrsg.), Semantiken von Arbeit.

vor allem aber in der Bundesrepublik der 1980er Jahre eine große wissenschaftliche, aber auch öffentliche Resonanz erfuhr und mit der gesellschaftlich-kulturelle Wandlungsprozesse thematisiert wurden.[76] Auch wenn sich ihre Ansätze und Schlussfolgerungen unterscheiden, so waren sich Wertewandelforscher wie Ronald Inglehart[77], Helmut Klages[78], Elisabeth Noelle-Neumann[79] und Heiner Meulemann[80] über die Stoßrichtung und die Periodisierung der Entwicklung einig. Sie schilderten „den Wertewandel" als linear-teleologischen gesellschaftlichen Modernisierungsprozess von traditionalen bürgerlichen Werten hin zu postmaterialistischen Selbstentfaltungswerten, der sich vor allem zwischen 1965 und 1975 vollzogen habe.[81] Obwohl „der Wertewandel" im Sinne seiner Entdecker einen umfassenden Wandel der Wertvorstellungen in nahezu allen Lebensbereichen beschreibt, stand die Frage nach Einstellungen zur Arbeit und dem vermeintlichen Verfall des (deutschen) bürgerlichen Arbeitsethos von Anfang

---

[76] Vgl. hierzu Bernhard Dietz, Zur Theorie des „Wertewandels". Ein Schlüssel für sozialen und mentalen Wandel in der Geschichte?, in: Peter Dinzelbacher/Friedrich Harrer (Hrsg.), Wandlungsprozesse der Mentalitätsgeschichte, Baden-Baden 2015, S. 25–47.

[77] Ronald Inglehart, The Silent Revolution. Changing Values and Political Styles among Western Publics, Princeton 1977. Ansätze zu der Wertewandeltheorie hatte Inglehart bereits 1971 publiziert. Vgl. Ronald Inglehart, Changing Value Priorities and European Integration, in: Journal of Common Market Studies 10 (1971/72), S. 1–36; ders., The Silent Revolution in Europe. Intergenerational Change in Post-Industrial Societies, in: The American Political Science Review 65 (1971), S. 991–1017. Vgl. dazu auch Andreas Rödder, Vom Materialismus zum Postmaterialismus? Ronald Ingleharts Diagnosen des Wertewandels, ihre Grenzen und ihre Perspektiven, in: Zeithistorische Forschungen/Studies in Contemporary History 3 (2006), S. 480–485, Online-Ausgabe, URL: http://www.zeithistorische-forschungen.de/16126041-Roedder-3-2006 [Zugriff: 17.9.2019].

[78] Vgl. Helmut Klages, Wertorientierungen im Wandel. Rückblick, Gegenwartsanalyse, Prognosen, Frankfurt a. M. 1984; ders., Traditionsbruch als Herausforderung. Perspektiven der Wertewandelsgesellschaft, Frankfurt a. M. 1993.

[79] Vgl. Elisabeth Noelle-Neumann, Werden wir alle Proletarier? Wertewandel in unserer Gesellschaft, 2. Auflage, Zürich 1979; dies./Renate Köcher, Die verletzte Nation. Über den Versuch der Deutschen, ihren Charakter zu ändern, 2. Auflage, Stuttgart 1988. Vgl. hierzu Norbert Grube, Seines Glückes Schmied? Entstehungs- und Verwendungskontexte von Allensbacher Umfragen zum Wertewandel 1947–2001, in: Dietz/Neumaier/Rödder (Hrsg.), Gab es den Wertewandel?, S. 95–119.

[80] Vgl. Heiner Meulemann, Werte und Wertewandel. Zur Identität einer geteilten und wieder vereinten Nation, Weinheim/München 1996.

[81] Vgl. Klages, Wertorientierungen im Wandel, S. 20. Konzise zusammengefasst bei Karl-Heinz Hillmann, Zur Wertewandelforschung. Einführung, Übersicht und Ausblick, in: Georg W. Oesterdiekhoff/Norbert Jegelka (Hrsg.), Werte und Wertewandel in westlichen Gesellschaften. Resultate und Perspektiven der Sozialwissenschaften, Opladen 2001, S. 15–39; Helmut Thome, Wertewandel in Europa aus der Sicht der empirischen Sozialforschung, in: Hans Joas/Klaus Wiegandt (Hrsg.), Die kulturellen Werte Europas, Frankfurt a. M. 2005, S. 386–443; Christopher Neumaier/Thomas Gensicke, Wert/Wertewandel, in: Günter Endruweit/Gisela Trommsdorff/Nicole Burzan (Hrsg.), Wörterbuch der Soziologie, 3. Auflage, Konstanz 2014, S. 610–616.

an im Mittelpunkt der Wertewandeldebatten in der Bundesrepublik. Der Prozess habe eine gestiegene Bedeutung der Freizeit gegenüber der Arbeitszeit und eine funktionalere Einstellung zur Arbeit mit sich gebracht.[82] Über die richtige Auslegung dieser Entwicklung, über die politischen, gesellschaftlichen und ökonomischen Schlussfolgerungen entbrannten heftige Kontroversen, die weit über die akademische Welt hinausgingen.[83] Es ist daher richtig zu konstatieren, dass der Begriff „Wertewandel" zeitgebunden ist. Er diente zeitgenössisch der Selbstbeschreibung jener Gesellschaft, die in der vorliegenden Untersuchung analysiert werden soll. Nicht nur deshalb stellt sich die berechtigte Frage, wie hinreichend präzise sich im Jahr 2018 soziokulturelle Veränderungen der späten 1960er und frühen 1970er Jahre mit dem Begriff „Wertewandel" analytisch beschreiben lassen.

Seit einiger Zeit reflektiert die deutsche Zeitgeschichtsschreibung das grundsätzliche Problem des richtigen Umgangs mit zeitgenössischen sozialwissenschaftlichen Ergebnissen.[84] Dabei hat sich diese insgesamt durchaus fruchtbare theoretisch-methodische Diskussion vor allem an der sozialwissenschaftlichen Wertewandelforschung entzündet.[85] Zu Recht wurden die Zeitgebundenheit dieser „klassischen" sozialwissenschaftlichen Wertewandelforschung, ihre politische Kontextabhängigkeit und ihre methodisch-theoretischen Defizite angemerkt, die allerdings vor allem dann ein Problem sind, wenn der „Wertewandel" unhinterfragt in zeitgeschichtliche Überblicksdarstellungen als

---

[82] Vgl. als Überblick Wiebke Mandel, Der Wertewandel in der Arbeitswelt. Ursachen, Theorien und Folgen, Saarbrücken 2007, S. 29–97. Vgl. zur Diskussion über die Wertewandelthese im Bereich der Arbeit Karl Martin Bolte, Wertewandel und Arbeitswelt. Versuch einer Bilanz, in: ders., Wertewandel – Lebensführung – Arbeitswelt, München 1993, S. 1–28; Burkhard Strümpel/Peter Pawlowsky, Wandel in der Einstellung zur Arbeit. Haben sich die Menschen oder hat sich die Arbeit verändert?, in: Lutz von Rosenstiel (Hrsg.), Wertewandel. Herausforderungen für die Unternehmenspolitik in den 90er Jahren, 2. Auflage, Stuttgart 1993, S. 17–27; Meulemann, Werte und Wertewandel.

[83] Vgl. Kapitel 7.1.

[84] Vgl. hierzu den Tagungsbericht: Entgrenzung, Pluralisierung und Identitätsbestimmung. Herausforderungen der Zeitgeschichte in der Welt der Sozialwissenschaften, 25.02.2016–27.02.2016 Potsdam, in: H-Soz-Kult, 10.05.2016, http://www.hsozkult.de/conferencereport/id/tagungsberichte-6512 [Zugriff: 12.07.2016].

[85] Rüdiger Graf/Kim Christian Priemel, Zeitgeschichte in der Welt der Sozialwissenschaften. Legitimität und Originalität einer Disziplin, in: Vierteljahrshefte für Zeitgeschichte 59 (2011), S. 479–508; Benjamin Ziemann, Sozialgeschichte und empirische Sozialforschung, in: Pascal Maeder/Barbara Lüthi/Thomas Mergel (Hrsg.), Wozu noch Sozialgeschichte? Eine Disziplin im Umbruch, Göttingen 2012, S. 131–149; Bernhard Dietz/Christopher Neumaier, Vom Nutzen der Sozialwissenschaften für die Zeitgeschichte. Werte und Wertewandel als Gegenstand historischer Forschung, in: Vierteljahrshefte für Zeitgeschichte 60 (2012), S. 293–304; Jenny Pleinen/Lutz Raphael, Zeithistoriker in den Archiven der Sozialwissenschaften. Erkenntnispotenziale und Relevanzgewinne für die Disziplin, in: Vierteljahrshefte für Zeitgeschichte 62 (2014), S. 173–196.

Teil der gesellschaftlichen Umbrüche der 1970er Jahre übernommen wird.[86] Akzeptiert man dieses grundsätzliche theoretisch-methodische Problem, so stellt sich für die kritische Zeitgeschichtsschreibung die Frage nach dem korrekten analytischen Verfahren: Soll die demoskopische Werteforschung allein als Quelle verwendet und der „Wertewandel" als zeitgenössisches Narrativ dekonstruiert werden oder besteht die theoretische Möglichkeit, dass das kulturelle Konstrukt „Wertewandel" auch auf ein ihm zugrunde liegendes Phänomen verweist, sich also ein Zugang zu sozialkulturellen Wandlungsprozessen *an sich* eröffnet?

Beides gehört zusammen – das ist zumindest der Ansatz der historischen Wertewandelforschung, deren theoretisch-methodisches Instrumentarium einerseits eine kritische Distanz zu zeitgenössischen Beschreibungen von „revolutionärem Wandel" schafft, aber andererseits die Möglichkeit eines beschleunigten sozialen Wandels keineswegs grundsätzlich ausschließt.[87] Das heißt, dass sozialwissenschaftliche Daten und Interpretationen weder unkritisch übernommen noch *per se* zu rein diskursiven Quellen herabgestuft werden. Die historische Wertewandelforschung fragt nach der realitätsstrukturierenden Kraft der sozialwissenschaftlichen Wertewandelforschung. Sie anerkennt somit, dass der „Wertewandel" ein kulturelles Konstrukt ist, will sich aber nicht *a priori* festlegen, dass er dies *ausschließlich* sein soll. Sie operiert somit diesseits und jenseits der Sozialwissenschaften und verbindet die Dekonstruktion und Historisierung sozialwissenschaftlicher Selbstbeschreibungen mit der Möglichkeit einer historischen Erforschung der sozialwissenschaftlich beschriebenen Phänomene.

Für eine wichtige heuristische Orientierung sorgt daher Andreas Rödders Unterscheidung von historischer Wertewandelanalyse als Beobachtung erster Ordnung und als Beobachtung zweiter Ordnung. Wertewandelanalyse als Be-

---

[86] Vgl. Manfred Görtemaker, Geschichte der Bundesrepublik Deutschland. Von der Gründung bis zur Gegenwart, München 1999, S. 621–626; Andreas Rödder, Die Bundesrepublik Deutschland, 1969–1990, München 2004, S. 29, 207 f.; Axel Schildt, Die Sozialgeschichte der Bundesrepublik Deutschland bis 1989/90, München 2007, S. 100 f.; Edgar Wolfrum, Die geglückte Demokratie. Geschichte der Bundesrepublik Deutschland von ihren Anfängen bis zur Gegenwart, Bonn 2007, S. 253–261; Wehler, Deutsche Gesellschaftsgeschichte, S. 291–294; Eckart Conze, Die Suche nach Sicherheit. Eine Geschichte der Bundesrepublik Deutschland von 1949 bis in die Gegenwart, München 2009, S. 554–560.

[87] Vgl. Dietz, Zur Theorie des „Wertewandels"; Andreas Rödder, Wertewandel in historischer Perspektive. Ein Forschungskonzept, in: Dietz/Neumaier/Rödder (Hrsg.), Gab es den Wertewandel?, S. 17–40; Dietz/Neumaier, Vom Nutzen der Sozialwissenschaften für die Zeitgeschichte. Vgl. dazu auch die ebenfalls in Reihe „Wertewandel im 20. Jahrhundert" erschienen Bände: Ann-Katrin Gembries/Theresia Theuke/Isabel Heinemann (Hrsg.), Children by Choice?: Changing Values, Reproduction, and Family Planning in the 20th Century, München 2018 (= Wertewandel im 20. Jahrhundert 3); Anna Kranzdorf, Ausleseinstrument, Denkschule und Muttersprache des Abendlandes. Debatten um den Lateinunterricht in Deutschland 1920–1980. München 2018 (= Wertewandel im 20. Jahrhundert 5); Christopher Neumaier, Familie im 20. Jahrhundert. Konflikte um Ideale, Politiken und Praktiken, München 2019 (= Wertewandel im 20. Jahrhundert 6).

obachtung zweiter Ordnung betrifft die *sozialwissenschaftliche Forschung als Gegenstand*. Die Beobachtung erster Ordnung hingegen erfasst die *Gegenstände der sozialwissenschaftlichen Forschung*, also die von den Zeitgenossen beobachteten soziokulturellen Veränderungen und normativen Auseinandersetzungen *an sich*.[88] Historische Wertewandelanalyse als Beobachtung zweiter Ordnung historisiert den Konstruktionscharakter des Phänomens „Wertewandel". Sie dekonstruiert die diskursive Formel „Wertewandel" und problematisiert die analytischen Kategorien und Methoden der sozialwissenschaftlichen Wertewandelforschung. Ihre Akteure, Auftraggeber, Interessen und Finanzierung werden thematisiert. Die kommunikative Verbreitung und Popularisierung des Phänomens wird ebenso untersucht wie die politisch-kulturellen Auseinandersetzungen um die Deutungshoheit über das Phänomen „Wertewandel". Das beinhaltet auch die Frage, warum überhaupt „Werte" und „Wertewandel" in der Bundesrepublik eine solch zentrale Rolle in der politisch-kulturellen Auseinandersetzung spielten? Lagen die beiden Werteforscher Helmut Klages und Peter Kmieciak richtig, als sie 1979 die Gründe für die „Aufwertung der Werte" in einem „offenkundigen Scheitern herkömmlicher Leit- und Erklärungskonzepte gesellschaftlicher Politikvorstellungen"[89] vermuteten?

Die historische Wertewandelanalyse als Beobachtung erster Ordnung untersucht den Wandel normativer Konzepte hingegen unabhängig von der sozialwissenschaftlichen Umfrageforschung. Sie interessiert sich für soziokulturellen Wandel und versucht ihn insbesondere in Konflikten über normative Leitbilder aufzuspüren. Dabei unterscheidet sie sich grundsätzlich und in mehrfacher Hinsicht von der sozialwissenschaftlichen Wertewandelforschung. Deren Methoden, Kausalitäten, Kategorien und Begriffe werden nicht übernommen. Die historische Wertewandelanalyse als Beobachtung erster Ordnung erschließt sich neue thematische Felder, arbeitet mit anderen und neuen Quellen, die sie vor allem qualifizierend interpretiert. Sie nimmt eine historisch-diachrone Perspektive ein und sucht nach genuin historischen Erklärungen durch Kontextualisierung, Differenzierung und neue Periodisierungsvorschläge. Historische Wertewandelanalyse als Beobachtung erster Ordnung ist Konfliktgeschichte, die Analyse von normativen Aushandlungsprozessen steht im Zentrum. Dabei muss sie eine grundsätzliche Offenheit für Ambivalenzen und Kontingenzen beibehalten und vermeiden, ausschließlich in dichotomen Werteblöcken (materialistisch-postmaterialistisch) zu denken.[90]

Die Unterscheidung von historischer Wertewandelanalyse als Beobachtung erster Ordnung und als Beobachtung zweiter Ordnung ist vor allem heuris-

---

[88] Vgl. Rödder, Wertewandel in historischer Perspektive, S. 27 f.
[89] Helmut Klages/Peter Kmieciak, Einführung, in: dies. (Hrsg.), Wertewandel und gesellschaftlicher Wandel, Frankfurt a. M. 1979, S. 11–19, hier: 12.
[90] Vgl. Dietz, Zur Theorie des „Wertewandels".

tisch bedeutsam und sorgt für theoretische Klarheit. Und grundsätzlich ist die vorliegende Untersuchung dieser methodischen Vorgabe folgend in zwei Teile gegliedert: Die Kapitel 2 bis 4 sind als historische Wertewandelforschung erster Ordnung eine Untersuchung der normativen Konzepte von Arbeit, Leistung und Führung in den 1950er, 1960er und 1970er Jahren (also der Zeit vor und während des „Wertewandelschubs"), aber ohne die Kategorien und Ansätze der sozialwissenschaftlichen Wertewandelforschung. Der zweite Teil (Kapitel 7) versteht sich hingegen auch als eine historische Wertewandelforschung zweiter Ordnung, da die spezifischen Folgen des Wertewandelparadigmas und der Wertewandeldiskurs in der bundesdeutschen Wirtschafts- und Arbeitswelt reflektiert werden.

Gerade für diesen zweiten Teil wird das theoretische Problem allerdings wieder komplexer, denn die Trennung der beiden Beobachtungsebenen ist für eine Untersuchung der 1980er Jahre nicht mehr durchzuhalten. Zwischen den Gegenständen der Beobachtungsebenen gab es massive Interdependenzen und Rückwirkungen: Die sozialwissenschaftliche Wertewandelforschung war nun nicht nur selbst ein Akteur innerhalb der festgestellten Prozesse und an der kommunikativen Verbreitung des Phänomens maßgeblich beteiligt, sondern das sozialwissenschaftliche Theorem „Wertewandel" wanderte in die verschiedensten Wirklichkeitsbereiche und diente als Großerklärung in den unterschiedlichsten Kontexten. Das gilt für das politische Feld, wo aufgrund des „Wertewandels" Schlussfolgerungen für parteipolitische Handlungskonzepte gezogen wurden,[91] vor allem aber auch für das ökonomische Feld, wo unternehmerische Strategien gezielt an die Herausforderungen durch „postmateriell" geprägte Konsumenten und Mitarbeiter angepasst wurden. Aus einer sozialwissenschaftlichen Analyse wurde in der Bundesrepublik der 1980er Jahre ein genereller Wissensbestand und Erwartungshorizont, der nicht mehr hinterfragt wurde. Und wenn der „Wertewandel" beispielsweise auch Eingang in personalpolitische Konzepte von Unternehmen fand, wirkte er selbst wieder normativ – etwa in Form von veränderten Führungstechniken, Produktionsabläufen, Entlohnungssystemen oder Arbeitszeitstrukturen. Die Theorie wurde so zu einer Art *self-fulfilling prophecy*. Für die 1980er Jahre ist somit keine Wertewandelforschung als Beobachtung erster Ordnung mehr sinnvoll möglich, wenn sie nicht auch die normativen Rückwirkungen aus der Anwendung des Wertewandeltheorems berücksichtigt und problematisiert. Wobei dabei grundsätzlich zu fragen ist, ob in Politik und Wirtschaft sozialwissenschaftliche Konzepte aus sich heraus eine wirklichkeitskonstituierende Funktion ausübten oder ob sie nicht viel eher von

---

[91] Vgl. Bernhard Dietz, „Proletarisierung" oder Verwirklichung von Bürgerlichkeit? Der „Wertewandel" der Arbeit und die CDU in der Bundesrepublik der 1980er Jahre, in: Manfred Hettling/Richard Pohle (Hrsg.), Bürgertum. Bilanzen, Perspektiven, Begriffe, Göttingen 2019, S. 297–322.

Entscheidungsträgern instrumentalisiert und aus opportunistischen Gründen eingesetzt wurden, um strukturelle Veränderungen in der Wirtschaft- und Arbeitswelt zu legitimieren.

Aber wie lässt sich überhaupt aus geschichtswissenschaftlicher Perspektive sinnvollerweise von Werten sprechen und Wertewandel erforschen? Entscheidend ist dafür zunächst, dass Werte nicht in einem idealistisch-emphatischen Sinne als absolute, unveränderliche, objektiv gegebene Größen, sondern als relativ, subjektiv und veränderbar verstanden werden.[92] Werte sind somit keine Gegenstände und auch keine Konstanten, sondern wandelbare Vorstellungen bzw. „Sinnkonstruktionen"[93]. Sie sind zu unterscheiden von Normen einerseits und von Wünschen andererseits.[94] Während Normen explizit, restriktiv und in der Regel rechtlich kodifiziert sind, bleiben Werte allgemeiner und sind attraktiv. Das bedeutet, dass Werte unsere Handlungen nicht einschränken, sondern ihnen Orientierung geben. Sie sind nicht unbedingt handlungsleitend, aber handlungsrelevant. Sie sind selbst normativ, aber „weniger im Sinne eines restriktiven Sollens als im Sinne eines Wollens oder Strebens".[95] In den sozialphilosophischen Arbeiten von Hans Joas zur Entstehung der Werte ist es gerade dieses attraktive, nicht freiheitseinschränkende, sondern freiheitsgebende – obwohl bindende – Element, das den Kern des Wesens der Werte ausmacht.[96] Damit unterscheiden sich Werte auch von Wünschen, denn während diese schlicht das faktisch Gewünschte ausmachen, sind Werte unsere Vorstellungen von dem, was des Wünschens wert ist. Damit ist man bei der klassischen Formulierung von Clyde Kluckhohn, der Werte als „conception of the desirable"[97] beschrieben hat.[98] Daran anknüpfend lassen sich „Werte" als *allgemeine und grundlegende normative Ordnungsvorstellungen* auffassen, *die für das Denken, Reden und Han-*

---

[92] Rödder, Wertewandel in historischer Perspektive; Dietz, Theorie des „Wertewandels".
[93] Zit. nach Helmut Thome, Soziologische Werteforschung. Ein von Niklas Luhmann inspirierter Vorschlag für die engere Verknüpfung von Theorie und Empirie, in: Zeitschrift für Soziologie 32 (2003), S. 4–28, hier: 12.
[94] Vgl. zur Begriffsdefinition Neumaier/Gensicke, Wert/Wertewandel.
[95] Helmut Thome, Wandel gesellschaftlicher Wertvorstellungen aus der Sicht der empirischen Sozialforschung, in: Dietz/Neumaier/Rödder (Hrsg.), Gab es den Wertewandel?, S. 41–67, hier: 43.
[96] Vgl. Hans Joas, Die Entstehung der Werte, Frankfurt a. M. 1999.
[97] Clyde Kluckhohn, Values and Value-Orientations in the Theory of Action. An Exploration in Definition and Classification, in: Talcott Parsons/Edward A. Shils (Hrsg.), Toward a General Theory of Action, Cambridge, MA 1962, S. 388–433, hier: 395: „a conception, explicit or implicit, distinctive of an individual or characteristic of a group, of the desirable which influences the selection from available modes, means and ends of action".
[98] Zur Geschichte des Wertbegriffs vgl. den Artikel „Wert" im Historischen Wörterbuch der Philosophie, Sp. 556–583 und Jürgen Gebhardt, Die Werte. Zum Ursprung eines Schlüsselbegriffs der politisch-sozialen Sprache der Gegenwart in der deutschen Philosophie des späten 19. Jahrhunderts, in: Rupert Hofmann/Jörg Jantzen/Henning Ottmann (Hrsg.), Anodos. Festschrift für Helmut Kuhn, Weinheim 1989, S. 35–54.

deln auf individueller und kollektiver Ebene Vorgaben machen und die explizit artikuliert oder implizit angenommen werden können.[99]

Werte sind somit normative Konzepte. Durch diesen abstrakt-normativen Charakter unterscheiden sie sich auch von Mentalitäten. Während Mentalitäten allgemein das kollektiv Gedachte und Empfundene ausmachen,[100] sind Werte das, was kollektiv als wünschens- und erstrebenswert angesehen wird. Historische Wertewandelforschung fragt also nicht nach den konkreten alltagsweltlichen Einstellungen, die sich auf spezifische Objekte oder Sachverhalte beziehen, sondern nach den Konzepten, mit denen diese Einstellungen strukturiert und evaluiert werden. Es geht um die spezifischen normativen Konstruktionen, die zu zentralen Faktoren gesellschaftlich-kultureller Ordnung geworden sind. Dabei interessieren insbesondere der Wandel dieser Konstruktionen und die Machtkonflikte um die gesellschaftlich relevanten Ideen, Ideale oder Leitbilder. *Widerspruch und Kontroversen* sind daher wichtige analytische Anker, um Wertewandel überhaupt erfassen zu können, denn sie indizieren Aushandlungsprozesse und Grenzverschiebungen (z. B. um das Familienleitbild in Debatten um Ehescheidung in der deutschen Geschichte des 20. Jahrhunderts[101]). Der Wertekonflikt ist der zentrale Ansatzpunkt: Nur wenn Werte kontrovers, also nicht vollständig institutionalisiert sind, kann es ausgehend von einem gesellschaftlichen Subsystem und über einen gesellschaftlichen Aushandlungsprozess einen Wertewandel geben.[102] Die Wertkonflikte können klassen-, schicht-, geschlechterspezifisch oder konfessionell-religiös begründet sein oder zwischen zwei Generationen, Branchen oder unternehmensinternen Funktionsgruppen ausgetragen werden. Grundsätzlich geht es bei widerstreitenden Wertorientierungen also um Macht und Diskurshoheit.

Dabei ist davon auszugehen, dass sich gesellschaftlicher Wertewandel auch in den Unternehmen niederschlägt (und die dabei entstehenden Konflikte und Anpassungsstrategien der Unternehmen machen einen großen Teil dieser Untersuchung aus). Noch wichtiger ist aber, dass Wertewandel im Bereich der Arbeit auch von Unternehmen vorangetrieben werden kann, was bisher generell wenig berücksichtigt wurde. Das ist etwa der Fall, wenn aufgrund von veränderten ökonomischen Rahmenbedingungen neue Marketingstrategien, Personalfüh-

---

[99] Rödder, Wertewandel in historischer Perspektive, S. 29.
[100] Peter Dinzelbacher, Zur Theorie und Praxis der Mentalitätsgeschichte, in: ders. (Hrsg.), Europäische Mentalitätsgeschichte. Hauptthemen in Einzeldarstellungen, Stuttgart 1993, S. XV–XXXVIII.
[101] Vgl. Christopher Neumaier, Ringen um Familienwerte. Die Reform des Ehescheidungsrechts in den 1960er/70er Jahren, in: Dietz/Neumaier/Rödder (Hrsg.), Gab es den Wertewandel?, S. 201–225.
[102] Zur Theorie und Methode der Historischen Wertewandelforschung vgl. Dietz/Neumaier, Vom Nutzen der Sozialwissenschaften für die Zeitgeschichte; Rödder, Wertewandel in historischer Perspektive.

rungskonzepte oder gar eine neue „Führungsphilosophie" propagiert werden. Das gilt beispielsweise für das Paradigma der Arbeitszeitflexibilisierung, das von deutschen Unternehmen in den 1980er Jahren ganz explizit zur verbesserten Realisation der „Selbstverwirklichung" der Mitarbeiter eingeführt wurde. Generell sind also die Unternehmen der Ort, an dem materiell-ökonomische Bedingungen und mentale Dispositionen aufeinandertreffen. Unternehmen reagieren auf gesellschaftliche Prozesse und verändern dadurch wiederum die Strukturen der Gesellschaft mit Auswirkungen auf die individuellen Selbstverhältnisse.

Dieser Auffassung liegt ein heuristisches Modell zugrunde, das in Anlehnung an das sozialphilosophische Werteverständnis von Hans Joas[103] Werte innerhalb eines dreiseitigen kausalen Wirkungsgefüges situiert. Dieses besteht erstens aus normativen Semantiken (also Bedeutungszuweisungen durch die gesellschaftlichen Akteure), zweitens aus sozialen Praktiken (also alltäglichen Verhaltensweisen) und drittens aus institutionellen Rahmenbedingungen (also Verhaltensregeln mit entsprechenden Sanktionen). Einem gleichseitigen Dreieck entsprechend wirken Semantiken, Praktiken und institutionelle Rahmenbedingungen beim Veränderungsprozess von Wertvorstellungen aufeinander ein, ohne dass einer der Faktoren apriorisch vorgeordnet wäre. Konkret und im Hinblick auf die Wertorientierungen wirtschaftlicher Führungskräfte heißt das, dass sich im ganzen Untersuchungszeitraum immer wieder Veränderungen in den normativen Semantiken („Wir brauchen moderne Führungsstile") feststellen lassen. Das kann, muss aber nicht heißen, dass sich auch die zugrunde liegenden Werte dauerhaft gewandelt haben. Dies wäre nach dem zugrunde gelegten Modell erst der Fall, wenn sich der Wandel auch in veränderten sozialen Praktiken und institutionellen Rahmenbedingungen niederschlägt. Wertewandel soll also nicht als rein sprachlich-diskursives Phänomen verstanden werden. Vielmehr wird angenommen, dass sich normative Semantiken bzw. der Begründungszusammenhang eines Wertes ändern können, dabei aber nicht unbedingt der Wert an sich. Das heißt beispielsweise, dass, auch wenn um 1970 der autoritäre Begründungszusammenhang von Leistung in Frage gestellt wurde, dies keineswegs notwendigerweise auf einen Niedergang des Arbeitsethos an sich verweisen muss.

Für die Analyse von Wertewandelprozessen ist es zweckmäßig, zunächst die normativen Semantiken innerhalb der gesellschaftlichen Aushandlungsprozesse zu erfassen. Dazu dient ein philologisch-hermeneutisches Verfahren zur Interpretation von Kommunikationsinhalten auf der Basis von Quellenkritik und

---

[103] Vgl. Hans Joas, Die Sakralität der Person. Eine neue Genealogie der Menschenrechte, Berlin 2011, S. 251. Vgl. hierzu auch Werner Plumpe, Ökonomisches Denken und wirtschaftliche Entwicklung. Zum Zusammenhang von Wirtschaftsgeschichte und historischer Semantik der Ökonomie, in: Jahrbuch für Wirtschaftsgeschichte 1 (2009), S. 27–52, insbesondere: 30–40.

der historisch-kritischen Kontextualisierung von Sprachaussagen. Die aus der Textanalyse gewonnenen normativen Argumentationsstandards lassen sich mit der sozialen Praxis korrelieren.[104] Zu Diskurs und sozialer Praxis werden als dritter Bereich für die Untersuchung von Werten Institutionen hinzugezogen. Hierbei spielen insbesondere Gesetze und Gesetzesänderungen eine große Rolle, die als Folge oder auch als Ursache von gesellschaftlichem Wertewandel interpretiert werden können. Aber auch Führungskräfteschulungszentren und Business Schools sind in diesem Sinne Institutionen, die beispielsweise über Studienkonzepte und Lehrpläne veränderte Wertvorstellungen kodifizieren. Es ist dieses wechselseitig kausale Wirkungsgefüge von Wertvorstellungen mit sozialen Praktiken und Institutionen, das erst valide Aussagen über Werte und Wertewandel ermöglicht.

Zum Abschluss der theoretisch-methodischen Überlegungen sei noch auf einige zentrale Begrifflichkeiten hingewiesen. Grundsätzlich ist zu sagen, dass alle Begriffe, mit denen die hier untersuchte Personengruppe beschrieben wird, nicht präzise sind, sondern selbst einem historischen Wandel unterlagen. Das gilt für allgemeinere Begriffe wie „Wirtschaftselite", „Wirtschaftsführer" oder Umschreibungen wie „Führungsetagen der deutschen Wirtschaft", weil darunter in den 1950er Jahren etwas anderes verstanden wurde als in den 1980er Jahren. Es gilt vor allem aber für die Begriffe „Führungskraft", „Manager" und „leitender Angestellter", weil diese Begriffe selbst Gegenstand heftiger Auseinandersetzungen waren. Während etwa bis in die 1960er Jahre der englische Begriff „Manager" in weiten Teilen der deutschen Wirtschaft als „undeutsch" abgelehnt wurde, avancierte er im Laufe der 1960er Jahre zu einem Modernisierungsbegriff zunächst in der kritischen Soziologie und schließlich auch in Teilen der Wirtschaftspresse. Als etwa das im *Spiegel*-Verlag erscheinende *Manager Magazin* 1971 auf den Markt kam, wurde der Begriff „Manager" rundum positiv besetzt und zum normativen Leitbild einer sachlichen, modern-demokratisierten Wirtschafts- und Arbeitswelt, während gleichzeitig die Begriffe „Führungskraft" und „Wirtschaftsführer" als altmodisch, „deutschtümelnd" und tendenziell autoritär abgelehnt wurden.[105]

Noch komplexer ist der Begriff „leitende Angestellte", weil die Frage der arbeitsrechtlichen Eingrenzung dieser Gruppe einem langfristigen historischen Wandel unterlag. Gewissermaßen ist die Geschichte der leitenden Angestellten eine Geschichte der Frage nach ihrer politischen, soziologischen, juristischen

---

[104] Dies wird erleichtert durch Erving Goffmans Konzept der Rahmenanalyse: Mit ihrem Fokus auf Kommunikationsakte und darin vermittelte Normalitätsvorstellungen ermöglicht sie Rückschlüsse auf die implizierte Wirksamkeit von Werten in der sozialen Praxis. Vgl. Erving Goffman, Rahmen-Analyse. Ein Versuch über die Organisation von Alltagserfahrungen, Frankfurt a. M. 1977, insbesondere S. 9–30.

[105] Vgl. Kapitel 3.2.1.

und betrieblichen Abgrenzung. Vor allem in den 1970er Jahren wurde um die Frage, wer zu dieser Gruppe gehören sollte, politisch gekämpft, in den Betrieben debattiert und vor Gericht gestritten. Sogar auf die Straße wurde die Frage getragen, wenn leitende Angestellte für ihre Gruppenrechte demonstrierten.[106] Und um den Einblick in die begrifflichen Schwierigkeiten abzurunden: Die eingangs erwähnte Interessenvertretung der leitenden Angestellten hatte sich 1918 als VELA (Vereinigung der leitenden Angestellten) gegründet, hieß in der Bundesrepublik dann ULA (Union der leitenden Angestellten), seit 2003 „Deutscher Führungskräfteverband (ULA)" und seit 2015 „United Leaders Association – Vereinigung der Deutschen Führungskräfteverbände". Die Zeitschrift der ULA hieß von 1959 bis 1986 „Der Leitende Angestellte", ab 1986 dann bezeichnenderweise „Der Leitende Manager".

Alle diese hier nur angerissenen Begriffsveränderungen verweisen auf aufschlussreiche historisch-semantische Verschiebungen, die selbst Gegenstand dieser Untersuchung sind. Wer, wann, warum und von wem als „Manager" oder „leitender Angestellter" bezeichnet wurde oder sich selbst so bezeichnete, ist für sich schon Teil der hier vorgelegten historischen Analyse. Immer dann aber, wenn dies nicht explizit geschieht, wenn also gerade nicht von den Begriffskonflikten die Rede ist, kann nur ein pragmatischer Gebrauch sinnvoll sein. Angelehnt an den allgemeinen Sprachgebrauch wird daher hier begrifflich die oberste, strategische Entscheidungen treffende Leitungsebene eines Unternehmens („Unternehmer", „Geschäftsführer", „Vorstandsmitglieder", „Top-Manager") abgegrenzt von jener Gruppe des mittleren Managements, die vor allem operative Entscheidungen trifft. Für diese Gruppe werden die etwas unscharfen Begriffe „Manager" und „Führungskraft" weitgehend synonym gebraucht. Grundsätzlich gilt aber dabei, dass die großen, zentral gelenkten Industrie- und Finanzunternehmen im Fokus stehen, denn vor allem hier wuchsen die Zahl und die Bedeutung der leitenden Angestellten. In mittelständischen Betrieben sind sie hingegen weniger präsent.

Auch für den Begriff „leitender Angestellter" ist eine pragmatisch-funktionale Abgrenzung sinnvoll, die der sozial- und wirtschaftsgeschichtlichen Entwicklung im 20. Jahrhundert gerecht wird. Eine Definition von „leitend" allein im Sinne der *Arbeitsleitung*, also delegierte Ausübung der Unternehmerfunktion, würde die vielen (vor allem ab den 1960er Jahren) „neuen" leitenden Angestellten ausschließen, die durch ihre hochqualifizierte Tätigkeit (z. B. als Ingenieure oder Naturwissenschaftler) zu der allgemeineren *Unternehmensleitung* beitrugen. Zwecks Operationalisierung geht die vorliegende Untersuchung daher von folgender Arbeitsdefinition aus: Leitende Angestellte sind Arbeitnehmer mit Arbeitgeberaufgaben unterhalb der Vorstandsebene und angestellte Akademiker, die eine planende oder wissenschaftliche Tätigkeit ausüben. Diese Arbeitsdefini-

---

[106] Vgl. Kapitel 5.

tion ist näher an den Definitionen der Verbände der leitenden Angestellten als an der des DGB der 1970er Jahre. Sie ist entsprechend weit und hat notwendigerweise keine klare Abgrenzung nach unten. Denn eine historische Untersuchung der Auseinandersetzungen um die leitenden Angestellten im 20. Jahrhundert muss gewissermaßen alle leitenden Angestellten erfassen, die von einer an der Debatte beteiligten Gruppe als leitende Angestellte bezeichnet wurden.

Die Arbeit kann sich auf einen breiten Quellenkorpus stützen. An erster Stelle zu nennen sind die Bestände der hier relevanten Verbände. Im Falle des BDI-Archivs (Berlin) und des DGB-Archivs (Bonn) handelt es sich um umfangreiche und unveröffentlichte Aktenbestände. Die BDA (Berlin) und die ULA (Berlin) verfügen nicht über echte historische Archive, aber auf die dort vorhandenen umfangreichen Materialsammlungen konnte ebenfalls zurückgegriffen werden. Für die Geschichte der Führungskräfteausbildung besonders aufschlussreich waren die Nachlässe einer Reihe von in diesem Bereich engagierten Unternehmern und Wirtschaftsführern. Zu nennen sind hier vor allem der Nachlass von Ludwig Vaubel und der Bestand der Glanzstoff AG sowie der Nachlass Hermann Reusch im Rheinisch-Westfälischen Wirtschaftsarchiv (Köln), die Nachlässe von Wilfried Guth, Hermann Josef Abs und Alfred Herrhausen im Historischen Archiv der Deutschen Bank (Frankfurt) sowie von Josef Winschuh und Ernst Wolf Mommsen im Bundesarchiv (Koblenz). Von großer Bedeutung waren außerdem die Bestände des Archivs des Instituts der Deutschen Wirtschaft (Köln), das bis 1973 als Deutsches Industrieinstitut (DII) firmierte. Einen besonders wichtigen und bisher nicht ausgewerteten Bestand stellen die Akten der Baden-Badener Unternehmergespräche und ihres Trägers, der „Gesellschaft zur Förderung des Unternehmernachwuchses" (GFU) dar, die in der Geschäftsstelle der BBUG eingesehen werden konnten (Baden-Baden). Für die amerikanischen Pläne zu einer zentralisierten Managementausbildung in Berlin wurden die relevanten Akten in den National Archives der USA eingesehen (Washington D. C.). Zum empirischen Rückgrat der Arbeit – sowohl für die arbeitsrechtlichen Auseinandersetzungen um die leitenden Angestellten als auch die Geschichte der Führungskräfteausbildung – gehören außerdem die Bestände des Bundeskanzleramts, des Bundesarbeitsministeriums und des Bundeswirtschaftsministeriums im Bundesarchiv (Koblenz). Für das Fallbeispiel BMW wurden unveröffentlichte Quellen wie Vorstandsprotokolle, Anweisungen an Führungskräfte und Akten der Personalabteilungen aus dem BMW-Archiv (München) ausgewertet und um Werkszeitschriften und Betriebsgruppenzeitungen ergänzt.

Neben allgemeinen Quellen wie Bundestagsprotokollen und Parteiprogrammen stehen an erster Stelle der veröffentlichten Quellen die Publikationen, Schriftenreihen, Drucksachen und Zeitschriften der Verbände, wie beispielsweise die Monatszeitschrift der ULA, *Der Leitende Angestellte*, oder die der BDA, *Der Arbeitgeber*. Ebenso wichtig sind die diversen Publikationen der hier diskutierten Managerschulen bzw. Weiterbildungsorganisationen wie beispielsweise die

Publikationen des Deutschen Instituts zur Förderung des Industriellen Führungsnachwuchses. Hinzu kommen Lehrpläne, Unterrichtsmaterialien, Lehrbücher oder hochschuleigene Periodika wie die USW-Schriften für Führungskräfte oder die *Hochschulnachrichten aus der Wissenschaftlichen Hochschule für Unternehmensführung Koblenz*. Eine zentrale Quellengattung stellen die weitgefächerte Managementliteratur, die breit ausgewertete Wirtschaftspresse, die überregionalen Tages- und Wochenzeitungen und die Fachliteratur aus Betriebswissenschaft, Personalwissenschaft, Marketing und Arbeitspsychologie dar. Da der mediale Wandel der Wirtschaftspresse und Managementmagazine selbst reflektiert werden soll, werden hier auch am Beispiel von drei Zeitschriften Archivquellen hinzugezogen: Im Falle der Zeitschrift *Neue Wirtschaft* sind das Akten aus dem Hessischen Wirtschaftsarchiv (Darmstadt), im Fall der Zeitschrift *Plus. Zeitschrift für Unternehmensführung* Akten aus dem Historischen Archiv der Deutschen Bank (Frankfurt) und dem Bundesarchiv (Koblenz) und im Fall des *Manager Magazins* aus dem *Spiegel*-Archiv (Hamburg).

1.4 Aufbau

Die Perspektive der Untersuchung ist bewusst diachron angelegt, um dem zähflüssigen Charakter von Einstellungsveränderungen und Wertewandel gerecht zu werden. Der Untersuchungszeitraum reicht von der Gründung der Bundesrepublik bis zur Wiedervereinigung. Gerade durch den Einbezug der 1950er und 1960er Jahre kann gezeigt werden, dass die Professionalisierung von Führung und der „Abschied von der Autorität" eine lange und komplexe Vorgeschichte haben. Grundsätzlich ist die Untersuchung dabei aber problemorientiert angelegt, die politische und wirtschaftliche Geschichte der Bundesrepublik kann nicht miterzählt werden. Auch eine umfassende Entwicklungsgeschichte der Sozialformation „leitende Angestellte", eine detaillierte Chronik aller Ansätze zur Führungskräfteausbildung oder eine grundlegende Aufarbeitung der Öffentlichkeitsarbeit der wirtschaftlichen Verbände kann diese Arbeit nicht leisten. Stattdessen soll versucht werden, anhand besonders prägnanter und zeittypischer Fallbeispiele zu zeigen, wie sich der historische Wandel des normativen Konzepts von Führung vollzog. Wer kann, darf und soll eine wirtschaftliche Führungskraft sein und wie soll diese Führung ausgeübt werden? Diese Frage wurde von den Diskursteilnehmern (Unternehmer, Verbände der leitenden Angestellten, Managementexperten, Gewerkschaften, kritische Öffentlichkeit) zu unterschiedlichen Zeitpunkten unterschiedlich beantwortet. In der praktischen Arbeit an dieser Untersuchung hat sich gezeigt, dass aussagefähige Konflikte – normative Aushandlungsprozesse – meist in der Gründungsphase einer neuen Führungskräfteausbildungsstätte oder rund um ein neues arbeitsrechtliches

Gesetz oder aber auch in der Folge ökonomischer Krisen auftraten. Solche Knotenpunkte – wie das Betriebsverfassungsgesetz von 1952, die Gründung der Baden-Badener Unternehmergespräche, die Wirtschaftskrise von 1966/67 und die anschließenden Debatten um den „Management Gap", die Gründung des Universitätsseminars der deutschen Wirtschaft im Jahr 1968, das Betriebsverfassungsgesetz von 1972, das Mitbestimmungsgesetz von 1976, die Elitendebatten von 1979/80 und die Gründungswelle von Privatuniversitäten und Business Schools um 1984 – haben so der Arbeit ihre innere Struktur gegeben.

Die Monographie bezieht sich auf die „alte Bundesrepublik" zwischen ihrer Gründung und der Wiedervereinigung. Die DDR und ihre „sozialistischen Manager"[107] können aus arbeitsökonomischen Gründen hier nicht behandelt werden. Immer wieder geht es aber auch um externe Impulse, also um transnationale Einflüsse vor allem aus den USA und die damit verbundenen Anpassungsleistungen der westdeutschen Wirtschaft und ihrer Führungskräfte. Ganz explizit ist dies der Fall im zweiten Kapitel „Führung nach dem Führer", in dem auch die amerikanischen Nachkriegsaktivitäten thematisiert werden, die zur Etablierung einer zentralen Managerausbildung nach US-Vorbild dienen sollten, dabei aber auf entschiedenen Widerstand der deutschen Industrie stießen. Teil dieses deutschen Sonderwegs in der Führungskräfteausbildung sind in den 1950er Jahren die Baden-Badener Unternehmergespräche als Beispiel einer konservativen Modernisierung, die davon geprägt war, dass einerseits die zunehmende Bedeutung von Managementwissen und der Delegation von Unternehmeraufgaben anerkannt wurde, gleichzeitig aber andererseits diskret-informelle und exklusiv-elitäre Rekrutierungsmechanismen etabliert wurden. Umrahmt werden diese beiden Fallbeispiele der 1950er Jahre von einer Analyse der ökonomisch-sozialen, vor allem aber auch kulturellen Rahmenbedingungen jener Suche der Unternehmer und leitenden Angestellten nach ihrer betrieblichen und gesellschaftlichen Rolle im Spannungsfeld von nationalsozialistischer Vergangenheit und Wirtschaftswunder.

Das dritte Kapitel „Der lange Abschied von der Autorität" beschäftigt sich mit der Professionalisierung von Führung, also jenem Prozess, der seit etwa 1960 einerseits zu einem Ausbau und einer Formalisierung der Rekrutierungswege für wirtschaftliche Führungskräfte und andererseits zu einem verstärkten Einsatz von wissenschaftlich fundierten Beobachtungs-, Analyse- und Prognosetechniken in den Betrieben geführt hat. Als treibende Kräfte dieses Prozesses werden der ökonomische Strukturwandel, eine transatlantische Defizitwahrnehmung („Management Gap") und die Interaktion zwischen Unternehmern und Wissenschaft analysiert und dabei aber auch der Wandel der Wirtschaftsmedien und das Entstehen einer eigenen Wirtschaftsöffentlichkeit als wirkmächtige Faktoren

---

[107] Heike Knortz, Innovationsmanagement in der DDR 1973/79–1989. Der sozialistische Manager zwischen ökonomischen Herausforderungen und Systemblockaden, Berlin 2004.

berücksichtigt. Die Bedeutung der kritischen Öffentlichkeit und der sich neu formierenden Medien spielt auch im dritten Kapitel „Das ‚1968' der Manager" eine entscheidende Rolle, denn zusammen mit der sozialliberalen Regierung und dem antikapitalistischen Protest durch die „neue Linke" entwickelten sie jenen Legitimationsdruck, dem sich die westdeutsche Wirtschaft mit teilweise überraschenden Strategien und neuen Handlungskonzepten stellte. Verstanden werden kann die Antwort der Wirtschaft auf „1968" jedoch auch nicht ohne die ökonomischen Herausforderungen seit der Wirtschaftskrise von 1966/67 und den in der Folge eingeleiteten Paradigmenwechsel in der Unternehmensführung. Besonders deutlich wird dies anhand des Beispiels des Universitätsseminars der deutschen Wirtschaft, einer 1968 gegründeten und von westdeutschen Unternehmen und Verbänden finanzierten Managerschule.

Dass der Wandel der Wirtschafts- und Arbeitswelt um 1970 wiederum auch sehr viel mit den arbeitsrechtlichen Reformgesetzen der sozialliberalen Regierung zu tun hat, soll im fünften Kapitel „Die dritte Kraft zwischen Arbeit und Kapital?" deutlich werden, in dem die Auseinandersetzungen um die leitenden Angestellten im Zusammenhang mit Betriebsverfassungsgesetz und Mitbestimmungsgesetz im Vordergrund stehen. Dabei ging es um die soziale, betriebliche und kulturelle Stellung vor allem des mittleren Managements und letztlich um einen Konflikt zwischen zwei unterschiedlichen sozioökonomischen Ordnungsvorstellungen: auf der einen Seite die Vorstellung einer „klassischen" Polarität zwischen Arbeit und Kapital und auf der anderen Seite die Vorstellung einer Pluralisierung der Interessen in der Wirtschaft, die es Leistungseliten erlauben sollte, eine eigene Stellung zwischen Arbeit und Kapital einzunehmen. Das sechste Kapitel soll nicht nur reflektieren, welche Ordnungsvorstellung sich aus welchen Gründen durchgesetzt hat, sondern generell eine Zwischenbilanz bieten, und dabei soll die Überlegung angestellt werden, ob und inwiefern sich die untersuchten Veränderungen um 1970 sinnvollerweise als „Wertewandelschub" interpretieren lassen.

Explizit um die Folgen des sozialwissenschaftlichen Wertewandelparadigmas geht es im siebten Kapitel „Die Aufwertung der Werte". Dabei wird zunächst in einem ersten Schritt nach den ökonomischen, politischen und gesellschaftlichen Gründen für den Erfolg der Wertewandelthese in der Bundesrepublik der 1980er Jahre gefragt. Der eigentliche Fokus des Kapitels liegt aber dann auf der Frage, welche Spielart der Wertewandelforschung sich in der deutschen Wirtschaftsöffentlichkeit aus welchen Gründen durchgesetzt hat. Anschließend werden in einem zweiten Schritt die wichtigsten politökonomischen Antworten auf den „Wertewandel" dargestellt. Sowohl die Elitenförderung und die Forcierung von Privatuniversitäten für die wirtschaftlichen Führungskräfte als auch die Propagierung des „weiblichen Führungsstils" waren in den 1980er Jahren neue, maßgeblich von der deutschen Wirtschaft in neuen Koalitionen mit Politik und Wissenschaftsinstitutionen unterstützte Ideen und Programme, mit denen „Leistung" sichergestellt und neu begründet werden sollte. In einem dritten Schritt geht es um die konkreten Antworten der Unternehmen auf das Phänomen „Wertewandel", die vor allem am Bespiel der „werteorientierten Personalpolitik" von BMW dargestellt werden sollen, denn hier wurde wie in keinem Unternehmen zuvor konsequent und nach Plan das Theorem „Wertewandel" in organisations- und personalpolitische Konzepte umgesetzt. Dabei veränderten diese neuen Konzepte dauerhaft die betrieblichen Strukturen und die Arbeitswelt bei BMW. Das Beispiel der „werteorientierten Personalpolitik" machte Schule und BMW nahm mit seinen Flexibilisierungsmaßnahmen eine Vorreiterrolle für die Automobilindustrie und die deutsche Industrie im Allgemeinen ein und wurde vor allem in den 1990er Jahren zu einem Vorbild für die Neustrukturierung der Arbeits- und Sozialbeziehungen in den Auseinandersetzungen um den „Standort Deutschland". Im abschließenden Fazit werden die Ergebnisse bilanziert und dabei wird versucht, den hier diskutierten Aufstieg der Manager und den Wandel der normativen Konzepte von Arbeit, Leistung und Führung in den weiteren Zusammenhang einer Kulturgeschichte des „Rheinischen Kapitalismus" zu stellen.

2. Führung nach dem Führer: Unternehmer und leitende Angestellte auf der Suche nach ihrer Rolle in den 1950er Jahren

„Alle Werte sind verbraucht. Führerprinzip, Verantwortung, Glaube, Vertrauen." Mit diesen Worten fasste der Industrielle und spätere Generaldirektor des Wuppertaler Chemiekonzerns Glanzstoff AG Ludwig Vaubel seine Stimmung nach dem Ende des Zweiten Weltkriegs in seinem Tagebuch zusammen. Zwei Tage nach der bedingungslosen Kapitulation des Deutschen Reichs heißt es im selben Tagebucheintrag: „Das Volk bleibt zurück mit der Aussicht auf ein Sklavendasein, ‚Kolonie' auf lange. Sollen wir trotzdem mit aller Kraft arbeiten? Für wen? Um des Lebens willen? Zur Betäubung? Oder sollten wir nur das Notwendigste tun, wenn das Ergebnis uns doch nicht gehört?"[1] Vaubels Tagebucheintrag zeigt die tiefgehende Desillusionierung und Orientierungslosigkeit gerade von Vertretern der ökonomischen Elite deutlich. Als eine „Befreiung" durch die Alliierten wurde die Niederlage des nationalsozialistischen Deutschlands ganz offenbar nicht empfunden. Im Gegenteil hatten viele Unternehmer und leitende Angestellte unmittelbar nach Kriegsende berechtigte Angst vor einer Inhaftierung. Wer, wie und unter welchen Bedingungen zukünftig in Deutschland Geschäfte machen oder zur Wirtschaftselite gehören würde, stand im Mai 1945 in den Sternen.

Wie wir heute wissen, waren die Sorgen der meisten Wirtschaftsvertreter unbegründet: Insgesamt haben deutsche Historiker ein hohes Maß an personeller und institutioneller Kontinuität bei den deutschen Wirtschaftseliten über 1945 hinweg feststellen können.[2] Nicht nur konnten viele Wirtschaftsführer mit

---

[1] Ludwig Vaubel, Zusammenbruch und Wiederaufbau. Ein Tagebuch aus der Wirtschaft 1945–1949, hrsg. v. Wolfgang Benz, München 1984, S. 31.
[2] Rainer Holze/Marga Voigt (Hrsg.), 1945 – eine „Stunde Null" in den Köpfen? Zur geistigen Situation in Deutschland nach der Befreiung vom Faschismus, Neuruppin 2016; Alexandra Klei/Katrin Stoll/Annika Wienert (Hrsg.), 8. Mai 1945. Internationale und interdisziplinäre Perspektiven, Berlin 2016; Volker Berghahn/Stefan Unger/Dieter Ziegler (Hrsg.), Die deutsche Wirtschaftselite im 20. Jahrhundert. Kontinuität und Mentalität, Essen 2003; Michael R. Hayse, Recasting West German elites. Higher civil servants, business leaders, and physicians in Hesse between Nazism and democracy, 1945–1955, New York 2003; Hervé Joly, Kontinuität und Diskontinuität der industriellen Eliten nach 1945, in: Dieter Ziegler (Hrsg.), Großbürger und Unternehmer. Die deutsche Wirtschaftselite im 20. Jahrhundert, Göttingen 2000, S. 54–72; ders., Großunternehmer in Deutschland, Soziologie einer industriellen Elite. 1933–1989, Leipzig 1998; Dietmar Petzina, Kontinuität oder Neubeginn? Aspekte wirtschaftlicher Rekonstruktion nach 1945, in: K. Rudolph/K. Wickert (Hrsg.), Geschichte als Möglichkeit. Über Chancen von Demokratie. Festschrift für Helga Grebing,

Hilfe ihrer Netzwerke schnell wieder auf die alten Positionen in den Großunternehmen und Banken zurückkehren, auch auf lokaler und regionaler Ebene sorgten insbesondere die aufgrund ihrer wichtigen administrativen Funktionen von den Alliierten unterstützten Industrie- und Handelskammern für eine eher halbherzige Entnazifizierung.[3]

Für die Zeitgenossen war das Kriegsende dennoch ein fundamentaler Umbruch. Neben den zentralen materiellen Fragen des Wiederaufbaus galt das vor allem auch für normative Fragen: Welche politischen und ideologischen Herausforderungen stellten sich für die Wirtschaftseliten in der unmittelbaren Nachkriegszeit und dann vor allem in der demokratisch verfassten Bundesrepublik? Was für ein Bild sollten sie von sich selbst zeichnen, welche gesellschaftliche Rolle sollten sie sich in dem neuen Staat zuschreiben? Welche neuen Werte würden sich durchsetzen und an welchen alten Werten ließ sich festhalten? Damit verbunden waren die grundsätzlichen politisch-ökonomischen Weichenstellungen. Und welche wirtschaftspolitische Ordnung sich in Deutschland durchsetzen würde, war auch noch in den ersten Jahren der Nachkriegszeit keineswegs eindeutig.[4] Vaubels Ernüchterung war jedenfalls im Hinblick auf die eigene Laufbahn unbegründet, denn diese erlebte – wie bei vielen Managern seines Alters – mit dem Kriegsende keinen Einbruch. Vielmehr verfolgte der 36-jährige Jurist eine unternehmensinterne Aufstiegskarriere, die ihn 1953 in den Vorstand der Glanzstoff AG brachte.[5] In den folgenden zwei Jahrzehnten avancierte Vaubel zu einer Schlüsselfigur der deutschen Wirtschaft, gerade weil er weit über den Horizont seines eigenen Unternehmens hinausblickte und ein zentraler Akteur in den großen wirtschaftlichen Verbänden wurde.

In der deutschen Wirtschaftsgeschichte ist der Name Ludwig Vaubel alles andere als unbekannt, was nicht zuletzt auch an der guten Überlieferung seines Nachlasses liegt.[6] Für die vorliegende Untersuchung ist Vaubel von Bedeutung, weil er gerade für die Geschichte der Führungskräfteausbildung in der Wirt-

---

Essen 1995, S. 258–269; Jürgen Kocka, 1945. Neubeginn oder Restauration?, in: Carola Stern/ Heinrich August Winkler (Hrsg.), Wendepunkte deutscher Geschichte, Frankfurt a. M. 1979, S. 141–168.

[3] Grünbacher, West German Industrialists and the Making of the Economic Miracle, S. 9–22.
[4] Werner Abelshauser betont allerdings, dass die „Wirtschaftsordnungsdebatte" zwar bis in die 1950er Jahre ausgetragen wurde, wichtige Grundsatzentscheidungen über die Zukunft der Westzonenwirtschaft jedoch schon zwei Jahre nach Kriegsende getroffen und spätestens mit der Währungsreform auch durchgesetzt waren. Vgl. Werner Abelshauser, Deutsche Wirtschaftsgeschichte seit 1945, München 2004, S. 89.
[5] Zu Vaubels Biographie vgl. Wolfgang Benz, Vorwort, in: Vaubel, Zusammenbruch und Wiederaufbau, S. 7–16.
[6] Ausführlich haben sich etwa Ruth Rosenberger und Christian Kleinschmidt mit Vaubel und der Glanzstoff AG beschäftigt. Vgl. Rosenberger, Experten für Humankapital; Kleinschmidt, Der produktive Blick.

schaft in den ersten beiden Jahrzehnten der Bundesrepublik die zentrale Figur war. Mit seinem Namen verbinden sich beinahe alle wichtigen Initiativen und Organisationen im Bereich der Aus- und Weiterbildung von westdeutschen Managern, wie sich in den folgenden Kapiteln noch zeigen wird. Gleichzeitig gehörte Vaubel zu jener Kategorie von gesellschaftspolitisch interessierten Unternehmern, die intensiv über die Stellung und Bedeutung der Wirtschaft in der Gesamtgesellschaft und über die Kommunikationsformen der Unternehmen mit der Öffentlichkeit nachdachten. Von Beginn an war es eines seiner zentralen Anliegen, aus der gesellschaftspolitischen Defensive herauszukommen, in der sich die deutsche Wirtschaft – vor allem aus Sicht ihrer zentralen Vertreter – befand.

2.1 Aus der Defensive: Die Wirtschaftselite nach dem Zweiten Weltkrieg und der Aufbau eines neuen Unternehmerbildes

In der unmittelbaren Nachkriegszeit waren die Sorgen der deutschen Wirtschaftselite groß. Obwohl sich die rein materiellen Ausgangsbedingungen für den Wiederaufbau nach Kriegsende trotz Zerstörungen, Demontage- und Reparationslasten als erstaunlich gut herausstellten,[7] waren die Probleme und Befürchtungen der Unternehmer erheblich. Zum einen waren sie von der Entnazifizierung direkt betroffen und zum anderen hatten sich nicht nur in den Augen der Alliierten, sondern auch aus der Sicht eines großen Teils der Öffentlichkeit gerade die Großunternehmen der Komplizenschaft mit den Nationalsozialisten schuldig gemacht.[8] Durch den „IG-Farben-Prozess" von 1947/48 wurde zudem vor den Augen der Welt die Verstrickung von Unternehmern und leitenden Angestellten in das nationalsozialistische Vernichtungssystem verhandelt.[9]

---

[7] Abelshauser, Deutsche Wirtschaftsgeschichte, S. 60–89; ders., Probleme des Wiederaufbaus der westdeutschen Wirtschaft 1945 bis 1953, in: Heinrich August Winkler (Hrsg.), Politische Weichenstellungen im Nachkriegsdeutschland 1945–1953, Göttingen 1979 (= Geschichte und Gesellschaft, Sonderheft 5), S. 208–253; ders., Wirtschaft in Westdeutschland 1945–1948. Rekonstruktion und Wachstumsbedingungen in der amerikanischen und britischen Zone, Stuttgart 1975.
[8] Grünbacher, West German Industrialists and the Making of the Economic Miracle, S. 13; Volker Berghahn, Unternehmer in der frühen Bundesrepublik. Selbstverständnis und politischer Einfluß in der Marktwirtschaft, in: Thomas Großbölting/Rüdiger Schmidt (Hrsg.), Unternehmerwirtschaft zwischen Markt und Lenkung. Organisationsformen, politischer Einfluß und ökonomisches Verhalten 1930–1960, München 2002, S. 283–300.
[9] Vgl. hierzu vor allem das Kapitel 6 in: Kim Christian Priemel, The betrayal. The Nuremberg trials and German divergence, Oxford 2016.

Mit der Schuldfrage verbunden war der schwierige Themenkomplex der Wiedergutmachung. Vor allem die amerikanische Regierung sorgte dafür, dass die Aufnahme der Bundesrepublik in die internationale Staatengemeinschaft an die Wiedergutmachung gekoppelt wurde. Für die deutsche Wirtschaft war dies deswegen so bedeutsam, weil die Entschädigung für NS-Unrecht in unmittelbarem Zusammenhang mit der Freigabe deutschen Auslandsvermögens, der Wiederherstellung von deutschem Kredit und der Wiedereingliederung Westdeutschlands in den internationalen Kapitalverkehr gesehen wurde.[10] Die wohl bedeutsamste Frage aus Sicht der Unternehmer betraf die wirtschaftspolitischen Ordnungsvorstellungen. Angesichts der bei Alliierten, politischen Parteien und in der Öffentlichkeit kursierenden Konzepte zur künftigen sozioökonomischen Verfasstheit der Bundesrepublik drohten zumindest in der Anfangszeit Dekartellisierung, Dekonzentration und womöglich Verstaatlichung. Wie viel unternehmerische Eigeninitiative und Verantwortung im neuen westdeutschen Staat erlaubt sein würden, war zunächst nicht ausgemacht.

Die wichtigen Weichenstellungen durch Währungsreform und Marshallplan liefen dann zwar auf ein liberales Modell nach westlichem Vorbild hinaus, aber die inneren Koordinations- und Abstimmungsprobleme der „sozialen Marktwirtschaft" waren keineswegs vorüber. Zwar gab es vor allem seit der Zeit des Bismarck'schen Kaiserreichs und seiner Kombination von Sozialgesetzgebung und „korporativer Marktwirtschaft" eine Tradition, an die sich anknüpfen ließ, und auch in der Weimarer Republik waren viele ökonomische Rahmenbedingungen und Institutionen geschaffen worden, die wieder aufgegriffen wurden, wie z. B. für die Betriebsverfassung und das Arbeitsrecht. Aber die NS-Rüstungswirtschaft hatte auch ökonomisch-strukturelle Veränderungen mit sich gebracht, die sich nicht so leicht rückgängig machen ließen. Das galt insbesondere für die am amerikanischen Vorbild orientierte Massenproduktion, die sich während der NS-Zeit auch in Deutschland durchgesetzt hatte. Die standardisierte Massenproduktion hatte die in Deutschland traditionell stark diversifizierte Qualitätsproduktion nie gänzlich ersetzt, prägte aber dennoch das Produktionsregime bis zur Krise des „Fordismus" ab den späten 1960er Jahren.[11]

Während also die Produktionsweise auf eine Mischung aus Neu und Alt hinauslief, hatten sich die Kräfteverhältnisse in den Betrieben und Un-

---

[10] Lothar Gall, Der Bankier Hermann Josef Abs. Eine Biographie, München 2006, S. 187 f. Vgl. allgemein: Constantin Goschler, Schuld und Schulden. Die Politik der Wiedergutmachung für NS-Verfolgte seit 1945. Göttingen 2005; Hans Günter Hockerts/Claudia Moisel/Tobias Winstel, Grenzen der Wiedergutmachung. Die Entschädigung für NS-Verfolgte in West- und Osteuropa 1945–2000, Göttingen 2006.

[11] Abelshauser, Deutsche Wirtschaftsgeschichte, S. 48–50, 432–436.

ternehmen grundsätzlich geändert. Das Ende des „Führerprinzips in der deutschen Wirtschaft"[12] und die Wiederentstehung der Gewerkschaften, deren Forderungen im politischen Raum viel Sympathie entgegengebracht wurde, machten das deutlich. Hinzu kam der wirtschaftliche Systemwettlauf mit der jungen DDR, wo trotz schwieriger Ausgangposition Wachstum und Konsum zumindest zu Beginn nicht viel anders als in Westdeutschland verliefen.[13] Und unabhängig von ihrer ökonomischen Leistungsfähigkeit hatte die DDR-Planwirtschaft in ihrer Frühphase auch im Westen Anhänger. Zusätzlich zu den anderen Faktoren brachte vor allem die Mitbestimmungsdiskussion[14] die akuten Legitimationsprobleme des Unternehmertums zum Vorschein.[15] Die Auseinandersetzungen um das Montanmitbestimmungsgesetz von 1951 und das Betriebsverfassungsgesetz von 1952 drehten sich um Fragen der Mitbestimmung auf Unternehmens- und Betriebsebene, brachten aber gleichzeitig grundsätzliche Konflikte um Autorität, Unternehmertum, Führung und Selbständigkeit zum Vorschein. Die Auseinandersetzungen um die Mitbestimmungsgesetzgebung sind in mehrfacher Hinsicht wichtige Wegmarken sowohl für die Selbstfindung der deutschen Unternehmerschaft als auch auf einer abstrakteren Ebene für den Diskurs um das Wesen von Führung. Gleichzeitig beginnt mit diesen Auseinandersetzungen ein Prozess einer aktiven und zunehmend professionalisierten Öffentlichkeitsarbeit der deutschen Wirtschaft. Gewerkschaften und deutsche Politik und mittelbar auch der Einfluss der Alliierten zwangen die Wirtschaft, sich auf die Diskurse einzulassen, eigene Positionen zu formulieren und sich so zumindest funktional auf die Spielregeln und die Aushandlungsprozesse einer demokratischen Gesellschaft einzulassen.

Eine Führungsrolle in diesen Konflikten übernahm auf Seiten der deutschen Wirtschaft die – 1949 zunächst unter dem Namen Ausschuss für Wirtschaftsfragen der industriellen Verbände gegründete und 1950 in Bundesverband der Deutschen Industrie (BDI) umbenannte – Dachorganisation der deutschen In-

---

[12] Timothy W. Mason, Zur Entstehung des Gesetzes zur Ordnung der nationalen Arbeit vom 20. Januar 1934. Ein Versuch über das Verhältnis „archaischer" und „moderner" Momente in der neuesten deutschen Geschichte, in: Hans Mommsen/Dietmar Petzina/Bernd Weisbrod (Hrsg.), Industrielles System und politische Entwicklung in der Weimarer Republik. Düsseldorf 1974, S. 322–351.

[13] André Steiner, Die Planwirtschaft in der DDR. Aufstieg und Niedergang, Erfurt 2016; ders., Von Plan zu Plan. Eine Wirtschaftsgeschichte der DDR, München 2004.

[14] Gloria Müller, Mitbestimmung in der Nachkriegszeit. Britische Besatzungsmacht – Unternehmer – Gewerkschaften, Düsseldorf 1987; dies., Strukturwandel und Arbeitnehmerrechte. Die wirtschaftliche Mitbestimmung in der Eisen- und Stahlindustrie 1945–1975, Essen 1991.

[15] Jonathan Wiesen, West German Industry and the Challenge of the Nazi Past, Chapel Hill 2001; ders., Overcoming Nazism, Big Business, Public Relations, and the Politics of Memory, 1945–1950, in: Central European History 29 (1996), S. 201–226.

dustrie.[16] Die Spitze des BDI erkannte die mediale und politische Defensive, in der sich die westdeutsche Wirtschaft – vor allem die Industrie – befand, als eines der ersten und wichtigsten Aufgabenfelder. Um wieder politische Handlungsfähigkeit zu erlangen und um gerade auf dem Gebiet der Mitbestimmungsdiskussion mit einer wirkmächtigen Stimme zu sprechen, wurde am 16. Januar 1951 das Deutsche Industrieinstitut gegründet.[17] Diese Vorläuferinstitution des Instituts der deutschen Wirtschaft war eine Gemeinschaftsgründung des BDI und der Bundesvereinigung der Arbeitgeberverbände (BDA) und nahm am 2. Mai 1951 in Köln ihre Arbeit auf. Ziele des Instituts waren die „Profilierung des Unternehmertums" und die „öffentliche Meinungsbildung im Inland und Ausland", also nichts anderes als „public relations im engeren Sinne, wie in den USA seit 30 Jahren", wie Hermann Reusch (1896–1971), Generaldirektor der Gutehoffnungshütte und treibende Kraft hinter dem Deutschen Industrieinstitut, auf einer Präsidialsitzung des BDI im September 1950 erklärte.[18] Gerade die westdeutschen Industriellen drängten auf eine schnelle Konstituierung und Ausgestaltung des Instituts. Wegen der weitverbreiteten unternehmerfeindlichen Stimmung galt es keine Zeit zu verlieren. Dabei müsse eine zukünftige Aufgabe des Instituts im „Kampf gegen kommunistische Infiltration" bestehen, so der BDI-Vizepräsident und erste Präsident des Deutschen Industrieinstituts Carl Neumann.[19] Während Neumann die allgemeinen Richtlinien vorgab, wurde zum ersten Geschäftsführer des Instituts der Industrieberater und spätere CDU-Politiker Fritz Hellwig ernannt. Angesichts der zukünftigen gesellschaftlichen und ökonomischen Auseinandersetzungen charakterisierte Otto A. Friedrich, Generaldirektor der Phoenix AG, diese Aufgabe als „ganz kolossal".[20] Aber Hellwig, der 1953 als Abgeordneter in den Deutschen Bundestag einzog und drei

---

[16] In der Forschung wurde die Rolle der Verbände BDI und BDA für die bundesdeutsche Wirtschaftsgeschichte vor allem im Hinblick auf ihre Wirtschaftspolitik berücksichtigt. Vgl. Werner Abelshauser, The first post-liberal nation. Stages in the development of modern corporatism in Germany, in: European History Quarterly 14 (1984), S. 285–317; Diethelm Prowe, Foundations of West German Democracy. Corporatist Patterns, in: Kathy Harms/Lutz-Reiner Reuter/Volker Duerr (Hrsg.), Coping with the past. Germany and Austria after 1945, Madison 1990, S. 105–130; Richard Overy, State and Industry in Germany in the Twentieth Century, in: German History 12 (1994), S. 180–189; Johannes Bähr/Christopher Kopper, Industrie, Politik, Gesellschaft. Der BDI und seine Vorgänger 1919–1990, Göttingen 2019; Jonathan Wiesen betont die wichtige Rolle der Wirtschaftsverbände bei der Vermittlung neuer sozialkultureller Leitbilder. Vgl. Wiesen, West German Industry and the challenge of the Nazi Past.
[17] Vgl. hierzu auch Grünbacher, West German Industrialists, S. 29 f.; Wiesen, West German Industry and the challenge of the Nazi Past, S. 101–119.
[18] Zu Punkt 3 und 5 der Tagesordnung der Präsidialsitzung vom 19.9.1950. BDI-Archiv, A 502. Vgl. auch Elisabeth Binder, Die Entstehung unternehmerischer Public Relations in der Bundesrepublik Deutschland, Münster 1983, S. 146–153.
[19] Zu Punkt 3 und 5 der Tagesordnung der Präsidialsitzung vom 19.9.1950. BDI-Archiv, A 502.
[20] Ebd.

Jahre später Vorsitzender des Ausschusses für Wirtschaftspolitik wurde, füllte die Funktion mit dem notwendigen Selbstbewusstsein und politischem Gewicht aus.

Tatsächlich war das Deutsche Industrieinstitut eine betont kämpferische Organisation, die eine aktive unternehmerische Öffentlichkeitsarbeit nach US-amerikanischem Vorbild etablierte und sich politisch gegen Gewerkschaften, SPD und arbeitnehmerfreundliche Kreise in der CDU positionierte.[21] Intern stilisierten die Unternehmer um 1950 die Arbeit des Instituts als ein Art propagandistischen Überlebenskampf, der mit aller Härte geführt werden müsse. In dem Protokoll einer Kuratoriumssitzung des Instituts wird der Unternehmer Josef Winschuh so wiedergegeben: „Es sei ein Wunder, dass das deutsche Unternehmertum überhaupt noch da ist, heute stehe es aber in einem Kampf auf Leben und Tod. In diesem Kampf spielt das Institut die Rolle eines ‚Generalstabs', der auf lange Sicht arbeitet."[22] Und Winschuh wurde noch deutlicher. Nur wenige Zeilen später gibt ihn das Protokoll direkt wieder: „Das Institut ist ein ‚Kampfinstitut'. Es wird 10 Jahre dauern, bis es aus der Drecklinie herauskommt. Die Gewerkschaften müssen in ihrer Entartung bekämpft werden."[23]

Um dieser Maßgabe gerecht zu werden, wurde das Deutsche Industrieinstitut zu einer ausgesprochen produktiven Organisation: Es wurden der Deutsche Industrieverlag und rasch eigene Periodika begründet, darunter der sogenannte *Unternehmerbrief*, mit dem schnell auf wirtschaftliche und politische Ereignisse reagiert werden konnte und auf Politiker und Journalisten eingewirkt werden sollte. Das Ziel der Publikation bestand darin, „schnelle, präzise und gut durchdachte Antworten auf die unternehmerfeindlichen Argumente der heute die öffentliche Meinungsbildung noch weithin beherrschenden Gegenseite"[24] zu liefern und zu verbreiten. Komplexere gesellschaftspolitische Themen wurden in der *Vortragsreihe des Deutschen Industrieinstituts* besprochen. Fritz Hellwig steuerte allein zwischen April und Dezember 1951 mehr als 60 Vorträge bei.[25] Hinzu kam für Angestellte und Arbeiter industrieller Unternehmungen noch der *Mitarbeiterbrief*, der vor allem zur Mitbestimmungsfrage informieren sollte.

Typisch für die frühen Publikationen des Instituts, aber auch für die interne Kommunikation bei BDI und BDA sind eine Semantik der Klage, die rhetorische Figur der Selbstviktimisierung und eine aggressive Polemik gegen den Gegner. In einer ersten Stellungnahme der Geschäftsführung des Deutschen Industrieinstituts heißt es: „Das deutsche Unternehmertum ist in der politischen Diskussion

---

[21] Binder, Die Entstehung unternehmerischer Public Relations, S. 146–153; Wiesen, West German Industry and the challenge of the Nazi Past, S. 98–113.
[22] Niederschrift über die Sitzung des Kuratoriums und die Mitgliederversammlung des Deutschen Industrieinstituts am 11.7.1952. RWWA Abt. 130. Hermann Reusch, 40010146/308.
[23] Ebd.
[24] Schon wieder etwas Neues?, in: Unternehmerbrief des Deutschen Industrieinstituts. Nr. 1, 2.8.1951.
[25] Grünbacher, West German Industrialists and the Making of the Economic Miracle, S. 20.

in die Stellung der Minderheit gedrängt worden. Es steht in Gefahr, bei der gesellschaftlichen, wirtschaftlichen, sozialen und politischen Neuordnung weiter ausgeschaltet zu werden." In weiten Teilen der öffentlichen Meinung und des politischen Lebens gelte der Unternehmer als „vogelfrei", als „Sündenbock", der „nach Herzenslust beschimpft werden" könne.[26]

Die deutschen Unternehmer stilisierten sich um 1950 gerne als Opfer der politischen und gesellschaftlichen Umstände, des „kollektivistischen Zeitgeistes" und beklagten eine unzureichende öffentliche Anerkennung ihrer Leistungen für den Wiederaufbau. Dabei könne nur ein „freies Unternehmertum" wirtschaftliche Stabilität und weiteren Wohlstand garantieren, so die gängige Argumentation. Die Unternehmer stellten sich als Prototypen der freien Persönlichkeit, als Kämpfer gegen Totalitarismus und „Vermassung"[27] dar. Über die Bildungs- und Öffentlichkeitsarbeit des Deutschen Industrieinstituts wurden entsprechend „bürgerliche Werte" wie Individualität, Selbständigkeit, Freiheit und Verantwortung propagiert.[28] Unterstützt wurden die Unternehmer dabei von Teilen der konservativen Presse. Ein typisches Beispiel ist ein Artikel des Wirtschaftsjournalisten und Publizisten Ferdinand Fried für das *Sonntagsblatt* aus dem Jahr 1951. Hier beschrieb der ehemalige „konservative Revolutionär" die Unternehmer als bedrängte Figuren, auf die von vielen Seiten „die Gewalten dieser Zeit" stürzen würden, und empfahl dringlich, dass den „modernen Mächten oder Massenorganisationen eine ähnlich geschlossene Massenorganisation" der Unternehmer entgegengesetzt werde.[29] Dass Fried die Unternehmer zu politischen Hoffnungsträgern der „Freiheit" stilisierte, zeigt den bemerkenswerten Wandel eines Mannes, der in der Weimarer Zeit das „Ende des Kapitalismus"[30] hatte herbeischreiben wollen und innerhalb der Weimarer Neuen Rechten einer der profiliertesten Vertreter eines auf wirtschaftlicher Autarkie basierenden Staatssozialismus gewesen war.[31]

---

[26] Hellwig/Mejer, Weswegen Deutsches Industrieinstitut? BDI-Archiv, A 502.
[27] Vgl. zu den in den 1950er Jahren virulenten Topoi „Vermassung", „Nivellierung" und „Kollektivismus": Paul Nolte, Die Ordnung der deutschen Gesellschaft. Selbstentwurf und Selbstbeschreibung im 20. Jahrhundert, München 2000, S. 274–318.
[28] Vgl. Regina Vogel, Bürgerliche Werte und Statuserhalt. Bildungspolitische Interessenspolitik von Hochschullehrer- und Unternehmensverbänden in der Nachkriegszeit, Diss. Humboldt-Univ. Berlin, Berlin 2005, S. 155–160.
[29] Ferdinand Fried, Unternehmer unter Druck, in: Sonntagsblatt 22 (1951). Vgl. auch ders., Verbände und Interessenten. Fünf Jahre BDI, in: Die Welt, 18.12.1954. Ferdinand Fried war ein Pseudonym von Friedrich Ferdinand Zimmermann.
[30] Ferdinand Fried, Das Ende des Kapitalismus, Jena 1931; ders., Autarkie, Jena 1932.
[31] Vgl. zu Frieds ökonomischen Vorstellungen Stefan Breuer, Anatomie der Konservativen Revolution, Darmstadt 1993, S. 65 f.; Axel Schildt, Deutschlands Platz in einem „christlichen Abendland". Konservative Publizisten aus dem Tat-Kreis in der Kriegs- und Nachkriegszeit, in: Thomas Köbner/Gert Sautermeister/Sigrid Schneider (Hrsg.), Deutschland nach Hitler, Opladen 1987, S. 344–369; Klaus Fritzsche, Fluchtwege in der Krise der bürgerlichen Gesellschaft. Das Beispiel des „Tat"-Kreises, Frankfurt a. M. 1976.

Welche politischen Ordnungsvorstellungen und Konzepte von Öffentlichkeit zu Beginn der 1950er Jahre noch in der deutschen Industrie kursierten, zeigt ein für die Gründung des Deutschen Industrieinstituts von August Heinrichsbauer erstelltes Exposé „Die Organisation der public relations in der Wirtschaft". Heinrichsbauer war ein Wirtschaftslobbyist und vor 1933 eine wichtige Figur in den antidemokratischen Netzwerken zwischen Militär, Wirtschaftsverbänden und NSDAP, vor allem in der 1931 gegründeten Gesellschaft zum Studium des Faschismus.[32] Nach dem Krieg schrieb er das Buch „Schwerindustrie und Politik", in dem er die deutsche Industrie gegen den Vorwurf verteidigte, sie hätte den Nationalsozialisten zur Macht verholfen,[33] und wurde erster Pressechef des BDI. In seinem für das BDI-Präsidium verfassten Exposé, in dem er für eine aggressivere und politischere Öffentlichkeitsarbeit der deutschen Wirtschaft warb, wird dieses politische Erbe deutlich.[34] Gleich zu Beginn bedauert Heinrichsbauer, dass das Prinzip der Demokratie „trotz ihrer für die Wirtschaft vielfach schädlichen Auswirkungen nicht beseitigt werden" könne.

> Umso notwendiger ist es, den Wähler der „Demokratie" zu beeinflussen, um auf diese Weise Fehler schon im Entstehen nach Möglichkeit zu verhindern zu suchen; wenn sie erst entstanden sind, ist ihre Beseitigung so gut wie unmöglich. Das für die Demokratie kennzeichnende Gewicht der Stimme muss ausgeglichen werden durch Einsatz anderer Mittel.

Als geeignete Mittel sah Heinrichsbauer gezielte Parteispenden, die Unterstützung von Kandidaten, „die der Wirtschaft nahestehen", Systematisierung der Medienpolitik mit dem Ziel der Einflussnahme auf nationale Presse und Auslandspresse, Rundfunk und Film.[35]

Angesichts der demokratieskeptischen Passagen in Heinrichsbauers Exposé war der BDI-Hauptgeschäftsführer Hans-Wilhelm Beutler besorgt. In einem handschriftlichen Kommentar merkte er an: „Diese Auswertung ist in vieler Richtung überholt und nicht mehr Grundlage unseres Vorgehens. Diese Gedanken sind aber heute noch aktuell."[36] Das klingt widersprüchlich, beschreibt aber die Situation der deutschen Wirtschaftseliten recht treffend. Ein skeptisches und lediglich funktionales Verhältnis zur Demokratie war auch in den 1950er Jahren noch lange verbreitet (und in der entsprechenden BDI-Präsidiumssitzung

---

[32] Manfred Wichmann, Die Gesellschaft zum Studium des Faschismus. Ein antidemokratisches Netzwerk zwischen Rechtskonservativismus und Nationalsozialismus, in: Bulletin für Faschismus- und Weltkriegsforschung. Wissenschaftliche Halbjahresschrift 31/32, Berlin 2008, S. 72–104.
[33] August Heinrichsbauer, Schwerindustrie und Politik, Essen 1948.
[34] August Heinrichsbauer, Die Organisation der public relations in der Wirtschaft. BDI-Archiv, A 502.
[35] Ebd.
[36] Handschriftlicher Kommentar Hans-Wilhelm Beutlers auf der ersten Seite von: August Heinrichsbauer, Die Organisation der public relations in der Wirtschaft. BDI-Archiv, A 502.

wurde ohne Vorbehalt von Hermann Reusch auf das Exposé Heinrichsbauers verwiesen)[37]. Antiliberale Ressentiments wirkten weiter und äußerten sich in kulturkritischen Vorbehalten gegenüber der Gegenwartsgesellschaft. Gleichzeitig sorgten der Reformdruck und die politische Defensive, in der sich die Unternehmer befanden, für eine verstärkte Bereitschaft, sich auf das Gebiet der Öffentlichkeitsarbeit zu begeben. Von Heinrichsbauer trennte man sich dabei aber wieder, denn dieser war 1950/51 in einen handfesten Skandal verwickelt, nachdem der *Spiegel* berichtet hatte, dass Heinrichsbauer für die Industrie versucht habe, Bundestagsabgeordnete zu bestechen, damit diese für Bonn als zukünftige Hauptstadt stimmen sollten.[38] Der eingesetzte Untersuchungsausschuss konnte dies nicht beweisen, doch als Lobbyist der Wirtschaft war Heinrichsbauer untragbar geworden. Dies galt umso mehr, als die Aufgabe zu Beginn der 1950er Jahre nicht mehr nur in informell-diskretem Lobbyismus bestand, sondern in einer aktiven Gestaltung des öffentlichen Bildes der Unternehmer.

Die westdeutschen Wirtschaftsverbände wollten gesellschaftspolitisch die Initiative ergreifen, hantierten dabei aber immer wieder auch mit Konzepten von Öffentlichkeit, die zutiefst antiliberal waren. Das gilt etwa auch für die Ideenwelt von Hans Domizlaff, einem der Gründungsväter der deutschen Public Relations. Domizlaff, der teilweise bis in die jüngste Gegenwart als Schöpfer der Markentechnik, „Urfaust der Werbung" und „PR-Papst" verehrt wurde, machte in seinen vielfältigen Veröffentlichungen in der Nachkriegszeit aus seiner antidemokratischen Überzeugung und seiner Verachtung für den „Massenmensch" keinen Hehl.[39] Seine gesellschaftspolitische Vision bestand in einem hierarchisch geordneten Staat mit besonderer Stellung für die Unternehmer, denn: „Keine Staatsordnung der Welt kann ohne unternehmerische Sonderrechte, ohne einen Einordnungszwang der Massen unter die Autorität eines initiativbegabten Führertums der Politik und der Wirtschaft existieren."[40] Die natürliche Aufgabe der Unternehmer sei es, zum Wohle der Gemeinschaft ihre „Raubtierhaftigkeit" auszuleben, so dass sich der Rest der Menschen von den „Kampfverpflichtungen der Existenzsicherung" befreien könne, so Domizlaff

---

[37] Zu Punkt 3 und 5 der Tagesordnung der Präsidialsitzung vom 19.9.1950. BDI-Archiv, A 502.
[38] Rudolf Augstein, Geld und Politik, in: Der Spiegel, 20.6.1951. Vgl. dazu Wiesen, West German Industry and the challenge of the Nazi Past, S. 104–106.
[39] Vgl. Klaus Kocks/Jan-Paul Klünder, Ur- und Abgründe der Markentechnik – Hans Domizlaff als Großvater der PR, in: Klaus Merten (Hrsg.), Konstruktion von Kommunikation in der Mediengesellschaft. Festschrift für Joachim Westerbarkey, Wiesbaden 2009, S. 215–230; Dirk Schindelbeck, Stilgedanken zur Macht. „Lerne wirken ohne zu handeln!": Hans Domizlaff, eines Werbeberaters Geschichte, in: Rainer Gries/Volker Ilgen/Dirk Schindelbeck, „Ins Gehirn der Masse kriechen!". Werbung und Mentalitätsgeschichte, Darmstadt 1995, S. 45–73.
[40] Hans Domizlaff, Es geht um Deutschland: massenpsychologische Stichworte für eine sozialpolitische Reform, Hamburg 1952, S. 140.

weiter in seinem 1952 erschienen Buch „Es geht um Deutschland".[41] Entscheidend für den Erfolg seiner Vision eines „Unternehmerstaats" war für Domizlaff eine groß angelegte massenpsychologische PR-Initiative der Unternehmer: „Sie müssen es verstehen, ihre Persönlichkeit mit suggestiven Kräften zur Auswirkung zu bringen, um überhaupt erst einmal ihren Daseinszweck verständlich zu machen und eine freiwillige Unterwerfung oder spontane Verehrung der Hilfskräfte zu rechtfertigen."[42] Diese Thesen fanden auch im Umfeld des Deutschen Industrieinstituts Resonanz, insbesondere bei jenen Unternehmern, die sich für eine stärker propagandistische Ausrichtung des DII stark machten. So forderte die Landesvereinigung der industriellen Arbeitgeberverbände Nordrhein-Westfalens im Dezember 1952 und mit Blick auf die bevorstehende Bundestagswahl ganz entschieden den Einsatz von „Werbepropagandisten" mit „massenpsychologischer Begabung" in der Leitung des DII.[43] Nur durch die Mitarbeit von Experten „vom Schlage eines Herrn Domezlaff [sic!]" könne das DII seiner eigentlichen Aufgabe, „nämlich die Einwirkung auf die Masse der Wähler, im Interesse des Unternehmertums", gerecht werden.[44]

Obwohl dies nicht der einzige Aufruf zu einer Kooperation mit Domzilaff blieb,[45] kam es zu keiner Zusammenarbeit des DII mit dem freiberuflichen Werbeberater. An einer weniger wissenschaftlichen, aber stärker propagandistischen Ausrichtung des Instituts wurde aber dennoch festgehalten. Mittelfristig am erfolgreichsten waren im Umfeld des DII aber nicht die Konzepte von Henrichsbauer und Domizlaff, sondern das von Carl Hundhausen, der das amerikanische Konzept der Public Relations als „Werbung um öffentliches Vertrauen" übersetzte. In einem Beitrag aus der Vortragsreihe des DII von 1951 erklärte Hundhausen seinen Ansatz folgendermaßen: „Ich möchte die Aufgabe, die Public Relations vor sich sieht, wie folgt ansprechen: es geht darum, in einer durch technischen und technisch-wirtschaftlichen Fortschritt, durch weltanschauliche und politische Ideologien gespaltenen Welt, die Menschen wieder zusammenzuführen."[46] Diese Sätze wurden geradezu zur Maxime der Arbeit des DII. Bereits im Umfeld der Bundestagswahl von 1953 wurde das DII zu einem Agenten des Systemvertrauens, d. h. es beteiligte sich an einer breit angelegten, sozialharmonischen Sinnkonstruktion zur Legitimation unternehmerischen Handelns.

---

[41] Domizlaff, Es geht um Deutschland, S. 334.
[42] Ebd., S. 25.
[43] Günter Langen an Albert Honsberg, 10.12.1952. RWWA Abt. 130. Hermann Reusch, 40010146/310.
[44] Ebd.
[45] Hans Zahn an Herrmann Reusch, 25.3.1953. RWWA Abt. 130. Hermann Reusch, 40010146/310.
[46] Carl Hundhausen, Public Relations als Werbung um öffentliches Vertrauen, in: Vortragsreihe des Deutschen Industrieinstituts, Nr. 4, 16.7.1951.

Ziel war nicht weniger als eine Neuerfindung des Unternehmertums, wie der Historiker Jonathan Wiesen schreibt: Der Unternehmer wurde zur Ikone des Wirtschaftswunders gemacht, zum Symbol für Erfolg, Wohlstand und Freiheit.[47] Gleichzeitig warben BDI und BDA, vor allem aber das DII in den frühen 1950er Jahren um das Vertrauen der westdeutschen Bevölkerung: Sie warben um Vertrauen für eine paternalistische Idee des Unternehmertums, um Vertrauen in den Preisbildungsmechanismus, um Vertrauen in das Konkurrenzprinzip, schlicht um Systemvertrauen in das Prinzip Marktwirtschaft. Dazu sollten auch Konzepte, Ästhetiken und Verfahren, die bisher nur aus der Markenartikelwerbung bekannt waren, angewandt werden. Hier sollte erneut das Deutsche Industrieinstitut die „Generalstabsarbeit" leisten: „Der Vorstand war sich darüber einig, dass die Propagierung der Marktwirtschaft mit allen Mitteln betrieben werden muss und dass hierzu auch die Mittel der Inserierung und Plakatierung im gegebenen Rahmen gehören."[48]

Um dieses Ziel zu erreichen, arbeitete das DII auch mit dem von westdeutschen Unternehmern gegründeten Verein „Die Waage. Gemeinschaft zur Förderung des Sozialen Ausgleichs" zusammen.[49] Die Initiative für den Verein kam 1951 aus dem Umfeld des Bundes Katholischer Unternehmer und das Ziel bestand darin, Ludwig Erhards Konzept der sozialen Marktwirtschaft mit Hilfe von Werbung zu popularisieren. Zu diesem Zweck sammelte die „Waage" immense Spendensummen aus der Privatwirtschaft ein und entfaltete auf dieser finanziellen Grundlage zwischen 1952 und 1965 „die wohl größte private Werbeaktion, die Deutschland bis dato überhaupt gesehen hatte".[50] In den diversen Anzeigen, Comic-Strips und Zeichentrickfilmen (für die auch Vicco von Bülow alias Loriot seine Figuren zur Verfügung stellte) sollten die Bundesbürger von den Vorteilen des marktwirtschaftlichen Prinzips überzeugt werden und dabei die Begriffe „sozial" und „Marktwirtschaft" im Sinne einer konsenshaften Idee zusammendenken. Und diese Werbung um marktwirtschaftliches Systemvertrauen war insgesamt durchaus erfolgreich – was sich nicht zuletzt an den Wahlergebnissen der Bundestagswahlen in den 1950er Jahren ablesen lässt.

Insgesamt ergibt sich eine beinahe schon ironische Wendung: Innerhalb von weniger als zehn Jahren wurde aus der sich in der politischen und medialen Defensive befindlichen und schuldbehafteten Unternehmerschaft eine diskursprägende Gruppe gesellschaftlicher Vorbilder. Mussten sich die Unternehmer in

---

[47] Wiesen, West German Industry and the challenge of the Nazi Past, S. 94.
[48] Niederschrift über die Sitzung des Kuratoriums und die Mitgliederversammlung des Deutschen Industrieinstituts am 25.4.1952. RWWA Abt. 130. Hermann Reusch, 40010146/308.
[49] Vgl. hierzu Dirk Schindelbeck/Volker Ilgen, „Haste was, biste was!": Werbung für die soziale Marktwirtschaft, Darmstadt 1999; Bernhard Löffler, Soziale Marktwirtschaft und administrative Praxis. Das Bundeswirtschaftsministerium und Ludwig Erhard, Wiesbaden 2001, S. 280–283.
[50] Ebd, S. 280.

den ersten Jahren nach Kriegsende noch den Vorwurf gefallen lassen, Handlanger des NS-Systems gewesen zu sein, waren sie zu Beginn der 1950er Jahre schon bald unverzichtbare und vertrauenswürdige Garanten für Prosperität und Stabilität und von Schuld war keine Rede mehr. Dass der Vorwurf an die deutschen Unternehmer, „Steigbügelhalter Hitlers" gewesen zu sein, zunehmend von Seiten der offiziellen Stellen der DDR kam, half in den Zeiten des Ost-West-Konfliktes zusätzlich, die Vorwürfe als Propaganda abzutun, die Unternehmer als systemrelevanten Teil der sozialen Marktwirtschaft darzustellen und das Thema von Schuld und Verantwortung zu verschweigen.[51]

Diese Entwicklung hat viel mit dem raschen Wirtschaftswachstum und dem sich ändernden gesamtgesellschaftlichen Klima der Adenauerzeit zu tun, war aber auch ein großer Propagandaerfolg. Und in der Tat waren BDI, BDA und das neugegründete DII gerade in dieser Frühphase mehr als politisch-ökonomische Interessenverbände oder reine *pressure groups*. Die Verbände und vor allem ihre führenden Vertreter prägten einen breiteren gesellschaftlichen und kulturellen Diskurs, der sich um grundsätzliche Fragen nach der Verfasstheit der jungen Bundesrepublik drehte. Sie waren beteiligt an jenem ideengeschichtlichen Wandlungsprozess, der vor allem den deutschen intellektuellen Konservatismus erfasst hatte und in dem viele ehemalige Vertreter der neuen Rechten der Weimarer Republik den Ton angaben.[52] Ältere kulturpessimistische Topoi von der „Vermassung" und „Nivellierung" wurden auf die sich entwickelnde Konsumgesellschaft bezogen, und gleichzeitig wurde mit dem „technokratischen Konservatismus"[53] eine Perspektive geschaffen, die eine Möglichkeit eröffnete, die Bedingungen der modernen Industriegesellschaft zu akzeptieren und Abschied von der Idee einer

---

[51] Dass in der Folge von der NS-Vergangenheit der Unternehmen – und zwar auch in der bundesdeutschen Unternehmensgeschichte – bis in die 1990er Jahre kaum die Rede war, ist allerdings bemerkenswert. Vgl. Norbert Frei/Tim Schanetzky (Hrsg.), Unternehmen im Nationalsozialismus. Zur Historisierung einer Forschungskonjunktur, Göttingen 2010; Ralf Banken, Kurzfristiger Boom oder langfristiger Forschungsschwerpunkt? Die neuere deutsche Unternehmensgeschichte und die Zeit des Nationalsozialismus, in: Geschichte in Wissenschaft und Unterricht 56 (2005), S. 183–196; Werner Plumpe, Unternehmen im Nationalsozialismus. Eine Zwischenbilanz, in: Werner Abelshauser/Jan-Otmar Hesse/Werner Plumpe (Hrsg.), Wirtschaftsordnung, Staat und Unternehmen. Neue Forschungen zur Wirtschaftsgeschichte des Nationalsozialismus. Festschrift für Dietmar Petzina zum 65. Geburtstag, Essen 2003, S. 243–266.
[52] Vgl. Martina Steber, Die Hüter der Begriffe. Politische Sprachen des Konservativen in Großbritannien und der Bundesrepublik Deutschland, 1945–1980, München 2017, S. 115–128; Constantin Goschler, Radikalkonservative Intellektuelle in der frühen Bundesrepublik, in: Erhard Schütz (Hrsg.), Solitäre und Netzwerker. Akteure des kulturpolitischen Konservatismus nach 1945 in den Westzonen Deutschlands, Essen 2009, S. 23–33.
[53] Die These vom „technokratischen Konservatismus" als einer von Protagonisten der Weimarer Neuen Rechten entworfenen Variante des bundesrepublikanischen Konservatismus geht zurück auf Martin Greiffenhagen. Vgl. Martin Greiffenhagen, Das Dilemma des Konservatismus in Deutschland, München 1971, S. 316–346.

Systemüberwindung zu nehmen.⁵⁴ Diese Deradikalisierung des intellektuellen Konservatismus führte nicht bei allen Vertretern zu einer echten Demokratisierung oder Liberalisierung.⁵⁵ Aber gerade jene ehemaligen „konservativen Revolutionäre", die sich mit der Demokratie ausgesöhnt hatten, boten für die Unternehmer der jungen Bundesrepublik wichtiges Orientierungswissen. Wie noch zu sehen sein wird, mündeten viele der kulturellen Bemühungen zur Bestimmung des Unternehmerbildes in neuen Elitekonzeptionen und Praktiken.

2.2 Auf dem Weg zum „Regime der Manager"? Das Betriebsverfassungsgesetz von 1952 und die „geistig Schaffenden"

Bei der Neubestimmung des Unternehmerbildes galt es auch den strukturellen Veränderungen der Wirtschaft gerecht zu werden. Eine Herausforderung bestand dabei im Aufstieg der leitenden Angestellten. Durch ihre stetige zahlenmäßige Zunahme aufgrund der wirtschafts- und sozialgeschichtlichen Entwicklung gaben sie der Wirtschaftselite ein neues Gesicht. Wirtschaftsgeschichtlich und rein funktional waren Manager nichts Neues. Denn schon im 19. Jahrhundert bedurfte es im Zuge von Unternehmensvergrößerungen unternehmerischer Mitarbeiter, die das Vertrauen des Eigentumsunternehmers genossen und auch Leitungsaufgaben übernahmen.⁵⁶ Durch das Aufkommen von Kapitalgesellschaften und durch Konzernbildungen wuchs diese Gruppe der unternehmerischen Mitarbeiter mit Leitungsaufgaben weiter an. Es kam in vielen Konzernen zu einer zahlenmäßig größeren Beschäftigung familienfremder Führungskräfte und zum Aufbau eines funktional differenzierten Managements.⁵⁷ Diese Trennung von Eigentum und Kontrolle setzte mit dem Beginn des modernen Industriekapitalismus Ende des 19. Jahrhunderts ein.⁵⁸ Die vertikale und horizontale Ausdehnung der Angestelltenstellungen war aber nicht nur die Folge einer zunehmenden

---

[54] Dirk van Laak, Gespräche in der Sicherheit des Schweigens, Berlin 1993; ders., From the Conservative Revolution to Technocratic Conservatism, in: Jan-Werner Müller (Hrsg.), German Ideologies Since 1945. Studies in the Political Thought and Culture of the Bonn Republic, New York 2003 S. 147–160.
[55] Daniel Morat, Von der Tat zur Gelassenheit. Konservatives Denken bei Martin Heidegger, Ernst Jünger und Friedrich Georg Jünger. 1920–1960, Göttingen 2007.
[56] Vgl. Jürgen Kocka, Unternehmensverwaltung und Angestelltenschaft am Beispiel Siemens 1848–1914, Stuttgart 1969.
[57] Hartmut Berghoff, Moderne Unternehmensgeschichte. Eine themen- und theorieorientierte Einführung, Paderborn [u. a.] 2004.
[58] Vgl. Alfred D. Chandler, The Visible Hand. The Managerial Revolution in American Business, Cambridge, MA 1977.

2.2 Das Betriebsverfassungsgesetz von 1952 und die „geistig Schaffenden"

Betriebsgröße. Neue leitende Positionen ergaben sich auch aus dem technischen Fortschritt, der fortschreitenden buchhalterisch-kalkulatorischen Planung und Erfassung sowie durch die wachsenden steuerlichen und sozialversicherungsrechtlichen Anforderungen durch den Staat.[59]

Die leitenden Angestellten waren Sozialaufsteiger der Hochindustrialisierung. Wie die Ingenieure kämpften sie um Anerkennung ihres nicht klassisch bürgerlichen Berufs und versuchten ihre Ebenbürtigkeit mit den alten akademischen Berufen zu demonstrieren.[60] Die berufsständischen Vorstellungen des 19. Jahrhunderts konnten die Realität in den großen Aktiengesellschaften nicht mehr abbilden. Der funktionale Begriff des leitenden Angestellten (und erst recht der des Managers) verriet nicht mehr viel über Stand, Besitz und Beruf. Daher bedurfte es neuer kultureller Orientierungshorizonte und Rechtfertigungsformen, die den sozialen Status und die betriebliche Stellung der leitenden Angestellten legitimierten. Wie noch zu sehen sein wird, stellten diese Bemühungen nach dem Zweiten Weltkrieg eine Herausforderung des klassischen Unternehmerbildes dar. War im Nationalsozialismus das Führerprinzip noch per Gesetz verordnet, so rechtfertigten deutsche Unternehmer nach dem Krieg ihre Betriebsautorität zum einen mit ihrer Eigenschaft als Eigentumsunternehmer, zum anderen wie schon im Wilhelminischen Zeitalter mit einer von Joseph Schumpeter abgeleiteten Vorstellung von einer außeralltäglichen kreativen Schöpferkraft des Unternehmers. Galt in den wirtschaftspolitischen Debatten der Weimarer Republik der Unternehmer noch von staatlichen Eingriffen und Bürokratie in seiner Identität bedroht, wurde in den 1950er Jahren von denselben Wirtschaftsjournalisten und Nationalökonomen von einer „Renaissance des Unternehmertums" gesprochen.[61] In der Zeitschrift der Bundesvereinigung der Deutschen Arbeitgeberverbände sprach man „Vom königlichen Amt des Unternehmers".[62] „Führung" war demnach eine angeborene Eigenschaft und ließ sich nicht lernen. Angestellte Manager konnten aus dieser Perspektive niemals Unternehmer sein.

Diese Auffassung kollidierte mit wissenschaftlichen Auffassungen zur Gegenwart und Zukunft des industriellen Kapitalismus, die schon länger vor allem in

---

[59] Günter Schulz, Die Angestellten seit dem 19. Jahrhundert, München 2000, S. 16.
[60] Sander, Die doppelte Defensive; Frank Grobe, Zirkel und Zahnrad. Ingenieure im bürgerlichen Emanzipationskampf um 1900 – Die Geschichte der technischen Burschenschaft, Heidelberg 2009 (= Darstellung und Quellen zur Geschichte der deutschen Einheitsbewegung im neunzehnten und zwanzigsten Jahrhundert 16).
[61] Jörg Lesczenski, Wirtschaftsbürgertum in der Zwischenkriegszeit. Zeitgenössische Analysen in der Nationalökonomie und Wirtschaftspublizistik, in: Wolfram Pyta/Carsten Kretschmann (Hrsg.), Bürgerlichkeit. Spurensuche in Vergangenheit und Gegenwart, Stuttgart 2016, S. 83–101.
[62] Aus Presse und Literatur. Vom königlichen Amt des Unternehmers, in: Der Arbeitgeber 1 (1949), 1.10.1949, S. 26–28.

Amerika vertreten wurden. Hier untersuchten seit den 1930er Jahren verschiedene Forscher die Auswirkungen des technischen und ökonomischen Wandels auf die Binnenstruktur der Großunternehmen und setzten somit Forschungen fort, die in Deutschland vor allem Joseph Schumpeter, Kurt Weidenfeld und Werner Sombart begonnen hatten.[63] Dabei ging es um den Zusammenhang von veränderten Eigentums- und Organisationsstrukturen der Unternehmen und einem damit verbundenen Wandel der Eigenschaften der Wirtschaftselite. Gefragt wurde insbesondere, welche Folgen ein Anwachsen der Schicht der angestellten Manager auf die Machtbeziehungen im Unternehmen haben würde. Ein früher Meilenstein innerhalb dieser Forschung war die Untersuchung „The Modern Corporation and Private Property", die 1932 von dem Juristen Adolf A. Berle und dem Ökonomen Gardiner C. Means vorgelegt worden war.[64] Berle und Means gingen von einer zunehmenden Konzentration der Produktionsmittel in den größten amerikanischen Unternehmen bei einer gleichzeitigen immer breiteren Streuung des Aktienbesitzes aus. Die Folge sei eine Tendenz zu einer immer stärkeren Trennung von Eigentum und Kontrolle und damit zu einem Machtgewinn der angestellten Manager.

Geradezu dramatisch brachte der politische Theoretiker James Burnham diese Entwicklungen auf den Punkt und prägte dafür den Begriff der „Managerrevolution". In seinem gleichnamigen Hauptwerk von 1940 interpretierte er den Aufstieg der Manager als eine nicht nur für die Wirtschaft bedeutsame sozialrevolutionäre Entwicklung, an deren Ende ein neuer Gesellschaftstyp stehen würde. Burnhams Manager waren nicht nur die Wirtschaftsmanager, sondern allgemein Experten, Spezialisten und Technokraten, und das „Managerregime" eine Gesellschaftsformation, die sowohl kapitalistische als auch kommunistisch und faschistisch geführte Systeme ablösen würde. Besonders nachhaltig war die von Burnham aufgestellte These, dass ein Managerregime im Gegensatz zum bürgerlichen System mit klassischen Eigentümern stehe, die Managerkontrolle also gar ein nachkapitalistisches System vorbereiten würde.[65] Burnhams These wurde in diesem Sinn in den 1950er Jahren auch von der konservativen Publizistik herangezogen, um vor den Gefahren einer Übermacht der Manager und einer losgelösten „Souveränität der Verwaltung" zu warnen.[66]

Ein weiterer Ökonom, der sich um die theoretische Beschreibung der veränderten Unternehmensstrukturen bemühte, war der aus Österreich stammende

---

[63] Vgl. Lesczenski, Wirtschaftsbürgertum in der Zwischenkriegszeit.
[64] Adolf A. Berle/Gardiner C. Means, The Modern Corporation and Private Property, New York 1932.
[65] Kurt Pentzlin, Gestaltwandel des Unternehmers? Betrachtungen zu Burnhams „Managerial Revolution", in: Josef Sommer (Hrsg.), Technik und Wirtschaft im Fortschritt der Zeit, München 1949.
[66] Ferdinand Fried, Die Machtkämpfe in der Wirtschaft, in: Die Welt, 29.1.1955. Vgl. auch Joachim Besser, Das Regime der Manager ist da, in: Die Welt, 20.12.1955.

2.2 Das Betriebsverfassungsgesetz von 1952 und die „geistig Schaffenden"

Peter F. Drucker, der nach der Machtergreifung der Nationalsozialisten zunächst nach Großbritannien emigrierte, 1937 in die USA übersiedelte und 1943 amerikanischer Staatsbürger wurde. Drucker gilt als einflussreicher Pionier der Managementlehre, ja sogar als erster Wissenschaftler, der Management als eine spezifische Funktion beschrieb und sich gleichzeitig um eine konkrete Anwendung von Managementprinzipien in der unternehmerischen Praxis bemühte.[67] Damit förderte er die Professionalisierung von Management und die Vorstellung, dass es sich beim Manager um einen positiv beschreibbaren Beruf handelt, der eine dezidiert moralische Dimension hat.[68] Druckers Bücher wurden übersetzt und vom Düsseldorfer *Econ*-Verlag auf den deutschen Markt gebracht. Sie zählten in den 1950er und 1960er Jahren zu den meistgelesenen Publikationen auf dem Gebiet der Managementlehre.[69] Wie kein anderer Autor sorgte Drucker für die Rezeption amerikanischer Managementtheorien und -praktiken und war damit gerade aufgrund der für diese populärwissenschaftliche Literatur typischen Mischung aus Komplexitätsreduktion, Anwendungstauglichkeit und provokanten Thesen unter deutschen Wirtschaftsführern so erfolgreich.[70] Das gilt vor allem für die späten 1960er und 1970er Jahre, als neue Wirtschaftsmagazine auf den Markt kamen, in denen die Bücher und Thesen der verschiedenen „Management-Gurus"[71] besprochen, verglichen und weiter popularisiert wurden.[72]

Auch Ludwig Vaubel beschäftigte sich schon früh mit Druckers Werk. In einem umfangreichen Kommentar von 1950 analysierte er das Buch „Concept of Corporation"[73], in dem Drucker sich anhand des amerikanischen Automobilkonzerns General Motors mit Organisations- und Führungsfragen in einem modernen Großunternehmen auseinandersetzte.[74] Die richtige Dezentralisati-

---

[67] Timo Meynhardt, Klassiker der Organisationsforschung (6): Peter Drucker, in: Organisationsentwicklung: Zeitschrift für Unternehmensentwicklung und Change Management 4 (2012), S. 86–90.
[68] Peter Drucker, in: Die bedeutendsten Management-Vordenker. Handelsblatt Management Bibliothek, Band 3, Frankfurt a. M. 2005, S. 46–53.
[69] Vgl. u. a. Peter F. Drucker, Gesellschaft am Fließband. Eine Anatomie der industriellen Ordnung, Düsseldorf 1949/1950; ders., Praxis des Managements. Ein Leitfaden für die Führungs-Aufgaben in der modernen Wirtschaft, Düsseldorf 1956; ders., Das Großunternehmen. Sinn, Arbeitsweise und Zielsetzung in unserer Zeit, Düsseldorf 1966. Für die deutsche Rezeption wichtig waren die Besprechungen von Druckers Werken durch den einflussreichen Wirtschaftsjournalisten Herbert Gross. Vgl. Herbert Gross, Drucker's influence on the renaissance of the entrepreneur in German and European business, in: John C. Wood/Michael C. Wood (Hrsg.), Peter F. Drucker. Critical Evaluations in Business and Management, London 2005, S. 383–394.
[70] Vgl. Kleinschmidt, Der produktive Blick, S. 109–112.
[71] Andrzej Huczynski, Management Gurus, London 2006.
[72] Vgl. Kapitel 3.2.
[73] Peter F. Drucker, Concept of the Corporation, New York 1946.
[74] Ludwig Vaubel, Betr. Concept of the Corporation, 15.2.1950. Glanzstoff/Vaubel, Köln, RWWA B6 12 2-5.

on von Macht- und Entscheidungsfunktionen war demnach das entscheidende Kernproblem, von dessen Lösung bei General Motors sich Vaubel sehr beeindruckt zeigte.

> Teilung der Gewalten und Einheit im Handeln, das ist die Definition, die der bei General Motors verfolgten Politik der Dezentralisation vorschwebt, ein Problem, das bei allen großen Organisationen gelöst werden muss. Dieses Ziel kann nicht auf blindem Gehorsam gegenüber Befehlen beruhen, es muss auf gegenseitigem Verständnis für die Probleme, Absichten und Bemühungen zwischen zentraler Geschäftsleitung und Spartenleitern aufgebaut sein.[75]

Von besonderem Interesse war für Vaubel die Definition eines leitenden Angestellten bei General Motors: „Ein Mann, von dem erwartet wird, dass er offiziell gegen eine Entscheidung der Geschäftspolitik Stellung nimmt, mit der er nicht einverstanden ist."[76] Kritik der leitenden Angestellten werde ermutigt, weil sie als ein Zeichen von individueller Initiative und von aktivem Interesse am Geschäft gewertet werde, die immer ernst genommen und beachtet werde.[77]

Man musste zu Beginn der 1950er Jahre aber auch kein belesener und für theoretische Probleme des Managements offener Unternehmer wie Vaubel sein, um mit der Frage der sich verändernden Führungsstrukturen konfrontiert zu werden. Dafür sorgte auch der bundesdeutsche Gesetzgeber mit dem Betriebsverfassungsgesetz von 1952. Zwar ging es in dem Gesetz hauptsächlich um die Regelung der betrieblichen Mitbestimmung – oder allgemeiner gesagt um die Formalisierung und den Ausbau bereits bestehender Regelungen der Sozialpartnerschaft zwischen Unternehmensleitung und Arbeitern und Angestellten –, die von den Unternehmensverbänden lange bekämpft wurde.[78] Ein anderer und meist weniger beachteter Aspekt des Betriebsverfassungsgesetzes betraf jedoch die Struktur der weiteren Unternehmensleitung bzw. die betriebliche Stellung der leitenden Angestellten. Denn diese übten ja schon länger unternehmerische Funktionen aus, es galt also zu klären, wohin sie arbeitsrechtlich und soziologisch gehörten: zur Seite der Arbeitnehmer oder zur Unternehmensleitung.[79] Damit gab die arbeitsrechtliche Erfassung dieser Gruppe der Neubestimmung des Unternehmerbildes zwischen nationalsozialistischem Betriebsführer und amerikanischem Manager noch eine zusätzliche Dimension.

---

[75] Ludwig Vaubel, Betr. Concept of the Corporation, 15.2.1950. Glanzstoff/Vaubel, Köln, RWWA B6 12 2–5.
[76] Ebd.
[77] Ebd.
[78] Werner Milert/Rudolf Tschirbs, Die andere Demokratie. Betriebliche Interessensvertretung in Deutschland. 1848 bis 2008, Essen 2012, S. 393–429. Vgl. zu den Auswirkungen der betrieblichen Mitbestimmung auch Karl Lauschke, „Wir sind heute mehr Mensch als früher". Unternehmenskultur in einem montanmitbestimmten Großbetrieb der fünfziger Jahre, in: Jahrbuch für Wirtschaftsgeschichte 2 (1993), S. 137–157.
[79] Vgl. Hromadka, Das Recht der leitenden Angestellten, S. 207–224.

2.2 Das Betriebsverfassungsgesetz von 1952 und die „geistig Schaffenden" 63

Eine zentrale Frage im Gesetzgebungsprozess war also die Definition und Abgrenzung der leitenden Angestellten. Diese hatten grundsätzlich Arbeitnehmerstatus, aber das Gesetz sollte eine Antwort darauf finden, welche und wie viele dieser Arbeitnehmer einen besonderen Status hatten, weil sie zusätzlich Unternehmerfunktionen ausübten. Von Bedeutung für den Gesetzgebungsprozess und für den Gestaltwandel des Unternehmertums insgesamt war, dass sich die Interessenvertretung der leitenden Angestellten nach dem Krieg neu organisiert hatte und inhaltlich andere Akzente setzte als noch in der Zeit der Weimarer Republik. Zunächst schlossen sich die leitenden Angestellten wieder in ihren Verbänden der jeweiligen Branchen zusammen, so etwa im 1947 gegründeten Verband oberer Bergbeamten, im 1948 gegründeten Verband angestellter Akademiker der chemischen Industrie[80] oder im 1949 gegründeten Verband oberer Angestellter der Stahlindustrie. Als Dachorganisation dieser und der meisten anderen branchenspezifischen Verbände etablierte sich die 1950 gegründete Union der leitenden Angestellten (ULA), die seit dem 1. Januar 1951 ihre eigene Zeitschrift herausgab.[81] Die ULA kam 1955 auf 14.000 Mitglieder, 1960 waren es bereits 20.000.[82] Obwohl die ULA somit von den 100.000 leitenden Angestellten (so eine Schätzung für das Jahr 1952)[83] keineswegs eine Mehrheit direkt repräsentierte, etablierte sie sich zur entscheidenden und wichtigsten Organisation der leitenden Angestellten und zum maßgeblichen Einflussfaktor auf den Gesetzgebungsprozess in den folgenden Jahrzehnten.[84]

Ähnlich wie schon nach dem Ersten Weltkrieg war die Triebfeder für den organisatorischen Zusammenschluss der leitenden Angestellten der Wunsch nach Anerkennung als eigenständige Kraft. Diese Forderung begründeten sie damit, dass sie weder von den Arbeitgeberverbänden noch von den großen Gewerkschaften vertreten werden könnten und wiesen entsprechende Vertretungsangebote der Gewerkschaften zurück.[85] Es ging um partizipative Rechte im Rahmen der Betriebsverfassung, aber auch um materielle Interessen in der Steuergesetzgebung, Sozialversicherung und Altersversorgung. In diesen Punkten agierte die ULA gerade in den ersten beiden Nachkriegsjahrzehnten wie eine klassisch berufsständische Organisation. Neu war jedoch die Legitimierung der

---

[80] Der Verband angestellter Akademiker der chemischen Industrie hieß von 1948 bis 1950 zunächst nur Verband angestellter Akademiker. Vgl. Hromadka, Das Recht der leitenden Angestellten, S. 194.
[81] Die Zeitschrift wurde zunächst unter dem Titel „Die Union", ab 1. Januar 1959 unter dem Titel „Der Leitende Angestellte" geführt.
[82] Paul Diestel, Werden und Aufgaben der Union der leitenden Angestellten, in: Der Leitende Angestellte 1960, S. 144 ff.
[83] Albrecht Weiß, Der leitenden Angestellte im Betrieb, in: Die Union 1954, S. 186 ff.
[84] Vgl. Kapitel 5.
[85] Bund angestellter Akademiker. Zur Vertretung der höheren Angestellten, in: Frankfurter Allgemeine Zeitung, 1.7.1950.

eigenen Stellung: Stand in der Zeit der Weimarer Republik noch ganz der Arbeitnehmerstatus im Vordergrund (man verstand sich als „betriebliche Oberschicht" der Arbeitnehmer), legten die Organisationen der leitenden Angestellten nach dem Zweiten Weltkrieg den Akzent stärker auf die *funktionale* Rolle der Gruppe zwischen Arbeit und Kapital.[86]

Die leitenden Angestellten definierten sich also nicht als Berufsgruppe und auch nicht über einen Bildungsabschluss. Dies entsprach dem Verlauf der Karrieren, die gerade im unteren und mittleren Management oft betriebsinterne Aufstiegskarrieren waren. Den bildungsbürgerlichen Statushierarchien wurden die funktionalen, vorgeblich ausschließlich auf Leistungskriterien basierenden Hierarchien der freien Wirtschaft gegenübergestellt. Die leitenden Angestellten porträtierten sich als die eigentlichen Gewinner der Modernisierung der Unternehmenslandschaft: Vergrößerung und Verwissenschaftlichung der Unternehmen hätten zur Folge gehabt, dass die Unternehmer immer mehr arbeitsleitende, konstruierende, analysierende und verwaltende Aufgaben an akademisch ausgebildete Angestellte übertragen mussten. „Die Revolution unserer Zeit liegt im wachsenden Bedarf an mitverantwortlichen Persönlichkeiten", bescheinigte der Wirtschaftsjournalist Herbert Gross den leitenden Angestellten.[87] Das doppelte bürgerliche Defizit, das die leitenden Angestellten gegenüber den alten akademischen Berufen (Bildung) und gegenüber den Unternehmern (Besitz) hatten, sollte mit solchen rhetorischen Figuren von der „Persönlichkeit" und dem „Geistesarbeiter" kompensiert werden.

Auch in der *FAZ* wurde den Unternehmern nahegelegt, den „ganzen Ballast verstaubter Vorurteile", die „Überheblichkeit" und „überalterte Formen einer betrieblichen Kommandowirtschaft" über Bord zu werfen und die „Gräben im Betrieb" vor allem zwischen Unternehmern und leitenden Angestellten zuzuschütten:

> Das moderne industrielle Leben ist in technischer, wirtschaftlich-organisatorischer und sozial-rechtlicher Hinsicht komplizierter geworden. Um so wichtiger wird der Geist einer echten Betriebsgemeinschaft für den Erfolg des Unternehmens. Dabei ist der Geist der obersten Führung schlechthin entscheidend. [...] Mitwissen, mitdenken, mitbestimmen – das gilt doch wohl in erster Linie für das gesamte Führungspersonal bis hinab zum Meister und Vorarbeiter. Wer den Klassenkampf ernstlich überwinden will, muss in den ihm am nächsten stehenden Reihen anfangen.[88]

Hinzu kam, dass der klassische Eigentumsunternehmer von der ULA zunehmend als Figur der Vergangenheit gezeichnet wurde. Vor allem in den Kapitalgesellschaften, die idealtypisch als Prototypen der Unternehmen der Gegenwart

---

[86] Vgl. Hromadka, Das Recht der leitenden Angestellten, S. 198–203.
[87] Herbert Gross, Ein Urteil über die soziologische Funktion des Angestellten, in: Die Union 5 (1952), S. 73–74.
[88] Gräben im Betrieb, in: Frankfurter Allgemeine Zeitung, 17.1.1952.

dargestellt wurden, waren demnach die Funktionen des Unternehmers nicht mehr in einer Person gebündelt, sondern verteilt und anonymisiert: Die Aktionäre stellten die Produktionsmittel zur Verfügung, die Arbeiter und (normalen) Angestellten ihre ausführende Arbeitskraft und den leitenden Angestellten obliege es nun in ihrer Schlüsselrolle, „Produktionsmittel und ausführende Arbeit in das technisch, kaufmännisch und personell günstigste Verhältnis"[89] zu bringen.[90]

Aus dieser Vorstellung heraus entwickelte vor allem die ULA eine Theorie von den leitenden Angestellten als „dritter Kraft" zwischen Arbeit und Kapital, die in weiterentwickelter Form in der Mitbestimmungsdiskussion in der Zeit der sozialliberalen Regierung eine große Rolle spielen sollte.[91] Für die 1950er Jahre war eine Ideologie, die die Bedeutung des akkumulierten Fachwissens und der übertragenen Unternehmerfunktion in den Vordergrund stellte, durchaus erfolgsversprechend, denn sie reflektierte tatsächliche strukturelle Veränderungen: Vermögensverluste durch den Krieg, der zu erwartende weitere Bedeutungsgewinn von großen Kapitalgesellschaften und die Verwissenschaftlichung der Unternehmensführung sprachen dafür, dass Expertenwissen und Intelligenz immer wichtigere Produktionsfaktoren werden würden. Mehr denn je war die Erwartung gerechtfertigt, dass Leistung zum entscheidenden schichtbegründenden Merkmal werden sollte. Das im Oktober 1952 verabschiedete Betriebsverfassungsgesetz stellte in dieser Hinsicht zumindest einen Teilerfolg für die leitenden Angestellten dar. Ihre betriebliche Sonderstellung wurde anerkannt, von einer Vertretung durch den Betriebsrat wurden sie ausgeschlossen.[92]

Die leitenden Angestellten wurden in dem Gesetz erstmals als Gruppe eigenen Rechts anerkannt. Noch bedeutsamer war, dass zu den „Leitenden" seitdem sowohl die direkten Arbeitgebervertreter (z. B. Direktoren) als auch die Angestellten mit besonders qualifizierter Tätigkeit, also die Spezialisten, Techniker und Wissenschaftler gezählt wurden:

> Als Arbeitnehmer im Sinne dieses Gesetzes gelten nicht die leitenden Angestellten, wenn sie zur selbständigen Einstellung und Entlassung von im Betrieb oder in der Betriebsabteilung beschäftigten Arbeitnehmern berechtigt sind oder wenn ihnen Generalvollmacht oder Prokura erteilt ist oder wenn sie nicht angestelltenversicherungspflichtig sind und Aufgaben wahrnehmen, die regelmäßig wegen ihrer Bedeutung für den Bestand und die Entwicklung des Betriebes nur aufgrund persönlichen Vertrauens des Arbeitgebers bestimmten Personen im Hinblick auf deren besondere Erfahrungen und Kenntnisse übertragen werden.[93]

---

[89] Joseph Höffner, Ortsbestimmung des leitenden Angestellten, in: Die Union 1957, S. 184 ff.
[90] Hromadka, Das Recht der leitenden Angestellten, S. 199.
[91] Vgl. Kapitel 5.
[92] § 4 Betriebsverfassungsgesetz, 14. Oktober 1952, Bundesgesetzblatt 43 (1952).
[93] Ebd.

Dieses Gesetz stellt deswegen eine so wichtige Zäsur dar, weil hier erstmals leitende Angestellte im engeren Sinne der *Arbeitsleitung* (also die oberen Glieder der Betriebshierarchie) *und* leitende Angestellte im weiteren Sinne der *Unternehmensleitung* (also auch die Spezialisten und Techniker) zusammengefasst und gegen die anderen Angestellten abgegrenzt wurden. Es handelte sich dabei um eine rechtliche Kodifizierung einer betriebsgeschichtlichen und sozialgeschichtlichen Entwicklung von großer Tragweite: Aus der alten, für die Angestelltenbewegung so wichtigen Abgrenzung gegenüber den Arbeitern mit Hilfe der Antinomie *geistig* versus *körperlich* war nun die neue Antinomie *schöpferisch* versus *ausführend* geworden, die die leitenden Angestellten von allen anderen Arbeitnehmern, also den Arbeitern und den restlichen Angestellten, abgrenzte.[94]

Die historische Bedeutsamkeit des Gesetzes wurde auch zeitgenössisch anerkannt. Der Unternehmer und Journalist Josef Winschuh schrieb im Januar 1954:

> Auch der Gesetzgeber hat den dummen Dualismus von Kapital und Arbeit preisgegeben und stellt immer mehr die geistige Arbeit als besondere Gruppe heraus. [...] [E]rst das Betriebsverfassungsgesetz durchbricht erstmalig in der Sozialgeschichte das vereinfachende und überalterte Schema Arbeitgeber – Arbeitnehmer, in dem es die leitenden Angestellten ausdrücklich aus der Mitbestimmungszuständigkeit heraushebt und vom Betriebsrat unabhängig macht. Hier wird die besondere Funktion der leitenden geistigen Arbeit sowie die moderne Vielschichtigkeit der Arbeitnehmerschaft erkannt.[95]

Das Betriebsverfassungsgesetz war somit ein großer Schritt für die leitenden Angestellten, auch wenn ihnen dort eine eigene betriebliche Vertretung noch versagt blieb. Damit konnten die ULA und die anderen Organisationen der leitenden Angestellten zunächst leben. Als aber mit der Wirtschaftskrise von 1966/67 erstmals die Schutzbedürftigkeit der Gruppe offensichtlich wurde und vor allem ihre Zahl und Bedeutung stark angestiegen war, wurde die Forderung nach eigener Vertretung, nach Sprecherausschüssen für leitende Angestellte zur zentralen Maxime.[96] In den 1950er Jahren galt es für die leitenden Angestellten zunächst, als eigene Gruppe über den gesetzlichen Rahmen hinaus anerkannt zu werden. Auf welche sozialkulturellen Widerstände sie dabei stießen, lässt sich allein an dem allseits verpönten Begriff „Manager" ablesen – wie weiter unten noch erörtert werden wird.

Zunächst gilt es festzuhalten, dass zu Beginn der 1950er Jahre die deutschen Unternehmer und traditionelle Konzepte betrieblicher Führung insbesondere auf drei Feldern unter Druck geraten waren. Erstens auf dem Feld der politischen Öf-

---

[94] Vgl. hierzu Hromadka, Das Recht der leitenden Angestellten, S. 118 f.
[95] Josef Winschuh, Die Stunde des Geistesarbeiters, in: Industriekurier, 30.1.1954.
[96] Vgl. Kapitel 5.

fentlichkeit: Hier reagierten vor allem die Verbände (insbesondere der BDI) sehr schnell mit der Gründung des DII, das helfen sollte, ein neues Unternehmerbild zu konstruieren und in den Auseinandersetzungen mit den Gewerkschaften ideologisch besser gerüstet zu sein. Gerade an der Darstellung der Wirtschaftsführer als fleißig-schöpferische Väter des Wirtschaftswunders und verantwortungsvolle Unternehmer (und etwa nicht Kapitalisten, Fabrikbesitzer oder Profiteure des Nationalsozialismus) hatte das Deutsche Industrieinstitut einen großen Anteil. Zweitens auf dem Feld der wissenschaftlichen bzw. populärwissenschaftlichen Managementliteratur, die, aus den USA kommend, zunehmend auch in der Bundesrepublik rezipiert wurde: Hier wurde einer traditionellen Eigentums- und Führungsstruktur beinahe naturgesetzlich das Ende prophezeit. Stattdessen würde ein „Regime der Manager" nicht nur die Unternehmen, sondern auch Bürokratie und Politik kontrollieren. Drittens auf dem Feld des Arbeitsrechts: Hier wurde mit dem Betriebsverfassungsgesetz von 1952 der Gruppe der leitenden Angestellten aufgrund ihrer unternehmerischen Funktion eine betriebliche Sonderstellung zuerkannt. Damit setzte die Rechtsprechung einen Akzent in Richtung einer funktional gegliederten Leistungsgesellschaft. Angesichts dieser Ausgangssituation stellt sich die Frage, ob dieser Veränderungsdruck tatsächlich neue normative Konzepte von Führung zu Tage gebracht hat. Dieser Frage soll im Folgenden anhand der Führungskräfteausbildung in den 1950er Jahren nachgegangen werden.

2.3 Ist Führung lernbar? Die Baden-Badener Unternehmergespräche in den 1950er Jahren

Die Debatten um die Identität und um die politisch-soziale Rolle der Unternehmer hatten in den 1950er Jahren auch eine konkret-praktische Dimension. Eine verstärkte Öffentlichkeitsarbeit und offensive Darstellung der Bedeutung des freien Unternehmertums war eine Strategie, die nur nach außen sinnvoll sein konnte. Innerhalb der Unternehmen und Betriebe stellte sich die Frage nach der Identität des Unternehmers unter anderen Vorzeichen. Denn gerade in Großbetrieben zeigte sich, dass der sich schon seit der Jahrhundertwende vollziehende Prozess der Delegation von unternehmerischer Verantwortung auf beauftragte Unternehmer, also eigentumslose Manager, gerade in Zeiten des beschleunigten Wirtschaftswachstums weiter voranschreiten würde. Gleichzeitig wurde in den 1950er Jahren offensichtlich, dass es einen gravierenden Mangel an geeigneten Kandidaten für Führungspositionen in der deutschen Wirtschaft geben würde. Die schwerwiegenden demographischen Folgen des Zweiten Weltkriegs zeigten sich deutlich: zum einen durch die Halbierung ganzer Jahrgänge und zum anderen durch die Tatsache, dass die potentiellen

2. Führung nach dem Führer

Kandidaten viele Jahre im Militärdienst und als Kriegsgefangene und nicht in Ausbildung, Studium oder in den Betrieben verbracht hatten.[97]

In einem internen Bericht der Geschäftsführung des BDI zeigten sich die Autoren im Sommer 1953 entsprechend alarmiert: In den nächsten zehn bis fünfzehn Jahren müsse „infolge der Blut- und Geburtenverluste zweier Weltkriege mit einer außerordentlichen Verknappung" der Männer zwischen 35 und 45 gerechnet werden. „Der Jahrgang 1917 umfasst nur noch etwa 1/3–1/2 seiner normalen Größe."[98] Hinzu kam wenig später die bevorstehende Wiedereinführung der Wehrpflicht, die dem Arbeitsmarkt ab dem Jahr 1956 zusätzlich männliche Nachwuchskräfte entziehen sollte. Es fehlte also an potentiellen Fachkräften *und* an theoretischer und praktischer Erfahrung für die Unternehmensleitung. Dieses Problem wurde in den 1950er und 1960er Jahren notgedrungen mit der Besetzung von Managerpositionen durch ehemalige Offiziere der Wehrmacht gelöst.[99]

Gleichzeitig war einer Reihe von westdeutschen Unternehmern schon zu Beginn der 1950er Jahre klar, dass es angesichts der entfachten Dynamik der deutschen Wirtschaft einer strukturierteren Lösung des Führungskräfteproblems bedurfte. Als Orientierung bot sich der Blick über den Atlantik auf die US-amerikanischen Business Schools an und tatsächlich spielten – wie weiter unten gezeigt werden wird – amerikanische Erfahrungen und Eindrücke bei den ersten Anläufen zur Führungskräfteausbildung eine Rolle. Eine direkte Übertragung des amerikanischen Modells wäre aber nicht nur mit dem deutschen Aus- und Weiterbildungssystem kollidiert, sie hätte auch einige fundamentale Glaubenssätze des Unternehmertums der 1950er Jahre herausgefordert. Denn die Idee, dass man wie in den USA „Manager in Treibhäusern" „züchten" könnte,[100] widersprach ganz grundsätzlich der Vorstellung, dass man zum Unternehmer

---

[97] Vgl. Woher kommt der Unternehmernachwuchs?, in: Der Volkswirt 27 (1950), S. 7–8; John L. Mc Caffrey, Was den Chefs schlaflose Nächte bereitet, in: Frankfurter Allgemeine Zeitung, 29.12.1953; Ferdinand Grüll, Nachwuchs an Führungskräften, in: Die Union 12 (1954), S. 191–192; Ludwig Vaubel, Der Führungsnachwuchs für die Industrie, in: Der Volkswirt, 25.12.1954, S. 67–70; ders., Erfahrungen mit der Auswahl und Entwicklung von Führungskräften, in: Ernst Wolf Mommsen (Hrsg.), Elitebildung in der Wirtschaft, Darmstadt 1955, S. 279–288; Harriet Hoffmann, Nachwuchsprobleme der leitenden Angestellten, in: Die Union 3 (1957), S. 49–51.

[98] Förderung der leitenden Funktion in industriellen Unternehmungen. Schriftsatz der Geschäftsführung des BDI zur Sitzung vom 2.7.1953. Bundesarchiv Koblenz N 1223/100. [Hervorhebung im Original, B. D.]

[99] Vgl. Manfred Lesch, Die Rolle des Offiziers in der deutschen Wirtschaft nach dem Ende des Zweiten Weltkrieges, Berlin 1970.

[100] Hanns Meenzen, Unternehmer auf der Schulbank. Stand und Problematik der Weiterbildung des deutschen wirtschaftlichen Führungsnachwuchses, in: Die Union 1 (1958), S. 2–4, hier: 4.

2.3 Die Baden-Badener Unternehmergespräche in den 1950er Jahren 69

„geboren" und „berufen" sei, und den elitären Vorstellungen von Aufgabe und Funktion des Unternehmers in den 1950er Jahren.[101]

Ein Ausweg aus diesem Dilemma konnte also nur eine Organisation bieten, die einerseits eine exklusive Zugangskontrolle und ein elitäres Selbstverständnis aufrechterhielt, aber andererseits die Möglichkeit eröffnete, wissenschaftliches Wissen und unternehmenspraktische Erfahrung zu vermitteln. Eine solche Organisation war die Gesellschaft zur Förderung des Unternehmernachwuchses (GFU), besser bekannt durch die von ihr organisierten Baden-Badener Unternehmergespräche (BBUG). Dieses in den frühen 1950er Jahren erdachte, seit 1954 realisierte und bis zum heutigen Tag als Kaderschmiede der deutschen Wirtschaft geltende Schulungs- und Kontaktformat ist für die Geschichte der normativen Konzepte von Arbeit, Leistung und Führung von zentraler Bedeutung.[102] Dies liegt zum einen daran, dass die Entstehungsgeschichte der BBUG einen Einblick in die Vorstellungswelt einer zentralen Gruppe von westdeutschen Industriellen eröffnet, die zu Beginn der 1950er Jahre über die Notwendigkeiten zur Modernisierung der deutschen Wirtschaft nachdachten und dabei das amerikanische Vorbild im Auge hatten, ohne deutsche Traditionen aufgeben zu wollen. Zum anderen ist die frühe Geschichte der BBUG erhellend, weil Abgrenzungs- und Leistungskriterien geschaffen werden mussten; es musste diskutiert und fixiert werden, wer zum unternehmerischen Nachwuchs gehören sollte und was dieser überhaupt noch lernen konnte und sollte.

Die treibende Kraft zur Entwicklung einer strategischen Planung des Führungskräftenachwuchses war der BDI. In den frühen Präsidiumssitzungen des Verbandes spielte das Thema Führungsnachwuchs eine zentrale Rolle. Dabei reagierte der BDI zum einen auf Darstellungen in der Presse, wonach es im Vergleich zu den USA, Großbritannien und Frankreich eine ungenügende Aus- und Weiterbildung von Führungskräften in der Bundesrepublik gebe.[103] Zum anderen wollte der BDI eine führende und koordinierende Rolle auf dem Gebiet spielen. Unstrukturiert und nicht auf ihre Qualität geprüft, könnten neue Initiativen zur Führungskräfteausbildung „mehr Schaden als Nutzen stiften"

---

[101] Robert Locke betont die Vorstellung westdeutscher Unternehmer von der eigenen Überlegenheit hinsichtlich aller Ausbildungsfragen bis in die 1960er Jahre. Robert L. Locke, Business Education in Germany. Past Systems and Current Practice, in: Business History Review 52 (1985), S. 232–253; ders., The Collapse of the American Management Mystique, Oxford 1996.

[102] Grünbacher, West German Industrialists, S. 59–65; ders., The Americanisation that never was? The first decade of the Baden-Badener Unternehmergespräche, 1954–64 and top management training in 1950s Germany, in: Business History 54 (2012), S. 245–261; Kipping, Hidden business schools.

[103] Niederschrift über die Sitzung des Präsidiums des Bundesverbandes der Deutschen Industrie vom 10.12.1952. BDI-Archiv. HGF Pro 2.1, Karton 786.

und so eine „akute Gefahr" darstellen.[104] Ganz offensichtlich sorgte man sich auch vor Initiativen ausländischer Anbieter. Das Präsidium war daher überzeugt, dass der BDI diese Entwicklung „nicht sich selbst überlassen" könne.[105] Innerhalb des BDI-Präsidiums waren es in der Folge vor allem zwei Industrielle, die sich für die Führungskräfteausbildung engagierten: Siemens-Aufsichtsrat Wolf-Dietrich von Witzleben und der bereits vorgestellte Generaldirektor des Wuppertaler Chemiekonzerns Glanzstoff AG Ludwig Vaubel.[106] Zusammen mit dem BDI-Vizepräsidenten und Präsidenten des Deutschen Industrieinstituts Carl Neumann und dem Generaldirektor der Zellstofffabrik Waldhof Max H. Schmid bildeten sie den im Dezember 1952 eingesetzten Arbeitskreis zur Förderung des Unternehmernachwuchses.[107] Der Auftrag war weit gefasst: Der Arbeitskreis sollte im Hinblick auf die Führungskräfteausbildung vorschlagen, „was sofort und was auf längere Sicht der BDI unternehmen solle". Dabei wurde bereits 1952 die Idee einer eigenen „Unternehmerakademie" artikuliert.[108]

Die Auswahl der vier Industriellen für den Arbeitskreis war kein Zufall. Der 1886 geborene Witzleben war als Personalexperte maßgeblich beteiligt an der Professionalisierung, Zentralisierung und Straffung des Sozial- und Personalwesens bei Siemens in den 1920er und 1930er Jahren und nach dem Krieg eine treibende Kraft der unternehmensinternen Nachwuchsförderung und des Aufbaus eines Seminarprogramms bei Siemens. Die für die Führungskräfteschulung im Hause Siemens verantwortliche Stiftung trägt daher schon seit 1956 den Namen Wolf-Dietrich von Witzleben-Stiftung.[109] Der 1896 geborene Neumann leitete die Textilfirma P. C. Neumann GmbH in Wuppertal, war von 1954 bis 1963 Präsident des Gesamtverbandes der Textilindustrie in der Bundesrepublik und Mitglied der Führungsgremien von BDI und BDA. Bis zu seinem Tod (1966) leitete er das Deutsche Industrieinstitut und war somit maßgeblich an der Darstellung des Unternehmertums in der Öffentlichkeit der jungen Bundesrepublik beteiligt.[110] Dabei trug Neumann als Verfasser des vom Deutschen Industrieinstitut herausgegebenen *Unternehmerbriefs* entscheidenden Anteil an

---

[104] Niederschrift über die Sitzung des Präsidiums des Bundesverbandes der Deutschen Industrie vom 10.12.1952. BDI-Archiv. HGF Pro 2.1, Karton 786.
[105] Ebd.
[106] Vgl. Matthias Kipping/Christian Kleinschmidt, Ludwig Vaubel and the Renewal of Management Education in Germany after 1945, in: Anne Marie Kuijlaars [u. a.] (Hrsg.), Business and Society, Entrepreneurs, Politics and Networks in Historical Perspective, Rotterdam 2000, S. 521–530.
[107] Niederschrift über die Sitzung des Präsidiums des Bundesverbandes der Deutschen Industrie vom 10.12.1952. BDI-Archiv. HGF Pro 2.1, Karton 786; Ludwig Vaubel an Walter Scheel, 20.1.1953. RWWA B6 12 7.
[108] Niederschrift über die Sitzung des Präsidiums des Bundesverbandes der Deutschen Industrie vom 10.12.1952. BDI-Archiv. HGF Pro 2.1, Karton 786.
[109] Reuber, Der lange Weg an die Spitze, S. 66, 250 ff.
[110] Beate Battenfeld, „Neumann, Carl", in: Neue Deutsche Biographie 19 (1999), S. 154–156.

2.3 Die Baden-Badener Unternehmergespräche in den 1950er Jahren 71

der Verbreitung der Vorstellung, dass das Unternehmertum eine „Führungselite" darstelle, deren Aufgabe darin bestehe, die „freiheitliche Ordnung" gegen „Bolschewismus" und „Nivellierung" zu verteidigen.[111]

Der 1908 geborene Vaubel war seit 1953 Vorstandsmitglied der Glanzstoff AG in Wuppertal und avancierte, wie oben schon erwähnt, in den folgenden Jahrzehnten zum Nestor der Führungskräfteausbildung in Westdeutschland. Eng mit seinem Namen verbunden sind die Baden-Badener Unternehmergespräche, der Wuppertaler Kreis, die Walter-Raymond-Stiftung und das Universitätsseminar der Deutschen Wirtschaft.[112] Vaubels Engagement und Expertise gehen dabei maßgeblich auf eine USA-Reise und die Teilnahme an einem 13-wöchigen „Advanced Management Program" der Harvard Business School im Jahr 1950 zurück. Seine Erfahrungen als erster deutscher Teilnehmer an dem prestigeträchtigen Managementkurs machte Vaubel einem breiteren Publikum in seiner Schrift „Unternehmer gehen zur Schule" bekannt.[113] Das Buch hatte mit seinem Appell zur ständigen beruflichen Weiterbildung einen großen Einfluss auf die frühe Diskussion amerikanischer Managementmethoden in der Bundesrepublik.[114]

Auch der 1891 geborene Max H. Schmid war von amerikanischen Managementmethoden fasziniert. Der Papier- und Zellulosefabrikant (und Deutsche Bank-Aufsichtsrat) hatte an einer jener vielen Studienreisen teilgenommen, die das Rationalisierungskuratorium der deutschen Wirtschaft (RKW), die European Cooperation Administration (ECA) und die National Association of Manufacturers (NAM) in den frühen 1950er Jahren für deutsche Firmen organisierten.[115] Nach seiner Rückkehr gab Schmid der *Zeit* ein Interview zu seinen Amerikaerfahrungen und zeigte sich überzeugt, dass deutsche Unternehmen auf dem Gebiet der Technik und Ingenieurleistungen leicht wieder aufholen könnten. Aber im Bereich der „public relations" und „labor relations", der Marktforschung, Verkaufswerbung, Kundenorientierung und der „leistungssteigernden" Verbesserung des Betriebsklimas sei die Überlegenheit des amerikanischen Produktionssystems erheblich.[116]

Das Prinzip des Aufholens, die intellektuelle Neugier für neue bzw. amerikanische Managementmethoden, also die Frage, *was* – neben der Erfahrung der

---

[111] Wandlung der Gesellschaft. Das politische Bekenntnis des Unternehmers Carl Neumann, in: Der Volkswirt 21 (1956).
[112] Vgl. Kipping/Kleinschmidt, Ludwig Vaubel and the Renewal of Management Education.
[113] Ludwig Vaubel, Unternehmer gehen zur Schule. Ein Erfahrungsbericht aus USA, Düsseldorf 1952; ders., Zusammenbruch und Wiederaufbau.
[114] Vgl. Kleinschmidt, Der produktive Blick, S. 77 f., 87–89.
[115] Diese Reisen waren meist Teil des US Technical Assistance and Productivity Program (USTA&P) im Rahmen der US-amerikanischen Unterstützung des deutschen Wiederaufbaus in der Nachkriegszeit und brachten in der Zeit zwischen 1950 und 1956 insgesamt 1899 deutsche Teilnehmer in die USA. Vgl. Kleinschmidt, Der produktive Blick, S. 70.
[116] Helmut Berecke, Wo ist Amerika „besser"?, in: Die Zeit, 31.1.1952.

Vätergeneration – dem Führungskräftenachwuchs eigentlich vermittelt werden sollte, prägten die Aktivitäten des Arbeitskreises.[117] Anders aber als 15 Jahre später, als in der deutschen Wirtschaft ein tatsächliches Defizitgefühl (widergespiegelt im Schlagwort vom „Management Gap"[118]) die Professionalisierung der Führungskräfteausbildung vorantrieb, waren die Bemühungen der frühen 1950er Jahre noch recht zaghaft. Kulturelle Abneigungen gegen den Managerbegriff, ein exklusiv-elitäres Unternehmerbild eingebettet in den modernitäts- und nivellierungskritischen Diskurs der 1950er Jahre und eine defensiv-ablehnende Haltung gegen Politik und Öffentlichkeit bremsten den Modernisierungsdrang. Die Diskussion der Lösungsvorschläge des Arbeitskreises ist dafür paradigmatisch.

Auf der Präsidiumssitzung vom 17. Dezember 1953 stellte Witzleben die Ergebnisse des Arbeitskreises vor. Er erklärte, dass das „schwerwiegende Problem" des Führungskräftenachwuchses nur mit einer Reihe von verschiedenen Maßnahmen und Veranstaltungen zu lösen sei. Dazu gehörten laut Witzleben bessere Absprachen mit den Universitäten, akademischen Weiterbildungsinstituten und den Personalleitern großer Unternehmen. Ziel müsse es sein, „Charaktere und Begabungen für leitende Tätigkeit frühzeitig zu erkennen und durch Hochschule und Praxis zu fördern". Zu diesem Zweck sollte ein mehrwöchiger „Lehrgang von hohem Niveau" für Führungskräfte, „die bereits für leitende Stellungen vorgesehen sind", entworfen werden.[119]

In der Präsidiumsaussprache wurden die Pläne ausdrücklich begrüßt. Zwar sei klar, „dass der Unternehmer geboren werde und nicht durch Erziehung geschaffen werden" könne, dennoch bedürfe es für die Zukunft einer besseren Nachwuchspflege. Entscheidend komme es auf eine „frühzeitige Auswahl schon auf der 4. oder 5. Ebene unter dem Unternehmer" und auf eine „jahrelange scharfe Beobachtung" an. Der „Vorgewählte" müsse aus seinem „bloßen Expertentum" herausgenommen werden, erst dann könne er „seine Eignung zur universellen Leitung unter Beweis stellen". Für den angestrebten vier- bis sechswöchigen Lehrgang wurden die Anregungen und Forderungen des Präsidiums dann etwas konkreter. Ziel des Lehrgangs sollte „kein allgemeiner Kursus" sein, sondern: „Elitehochschule, letzter Schliff, Aufsetzen letzter Lichter bei normal

---

[117] Im Zuge der weiteren Aktivitäten des Arbeitskreises traten noch Heinz Scherf (Vorstandsmitglied der Degussa), Josef Winschuh (Firma Marx), Theodor Wuppermann (Geschäftsführer der Familienfirma Theodor Wuppermann) und der Präsident der Deutschen Industrie- und Handelskammer Ernst Schneider in denselben ein. Vgl. Herbert Studders, Memorandum zur Gründung einer Gesellschaft zur Förderung des Unternehmernachwuchses und eines Instituts zur Förderung des industriellen Führungsnachwuchses, Köln 1955, S. 21 f.
[118] Vgl. Kapitel 3.2.2.
[119] Niederschrift über die Sitzung des Präsidiums des Bundesverbandes der Deutschen Industrie vom 17.12.1953. BDI-Archiv. HGF Pro 3, Karton 785.

2.3 Die Baden-Badener Unternehmergespräche in den 1950er Jahren

ausgebildeten intelligenten Menschen".[120] Der Teilnehmerkreis sollte sich nicht aus der „zweiten Linie" hinter dem Unternehmer zusammensetzen. Die Stellvertreter und „rechten Hände" der Unternehmer könnten nicht für einen solch langen Zeitraum für Ausbildungszwecke den Unternehmen fernbleiben. „Man müsse vor allem auf jüngere, geborene Unternehmer abstellen, nicht aber nach Vorbildung oder gar nach Dienstjahren auswählen."[121]

Während das Ergebnisprotokoll der Sitzung wenig Konflikt erahnen lässt, wird in den ebenfalls überlieferten stenographischen Notizen der Präsidialbesprechung die ganze Zerrissenheit der deutschen Unternehmer in dieser für ihr Selbstverständnis so zentralen Frage deutlich.[122] Ernst Falkenheim von der Deutschen Shell AG sah beispielsweise die „Unternehmer-Akademie" nur als eine kriegsbedingte Übergangslösung. „Sie wäre in dieser Schärfe nicht nötig geworden ohne den Krieg. [...] In 5–7 Jahren sind bei richtiger Personalauswahl die Lücken geschlossen." Dann könne man wieder zur bewährten unternehmensinternen Nachwuchsförderung übergehen. Auch für Gustav Möllenberg, Hüttendirektor und Vorstandsvorsitzender der Westfalia Dinnendahl Gröppel AG, war die Heranbildung des Unternehmernachwuchses „in erster Linie Sache der betrieblichen Praxis". Und Heinrich Kost, Aufsichtsratsvorsitzender der Rheinpreußen AG für Bergbau und Chemie und Präsident der Wirtschaftsvereinigung Bergbau, machte klar: „Schaffen können wir einen Unternehmer nicht." Man könne versuchen, die Entwicklung zum Unternehmer zu beeinflussen, „davon darf man sich aber nicht zu viel versprechen". Industrie- und Handelskammerpräsident Otto A. H. Vogel ergänzte, dass der Unternehmerbegriff „mehrdeutig" geworden sei. Die Arbeitsgemeinschaft Selbständiger Unternehmer habe den Gedanken gefördert, dass der Sohn oder Schwiegersohn auch dann der künftige Unternehmer sein könne, „wenn er keine geborene Unternehmerpersönlichkeit ist". Daher stamme der Wunsch, solchen Männern in Kursen „Unternehmerfähigkeiten" zu verschaffen. Aber „diese Leute" könne man doch nicht „gleichbehandeln mit den wirklich geborenen Unternehmernachwuchskräften der großen Unternehmen".[123]

Was hier wie eine vorsichtige Öffnung der Unternehmerkonzeption daherkommt, offenbart in Wirklichkeit, wie zutiefst konservativ große Teile der Unternehmerschaft noch dachten. In der Vorstellungswelt von Männern wie Vogel war

---

120 Niederschrift über die Sitzung des Präsidiums des Bundesverbandes der Deutschen Industrie vom 17.12.1953. BDI-Archiv. HGF Pro 3, Karton 785.
121 Ebd.
122 Vgl. zur Frühgeschichte des BDI und allgemein zu den internen Konflikten im Präsidium: Werner Bührer, „Opposition" im Bundesverband der Deutschen Industrie, in: Detlef Sack/Christoph Strünck (Hrsg.), Verbände unter Druck: Protest, Opposition und Spaltung in Interessenorganisationen, Wiesbaden 2016 (= Zeitschrift für Politikwissenschaft, Sonderhefte 2/2016), S. 37–52.
123 Vgl. Bührer, „Opposition" im Bundesverband der Deutschen Industrie.

die Nachfolge in der Unternehmensleitung eine quasidynastische Angelegenheit, die zwischen Herrscher und Stammhalter geregelt wurde. Im Idealfall war der Erbe der Unternehmensführung auch der Erbe der Unternehmerpersönlichkeit, also jenes beinahe magischen Eigenschaftscocktails aus Charisma, Risikofreude und schöpferischer Kraft, den der österreichische Ökonom Joseph Schumpeter Anfang des 20. Jahrhunderts als die treibende Kraft des modernen Kapitalismus identifiziert hatte.[124] Und falls nicht, wenn der auserwählte Firmenlenker also kein „geborener Unternehmer" war, dann wäre eben auch eine Unternehmerausbildung möglich, wobei deren Erfolg natürlich limitiert bleiben müsste. Das zugrunde liegende Konzept war, wenn auch nicht explizit artikuliert, das des Genies. Das Genie, also das allein aus sich schaffende, autonome Individuum hat seine Ausnahmestellung nicht durch Leistung oder Ausbildung, sondern qua Geburt. Das moderne Gegenkonzept zum Genie ist die Kreativität, denn diese lässt sich provozieren, fördern und stimulieren – der Grundgedanke der vielen neuen motivationspsychologischen Führungsstile und Personalstrategien, die in den 1970er Jahren populär werden sollten.[125]

In den 1950er Jahren waren solche Konzepte in der Bundesrepublik noch weitgehend undenkbar, schon die vorsichtigen Reformbemühungen der Führungskräfteausbildung stießen auf Widerstand – insbesondere bei Vertretern der alten Schwerindustrie und beim Mittelstand, die anders als beispielsweise die modernere Chemieindustrie weniger auf internationale Märkte und Kooperationen angewiesen war. Die Kohle- und Stahlindustrie basierte stärker auf dem Faktor Arbeit, die eher wissensbasierten Chemie-, Elektro- und auch die Automobilindustrie benötigten hingegen in größerem Umfang akademisch ausgebildete Experten und weltgewandtes Führungspersonal. Angesichts der verbreiteten Skepsis vor allem aus der immer noch machtvollen Schwerindustrie hatten es die Befürworter der institutionellen Nachwuchsförderung nicht leicht. Otto A. Friedrich, der gegenüber amerikanischen Führungslehren sehr aufgeschlossen war,[126] argumentierte vorsichtig: Die „richtigen Leute" könne man „nicht im Tagestrott" ausfindig machen. Gerade in größeren Betrieben kämen nicht immer die Besten nach oben. „Wir alle neigen dazu, die bequemen Naturen zu fördern. Aber nicht diese sind die geborenen Unternehmer."[127] Fritz Könecke, Vorstandsvorsitzender von Daimler-Benz, brachte ebenfalls das Wachstum der

---

[124] Vgl. Werner Plumpe, Unternehmer – Fakten und Fiktionen. Einleitung, in: ders. (Hrsg.), Unternehmer – Fakten und Fiktionen. Historisch-biographische Studien. München 2014, S. 1–26.
[125] Vgl. die Kapitel 3.3.2, 3.3.3 und 7.2.
[126] Vgl. dazu auch Volker R. Berghahn/Paul J. Friedrich, Otto A. Friedrich, ein politischer Unternehmer. Sein Leben und seine Zeit, 1902–1975, Frankfurt a. M. 1993, S. 231 f.
[127] Überarbeitete Wiedergabe meiner stenographischen Notizen aus der Präsidialsitzung vom 17.12.1953 in Köln zu Punkt 1 TO (Förderung des industriellen Unternehmernachwuchses). BDI-Archiv. HGF Pro 3, Karton 785.

2.3 Die Baden-Badener Unternehmergespräche in den 1950er Jahren 75

Unternehmen ins Spiel: „Wir können uns nicht täglich mit allen infrage kommenden Leuten beschäftigen." Es bedürfe daher unbedingt der von Vaubel und Witzleben vorgeschlagenen Schulung. Zur Ausbildung von „Allround-Männern" und gegen Betriebsblindheit schlug Könecke außerdem den firmen- und branchenübergreifenden Austausch von Führungskräften vor. BDI-Präsident Fritz Berg machte sich ebenfalls für den Vorschlag von Vaubel und Witzleben stark und erklärte: „Auch ohne den Krieg hätten wir die Schulen nötig, da ohnehin heute neue Dinge an uns herantreten."[128]

Die Paradoxien, die sich durch die Gleichzeitigkeit von Problemdruck und konservativen Beharrungskräften im BDI-Präsidium ergaben, sind offensichtlich: Der Führungsnachwuchs sollte besser gefördert und ausgebildet werden, ohne an der Vorstellung des „geborenen Unternehmers" zu rütteln. Dabei sollten US-amerikanische Vorbilder zur Professionalisierung des Managements aufgenommen werden, ohne aber den deutschen Weg von Ausbildung, Fachstudium und innerbetrieblicher Bewährung anzutasten. Und der steigende Bedarf an Fachwissen wurde anerkannt, aber die Weiterbildung sollte von „Unternehmerpersönlichkeiten, nicht von Wissenschaftlern" geleitet werden, wie Vaubel erklärte.[129] Diese Paradoxien aus der Anfangszeit prägten Inhalt und Form der BBUG maßgeblich.

Hinsichtlich der Inhalte der BBUG waren sich die Industriellen aus dem BDI-Präsidium einig. Sie lehnten eine zu starke „Stoffbelastung" des Lehrgangs ab: „Er soll Persönlichkeiten formen, nicht Wissensstoffe vermitteln." Daher wurde der Arbeitskreis damit beauftragt, für eine Testphase relevante Themen und Stoffe auszuwählen. Allgemeine Überzeugung war es, dass der Erfolg eines solchen Lehrgangs von der Persönlichkeit des Leiters abhänge. Es müsse ein „brillanter Geist mit unternehmerischen Fähigkeiten" sein, ein Mann, „der die Leute elektrisiert". Nach allgemeiner Auffassung entsprach der frühere Hauptgeschäftsführer der Reichsgruppe Industrie Karl Guth diesem Anforderungsprofil.[130] Der 1889 geborene Guth – Schwager Ludwig Erhards – übernahm die ehrenamtliche Aufgabe und avancierte in den folgenden Jahrzehnten zu einer treibenden Kraft hinter den BBUG, eine Rolle, die sein Sohn Wilfried Guth, der spätere Vorstandssprecher der Deutschen Bank, nach dem Tod seines Vaters übernahm.

Karl Guth war von der Dringlichkeit der Nachwuchsfrage fest überzeugt. In einem Schreiben an BDI-Hauptgeschäftsführer Hans-Wilhelm Beutler beschrieb

---

[128] Überarbeitete Wiedergabe meiner stenographischen Notizen aus der Präsidialsitzung vom 17.12.1953 in Köln zu Punkt 1 TO (Förderung des industriellen Unternehmernachwuchses). BDI-Archiv. HGF Pro 3, Karton 785.
[129] Ebd.
[130] Niederschrift über die Sitzung des Präsidiums des Bundesverbandes der Deutschen Industrie vom 17.12.1953. BDI-Archiv. HGF Pro 3, Karton 785.

er die Notwendigkeit, dass sich alle um die Zukunft besorgten Firmen zu einer Art „Selbsthilfeaktion" zusammenschließen sollten.[131] Zwar sei es richtig, dass die „verantwortliche Arbeit am Nachwuchs für leitende Positionen" beim Unternehmer selbst bleiben müsse. „Aber das Unternehmen kann in dieser für den Bestand und die Weiterentwicklung der Industrie wichtigen Aufgabe von außen her beraten und unterstützt werden." Angesichts der rasanten technischen und ökonomischen Entwicklung sei es sehr bedenklich, dass der Nachwuchs immer noch für die „Tätigkeit der Väter" ausgebildet werde. Notwendig sei hingegen eine stärkere Befähigung zu einem „Denken und Planen in die Zukunft".[132] Außerdem müssten die Nachwuchskräfte nicht nur an inländischen, sondern auch an ausländischen Managementkursen teilnehmen. „Sie wissen besser als ich, welchen Mangel die deutsche Industrie heute an Menschen hat, die sich international bewegen können und dass dieser Mangel nur dadurch behoben werden kann, dass man die Leute ins Ausland schickt."[133] Für eine bessere Organisation und Planung schlug Guth die Gründung eines „Instituts zur Förderung der Unternehmensführung" vor, das die BBUG vorbereiten und gestalten und das alle anderen „wie Unkraut aus dem Boden schießenden ‚Seminare', Junioren- und Jungunternehmerkreise" koordinieren und qualitativ absichern sollte.

> Auf diese Weise würde sich allmählich von der Hochschule über die akademische Weiterbildung, die Junioren- und Jungunternehmerkreise bis zu den Unternehmergesprächen ein „Filtersystem" entwickeln, in dem man betrieblich oder außerbetrieblich durch viele Jahre hindurch Begabungen im Auge behalten und fördern kann.[134]

Die organisatorischen Wünsche von Guth, Vaubel und Witzleben wurden schnell erfüllt. Der BDI gründete 1954 im Einvernehmen mit BDA, DIHT und ASU und unter Beteiligung zahlreicher Unternehmen die Baden-Badener Unternehmergespräche, die zunächst in einer Testphase erprobt werden sollten. Nach dem ersten Gespräch im Sommer 1954 erklärte das BDI-Präsidium seine Bereitschaft, das Format fortzusetzen, und plante für den Winter 1954/55 das zweite Unternehmergespräch.[135] Die Arbeiten zur Förderung des Unternehmernachwuchses sollten so „auf längere Zeit" gesichert werden.[136] Für die Vorbereitung und Gestaltung der BBUG wurde am 14. Juli 1955 in Köln das Deutsche Institut zur Förderung des industriellen Führungsnachwuchses (DIF) gegründet. Als Trägergesellschaft fungierte die Gesellschaft zur Förderung des Unternehmernachwuchses (GFU), wobei der BDI in der

---

[131] Karl Guth an W. Beutler, 20.8.1954. HADB, V 25/515.
[132] Ebd.
[133] Ebd.
[134] Ebd.
[135] Niederschrift über die Präsidialsitzung vom 25.10.1954. BDI-Archiv. HGF Pro 3, Karton 785.
[136] Ebd.

2.3 Die Baden-Badener Unternehmergespräche in den 1950er Jahren 77

Startphase weiter die organisatorische und finanzielle Hauptlast trug. Mit Aufbau und Leitung des Instituts wurde Herbert Studders, bisheriger Geschäftsführer des gemeinsamen Ausschusses von BDI und BDA für Arbeits- und Nachwuchsfragen, beauftragt. Neben der Organisation der BBUG waren die Hauptaufgaben des DIF die Koordination der Weiterbildungseinrichtungen der Wirtschaft in der Bundesrepublik und die Kontaktpflege zu Managementinstituten und Business Schools im Ausland. Das hierfür eingerichtete Gesprächsforum, an dem sich neben den Wirtschaftsverbänden auch Vertreter von Ministerien, Hochschulen und Unternehmen beteiligten, wurde nach dem Tagungsort des ersten Treffens im Mai 1955 Wuppertaler Kreis genannt.[137]

Bekannt wurde der Wuppertaler Kreis vor allem durch seinen Veranstaltungskalender mit seiner Aufbereitung und Darstellung des vorhandenen Weiterbildungsangebots für Führungskräfte.[138] Hier wurden somit erstmals die (wenigen) in den 1950er Jahren existierenden Möglichkeiten der Weiterbildung, also der außeruniversitären Bildungsmittel zur Schaffung der Voraussetzungen für den unternehmensinternen Aufstieg, transparent und zugänglich gemacht.[139] Gewissermaßen wurde Führung dadurch entmystifiziert, der Weg zu den Voraussetzungen von Führung verstehbarer und berechenbarer gemacht und tendenziell aus dem Bereich der Willkür in den Bereich der Leistungskriterien geholt. Gleichzeitig waren das DIF und der Wuppertaler Kreis Ausdruck des unbedingten Führungsanspruchs und der Sorge vor einem Kontrollverlust des BDI in der Frage der überbetrieblichen Weiterbildung. Die im Laufe der 1950er Jahre ansteigende Zahl der regionalen und überregionalen Anbieter sollte im Sinne der deutschen Industrie überwacht werden bzw. wurden „strengste Maßstäbe" gefordert, „um die Flut solcher Einrichtungen einzudämmen und sie nicht noch weiter anschwellen zu lassen".[140]

Auch die BBUG wurden im Veranstaltungskalender des Wuppertaler Kreises aufgeführt. Von Entmystifizierung, Transparenz und Kalkulierbarkeit war in Baden-Baden jedoch keine Spur. Im Gegenteil wirkten die ersten BBUG

---

[137] Vgl. Studders, Memorandum zur Gründung einer Gesellschaft zur Förderung des Unternehmernachwuchses. Vgl. auch: Industrie gründet Managementinstitut, in: Handelsblatt, 18.7.1955; Sicherung des Unternehmernachwuchses, in: Frankfurter Allgemeine Zeitung, 16.7.1955; Unternehmer fördern Nachwuchs, in: Die Welt, 16.7.1955; Weiterbildung einer Elite, in: Industriekurier, 16.7.1955.

[138] Siegfried Faßbender, Überbetriebliche Weiterbildung von Führungskräften. Der Wuppertaler Kreis und seine Mitglieder, Essen 1969.

[139] Studders, Memorandum zur Gründung einer Gesellschaft zur Förderung des Unternehmernachwuchses.

[140] Niederschrift über die gemeinsame Sitzung der BDI-Geschäftsführung mit den Geschäftsführern der BDI-Landesvertretungen vom 4.12.1956. BDI-Archiv. HGF Pro 4/2, Karton 784.

gerade auf Interessierte und potentielle Teilnehmer wie ein geheimer und exklusiver Orden. Hanns Meenzen von der Union der leitenden Angestellten (ULA) schrieb 1958:

> Will man das Baden-Badener System charakterisieren, so darf man von einer ordensähnlichen Nachwuchsschulung sprechen, ist doch der Zugang zu dieser Veranstaltung streng reglementiert, der Initiative des Teilnehmers selbst so gut wie völlig verschlossen und damit in gewisser Weise geradezu „unzeitgemäß".[141]

Unternehmerische Begabung bedürfe in der Tat der theoretischen Schulung, aber die bisherige Erfahrung im In- und Ausland zeige, dass dies von öffentlichen Institutionen offensichtlich nicht in einem befriedigenden Maße erfüllt werden könne. Dies offenbare die wirtschaftliche, technische und gesellschaftliche Dynamik, beweise aber auch, dass in Institutionen wie den BBUG „ein elitärer Vorgang abläuft, der sich der Definition üblicher ‚demokratischer' Regeln entzieht".[142]

Von Beginn an umwob die BBUG eine distinguiert-elitäre Aura. Dies war durchaus intendiert und wurde durch die strikten Zulassungsbeschränkungen, die betonte und verordnete Verschwiegenheit der Teilnehmer über die Inhalte, die mit 900 DM vergleichsweise hohe Teilnehmergebühr und einen exklusivfeierlichen Rahmen bewusst gefördert. Mit anderen Weiterbildungsinstituten wie der Bad Harzburger Akademie für Führungskräfte wollten die Macher der BBUG nichts zu tun haben. Gegen die weit verbreitete „Mittelmäßigkeit" und den „peinlichen Dilettantismus" könne man aber nichts machen, so Karl Guth in einem Schreiben an Josef Winschuh, „solange es Organisationen und Persönlichkeiten gibt, die bereit sind, für solche zweifelhaften Dinge Zeit und Geld zu opfern". Umso wichtiger sei die exklusive Stellung der BBUG. „Dass Baden-Baden bemüht sein wird, in Bezug auf Wollen und Leistung immer an der Spitze und angesichts der sonstigen Mittelmäßigkeit auch auf einsamer Höhe zu bleiben, ist selbstverständlich."[143]

Gleichzeitig hat sich oben gezeigt, dass schon die Tatsache einer außerbetrieblichen Unternehmerakademie mit einem kritischen Dialog zwischen gestandenen Unternehmern und dem Nachwuchs vielen Industriellen im BDI zu weit ging. Es ist diese Spannung zwischen Reformbemühungen, amerikanischem Vorbild, Forderungen der Wirtschaftspresse und traditionellen Vorstellungen der Führerauslese, die die BBUG seit dem ersten „Testlauf" im Sommer 1954 prägte. Diese ersten Baden-Badener Unternehmergespräche fanden vom 13. Juni bis 3. Juli im Schlosshotel in Baden-Baden statt.[144] Die vornehme Tagungsstätte war allerdings nicht im Sinne aller Teilnehmer, wie der ausführliche Tagungsbericht

---

[141] Meenzen, Unternehmer auf der Schulbank, S. 3.
[142] Ebd.
[143] Karl Guth an Josef Winschuh, 27.9.1959. Bundesarchiv Koblenz N 1223/100.
[144] Kurt Gross-Fengels, Bericht über das erste Unternehmer-Seminar in Baden-Baden in der Zeit vom 13. Juni bis 3. Juli 1954. BBUG Archiv, Ordner 28.

2.3 Die Baden-Badener Unternehmergespräche in den 1950er Jahren

anmerkte: „Manche Seminarteilnehmer waren der Auffassung, dass die vergangene Pracht des 19. Jahrhunderts, mit der die Hotelräume ausgestattet waren, nicht dem modernen Geist des Unternehmerseminars entspräche."[145] Dabei hatte der Tagungsort schon eine gewisse Tradition: In dem badischen Kurort hatten bereits seit 1951 die deutsch-amerikanischen Betriebsführergespräche stattgefunden, in denen bis zu 150 deutsche Unternehmer und Manager mit amerikanischen Experten Fragen der Produktivität, des Marketings, der Human Relations und des General Managements diskutiert hatten.[146] Außerdem berücksichtigten die Veranstalter, dass einige der Teilnehmer ihren Erholungsurlaub für die Teilnahme an den BBUG opferten, die daher „in einer landschaftlich schönen Gegend stattfinden" sollten.[147]

1954 kamen 23 Nachwuchskräfte nach Baden-Baden, die mit einem Durchschnittsalter von etwa 41 Jahren schon etwas älter und erfahrener waren.[148] Dies entsprach dem Anspruch, nur Führungskräfte teilnehmen zu lassen, die bereits sieben Jahre lang Führungsaufgaben in ihrem Unternehmen wahrgenommen hatten, davon zwei Jahre in der Unternehmensleitung oder in Stabs- und Linienstellungen unmittelbar unter der Unternehmensleitung.[149] 13 Teilnehmer waren Akademiker und zehn Nichtakademiker. Unter den teilnehmenden Nichtakademikern befanden sich einige frühere Wehrmachtsoffiziere, die erst nach 1945 begonnen hatten, in der deutschen Industrie Führungsaufgaben zu übernehmen, so beispielsweise Hans von Davidson, ehemaliger Chef des Stabes der deutschen Kriegsmarine unter Karl Dönitz, oder Siegfried Wuppermann, ehemals Kapitänleutnant und Abteilungsleiter im Oberkommando der Kriegsmarine. Die Seminarteilnehmer kamen aus allen wichtigen Industriezweigen, also sowohl aus der Konsumgüter- als auch der Grundstoffindustrie, ein Umstand, der von den Veranstaltern als „sehr vorteilhaft" bewertet wurde.[150] In der Tat gehörte zu den ersten Teilnehmern der BBUG eine Reihe von „Nachwuchskräften", die in den folgenden Jahrzehnten rasante Karrieren in verschiedenen Sparten der deutschen Wirtschaft machen sollten. Zu den Teilnehmern des ersten Jahrgangs gehörten u. a.: Günter Winkelmann, der spätere Vorstandsvorsitzende

---

[145] Kurt Gross-Fengels, Bericht über das erste Unternehmer-Seminar in Baden-Baden in der Zeit vom 13. Juni bis 3. Juli 1954. BBUG Archiv, Ordner 28.
[146] Deutsch-amerikanische Betriebsführergespräche, in: Der Arbeitgeber 19 (1952), S. 752. Vgl. auch Betriebsführung auf neuen Wegen. Baden-Badener Gespräche, hrsg. vom Bundesverband der Deutschen Industrie und dem Rationalisierungs-Kuratorium der Deutschen Wirtschaft, München 1952.
[147] Kurt Gross-Fengels, Bericht über das erste Unternehmer-Seminar in Baden-Baden in der Zeit vom 13. Juni bis 3. Juli 1954. BBUG Archiv, Ordner 28.
[148] Ebd.
[149] Hans Hellwig, Unternehmergespräche (Baden-Badener). Sonderdruck aus: Management-Enzyklopädie, Bd. 5, München 1970, S. 1090–1097.
[150] Kurt Gross-Fengels, Bericht über das erste Unternehmer-Seminar in Baden-Baden in der Zeit vom 13. Juni bis 3. Juli 1954. BBUG Archiv, Ordner 28.

der Stinnes AG, Günter Jehmlich, späterer Personalvorstand bei der AEG, Willy Lersch, späterer Vorstand und Aufsichtsrat der Buchtal GmbH, Egon Overbeck, späterer Vorstandsvorsitzender der Mannesmann AG,[151] und Hanns Martin Schleyer, späterer Vorstand bei Daimler-Benz und Präsident der BDA. Mit Martina Voith, der Tochter des Unternehmers Hanns Voith, gehörte nur eine Frau zum 23-köpfigen Teilnehmerkreis.[152] Diese hatte offenbar aber einen solch guten Eindruck hinterlassen, dass Karl Guth aus der Ausnahme eine Regel machen wollte. Im Winter 1954 schrieb er an Josef Winschuh: „Wenn Sie mir dabei wieder eine so reizende, aufgeschlossene und geistig hervorragende weibliche Teilnehmerin vermitteln können, wie es Martina Voith war, würde das ein großer Gewinn sein."[153]

Diskutiert wurde eine große Bandbreite an unternehmerischen und wirtschaftspolitischen Themen, die von Personalpolitik, Werbemethoden und Kalkulationsfragen über das Kartellproblem bis zur Bedeutung neugegründeter europäischer Institutionen wie der Europäischen Produktivitätszentrale oder der Europäischen Verteidigungsgemeinschaft reichte. Einen besonders großen Reiz hatten für die Teilnehmer darüber hinaus gesellschaftspolitische Themen. Die überwältigende Mehrheit der Teilnehmer forderte sogar – anders als der Verfasser des Tagungsberichts –, diesem Komplex in zukünftigen Seminaren einen höheren Stellenwert und mehr Zeit einzuräumen.

> Aus der Einstellung der meisten Teilnehmer muss gefolgert werden, dass für sehr viele Nachwuchskräfte das Suchen nach einer „gerechten Gesellschaftsordnung", in der dem „modernen Unternehmer", ob Eigentümer oder Nichteigentümer, ein bestimmter Platz zugewiesen ist, sowie der ideologischen Untermauerung dieser Gesellschaftsordnung ein sehr ernstes Anliegen bedeutet.[154]

Dem Selbstverständnis nach waren die BBUG eine Veranstaltung der „Wirtschaftspraxis, nicht der wirtschaftlichen Wissenschaft". Dies schlug sich auf Programm und Ablauf des Seminars nieder: Der Schwerpunkt lag in der Diskussion, im Erfahrungsaustausch und im kritischen Dialog mit den Referenten. Bevorzugte Referenten waren daher „lehrende Praktiker", also Unternehmer, die ihre unternehmerischen Erfahrungen weitergeben wollten. Das zugrunde liegende Beziehungsmodell war das Verhältnis zwischen väterlichem Mentor

---

[151] Laut Spiegel ging die Karriere Overbecks maßgeblich auf die im Rahmen der BBUG geschlossenen Kontakte zurück. Demnach habe Overbeck im Herbst 1961 den damaligen Mannesmann-Generaldirektor Wilhelm Zangen bei den BBUG getroffen, der Overbeck kurze Zeit später die Mannesmann-Generaldirektion antrug. Vgl. Neun Herren über 80.000 Mann, in: Der Spiegel, 16.06.1965.

[152] Liste der Teilnehmer am Unternehmerseminar in Baden-Baden vom 13.6. bis 3.7.1954. BBUG Archiv, Ordner 28.

[153] Karl Guth an Josef Winschuh, 4.12.1954. Bundesarchiv Koblenz N 1223/100.

[154] Kurt Gross-Fengels, Bericht über das erste Unternehmer-Seminar in Baden-Baden in der Zeit vom 13. Juni bis 3. Juli 1954. BBUG Archiv, Ordner 28.

und aufschauendem Protegé. Gegenüber Hochschullehrern war man hingegen skeptisch. Zwar waren auch Professoren zum ersten BBUG eingeladen, ihre Vorträge wurden aber generell als „zu akademisch" eingestuft. Daher wurde im Tagungsbericht geschlussfolgert, dass es auch in Zukunft nicht empfehlenswert sei, die Professoren „zu den Hauptakteuren im Kreise der Lehrenden zu machen".[155]

Die Distanz zur Universität und die enge Einbindung der Unternehmer in die Lehre wurde im *Industriekurier* als „deutsche Methode" bezeichnet, die der spezifischen Umbruchsituation nach dem Krieg geschuldet sei.[156] Auf Dauer könne dieses Verfahren jedoch nicht befriedigend sein, kritisierte der Artikel. Die Unternehmer und Manager hätten in der jungen Bundesrepublik eine gesellschaftliche Schlüsselposition, ihre Ausbildung und das an sie vermittelte Wissen müssten daher systematisiert, geordnet und besser durchdrungen sein.

> Die Baden-Badener Generationsbegegnung kann daher nur ein Provisorium sein, das nach Jahrhunderten abendländischer pädagogischer Erfahrung nur durch die Einmaligkeit der gesellschaftlichen Situation gerechtfertigt ist, weil andere Wege zunächst nicht gangbar scheinen.[157]

Auch die ULA-Zeitschrift *Die Union* kritisierte im Oktober 1954: „Die Ausschließlichkeit und Eindringlichkeit, mit der sich amerikanische Bildungseinrichtungen den Führungskräften widmen, fehlt in Deutschland ganz."[158]

Aus Sicht der führenden westdeutschen Industriellen, die für die BBUG verantwortlich waren, stellte die hier vorsichtig kritisierte „deutsche Methode" keineswegs ein Provisorium, sondern den Idealweg dar. Zwar wurde – vor allem dank Vaubel und seiner Erfahrungen – viel von der Harvard Business School und dem britischen Administrative Staff College in Henley gesprochen; ernsthafte Bemühungen, das amerikanische oder britische Modell zu kopieren, hat es im Zusammenhang mit den BBUG jedoch nicht gegeben. Nicht nur waren die BBUG mit ihren dreiwöchigen Seminaren allein schon aufgrund des Formats kaum mit den Business Schools zu vergleichen, auch der Anspruch war ja nie akademische Wissensvermittlung gewesen. Die Schwerpunkte lagen auf der individuellen Schulung der „Persönlichkeit" einerseits und der kollektiven Vernetzung andererseits. Es wurde, so die Zusammenfassung des Tagungsberichts, ein „Zusammengehörigkeitsgefühl (– um das zwielichtige Wort ‚Korpsgeist' zu vermeiden –) der Teilnehmer geschaffen [...], das verspricht, auch in Zukunft

---

[155] Kurt Gross-Fengels, Bericht über das erste Unternehmer-Seminar in Baden-Baden in der Zeit vom 13. Juni bis 3. Juli 1954. BBUG Archiv, Ordner 28.
[156] Erste Runde für die Junioren. Betrachtungen zum Unternehmer-Seminar in Baden-Baden, in: Industriekurier, 20.7.1954.
[157] Ebd.
[158] Wie steht es um die Ausbildung der Führungskräfte in Deutschland?, in: Die Union 10 (1954), S. 160–161, hier: 160.

wach zu bleiben".[159] Mit der Akzentuierung der Persönlichkeitsbildung bediente man laut Josef Winschuh ein Nachfrageprofil für Führungskräfte auf dem Arbeitsmarkt, das mit Wissen allein nicht erfüllt werden könne. Der Unternehmer, Publizist und Verbandsfunktionär für die Arbeitsgemeinschaft Selbständiger Unternehmer, der an den frühen Planungen der BBUG beteiligt war, schrieb 1958:

> Heute werden vielfach, anders als früher, Unternehmer auch durch Anzeigen gesucht. Der Bedarf an unternehmerisch begabten und fachlich gut vorgebildeten Persönlichkeiten ist nämlich groß. [...] Bemerkenswert ist, dass in den meisten Anzeigen kein entscheidender Wert auf die fachliche Vorbildung gelegt wird, die als selbstverständlich vorausgesetzt wird, sondern dass typische Unternehmereigenschaften jenseits des Fachwissens verlangt werden. Der Bewerber soll „entscheidungsfreudig" sein, „sich nach oben durchsetzen" oder „koordinieren" können. Ja, sogar Forderungen wie „schöpferisch" oder „ein Mann, der begeistern kann", fallen nicht mehr poetisch in den Anzeigen auf.[160]

In seinem Artikel im *Arbeitgeber* beschrieb Winschuh auf diese Weise ziemlich genau die Lernziele der BBUG.

Auch die folgenden Programme der BBUG in den 1950er Jahren boten eine bunte Mischung aus betriebs- und volkswirtschaftlichen sowie gesellschaftspolitischen Themen. Auf einen eigenen Lehrstab hatten die BBUG von Anfang an bewusst verzichtet. Der Großteil der Referenten kam aus jenem Netzwerk von Unternehmern und Wirtschaftsfunktionären, das teilweise auf ältere Verbindungen zurückging und sich nach dem Krieg im Umfeld der Wirtschaftsverbände BDI, BDA und DIHT neu organisiert hatte. Anhand des Programms der fünften BBUG, die vom 22. Oktober bis 10. November 1956 stattgefunden haben, lässt sich das beispielhaft demonstrieren:[161] Heinz Scherf, Degussa-Vorstand und Präsidiumsmitglied der GFU, referierte in der Sektion „Die menschlichen Probleme im Betrieb" zu „Auslese, Ausbildung, Aufstieg", Herbert Studders vom BDI in derselben Sektion zu „Arbeitsmarktfragen". Kurt Pentzlin, Geschäftsführer von Bahlsen und Mitbegründer der BDA, des DIHT und des RKW, sprach zu „Der Lohn als volkswirtschaftliches Problem". Ebenfalls in dieser Sektion referierte Otto Esser von der Glanzstoff AG und späterer BDA-Präsident zu „Unternehmer und Betriebsrat". In der Sektion „Der Unternehmer im Gefüge der Gesamtwirtschaft, Politik und Kultur" sprachen Hermann Josef Abs zu „Konjunktur und Investitionspolitik", Hans-Wilhelm Beutler, Hauptgeschäftsführer des BDI, zu „Außenpolitik und Wirtschaft" und Karl Winnacker, Vorstandsvorsitzender der Hoechst AG, zu „Entwicklungslinien der modernen Chemiewirtschaft". Auch in

---

[159] Kurt Gross-Fengels, Bericht über das erste Unternehmer-Seminar in Baden-Baden in der Zeit vom 13. Juni bis 3. Juli 1954. BBUG Archiv, Ordner 28.
[160] Josef Winschuh, Ist der Unternehmerberuf erlernbar?, in: Der Arbeitgeber 9 (1957), S. 608–612, hier: 610.
[161] Vgl. Programm des V. Baden-Badener Unternehmergespräches, 22. Oktober bis 10. November 1956. HADB V25/515.

2.3 Die Baden-Badener Unternehmergespräche in den 1950er Jahren

den folgenden Jahren waren es meist immer wieder dieselben Referenten, die aus einem Pool von wenigen dutzend Männern für die Programme ausgesucht wurden. Zu den regelmäßigen Referenten gehörten etwa auch Fritz Berg, Erich Mittelsten Scheid, Jochen Wistinghausen, Wolff von Amerongen, Hans-Helmut Kuhnke und Wolfgang Pohle. Nicht untypisch (und den langfristigen Gemeinschaftsvorstellungen der BBUG entsprechend) war außerdem, dass ehemalige Teilnehmer in den Folgejahren als Referenten auftraten.

Immer wieder wurden aber auch auswärtige, wirtschaftsferne Gäste als Referenten eingeladen. 1956 diskutierte beispielsweise Elisabeth Noelle-Neumann „Die Möglichkeiten der Meinungsbefragung in Wirtschaft und Politik".[162] Im gesellschaftspolitischen Teil der BBUG, der immerhin ein Drittel der Veranstaltung ausmachte, dominierte die demokratieskeptische Spielart des intellektuellen Nachkriegs-Konservatismus.[163] Der vom „konservativen Revolutionär" zum „technokratischen Konservativen" gewandelte Hans Freyer etwa war regelmäßiger Gast bei den BBUG[164] (und saß im Beirat des Deutschen Industrieinstituts[165]). Freyer hatte zu dem in Baden-Baden so wichtigen Themenkomplex der Neubestimmung des Verhältnisses von Unternehmern und Politik einiges zu sagen. In seiner 1955 erschienenen Schrift „Theorie des gegenwärtigen Zeitalters" prägte er jene desillusionierte Sicht auf die junge Bundesrepublik, nach der sich in der modernen Industriegesellschaft alles den „Sachzwängen" der technisch-naturwissenschaftlichen Abläufe unterzuordnen habe.[166] Gerade weil der Raum des Politischen in Freyers Perspektive unbedeutend geworden war und die Ord-

---

[162] Vgl. Programm des V. Baden-Badener Unternehmergespräches, 22. Oktober bis 10. November 1956. HADB V25/515.
[163] Richard Saage, Von der „Revolution von rechts" zum „technokratischen Konservativismus", in: Eike Henning/Richard Saage (Hrsg.), Konservatismus – eine Gefahr für die Freiheit? Für Iring Fetscher, München 1983, S. 120–143; van Laak, From the Conservative Revolution to Technocratic Conservatism; Jerry Z. Muller, The Other God That Failed. Hans Freyer and the Deradicalization of German Conservatism, Princeton, NJ 1987; Schildt, Deutschlands Platz in einem „christlichen Abendland"; Dirk van Laak, Trotz und Nachurteil. Rechtsintellektuelle im Anschluß an das „Dritte Reich", in: Wilfried Loth/Bernd-A. Rusinek (Hrsg.), Verwandlungspolitik. NS-Eliten in der westdeutschen Nachkriegsgesellschaft, Frankfurt a. M. 1998, S. 55–77; Axel Schildt, Zwischen Abendland und Amerika. Studien zur westdeutschen Ideenlandschaft der 50er Jahre, München 1999; Helga Grebing, Konservative gegen die Demokratie. Konservative Kritik an der Demokratie in der Bundesrepublik nach 1945, Frankfurt a. M. 1971.
[164] Am 28.3.1958 sprach Freyer zum Thema „Freiheit und Unfreiheit des Menschen im System der industriellen Gesellschaft". Vgl. Programm des VIII. Baden-Badener Unternehmergespräches, 10. bis 29. März 1958. HADB V25/515. Am 7.3.1959 referierte Freyer zum Thema „Leben aus zweiter Hand. Besinnung über einige Gesetzlichkeiten und Gefahren der modernen Zivilisation". Vgl. Programm des XI. Baden-Badener Unternehmergespräches, 16. Februar bis 7. März 1959. HADB V25/515.
[165] Wiesen, West German Industry and the challenge of the Nazi Past, S. 177.
[166] Hans Freyer, Theorie des gegenwärtigen Zeitalters, Stuttgart 1955.

nung der Industriegesellschaft sich ganz durch neue Leistungshierarchien ergab, waren seine Vorträge der passende Hintergrund für die gesellschaftspolitischen Vorstellungen bei den BBUG. „Nur von der Kommandobrücke läßt sich ein Schiff manövrieren",[167] hatte Freyer geschrieben und war somit der ideale intellektuelle Gewährsmann für die bei den BBUG gepflegten Elitevisionen. Gleichzeitig gab Freyer den weit verbreiteten kulturpessimistischen Stimmungen und Ängsten einen auch stilistisch ansprechenden Ausdruck und zeigte, so der Historiker Paul Nolte, „dass man diese Ängste teilen durfte und zugleich der Vergangenheit entgehen konnte; dass eine kulturkritische Gesellschaftsanalyse auch auf dem Boden der demokratischen Ordnung der Bundesrepublik möglich war".[168] Noch expliziter als bei Freyer wurden die Elitevorstellungen von BDI-Hauptgeschäftsführer Gustav Stein vertreten. In einem viel beachteten Buch hatte er zusammen mit dem Publizisten Herbert Gross die „industrielle Unternehmerschaft" als neue gesellschaftliche Elite kraft „Persönlichkeit", „Individualität" und „sittlicher Gebundenheit" beschworen.[169] In den 1950er Jahren war Stein bei fast allen BBUG präsent, sein Standardvortrag galt dem Thema „Unternehmer und Politik".

In der westdeutschen Presse wurde die elitenbildende Funktion der BBUG nicht nur begrüßt; vielmehr wurde sogar gefordert, dass die wirtschaftliche Elite über ihre ökonomische Funktion hinaus eine stärker gesellschaftlich-politische Führungsrolle übernehmen sollte. Daher wurde im *Handelsblatt* das erste BBUG als wichtiger Schritt gewürdigt, aber angemerkt, dass die Konfrontation von jungen und alten Unternehmern nur ein „Vorspiel" gewesen sein könne und die wirkliche Auseinandersetzung der „wirtschaftlichen Eliten" mit Politikern, Gewerkschaftlern und „solchen Persönlichkeiten, die der Marktwirtschaft kritisch gegenüber stehen mögen", noch ausstehe. Angesichts des Ausscheidens anderer gesellschaftlicher Eliten gingen von der Wirtschaftselite „heute die entscheidenden Impulse der politischen und sozialen Gestaltung aus".[170] Auch in der *Zeit* setzte man auf den erzieherischen Effekt der bei den BBUG geschulten Führungskräfte: „Wenn es gelingt, dass in jeder Stadt zwei oder drei wirklich echte, in ihrer volkswirtschaftlichen und betrieblichen wie auch politischen Leistung respektable Unternehmerpersönlichkeiten den ‚ökonomischen Ton' angeben, dann wäre bereits unendlich viel geschafft."[171]

Aus Sicht des BDI und der beteiligten Unternehmen waren die BBUG ein voller Erfolg. Die Seminare waren regelmäßig überbucht, neben Industrievertretern wurden Ende der 1950er Jahre auch Führungskräfte der Banken hinzugezogen.

---

[167] Freyer, Theorie des gegenwärtigen Zeitalters, S. 64.
[168] Nolte, Die Ordnung der deutschen Gesellschaft, S. 288.
[169] Gustav Stein (Hrsg.), Unternehmer in der Politik, verfasst von Herbert Gross, Düsseldorf 1954, S. 9.
[170] Wirtschaft als Führung, in: Handelsblatt, 23.7.1954.
[171] W. O. Reichelt, Freudiges Ereignis, in: Die Zeit, 21.7.1955.

2.3 Die Baden-Badener Unternehmergespräche in den 1950er Jahren

Es wurden Fortsetzungs- und Regionalgespräche für die ehemaligen Teilnehmer eingerichtet. Die Funktion und Reputation der BBUG als finale Schulung für die Vorstandstauglichen etablierte sich, das Seminar avancierte zum „Salem westdeutscher Managererziehung",[172] wie der *Spiegel* anmerkte. Tatsächlich erreichte von den Teilnehmern der ersten 100 BBUG ein Drittel die höchste Leitungsebene und wurde Vorstandsmitglied.[173] Darunter waren von den frühen Teilnehmern viele bekannte Namen wie Herman Josef Abs, Friedrich Wilhelm Christians (beide Vorstandssprecher der Deutschen Bank) oder Helmut Maucher (Generaldirektor von Nestlé).[174] Es ist somit wohl nicht übertrieben zu konstatieren, dass die BBUG maßgeblich daran beteiligt waren, das personale Netzwerk der Deutschland AG zu schaffen, also jener „historisch gewachsene[n] Verflechtungsstruktur", die charakterisiert ist durch: „die wechselseitigen großen Kapitalbeteiligungen – nicht selten Sperrminoritäten – von Banken, Versicherungen, Industrie und Handel, die Personalverflechtungen in den Aufsichtsräten und die Finanzierung der Großunternehmen durch langfristige Bankkredite".[175]

Die hohe Dichte an späteren Top-Managern hatte auch mit den immer wieder nachjustierten, sehr anspruchsvollen Zulassungskriterien bei den BBUG zu tun. Um unerfahrenere und weniger geeignete Teilnehmer fernzuhalten, schlug Vaubel schon nach den vierten BBUG intern eine deutlicher formulierte „Qualifikationserfordernis" vor. Unternehmen sollten nur noch Kandidaten nach Baden-Baden schicken, auf die das Prädikat „Geeignet für Übernahme echter unternehmerischer Verantwortung in der Zukunft" zutreffe.[176] Vaubel und Witzleben wollten keine zu jungen Kandidaten, aber auch keine zu arrivierten Kräfte, deren Teilnahme wie eine Belohnung empfunden werden könnte. „Das Schwergewicht sollte bei der Altersgruppe 35–42 Jahre liegen."[177] 1963 ging man noch einen Schritt weiter: Nach den 24. BBUG beschloss der Vorstand der GFU, die Zulassung der Teilnehmer von einer „Stellungnahme des Vorstandes (möglichst Vorstandsvorsitzenders) bzw. der Geschäftsführung oder des Inhabers des entsendenden Unternehmens über die Qualifikation des Teilnehmers abhängig zu machen"[178]. Zur Beurteilung der Eignung und der Fähigkeiten der Kandidaten vertrauten die Industriellen von der GFU offensichtlich nur auf die Meinung und Bewertung von ihresgleichen. Insgesamt hielten Vaubel und

---

[172] Manager. Arbeit für andere, in: Der Spiegel, 16.6.1965.
[173] Kipping, The hidden business schools, S. 106.
[174] Grünbacher, West German Industrialists and the Making of the Economic Miracle, S. 63.
[175] Ralf Ahrens/Boris Gehlen/Alfred Reckendrees, Die Deutschland AG als historischer Forschungsgegenstand, in: dies. (Hrsg.), Die „Deutschland AG". Historische Annäherungen an den bundesdeutschen Kapitalismus, Essen 2013, S. 7–28, hier: 7.
[176] Vaubel an Witzleben, 26.4.1956. RWWA B6 12 18.
[177] Ebd.
[178] Protokoll über die Vorstandssitzung der Gesellschaft zur Förderung des Unternehmernachwuchses e. V. am 1.8.1963. BBUG-Archiv, Ordner 2.

Witzleben den eingeschlagenen Weg der BBUG für richtig und verteidigten das Konzept gegen die vereinzelte und eher verhalten artikulierte interne Kritik beim BDI. Auch dass man, anders als die als Vorbild studierten ausländischen Business Schools, nicht den Weg einer universitätsnahen Akademie oder Schule gegangen sei, empfanden die Verantwortlichen als richtig, bilanzierte Witzleben in einer Präsidiumssitzung im April 1958.[179]

Der exklusive und diskrete Veranstaltungsrahmen war für Witzleben sogar Bedingung des Erfolgs. Die für die BBUG charakteristische „Vertraulichkeit" sei „gewährleistet einmal durch den beschränkten und ausgewählten Kreis der Teilnehmer, zum anderen dadurch, dass keine Zeugnisse ausgestellt oder Berichte über die Teilnehmer an den Gesprächen erstattet werden".[180] Wie sehr auch Ende der 1950er Jahre an der Idee des „geborenen" Unternehmers festgehalten wurde, zeigt sich daran, dass 1958 über eine Erweiterung des Teilnehmerkreises für Gäste nachgedacht wurde – nicht generell für jüngere Manager-Talente, sondern für „jüngere Unternehmersöhne".[181] Die immer noch gelegentlich geäußerte Kritik am finanziellen und organisatorischen Aufwand für die BBUG konterte Witzleben mit Hinweis auf die fundamentale Bedeutung der BBUG für die ökonomische Elitenbildung und für die Verteidigung des Unternehmertums an sich. Witzleben erklärte, dass die Wirtschaft „alle Mittel" einsetzen müsse, „um einen erfolgreichen Unternehmernachwuchs heranzubilden", denn von diesem „werde abhängen, ob das System der Unternehmerwirtschaft auf die Dauer von Bestand sein könne".[182]

2.4 Harvard in Berlin? Der deutsche Sonderweg in der Führungskräfteausbildung

Die BBUG waren keine Business School nach amerikanischem Vorbild, konnten sich aber mit Hilfe der organisatorischen und finanziellen Kraft des BDI und durch das Netzwerk der beteiligten Unternehmen durchsetzen und langfristig etablieren. Gescheitert ist hingegen ein ebenfalls Mitte der 1950er Jahre gestarteter Versuch, mit finanzieller Unterstützung und Expertise aus den USA in Berlin eine „echte" Business School zu errichten. Die Gründe hierfür sind vielschichtig, aber die ablehnende Haltung jener deutschen Industriellen, die in der Führungskräfteausbildung die Initiative übernommen hatten, ist äußerst

---

[179] Niederschrift über die Präsidialsitzung vom 18.4.1958. BDI-Archiv. HGF Pro 5/2, Karton 784.
[180] Ebd.
[181] Ebd.
[182] Ebd.

2.4 Harvard in Berlin? Der deutsche Sonderweg in der Führungskräfteausbildung

aufschlussreich und provoziert einmal mehr die Frage nach einem „deutschen Sonderweg" in der Wirtschaft der 1950er Jahre. Der Hintergrund der Berliner Initiative waren die amerikanischen Aktivitäten im Rahmen des Marshallplans, die darauf abzielten, nicht nur finanzielle und technische, sondern auch mentale, intellektuelle und wissenschaftliche Aufbauhilfe zu leisten.[183] Übergeordnete Ziele des Programms waren die Durchsetzung des amerikanischen Modells einer nach liberalen Prinzipien geordneten Weltwirtschaft und die Modernisierung und Produktivitätssteigerung der europäischen Wirtschaft. Das hierfür gedachte US Technical Assistance and Productivity Program sollte auch der Managementnachhilfe dienen, also im weiten Sinne einer „Art ökonomischer re-education"[184] der europäischen Wirtschaftseliten. Hierzu wurde auf amerikanische Initiative die Organisation European Productivity Agency (EPA) mit Sitz in Paris gegründet. Der nationale Partner der EPA war in der Bundesrepublik das Rationalisierungskuratorium der deutschen Wirtschaft (RKW), das bereits in der Weimarer Republik zentrale Anlaufstelle für Rationalisierungsmaßnahmen gewesen war und geholfen hatte, die deutsche Wirtschaft nach dem Ersten Weltkrieg wieder leistungsfähig zu machen. Nach dem Zweiten Weltkrieg verliefen die Anstrengungen zur Produktivitätssteigerung des RKW in stärker transatlantischen und europäischen Bahnen.[185] Gleichzeitig war das RKW zu neutralen Empfehlungen im Sinne der Sozialpartnerschaft verpflichtet. Ein wichtiges Thema des RKW war daher auch die Führungskräfteausbildung, die man als zentrales Element der Modernisierung und Produktivitätssteigerung der deutschen Wirtschaft ansah. Die Eindrücke und Erfahrungen der vom RKW organisierten Studienreisen in die USA sollten auch auf dem Gebiet der Führungskräfteausbildung in Deutschland fruchtbar gemacht werden.[186] Weil das RKW im Bündnis mit dem Bundeswirtschaftsministerium amerikanische

---

[183] Vgl. hierzu Kleinschmidt, Der produktive Blick, S. 62–83.
[184] Ebd., S. 62.
[185] Vgl. Manfred Pohl, 75 Jahre RKW. Die Geschichte der Rationalisierung, in: Berichte des Forschungsinstituts der Internationalen Wissenschaftlichen Vereinigung Weltwirtschaft und Weltpolitik (IWVWW) 7 (1997), S. 49–55.
[186] Ausbildung von Führungskräften in der amerikanischen Wirtschaft. Beobachtungen einer deutschen Studiengruppe, Rationalisierungs-Kuratorium der Deutschen Wirtschaft: RKW-Auslandsdienst; 45, München 1956; Johann D. Auffermann, Betriebsführung durch Planung und Kontrolle. Eindrücke einer Studienreise deutscher Betriebswirtschaftler aus Wissenschaft und Industrie, Rationalisierungs-Kuratorium der Deutschen Wirtschaft: RKW-Auslandsdienst; 51, München 1957; Ernst Bornemann, Gruppenarbeit und Produktivität: Bericht über eine Studienreise in USA, Rationalisierungs-Kuratorium der Deutschen Wirtschaft: RKW-Auslandsdienst; 72, München 1958; Middle Management in USA. Seine Stellung und seine Förderung; Reisebericht einer deutschen Studiengruppe, Rationalisierungs-Kuratorium der Deutschen Wirtschaft: RKW-Auslandsdienst; 64, München 1958. Vgl. auch: Amerikas Manager leiden nicht an Zeitmangel, in: Bonner Generalanzeiger, 28.4.1955.

Fördergelder ausgeben und verteilen konnte, wurde die Organisation zu einer Konkurrenz für die deutsche Industrie und ihre frühen eigenen Initiativen zur Führungskräfteausbildung, wie im Folgenden gezeigt werden soll.

Die amerikanische Initiative hat viel mit einer interessanten Personalie der US-Diplomatie im Nachkriegsdeutschland zu tun: 1953 wurde James Bryant Conant zum Hohen Kommissar der USA in Deutschland ernannt, von 1955 bis 1957 war er Botschafter der USA in der Bundesrepublik. Conant war kein Diplomat, sondern Chemiker. Für seine Mission in Deutschland qualifiziert hatte er sich durch seine Deutschkenntnisse und vor allem durch seine langjährige Tätigkeit als Präsident der Harvard University, die er von 1933 bis 1953 ausgeübt hatte. Conant galt als Bildungsreformer und in einer modernen Führungskräfteausbildung nach amerikanischem Vorbild sah er eine Schlüsselfrage für den Erfolg der deutschen Wirtschaft.[187] Eine Schlüsselrolle in den amerikanischen Plänen zur Managementausbildung sollte Berlin einnehmen. Bereits 1953 wurden auf amerikanisches Drängen hin die deutsch-amerikanischen Betriebsführergespräche, die bisher in Baden-Baden stattgefunden hatten, auch in Berlin abgehalten – „wegen der besonderen Bedeutung der Westberliner Wirtschaft".[188] In Zusammenarbeit mit dem RKW und der Industrie- und Handelskammer Berlin wurden die Gespräche und Diskussionsrunden mit amerikanischen Managementexperten durchgeführt, für die speziell geschulte Dolmetscher engagiert wurden und die sich mit verschiedenen Weiterbildungsveranstaltungen über den ganzen Oktober und November 1953 hinzogen.[189] Das Arbeitsprogramm umfasste neben Lehrgängen im Bereich der Betriebswirtschaft und Produktionstechnik auch den Aspekt der „Psychologischen Betriebsführung" mit Schulungen in Verkaufspsychologie, Menschenführung und Unterweisungsmethoden. Dies blieb keineswegs theoretisch, denn Teil des Programms waren auch gemeinsame Besichtigungen von über 30 Berliner Betrieben – darunter Siemens, AEG, Osram und Schering – mit anschließenden Diskussionen.[190]

Aufschlussreich für diesen deutsch-amerikanischen Austausch auf dem Gebiet des Managements im Herbst 1953 ist ein ausführliches Memorandum des

---

[187] James Bryant Conant, Die Nachwuchsschulung für die Wirtschaftsführung der USA [Vortragsreihe des Deutschen Industrieinstituts Nr. 20], Köln 1955. Der Vortrag erschien auch in der Zeitschrift *Die Union*. Vgl. James Bryant Conant, Die Nachwuchsschulung für die Wirtschaftsführung der USA, in: Die Union 10 (1955), S. 146–148. Vgl. auch ders., Erfahrungen an der Harvard School of Business Administration, in: Mommsen (Hrsg.), Elitebildung in der Wirtschaft, S. 74–80.
[188] Spennrath, Betr. Deutsch-amerikanische Betriebsführer-Gespräche, 12.9.1953. National Archives, Record Group 469, Subject Files Management Development, 1950–1956, Box 3.
[189] RKW, Entwurf Durchführung des TA-B-Projektes 09-216-Management Training. National Archives, Record Group 469, Subject Files Management Development, 1950–1956, Box 3.
[190] RKW, Entwurf Durchführung des TA-B-Projektes 09-216-Management Training, Anlage 1: Betriebsbesichtigungen. National Archives, Record Group 469, Subject Files Management Development, 1950–1956, Box 3.

2.4 Harvard in Berlin? Der deutsche Sonderweg in der Führungskräfteausbildung

Unternehmerberaters Harry F. Gracey, der im Rahmen des US Technical Assistance and Productivity Program beim RKW in Berlin stationiert war und an den Betriebsführergesprächen teilgenommen hatte.[191] Gracey ordnete seine beratende Funktion auf dem Gebiet des Managements in den größeren Zusammenhang des Kalten Kriegs ein und sah seine Aufgabe im Kampf gegen den Kommunismus, „right in the centre of the only remaining citadel of freedom left within Russian controlled territory". Seinen Beitrag vor Ort formulierte Gracey so:

> I am happy to transfer some of my thinking and what skills I possess as an educator and industrial training consultant to help repair the damage done to the free spirit of mankind every where, and also to help promote our American ideas concerning the dignity and importance of people as free thinking and free working individuals.[192]

Auf dem Weg zu diesen Zielen sah Gracey allerdings beträchtliche Hürden („we start from scratch"), die er mit einer spezifisch deutschen Mentalität begründete, und beschrieb die Schwierigkeiten eines professionalisierten Managementtrainings folgendermaßen: Generell sei „human development" ein völlig neues Konzept, das gelte insbesondere für Führungskräfte. In deutschen Betrieben dominiere eine strenge Experten- und Spezialistenkultur, die wenig Austausch und Flexibilität ermögliche:

> To educate and broaden the management of a company beyond specialized functions is not only unheard of but almost traditionally tabu. Herr Technischer Direktor und Herr Kaufmännischer Direktor are traditionally wedded to their own narrow fields. Crosstraining and broad development is almost unheard of.

Insgesamt gab sich Gracey aber optimistisch. Sobald die Deutschen die neuen Ideen einer umfassenden Personalplanung, die auch die Führungskräfte einschlösse, akzeptiert hätten, würden sie sich mit ihrer Intelligenz und ihren Fähigkeiten dem Ziel einer modernen Unternehmensführung mit viel Arbeitseifer widmen. „We may think we in America have the know-how in this field, but watch these Berliners when they go all out for an idea. I predict great strides in the development of management training and all the techniques that go along with it."[193]

Mit diesem Optimismus und eingebettet in die missionarischen Vorstellungen der Re-Education, drängten die Amerikaner in den folgenden Jahren auf eine weitere Institutionalisierung der Managerausbildung nach US-Vorbild und es gab keinen Zweifel, dass der Standort dafür Berlin sein musste. Nach amerikanischem Vorbild geschulte Manager sollten aus US-Sicht gleich mehrere Funktionen übernehmen: *Erstens* wurden sie als besonders wirksames Mittel

---

[191] Harry F. Gracey, A letter from West-Berlin Germany. National Archives, Record Group 469, Subject Files Management Development, 1950–1956, Box 3.
[192] Ebd.
[193] Ebd.

gesehen, um die Produktivität der westdeutschen Wirtschaft weiter zu steigern, *zweitens* sollten sie helfen, die Unternehmen von autoritären Strukturen zu befreien, in denen man die deutschen Unternehmen verhaftet sah und *drittens* sollte von einer Berliner Managerausbildung auch ein klares ideologisches Signal nach Osten gesendet werden. Dies sei so wichtig, da „Berlin als Schaufenster all das zeigen muss, was die westdeutschen Staaten bieten können", so der an den Plänen beteiligte Konrad Mellerowicz, Lehrstuhlinhaber für Betriebswirtschaftslehre an der Technischen Universität Berlin.[194] *Viertens* sollte die Mitte der 1950er Jahre angedachte Business School einen nationalen Vorbildcharakter für modernes Management haben. Sie sollte von einem „Training Center for Germany" getragen werden, also von einem nationalen Institut, das die Nachwuchsförderung zentral für die gesamte Bundesrepublik steuern sollte.[195]

Für die ersten fünf Jahre plante man mit einem Budget von 1.785.000 DM, die als Anschubfinanzierung mit den amerikanischen Geldern des RKW bestritten werden sollten.[196] Mittelfristig war als Träger der Einrichtung die gesamte deutsche Wirtschaft vorgesehen, wobei dem RKW eine steuernde Rolle zukommen würde. Es war vorgesehen, die Business School mit Unterstützung vor allem der Berliner Universitäten, aber mit eigenständigen Strukturen und Personal außerhalb der Hochschulen zu organisieren.[197] Für die inhaltliche Ausgestaltung des Programms erwartete man den Bericht der von der amerikanischen Regierung nach Deutschland entsandten Professoren Thomas L. Norton (Dekan der School of Commerce in New York) und Thomas H. Carroll (Vizepräsident der Ford Foundation), die im September 1956 durch Berlin und Westdeutschland reisten, um die Bedingungen und Möglichkeiten einer Ausbildungsstätte in Berlin zu studieren.[198] Norton und Carroll besprachen sich in diesem Zusammenhang mit Vertretern des Bundeswirtschaftsministeriums, des Berliner Senats, führenden Vertretern der Wirtschaft und ihrer Verbände, der Hochschulen und bereits bestehender Ausbildungsstätten. Insgesamt nahmen die beiden Professoren an über 40 Tagungen und Diskussionsrunden zu dem Thema teil und tauschten sich

---

[194] Der Senator für Wirtschaft und Kredit, Zusammenfassender Bericht einschl. Diskussionsbeitrag über das Endgespräch „Betriebsführerausbildung an Universitäten und Hochschulen" in der Techn. Akademie Wuppertal am 19. April 1956, 7.5.1956. National Archives, Record Group 469, Subject Files RKW German Productivity Center, 1950–1956, Box 4.

[195] Vaubel an Witzleben, 25.9.1956. RWWA B6 12 18. Vgl. Kleinschmidt, Der produktive Blick, S. 78.

[196] Budget for National Institute for Executive Development in Berlin. National Archives, Record Group 469, Subject Files RKW German Productivity Center, 1950–1956, Box 4.

[197] G. Lerch/RKW-Frankfurt, Zwischenbericht über die Reise der amerikanischen Professoren Norton und Carroll in Verbindung mit der Einrichtung einer Berliner Institution für die Ausbildung von Führungskräften. National Archives, Record Group 469, Subject Files RKW German Productivity Center, 1950–1956, Box 4.

[198] Ebd.

2.4 Harvard in Berlin? Der deutsche Sonderweg in der Führungskräfteausbildung

auf diesem Weg mit mehr als 300 Experten aus. Ihr 33-seitiger Bericht, der am 10. Oktober 1956 vorgelegt wurde, gibt einen bemerkenswerten Einblick in den Zustand der westdeutschen Wirtschaftseliten und ihrer Nachwuchsförderung aus amerikanischer Perspektive.[199]

Grundsätzlich einig war man sich mit allen Experten, dass es einen großen Bedarf an Führungskräften in Westdeutschland gab. Die Situation wurde von Norton und Carroll noch dramatischer eingeschätzt als von den Organisatoren der BBUG: „In our judgment, the situation is a critical one and needs prompt and decisive action. [...] We cannot emphasize too strongly the necessity for immediate action."[200] Zwei Weltkriege hätten die Zahl potentieller Führungskräfte stark verringert. Gleichzeitig seien gerade die jüngeren Führungskräfte zu sehr Spezialisten, ihnen würden das Wissen und die Kompetenzen für höhere Verantwortung und die Aufgaben der Unternehmensführung fehlen. Ein großes Problem sahen die beiden Amerikaner im deutschen Ausbildungssystem. An den deutschen Universitäten gebe es keine Programme zur Managementausbildung. Die Betriebswirtschaftslehre sei als Studienfach dafür ungeeignet, weil dort „Führung" („the leadership aspects of business") kaum vorkomme. Die Betriebswirtschaftslehre arbeite stark deduktiv, sei stolz auf ihre exakten Definitionen, vernachlässige aber die induktive, am empirischen Beispiel ausgerichtete Untersuchung aus der allgemeinen Führungsperspektive. Es werde in großen Vorlesungen gelehrt, der Schwerpunkt liege auf theoretischem Spezialwissen. Für die zukünftige Managementausbildung kämen die Universitäten daher nicht in Frage, nicht zuletzt auch weil die deutschen Unternehmer den Universitäten grundsätzlich skeptisch gegenüberstünden. In der zu gründenden Business School müsse daher weniger im professoralen Stil gelehrt werden. In erster Linie sollten Problemanalyse, alternatives und kreatives Denken und Entscheidungsfreudigkeit gefördert werden. Das oberste Ziel bestehe in der „Entspezialisierung der Spezialisten".[201]

Um für ihren Plan zu werben und mehr Verständnis für die Notwendigkeit der deutschen Business School aufzubringen, kontrastierten die beiden Professoren in ihrem Bericht die deutsche mit der amerikanischen Situation. Auch in den USA habe es dreißig Jahre zuvor eine ähnlich skeptische Haltung der Unternehmerschaft zu einer professionalisierten Managerausbildung gegeben, so Norton und Carroll. Auch in den USA sei man von der „Berufung" („natural calling") zum Unternehmer ausgegangen und habe die praktische Bewährungslaufbahn für den einzig sinnvollen Weg zur Rekrutierung des Un-

---

[199] Thomas H. Carroll/Thomas L. Norton, Education for Management in Berlin, 10.10.1956. National Archives, Record Group 469, Subject Files RKW German Productivity Center, 1950–1956, Box 4.
[200] Ebd., S. 2, 31.
[201] Ebd., S. 4–7.

ternehmernachwuchses gehalten. Dies habe sich aber inzwischen grundsätzlich geändert: Die Weltwirtschaftskrise und die Depression der dreißiger Jahre sowie die verstärkten staatlichen Interventionen hätten ein stärkeres Bewusstsein für die Notwendigkeit der planenden und kontrollierenden Aufgaben des Managements mit sich gebracht, was u. a. auch in der Entstehung von professionellen Organisationen wie der „American Management Association" oder der „Society for the Advancement of Management" zum Ausdruck gekommen sei. Die amerikanische Wirtschaft habe die Unterstützung der Universitäten für die Ausbildung der Führungskräfte gesucht und inzwischen habe sich der Gedanke durchgesetzt, dass Management ein Beruf sei, der gelehrt und gelernt werden könne. Die Verantwortung dafür werde von den Unternehmen und den Universitäten gemeinsam getragen. Soweit sei Deutschland aber noch nicht, daher müsse die Business School zunächst außerhalb der Universitäten organisiert werden.[202]

Auffällig an dem Bericht der beiden Professoren ist, wie sehr auf deutsche Befindlichkeiten und mögliche Widerstände Rücksicht genommen wurde. Immer wieder wurde betont, dass nur eine deutsche Institution akzeptiert werden würde. Es müssten deutsche Lehrkräfte mit deutschen Materialien arbeiten, die amerikanischen Experten, die beim Aufbau der Business School vorgesehen waren, hätten sich hingegen im Hintergrund zu halten. Und auch die amerikanischen Behörden reflektierten, dass dieser vorgeschlagene Weg der amerikanischen Beeinflussung der Managerausbildung ein anderer und deutlich weniger direkt war als beispielsweise in Frankreich.[203] Trotz dieser Vorsicht und Rücksichtnahme auf deutsche Befindlichkeiten konnte allerdings die wichtigste Voraussetzung für den Plan nie geschaffen werden: die Unterstützung durch die deutsche Industrie.

Im Sommer 1955 berichtete Ludwig Vaubel erstmals seinen Kollegen in der Gesellschaft zur Förderung des Unternehmernachwuchses von der geplanten Initiative in Berlin. Der Vorsitzende des RKW in Berlin Kramer hatte ihn über die bevorstehenden Verhandlungen mit den amerikanischen Professoren zur Gründung einer Business School in Berlin informiert und eine Abstimmung mit der GFU vorgeschlagen.[204] Vaubel war gleich alarmiert, betonte, dass eine solche Business School nur den jüngeren Führungsnachwuchs adressieren dürfe, und suchte die Aussprache mit seinen Mitstreitern Guth und Witzleben. Guth wollte offenbar seine familiären Kontakte zu Wirtschaftsmi-

---

[202] Thomas H. Carroll/Thomas L. Norton, Education for Management in Berlin, 10.10.1956, S. 7–9. National Archives, Record Group 469, Subject Files RKW German Productivity Center, 1950–1956, Box 4.
[203] ICA/Washington, Norton-Carroll-Report-Technical Exchange Aspect, 17.11.1956. National Archives, Record Group 469, Subject Files RKW German Productivity Center, 1950–1956, Box 4.
[204] Vaubel an Herbert Studders, 18.7.1955. RWWA B6 12 17.

2.4 Harvard in Berlin? Der deutsche Sonderweg in der Führungskräfteausbildung 93

nister Erhard nutzen, um die Berliner Initiative unterbinden zu lassen.[205] Dies ging Vaubel zu weit. Zwar sei es „sehr erwünscht und angenehm, [...] nicht durch andere Initiativen gestört zu werden", andererseits entspreche es dem „Prinzip der freien Konkurrenz", dass solche Initiativen aufkämen. „Ein Versuch, mit autoritären Mitteln hier einzugreifen, müsste meiner Ansicht nach zu Misserfolgen führen. Herr Erhardt [sic!] dürfte z. B. auch gar keine Handhabe besitzen."[206] Vaubel befürchtete nicht eine nach amerikanischem Vorbild errichtete Business School an sich, schließlich hatte er selbst Vorschläge in diese Richtung gemacht, sondern den zentralisierenden und umfassenden Charakter der Berliner Pläne. Ihn störte, dass die Berliner Initiative nicht als eine Business School im „echten und ursprünglichen" Sinne, also als eine Art „Aufbauhochschule" für junge Menschen im Alter zwischen 20 und 30 Jahren geplant war, sondern als Nachwuchsausbildungseinrichtung für das ganze mittlere und gehobene Management und noch dazu als „Modell für die gesamte westdeutsche Wirtschaft".[207] Die größte Sorge Vaubels und der anderen Industriellen, die sich für die GFU engagierten, war aber, dass die für die deutsche Wirtschaft so wichtige Frage der Führungskräfteausbildung in fremde Hände gelangen könnte.

Generell wurde vor allem eine wichtigere Rolle des RKW in der Führungskräftefrage abgelehnt. Es wurde vermutet, dass durch die USA-Kontakte und die engen Beziehungen zum Bundeswirtschaftsministerium eine zentrale Instanz zur Führungskräfteausbildung in der Bundesrepublik errichtet werden könnte. In einer Vorstandssitzung der GFU im September 1956 warnte Witzleben ausdrücklich vor solchen „Zentralisationsbestrebungen" des RKW.[208] Es sei zu befürchten, dass die im Vorstand des RKW vertretenen Gewerkschaften „Einfluss auf die Ausbildung der mittleren Führungskräfte" ausüben könnten und das RKW die im Wuppertaler Kreis von der deutschen Industrie organisierte Koordination der Führungskräfteausbildung „eines Tages ablösen" könnte. Auch Heinz Scherf erklärte, dass man die Gefahr „nicht hoch genug einschätzen" könne. Das RKW leite sich seine Legitimation von den amerikanischen „Finanzierungsprogrammen" her, für deren Verteilung das Bundeswirtschaftsministerium es vorgesehen habe. Das RKW sei für das Ministerium, „für welches der Paritätsgedanke schon eine Selbstverständlichkeit geworden ist", der geborene Partner, merkte Scherf sarkastisch an.[209]

Angesichts dieser Konkurrenz durch eine von der deutschen Politik favorisierte, mit amerikanischen Geldern gespeiste und von den Gewerkschaften

---

[205] Vaubel an Witzleben, 5.9.1955. RWWA B6 12 17.
[206] Ebd.
[207] Vaubel an Erich Mittelsten Scheid, 24.8.1956. RWWA B6 12 18.
[208] Protokoll über die Vorstandssitzung am 21.9.1956. BBUG-Archiv, Ordner 2.
[209] Ebd.

beeinflusste Behörde bestand aus Sicht der GFU dringender Handlungsbedarf. „Wie sollen wir uns aktivieren, um unseren Führungsanspruch geltend zu machen?", fragte Witzleben.[210] Vaubel plädierte dafür, die eigenen Stärken auszubauen, also die GFU zum „geistigen Zentrum" zu entwickeln und durch gute Leistung den Führungsanspruch zu untermauern. Witzleben schlug vor, dass die deutsche Industrie sich mit zwei bis drei Millionen am RKW beteiligen könnte, um so den Beitrag des Wirtschaftsministeriums abzulösen. Dahinter steckte ein Gedanke, den Witzleben in aller Klarheit vor den anderen Vorstandsmitgliedern formulierte: Die deutsche Industrie müsse „stark genug sein, die Ausbildung ihres Nachwuchses aus eigenen Mitteln zu bestreiten und sich nicht auf amerikanische Mittel zu stützen".[211]

In einer Vorlage für den Vorstand wurden die Positionen der GFU dann noch weiter zugespitzt.[212] Das RKW erhebe in wachsendem Maße einen Führungsanspruch in der Förderung wirtschaftlicher Führungskräfte. „Dieser Anspruch birgt im Hinblick auf die im Hintergrund wirksamen Kräfte (BWM, DGB) Gefahren in sich und ist mit dem gleichen Führungsanspruch der Gesellschaft [der GFU] und ihres Instituts nicht zu vereinbaren." Das RKW leide seit seiner Gründung daran, dass die „Industrie als Ganzes dieser Institution abwartend, um nicht zu sagen ablehnend, gegenübersteht". Dies habe dazu geführt, dass das RKW finanziell zu neun Zehnteln vom Staat abhängig sei. Diese Abhängigkeit behindere „den Einsatz und die Entfaltung geistig führender Persönlichkeiten". Der Zustand „chronischer Insuffizienz" und „ständiger Überforderung der Kräfte" habe nun das Bestreben ausgelöst, „besonders zeitgemäße Themen aufzugreifen, um die Wirksamkeit nach außen zu beweisen".[213]

Hinzugekommen sei außerdem die Rolle des RKW als deutscher Ansprechpartner für die von OEEC (Organisation for European Economic Co-operation) und EPA organisierten internationalen Diskussionen über moderne Managementfragen. Das RKW organisiere Reisen in die USA für deutsche Wirtschaftsführer und übersetze die internationalen Arbeitspapiere zur Managementausbildung. Außerdem sei die Ausschüttung von 15 Millionen DM aus dem deutschen Produktivitätsfonds zu nennen, die das RKW „als verlängerter Arm des Wirtschaftsministeriums" für die Managementausbildung verteilen könne. Es gebe bereits einen „Musterlehrplan für Weiterbildungskurse von Führungskräften", und deutsche Gewerkschaftsvertreter hätten auf den RKW-Ausschuss für die Führungskräfteausbildung Einfluss. Diese Gründe

---

[210] Protokoll über die Vorstandssitzung am 21.9.1956. BBUG-Archiv, Ordner 2.
[211] Ebd.
[212] Vorlage an den Vorstand der Gesellschaft zur Förderung des Unternehmernachwuchses [o.D., wahrscheinlich Anfang 1957], BBUG-Archiv, Ordner 2.
[213] Ebd.

würden dazu führen, dass das RKW sowohl national als auch international einen bedenklichen Führungsanspruch entwickle.[214]

Als Lösung zur Abwehr dieser Entwicklungen wurde in dem Papier vorgeschlagen, dass die GFU ihren eigenen Führungsanspruch durch die guten Kontakte zu den deutschen Unternehmen untermauern müsse.[215] Die GFU müsse die zentrale Instanz für alle Angelegenheiten der betrieblichen und überbetrieblichen Förderung von Führungskräften sein und Firmen beraten, die eigene Führungskräfteprogramme einrichten wollen. Dazu müsse man weiterhin um noch mehr Mitgliederunternehmen werben, gerade durch den Erfolg der BBUG werde dies ja immer attraktiver. Aber auch der direkte Kontakt mit Wirtschaftsminister Erhard sollte gesucht werden, um die Rolle der GFU und der BBUG darzustellen. Witzleben sollte dem Minister darlegen, dass sich die „Heranbildung des Führungskräftenachwuchses in einem organischen Aufbau vollziehe"; dass es sich die von der deutschen Industrie initiierten Organisationen GFU und DIF zur Aufgabe gemacht hätten, diesen „organischen Aufbau zu formen"; dass durch den „unorganischen Einsatz der Produktivitätsmittel" diese Arbeit gestört werde. Der Minister solle daher die bisherige Mittelverteilung abbrechen und über eine Neuverteilung zusammen mit der GFU und dem RKW nachdenken. Außerdem solle man Erhard als Gastredner für die Eröffnung des Hauses Biron in Baden-Baden einladen.[216]

So kam es dann auch: Ludwig Erhard eröffnete im März 1957 die neue Heimstätte der BBUG im Haus Biron in Baden-Baden, wo die Gespräche bis zum heutigen Tag stattfinden. Auch sonst haben sich die Industriellen rund um GFU und BDI durchgesetzt. Im September 1956 machte Vaubel in einer Besprechung im Bundeswirtschaftsministerium die Haltung der deutschen Unternehmerschaft zu dem Berliner Projekt deutlich.[217] Der Plan von Conant, in Berlin ein nationales Programm zur Managerschulung des gesamten deutschen mittleren und gehobenen Managements unter Einbezug der deutschen Industrie aufzuziehen, lehnte er ab. Vaubels Idee, in Berlin nur eine „echte" Business School, also eine Spezialhochschule für jüngere Nachwuchskräfte aufzubauen, wurde wiederum von den amerikanischen Vertretern für undurchführbar erklärt. Man sah hierfür keine geeigneten Lehrkräfte in Deutschland und fürchtete außerdem den Widerstand der Berliner Universitäten. Eine rein amerikanische Einrichtung hielten die Amerikaner hingegen „unter allen Umständen für verfehlt".[218] Ohne die Unterstützung der deutschen Industrie versandeten die Pläne schließlich.

---

[214] Vorlage an den Vorstand der Gesellschaft zur Förderung des Unternehmernachwuchses [o.D., wahrscheinlich Anfang 1957], BBUG-Archiv, Ordner 2.
[215] Ebd.
[216] Ebd.
[217] Vaubel an Witzleben, 25.9.1956. RWWA B6 12 18.
[218] Ebd.

Die amerikanischen Reformpläne scheiterten an den dezentralen Strukturen und den Traditionen des deutschen Bildungswesens, vor allem aber auch am Widerstand der westdeutschen Wirtschaft. Tatsächlich gab es hier nicht nur traditionelle Schulungswege wie beispielsweise die Ausbildung zum Bergassessor in der Schwerindustrie, sondern auch eigene Neukonzeptionen. Vaubel, Guth und Witzleben hatten mit den BBUG gerade ihre Pläne und Ideen der Führungskräfteausbildung für Vorstandskandidaten verwirklicht und für das restliche Management den Wuppertaler Kreis etabliert. Durch diesen sollten alle Organisations- und Finanzierungsfragen der Führungskräfteausbildung koordiniert werden. Die Berliner Pläne hatten diesen Machtanspruch herausgefordert, es drohte der Einfluss der Politik, der Gewerkschaften und der Amerikaner auf die Ausbildung des eigenen Nachwuchses. Dies verstanden die Industriellen aus der GFU und dem BDI zu verhindern. Sie wehrten sich nicht gegen eine Amerikanisierung per se – im Gegenteil war amerikanisches Managementwissen sehr gefragt – z. B. im Bereich von Marketing und Werbung, und auch die professionellere und aggressivere Öffentlichkeitsarbeit des Deutschen Industrieinstituts war ja bereits eine Amerikanisierung nach dem Vorbild der *public relations*.[219] Aber die deutschen Industriellen wollten nur eine Amerikanisierung zu ihren Bedingungen.[220] Der amerikanische Hochkommissar hingegen war über die nicht verwirklichten Pläne einer zentralen Business School in Berlin auch Jahre später noch enttäuscht. In einem Brief an Josef Winschuh schrieb James Conant im Mai 1968: „It was unfortunate that my activities at that time in an attempt to establish something in Germany along the lines of the Harvard Business School were unsuccessful."[221]

Conants Harvard-Pläne waren nicht die einzige Initiative zur Modernisierung der deutschen Wirtschaft nach amerikanischem Vorbild, die in den 1950er Jahren am Widerstand der deutschen Industrie scheiterte. Mitte der 1950er Jahre versuchte die 1926 in Chicago gegründete Unternehmensberatungsfirma McKin-

---

[219] Wiesen, West German Industry and the Challenge of the Nazi Past, S. 98–101.
[220] Damit deckt sich dieser Befund mit den Thesen Volker Berghahns, der schon 1985 konstatiert hat, dass nur solche Modernisierungsansätze von der westdeutschen Wirtschaft übernommen wurden, die einheimischen Wertvorstellungen nicht entgegenstanden. Den Widerstand gegen das Kartellverbot und generell gegen einen Umbau der Industriestruktur führt Berghahn als weitere Beispiele dafür an. Vgl. Berghahn, Unternehmer und Politik, S. 251. Noch differenzierter argumentiert Kleinschmidt und betont, dass die Offenheit für amerikanische Ansätze weniger generationsbedingt war, sondern der Erfolg des Ideenimports vielmehr von der Anschlussfähigkeit an deutsche Methoden der Unternehmensführung abhängig war. Der transnationale Ideentransfer war somit im Bereich des Marketings, der Werbung, der Unternehmensorganisation, im Bereich der Human Relations oder eben in der Aus- und Weiterbildung für Führungskräfte besonders erfolgreich. Vgl. Kleinschmidt, Der produktive Blick, S. 398 f.
[221] James Conant an Josef Winschuh, 2.5.1968. Bundesarchiv Koblenz N 1223/8.

sey & Company in Deutschland Fuß zu fassen.[222] Hierzu hatte Robert Bender von der Foreign Operation Administration über die deutsche Delegation der Organization for European Economic Co-operation einen Vorschlag eingereicht.[223] Im Januar 1954 wurde Bender nach Bonn geschickt, um für den Plan einer deutschen Zweigstelle von McKinsey Werbung zu machen.[224] Nach den Gesprächen zeigten sich die Vertreter des Bundeswirtschaftsministeriums angesichts des „zweifellos bestehenden Vorsprungs der USA auf dem Gebiet des betrieblichen Beratungsdienstes" durchaus angetan von der Initiative, auch wenn die von McKinsey gewünschten steuerlichen Begünstigungen abgelehnt wurden.[225] Der BDI reagierte allerdings grundsätzlich ablehnend. Zwar sei die Analyse eines gestiegenen Bedarfs an Expertise und Beratung in den Unternehmen richtig, aber dies könne nicht Aufgabe einer ausländischen Firma sein. Der BDI gehe vielmehr davon aus, „dass eine deutsche Organisation zur Beratung in Betriebsführungsfragen von deutscher Seite eingerichtet, finanziell getragen und mit deutschen Kräften besetzt wird".[226] Hingegen eine Organisation zu schaffen, „die unter amerikanischer Leitung steht und mit amerikanischem Geld finanziert wird, halten wir für abwegig und weder den deutschen Bedürfnissen, noch Verhältnissen angemessen".[227] Angesichts solcher Ressentiments dauerte es noch zehn Jahre, ehe die Firma McKinsey ihr deutsches Büro 1964 in Düsseldorf eröffnete.

Bei den BBUG wurden amerikanische Einflüsse ganz bewusst unterdrückt – nach der ersten Veranstaltung im Sommer 1954 zeigte sich Josef Winschuh erleichtert, dass „der Ansatz der deutschen Form dieser Gespräche gefunden [worden] ist".[228] In Baden-Baden wurde generell kaum Managementwissen vermittelt und schon gar nicht ein geschlossenes Modell der Unternehmensführung gelehrt, sondern ein abgeschottetes Forum für die Elitenbildung und individuelle Nachwuchsrekrutierung geschaffen. Die BBUG sind somit ein Kind der 1950er

---

[222] Die Firma McKinsey wird in dem Vorgang nicht namentlich genannt. In Benders Bericht und den deutschen Stellungnahmen ist aber von einer großen kommerziellen amerikanischen Consulting-Firma die Rede, die „umfassende Erfahrungen in den Vereinigten Staaten und in der ganzen Welt besitzt" und zum Zeitpunkt der Verhandlungen seit 28 Jahren bestehe. Vgl. Robert Bender, Vorschlag amerikanischer Betriebsführerberater über die Schaffung einer deutschen Organisation zur Beratung in Betriebsführungsfragen, 6.1.1954. Bundesarchiv Koblenz B 102/37220 Bd. 2.
[223] Vermerk betr. Besprechung mit Mr. Robert Bender, F.O.A. am 21.1.1954. Bundesarchiv Koblenz B 102/37220 Bd. 2.
[224] Dr. Pretsch, Betr. Memorandum von TOA über einen Vorschlag und zur Errichtung eines „amerikanischen Beratungsdienstes für deutsche Betriebsführer". Bundesarchiv Koblenz B 102/37220 Bd. 2.
[225] Dr. Groeger an den BDI, 15.2.1954. Bundesarchiv Koblenz B 102/37220 Bd. 2.
[226] Beutler/Studders an das Bundeswirtschaftsministerium, 18.2.1954. Bundesarchiv Koblenz B 102/37220 Bd. 2.
[227] Ebd.
[228] Josef Winschuh an Karl Guth. Bundesarchiv Koblenz N 1223/100. [Hervorhebung im Original, B. D.]

Jahre: Ein zaghafter Modernisierungswille und erste Ansätze zur Professionalisierung von Führung (also der grundsätzlichen Möglichkeit der Lernbarkeit von Führung) trafen auf die verbreiteten Vorstellungen von der gesellschaftlichen und politischen Notwendigkeit von ökonomischen Eliten. Man bemühte sich um mehr Expertise, blieb aber letztlich unter sich. Es wurde nach der Rolle des Unternehmertums in der Gesellschaft gefragt, aber diese Gesellschaft wurde von den BBUG weitgehend ferngehalten. Gewerkschaftsvertreter wurden nicht eingeladen. Im Gegenteil sind die BBUG zu einem gewissen Grad auch als Gegenbewegung zur Mitbestimmungsdiskussion der 1950er Jahre zu sehen. Sie boten ein Forum für eine bestimmte Vorstellung von „Führung": Jenseits von Parität, Mitbestimmung, Gewerkschaften und Sozialpartnerschaft – beinahe klandestin, von Unternehmer zu Unternehmernachfolger – sollte das Herrschaftswissen weitergeben werden.

Diese Form der sozialen Selbstrekrutierung hatte für die Unternehmer darüber hinaus auch den großen Vorteil, dass von einem persönlich ausgewählten Nachfolger nicht allzu unangenehme Fragen hinsichtlich der eigenen NS-Vergangenheit zu erwarten waren. Eine auf Loyalität und Vertrauen aufgebaute Nachfolge schützte so auch vor einem kritischen Umgang mit der Unternehmensvergangenheit. Die BBUG atmeten auf diese Weise sehr stark jenen Geist des „technokratischen Konservatismus", dessen intellektuelle Vertreter man sich zu den Tagungen einlud. Die Vergangenheit galt als abgeschlossen, die „Sachzwänge" erforderten ein Denken in der Gegenwart. Die Regeln der Demokratie akzeptierte man, wenn auch teilweise nur widerwillig, auf die eigenen Unternehmen wollte man sie aber nicht ausgeweitet sehen. Vor allem aber hielt man sie angesichts der Herausforderungen der modernen Industriegesellschaft für nicht so wichtig. Sie waren nur Teil der Verwaltung, für die übergeordneten Ziele wie Vollbeschäftigung und Wirtschaftswachstum waren die „geborenen" Unternehmer zuständig.

2.5 Echte Männer oder doch nur Manager? Krise und Selbstverständigung der Wirtschaftseliten in den Wirtschaftswunderjahren

Als aktive Teilnehmerinnen waren Frauen bei den BBUG in den 1950er Jahren eine absolute Seltenheit. Dass der Führungskräftenachwuchs männlich sein würde, galt als genauso selbstverständlich wie die Sorge um die unternehmerische Tauglichkeit der Söhne und Schwiegersöhne der Unternehmer. Dennoch spielten Frauen bei den BBUG eine Rolle, nicht aufgrund ihrer eigenen beruflichen Stellung in der Wirtschaft, sondern als Ehefrauen der Unternehmer und Manager. In dieser Funktion wurden sie immer wieder zu den BBUG eingeladen, nicht zu

2.5 Wirtschaftseliten in den Wirtschaftswunderjahren

den eigentlichen Diskussionen und auch nicht vornehmlich für das feierliche Rahmenprogramm, sondern ganz explizit als Ehefrau einer Führungskraft. In maßgeschneiderten Kursen wie „Die Mitverantwortung der Frau am unternehmerischen Schicksal"[229] sollten die Ehefrauen über die Bedeutung der Arbeit ihrer Männer aufgeklärt und ihr Beitrag zur Leistungsfähigkeit der Männer diskutiert werden.[230] Diesem Thema widmeten sich in den 1950er Jahren auch die Wirtschaftspresse und Verbandsliteratur. Die Rolle der Manager-Gattin bestand darin, „Frau-Sein" und „Kamerad-Sein" in Einklang zu bringen, so ein Artikel in der ULA-Zeitschrift *Die Union*. Durch die berufliche Arbeit und Verantwortung ihres Mannes sei die Manager-Ehefrau oft allein, doch nur an ihr selbst liege es, „dieser Einsamkeit dadurch zu entfliehen, dass sie die ihr gestellte Aufgabe, eine gute, die Karriere des Mannes fördernde Ehefrau zu sein, ernst nimmt".[231]

Auf den ersten Blick schien so die Welt der Wirtschaftsführer noch in vertrauter Konstellation zu verharren und die Führungsetagen der deutschen Wirtschaft nach traditionellen Geschlechtervorstellungen geordnet zu sein. Der Konflikt um die Teilzeitarbeit für Frauen ab 1953 zeigte zwar, dass Frauen keineswegs grundsätzlich an Heim und Herd gebunden werden wollten und die Geschlechterordnung auf dem Arbeitsmarkt bereits zu erodieren begann, bevor sie so recht „restaurativ" etabliert werden konnte,[232] doch betrafen diese Tendenzen kaum den Arbeitsmarkt für Führungskräfte. Während es im Bereich des Mittelstands und der Kleinbetriebe der Gastronomie, des Handels und des Handwerks (z. T. kriegsbedingt) hunderttausende Betriebe mit weiblicher Führung gab,[233] blieben die leitenden Positionen der Großunternehmen weitgehend männlich besetzt.[234] Aber auch diese Welt war – im Hinblick auf Rollenbilder und kulturelle Selbstverständigung – keineswegs krisenfrei. Tatsächlich begleitete und überlagerte ein ausgeprägtes kulturelles Unbehagen die Modernisierungsbemühungen in der Führungskräftefrage, die sich aus Fachkräftemangel, amerikanischen Einflüssen und Bedeutungsgewinn der leitenden Angestellten ergeben hatten. Tradierte

---

[229] Vgl. Programm des VIII. Baden-Badener Unternehmergespräches, 10. bis 29. März 1958. HADB V25/515.
[230] Manager-Frauen. Auch ein akutes Problem, in: Die Zeit, 27.10.1955.
[231] Hilde Kunst, Frauen fördern die Karriere des Mannes, in: Die Union 4 (1954), S. 58 f.
[232] Vgl. Christine von Oertzen, Teilzeitarbeit und die Lust am Zuverdienen. Geschlechterpolitik und gesellschaftlicher Wandel in Westdeutschland 1948–1969, Göttingen 1999. Vgl. auch Walter Salzmann, Die Frau als Arbeitskraft. Umfang, Bedeutung und Probleme der Frauenarbeit, in: Der Volkswirt 35 (1956), S. 16–19.
[233] Walter Wiltschegg, Stirbt der Unternehmer? Diagnose und Therapie, Düsseldorf 1964, S. 95.
[234] Dabei wurde für die Zukunft angenommen, dass sich dieses Bild bald ändern könnte und „der vermehrte Einsatz von Frauen auf Vorgesetztenpositionen vielerorts in Kürze aktuell werden" würde. L. Kroeber-Keneth, Die Frau im Betrieb, in: Die Union 10 (1956), S. 173–176, hier: 174. Vgl. auch ders., Frauen unter Männern. Grenzen und Möglichkeiten der arbeitenden Frau, Düsseldorf 1955.

Männlichkeitsbilder und Vorstellungen von Leistungsfähigkeit wurden in Frage gestellt. Der Chefredakteur der *Welt*, Hans Zehrer, formulierte dies so: „Der Mann ist weich und müde und schwach geworden." Der „Zusammenbruch des Patriarchats" habe die „Vorherrschaft der Frau inmitten einer technisch-zivilisatorischen Umwelt" mit sich gebracht.[235] Die Krise des (leitenden) Mannes verdichtete sich am deutlichsten im Topos von der Managerkrankheit, mit dem in den 1950er Jahren bestimmte Formen des arbeitsbedingten Leidens und des stellungsbedingten Stresses beschrieben und diagnostiziert wurden. Kulturpessimistische Zweifel an Leistungsorientierung und Konsumgesellschaft kamen auf und in der Folge wurde die Arbeitszeit im Zusammenhang mit der Einführung der Fünftagewoche auch für leitende Angestellte diskutiert („40 Stunden – auch für den Chef?"[236]). Selbständigkeit – einst zentrales Element des bürgerlichen Wertehimmels – schien in einer Industriegesellschaft, in der selbst die „leitenden Männer" nur Angestellte waren, keine Rolle mehr zu spielen.

Es ist auffällig, dass sich viele ehemalige „konservative Revolutionäre" an diesem Managerkrisendiskurs beteiligten. Zwar hatten einige konservative Intellektuelle wie Hans Freyer ihren antiliberalen Radikalismus gegen einen „technokratischen Konservatismus" getauscht und – wie oben gesehen – die moderne Industriegesellschaft akzeptiert, andere hingegen machten aus ihrer kulturpessimistischen Verachtung für die sozioökonomische Ordnung der jungen Bundesrepublik keinen Hehl. Dies ist teilweise einem tief verwurzelten Antiamerikanismus geschuldet, der – so der Historiker Volker Berghahn – zu „einem basso continuo" wurde, der die Weltanschauung der konservativen Intellektuellen der 1950er Jahre durchzog.[237] Vor allem aber ließen sich anhand des Managers eine Reihe von Strukturveränderungen der bundesdeutschen Wirtschaft und Gesellschaft personifizieren, die von rechtskonservativen Intellektuellen wie Hans Zehrer, Ferdinand Fried und Giselher Wirsing abgelehnt wurden. Das „Revival" der „konservativen Revolution" in der deutschen Öffentlichkeit nach dem Zweiten Weltkrieg fand bekanntermaßen in konservativen Tages- und Wochenzeitungen wie *Die Welt, Deutsches Allgemeines Sonntagsblatt* und *Christ und Welt* statt,[238] fand aber auch seinen Niederschlag in der Wirtschafts- und Verbandspresse der 1950er Jahre.

---

[235] Hans Zehrer, Wir leben in einer Epoche der Frau, in: Die Union 2 (1954), S. 26–27.
[236] Frankfurter Allgemeine Zeitung, 24.4.1954.
[237] Volker Berghahn, Transatlantische Kulturkriege. Shepard Stone, die Ford-Stiftung und der europäische Antiamerikanismus, Stuttgart 2004, S. 127.
[238] Dirk van Laak, „Nach dem Sturm schlägt man auf die Barometer ein". Rechtsintellektuelle Reaktionen auf das Ende des „Dritten Reiches", in: WerkstattGeschichte 6 (1997), S. 25–44; ders., Trotz und Nachurteil; ders., From the Conservative Revolution to Technocratic Conservatism; Morat, Von der Tat zur Gelassenheit; Hans Becker von Sothen, Hans Zehrer als politischer Publizist nach 1945, in: Frank-Lothar Kroll (Hrsg.), Die kupierte Alternative. Konservatismus in Deutschland nach 1945, Berlin 2005, S. 125–178; Ebbo Demant, Hans Zehrer als politischer Publizist. Von Schleicher zu Springer, Mainz 1971.

2.5 Wirtschaftseliten in den Wirtschaftswunderjahren

Welche ungemein wichtige Bedeutung etwa die Gedankenwelt Hans Zehrers in der Zeit des Wiederaufbaus auf Ludwig Vaubel hatte, lässt sich aus dessen Tagebüchern ablesen.[239] Vor allem Zehrers umfangreiche philosophische Schrift „Der Mensch in dieser Welt" von 1948[240] habe Vaubel Orientierung gegeben und geholfen, eine eigene „Weltanschauung" aufzubauen.[241] Am 28. Januar 1949 notierte er: „Man möchte wünschen, dass möglichst viele dieses Buch in die Hand bekommen. Es könnte in der Anwendung auf unsere Lage einen Anfang bedeuten, gerade in Deutschland."[242] Tatsächlich spielten zentrale Topoi und Argumentationsmuster der ehemaligen „konservativen Revolutionäre" eine große Rolle bei den Positionsbestimmungen der deutschen Wirtschaftsführer nach dem Zweiten Weltkrieg. Die Schlüsselrolle der Technik, die Bedeutung von Eliten im Zeitalter der „Vermassung", die „Wiedergeburt Deutschlands" im „christlichen Abendland" sind wohl die wichtigsten Denkfiguren, die halfen, die eigene Stellung angesichts der großen Wandlungsprozesse – von Konsumgesellschaft über Mitbestimmung und Sozialpartnerschaft bis zu Westbindung und europäischer Einigung – zu finden und zu legitimieren.[243]

Das galt auch für die leitenden Angestellten. Offenbar bestanden gerade bei standesbewussten Organisationen wie der ULA Interesse und Bedarf an der Wiederauflage konservativer Topoi wie „Vermassung" und „Nivellierung".[244] Die durch den Kalten Krieg beförderte Kritik an einer materialistischen Gesellschaftsinterpretation ließ sich durchaus in die eigene Standesideologie von den leitenden Angestellten als „dritter Kraft" jenseits von Arbeit und Kapital einbauen. Die kulturelle und nicht empirisch-soziologische Argumentation der konservativen Publizisten kam der ULA entgegen. Obwohl die leitenden Angestellten (vor allem ab den 1960er Jahren) zu den großen Profiteuren der Ausdifferenzierung der Produktion und ansteigenden Konsumorientierung der deutschen Wirtschaft gehörten, durchzog ihre Publikationen in den 1950er Jahren ein ausgeprägter Kulturpessimismus. Eine Ideologie der Abgrenzung

---

[239] Am 15. Februar 1949 notierte Vaubel: „Zehrer beschäftigt mich viel. Eine neue Sicht entsteht von diesem Blickpunkt der Zeitenwende und der religiösen Wiedergeburt aus. Anleuchten, auflockern, Bereitschaft wecken." Vgl. Vaubel, Zusammenbruch und Wiederaufbau, S. 189.
[240] Hans Zehrer, Der Mensch in dieser Welt, Hamburg 1948. Vgl. auch Schildt, Deutschlands Platz in einem „christlichen Abendland".
[241] Vaubel, Zusammenbruch und Wiederaufbau, S. 183, 187.
[242] Ebd., S. 186.
[243] Martina Steber, Die Hüter der Begriffe. Politische Sprachen des Konservativen in Großbritannien und der Bundesrepublik Deutschland. 1945–1980, München 2017 (= Veröffentlichungen des Deutschen Historischen Instituts London/Publications of the German Historical Institute London 78).
[244] Vgl. Ferdinand Grüll, Die Gefahr der Nivellierung, in: Die Union 1 (1952), S. 1–2. Vgl. auch: Ein Taschengeld für Erfindungen. Vereinigung der leitenden Angestellten wendet sich gegen soziale Benachteiligungen, in: Frankfurter Allgemeine Zeitung, 21.4.1958.

gegen die reguläre (und potentiell nivellierende) Angestelltenschaft auf der einen Seite und Unsicherheiten bezüglich der eigenen betrieblichen und sozialen Stellung im Verhältnis zu Eigentumsunternehmer und der Gesamtgesellschaft auf der anderen Seite kamen zusammen. Die kulturpessimistischen soziologischen Abhandlungen von konservativen Publizisten wie Giselher Wirsing waren hier anschlussfähig. In einem Beitrag für die Verbandszeitschrift *Die Union* schrieb Wirsing im Dezember 1951: „Zwei Weltkriege, zwei Revolutionen, zwei Inflationen und vier politische Systeme haben innerhalb der letzten fünfzig Jahre eine gewaltige soziologische Umschichtung hervorgerufen. Sie ist noch nicht zu Ende."[245] Vor allem die „geistigen Schichten" stünden vor dem Ausverkauf. Die verbesserte Lage der Arbeiterschaft sei zwar zu begrüßen, ihr Aufstieg dürfe aber nicht auf Kosten der „geistigen Berufe" gehen. „Die Auszehrung der geistigen Berufe ist eine Lebensfrage der ganzen Nation."[246]

Das war ganz im Sinne von Organisationen wie der ULA. Konservative Publizisten wie Wirsing boten eine kultursoziologische Deutung der Nachkriegszeit an, die für die Artikulation der eigenen standespolitischen Interessen zusätzliche Legitimation bot. Für die eigenen soziokulturellen Orientierungsbemühungen schied hingegen der „Manager" als neues Leitbild weitgehend aus, das amerikanische „Gespenst des Managers"[247] wurde eher distanziert beobachtet.[248] Für sich selbst lehnte man den Begriff ab, wie Gisela Kleine von der ULA mit einer Umfrage bei 300 Verbandsmitgliedern eruierte. Demnach hegten die Befragten eine „gefühlsmäßige Abneigung gegen den Manager als den ‚Techniker der Führung'", man vermisse den in Deutschland „so hoch geschätzten moralischen Wert der Betriebstreue", der Manager sei ein „Produkt der Anonymität", ausgestattet mit „anonymem Kapital", „kurz, eine Gestalt, signativ für den modernen Zivilisationsbetrieb".[249] Die westdeutsche konservative Kulturkritik an der neuen sozioökonomischen Ordnung arbeitete sich in den 1950er Jahren generell an der Figur des amerikanischen Managers ab.

Exemplarisch hierfür ist ein Porträt des Managers von *Welt*-Chefredakteur Hans Zehrer, das die Führungskraft nach amerikanischem Vorbild als Symbol für den Niedergang des Ideals der bürgerlichen Selbständigkeit beschreibt.[250] Der Artikel ist somit beispielhaft für die kulturellen Widerstände, denen selbst-

---

[245] Giselher Wirsing, Es geht um die deutsche Substanz. Der materielle Ausverkauf der geistigen Schichten – ein unabwendbarer Prozeß, in: Die Union 1 (1951), S. 5–7.
[246] Ebd.
[247] Helmut Gehrhard, Manager, Management und leitende Angestellte in amerikanischen Betrieben, in: Die Union 10 (1953), S. 149–151.
[248] W. Hahn, Ausbildung des Managements in den USA, in: Die Union 4 (1954), S. 55–57.
[249] Gisela Kleine, Wer sind die Manager, in: Die Union 12 (1954), S. 193–195.
[250] Hans Zehrer, Herren – aber es reicht nicht ganz, in: Die Welt, 17.10.1953.

bewusstere Eigendarstellungen der leitenden Angestellten begegnen mussten. Zehrer schrieb 1953:

> Abhängig und nicht selbständig sein, das ist das Schicksal unserer Zeit, und der Manager spürt es am deutlichsten, weil er im Besitz seiner Schlüsselstellung so tut und tun muß, als wäre er unabhängig und selbständig. Der kleine Mann unten, arbeitsversichert, krankenversichert, altersversichert und so weiter, kann ausweichen: ins Menschliche, ins Private, in den Sport, den Schrebergarten, die Natur – irgendwohin. Er hat mehr Freiheit als der Mann, der ihn angestellt hat; er hat mehr menschliche Unabhängigkeit. Der Mann oben hat das nicht. Er leitet einen Apparat, der ihm nicht gehört. Er wohnt oft genug in einem Haus, das ihm nicht gehört. Er verdient ein gutes Stück Geld, aber er kann kein Kapital bilden, weil es ihm der Staat wegsteuert. Er ißt und trinkt und reist – aber auch das gehört nicht ihm, sondern dem Betrieb. Und er weiß genau: läßt ihn dieser Betrieb aus irgendeinem Grund fallen, stellt er ihn ab, so fällt er von ganz oben herab nach ganz unten in das Nichts.[251]

Auch Ferdinand Fried betrauerte das „Zurücktreten der großkapitalistischen Fürsten und das Antreten der neuen Schicht der Arbeitsbürger"[252]. Die „neue dienende Schicht, die sich heute als Beauftragte des ‚Werkes' fühlen und immer im ‚Dienst' stehen", seien keine mächtigen Herren mehr, könnten keine Reichtümer mehr ansammeln und würden überall an die „unerbittlichen Grenzen des Steuersystems" stoßen. „Im Grunde ihres Herzens" würden diese „gehetzten Männer" fürchten, dass sie trotz aller Pflichterfüllung „dabei ihre Seele verlieren könnten".[253] Für Zehrer und Fried wie für viele andere konservative Publizisten der 1950er Jahre war in der Figur des leitenden Angestellten die „Bürgerdämmerung" an ihr Ende gekommen. Sei bereits in der Weimarer Republik aufgrund von Weltkrieg, Inflation, Urbanisierung und „Vermassung" das Bürgertum im Niedergang gewesen, so verkörpere der angestellte Manager die endgültige Auflösung des deutschen Bürgertums.

Die Arbeitsgemeinschaft Selbständiger Unternehmer (ASU) bediente ebenfalls diese kulturkritischen Topoi gegen die „leitenden Angestellten", die demnach die „unorganische" und „anonyme" „Technizität" der Zeit verkörperten. Insbesondere bei der Ablehnung des „Managers" wurde auf Topoi wie „Vermassung", „Nivellierung" und „Amerikanismus" rekurriert. Die ASU avancierte damit zum Sprachrohr einer offensiven „Eigentümer-Ideologie", die das Unternehmerdasein durch Eigentum begründete und über bestimmte Persönlichkeitsmerkmale legitimierte – das Unternehmertum wurde hier „geradezu ontologisch" gedacht, so der Historiker Morten Reitmayer.[254] Der „bindungslose" Manager war die dazugehörige Negativfolie. Weil er sich über funktionale Kriterien (Ausbildungsniveau, Stellung im Betrieb) und nicht über authentische, „echte" Bindungen

---

[251] Hans Zehrer, Herren – aber es reicht nicht ganz, in: Die Welt, 17.10.1953.
[252] Ferdinand Fried, Die neue Schicht, in: Die Welt, 20.5.1954.
[253] Ebd.
[254] Morten Reitmayer, Elite. Sozialgeschichte einer politisch-gesellschaftlichen Idee in der frühen Bundesrepublik, München 2009, S. 334.

(Privateigentum, Familie, Selbständigkeit) definierte, wurde er von konservativen Publizisten und Verbänden wie der ASU geradezu zu einer „unbürgerlichen Figur" stilisiert.[255] In einem Artikel in der Welt wurde die Zweifelhaftigkeit des „Regimes der Manager" anhand einer Gegenüberstellung des modernen Managers mit dem Unternehmer Alfred Krupp von Bohlen und Halbach beispielhaft demonstriert. Anders als Krupp fehle es dem modernen und anonymen Typ des Managers an Tradition, „es ist alles von heute, alles mit Kampf und furchtbarer Anspannung errungen". Während Krupp souverän, frei und auf der Basis von Logik und Vernunft entscheiden könne, sei der moderne Manager getrieben von Terminen, Sekretärinnen, Aktionären und Aufsichtsräten. Ihm gehöre vom Konzern „kein Stein und keine Maschine". Seine Macht sei „nicht mehr ursprünglich, sondern abgeleitet, aber er hält sie fester als Krupp, dessen Familie sie genossen hat und der als Erbe ihre Fragwürdigkeit begreift".[256]

Auch über diesen engeren Diskurs in der Wirtschaftsöffentlichkeit hinaus war die Managerfigur weitgehend negativ konnotiert. „Der Manager ist ein Typus. Managertum ist eine gewisse Haltung", schrieb der mit seinen öffentlichen Massenpredigten in den 1950er Jahren enorm erfolgreiche Jesuitenpater Johannes Leppich und machte den Manager zur Symbolfigur einer rastlosen, gewinnorientierten, unmoralischen und gottlosen Welt. „Herrgott, irgendwie sind wir heute alle in Gefahr, Manager zu werden, gehetzt von Terminen und der Sucht nach Gewinn."[257] Am deutlichsten wird die kulturpessimistische Aufladung des Managerbegriffs aber anhand der „Managerkrankheit", die in den 1950er Jahren zu einem breit diskutierten Phänomen wurde, mit dem sich die Presse und eine Vielzahl an medizinischen, kulturkritischen und politischen Schriften beschäftigten. Aus heutiger Sicht ist die „Managerkrankheit" eine Zivilisationskrankheit, die vor allem auf bestimmte Risikofaktoren zurückzuführen ist. Dass Rauchen, Fettleibigkeit, exzessiver Alkoholkonsum und zu wenig Sport zu Herzkreislaufkrankheiten führen können, wurde dabei tatsächlich erst im Laufe der 1950er Jahre zum Allgemeinwissen. Eine statistisch relevante Übererkrankung bzw. Übersterblichkeit von beruflichen Eliten („Managern") ist hingegen nicht nachweisbar, die „Managerkrankheit" und der „Managertod" können aus medizinischer Sicht auch den Arbeiter oder Bauern treffen. Das Phänomen „Managerkrankheit" gilt es also vor allem historisch, als Teil eines westdeutschen diskursiven Phänomens insbesondere der 1950er Jahre zu verstehen.[258]

---

[255] Morten Reitmayer, Elite. Sozialgeschichte einer politisch-gesellschaftlichen Idee in der frühen Bundesrepublik, München 2009, S. 334–338.
[256] Joachim Besser, Das Regime der Manager ist da, in: Die Welt, 20.12.1955.
[257] Johannes Leppich, Christus und der Manager, in: Passauer Neue Presse, 25.6.1959.
[258] Zuweilen wurde auch schon zeitgenössisch darauf verwiesen, dass es keine exklusive Managerkrankheit gebe und Herz-Kreislauf-Erkrankungen in allen Bevölkerungsgruppen zu finden seien. Vgl. Keine Managerkrankheit. Alle Kreise und Schichten der Bevölkerung betroffen, in: Hamburger Abendblatt, 3.4.1954.

2.5 Wirtschaftseliten in den Wirtschaftswunderjahren

Zeitgenössisch gab es aber keinen Zweifel an einer gefährlich hohen Sterblichkeit der leitenden Männer in der Wirtschaft. Wer die Todesanzeigen in den großen Tageszeitungen studiere, der realisiere, dass es sich bei der Todesursache viel zu oft „um ein plötzlich, nach kurzer Krankheit, im besten Lebensalter, erfolgtes Hinscheiden" handele, so die *FAZ* im August 1950.[259] Obwohl mit der Managerkrankheit allgemein Herz-Kreislauf-Erkrankungen im Zusammenhang mit Stress, Schlafmangel und Überarbeitung bezeichnet wurden, ging der gesellschaftliche Diskurs über die engere medizinische Thematik hinaus. Allgemein wurde diese „Volksseuche" als alarmierendes Zeichen für die schädlichen Auswirkungen der modernen Arbeitsbedingungen angesehen und gar ein „Wegsterben der Elite" befürchtet. Der Managerberuf wurde geradezu pathologisiert und diente als Sinnbild für die „Hetze des Berufslebens" und die Fehlentwicklungen der modernen Industriegesellschaft.[260] Aber nicht nur die moderne Arbeit stand unter Verdacht, die Managerkrankheit zu verursachen, sondern auch die moderne Freizeit. Die Menschen hätten verlernt, sich wirklich zu entspannen, „Leinwand, Lautsprecher und Motorräder" seien für viele Manager die einzige Freizeitgestaltung, so die *Passauer Neue Presse*.[261]

In den Publikationen der leitenden Angestellten wurde der Managerkrankheit viel Raum eingeräumt, schließlich galten die eigenen (männlichen) Leser als besonders betroffen. Angesichts des „Raubbaus am Menschen" und der „Flucht in die Arbeit" warnten Mediziner die leitenden Angestellten: „Seid nicht so fleißig, so überfleißig! Hetzt euch nicht zu Tode! Versucht nicht ein Übersoll an Pflicht zu erfüllen."[262] In einem anderen Beitrag hieß es im Juni 1955:

> Der Arbeitsumfang der Leitenden hat ein Ausmaß erreicht, das sie gesundheitlich außerordentlich gefährdet. Die „Managerkrankheit" spukt in allen Betrieben, überfällt ganz plötzlich die leitenden Männer; und obwohl sie zu einem Modewort geworden ist, sollte man sie bitter ernst nehmen. Die andauernde, höchste Anspannung ist nur eine

---

[259] Die Manager-Krankheit, in: Frankfurter Allgemeine Zeitung, 11.8.1950. Vgl. auch: Die große Gefahr: Manager-Krankheit. Vier Regeln für den geistigen Schwerarbeiter, in: Hamburger Abendblatt, 15.8.1953.

[260] Vgl. Patrick Kury, Der überforderte Mensch. Eine Wissensgeschichte vom Stress zum Burnout, Frankfurt a. M./New York 2012. Vgl. auch ders., Zivilisationskrankheiten an der Schwelle zur Konsumgesellschaft. Das Beispiel der Managerkrankheit in den 1950er und 1960er Jahren, in: Petra Overath (Hrsg.), Die vergangene Zukunft Europas. Bevölkerungsforschung und -prognosen im 20. und 21. Jahrhundert, Köln 2011, S. 185–207.

[261] Manager-Krankheit. Ein „Verlust der Mitte", in: Passauer Neue Presse, 26.4.1955.

[262] A. Hoff, Raubbau am Menschen, in: Die Union 3 (1954), S. 41–43, hier: 41. Vgl. auch Verschleiß der Spitzen, in: Der Volkswirt 14 (1955), S. 6; Max Hochrein/Irene Schleicher, Unternehmerkrankheit, Entstehung und Verhütung, Stuttgart 1953; Otto Graf, Die Krankheit der Verantwortlichen. Die Manager-Krankheit, Köln 1953; Karl Kaiser, Die Manager-Krankheit lässt sich vermeiden, Köln 1953; Manager-Krankheit. Wen die Götter lieben, in: Der Spiegel, 14.4.1954; Peter J. Steincrohn, Wollen Sie länger leben, Herr Direktor?, München 1962.

begrenzte Zeit zu ertragen, die Überbeanspruchung rächt sich durch die Krankheit als einem sich heimlich annähernden, ja tückischen Verbündeten, der sein Opfer mitten im Schaffen, im besten Alter überfällt und nicht mehr loslässt. „Manager sterben früher" ist eine Warnung an alle Leitenden, die sich jedoch nicht in der Lage sehen, zugunsten der eigenen Gesundheit abzuwenden, was auf sie an Forderungen und Verantwortung zukommt.[263]

Die Gefahr der Managerkrankheit wurde ernst genommen, gleichzeitig aber auch – zu einem gewissen Grad – als Auszeichnung und Anerkennung verstanden, da sie die eigene Wichtigkeit und Unentbehrlichkeit der potentiell Betroffenen unterstrich.[264] Überlastung und lange Arbeitszeiten wurden geradezu als Indiz für die gehobene Stellung angesehen.[265] Dies zeigt sich auch im Zusammenhang mit der Diskussion um die Einführung der 40-Stunden-Woche. Die verkürzte Wochenarbeitszeit wurde von den leitenden Angestellten grundsätzlich begrüßt, gleichzeitig aber betont, dass Leitende auch weiterhin keine echte Fünftagewoche haben würden, dafür aber „einmal ohne Hetze" am Samstag die in der regulären Arbeitswoche liegengebliebenen Aufgaben erledigen könnten.[266] Um der Gefahr der Managerkrankheit zu begegnen, wurde nicht etwa auf ein Mehr an Freizeit gesetzt, sondern auf mehr Muße. Der Begriff der „Muße" diente hier zur Demonstration der eigenen Leistungsbereitschaft, denn anders als Freizeit diente Muße nicht zur Zerstreuung, sondern zur Konzentration, Einkehr und Regeneration. Zunehmende Freizeit war hingegen nicht unbedenklich:

> Der ethischen Verpflichtung des Menschen zur Arbeit wird unbefangen und kontradiktorisch die soziale Verpflichtung zum Konsum gegenübergestellt. Damit gehen wir aus der Rastlosigkeit der Arbeit in die Ruhelosigkeit des Freizeitbetriebes. Mit der „Muße", die letztlich wohl unser Ziel sein sollte, hat das nichts mehr zu tun.[267]

Der Publizist Hans Zehrer war auch kein Freund der „Freizeitgestaltung". Er sah als Folge der Fünftagewoche die Gefahr der „leeren Zeit, in der die Angst vor der Freiheit stärker werden wird" und stellte die tief pessimistische Frage: „Fünf Tage – und was dann?"[268]

---

[263] I. A. Niehues, Die 40-Stunden-Woche, ein Fernziel, in: Die Union 6 (1955), S. 88–90, hier: 90.
[264] Patrick Kury akzentuiert diesen leistungsbetonenden Aspekt der „Managerkrankheit". Vgl. Kury, Der überforderte Mensch, S. 124.
[265] Werner Sturzenecker, Der leitende Angestellte in Theorie und Praxis, Diss., Münster 1965, S. 129.
[266] Niehues, Die 40-Stunden-Woche, ein Fernziel, S. 90.
[267] L. Kroeber-Keneth, Fünftagewoche und Freizeit, in: Die Union 2 (1955), S. 28–30, hier: 30. Vgl. auch ders., Freizeit und Muße, in: Die Union 4 (1957), S. 70–72; Herbert Gross, Fünf Tage Arbeit – ein neuer Lebensstil, in: Handelsblatt, 23.4.1954; Regina Bohne, Freizeit bedeutet nicht mehr „freie Zeit", in: Süddeutsche Zeitung, 5.11.1955; Heinz Haller (Hrsg.), Die 40-Stunden-Woche, Darmstadt 1955.
[268] Hans Zehrer, Fünf Tage – und was dann?, in: Welt, 22.5.1954.

Entscheidend war aber, dass die „Managerkrankheit" die Krankheit der „geistig Schaffenden" sei, wie in der Verbands- und Wirtschaftspresse immer wieder betont wurde. Auch bei der körperlichen Arbeit werde von Herz und Kreislauf viel verlangt, aber „mit Arbeitsschluß schwindet die seelische Spannung, auf dem in Ruhe angetretenen Heimweg beginnt schon der Genuß des Feierabends". Im Gegensatz dazu komme der „gehetzte Geistesarbeiter" nie zur Ruhe, leide unter „seelischer Dauerspannung", Überlastung und Schlafmangel.[269] In zum Teil larmoyanter Klage war diese Diagnose Teil der kollektiven Selbstdarstellung und Leistungsideologie der leitenden Angestellten. Auch wenn man den Begriff „Manager" an sich ablehnte, wurde die sozio-medizinische Diagnose geteilt. In einem übertragenen Sinne ließen sich sogar die Symptome der „Managerkrankheit" als kollektives „Opfer" der leitenden Angestellten für den Wiederaufbau Deutschlands nach dem Krieg darstellen. „Die Herzen der leitenden Männer unserer Wirtschaft sind schwach geworden und ihr Nervensystem ist strapaziert",[270] hieß es in der *Welt* im September 1955. Das sei aber nun mal „der Preis für das ‚deutsche Wirtschaftswunder', den schnellen Wiederaufbau und die rasche Expansion der wiederentstandenen Werke".[271]

Die heroische Leistungsschau war für die leitenden Angestellten gerade auch deswegen wichtig, weil angesichts von „Nivellierungstendenzen" in der deutschen Gesellschaft der Wert der geistigen Arbeit wieder ins „rechte Licht" gesetzt werden musste. In einem Beitrag für *Die Union* vom August 1954 wird dies besonders deutlich:

> Das deutsche Wirtschaftswunder, das sich in den letzten Jahren vollzogen hat, ist gar kein Wunder und basiert nicht allein auf Marshallplan-Geldern. Es ist in erster Linie der Erfolg deutscher Geistesarbeit, deutschen Unternehmerwillens und deutscher Arbeitskraft. [...] Wenn heute Deutschland als gewichtiger Partner im Konzert der großen Wirtschaftsnationen wieder mitspielt, so ist dieser Erfolg in erster Linie dem deutschen Ingenieur, dem deutschen Wissenschaftler, dem deutschen Unternehmer und seinen leitenden Mitarbeitern zu verdanken.[272]

Geschickt wird hier die eigene Rolle mit dem Gründungsmythos der Bundesrepublik schlechthin verbunden.

---

[269] Vogel, Überlastungs- und Aufbruchschäden beim Geistesarbeiter, in: Die Union 1 (1953), S. 6–7. Vgl. auch K. Franke, Herz und Kreislauf – Gefahrenzonen des modernen Menschen, in: Die Union 8 (1954), S. 131–132; Überlastung der wirtschaftlichen Führungskräfte, in: Die Union 1 (1957), S. 10–12; Kriegserklärungen an die Managerkrankheit, in: Der Volkswirt 5 (1957), S. 197–198.

[270] Gerd Garbrecht, Die Herzen in der Wirtschaft. Ist die Managerkrankheit ein Generationenproblem, in: Die Welt, 24.9.1955.

[271] Ebd.

[272] Gustav G. Liss, Unternehmer und leitende Angestellte. Gedanken über den betrieblichen und soziologischen Standort „unselbständiger" Führungskräfte, in: Die Union 8 (1954), S. 124–127, hier: 126 f. Vgl. auch Nöll von der Nahmer, Gesellschaftliche und wirtschaftliche Stellung der geistig Schaffenden in der Gegenwart, in: Die Union 1 (1953); Winschuh, Die Stunde des Geistesarbeiters.

Betriebliche und gesellschaftliche Orientierung fanden die leitenden Angestellten also nicht anhand des Leitbilds des angelsächsischen Managers, sondern in Form des „hochqualifizierten Geistesarbeiters" an der Seite des Unternehmers. Mit ihm zusammen bildeten sie die unternehmerische Führungsgemeinschaft, hatten sie Deutschland wiederaufgebaut und trafen sie sich „im gemeinsamen Dienen an Volk und Gesellschaft". Das bürgerliche Manko des leitenden Angestellten, also seine Eigenschaft als „Nicht-Eigentümer", als „unselbständige Führungskraft" ließ sich in der Figur des „Geistesarbeiters" zumindest partiell kompensieren. Diese Figur war – anders als Kapital und Arbeit – weniger durch ihre materialistische und soziologische Stellung bestimmt: Durch sein „schöpferisches Wirken" war der Geistesarbeiter eher mit dem Künstler zu vergleichen und wie dieser bezog er seine Legitimation nicht aus Besitz, sondern aus dem „Werk". Diese Position wurde auch international, etwa auf dem Kongress der Internationalen Vereinigung der leitenden Angestellten (Confédération Internationale des Cadres) 1951 in Rom vertreten, um die besondere Stellung des leitenden Angestellten zu charakterisieren.[273] Hier sah man sich als soziale Avantgarde: Für die Zukunft der modernen Industriegesellschaft sei nicht mehr so sehr die besitzbürgerliche, sondern die geistig-kreative Selbständigkeit entscheidend.

Der Formwandel des Ideals der Selbständigkeit ließ sich aber auch retrospektiv rechtfertigen. Denn der Krieg hatte ja gezeigt, dass materieller Besitz verloren gehen könne, dass aber die geistig-kreativen Grundlagen eines Volkes überlebten und mobilisierbar blieben, selbst nach einem vermeintlich „historisch einmaligen Massenraub deutschen Geisteseigentums (Patente)".[274] Gisela Kleine von der ULA formulierte diesen Zusammenhang so: Die leitenden Angestellten seien die „Träger der geistigen Arbeit, die keine Produktionsmittel besitzen, von denen aber die Erfindung neuer Produktionsmittel und wirtschaftlicher Verbesserungen ebenso weitgehend abhängt, wie das reibungslose Funktionieren des Wirtschaftsprozesses".[275] Diese Auffassungen wurden durch eine ganze Reihe von einflussreichen Publikationen, die sich mit dem „neuen Unternehmerbild" beschäftigten, bestätigt[276] und entsprechend ausgiebig in den Publikationen der ULA zitiert.[277] Paradigmatisch war das oben bereits zitierte Buch von Gustav Stein und Herbert Gross, in deren Elitevision den leitenden Angestellten

---

[273] Kongreß der Internationalen Vereinigung der leitenden Angestellten, in: Die Union 11 (1951), S. 1–4, hier: 2.
[274] Liss, Unternehmer und leitende Angestellte, S. 126.
[275] Gisela Kleine, Stand – Klasse – Organisierter Berufsstand, in: Die Union 5 (1952), S. 94–98, hier: 98.
[276] Stein (Hrsg.), Unternehmer in der Politik; Josef Winschuh, Das neue Unternehmerbild. Grundzüge einer Unternehmerpolitik, Frankfurt a. M. 1954; Peter A. Schlenzka, Unternehmer, Direktoren, Manager. Krise der Betriebsführung?, Düsseldorf 1954.
[277] Gisela Kleine, Kann man die leitenden Angestellten von der unternehmerischen Funktion her einordnen?, in: Die Union 5 (1955), S. 72–76.

eine besondere Bedeutung zukam. Aufgrund von betriebsorganisatorischen, wirtschaftlichen und sozialen Veränderungen seien die leitenden Angestellten in die Unternehmensführung „eingerückt". Eigentumsunternehmer und leitende Angestellte sollten einen gemeinsamen Bildungs- und Lebensstil finden, wirtschafts- und gesellschaftspolitische Aufgaben gemeinsam übernehmen und so zu einem „neuen gemeinsamen Stand" werden.[278] Für die leitenden Angestellten bedeutete dies nicht weniger als die Eintrittskarte in ein neu gedachtes deutsches Bürgertum. Ehemals exklusive Werte und Lebensformen des alten Bildungs- und Wirtschaftsbürgertums sollten nun auch für sie erreichbar sein. Die geschichtswissenschaftliche These von einer Universalisierung bzw. einem Diffusionsprozess des Bürgertums in der Bundesrepublik der 1950er Jahre lässt sich in dieser Hinsicht bekräftigen.[279]

Dem Versuch, die Gegensätze zwischen Unternehmern und leitenden Angestellten zu harmonisieren, kam Mitte der 1950er Jahre von Seiten der Unternehmer eine neue, integrative Unternehmerdefinition entgegen. Vor allem Otto A. Friedrich, Ludwig Vaubel und Ernst Wolf Mommsen hatten sich bemüht, eine neue unternehmerische Gemeinschaft aus Eigentumsunternehmern und „beauftragten Unternehmern" zu zeichnen.[280] Damit kamen sie – zumindest partiell – den leitenden Angestellten entgegen, weil funktionale Kriterien (Ausbildung, Leistung) zumindest ansatzweise für den sozialen Aufstieg in die Führungsetagen akzeptiert wurden. Das galt aber nicht für die leitenden Angestellten per se und sicher nicht für die „Spezialisten" und „bloßen Funktionäre", sondern nur für jene Männer, die potentiell für die Unternehmensführung geeignet waren. Der entscheidende Begriff war hier Elite. In einem Beitrag zum Thema „Elitenbildung in der Wirtschaft" machte Ernst Wolf Mommsen deutlich, dass die Wirtschaftselite offener geworden war: „Während früher mit dem Begriff des Unternehmers unlösbar der Begriff des eigenen Kapitals verbunden schien, ist heute das Leitbild der nur durch Mut und Verantwortungsfreudigkeit an die Spitze eines Unternehmens gekommene Unternehmensleiter."[281] Die politische Bedeutung der Wirtschaftselite war jedoch angesichts des Verschwindens der traditionellen Eliten aus Adel und Militär umso bedeutender geworden. Die leitenden Männer der Wirtschaft seien nicht mehr nur noch Objekt, sondern mehr denn je auch Subjekt der Politik. Dieser Verantwortung müsse die Wirtschaftselite gerecht werden, indem sie dem besonders geeigneten Nachwuchs die Möglichkeit zur Entfaltung der Persönlichkeit geben sollte. „Der Einfluß der

---

[278] Stein (Hrsg.), Unternehmer in der Politik.
[279] Vgl. Nolte, Die Ordnung der deutschen Gesellschaft, S. 326.
[280] Reitmayer, Elite, S. 338–347.
[281] Ernst Wolf Mommsen, Elitenbildung in der Wirtschaft, in: ders. (Hrsg.), Elitenbildung in der Wirtschaft, S. 7–18, hier: 11. Vgl. auch Ludwig Vaubel, Der Führungsnachwuchs für die Industrie, in: Der Volkswirt, 25.12.1954, S. 67–70.

Wirtschaft auf das Gesellschaftsbild und die Bedeutung, die deshalb der Frage der Ausbildung und Heranziehung des Nachwuchses im weitesten Sinne zukommt, muss wegen der Auswirkungen im politischen Raum noch viel stärker als bisher erkannt werden."[282] In einem Vortrag in der evangelischen Akademie in Loccum wurde Mommsen noch deutlicher. Angesichts der allgemeinen „starken Nivellierung" nehme das „Maß der öffentlichen Verantwortung" der wirtschaftlichen „Führungspersönlichkeiten" enorm zu. Gemeint waren damit auch ausdrücklich die angestellten Manager, denn diese seien „zum Gesellschaftsfaktor allererster Art" geworden.[283] Mit diesen Vorstellungen war Mommsen keineswegs allein, vielmehr war die Idee, dass angesichts der „Sachzwänge" die ökonomischen Eliten am besten geeignet seien, auch politische Führung zu übernehmen, in Wirtschaftskreisen und konservativer Publizistik der 1950er und 1960er Jahre weit verbreitet.[284] Otto A. Friedrich war überzeugt, dass die Unternehmer versuchen müssten, „eine neue Führungsschicht" zu bilden, die ein Zusammengehörigkeitsgefühl wie der Adel entwickeln müsse.[285] Auch Ferdinand Fried forderte ein stärkeres politisches Engagement der Wirtschaftselite. Nicht nur der einzelne Unternehmer, sondern auch die Verbände der Wirtschaft seien „der einzige Gegenspieler der aufgeblähten staatlichen Bürokratie".[286]

Genau diese Elitevorstellung hatte ja auch die BBUG geprägt: vorsichtige Öffnung der Führungskräfterekrutierung unter Wahrung von Exklusivitätskriterien einerseits und betonte Ausrichtung der Eliteformung an Kriterien wie Persönlichkeit und Charakter andererseits. Dies war eine ausgesprochen konservative Modernisierung. Die zunehmende Bedeutung von Managementwissen und Delegation von Unternehmeraufgaben wurde anerkannt, gleichzeitig wurden aber diskret-informelle und exklusiv-elitäre Rekrutierungsmechanismen etabliert. An der besonderen Rolle des „ausgewählten" Individuums, an konservativen Handlungsformen und bürgerlichen Werteordnungen wurde betont festgehalten. Selbst progressiven und amerikanischen Methoden aufgeschlossene Unternehmer wie Otto A. Friedrich, der die „Verantwortung" des modernen Unternehmers gegenüber seinen Mitarbeitern betonte, gingen davon aus, dass diese Gabe zur Verantwortung von der „Natur" gegeben sei und sich nicht erlernen lasse. Führung und Autorität gingen auch in dieser Sicht nur von der „Persönlich-

---

[282] Mommsen, Elitenbildung in der Wirtschaft, S. 11.
[283] Ernst Wolf Mommsen, Führungsprobleme in der anonymen Wirtschaft, in: Führung und Autorität in der modernen Wirtschaft. Tagung der evangelischen Akademie Loccum, 27.11.-1.12.1958. Bundesarchiv Koblenz N 1300/174.
[284] Grünbacher, West German Industrialists and the Making of the Economic Miracle, S. 45; Heidrun Abromeit, Der Führungsanspruch der Wirtschaft gegenüber der Politik, in: Aus Politik und Zeitgeschichte 11 (1981), S. 19–39.
[285] Berghahn/Friedrich, Otto A. Friedrich, ein politischer Unternehmer, S. 196.
[286] Ferdinand Fried, Sollen Unternehmer Politik machen?, in: Die Welt, 20.11.1954.

keit" aus.[287] Mit anderen Worten: Während die konservativen Industriellen (vor allem aus der Schwerindustrie) weiterhin einen „Herr-im-Haus"-Standpunkt vertraten, waren auch die Führungskonzepte der Modernisierer elitär, denn auch zum „verantwortlichen Unternehmer" war man berufen oder eben nicht. In diesem Sinne waren die BBUG konservativ-bürgerliche Refugien gegen die „Masse" und gegen das „Regime der Manager". Persönlichkeit und Individualität waren die Leitbilder eines als „abendländisch" eingestuften Menschenbildes. Dies hatte in den 1950er Jahren wenig Kritik hervorgerufen – es wurde in der Presse sogar größtenteils als wichtiger Schritt zur Elitenbildung für die politische Verantwortung begrüßt. Die deutschen Wirtschaftseliten waren neben Ludwig Erhard die Väter des Wirtschaftswunders, von ihnen erhofften sich viele neben der ökonomischen auch eine politisch-geistige Erneuerung.

Im Laufe der 1960er Jahre sollte sich dies grundsätzlich ändern. Nun standen die Wirtschaftseliten vermehrt in der Kritik. Dies hatte auch mit einer sich verändernden Deutungshoheit zu tun: Während in den 1950er Jahren Unternehmer und leitende Angestellte ihre sozialkulturellen Orientierungen aus dem dominierenden Angebot von kulturkonservativen Publizisten, Geistes- und Humanwissenschaftlern bzw. von einer älteren kulturhistorischen Soziologie bezogen, war die Leitwissenschaft in den 1960er Jahren eine andere. Es trat eine kritische empirische Soziologie auf den Plan, die sich zunehmend auch den Wirtschaftseliten und dem Manager als Forschungsobjekt widmete und damit auch öffentlich Aufmerksamkeit hervorrief. Wie noch zu sehen sein wird, kam es in den 1960er Jahren zu einer Überschneidung von kritischer Elitensoziologie und sozialwissenschaftlich informierter Publizistik. Zum Teil dadurch provoziert, wurde auch vielen westdeutschen Unternehmern zunehmend bewusst, dass an einer weiter gehenden Professionalisierung von Führung kein Weg vorbeiführte. Dass diese Prozesse keineswegs konfliktfrei verliefen und mit einem Wandel der Wirtschaftsöffentlichkeit selbst verknüpft waren, soll im nächsten Kapitel dargestellt werden.

---

[287] So die Position von Otto A. Friedrich in einem im Juni 1954 gehaltenen BBUG-Vortrag mit dem Titel „Autorität und Disziplin – Führung als Ausdruck der Persönlichkeit". Vgl. dazu Berghahn/Friedrich, Otto A. Friedrich, ein politischer Unternehmer, S. 231.

3. Der lange Abschied von der Autorität: Die Professionalisierung von Führung in den 1960er Jahren

In den 1960er Jahren wurden die westdeutschen Wirtschaftsführer in einem bisher nicht gekannten Ausmaß selbst zu einem wissenschaftlichen Objekt. Sozialwissenschaftler machten in elitesoziologischen Untersuchungen die Unternehmer, Manager und leitenden Angestellten zum Thema. Dabei wurden bisherige normative Konzepte von Führung kritisch in Frage gestellt, mit US-amerikanischen Methoden verglichen und es wurde für moderne Führungskonzepte geworben. Die deutschen Unternehmen mussten sich der kritischen Soziologie stellen, blieben aber dabei keineswegs passiv, sondern entwickelten Strategien, um der wissenschaftlichen und der allgemeinen kritischen Öffentlichkeit besser gerecht zu werden. Dazu gehörte zunächst eine grundsätzliche Bereitschaft zur Zusammenarbeit mit der Wissenschaft. In den 1960er Jahren öffneten die Unternehmen den Sozialwissenschaften die Betriebstore nicht mehr nur noch für industriesoziologische Untersuchungen, sondern auch für Befragungen ihrer Manager. Dabei wurden soziale Herkunft, Ausbildungswege und politische Einstellung der Manager, vor allem aber Leistungsvorstellung, Autoritäts- und Führungsverständnis zum Untersuchungsgegenstand. Gleichzeitig traten neben die akademische Soziologie diverse privatwirtschaftliche Forschungsinstitute, die in den Unternehmen gute Kunden fanden und ihnen ihre Dienste zur Imagepflege anboten.

Angesichts der zunehmenden soziologischen Neugier gaben sich selbst grundsätzlich kooperationsbereite Unternehmer jedoch auch überfordert. Im Dezember 1964 schrieb Bayer-Vorstandsmitglied Fritz Jacobi an Ludwig Vaubel:

> Im Übrigen scheint sich der Wissensdrang der Soziologen zu einer Landplage auszuwachsen. Uns liegen allein aus den letzten Wochen fünf Anfragen verschiedener Institute vor, auf die wir schon allein wegen der damit verbundenen Arbeit bei der allgemeinen Belastung mit der beruflichen Arbeit gar nicht eingehen können.[1]

Dennoch war den Unternehmern die zunehmende Bedeutung einer kritischen Wissenschaft und Öffentlichkeit bewusst. Das galt insbesondere für progressive Unternehmer wie Ludwig Vaubel. Unter Bezugnahme auf Jacobis Bemerkung schrieb Vaubel an Wolfgang Pohle von der Friedrich Flick KG im Januar 1965:

> Wenn Herr Jacobi gleichzeitig noch darauf hinweist, daß der Wissensdrang der Soziologen „sich zu einer Landplage auszuwachsen scheint", so liegt darin zweifellos eine

---

[1] Fritz Jacobi an Vaubel, 31.12.1964. Glanzstoff/Vaubel, Köln, RWWA B6 12 2-4.

gewiß berechtigte Beschwerde. Andererseits sind wir für unsere Darstellungen nach außen, wie ich glaube, doch wesentlich darauf angewiesen, trotz damit verbundener Belastung auf solche Befragungen einzugehen.[2]

Eine zumindest partielle Kooperation mit Wissenschaft und Öffentlichkeit erschien nun als eine notwendige, aber langfristig lohnende Investition. Mit der Öffnung der Betriebe für die kritische Soziologie einher ging die Verwissenschaftlichung und Professionalisierung von Führung, die sich vor allem in einer modernisierten Führungskräfteausbildung und in einer sprunghaften Entwicklung der Wirtschaftsmedien und Managementliteratur manifestierte. Es entstand eine neue Form von Wirtschaftsöffentlichkeit. Führung wurde hier zum wissenschaftlichen und populärwissenschaftlichen Gegenstand. Gleichzeitig wurde Führungswissen zu einer Ware für einen expandierenden Markt, der vor allem durch die Nachfrage einer immer größer werdenden Anzahl der leitenden Angestellten gekennzeichnet war.

Der ökonomische Hintergrund hierfür waren die Strukturveränderungen in den Unternehmen vor allem in der zweiten Hälfte der 1960er Jahre, die von einer Auflösung traditioneller Unternehmensstrukturen zugunsten einer stärkeren Diversifikation geprägt waren. Professionalisierung von Führung war also, allgemein gesagt, der Versuch, die komplexer gewordenen Managementaufgaben besser und auf wissenschaftlicher Grundlage in den Griff zu bekommen. Am Beginn dieses Prozesses stand die Einsicht, dass intuitiv-adaptive, vor allem auf eigenen Erfahrungen beruhende Techniken nicht mehr ausreichen konnten und dass Führung grundsätzlich erlernbar sei. Professionalisierung von Führung bedeutete dann den verstärkten Einsatz von wissenschaftlich fundierten Beobachtungs-, Analyse- und Prognosetechniken.[3] Dafür bedurfte es einer weitgehenden Akademisierung der Führungskräfteausbildung und einer differenzierten Unternehmensorganisation mit schärfer umrissenen Tätigkeitsbereichen. Gleichzeitig bedeutete Professionalisierung von Führung das Zulassen von professionellen Konsultations- und Beratungsverfahren, also der grundsätzlichen Bereitschaft, alle wichtigen Bereiche der Unternehmensführung überprüfen und verbessern zu lassen. Zum soziokulturellen Hintergrund des Wandels der Führungskonzepte gehörte aber auch eine spezifisch deutsche Autoritätsdebatte, die mit den Stichworten Frankfurter Schule, Studentenrevolte und Mitbestimmungsfrage[4] verbunden ist.

---

[2] Vaubel an Wolfgang Pohle, Friedrich Flick KG, 6.1.1965. Glanzstoff/Vaubel, Köln, RWWA B6 12 2-4.
[3] Sattler, „Harvard in Schloss Gracht".
[4] Hermann Kaste, Die Diskussion um einen „kooperativen Führungsstil" und die Auseinandersetzungen um die „Mitbestimmung am Arbeitsplatz" in den Jahren nach 1966/67, in: ders., Arbeitgeber und Humanisierung der Arbeit. Eine exemplarische Analyse, Wiesbaden 1981, S. 59–84.

3. Der lange Abschied von der Autorität 115

Am Ende der Dekade stand also eine deutlich schärfer konstituierte soziale Gruppe: Bis in die 1960er Jahre hinein war es den Managern nicht gelungen, als eigenständige Profession gesellschaftlich anerkannt zu werden. Sie standen als Angestellte im Schatten der Eigentumsunternehmer. Für den Beruf Manager gab es einen weitgehend freien Zugang, die Anforderungen an die Qualifikation waren wenig formalisiert. 1970 war das nicht mehr der Fall. Aber wie und warum wandelten sich die normativen Konzepte von Führung? Welche ökonomischen, medialen, semantischen und ausbildungspraktischen Faktoren waren für den Wandel verantwortlich und welche Konflikte waren damit verbunden? Korrespondierte der Aufstieg der leitenden Angestellten mit einer „Krise des Unternehmertums"? Welche Bedeutung hatte der Druck der Sozialwissenschaften und der kritischen Öffentlichkeit und wie reagierten die Unternehmer? Gab es gar ein „1968 der Manager"?

3.1 Die Sozialwissenschaften in der Wirtschaft

3.1.1 Autoritäre oder funktionelle Führung

In der Geschichte der Bundesrepublik kam es sicher nicht oft vor, dass eine sozialwissenschaftliche Dissertation deutsche Topmanager in Aufruhr brachte. Zu Beginn der 1960er Jahre war dies aber der Fall: Eine 300 Seiten starke, von der amerikanischen Ford Foundation geförderte soziologische Untersuchung eines bis dahin weithin unbekannten Wissenschaftlers hatte die Wirtschaftsführer der Bundesrepublik scharf kritisiert und heftige Reaktionen provoziert.[5] In seiner 1959 zunächst auf Englisch erschienenen Untersuchung „Authority and Organization in German Management" warf der Soziologe Heinz Hartmann den deutschen Unternehmern autoritäres Verhalten, ein charismatisches Führungsverständnis und ein elitäres Selbstverständnis vor. Im Vergleich mit dem amerikanischen Managementsystem sah Hartmann – ein Jahrzehnt vor der Kapitalismuskritik in Folge von „1968" – die deutschen Wirtschaftsführer in autoritären, paternalistischen und letztlich irrationalen Ideologiemustern verhaftet.

---

[5] Heinz Hartmann, Authority and Organization in German Management [A project of the Industrial Relations Section, Princeton University], Princeton 1959. In einer Rezension lobte Rainer Lepsius das Buch ausdrücklich. Das wichtigste Ergebnis von Hartmanns Untersuchung bestand für ihn „in dem Aufweis der nichtrationalen Grundlagen der Autorität der Unternehmer und der Tatsache, dass diese keineswegs – wie vielfach angenommen – die notwendigen Träger des Rationalisierungsprozesses sind". M. Rainer Lepsius, Rezension von Heinz Hartmann, Authority and Organization in German Management, in: Jahrbücher für Nationalökonomie und Statistik 173 (1961), S. 98–99.

Damit traf Hartmann 15 Jahre nach dem Ende des Nationalsozialismus einen wunden Punkt. Es stellte sich die Frage, ob Re-Education und Demokratisierung an der deutschen Wirtschaftsführung vorbeigegangen waren und ob nicht die Persistenz vordemokratischer Vorstellungen von Führung und Autorität den Fortgang eines deutschen Sonderwegs nahelegte. In der Folge von Hartmann war die Frage des „Umdenkens" der Wirtschaftsführer nach dem Zweiten Weltkrieg ein zentrales Thema der deutschen Wirtschafts- und Unternehmensgeschichte. Auf den Ergebnissen von Heinz Hartmann aufbauend hat der Historiker Volker Berghahn dabei die Zeit des „Wirtschaftswunders" als eine Periode identifiziert, in der autoritäre und paternalistische Führungsstile eine neue Hochzeit erlebten und amerikanische Einflüsse nur teilweise aufgenommen, nicht selten aber auch aktiv bekämpft wurden.[6] Volker Berghahn hat dabei nicht unähnlich wie Hartmann den konservativen und autoritären Charakter der Wirtschaftselite bis in die 1970er Jahre vor allem bei der Schwerindustrie des Ruhrgebiets und beim BDI betont.[7] Ob diese Einschätzung zutrifft oder ob mentale und habituelle Kontinuitäten zu betonen sind und lediglich ein vordergründiges Interesse der Unternehmer an ihrem öffentlichen Bild zu verzeichnen ist, bleibt ein umstrittenes Thema.[8] Hartmanns Untersuchung war aber auch schon zu Zeiten ihrer Veröffentlichung eine Provokation mit weitreichenden Folgen, die der Wirtschaftshistoriker Christian Kleinschmidt erstmals untersuchte.[9] In einer biographischen Rückschau und nach der Lektüre von Kleinschmidts Analyse, bilanzierte Hartmann die Reaktionen auf seine Dissertation in der deutschen Wirtschaft 40 Jahre nach ihrem Erscheinen:

> Meine Beobachtungen und Kommentare wurden als Einbruch in einen sicherheits- und überlegenheitsspendenden Mythos empfunden, als kompromittierende Bloßstellung und Bagatellisierung betrachtet, als ungläubiger Angriff auf ein Kredo gewertet. Die Verteidiger der unternehmerischen Mystik in diesem Lande wehrten sich dadurch, dass sie meinen Status abzuwerten und zu verdächtigen begannen.[10]

Tatsächlich sind Hartmanns Buch, seine Rezeption in Deutschland und die organisierten Reaktionen der westdeutschen Unternehmerschaft ein außeror-

---

[6] Berghahn, Unternehmer und Politik.
[7] Die These von der Dominanz der Schwerindustrie im frühen BDI ist allerdings inzwischen widerlegt. Vgl. Werner Bührer, Opposition im Bundesverband der Deutschen Industrie, in: Detlev Sack/Christopher Strünck (Hrsg.), Verbände unter Druck. Protest, Opposition und Spaltung in Interessensorganisationen (Zeitschrift für Politikwissenschaft/Journal of Political Science, Sonderheft 2/2016), S. 37–52; Bähr/Kopper, Industrie, Politik und Gesellschaft, S. 186–188.
[8] Vgl. Erker/Pierenkemper (Hrsg.), Deutsche Unternehmer zwischen Kriegswirtschaft und Wiederaufbau; Rosenberger, Experten für Humankapital.
[9] Kleinschmidt, Der produktive Blick, S. 112–118.
[10] Heinz Hartmann, Logbuch eines Soziologen. Ausbildung, Arbeit, Anerkennung im Fach 1950–2000, Münster 2007, S. 24.

dentlich aufschlussreiches Beispiel für die Interaktion einer neuen kritischen Elitensoziologie mit einer sich in ihrem Selbstbild angegriffen fühlenden Unternehmerschaft, die sich in der Folge bemüßigt sah, neue öffentlichkeitswirksame Legitimationsstrategien zu entwerfen. Darüber hinaus ist das Beispiel eine Fortsetzung der im vorangegangenen Kapitel erzählten Geschichte: Durch seine Entstehungsgeschichte, Finanzierung und seine inhärenten Wertvorstellungen gehört Hartmanns Untersuchung noch in den Kontext der amerikanischen Versuche, im Rahmen der Re-Education europäische Produktivität durch ein modernes Management zu fördern. Wie schon zuvor trafen dabei amerikanische Wertvorstellungen und Modernisierungsideologie auf westdeutsche Beharrungskräfte. Nur verlief diese Konfliktgeschichte in den 1960er Jahren anders als in der Dekade zuvor. Daher soll im Folgenden zunächst anhand von Hartmanns Buch und noch mehr anhand der Reaktionen auf seine Publikation dem Wandel der normativen Konzepte von Leistung und Führung zu Beginn der 1960er Jahre nachgegangen werden. Dieses Kapitel mit einer solchen Historisierung zeitgenössischer Sozialwissenschaft beginnen zu lassen, erscheint nicht zuletzt auch deswegen sinnvoll, weil Hartmann selbst „Leistung" und „Führung" zu Schlüsselbegriffen seiner Untersuchung gemacht hat und unternehmerische Leitideen, Selbstbilder und Werte als entscheidende Faktoren des deutschen Wirtschaftssystems ansah.[11]

Der theoretische Ausgangspunkt von Hartmanns Untersuchung war die Unterscheidung von *funktionaler* und *kreditiver* Autorität: Während funktionale Autorität immer neu durch Leistung, Fachwissen und Fähigkeiten begründen und überzeugen müsse, stehe kreditive Autorität außer Frage, werde als selbstverständlich und endgültig betrachtet. Beide Formen der Autorität verstand Hartmann als Idealtypen. Auf der Basis von Interviews mit annähernd 200 Führungskräften und anderem Material kam Hartmann zu dem Ergebnis, dass das deutsche Unternehmertum vorherrschend kreditive Autorität besitze. Den Grund für diese konservative Beharrungskraft, für die mangelnde Dynamik des deutschen Managements sah Hartmann in der Bedeutung nicht-rationaler, sich selbst genügender „letzter Werte" für die Organisation des deutschen Unternehmens.[12] Diese letzten Werte seien vor allem: Privateigentum, die Vorstellung einer besonderen Berufung zum Unternehmer und ein spezielles Elitebewusstsein. Die Dominanz dieser Werte hatte laut Hartmann gravierende Folgen für

---

[11] Der vergleichende Ansatz war Teil eines größeren Forschungsprojekts, das neben den USA und Deutschland auch Ägypten, Israel, Frankreich, Italien, Großbritannien und die Sowjetunion in den Blick nahm. Vgl. Frederick Harbison/Charles A. Myers (Hrsg.), Management in the industrial world. An international analysis, New York 1959; Herbert Gross, Auf dem Weg zum professionellen Unternehmertum. Die industrielle Führung heute in der Welt, in: Handelsblatt, 18./19.3.1960.

[12] Heinz Hartmann, Der deutsche Unternehmer, Autorität und Organisation. Aus d. Amerikanischen von Meino Büning, Frankfurt a. M. 1968, S. 265–292.

die Organisation der Unternehmen, insbesondere für die Beziehungen zwischen Unternehmer und Untergebenen: Diese seien demnach weder von den „Erfordernissen tatsächlicher Probleme [...] noch von der rationalen Interaktion genau definierter Ämter, sondern von diesen ungreifbaren und nicht-rationalen Werten" beherrscht.[13]

Anders als im amerikanischen Management mit seiner klaren Aufgabendefinition und Delegation von Verantwortung, bleibe die deutsche Unternehmensorganisation dank der besonderen Stellung des Unternehmers zu einem gewissen Grad unberechenbar. Der deutsche Unternehmer behalte sich eifersüchtig das Recht zum Einschreiten auch bei unwichtigen Fragen vor, Kontrollsucht und Tendenz zur totalen Autorität seien die Folgen. Entsprechend gebe es auch nicht die amerikanische Vorstellung eines vertikal differenzierten Managements. Führung lasse sich nicht lernen, so die gängige Annahme, die leitenden Angestellten seien demnach nur Experten und bloß verwaltende Manager mit funktionaler und delegierter Autorität. „Manager ist der Funktionär, der für Bezahlung eine bestimmte Arbeit tut, heute beim Arbeitgeberverband, morgen in der Industrie, übermorgen bei den Gewerkschaften oder Ministerien", erklärte einer von Hartmanns Interviewpartnern seine Abneigung gegenüber den „bloßen" Managern.[14]

In dieser Aussage und in den vielen anderen Befragungsergebnissen, die Hartmanns Buch trugen, bündeln sich die weit verbreiteten Elitevorstellungen des deutschen Unternehmertums der 1950er Jahre und die Abneigung gegenüber den leitenden Angestellten, die oft im Topos vom „wurzellosen" und „flüchtigen" Manager zum Vorschein kommt.[15] Hartmann wendet sich entschieden gegen diese Vorstellungen. Gerade in den leitenden Angestellten, der technischen Intelligenz des Unternehmens, sieht er die Zukunft der Wirtschaft. Er prognostiziert den weiteren Aufstieg dieser Gruppe aufgrund von „Professionalisierung" und „Verwissenschaftlichung" der Unternehmensführung. In einem Beitrag für die Fachzeitschrift *Der Leitende Angestellte* warnt er aber vor den konservativen Widerständen gegen diese Entwicklung:

> In Deutschland von einer Verwissenschaftlichung der Unternehmensführung und -leitung zu sprechen, das heißt ins Wespennest greifen; denn in kaum einem anderen Land widersetzt man sich so sehr diesem Prozeß der Verwissenschaftlichung der Unternehmensführung und -leitung wie in Deutschland.[16]

Durch diese Thesen fühlte sich Anfang der 1960er Jahre eine ganze Reihe von einflussreichen Unternehmern in ihrem Selbstbild fundamental herausgefordert.

---

[13] Hartmann, Der deutsche Unternehmer, S. 266.
[14] Ebd., S. 50.
[15] Vgl. Kapitel 3.
[16] Heinz Hartmann, Das neue Verhältnis von Stab zu Linie und seine sozialen Grundlagen, in: Der Leitende Angestellte, August/September 1962, S. 142–150. Vgl. auch Heinz Hartmann, Der heutige Unternehmer in soziologischer Sicht, in: Der Arbeitgeber 11/12 (1963), S. 297.

Sie empfanden Hartmanns Darstellung als nicht mehr der Realität entsprechend und schlicht unfair, weil die vielen Vorstöße zu einer Modernisierung der betrieblichen Führung nicht gewürdigt würden. Insbesondere jene Unternehmer, die sich für die Ausbildung und Förderung von Führungskräften engagierten und von einer inklusiven Wirtschaftselite ausgingen, waren mit Hartmanns Thesen nicht einverstanden. Zu diesen Unternehmern gehörte auch Ludwig Vaubel, der Hartmann in den 1950er Jahren wiederholt getroffen hatte. Vaubel unterstellte Hartmann grundsätzlich keine schlechten Absichten, wandte aber ein, dass sein Buch nicht mehr der betrieblichen Wirklichkeit entspreche und eine gefährliche Wirkung in der internationalen Öffentlichkeit haben könne, gerade weil der deutschen Vergangenheit ein zu großer Raum eingeräumt werde: „Dadurch muß es m.E. im amerikanischen und auch sonst internationalen Raum weitgehend auch zu negativen Einstellungen führen", schrieb Vaubel an Karl. W. Boetticher, Journalist und Leiter des „Büros für Wirtschaftsforschung" in Frankfurt am Main.

> Die starke Betonung des Autoritären, Militaristischen usw. in der deutschen Unternehmensleitung, wie es früher sicher da und dort mit eine Rolle spielte, rührt an Komplexe, die – wie Sie ja wohl ebenfalls wissen – im Ausland heute noch weitgehend bei der Beurteilung deutscher Verhältnisse wirksam werden. Hier kann das Buch meiner Ansicht nach einen unheilvollen Einfluß ausüben.[17]

Vaubel versuchte zunächst Hartmanns wissenschaftlichen Rang herunterzuspielen: Hartmann sei zu jung, zu beeinflusst von amerikanischem Bekehrungseifer, um über die deutsche Situation vernünftig urteilen zu können.[18] Auch in einem weiteren ausführlichen Schreiben an Boetticher argumentierte Vaubel ähnlich:

> Vielleicht darf ich allgemein nochmals darauf hinweisen, daß Herr Hartmann ein junger Deutscher ist, der erst nach dem Krieg als Assistent von Professor Harbison, Princeton University, nach USA gekommen und dort inzwischen wohl naturalisiert ist. Ich würde etwas Bedenken haben, ihn nach seinem bisherigen Erfahrungsbereich und der Reife seines Urteils als „Forscher" zu bezeichnen.[19]

Gerade Hartmanns geographische und kulturelle Ferne machte Vaubel für sein angeblich mangelndes Urteilsvermögen verantwortlich. Hartmanns Äußerungen würden auf einer ungenauen Übernahme der amerikanischen Managementliteratur und einer „recht oberflächlichen Kenntnis der deutschen Praxis" beruhen. Nicht alle Feststellungen Hartmanns seien komplett falsch, aber die „erheblichen Überbetonungen und Verzeichnungen" des deutschen und des amerikanischen Managements seien sehr zu bedauern, weil solche Äußerungen „leicht als wissenschaftlich belegt und damit einem echten Wahrheitsanspruch dienend aufgefaßt werden".[20] So seien beispielsweise Hartmanns Behauptungen zu mangelnder

---

[17] Vaubel an Karl W. Boetticher, 6.12.1960, Glanzstoff/Vaubel, Köln, RWWA B6 12 25. Vgl. dazu auch Kleinschmidt, Der produktive Blick, S. 112 ff.
[18] Ebd.
[19] Vaubel an Karl W. Boetticher, 5.1.1961 Glanzstoff/Vaubel, Köln, RWWA B6 12 25.
[20] Ebd.

Dezentralisation und Delegation der Verantwortung in deutschen Unternehmen einfach falsch. Auch in der Bundesrepublik gebe es eine weitgehend nach unten gestufte Führungsgruppe, die „den eigentlichen Kern des Unternehmens bildet, auf dessen Leistung und Zusammenarbeit es entscheidend ankommt, wenn schwierige Aufgaben im Unternehmen gelöst werden müssen".[21]

Besonders aufschlussreich sind Vaubels Ausführungen zum eigentlichen Kern von Hartmanns Argument, also der Feststellung, dass das deutsche Unternehmertum seine Autorität letztlich elitär begründe und „Führung" für nicht erlernbar halte. Vaubel, der einer der entschiedensten Propagandisten und Förderer der Führungskräfteausbildung in der Bundesrepublik war, räumte ein, dass die Nachwuchsführungskräfte „auch eine ,unternehmerische' Veranlagung haben müssen, die nicht ohne weiteres nur erlernbar ist". Mit der Anerkennung dieser „Unternehmer-Qualifikation" werde aber „nichts Mystisches" beansprucht. Die Schwierigkeit für die Wissenschaft und der Hauptgrund für die immer wieder auftretenden Missverständnisse lägen einfach darin, dass es sich bei der speziellen Unternehmerqualifikation um „Persönlichkeitsanforderungen, wie Fähigkeit zur Entscheidung ohne letzte exakte Unterlagen, Risikobereitschaft, Eignung zur Menschenführung", handele, die aber dem Wesen wissenschaftlicher Arbeit zum Teil fremd seien.[22] Eine rein funktionale Form von Führung lehnte Vaubel ab und hielt an einem Kern von autoritärer Führung fest. Er betonte aber, dass diese Vorstellung nichts mit einer „sogenannten Eliteideologie" zu tun habe. Natürlich gebe es in der deutschen Wirtschaft immer einzelne Kräfte, die einen besonderen Status in Anspruch nehmen möchten. Als Beispiel für solche Vorstellungen nannte Hartmann den Bundesverband Junger Unternehmer (BJU).

Tatsächlich waren aber auch bei den Jungen Unternehmern, einer Unterorganisation der Arbeitsgemeinschaft Selbständiger Unternehmer (ASU), exklusiv-elitäre Vorstellungen von Führung zu Beginn der 1960er Jahre umstritten. Auch im Umfeld der Jungen Unternehmer sorgte ein zunehmend reflektiertes Bild von der Rolle des Unternehmers in der Gesellschaft dafür, dass die Grenzen des Sagbaren ins Rutschen geraten waren. Dies zeigt sich beispielsweise an den Auseinandersetzungen um eine Rede Jost Prüssings, dem Vorsitzenden der Jungen Unternehmer, auf dem Jahrestreffen des Verbands im Jahr 1961. Die Tagung in Freudenstatt im Schwarzwald stand unter dem Motto „Freiheitliche Demokratie braucht freie Unternehmer" und wurde von BDA-Präsident Hans-Constantin Paulssen, dem baden-württembergischen Ministerpräsidenten Kurt-Georg Kiesinger und dem ASU-Vorsitzenden Ottmar von Loessl eröffnet.[23] Neben Prüssing hielten u. a. Karl Albrecht, Horst Ehmke und der Nationalökonom Hans Otto

---

[21] Vaubel an Karl W. Boetticher, 5.1.1961 Glanzstoff/Vaubel, Köln, RWWA B6 12 25.
[22] Ebd.
[23] Freiheitliche Demokratie braucht freie Unternehmer (Bericht über das Jahrestreffen 1961 der Jungen Unternehmer), in: Junge Wirtschaft 9 (1961), S. 513–516.

Lenel Referate zum Tagungsthema.[24] Prüssings Eingangsrede war ein flammender Appell für ein verstärktes Engagement der Wirtschaft in der Politik der Bundesrepublik und speziell für eine Formation des freien Unternehmertums als führende Schicht der Gesellschaft. Gleichzeitig waren viele seiner Aussagen Frontalangriffe auf die Wirtschafts- und Sozialpolitik der Regierung Adenauer und auf die gesellschaftliche Ordnung seit Gründung der Bundesrepublik.

Führende Schichten, so Prüssing, seien gerade in der industriellen Massengesellschaft von Bedeutung, weil „der Volkswille durch das Parlament nicht mehr in elementarer, sondern nur noch in sublimierter Form zum Ausdruck kommt". Aufgabe der führenden Schichten sei es, so Prüssing leicht nebulös, diesen „sublimierten Volkswillen qualitätsmäßig zu verbessern".[25] Es sei nun an der Zeit, dass das selbständige Unternehmertum seine ihm natürlich zukommende politische Führungsrolle übernehme. Dies sei aus Sicht von Prüssing auch deswegen notwendig, weil die bisherige Politik der Bundesregierung seit Gründung des Staates in vielerlei Hinsicht falsch gewesen sei. Das gelte insbesondere für die Sozialpolitik der letzten zwölf Jahre, denn „sie belohnt die Faulen und bestraft die Fleißigen". Alle Reformversuche, „die den gesellschaftlichen Parasiten das Handwerk legen" sollten, seien „schmählich" gescheitert. Statt die Unterschiede in der sozialen Ordnung zu dulden, herrsche ein „Streben nach Gleichmacherei".[26] Angesichts dieser und weiterer Missstände sei es notwendig, dass die Unternehmer endlich ein starkes Zusammengehörigkeitsgefühl bildeten, um das Unternehmertum „zu einer Schicht, zu einer soziologischen Gruppe" zu formen. Unternehmerische Massenorganisationen gebe es schon lange, sie seien aber nicht in der Lage, eine „gesellschaftsbildende und deshalb politisch führende Kraft zu werden".[27]

Im Umfeld der Zeitschrift *Junge Wirtschaft*, der Verbandspublikation der Jungen Unternehmer, war man angesichts der Prüssing-Rede entsetzt. Hans-Georg Knief, Direktor im Chemieunternehmen Adolf Messer GmbH, erklärte in der Sitzung des Zeitungsausschusses am 2. Januar 1962 in Frankfurt, dass die Aussagen Prüssings „doch ohne Zweifel stark ständischen Charakter hätten".[28] Sollten die Thesen Prüssings nicht zufriedenstellend erklärt werden, würden er und auch Otto Esser, Leiter des Kelsterbacher Werkes der Glanzstoff Fabriken (und

---

[24] Freiheitliche Demokratie braucht freie Unternehmer. Programm des Jahrestreffens 1961 der Jungen Unternehmer der Arbeitsgemeinschaft selbständiger Unternehmer (ASU), in: Junge Wirtschaft 9 (1961), S. 460–461.
[25] Jost Prüssing, Freiheitliche Demokratie braucht freie Unternehmer, in: Junge Wirtschaft 9 (1961), S. 525–531, hier: 526.
[26] Ebd., S. 528.
[27] Ebd., S. 530.
[28] Niederschrift über die 91. ordentliche Zeitungsausschuß-Sitzung am 15. Dezember 1961 im Hotel Unterschweinstiege in Frankfurt am Main, 2.1.1962, Enka AG (Vereinigte Glanzstoff Fabriken AG) Werk Kelsterbach (Hessisches Wirtschaftsarchiv Darmstadt), Signatur: 163/8.

späterer Arbeitgeberpräsident), nicht mehr länger im Zeitungsausschuss mitarbeiten können. Die Unternehmer Fritz Haußmann und Dieter Rudolph hatten der Rede Prüssings ebenfalls „exklusive Tendenzen" entnommen, „und zwar Tendenzen des selbständigen Unternehmertums, die heute provozierend wirken müßten". Der Zeitungsausschuss kam schließlich zu der Entscheidung, dass Prüssing für eine weitere Zusammenarbeit nicht in Frage kommen könne, sollte er „exklusive Tendenzen des selbständigen Unternehmertums vertreten".[29] Angesichts solcher Vorgänge war die Wirtschaftspresse hinsichtlich einer Verbreitung einer modernen und progressiven Unternehmungsführung skeptisch. Es wurde vermutet, dass trotz eines gewissen Interesses für neue Führungsmethoden die Führungspraxis gegenüber den Arbeitern und Angestellten weitestgehend autoritär geblieben sei. In der Zeitschrift *Führungspraxis* wurde dies 1963 so zusammengefasst: „Es ist genau so, wie wenn jemand sich für die Grundsätze der Demokratie einsetzt und dabei nach wie vor an das ‚Gottesgnadentum' der Monarchen glaubt."[30]

Anfang der 1960er Jahre hatten deutsche Wirtschaftsführer ein Bewusstsein dafür, dass sowohl elitär-ständische Vorstellungen vom deutschen Unternehmertum in der Gesellschaft als auch autoritär-patriarchalische Führungsideen im Betrieb nicht mehr vermittelbar waren und zumindest nach außen ein anderes Bild der Wirklichkeit gezeichnet werden musste. Das galt insbesondere für solche Branchen, die wie beispielsweise die Chemieindustrie wissensbasierte Industrien waren und zu einem hohen Grad Akademiker beschäftigten. Anders als die stärker arbeitsbasierte Stahl- und Kohleindustrie waren außerdem viele Chemieunternehmen, wie z. B. die Glanzstoff AG von Vaubel, sehr früh international tätig, sowohl hinsichtlich der Absatzmärkte als auch in der Eigentümerstruktur. Jüngere und weltmarktorientierte Industrien mit einer starken Bindung auch an ausländische Kapitalgeber waren somit prädestiniert, in der Entwicklung und Adaption moderner Führungsstile eine Vorreiterrolle zu übernehmen. Hier sollte Führung zuerst nicht mehr elitär, nicht mehr autoritär und zumindest zu einem gewissen Grad auch nicht mehr exklusiv sein. Dabei waren Unternehmer wie Vaubel fest davon überzeugt, dass die Vorstellungen in der Öffentlichkeit über die betriebliche Praxis längst nicht mehr der Realität entsprachen. In einem Brief an Degussa-Vorstandsmitglied Heinz Scherf schrieb Vaubel im Oktober 1960:

> Wenn man die üblichen Publikationen zu diesem Thema durchsieht, stellt man immer wieder mit Bestürzung fest, wie wenig insbesondere der wissenschaftliche Bereich über die wirklichen Verhältnisse und die Entwicklung insbesondere der letzten 10 Jahre unterrichtet ist. Infolgedessen werden vielfach Meinungen vertreten, die weit in den

---

[29] Niederschrift über die 91. ordentliche Zeitungsausschuß-Sitzung am 15. Dezember 1961 im Hotel Unterschweinstiege in Frankfurt am Main, 2.1.1962, Enka AG (Vereinigte Glanzstoff Fabriken AG) Werk Kelsterbach (Hessisches Wirtschaftsarchiv Darmstadt), Signatur: 163/8.
[30] Führungskräfte der sechziger Jahre, in: Führungspraxis, Juli 1963, S. 13.

politischen und den Bildungsbereich hinein ausstrahlen und die für unsere gesamte Position durchaus abträglich sind. Ich möchte annehmen, dass es uns bei richtiger Konfrontierung von Wissenschaftlern und Praktikern gelingt, hier zu einer neueren, realistischeren Sicht zu kommen. Dabei wird sich dann von selbst auch die Behandlung von Fragen der Mitbestimmung und Wirtschaftsdemokratie einerseits wie auch der Notwendigkeit der erweiterten Bildung und Ausbildung im betrieblichen Bereich ergeben.[31]

Diese Interpretation ging von einer pragmatisch-evolutionären Reform der deutschen Wirtschaft aus. Realistisch sollte die „Stellung des Menschen im modernen Betrieb" untersucht und auf marktwirtschaftlicher Basis verbessert werden. Vaubels Absichten waren Aufklärung und Reform, aber auch eine angemessene Würdigung der bereits vorangeschrittenen Modernisierung der deutschen Wirtschaft. In einem Brief an Wolfgang Frickhöffer von der Aktionsgemeinschaft Soziale Marktwirtschaft e. V. erklärte er im Januar 1962: „Wirklich leistungsfähige Großbetriebe bedürfen einer lockeren inneren Organisation, bei der das menschliche Element eventuell auch zum Teil in ganz neuer Form – ich denke z. B. an die Teamarbeit im Horizontalen und Vertikalen – durchaus befriedigend zum Zuge kommt." Wichtig für Vaubel war aber, dass neue Management- und Organisationsprinzipien wie Delegation und Dezentralisation nicht zu Dogmen erhoben würden, sondern immer am Maßstab der betrieblichen Verhältnisse („geboren aus den Anforderungen im Markt") auszurichten seien.[32] Vaubels Vision war eine möglichst anwendungsorientierte und sachliche Modernisierung der Führungskonzepte. Fragen nach Partizipation und betrieblicher Mitbestimmung sollten – ganz dem fortschrittoptimistischen Zeitgeist der 1960er entsprechend – auf technisch-wissenschaftlicher Ebene entschärft werden.

3.1.2 Unternehmerische Reaktionen auf soziologische Kritik

Um diese pragmatische Botschaft in die Gesellschaft zu tragen und um gerade auch bei Kritikern im linksliberalen Spektrum durchzudringen, gingen eine Reihe von Unternehmern um Ludwig Vaubel einen Schritt weiter und gründeten 1961 den Arbeitskreis Unternehmensführung.[33] Ziel war es, in Zusammenarbeit mit Karl W. Boetticher und seinem Büro für Wirtschaftsforschung die Weiterentwicklung und Modernisierung der deutschen Unternehmen seit dem Zweiten Weltkrieg darzustellen. Insbesondere ein verändertes, nicht mehr autoritäres, sondern professionellen Managementerfordernissen entsprechendes Verständnis

---

[31] Vaubel an Heinz Scherf, 31.10.1960. Glanzstoff/Vaubel, Köln, RWWA B6 12 24.
[32] Vaubel an Wolfgang Frickhöffer, 29.1.1962. Glanzstoff/Vaubel, Köln, RWWA B6 12 27.
[33] Büro für Wirtschaftsforschung. Protokoll der Zusammenkunft des Arbeitskreises „Unternehmensführung im Wechsel der Gegebenheiten" am 17.4.1961 in Frankfurt. Glanzstoff/Vaubel, Köln, RWWA B6 12 2-4.

von betrieblicher Führung sollte der Öffentlichkeit präsentiert werden. Boetticher war nicht unbedingt ein offensichtlicher Partner für eine mediale Offensive des deutschen Unternehmertums, gehörte der 1912 geborene Volkswirt und Soziologe doch seit 1948 dem ständigen Mitarbeiterkreis der linkskatholischen *Frankfurter Hefte* an; er hatte Kontakte zur Frankfurter Schule um Theodor W. Adorno und Max Horkheimer und publizierte in linksliberalen Zeitungen und Zeitschriften. Aber wie sich noch zeigen wird, waren es offenbar genau diese Verbindungen ins linkskatholische, linksakademische und linksliberale Milieu, die Boetticher für die Unternehmer um Vaubel interessant machten.[34]

Am Arbeitskreis beteiligt waren u. a. Vertreter von Krupp, BASF, Salamander und Degussa. Neben Ludwig Vaubel gehörten ihm darüber hinaus eine ganze Reihe von Vorstandsmitgliedern führender deutscher Großunternehmen an: Paul Rheinländer von der Aktiengesellschaft für Berg- und Hüttenbetriebe, Salzgitter, Wolfgang Pohle von der Friedrich Flick KG, Hermann Winkhaus von der Mannesmann AG, Otto A. Friedrich von der Phoenix Gummiwerke AG, Karl Winnacker von der Hoechst AG, Werner von Linde von der Siemens & Halske AG, Heinz Burneleit von der Daimler-Benz AG, Karl Werner Kieffer von der Pfaff AG, Harald Koch von der Hoesch Werke AG sowie Ernst und Herrmann Röchling von der Röchling'schen Eisen- und Stahlwerke GmbH.[35] Der Arbeitskreis Unternehmensführung bestand somit aus einer vielfältig zusammengesetzten und hochrangigen Vertretung der westdeutschen Wirtschaft zu Beginn der 1960er Jahre. Hinsichtlich der gesellschaftspolitischen Orientierung war er keineswegs einheitlich und reichte von „progressiven" Unternehmern wie Vaubel bis zu Managern wie Heinz Burneleit, der in einer ganzen Reihe von rechtskonservativen Organisationen aktiv war, gegen das „sozialistische" Mitbestimmungsrecht publizierte und durch die nationalistische Broschüre „Ich hab' mich ergeben" Aufmerksamkeit erregt hatte.[36]

Bei seiner Zusammenkunft am 17. April 1961 beschäftigte sich der Arbeitskreis ausführlich mit Hartmanns Buch. Wie zuvor schon in Vaubels schriftlichen

---

[34] Das 1950 von Adorno und Horkheimer wiedereröffnete Institut für Sozialforschung begann in den 1950er Jahren mit einer Reihe von industriesoziologischen Untersuchungen, die die Probleme der Betriebswirklichkeit in den Nachkriegsjahren thematisierten. Vgl. Niels Beckenbach, Industriesoziologie, Berlin 1991, S. 43–66.

[35] Büro für Wirtschaftsforschung. Protokoll der Zusammenkunft des Arbeitskreises „Unternehmensführung im Wechsel der Gegebenheiten" am 17.4.1961 in Frankfurt. Glanzstoff/Vaubel, Köln, RWWA B6 12 2-4. Vgl. dazu auch Kleinschmidt, Der produktive Blick, S. 115.

[36] Heinz Burneleit, Leiter der volkswirtschaftlichen Abteilung bei Daimler-Benz, war in eine ganze Reihe von rechten politischen Organisationen involviert und publizistisch sehr aktiv. Vgl. u. a.: Heinz Burneleit, Feindschaft oder Vertrauen zwischen Staat und Wirtschaft?, Frankfurt a. M. 1961; ders., „Ich hab' mich ergeben ..." Eine Bestandsaufnahme zur Frage nach dem Vaterland, zusammengestellt nach Äußerungen deutscher Politiker, Wissenschaftler, Theologen und Schriftsteller, Würzburg 1967.

Reaktionen, wurden zunächst Hartmanns Kompetenz und Erfahrung als Wissenschaftler in Frage gestellt. Außerdem unterliege er „vorgefaßten Ideologien, die ihn hindern, die Wirklichkeit hier wie dort richtig zu erfassen". Hartmann habe wichtige Veränderungen und Fortschritte in den Führungsmethoden der deutschen Wirtschaft in den letzten fünf Jahren nicht zur Kenntnis nehmen können, weil seine Befragungen aus den Jahren 1953 bis 1955 stammten, so die weitere Einschätzung im Arbeitskreis. Darüber hinaus werde Hartmanns Bild der Dynamik der Entwicklung auf beiden Seiten des Atlantiks nicht gerecht. Die „Wertvorstellungen" seien in den USA wie auch in der Bundesrepublik Veränderungen unterworfen:

> So läßt sich etwa erkennen, daß die Amerikaner in mancher Weise „demokratiemüde" sind und nach „starken Persönlichkeiten" rufen. [...] In Deutschland könnte man in gewisser Weise eine umgekehrte Entwicklung feststellen: Beschränkung der Ausübung der Autorität zugunsten von mehr Team-Arbeit.[37]

Trotz aller Fehleinschätzungen sei die Arbeit von Hartmann „als Provokation durchaus ernst zu nehmen". Gerade weil sie von der Ford Foundation gefördert und Teil einer international vergleichenden Analyse von Unternehmensführung sei, stehe zu befürchten, dass „überkommene Ressentiments erhalten bleiben und noch gefördert werden". Als Reaktion zielte der Arbeitskreis auf eine eigene breit angelegte empirische Untersuchung zur Widerlegung der Thesen Hartmanns. Allerdings sollte dabei der Eindruck vermieden werden, dass Hartmann der Anlass für die eigene Forschungsarbeit war: „Die eigene Untersuchungsarbeit soll nicht davon ausgehen, eine Kontroverse mit Hartmann zu führen, weil eine solche Beachtung seiner Arbeit nicht zukommt." Boettichers Büro für Wirtschaftsforschung wurde mit der Gegenuntersuchung beauftragt, alle am Arbeitskreis beteiligten Firmen sollten bei der Datenbeschaffung behilflich sein.[38]

Tatsächlich bestand der Kontakt mit Karl W. Boetticher schon länger. Dieser hatte bereits Ende der 1950er Jahre bei verschiedenen Großunternehmen um finanzielle Unterstützung für sein Büro für Wirtschaftsforschung angefragt, die ihm von Vaubel seit 1960 gewährt wurde.[39] Boetticher hatte bereits im Oktober 1959 in der *Deutschen Zeitung* mit einem eigenen Aufsatz zur Stellung des Managers in der Gesellschaft auf sich aufmerksam gemacht.[40] Geradezu emphatisch warb Boetticher in diesem Artikel für den modernen Manager als sachlich-vernünftigen, auf wissenschaftlicher Basis agierenden Führungsexper-

---

[37] Büro für Wirtschaftsforschung. Protokoll der Zusammenkunft des Arbeitskreises „Unternehmensführung im Wechsel der Gegebenheiten" am 17.4.1961 in Frankfurt. Glanzstoff/Vaubel, Köln, RWWA B6 12 2–4.
[38] Ebd.
[39] Vaubel an Hermann J. Abs, 1.8.1960. Glanzstoff/Vaubel, Köln RWWA B6 12 24.
[40] Karl W. Boetticher, Ihre Pflicht ist, das Haus zu bestellen. Die Stellung der Manager in der modernen Industriegesellschaft, in: Deutsche Zeitung, 24./25.10.1959.

ten, der anders als der gefühlsmäßige, autonome und herrschende Unternehmer sich dem Organisationsprinzip der industriellen Gesellschaft unterwerfe, indem er Verantwortung teile und das Unternehmen kooperativ führe. Damit war aus Sicht Boettichers modernes Management ein Vorbild für die demokratische Gesellschaft: „Das Management ist ein Team, und das Team ist eines der hervorstechendsten Merkmale der modernen Gesellschaft nahezu in allen Bereichen."[41]

Obwohl Vaubel „grundsätzliche Fehlbeurteilungen" in diesem Artikel erkannte, warb er in den folgenden Jahren bei einflussreichen deutschen Wirtschaftsführern wie Hermann Josef Abs, Hanns Martin Schleyer oder Heinrich Jakopp für Boetticher. Vaubel sah ganz offensichtlich in Boetticher den richtigen Mann für die Aufgabe, gerade weil er Verbindungen zur gesellschaftskritischen Linken hatte, aber aus Vaubels Sicht nicht dogmatisch und durchaus beinflussbar war.[42] Nach dem Artikel in der *Deutschen Zeitung* forderte er ihn daher auf, sich des Themas gründlich und nicht im Sinne der „belletristischen Soziologie" anzunehmen.[43]

> Das Bewußtsein für Stellung, Aufgabe und Verantwortung des Managers in der industriellen Gesellschaft als das Leitbild industrieller Führung müsse entwickelt und geschärft werden. Auch mit Rücksicht auf die Pläne zur Aktienrechtsreform sei die Problematik von Manager und Aktiengesellschaft weiter zu durchleuchten.[44]

Seine Untersuchung wollte Boetticher mit 120.000 DM aus der Industrie finanzieren. In einem Schreiben an Heinrich Jakopp, Vorsitzender des Vorstandes der Klöckner-Humboldt-Deutz AG, plädierte Vaubel dafür, diese Pläne zu unterstützen, auch weil sonst Boetticher eventuell von anderer Seite finanziert würde und die Ergebnisse dann „zweifellos in einem weniger objektiven Sinn" beeinflusst würden.[45]

Vaubels Unterstützung zahlte sich aus. Ab 1960 erhielt Boetticher von den im Arbeitskreis Unternehmensführung organisierten Unternehmen jährlich jeweils 3.000 DM. Die Basis für die Öffentlichkeitsinitiative der Unternehmen war gelegt.

---

[41] Karl W. Boetticher, Ihre Pflicht ist, das Haus zu bestellen. Die Stellung der Manager in der modernen Industriegesellschaft, in: Deutsche Zeitung, 24./25.10.1959.
[42] In einem Brief an Ernst Kern vom Deutschen Institut zur Förderung des industriellen Nachwuchses schrieb Vaubel: „Ich stehe mit Herrn Boetticher seit etwa zwei Jahren in Verbindung. [...] Ich halte die Verbindung mit ihm auch deshalb aufrecht, weil er sehr stak publizistisch tätig ist (u. a. im Badischen Rundfunk) und seiner Herkunft nach (Kreis um die Frankfurter Hefte und Professor Adorno, Frankfurt) zunächst dazu neigte, mit gewissen vorgefassten Ansichten an die Darstellung des für uns so überaus wichtigen Themas heranzugehen." Vaubel an Ernst Kern, 24.4.1962, Glanzstoff/Vaubel, Köln, RWWA B6 12 27.
[43] Vaubel an Heinrich Jakopp, 26.10.1960. Glanzstoff/Vaubel, Köln RWWA B6 12 24.
[44] Ebd.
[45] Ebd.

In der Folge publizierte Boetticher eine Reihe von Artikeln in der *FAZ*, der *Zeit*, den *Frankfurter Heften* und in der Zeitschrift *Offene Welt*.[46] Wie bereits in dem Artikel in der *Deutschen Zeitung* machte sich Boetticher in diesen Artikeln für den in der Bundesrepublik wenig beliebten Managerbegriff stark. Der Manager war für ihn das moderne, humane, moralisch integre und rationale Gegenbild zum autoritären, unberechenbaren und irrationalen Unternehmer. „Um es mit einem Satz zu sagen: Mit dem überkommenen Unternehmer-Begriff ist nicht mehr viel anzufangen."[47] Der klassische Unternehmer, der wie ein absoluter Monarch habe agieren können, passe nicht mehr in die Zeit: Angesichts der Größe und Komplexität der Unternehmen, die inzwischen „quasi-öffentliche Institutionen" seien, bedürfe es einer neuen Führungsmentalität, einer „Arbeitshierarchie" im Gegensatz zu einer „Befehlshierarchie".[48] Der Begriff der Autorität habe sich fundamental gewandelt. In der modernen Industriegesellschaft funktioniere Autorität nur noch durch die freiwillige Anerkennung derjenigen, die sich ihr unterstellen. „Autorität lässt sich nicht mehr ableiten, weder vom Eigentum noch sonst von sogenannten ewigen Werten."[49] Diese Tatsache mache es zwingend, dass auch der selbständige Unternehmer „vom Sockel herabzusteigen" habe und seine Macht teilen müsse.[50]

Im Hinblick auf die jüngsten Entwicklungen in der Bundesrepublik aber machte Boetticher – beeinflusst von Vaubel – seinen *Zeit*-Lesern durchaus Hoffnung: Obwohl es immer noch Unternehmen gebe, die auf die „alten Wahrheiten einer feudalistisch-militärischen Führungsmethodik" vertrauten, hätte es „in den letzten fünf Jahren" „überall kräftige Ansätze und Anfänge" gegeben, moderne Führungs- und Organisationsmethoden einzuführen.[51] Mit seinen Aufsätzen in der *Zeit*, den *Frankfurter Heften* und in Beiträgen für den Bayerischen und Badischen Rundfunk etablierte Boetticher ein Narrativ, das, obwohl immer noch unternehmerkritisch, Reformern wie Vaubel in die Hände spielte: Demnach war

---

[46] Karl W. Boetticher, Suche nach dem Inhalt industrieller Führung, in: Frankfurter Allgemeine Zeitung, September 1961; ders., Unternehmer in seiner Zeit. Noch fehlt uns für die industrielle Führung ein eigenes Konzept, in: Die Zeit, 29.6.1962; ders., Leiten – nicht befehlen! Delegation von Verantwortung, das neue Stichwort industrieller Führung, in: Die Zeit, 14.12.1962; ders., Führung und Autorität, in: Frankfurter Hefte, August 1962; ders., Was ist die Aktiengesellschaft? Die Reform, die Wirklichkeit und die Frage nach dem Konzept, in: Die Zeit, 12.4.1963; ders., Allein mit dem Automaten. Soziologische Aspekte der industriellen Entwicklung, in: Die Zeit, 11.9.1964; ders., Der Unternehmer und die Wirklichkeit der Gesellschaft, in: Offene Welt. Zeitschrift für Wirtschaft, Politik und Gesellschaft 87 (1965), S. 78–87.
[47] Boetticher, Unternehmer in seiner Zeit.
[48] Boetticher, Leiten – nicht befehlen!; ders., Der Unternehmer und die Wirklichkeit der Gesellschaft, S. 86 f.
[49] Ebd., S. 86.
[50] Ebd., S. 87.
[51] Boetticher, Unternehmer in seiner Zeit.

betriebliche Führung in der Bundesrepublik im Wandel. Alte Maximen waren zwar noch nicht gänzlich überwunden, aber dank einer grundsätzlichen Offenheit für neue Ideen aus der Wissenschaft und aus den USA war ein weitgehend von den Unternehmern selbst initiierter Reformprozess längst im Gange. Betriebliche Führung wurde demnach moderner, professioneller und kooperativer. Damit waren Heinz Hartmanns Thesen – ohne dass direkt auf sie eingegangen worden war – publikumswirksam gekontert.

Die Zusammenarbeit mit dem Arbeitskreis Unternehmensführung führte 1963 zu einer ersten Monographie von Boetticher. Seine Untersuchung „Unternehmer oder Manager – Grundprobleme industrieller Führerschaft" setzte die Überlegungen aus den ersten Artikeln weiter fort.[52] Wie bereits zuvor schickte er Vaubel auch diese Publikation zur Durchsicht. Trotz lobender Worte sparte dieser nicht mit Kritik. Erneut störte Vaubel, dass Boetticher ein überholtes und zu kritisches Bild der Eigentumsunternehmer zeichne. Gerade eine fortschrittliche jüngere Schicht von Eigentumsunternehmern unterscheide sich in ihren professionellen Führungsvorstellungen nicht grundsätzlich vom Manager. Überhaupt sei Boettichers Versuch der „künstlichen Abtrennung des ‚Managers' von dem überholten ‚Unternehmer'" nicht zielführend, es käme vielmehr darauf an, einen modernen Unternehmerbegriff zu entwickeln. Und der selbständige Unternehmer werde auch in Zukunft eine große Bedeutung für die Marktwirtschaft haben. Es würde bald auch keine Manager in Boettichers idealistischem Sinne geben, wenn nicht eine breite Schicht von Eigentumsunternehmern das wirtschaftliche und gesellschaftliche Geschehen mittragen würde.[53]

Boettichers durchweg positiv besetztes Bild vom Manager als Leitfigur der Moderne war im Umfeld des von Adorno und Horkheimer geleiteten Frankfurter Instituts für Sozialforschung geformt worden. Hier war es insbesondere Helge Pross, die die aus den USA stammende These der Managerherrschaft in ihrer Habilitationsschrift empirisch untersuchte. Die von James Burnham in den 1940er Jahren vertretene These einer Machtübernahme durch angestellte Manager[54] wurde in den 1960er Jahren von politischen Theoretikern und Zukunftsforschern wie John Kenneth Galbraith und Daniel Bell weiterentwickelt.[55] Bei Pross ging es insbesondere um die Frage, welche gesellschaftlichen Konsequenzen aus der Infragestellung der Einheit von Eigentum und Verfügungsmacht durch die zunehmende Bedeutung der Manager resultierten. Pross widerlegte in ihrer Arbeit die von verschiedenen Forschern (Adolf A. Berle und Gardiner C. Means in den 1920er Jahren in den USA, aber auch Schumpeter) aufgestellte These, dass ein

---

[52] Karl W. Boetticher, Unternehmer oder Manager – Grundprobleme industrieller Führerschaft, Köln 1963.
[53] Vaubel an Boetticher, 16.3.1963, Glanzstoff/Vaubel, Köln RWWA B6 12 24.
[54] Vgl. Kapitel 2.1.
[55] Vgl. Kapitel 5.1.

Managerregime im Gegensatz zum bürgerlichen System mit klassischen Eigentümern stehe, die Managerkontrolle also gar ein nachkapitalistisches System vorbereiten würde.

Die Adorno-Schülerin wies nach, dass „kapitallose Funktionäre" sich in den Unternehmen genauso kapitalistisch verhielten wie Privateigentümer, also als entschlossene Anwälte des Privateigentums agierten.[56] Die historischen Entwicklungslinien der Machtverhältnisse in deutschen Aktiengesellschaften führten laut Pross nicht nur zu Managerkontrolle, sondern zu einem insgesamt heterogenen Bild mit Familienbesitz, Großaktionären, aber auch einer breiten Streuung des Aktienkapitals mit vielen stimmberechtigten (Klein-)Eigentümern. Pross stellte fest, dass durch professionalisierte Verfahren zur Besetzung von Schlüsselpositionen qualifizierteres Personal an die Unternehmensspitze gelangte als durch die traditionelle Familienrangfolge. Als Folge der Arbeitsteilung innerhalb der Managementprozesse und aufgrund wachsender Komplexität des Entscheidungsprozesses war eine Professionalisierung des Managements nötig geworden.

Eine am Leistungsprinzip orientierte Besetzungspolitik und zunehmende Kontrolle durch familienfremde Manager führten aber laut Pross nicht zu einer Infragestellung des Eigentums, sondern im Gegenteil zu einer besseren Arbeit *für* das Eigentum. Manager und Privateigentümer hatten demnach eine Interessenskonvergenz. Die alte Prämisse des Liberalismus, wonach der durch das Privateigentum freigesetzte Eigennutz letztlich auch der Allgemeinheit zum Vorteil werde, hatte aber aus Sicht der Wissenschaftlerin ihre Bedeutung verloren. Das Privateigentum habe aufgehört, „unentbehrlicher Motor des wirtschaftlichen Fortschritts zu sein. Als Instrument des Fortschritts wird es nicht länger gebraucht".[57] Zumindest in den Großunternehmen habe Privateigentum seine besondere Legitimation verloren. Diese würden von Managern kontrolliert, deren Entscheidungen das Schicksal einer Vielzahl von Menschen betreffen würden; Großunternehmen seien halböffentliche Einrichtungen geworden.[58]

An die Ergebnisse von Pross konnte Boetticher anknüpfen. Ihm lag die noch unveröffentlichte Habilitationsschrift bei der Verfassung von „Unternehmer oder Manager" vor. Während andere Forscher wie Burnham oder auch Helmut Schelsky in der Managerherrschaft bedrohliche Prozesse der Bürokratisierung und Ausbreitung illegitimer Herrschaftsverhältnisse auch außerhalb der Wirtschaft

---

[56] Siehe hierzu Helge Pross, Manager und Aktionäre in Deutschland. Untersuchungen zum Verhältnis von Eigentum und Verfügungsmacht, Frankfurt a. M. 1965; René Del Fabbro, Helge Pross, Manager und Aktionäre in Deutschland. Untersuchungen zum Verhältnis von Eigentum und Verfügungsmacht, in: Georg W. Oesterdiekhoff (Hrsg.), Lexikon der soziologischen Werke, Wiesbaden 2001, S. 555 f.
[57] Pross, Manager und Aktionäre in Deutschland, S. 164.
[58] Vgl. auch Helmut Schelsky, Berechtigung und Anmaßung der Managerherrschaft, in: ders. (Hrsg.), Auf der Suche nach Wirklichkeit. Gesammelte Aufsätze, Düsseldorf/Köln 1965, S. 17–32.

(vor allem in Verwaltung und Politik) erkannten, hatte die Vorstellung einer Managerherrschaft bei Pross und Boetticher eine durchweg positive Konnotierung. Sie sollte funktionale Herrschaftsprinzipien durchsetzen und so überkommene und insofern illegitime Autorität ablösen. Der moderne Manager – akademisch ausgebildet und aufstiegsorientiert, aber legitimiert nur durch sein Wissen und seine Arbeit, nicht durch Besitz – avancierte innerhalb dieser Sichtweise zur Leitfigur einer demokratischen und meritokratischen Wissensgesellschaft.

Tatsächlich war die Frage nach der Definition des Unternehmers bzw. des beauftragten Unternehmers in den 1960er Jahren zunehmend umstritten. Wer ist Unternehmer, wer ist leitender Angestellter und was ist eigentlich ein Manager? Diese Fragen wurden in Wirtschaft und Gesellschaft kontrovers diskutiert. Hintergründe dafür waren die sozialwissenschaftlich-gesellschaftliche Kritik am vormodern-autoritären Wirtschaftsführer, die damit verbundene Krise des Unternehmerbildes[59] und als sozial- und wirtschaftsgeschichtliche Grundströmung der 1960er Jahre der unternehmerische und organisatorische Aufstieg der leitenden Angestellten. Denn die immer wieder geforderten organisationspolitischen Handlungsmaximen der Delegation und Dezentralisation von Verantwortung sind auch als Folgen der zunehmenden Zahl und Bedeutung des unteren und mittleren Managements zu sehen.

Diese Veränderungen in den Unternehmen hatten gravierende Folgen für die normativen Konzepte von Führung in der Bundesrepublik. Denn die leitenden Angestellten formulierten nicht nur zunehmend selbstbewusst ihre unternehmerischen und politischen Interessen, sondern ihre Selbstverständigung als neue Aufstiegs- und Leistungselite erfolgte über Wertsetzungen, die ihnen einen eigenen Platz im „schöpferischen" Teil des Unternehmens zusichern sollten. Dafür musste Unternehmensführung nicht mehr als angeborene oder gottgegebene Eigenschaft, sondern als erlernbarer Beruf verstanden werden. „Unternehmer-Sein wird zum Beruf, und dieser Beruf ist erlernbar und für den Begabten erreichbar, denn seine Ausübung erfolgt nicht mehr auf dem Grund der Eigentumsfunktion, sondern aus dem Sachverständnis", stellte Gisela Kleine in der ULA-Zeitschrift *Der Leitende Angestellte* im Januar 1964 fest.[60]

Die Organisationen der leitenden Angestellten betonten die Notwendigkeit der rational-wissenschaftlichen Betriebsführung, die an die Stelle der instinktiven, intuitiv-dynamischen Entscheidung des klassischen Eigentumsunternehmers getreten sei. Gerade dieser Wandel wurde als notwendig und unumkehrbar dargestellt. Die leitenden Angestellten waren somit Profiteure eines technisch-

---

[59] Vgl. Wiltschegg, Stirbt der Unternehmer?; Herbert Gross, Der Unternehmer im neuen Jahrzehnt, Köln 1959; Otto A. Friedrich, Das Leitbild des Unternehmers wandelt sich, Stuttgart-Degerloch 1959.
[60] Gisela Kleine, Leistungsbereiche und Funktionsbedeutung der leitenden Angestellten, in: Der Leitende Angestellte, Januar 1964, S. 4–9, hier: 6.

3. Der lange Abschied von der Autorität

ökonomischen Strukturwandels, der verstärkt Experten in den Führungsetagen der Unternehmen notwendig machte, die dort über Leistungskriterien, durch Bildung und innerbetrieblichen Bewährungsaufstieg hingelangt waren. Diese Entwicklung sollte sich aus Sicht der leitenden Angestellten auch in veränderten normativen Führungskonzepten abbilden: „Der Unternehmerleidenschaft von einst setzt man heute die berechnende, abwägende Nüchternheit eines wissenschaftlich gebildeten Führungsteams gegenüber. Die Führung wird zum arbeitsteilig organisierten Prozeß."[61] Hinsichtlich des Führungsstils bedeutete dies, dass das „Herrscher-Untertan-Verhältnis als Führungsprinzip" für die leitenden Angestellten „nicht diskutabel" sei, wie Ernst Korff es formulierte.[62] Der leitende Angestellte solle vielmehr durch sein „fachtechnisches Wissen" und sein „leistungstechnisches Können" zum Vorbild und Leitbild seiner Mitarbeiter werden. Führung, die von Befehl und Gehorsam allein lebt, die autokratisch und patriarchalisch ist, lasse sich nicht mehr durchhalten. Aber gleichzeitig sei es die Überzeugung der leitenden Angestellten, dass „trotz Vollbeschäftigung nicht die Zeit der weichen Samthandschuhe angebrochen ist. Autorität, Disziplin, und Härte sind Voraussetzungen für die Leistung, die der Zweck des Betriebs ist und bleiben wird".[63]

Im Betriebsverfassungsgesetz von 1952 waren die leitenden Angestellten erstmals in einem weiten Sinne definiert worden.[64] Zu den „Leitenden" wurden seitdem sowohl die Arbeitgebervertreter als auch die Angestellten mit besonders qualifizierter Tätigkeit gezählt. Der Einbezug der Spezialisten, der Techniker und Wissenschaftler in die Gruppe der leitenden Angestellten war auch der Grund dafür, dass die Organisationen der leitenden Angestellten den englischen Begriff des Managers für sich ablehnten, da dieser zu einseitig auf ihre Vorgesetzteneigenschaft abhebe. In dem vom mehrfachen Präsidenten der ULA, Ferdinand Grüll, herausgegebenen „Handbuch für Leitende Angestellte" von 1962 betonte man ebenfalls die „Absetzung vom Managerbegriff": Die Bezeichnung „leitender Angestellter" sei im deutschsprachigen Raum sinnvoller, da der Begriff von der Funktionsgliederung im Betrieb geprägt sei und auch die qualifizierten wissenschaftlichen Mitarbeiter umfasse. Gleichzeitig habe „das Wort ‚Manager' für viele Deutsche einen niedrigeren Gefühlswert".[65] Selbst bei dem – für die Verwissenschaftlichung und Professionalisierung von Manage-

---

[61] Kleine, Leistungsbereiche und Funktionsbedeutung der leitenden Angestellten, S. 4.
[62] Ernst Korff, Leiten und Führen. Profil und Funktionen des leitenden Angestellten, Heidelberg 1967, S. 19. Der Beitrag war zunächst 1962 unter dem Titel „Psychologie des leitenden Angestellten" als ein Kapitel im „Handbuch für leitende Angestellte" erschienen und dann 1967 als Ratgeber und eigenständige Publikation.
[63] Korff, Leiten und Führen, S. 20.
[64] Vgl. Kapitel 2.1.
[65] Gisela Kleine, Soziologie des leitenden Angestellten, in: Ferdinand Grüll (Hrsg.), Handbuch für Leitende Angestellte, Bd. 1, Heidelberg 1962, S. 19–158, hier: 143.

ment und Managementmethoden nach US-Vorbild offenen – Arbeitskreis für betriebliche Führungskräfte der Wirtschaftsakademie Berlin lehnte man den Managerbegriff ab:

> Die Verwendung der Bezeichnung „Management" und „Manager" im Deutschen ist nicht ratsam, da begriffliche Schwierigkeiten unvermeidlich eintreten müssen. Für die zu kennzeichnenden Sachverhalte stehen prägnante Wortbilder wie „Unternehmer", „Geschäftsführer", „Führungskraft" oder „Unternehmensführung" bzw. „Betriebsführung" zur Verfügung; die integrierte Führungsgruppe im Unternehmen bezeichnet man am besten mit „Führungskorps" oder „Führungsmannschaft".

Ein solche positive Verwendung des Begriffs „Führung" sei umso unbedenklicher, als „das aus der Pervertierung des Führungsprinzips in der Hitlerzeit herrührende Trauma in der Wirtschaft wie auch in anderen Bereichen des öffentlichen Lebens im Abklingen begriffen ist".[66] Diese Einschätzung erwies sich allerdings als voreilig, und in den 1970er Jahren wurde von einer neuen und kritischeren Wirtschaftsöffentlichkeit der Begriff „Führungskraft" als deutschtümelnd abgelehnt, wie weiter unten ausführlich gezeigt werden wird.[67]

Die leitenden Angestellten portraitierten sich gerne als Nutznießer und Trägerschicht sowohl der Verwissenschaftlichung als auch der Demokratisierung des Betriebs. Als eigene Gruppe zwischen Arbeit und Kapital sprachen sie sich dabei eine gesellschaftliche Schlüsselrolle zu. Demnach obliege es ihnen, ausgleichend zwischen Arbeitnehmer- und Arbeitgeberinteressen zu vermitteln und auf die Demokratisierung der Unternehmen zu drängen: „Das Wirken der leitenden Angestellten geschieht im Sinne der sozialen Marktwirtschaft, die wirtschaftliche Freizügigkeit nur bis zur sozialen Vertretbarkeit zuläßt. [...] Durch das Tätigwerden angestellter Führungskräfte ist das Bild des Unternehmers nicht mehr mit dem des Kapitalisten identisch."[68] Zu dem wissenschaftlich-technokratischen Führungsverständnis gehörte, dass die Verbände der leitenden Angestellten einen Formwandel des Ideals der Selbständigkeit propagierten – von der besitzbürgerlich-materiellen zur geistig-kreativen Selbständigkeit.

Diese emphatische Selbstdarstellung der leitenden Angestellten hatte eine deutlich standesideologische Komponente. Ihre Leistungs- und Kreativideologie diente der eigenen Selbstverständigung und Profilierung als soziales und betriebliches Kollektiv. Gleichzeitig aber deckte sich dieses Selbstbild zu einem gewissen Grad auch mit dem positiv besetzten Bild vom Manager als Leitfigur der Moderne, wie er von deutschen Sozialwissenschaftlern wie Pross, Boetticher und Heinz Hartmann verbreitet wurde.[69] In einem Beitrag für die Verbandszeit-

---

[66] Rudolf W. Stöhr, Unternehmensführung als Wissenschafts- und Bildungsproblem, in: ders. (Hrsg.), Unternehmensführung auf neuen Wegen, Wiesbaden 1967, S. 317–377, hier: 330.
[67] Vgl. Kapitel 3.2.1.
[68] Kleine, Leistungsbereiche und Funktionsbedeutung der leitenden Angestellten, S. 8.
[69] Vgl. Kapitel 3.1.

schrift *Der Leitende Angestellte* erklärte Hartmann die „Verwissenschaftlichung der Unternehmensführung" und die „Invasion der Experten" zu unumkehrbaren sozioökonomischen Entwicklungen mit gravierenden Auswirkungen auf die Unternehmensorganisation und Legitimation von Herrschaft in der Wirtschaft. Der „Vormarsch des Expertentums" führte aus seiner Sicht zu einer „Versachlichung von Autorität".[70] „Die Sachverständigkeit des Experten ist prüfbar und beweisbar." Ob Eigentum zur Herrschaft berechtige oder ob ein gegebener Unternehmer zum Unternehmertum berufen sei, lasse sich hingegen nicht beweisen.[71] Entsprechend prognostizierte Hartmann eine Zukunft, in der sich nicht etwa mehr leitende Angestellte am klassischen Unternehmerbild orientierten, sondern im Gegenteil der Unternehmer der Zukunft sich am Bild des leitenden Angestellten orientieren würde.[72]

Es überrascht wenig, dass die mit der „Invasion der Experten" verknüpften Hoffnungen auf eine Rationalisierung der Führungspraxis bei den Unternehmern auf Skepsis stießen. Das galt insbesondere auch für die Politik und Publizistik der ULA, die ihre Positionen 1962 in dem „Handbuch für leitende Angestellte" zusammenfasste und damit für Aufmerksamkeit in den Unternehmerkreisen um Ludwig Vaubel sorgte. Jochen Wistinghausen von der BDA hatte Vaubel auf das von der ULA-Autorin Gisela Kleine verfasste Handbuch aufmerksam gemacht. Aus Sicht Vaubels war die Publikation der „Versuch der leitenden Angestellten, eine Aufwertung in Richtung auf ‚Leitung' für eine zu breite Schicht zu erreichen".[73] In einem Brief an Wistinghausen erklärte Vaubel, dass aus seiner Sicht in dem Buch die „etwas krampfhafte Bemühung" aufscheine, den Unterschied zwischen dem leitenden Angestellten und dem beauftragten Unternehmer „möglichst ganz zu verwischen". Auf der anderen Seite werde der beauftragte Unternehmer wiederum „nicht als echter Unternehmer im Sinne der Dispositions- und Gestaltungsfreiheit" anerkannt.

> Von der Arbeitgeberfunktion des beauftragten Unternehmers wird bezeichnenderweise überhaupt nicht gesprochen. Damit wird aber auch verkannt, dass Leitung in dem von mir gemeinten Sinne „Regierung" bedeutet. Hier fehlt der Verfasserin Einblick und Verständnis, vielleicht auch nach der Anlage des Ganzen Verständnisbereitschaft.[74]

Vaubels Urteil war etwas ungerecht. Denn tatsächlich bemüht sich Gisela Kleine, auch die soziologischen Unterschiede zwischen Unternehmern und leitenden Angestellten herauszuarbeiten.[75] Dennoch sind Kleines Ausführungen als

---

[70] Heinz Hartmann, Das neue Verhältnis von Stab zu Linie und seine sozialen Grundlagen, in: Der Leitende Angestellte, August/September 1962, S. 142–150, hier: 143 f., 146.
[71] Ebd., S. 146.
[72] Ebd.
[73] Notiz für Herrn Dr. Arlt, 28.1.1963. Glanzstoff/Vaubel Köln, RWWA B6 12 29.
[74] Vaubel an Jochen Wistinghausen, 28.1.1963. Glanzstoff/Vaubel Köln, RWWA B6 12 29.
[75] Kleine, Soziologie des leitenden Angestellten, S. 71.

Fortsetzung eines von verschiedenen Seiten seit Mitte der 1950er Jahren vorgenommenen Versuchs zu sehen, ein neues Unternehmerbild zu zeichnen.[76] In diesem Bild verschwammen die Grenzen zwischen angestellter Führungskraft und Unternehmer immer mehr bzw. wurden neue betriebliche, soziale und politische Gemeinschaften begrifflich konstruiert. Die neue „Leitungsgemeinschaft" aus leitenden Angestellten und Unternehmern zeichnete sich demnach durch „sozialpsychologische Gemeinsamkeiten" aus (z. B. Haltung gegenüber der Arbeiterschaft oder Bejahung des technischen Fortschritts).[77] Wie oben gesehen, mündeten diese Ideen in neue Elitekonzeptionen auf Basis von „Persönlichkeit", „Individualität" und „sittlicher Gebundenheit".[78]

Der demokratieskeptische Aspekt solcher Elitevisionen, die in den 1950er Jahren gegen „Vermassung", „Kollektivismus" und „Nivellierung" gerichtet gewesen waren, verlor in den 1960er Jahren an Überzeugungskraft. Die leitenden Angestellten konnten sich somit Hoffnung machen, an offenere Elitekonzepte Anschluss zu finden und sich dabei auf die Idee der Leistungsgemeinschaft berufen. Damit stießen sie aber bei vielen Unternehmern keineswegs auf Gegenliebe. In klassischen Unternehmerelitezirkeln wie den Baden-Badener Unternehmergesprächen wurde an der alten Eliteidee auch in den 1960er Jahren festgehalten, die „Masse" der leitenden Angestellten wollte man in Baden-Baden nicht sehen. In einer Kuratoriumssitzung der BBUG im Mai 1963 wurde diese Skepsis deutlich. In dem Gespräch beklagte der Unternehmer Erich Mittelsten Scheid das „starke und anscheinend noch wachsende Überwiegen der leitenden Angestellten großer Unternehmen gegenüber selbständigen Unternehmern" und fragte die Anwesenden, ob dies im Sinne der Ausrichtung der BBUG beabsichtigt sei. Daraufhin verneinte Ludwig Vaubel mit dem Zusatz, dass der Vorstand dieses Übergewicht bedauere und jede stärkere Aktivität der selbständigen Unternehmer begrüße.[79]

3.1.3 „Geborene" Vorstandsmitglieder?

Die Interaktion zwischen kritischer Soziologie und Unternehmensführern lief unterdessen auch nach Boettichers erstem Buch von 1963 weiter. Boetticher und Helge Pross arbeiteten in den 1960er Jahren zum Thema der Managersoziologie zusammen, wurden auch privat ein Paar und heirateten 1972.[80] Für die im Arbeitskreis Unternehmensführung zusammengeschlossenen Unterneh-

---

[76] Vgl. Kapitel 2.1.
[77] Kleine, Soziologie des leitenden Angestellten, S. 62.
[78] Vgl. Kapitel 2.4.
[79] Protokoll über die Kuratoriumssitzung der Gesellschaft zur Förderung des Unternehmernachwuchses, 15.5.1963. BBUG-Archiv, Ordner 11.
[80] Evelyn Tegeler, Frauenfragen sind Männerfragen. Helge Pross als Vorreiterin des Gender Mainstreaming, Opladen 2003, S. 96.

mer wurden die beiden Mitte der 1960er Jahre zu Partnern für eine weitere öffentlichkeitswirksame Initiative gegen die von Heinz Hartmann verbreitete Vorstellung vom elitären und exklusiven Unternehmertum. Ziel war eine empirische, auf Umfragen in den Unternehmen basierende Untersuchung zum Selbstbild leitender Angestellter und zur sozialen Rekrutierung des Spitzenpersonals der deutschen Wirtschaft. Die Bedeutung dieser Untersuchung schätzte Ludwig Vaubel sehr hoch ein. In einem Schreiben an alle Vorstandsmitglieder, Geschäftsführungen und Prokuristen der Glanzstoff-Fabriken schrieb er im November 1964: „Wir glauben, dass der Leiter dieses Büros, Herr K. W. Boetticher, der deutschen Wirtschaft, ja sogar unserer jungen Demokratie mit der Erhebung, die er plant, einen wichtigen Dienst erweisen wird." Boetticher werde versuchen, die These kritisch zu überprüfen, ob die Wirtschaftseliten sich aus sich selbst rekrutieren. „Das aber versuchen gerade solche Leute und Stellen außerhalb und innerhalb Westdeutschlands der Öffentlichkeit immer wieder einzureden, die die Bundesrepublik gern als einen Staat darstellen möchten, der zu Unrecht beansprucht, ein ‚sozialer Rechtsstaat' zu sein."[81]

Auch Wolfgang Pohle von der Friedrich Flick KG unterstützte Boettichers Untersuchung („Den von Herrn Boetticher entworfenen Fragebogen halte ich für gut.") und versprach, sich unter anderem bei Franz Grabowski, Vorstandsvorsitzender von Buderus, und bei Hanns Martin Schleyer, Vorstandsmitglied bei Daimler-Benz, für das Projekt einzusetzen. Ähnlich wie Vaubel ging er von einer wichtigen Wirkung der Boetticher/Pross-Untersuchung für die Öffentlichkeit aus: „Ich halte die Sache auch für äußerst sinnvoll, weil die Ergebnisse der Untersuchung dazu beitragen könnten, die Annahme zu zerstören, daß in die Leitungen der großen Unternehmungen immer nur protegierte oder aus den gleichen Kreisen stammende Leute einrücken."[82]

Dass Boetticher und Pross von der politischen Linken kamen und man insbesondere von Pross als Adorno-Schülerin nicht notwendigerweise eine besonders unternehmerfreundliche Betrachtung erwarten konnte, wurde im Arbeitskreis erneut nicht als Nachteil, sondern sogar als Vorteil gewertet. In einem Schreiben an Hanns Martin Schleyer erklärte Vaubel Ende 1964:

> Herr Boetticher, den ich seit Jahren kenne und der Ihnen vielleicht durch sein Buch „Unternehmer oder Manager" bekannt ist, steht etwas zwischen den Fronten, ist aber im Grunde für uns gewonnen. Die mitbeteiligte Frau Dr. Helge Pross gehört dagegen eindeutig zur Linken. Umso wichtiger wäre es, wenn diese beiden Personen, die über eine erhebliche Resonanz verfügen, durch das m.E. nicht zweifelhafte Ergebnis der begonnenen Untersuchung im Sinne der Realität beeindruckt würden.[83]

---

[81] Vaubel/Vits an Vorstandsmitglieder, Vorstandsmitglieder und Geschäftsführungen der Tochtergesellschaften und Prokuristen der Glanzstoff-Fabriken AG, 25.11.1964. Glanzstoff/Vaubel Köln, RWWA B6 12 2-4.
[82] Wolfgang Pohle an Vaubel, 28.12.1964. Glanzstoff/Vaubel Köln, RWWA B6 12 2-4.
[83] Vaubel an Hanns Martin Schleyer, 28.12.1964. Glanzstoff/Vaubel Köln, RWWA B6 12 2-4.

Boettichers Institut, das nun – ganz im Trend der Zeit – „Studienbüro für Industriesoziologie" (später „Büro für Wirtschafts- und Sozialforschung") hieß, führte 1965 die erste Befragung durch. Ziel dieser Untersuchung waren Erkenntnisse über soziale Herkunft, Ausbildung und Karrieremuster der Manager. 1967 folgte eine zweite Studie, die Entscheidungsstile, Selbstverständnis und Gesellschaftsbild der leitenden Angestellten und Manager untersuchte. Eine dritte und letzte Befragung folgte ein Jahr später und hatte Lebensweisen, Arbeitszeit und Arbeitsalltag der Untersuchungsgruppe zum Gegenstand.[84] Das Besondere an der Studie von Boetticher und Pross war, dass sie, anders als andere soziologische Manageruntersuchungen aus dieser Zeit, sich nicht nur auf das Topmanagement konzentrierte, sondern mit den leitenden Angestellten eine viel größere Personengruppe der weiteren Unternehmensleitung einbezog. Dabei war die Studie nur bedingt repräsentativ, was die beiden Autoren selbst einräumten. Als leitende Angestellte wurden in der Untersuchung alle Personen der drei obersten Rangstufen des jeweiligen Unternehmens definiert. Das waren auf der obersten Ebene: Vorstandsmitglieder oder Geschäftsführer; auf der zweiten Ebene: Direktoren einschließlich Werksleiter, Betriebsleiter, Generalbevollmächtigte, Leiter zentraler Abteilungen; und auf der dritten Hierarchieebene: Prokuristen.[85]

Der Rücklauf aus den Befragungen war dank der Unterstützung führender Industrieller aus dem Arbeitskreis zufriedenstellend. An der ersten Studie beteiligten sich 538 Personen aus 13 der größeren Kapitalgesellschaften. Das entsprach einer Rücksendungsquote aus den einzelnen Unternehmen von durchschnittlich 60 Prozent. Als Grund für die Zurückhaltung der restlichen 40 Prozent wurde in der *Zeit* die Sorge mancher Manager vor karriereschädlichen Enthüllungen über die eigene, sozial niedrige Herkunft vermutet. Der *Zeit*-Journalist Michael Jungblut zitierte ein entsprechendes Antwortschreiben eines angefragten Managers:

> Das Geheimnis des Herkommens seiner Vorfahren hütet man in unseren Kreisen ängstlich, wenn man meint, sie seien nicht vorzeigbar. Einer unserer bekannten Industriellen gerät bekanntlich in wütende Ekstase, wenn von seinem Vater als Bonbonhändler gesprochen wird. Ähnliches war kürzlich bei einem eben in den Vorstand aufgestiegenen

---

[84] Auch für Folgestudien machte Vaubel bei anderen Industriellen weiter Werbung. So beispielsweise in einem Brief an Walter Cordes im Mai 1968: „Herr Boetticher hat eine Reihe von soziologischen Untersuchungen im Bereich der Unternehmensführung durchgeführt, deren Ergebnisse in vieler Beziehung wünschenswerte Aufhellung über Hintergrund und Tätigkeit der Leiter größerer Wirtschaftsunternehmen in der Bundesrepublik gebracht haben. Seine Publikationen [...] lassen zwar erkennen, dass sie nicht ‚im Auftrag' der Unternehmer erscheinen, sind aber gerade dadurch besonders wertvoll und wirksam." Vaubel an Walter Cordes, 20.5.1968. Glanzstoff/Vaubel Köln, RWWA B6 12 2-4.

[85] Helge Pross/Karl W. Boetticher, Manager des Kapitalismus. Untersuchung über leitende Angestellte in Großunternehmen, Frankfurt a. M. 1971, S. 19.

Herrn festzustellen, dessen Vater Milchkutscher gewesen war. In einem anderen Fall hat einer der führenden Männer der Wirtschaft seinen Vater, der ein schlichter Bankbote gewesen ist, posthum zum Bankbeamten befördert. Angesichts solcher Widerstände fürchte ich, werden Sie mit Ihrem Untersuchungsobjekt nicht weit kommen.[86]

Tatsächlich waren solche Fälle insgesamt aber eher die Ausnahme. Die Ergebnisse von Pross und Boetticher zur sozialen Herkunft der Manager förderten ein gemischtes Bild zu Tage, dass aber eine im weitesten Sinne bürgerliche Herkunft der deutschen Manager präsentierte. Auf der obersten Hierarchieebene entstammte etwa die Hälfte der Befragten aus der „Oberschicht" und „oberen Mittelschicht" (gemeint waren Anwälte, Ärzte, Ingenieure, Lehrer an höheren Schulen) und die andere Hälfte aus der „unteren Mittelschicht" (gemeint waren mittlere und untere Angestellte, Beamte, selbständige Handwerker und Händler). Auf den nächsten beiden Hierarchieebenen verschob sich das Gewicht zur „unteren Mittelschicht", der etwa 70 Prozent der Direktoren und Prokuristen entstammten. Aus der „Unterschicht" (gemeint waren gelernte Arbeiter, unselbständige Handwerker sowie die an- und ungelernten Arbeiter), zu der laut den Autoren über die Hälfte der deutschen Bevölkerung zählte, entstammten fünf bis sieben Prozent der Manager.[87] Dies war zwar eine enorme Steigerung gegenüber der Vorkriegssituation, aber aus Sicht von Pross und Boetticher dennoch gänzlich unbefriedigend. Daher galt für die deutschen Manager: „Sie sind Kinder der bürgerlichen Hälfte der Bevölkerung, durch ideelle und materielle Grenzen von der nichtbürgerlichen Hälfte des Volkes getrennt."[88]

Mit dem Ergebnis konnte zwar die These von „geborenen" Vorstandsmitgliedern angefochten werden, weil ein Großteil der untersuchten Manager nicht eindeutig dem Wirtschaftsbürgertum zugeordnet werden konnte. Und dies war ganz im Sinne des Arbeitskreises. Gleichzeitig bestätigte sich, was auch andere Eliteforscher zu dieser Zeit – Ralf Dahrendorf, Wolfgang Zapf etc.[89] – propagierten, nämlich eine eindeutig bürgerliche Herkunft der Wirtschaftselite und eine überproportional hohe Anzahl der Söhne von Industriellen oder anderen Familien aus der Oberschicht vor allem in den Vorstandsetagen. Die von Boetticher und Pross gezogene Schlussfolgerung, dass damit die Forderung nach einer stärkeren Beteiligung der untersten Schicht in den Führungspositionen berechtigterwei-

---

[86] Michael Jungblut, Die „Clique" an der Spitze. Woher kommen Deutschlands Manager?, in: Die Zeit, 23.12.1966.
[87] Pross/Boetticher, Manager des Kapitalismus, S. 43 f.
[88] Ebd., S. 113.
[89] Vgl. Wolfgang Zapf, Die deutschen Manager. Sozialprofil und Karriereweg, in: ders./Werner Baur (Hrsg.), Beiträge zur Analyse der deutschen Oberschicht, München 1965, S. 136–149; Ralf Dahrendorf, Eine neue deutsche Oberschicht. Notizen über die Eliten der Bundesrepublik, in: Die neue Gesellschaft 9 (1962), S. 18–31.

se aufgeworfen werde, hatte Vaubel „nicht gefallen".[90] Auch Degussa-Vorstand Heinz Scherf war davon „nicht gerade begeistert", meinte aber, dass der Erfolg der Untersuchung dadurch nicht beeinträchtigt werde: „Vielleicht ist es ganz gut, wenn Boetticher damit dokumentiert, daß er nicht auf Bestellung und daher meinungsgebunden arbeitet. Deshalb habe ich es auch begrüßt, dass seine Arbeit von Frau Helge Pross mitunterschrieben ist."[91]

Ganz im Sinne Vaubels dürfte hingegen ein anderes Ergebnis der Untersuchung gewesen sein: Wie andere soziologische Eliteuntersuchungen aus der Zeit bekräftigten Pross und Boetticher die These von der Akademisierung des deutschen Managements. Obwohl verschiedene Funktionäre der Wirtschaftsverbände immer noch angeborene Eigenschaften wie „Instinkt" und „Intuition" als maßgeblich betonten und das akademische Studium bagatellisieren wollten, zeige sich inzwischen sehr deutlich, dass ein Studium für viele Positionen gerade in den großen Unternehmen maßgeblich geworden sei, so die beiden Autoren.[92] Noch wichtiger für die Intentionen des Arbeitskreises waren die Ergebnisse bezüglich der Führungs- und Entscheidungsstile. Hier konnten Pross und Boetticher ihre eigene Arbeitshypothese bestätigen, dass autoritäres Führungsverhalten atypisch geworden sei. Teamarbeit und Delegation von Verantwortung seien von einer großen Mehrheit der Interviewten für richtig und wichtig gehalten worden. Allerdings machten die Autoren hier die Einschränkung, dass die individuelle Betriebspraxis sich deutlich unterscheiden könne, schließlich ziehe auch die Mehrheit der Befragten für sich selbst Alleinentscheidungen („nach Befragung der Experten") vor.[93]

Hinsichtlich der politischen und gesellschaftlichen Einstellungen der „Manager des Kapitalismus" gaben die beiden Autoren allerdings Entwarnung. Aus dem spezifisch kapitalistischen Interesse ergebe sich heute und in absehbarer Zukunft, dass „auch unter den Bedingungen einer Krise keine Gefahr für die politische Demokratie" von der Wirtschaftselite ausgehe. Diese habe kein Interesse an einer „faschistischen Reaktion", ihr Konservatismus stehe „für Bejahung der in Westdeutschland etablierten Staats- und Wirtschaftsformen, nicht für deren faschistische Negierung".[94] Damit bekräftigten die beiden ein Konzept von betrieblicher Führung, das – trotz noch vorhandener Defizite – eine grundsätzlich modern-demokratische Dynamik aufwies. Führung war demnach grundsätzlich kooperationsbereit, nicht mehr a priori autoritär und sicher nicht „faschistisch" – Ergebnisse, die, 1971 im linken Suhrkamp Verlag veröffentlicht, aus Sicht des Arbeitskreises als lohnende Investition angesehen werden konnten. Pross und

---

[90] Vaubel an Scherf, 1.9.1966. Glanzstoff/Vaubel Köln, RWWA B6 12 2-4.
[91] Heinz Scherf an Vaubel, 5.9.1966. Glanzstoff/Vaubel Köln, RWWA B6 12 2-4.
[92] Pross/Boetticher, Manager des Kapitalismus, S. 61 f.
[93] Ebd., S. 80–82.
[94] Ebd., S. 110.

Boetticher wurden auch in den folgenden Jahren von Wirtschaftsvertretern zu Diskussionen zur gesellschaftlichen Stellung von Führungskräften hinzugezogen. Im Früjhar 1972 etwa waren beide zu einem Treffen des Ettlinger Kreises eingeladen und debattierten dort mit dem Leiter des Zirkels, dem Unternehmer Hermann Freudenberg, und anderen Wirtschaftsvertretern wie etwa Alfred Herrhausen bildungspolitische Probleme und die Frage der gesellschaftlichen Verantwortung der deutschen Wirtschaft.[95] Herrhausen sprach sich in der kontroversen Diskussion mit Pross und Boetticher grundsätzlich für eine stärkere Orientierung der Führungskräfte am gesellschaftlichen Wandel aus.[96] Damit reagierte Herrhausen auf ein sich veränderndes gesellschaftliches Umfeld, in dem eine neue Form von Wirtschaftsöffentlichkeit die Unternehmen auf neue Art und Weise herausforderte. Diese neue Form von Wirtschaftsöffentlichkeit artikulierte sich über neue Medien und an neuen Orten: Ein kritischerer Wirtschaftsjournalismus entwickelte sich; in den Betrieben, aber auch in den Schulen und an den Universitäten wurde kritischer über Fragen von Führung, Autorität, Demokratie, Mitbestimmung und Verwantwortung diskutiert. Dass es für die sich seit Mitte der 1960er Jahre verändernden Führungssemantiken aber auch dezidiert ökonomische Gründe gab, soll in den folgenden Kapiteln ebenfalls gezeigt werden.

3.2 Führungssemantiken und Wirtschaftsöffentlichkeit im Wandel

3.2.1 Manager statt Führungskraft

Im selben Jahr 1971, in dem die Untersuchung von Boetticher und Pross erschien, kam das *Manager Magazin* auf den Markt. Die im Spiegel-Verlag erscheinende Zeitschrift sorgte durch ihr Erscheinungsbild und ihren Zuschnitt für viel Aufmerksamkeit und wurde von vielen Unternehmern und von Teilen der übrigen Presse als Provokation empfunden. Nicht nur, weil der „linke" Rudolf Augstein „überwiegend rechts orientierte Manager" umwerben wollte, wie die Wochenzeitung *Die Zeit* süffisant konstatierte,[97] sondern auch wegen des unorthodoxen Erscheinungsbildes, das beim kleingedruckten Titel begann und bei den vielen Graphiken, Fotos und Illustrationen endete. „Geschmackloser Spät-Pop", kritisierte die Zeitung *Die Welt*. Die Bebilderung sei so „verworren wie der ganze anglisierte Manager-Style, der da praktiziert wird".[98]

---

[95] Friederike Sattler, Herrhausen. Banker, Querdenker, Global Player. Ein deutsches Leben, München 2019, S. 384 f.
[96] Ebd.
[97] Die Zeit, 29.10.1971.
[98] Missmanagement im Manager Magazin, in: Die Welt, 7.11.1971.

Inhaltlich wollten die Macher des *Manager Magazins* sich um ein progressives, modernes und demokratisches Konzept von betrieblicher Führung bemühen. Autoritäre Führungsvorstellungen wurden scharf kritisiert. Der ostentative Bruch mit der Tradition, der reformerische Ansatzpunkt und der aufklärerische Habitus des Magazins spiegelten sich bereits in der ganz bewussten und programmatischen Namensgebung der Publikation: Die Begriffe „Wirtschaftsführer" und „Führungskraft" wurden abgelehnt. Stattdessen lehnte man sich an den von Hartmann, Boetticher und Pross etablierten und emanzipatorisch-demokratisch verstandenen Managerbegriff an. Dieser sei „zeitgemäß", „sachlich" und frei von „Deutschtümelei", erklärte die Chefredaktion gleich in der ersten Ausgabe des Magazins. Der Begriff der „Führungskraft" sei hingegen ein „aufgedonnertes Wortgebilde" und ein „Euphemismus für einen Herrschaftsanspruch von Kraftmenschen, die es nicht wirklich gibt".[99]

Damit räumte das *Manager Magazin* mit der in den 1960er Jahren verbreiteten Skepsis gegenüber dem Managerbegriff auf. Dafür knüpfte man auch an die kritischen unternehmenssoziologischen Untersuchungen der 1960er Jahre an. Der Widerhall von Heinz Hartmann und Helge Pross ist kein Zufall. Um die Zielgruppe der Manager besser zu verstehen und ihre Neupublikation am Markt richtig auszurichten, trafen sich Verantwortliche des Magazins in der Gründungsphase mit Experten wie dem Psychologie-Professor und Direktor des Berliner SIGMA-Instituts für angewandte Psychologie und Marktforschung Otto Walter Haseloff oder dem Kölner Soziologen Erwin Scheuch. In diesen Beratungsgesprächen und in den frühen Strategiepapieren wird deutlich, wie sehr man die Zielgruppe der Führungskräfte als politisch konservativ, nicht ausreichend gebildet und überkommenen Charismavorstellungen anhängend ansah.[100] Als Maßstab für diese Einschätzung empfahl Erwin Scheuch den Magazinmachern international vergleichende soziologische Untersuchungen zu Verhaltensweisen, gesellschaftlicher Stellung und politischen Überzeugungen von wirtschaftlichen Führungskräften. Für die Situation in der Bundesrepublik legte Scheuch die Studie von Heinz Hartmann[101] nahe und verwies insbesondere auf die Untersuchung von Helge Pross,[102] die er „als bisher wichtigste Analyse der Wirtschaftselite der Bundesrepublik" einschätzte. Und das, „obwohl es Pross bei der Interpretation nicht leicht gehabt hat, ihre Wirtschaftsfremdheit zu überwinden".[103]

---

[99] Briefing, in: Manager Magazin 11 (1971).
[100] Protokoll des Gesprächs mit Prof. Dr. Haseloff, Berlin 19.6.1971, S. 2, Nachlass Leo Brawand, Spiegel-Archiv Hamburg.
[101] Hartmann, Der deutsche Unternehmer.
[102] Pross, Manager und Aktionäre in Deutschland; dies./Boetticher, Manager des Kapitalismus.
[103] Protokoll des Gesprächs mit Professor E. Scheuch – Hergenröder, Stephan am 2.7.1971, S. 3, Nachlass Leo Brawand, Spiegel-Archiv.

3.2 Führungssemantiken und Wirtschaftsöffentlichkeit im Wandel 141

Gleich in der zweiten Ausgabe des Magazins schrieb Helge Pross dann selbst einen Beitrag, in dem sie die Unternehmer davor warnte, dass gerade die akademisch gebildeten höheren Angestellten die antiautoritäre Kritik aus den Universitäten in die Unternehmen bringen würden.[104] Auch wenn sie nicht Politologie oder Soziologie studiert hätten, seien diese es gewohnt, in sozialkritischen Kategorien zu denken. Und aus Sicht der antiautoritären Bewegung seien die Unternehmen „Fremdkörper in der Demokratie".[105] Die Manager sollten sich daher besser auf die Auseinandersetzungen vorbereiten, indem sie aktiv und ernsthaft die Kommunikation mit den Kritikern suchen sollten – mit bloßer Propaganda könne man der intellektuell versierten Opposition nicht beikommen.

Wenn es richtig ist, dass entwickelter Industriekapitalismus und parlamentarische Demokratie die Spielräume für die Ausweitung von Freiheit und Gleichheit und ebenso das subjektive Verlangen danach gesteigert haben, dann wäre es unrealistisch zu erwarten, die Wirtschaftsunternehmen würden am Ende der siebziger Jahre noch immer in dem autoritären Frieden leben wie zu Beginn des Jahrzehntes.[106]

Tatsächlich waren die wirtschaftsinternen Diskurse um den richtigen Führungsstil und moderne Managementtechniken längst im Gange. Die Auseinandersetzungen um die normativen Konzepte von Führung in den 1960er Jahren lassen sich zum einen als Interaktion von linker bzw. akademischer Gegenkultur und wirtschaftlichem Establishment beschreiben. Das haben die Aktivitäten des Arbeitskreises Unternehmensführung gezeigt. Gleichzeitig waren die Auseinandersetzungen um Führung aber auch Reaktionen auf ökonomische Strukturveränderungen und auf technische und intellektuelle Rahmenbedingungen, die vor allem im Vergleich mit den USA als defizitär empfunden wurden (dies wird weiter unten noch ausführlich dargestellt).[107] Beides, sowohl sozialwissenschaftliche Kritik als auch der Bedarf an mehr Managementwissen, manifestierte sich in der Entwicklung der westdeutschen Wirtschaftszeitschriften und Wirtschaftsmagazine, die die Professionalisierung von Führung abbildeten und selber vorantrieben.[108]

Großes Vorbild war auch hier Amerika. Den Mangel an einem deutschen Äquivalent der amerikanischen Management- und Wirtschaftszeitschriften be-

---

[104] Helge Pross, Kritik am Management. Der autoritäre Frieden geht zu Ende, in: Manager Magazin 12 (1971), S. 122–126.
[105] Ebd., S. 122.
[106] Ebd., S. 124.
[107] Vgl. Kapitel 3.2.2.
[108] Bernhard Dietz, „Von der Industriegesellschaft zur Gesellschaftsindustrie". Wirtschaft, Wirtschaftspresse und der „Wertewandel" 1970–1985, in: Dietz/Neuheiser (Hrsg.), Wertewandel in Wirtschaft und Arbeitswelt?, S. 179–206.

klagte Ludwig Vaubel im Februar 1963 in einem Brief an Karl Boetticher. Über die 1929 gegründete amerikanische Zeitschrift *Fortune* schrieb er:

> Ich lese diese Zeitschrift regelmäßig und habe mir auch schon oft die Frage vorgelegt, ob nicht in Deutschland eine entsprechende Publikation geschaffen werden könnte. Einige Versuche, die bereits gemacht wurden, sind gescheitert (Capitole, Continent). Ob die neue von Professor Andreae [Clemens-August Andreae, B. D.] herausgegebene Zeitschrift „Capital" sich einmal dahin entwickeln kann, wäre abzuwarten, erscheint mir aber zweifelhaft. Das Klima in Deutschland ist auch in dieser Beziehung anders als in USA, und zwar sowohl bei der Öffentlichkeit wie auch bei den Unternehmern. Vieles, was „Fortune" an Inside-Informationen bringen kann, würde hier bereits als grobe Indiskretion angesehen werden. Andererseits gehört eine gewisse auch kritische Freizügigkeit dazu, um eine solche Zeitschrift für einen breiteren Lesekreis interessant zu machen.[109]

So weitsichtig Vaubel in vielerlei Hinsicht war, in diesem Fall traten seine Prognosen nicht ein. Denn in der Tat entwickelte sich im Laufe der 1960er Jahre ein Markt für kritische und in den 1970er Jahren schließlich auch für kritisch-investigative Wirtschaftsmagazine. Zum anderen war der frühe Pionier dieser Entwicklung erfolgreich und existiert heute noch: Das seit 1962 im Verlag Gruner & Jahr erscheinende Monatsmagazin *Capital* war schon durch die elitäre und exklusive Aufmachung neu für deutsche Leser. Das Großformat und die großzügig gestalteten Seiten auf schwerem Kunstdruckpapier hoben sich von der damaligen auf Zeitungspapier gedruckten Konkurrenz deutlich ab. Das Magazin war ganz bewusst eleganter und unterhaltsamer als das börsentäglich *Handelsblatt*, das fotofreie Wochenblatt *Der Volkswirt* (Vorgänger der *Wirtschaftswoche*) und der dreimal wöchentlich publizierte, fachlich-nüchterne *Industriekurier*. In *Capital* wurde der gesellschaftliche Aufstieg, die Karriere der Manager inszeniert, samt Modestrecken und Fotoreportagen über Sekretärinnen und Schreibtische bedeutender Unternehmer. Der Managerberuf wirkte hier glamourös und verheißungsvoll, und das Magazin suggerierte, die nötigen Informationen für den Aufstieg bieten zu können: Man veröffentlichte hier erstmals Gehaltstabellen von Managern und gab Karriere- und Anlagetipps.[110] Gründe für diese Entwicklung waren auch die zunehmende Bedeutung der Kapitalmärkte, die relative Aufwertung von Aktienanlagen auch für Kleinanleger und der damit angestiegene Informationsbedarf.[111] Die Wirtschaftsöffentlichkeit wurde größer und diverser. Das Informationsangebot für Manager, Investoren, Analysten und Anleger bestand nicht mehr nur noch in ökonomischen Basisinformationen und Daten, die ja auch schon über die Wirtschaftsteile der Tageszeitungen abgedeckt waren,

---

[109] Vaubel an Karl Boetticher, 4.2.1963. Glanzstoff/Vaubel Köln, RWWA B6 12 29.

[110] Walter Hömberg, Zur Geschichte des Wirtschaftsjournalismus, in: Stephan Ruß Mohl/ Heinz D. Struckmann (Hrsg.), Wirtschaftsjournalismus. Ein Handbuch für Ausbildung und Praxis, München 1991, S. 231–235, hier: 235.

[111] Volker Wolff, „Finanzjournalismus", in: Gabriele Reckinger/Volker Wolff (Hrsg.), Finanzjournalismus, Konstanz 2011, S. 168–175, hier: 170.

sondern auch in einer neuen Berichterstattung über Organisationsformen, Managementstile und Führungstechniken. Der Bedarf an solchen Informationen war gestiegen, weil die Organisation des Betriebs und seine Mitarbeiter zunehmend selbst als zu optimierende Ressourcen gesehen wurden, wie weiter unten noch ausführlich dargestellt werden wird.

Ein intellektuelleres Forum für die Diskussion von Führungstechniken und Managementmethoden stellten in den 1960er Jahren Fachzeitschriften wie *Junge Wirtschaft* und *Führungspraxis* dar. Wichtige Themen waren hier „Führungskräftenachwuchs", die Akademisierung und Professionalisierung der Ausbildung und insbesondere Grundsätze des modernen Managements. Vorsichtig interessierte man sich in diesen Zeitschriften für neue Führungsstile wie Unternehmensspiele oder Teamarbeit.[112] Mit der Forderung nach einer stärkeren Akademisierung des Führungskräftenachwuchses rüttelte man hier an der immer noch verbreiteten Vorstellung, dass „Führung" eine angeborene Eigenschaft sei und sich nicht erlernen lasse.

Das Interesse für neue Führungsstile verstärkte sich Mitte der 1960er Jahre, als weitere Wirtschaftszeitschriften und Magazine auf den Markt drängten, die auch inhaltlich neue Schwerpunkte setzten. US-amerikanische Managementtechniken wurden rezipiert und einem breiteren Publikum vorgestellt. War die Rezeption amerikanischer Management- und Produktionsmethoden in den 1950er Jahren weitgehend der Unternehmensspitze mit entsprechenden Kontakten und Reisemöglichkeiten in die USA vorbehalten,[113] so „demokratisierten" die Managementzeitschriften seit den 1960er Jahren das amerikanische Managementwissen in Westdeutschland. Auch das mittlere Management profitierte nun von der breiteren Wissensbasis in der popularisierten Form der neuen Zeitschriften.

3.2.2 „Gapologie" und die „amerikanische Herausforderung"

In den 1960er Jahren wurde die Zukunft zum Gegenstand einer neuen Wissenschaft.[114] Der sozioökonomische Hintergrund für diese Zukunftsforschung war das beginnende Nachdenken darüber, woher in einer „postindustriellen Gesellschaft" das wirtschaftliche Wachstum kommen sollte. US-amerikanische Zukunftsforscher wie Daniel Bell oder Herman Kahn waren hierfür die entscheidenden Vordenker,[115] auf deutscher Seite lieferten etwa der Physiker Wilhelm

---

[112] Können Unternehmungsspiele dazu beitragen, aus Spezialisten Führungskräfte zu machen?, in: Führungspraxis, April 1963, S. 3–8; Wolfang Schelle, Wie sollte Teamarbeit organisiert werden, in: Führungspraxis, Juni 1963, S. 8–12.
[113] Kleinschmidt, Der produktive Blick.
[114] Vgl. hierzu grundsätzlich Elke Seefried, Zukünfte. Aufstieg und Krise der Zukunftsforschung 1945–1980, München 2015.
[115] Vgl. Seefried, Zukünfte, S. 96–125.

Fucks oder der Kybernetiker Karl Steinbuch die entsprechenden Prognosen.[116] Für die Bundesrepublik wie auch für ganz Europa waren die Zukunftsprognosen besorgniserregend. Die große Befürchtung bestand darin, dass die europäischen Staaten den Anschluss an die hochentwickelten Nationen wie die USA und Japan verlieren könnten; dass ihnen „der Weg in die postindustrielle Gesellschaft, die nächste Stufe unserer Zivilisation, durch einen technologischen Graben verlegt sein" würde.[117]

Der Entwicklung von Technologie und Forschung wurde generell eine Schlüsselrolle zugesprochen und die deutsche Debatte ab Mitte der 1960er Jahre drehte sich entsprechend zunächst um die „technologische Lücke" zu den USA. Tatsächlich hatte es eine solche „Lücke" in der unmittelbaren Nachkriegszeit gegeben, sie wurde aber im Verlauf der 1950er und 1960er Jahre durch einen amerikanisch-deutschen Technologietransfer immer weiter geschlossen. Und dieser Transfer war keineswegs durchgängig einseitig von amerikanischem „Geben" und deutschem „Nehmen" geprägt. Der Wirtschaftshistoriker Christian Kleinschmidt bilanziert:

> Innerhalb von zwei Jahrzehnten verlief die Entwicklung also von der „Amerikanisierung" vor dem Hintergrund asymmetrischer Abhängigkeiten über die freiwillige Nachahmung bis hin zum Technologieaustausch zweier ebenbürtiger Wirtschaftspartner. Innerhalb dieses Zeitraums konnte bis spätestens Ende der 60er Jahre die seit der Nachkriegszeit bestehende „technologische Lücke" der deutschen gegenüber den amerikanischen Unternehmen weitgehend geschlossen werden, hatten sich die Produktionsmethoden und Technologien innerhalb deutscher Unternehmen – nach außen hin und vor dem Hintergrund des „deutschen" Wirtschaftswunders weitgehend unbemerkt – stark verändert und amerikanischen Standards angepaßt.[118]

Die zeitgenössische Wahrnehmung blieb allerdings geprägt durch die „amerikanische Herausforderung" und die Vorstellung einer umfassenden Zukunftsbenachteiligung gegenüber den USA. Ein internationaler Stichwortgeber war in diesem Zusammenhang die OECD, die in ihrem Bericht von 1968 den vermeintlichen Produktivitätsrückstand der europäischen Volkswirtschaften anhand einer Vielzahl von Statistiken belegte und den Niveauunterschied gegenüber den USA auf eine „technologische Lücke" und auf ein Managementdefizit zurückführte.[119] Auch auf europäischer Ebene wurde intensiv über die Bedeutung

---

[116] Wilhelm Fucks, Formeln zur Macht. Prognosen über Völker, Wirtschaft, Potentiale, Stuttgart 1965; Karl Steinbuch, Die informierte Gesellschaft. Geschichte und Zukunft der Nachrichtentechnik, Stuttgart 1966.
[117] Manfred P. Wahl, Die technische Lücke, in: Die Zeit, 28.11.1969. Vgl. auch Jean-Jacques Servan-Schreiber, Die amerikanische Herausforderung, Hamburg 1968; Rolf Berger, Europas technologische Lücke, Mythos und Wirklichkeit, Berlin 1968; Helge Majer, Die technologische Lücke zwischen der Bundesrepublik Deutschland und den Vereinigten Staaten, Tübingen 1973.
[118] Kleinschmidt, Der produktive Blick, S. 170.
[119] OECD (Hrsg.), Gaps in Technology Between Member Countries, Paris 1968.

einer verbesserten Aus- und Weiterbildung für Manager zur Produktivitätssteigerung nachgedacht. Schon die US-amerikanischen Zukunftsforscher hatten ja die „überragende Bedeutung von Weiterbildung" als Zukunftstrend ausgemacht.[120] In einem Memorandum der Europäischen Kommission zur Industriepolitik der Europäischen Gemeinschaft von 1970 wurde festgestellt, dass in vielen Mitgliedsstaaten die Unternehmensleitungen hinsichtlich moderner Managementmethoden immer noch viel zu skeptisch seien. Dies sei auf eine prämoderne Geisteshaltung der Unternehmensleitung zurückzuführen, „die mehr Wert auf Persönlichkeit und Erfahrung als auf Ausbildung legt". Die Zukunft der europäischen Wirtschaft liege allerdings nur in der konsequenten Anwendung moderner Managementmethoden und einer modernen Aus- und Weiterbildung der Manager: „Es handelt sich darum, Intuition durch Ratio zu ersetzen und Autorität durch Kommunikation und Beteiligung zu ergänzen."[121]

In der Folge entwickelte sich vor allem in der Bundesrepublik eine regelrechte „Gapologie"[122]: Auf das „technological gap" folgten das „educational gap" und das „motivation gap", vor allem aber das „management gap" – also eine als defizitär wahrgenommene Lücke zwischen der Bundesrepublik und den USA bezüglich der Modernität von Management- und Führungsmethoden.[123] Die drängende Frage bestand darin, ob die in Europa angewandten Managementtechniken und die Managementausbildung in Zukunft noch ausreichen würden, um den Wettbewerb mit anderen Nationen, insbesondere mit den Vereinigten Staaten, zu bestehen.[124] Der Vorteil der amerikanischen Führungskräfte wurde in der systematischen Managementausbildung und der ebenso systematischen wie kontinuierlichen Weiter- und Fortbildung gesehen, wofür in erster Linie die amerikanischen Business Schools standen.

Europas technologischer Rückstand gegenüber den USA und Japan resultiere aus veralteten Führungs- und Organisationspraktiken, so die Zeitschrift *Capital*. „Es fehlen Ausbildungsstätten vom Typ der Business School-Fakultäten

---

[120] Seefried, Zukünfte, S. 113.
[121] Memorandum der Kommission der Europäischen Gemeinschaften betreffend die Industriepolitik der Gemeinschaft. Deutscher Bundestag, 6. Wahlperiode, 9.4.1970. Drucksache VI/606, S. 110–113.
[122] Wissenschaftliche Unternehmensführung – nur ein Schlagwort?, in: Der Volkswirt, 25.9.1970, S. 55–57, hier: 55.
[123] Das „Management-Gap" überbrücken, in: Blick durch die Wirtschaft, 28.3.1970; Unternehmerische Entscheidungen. Ein Beitrag zur Untersuchung des „Management gap", 2 Vorträge mit Diskussionsbeiträgen veranstaltet von der Europa-Union Deutschland, Landesverband Baden-Württemberg, der Industrie- und Handelskammern von Mannheim u. Ludwigshafen am 12. März 1969 in Mannheim, Köln 1969; Willy Linder, „Management gap" – Schlagwort oder Realität? Bemerkungen zu einem neuen Forschungsgegenstand, in: Betriebswirtschaftliche Probleme 4 (1969), S. 103–106.
[124] Versagt Europas Management vor der Zukunft, in: Handelsblatt, 25.4.1968; Europas Manager schlafen noch, in: Die Zeit, 1.3.1968; Den Europäern fehlt der Zwang zur Einigung, in: Die Welt, 6.3.1968; Rückstand, in: Handelsblatt, 9.2.1968.

an den besten amerikanischen Hochschulen wie Harvard, Stanford, Columbia und Massachusetts Institute of Technology. In den USA wurde frühzeitig erkannt, dass Manager ‚machbar' sind."[125] Anders als in Europa, denn dort hätten die Patriarchen der Industrie, der Banken und der Handelshäuser „für diesen Manager-Professionalismus kein Verständnis". Sie seien immer noch dem überkommenen „Leitbild der einzigartigen Unternehmerpersönlichkeit" verpflichtet oder hätten als Ingenieur, Bergassessor, Jurist oder Diplom-Kaufmann die innerbetrieblichen Stufenleitern erklommen. Doch diese traditionellen Vorstellungen und Praktiken würden längst nicht mehr ausreichen. Ohne professionell ausgebildete Manager verlöre Europa endgültig den Anschluss und drohe zum „Erdteil zweiter Klasse" zu verkommen.[126]

DIHT-Präsident Otto Wolff von Amerongen wollte von keinem generellen „management-gap" sprechen und betonte, dass „nicht alles, was sich anderswo bewährt hat", auch in der Bundesrepublik erfolgreich sein müsse. Gleichwohl gestand Amerongen ein: „Wenn eine Lücke besteht, so würde ich diese vornehmlich in der theoretischen Fortbildung innerhalb und außerhalb der Unternehmen suchen."[127] Die Ansicht aber, dass Unternehmensführung grundsätzlich erlernbar sei, hielt er für „absurd". Es sei einfach falsch zu glauben, dass jeder die Anlagen in sich habe, um ein Unternehmen erfolgreich zu führen. Ohne Grundbegabung gehe es nicht, so Amerongen.[128] Die Konflikte um den normativen Kern von Führung waren also keineswegs behoben. Aber um 1970 war ein Konsens darüber erreicht, dass eine Professionalisierung der Führungskräfteausbildung angesichts des „gap" unausweichlich war. Die „Gapologie" erfasste auch die deutsche Politik. Im Februar 1968 wurde etwa im Deutschen Bundestag in einer Debatte zu den Schwerpunktaufgaben in Wissenschaft und Forschung auch von der SPD gefordert, die Ausbildung und Schulung des Managements der privaten Wirtschaft zu verbessern und zu intensivieren.[129]

---

[125] Manager sind machbar, in: Capital 5 (1970).
[126] Ebd. Der Artikel basierte auf dem Buch: Kurt Blauhorn, Erdteil zweiter Klasse? Europas technologische Lücke, Gütersloh 1970. Vgl. auch: Deutschlands Manager-Schulen: Nicht befriedigend, in: Capital 4 (1970); Management-Schulen im Umbruch, in: Handelsblatt, 18./19.6.1971.
[127] Nicht jeder hat die Anlage, ein Unternehmen zu führen, in: Wirtschaftswoche, 8.10.1971.
[128] Ebd.
[129] Verhandlungen des Deutschen Bundestags, 5. Wahlperiode, 152. Sitzung, 7.2.1968, S. 7834 f. Vgl. hierzu Helmuth Trischler, Das bundesdeutsche Innovationssystem in den „langen 70er Jahren": Antworten auf die „amerikanische Herausforderung", in: Johannes Abele (Hrsg.), Innovationskulturen und Fortschrittserwartungen im geteilten Deutschland, Köln [u. a.] 2001, S. 47–70; Gerhard A. Ritter/Margit Szöllösi-Jantze/Helmuth Trischler (Hrsg.), Antworten auf die amerikanische Herausforderung. Forschungen in der Bundesrepublik und der DDR in den „langen" siebziger Jahren, Frankfurt a. M. [u. a.] 1999; Johannes Bähr, Die „amerikanische Herausforderung". Anfänge der Technologiepolitik in der Bundesrepublik Deutschland, in: Archiv für Sozialgeschichte 39 (1995), S. 115–130.

Im Bundeswirtschaftsministerium sah man sich in den Jahren 1967/68 mit kritischen Anfragen auch von Wirtschaftsjournalisten konfrontiert, die wissen wollten, mit welchen Maßnahmen die Bundesregierung gedenke, die vielen „Lücken" zu schließen. Nachdem die Wirtschaftsjournalistin Rosemarie Fiedler-Winter im Frühjahr 1967 um ein Interview mit Bundeswirtschaftsminister Karl Schiller gebeten und entsprechende Fragen zur Zukunft des deutschen Managements und der deutschen Führungskräfteausbildung nach Bonn geschickt hatte, wusste man dort zunächst nicht weiter und holte sich auswärtige Expertise ein. Als erster bestätigte Hans Rühle von Lilienstern vom Rationalisierungskuratorium der deutschen Wirtschaft dem Ministerium die Existenz und Dringlichkeit des „Management-Gap".[130] Angesichts des umfassenden Spezialisierungsprozesses in der deutschen Wirtschaft und der zunehmenden Komplexität von Führungsaufgaben stufte von Lilienstern die bisherigen Ausbildungsmöglichkeiten als „nicht ausreichend" ein.[131] Das bestätigte auch Siegfried Faßbender vom Deutschen Institut zur Förderung des industriellen Führungsnachwuchses.[132] Faßbender war der richtige Ansprechpartner aus der deutschen Industrie, schließlich organisierte sein Institut nicht nur schon seit Jahren die Baden-Badener Unternehmergespräche, sondern plante zu diesem Zeitpunkt auch ein neues, noch viel stärker an dem amerikanischen Vorbild orientiertes Universitätsseminar der deutschen Wirtschaft (USW), auf das weiter unten ausführlich eingegangen wird.[133] Interessanterweise wiederholte Faßbenders Antwort beinahe wortgleich zentrale Passagen des Interviews von Karl Schiller.[134] Dort betonte Schiller (bzw. Faßbender), dass die Ausbildungssituation der deutschen Manager nicht ganz so dramatisch sei wie sie in den Medien dargestellt werde. Es gebe bereits einige gute Ansätze, allerdings bedürfe es unbedingt weiterer, auch an der Harvard Business School orientierter Weiterbildungseinrichtungen für jüngere Führungskräfte. Über die Planung des USW bestens im Bilde, konnte Schiller beschwichtigen und erklären, dass, „soweit ich informiert bin", die deutsche Industrie eine neue Einrichtung zur überbetrieblichen Fortbildung für Führungskräfte plane.[135]

---

[130] Hans Rühle von Lilienstern an Ministerialrat Hennenhöfer, 25.4.1967. Bundesarchiv Koblenz B 102/151439.
[131] Ebd.
[132] Siegfried Faßbender an Ministerialrat Hennenhöfer, 11.5.1967. Bundesarchiv Koblenz B 102/151439.
[133] Vgl. Kapitel 3.3.3.
[134] Tietmeyer an das Referat LP, Betr. Minister-Interview zum Thema „Weiterbildung des Top-Managements" für Frau Fiedler-Winter, 18.5.1967. Bundesarchiv Koblenz B 102/151439; Peters an Rosemarie Fiedler-Winter, Betr. Interview mit Herrn Bundeswirtschaftsminister Professor Dr. Schiller zum Thema „Weiterbildung des Top-Managements". Bundesarchiv Koblenz B 102/151439.
[135] Interview mit Bundeswirtschaftsminister Professor Dr. Karl Schiller. Bundesarchiv Koblenz B 102/151439.

Eine direkte Antwort der deutschen Wirtschaft auf das „management gap" sollte die 1967 entstandene Zeitschrift *Plus. Zeitschrift für Unternehmensführung* darstellen, die im Handelsblatt-Verlag erschienen war.[136] „Diese Lücke zu schließen, war der Gründungsauftrag von PLUS", hieß es resümierend in der letzten Ausgabe der Zeitschrift.[137] Herausgeber der Zeitschrift waren *Handelsblatt*-Gründer Friedrich Vogel und der Verleger Erwin Barth von Wehrenalp, Gründer des Düsseldorfer Sachbuchverlags Econ, der eine führende Rolle in der Popularisierung von Managementwissen spielte. Auch in *Plus* sollten Managementmethoden und neue Führungsstile besprochen werden, denn nicht zuletzt die Wirtschaftskrise von 1966/67 mache deutlich, so von Wehrenalp: „frei nach Schnauze geht es nicht mehr".[138] Gleichzeitig war die Zeitschrift Ausdruck einer aktiveren Medienpolitik der Unternehmer, die zunächst vor allem von der Flick-Gruppe und ihrem neuen geschäftsführenden Gesellschafter Otto A. Friedrich ausging,[139] dann aber auch von weiteren Kreisen getragen wurde, was sich an dem illustren Herausgeberbeirat zeigte. In diesem saßen u. a. BDA-Präsident Siegfried Balke, der Aldi-Gründer Karl Albrecht, der Industrielle und Politiker Ernst Wolf Mommsen, der Vorstandsvorsitzende des Otto-Versands Günter Nawrath und ab 1971 der gerade in den Vorstand der Deutschen Bank berufene Alfred Herrhausen.[140]

Mit ihrem selbstbewussten Anspruch wollten die Macher von *Plus* auch die deutsche Politik auf die Dringlichkeit der Managementfrage aufmerksam machen. Zu diesem Zweck wandte sich Chefredakteur Werner Siegert an den Staatssekretär im Bundeswirtschaftsministerium, Klaus von Dohnanyi. Im Mai 1968 schrieb Siegert:

> Seit seinem ersten Erscheinen im Januar vergangenen Jahres ist Plus darauf ausgerichtet, dem deutschen Management die Perspektiven der Zukunft vorzuzeichnen. Alle Klagen über diverse „gaps" haben keinen Sinn, wenn nicht klar umrissen wird, was jetzt ganz konkret getan werden muß und getan werden kann, um den Vorsprung der USA und Japan allmählich wieder zu verringern.[141]

---

[136] Damit verbunden war die Übernahme der Zeitschrift *Führungspraxis. Modernes Management* durch *Plus* mit Wirkung vom 1.7.1967. Vgl. „Plus" erhält Zuwachs, in: Frankfurter Allgemeine Zeitung, 4.8.1967.
[137] In eigener Sache, in: Plus. Zeitschrift für Unternehmensführung, September 1974, S. 3.
[138] „Plus". Pfeil nach oben, in: Der Spiegel, 16.1.1967.
[139] Der Handelsblatt-Herausgeber Friedrich Vogel übersandte Otto A. Friedrich im Dezember 1966 die Nullnummer von Plus mit Bitte um Kritik. Dieser fand die Konzeption gut, regte aber an, Inhalt und Layout noch moderner zu gestalten und stärker an amerikanischen Vorbildern auszurichten. Vgl. Berghahn/Friedrich, Otto A. Friedrich, ein politischer Unternehmer, S. 344.
[140] Vgl. Protokoll der Sitzung des Herausgeberbeirats Plus vom 27.1.1971, Büro Herrhausen V30/0200, Historisches Archiv Deutschen Bank.
[141] Werner Siegert an Klaus von Dohnanyi, 29.5.1968. Bundesarchiv Koblenz B 102/151439.

Dafür wollte Siegert den Staatssekretär zu einem Beitrag in *Plus* bewegen – zum Thema „Den Wettbewerb von morgen heute gewinnen". Von seinen Mitarbeitern im Ministerium wurde Dohnanyi angeraten, auf den Vorschlag einzugehen, da *Plus* sich einen „guten Namen als Fachzeitschrift" gemacht habe.[142] Die daraufhin von Dohnanyi angeforderte Recherche brachte sehr ernüchternde Ergebnisse zu Tage,[143] und entsprechend begann auch der von Mitarbeitern verfasste Artikelentwurf mit dem Eingeständnis: „Die Lücke ist ein fact."[144] Der Technologie- und Produktivitätsrückstand gegenüber den USA wurde also auch vom Bundeswirtschaftsministerium als gefährlich hoch eingestuft. Als Hauptgrund dafür wurde identifiziert:

> Das Management der USA bringt bessere Voraussetzungen für den Erfolg mit (management gap). Für die Aus- und Fortbildung des Managements stehen leistungsfähigere Institutionen zur Verfügung und es werden praxisnähere Lehrmethoden (case study) angewandt. (Der management gap ist teilweise ein education gap).[145]

Daher sei eine gründlichere Aus- und Fortbildung der Manager erforderlich, gerade in Deutschland gebe es „hierfür nur unzulängliche institutionelle Ansätze". Die Hoffnung für die Zukunft setzte man hier wie schon ein Jahr zuvor in dem Artikel von Karl Schiller – allerdings ebenfalls ohne es beim Namen zu nennen – auf das in Planung befindliche Universitätsseminar der deutschen Wirtschaft, von dem man sich einen Abbau der Managementlücke erwartete. Insgesamt gebe es aber nicht nur Grund für europäische Minderwertigkeitsgefühle gegenüber den USA, so das Ministerium, schließlich hätten die Völker Europas ein viel höheres Maß an sozialer Sicherheit, hier bestehe also ein „social gap", nur eben diesmal „zuungunsten der Vereinigten Staaten von Amerika".[146]

Damit wollten die *Plus*-Macher sich allerdings nicht zufriedengeben und drängten ihr Zeitschriftenprojekt weiter voran. Typisch für das Heft war eine betont praxisnahe Diskussion von Managementlehren und Führungskonzepten. Insbesondere Aus- und Weiterbildungssysteme für Führungskräfte, die Professionalisierung von Management und der verstärkte Einsatz von wissenschaftlichen Techniken waren daher wichtige Themen. Im Hinblick auf seine Leserschaft verstand sich das Magazin durchaus exklusiv: „PLUS gibt auch denen eine Chance, Manager und Chefs zu werden, die es noch nicht sind (und deswegen ein anderes Blatt nicht beziehen dürfen)." Aber: „Es ist nicht unser Ehrgeiz, Hunderttausende zu erreichen. Wir sind mit der wachsenden Kerngruppe des Managements zufrieden", hieß es in einer internen Leser-Analyse.[147] Gerade mit der exklusi-

---

[142] Günther Käckenhoff an von Dohnanyi, 4.6.1968. Bundesarchiv Koblenz B 102/151439.
[143] Britsch an von Dohnanyi, 6.6.1968. Bundesarchiv Koblenz B 102/151439.
[144] Lücke zwischen Europa und USA. Bundesarchiv Koblenz B 102/151439.
[145] Ebd.
[146] Ebd.
[147] Plus-Leseranalyse 1971, Büro Herrhausen V30/0200, Historisches Archiv Deutsche Bank.

ven Leserschaft wollte man sich im Anzeigengeschäft positionieren und warb um Werbekunden mit Lesern, die zu 43 Prozent der Geschäftsleitung und zu 46 Prozent dem Mittelmanagement angehörten – also „aufgeschlossene Männer mit hohem Bildungsniveau" und „Spitzenverdiener, die zu wählen verstehen".[148] Dieses Zielpublikum versuchte man über Werbeprospekte in der Deutschen Bundesbahn und über Gutscheine für die Zeitschrift zu gewinnen. Diese Gutscheine sollten bei „allen hochqualifizierten Managementkursen" und ähnlichen Veranstaltungen den Tagungsunterlagen beigefügt werden.[149] Bis 1975 wollte man eine Auflage von 20.000 bis 25.000 Exemplaren erreichen.[150] Tatsächlich hatte *Plus* 1973 dann eine Auflage von 15.000 Exemplaren.

Hauptzielgruppe waren also die „Stäbe der Konzerne", wobei man der Tatsache, dass „General Management" eben nicht nur Betriebswirte, „sondern auch Ingenieure, Juristen usw." betrifft, ausdrücklich entsprechen wollte: „Dem hat die Plus-Sprache Rechnung zu tragen."[151] Dabei sah der Herausgeberbeirat durchaus das Problem, dass die anspruchsvolle Adressierung der Spezialisten in Großunternehmen mit hohem Fachwissen den kleinen Unternehmer eventuell überfordern könnte. Alfred Herrhausen war dennoch optimistisch. Es müssten von der Redaktion eben Wege gefunden werden, auch „spröden Stoff journalistisch so aufzubereiten, dass auch Top-Leute ihn wieder lesen". Als entsprechenden Slogan für *Plus* schlug er vor: „Zeitschrift für alle, die entscheiden."[152] Die zentrale Herausforderung für *Plus* stellte in den siebziger Jahren das *Manager Magazin* dar. Hinsichtlich der inhaltlichen Originalität und Kompetenz der Konkurrenz aus Hamburg waren die *Plus*-Macher zu Beginn betont unbekümmert. Der Geschäftsführer der Handelsblatt GmbH Wilhelm Zundler erklärte im Herausgeberbeirat:

> PLUS hat sich eine Sonderstellung geschaffen. Wir erwarten deshalb auch das Erscheinen des „Manager Magazin" (Spiegel und Mc-Graw-Hill-Tochter) mit aller Gelassenheit. Die Ankündigung des Redaktionskonzeptes hat nichts Originelles erbracht und war eher eine kaum gelungene PLUS-Kopie.[153]

Weder inhaltlich noch im Hinblick auf die Gestaltung und Aufmachung wollten die *Plus*-Macher sich dem *Manager Magazin* anpassen. Es komme darauf an, sich gegenüber der Hamburger Gründung „qualitativ so abzugrenzen, daß die bisherige erfreuliche Entwicklung nicht unterbrochen, eher aber gefördert wird", so

---

[148] Plus-Leseranalyse 1971, Büro Herrhausen V30/0200, Historisches Archiv Deutsche Bank.
[149] Siegert an Herrhausen, 25.5.1971, Büro Herrhausen V30/0200, Historisches Archiv Deutsche Bank.
[150] Protokoll der Sitzung des Herausgeberbeirats Plus am 16. Juni 1971, Büro Herrhausen V30/0200, Historisches Archiv Deutsche Bank.
[151] Ebd.
[152] Ebd.
[153] Zundler an Herausgeberbeirat von Plus, 28.9.1971, Büro Herrhausen V30/0200, Historisches Archiv Deutsche Bank.

Zundler zu Herrhausen.[154] Vor allem aber sah man sich bei *Plus* deswegen nicht in einem Konkurrenzverhältnis, weil man eine exklusivere Zielgruppe vor Augen hatte. Man wollte nicht alle Manager, sondern nur die tatsächlich Führenden ansprechen: „PLUS ist und bleibt die Zeitschrift für Unternehmensführung."[155]

Dennoch entwickelte sich das *Manager Magazin* in den frühen siebziger Jahren sehr schnell zur großen Konkurrenz vor allem im Anzeigengeschäft. Zwar gab man sich bei *Plus* zunächst noch optimistisch: „Wir werden die Chance, besser zu sein, gründlich nutzen. Profil und Rang unserer Zeitschrift werden jetzt noch deutlicher. Vermutlich wird sich Herr Augstein mit dieser Gründung was in die Tasche lügen."[156] Alfred Herrhausen hatte allerdings die schwierige Lage früh und richtig erkannt: „Trotz des insgesamt negativen Gesamteindruckes des neuen Spiegel-Objektes befürchte auch ich, dass *Plus* insbesondere auf dem Anzeigensektor eine nicht zu unterschätzende, starke geschäftliche Konkurrenz erwachsen dürfte."[157] Und der Chefredakteur von *Plus* Werner Siegert konstatierte: „Die zahlenmäßige, redaktionelle Kapazität, zusammen mit der geballten Vertriebsmacht des Spiegel-Verlages dürfe nicht bagatellisiert werden. Alles deutet darauf hin, dass man in Hamburg die Konzeption von Plus übernehmen wird."[158] Die Herausgeber bemühten sich, alle bei *Plus* beteiligten Unternehmer, vor allem die Deutsche Bank, für kontinuierliche Anzeigen zu gewinnen, aber der „Ansturm des Manager Magazins im Anzeigenbereich" war kaum abzuwehren.[159]

Das *Manager Magazin* war tatsächlich erfolgreicher als *Plus*, und das ist durchaus bemerkenswert, wenn man sich noch einmal die prominente unternehmerische Starthilfe von *Plus* vergegenwärtigt. Aber ganz offensichtlich befriedigte das *Manager Magazin* das neue Bedürfnis nach Managementwissen und Managergeschichten attraktiver und nachhaltiger: 1973 hatte es eine garantiert verbreitete Auflage von 60.000 Exemplaren,[160] und obwohl das Magazin in den frühen 1980er Jahren kurz vor dem Verkauf stand, war es insgesamt erfolgreich und existiert bis heute. Genau genommen ist es von allen Versuchen Rudolf Augsteins, nach der Gründung des *Spiegels* als Verleger durch Übernahme oder Neugründung von Zeitungen oder Zeitschriften zu reüssieren, der einzig dau-

---

[154] Wilhelm Zundler an Alfred Herrhausen, 24.9.1971. Büro Herrhausen V30/0200, Historisches Archiv Deutsche Bank.
[155] Zundler an die Mitglieder des Plus. Herausgeberbeirats, 11.11.1971, Büro Herrhausen V30/0200, Historisches Archiv Deutsche Bank.
[156] Ebd.
[157] Herrhausen an Zundler, 24.11.1971, Büro Herrhausen V30/0200, Historisches Archiv Deutsche Bank.
[158] Protokoll der Sitzung des Herausgeberbeirats Plus vom 19.10.1971, Büro Herrhausen V30/0200, Historisches Archiv Deutsche Bank.
[159] Zundler an Herrhausen, 25.10.1972. Büro Herrhausen V30/0200, Historisches Archiv Deutsche Bank.
[160] Becker, Hausmitteilung an Brawand und Ziller, 16.3.1973, Nachlass Leo Brawand, Spiegel-Archiv Hamburg.

erhaft gelungene.[161] Die Intention der Macher war es, eine verständliche und anschauliche Wirtschaftsberichterstattung mit vielen Fallbeispielen aus der betrieblichen Praxis zu etablieren. Damit folgte man einem internationalen Trend zu publikumsnahen Managementmagazinen nach dem Vorbild von *Forbes*, *Fortune* und *Business Week*.[162] Übergeordnetes Ziel war es, wissenschaftlich-sachlich gegen die Vorstellung von „Führungs*kraft*" als einer angeborenen und magischen Fähigkeit anzuschreiben.[163] Gerade durch den investigativen Stil und die konkreten Fallbeispiele, die immer wieder auch skandalträchtig waren, etablierte das *Manager Magazin* eine neue Schnittstelle zwischen programmatischem Führungsdiskurs und betrieblicher Praxis. Ob der Führungsstil eines Unternehmens aus Sicht der Redaktion „modern" oder „autoritär" war, entschieden die Magazinmacher vor Ort im Betrieb.[164]

Das *Manager Magazin* war auf „leitende und verantwortliche Persönlichkeiten der Wirtschaft" zugeschnitten und adressierte insgesamt ein breiteres Publikum als *Plus*. Die Ausrichtung des Magazins war eindeutig marktwirtschaftlich und dezidiert gewerkschaftskritisch. Gleichzeitig aber war das *Manager Magazin* Vorreiter einer kritischen Wirtschaftsberichterstattung, die sich soziologischer und politikwissenschaftlicher Kritik an der Verfasstheit der bundesdeutschen Marktwirtschaft weit öffnete. Es sollten – so Hans Detlev Becker, der Direktor des Spiegel-Verlags und Geschäftsführer des Manager-Magazin-Verlags, in einer Notiz für Chefredakteur Leo Brawand – „generationsbedingte gesellschaftliche Probleme in der Marktwirtschaft" diskutiert werden. Gerade weil die „Wirtschaftsbosse" selbst wohlmeinende, aus konservativer Feder stammende „Warnungen und Ideen" nicht „kapieren" würden.[165] Das Magazin sollte daher auch der Kritik an der „dialogfeindlichen Haltung" der Unternehmer dienen. Die Unternehmer sollten „mit den nichtmarxistischen Kritikern der Markwirtschaft in Dialog" treten, „ihre Hinweise bejahen" und deren konstruktive Kritik „zum Bündnis für das System der Marktwirtschaft" gewinnen.[166]

Gesellschaftskritik und ökonomischer Strukturwandel wurden zusammen diskutiert. Man befinde sich „auf dem Weg von der Industriegesellschaft zur

---

[161] Peter Merseburger, Rudolf Augstein. Biographie, München 2007, S. 307.
[162] Business Week gehörte (bis 2009) dem amerikanischen Verlagsgiganten McGraw-Hill, der bis 1973 zu 49 Prozent am Manager Magazin beteiligt war. Weitere Joint-Venture Gründungen von McGraw-Hill waren in Frankreich L'Expansion und Le Management, in Italien Espansione und in Japan Nikkei Business und Nikkei Electronics.
[163] Briefing, in: Manager Magazin 11 (1971). [Hervorhebung im Original, B. D.]
[164] Etwa in den Missmanagement-Geschichten, die regelmäßig fehlerhaftes und unmodernes Management in Beispielbetrieben „aufdeckten" und damit den Zorn der Industrie auf sich zogen. Vgl. Kapitel 4.4.
[165] Becker, Notiz für Herrn Brawand, 12.1.1972, Nachlass Leo Brawand, Spiegel-Archiv Hamburg.
[166] Ebd.

Gesellschaftsindustrie".[167] Daher gelte es nicht nur neue Managementstile zu besprechen, sondern es schien notwendig, auch der verstärkten Neuorientierung der deutschen Wirtschaft (von der Produktion standardisierter Massengüter zu einer Ausrichtung an einer differenzierteren Nachfragestruktur) gerecht zu werden, etwa durch eine Betonung der wachsenden Rolle des Marketings. Auf diesem Gebiet sahen die Magazinmacher einen erheblichen Nachholbedarf in der deutschen Wirtschaft, wie in einem Beratungsgespräch ein halbes Jahr vor der ersten Ausgabe des Magazins deutlich wurde: „Wirkliches Marketing, basierend auf der Produktplanung, Marktforschung in Richtung Distributionsautoritäten ist einfach nicht vorhanden, da die Mentalität der Unternehmer nicht danach ausgerichtet ist."[168] Die deutsche Wirtschaft habe immer noch eine zu starke „Herstellerorientierung" und setze immer noch zu sehr auf die Qualität ihrer Produkte, obwohl es eigentlich keine Qualitätsunterschiede mehr gebe. „Die Qualitätsphilosophie der Herstellerorientierten ist überholt." In einer Nachfrageindustrie sei aber Marketing Teil des Managements geworden, es bedürfe daher einer anderen Führungsform.[169]

3.2.3 Der Wandel des Managerbildes

Im *Manager Magazin* wurden in der Folge Marketingforschung und Demoskopie nicht nur als für die Wirtschaft der Zukunft bedeutsam prognostiziert, sondern vor allem schon selbst praktiziert. Die verstärkte Zusammenarbeit mit Marketing- und Demoskopieinstituten führte dazu, dass in den 1970er Jahren praktisch kaum eine Ausgabe des Magazins ohne neue Umfrageergebnisse erschien – insbesondere zu Gehältern und Autos, Zufriedenheit und Einstellungen von Führungskräften. Das *Manager Magazin* machte Management und Managerwissen selbst zur Ware. Die angebotenen Erfolgsrezepte durften aber auch nicht zu abstrakt oder akademisch sein, das hätte den Leser überfordern können: „Der Manager ist ein Spezialist der Unspezialisiertheit, er ist bis zu einem gewissen Maße Generalist und muss an diesem Punkt gefasst werden."[170]

Dabei kämpfte das *Manager Magazin* in den 1970er Jahren mit der restlichen Wirtschaftspresse um einen größer gewordenen, aber sehr kompetitiven Markt. Eine vergrößerte potentielle Leserschaft hatte sich durch den starken zahlenmäßigen Anstieg der leitenden Angestellten seit dem Ende der 1960er Jahren ergeben. Die leitenden Angestellten wurden als „neue Klasse" debattiert, und

---

[167] Protokoll des Gesprächs mit Prof. Dr. Haseloff, Berlin 19.6.1971, S. 1, Nachlass Leo Brawand, Spiegel-Archiv Hamburg.
[168] Ebd., S. 2.
[169] Ebd.
[170] Ebd.

ihre Interessen, ihre Forderungen nach Anerkennung und Mitbestimmung galt es zu artikulieren – insbesondere in den neuen Magazinen.[171] Dazu gehörte auch ein speziell auf „die ganz persönlichen Aufgaben und Sorgen von Personen mit Führungsverantwortung" zugeschnittener Serviceteil, befand der Chefredakteur von *Plus* in einem Brief an Alfred Herrhausen. Dieser Teil sollte den spezifischen Problemen in der Lebenswelt der Manager dienen, also „ihrer Vertragsgestaltung, Steuerfragen, ihrer Weiterbildung, der Ausbildung ihrer Kinder, Freizeit, Gesundheit, Lektüre".[172]

Wichtiger Teil dieser Lebenswelt der Manager waren auch Luxuskonsumartikel und Statussymbole wie Sportwagen, Limousinen, teure Alkoholika, Zigarren, Stereoanlagen, Uhren, Herrenschuhe, Anzüge, Whirlpools, Yachten etc., die in farbigen Hochglanzanzeigen in *Wirtschaftswoche, Plus, Manager Magazin* und *Capital* angepriesen wurden – gerne und oft illustriert mit Bildern von nackten oder halbnackten Frauen. Der Sexualisierung der Lebenswelt der Manager durch Werbung bereiteten die Magazine ein neues Forum. Die Werbung für Luxusartikel wechselte sich ab mit trocken-seriöser Werbung für Geldanlagen, Versicherungen, Weiterbildungsangebote, Anti-Stress-Kuren, Potenzarzneien und Textverarbeitungssysteme „für Ihre Sekretärin". Der Werbeindustrie dienten die Zeitschriften als attraktive Werbeträger zur gezielten Ansprache gehobener Zielgruppen. Das Anzeigengeschäft mit der ausdifferenzierten Dienstleistungsbedarfs- und Konsumwelt für Führungskräfte war wiederum für die Wirtschaftsmagazine von zentraler wirtschaftlicher Bedeutung und der Konjunktureinbruch von 1973/74 machte sich hier empfindlich bemerkbar. Im Fall von *Plus* sorgte der Rückgang der Anzeigennachfrage insbesondere aufgrund der Konkurrenz durch das *Manager Magazin* dafür, dass der Titel als eigenständige Zeitschrift im Herbst 1974 eingestellt werden musste und in der *Wirtschaftswoche* aufging.[173]

Gleichzeitig gaben die Wirtschaftsmagazine in speziellen Ratgeberartikeln dem aufstiegsorientierten Jungmanager Orientierungshilfe in der Welt der Statussymbole. „Entscheidend ist der feine Unterschied", wusste man in einem Spezialheft der *Wirtschaftswoche* zu Managersymbolen schon vier Jahre vor Pierre Bourdieus Klassiker zu sozialkulturellen Abgrenzungsmechanismen von 1979.[174] Karrierebewusste Manager müssten „durch Äußerlichkeiten ihr Besser-

---

[171] Vgl. Kapitel 5.
[172] Werner Siegert an Alfred Herrhausen, 28.11.1972, Büro Herrhausen V30/0200, Historisches Archiv Deutsche Bank.
[173] Dies erklärte der Marketingpionier und Geschäftsführer des Handelsblatt-Verlages Wilhelm Zundler in einem Brief an Alfred Herrhausen. Vgl. Wilhelm Zundler an Alfred Herrhausen, 5.7.1974, Büro Herrhausen V30/0200, Historisches Archiv Deutsche Bank.
[174] Manager-Symbole. Der Kult der Karriere, in: Wirtschaftswoche, 5.12.1975, S. 45–60; Pierre Bourdieu, Die feinen Unterschiede. Kritik der gesellschaftlichen Urteilskraft, Frankfurt a. M. 1982 (Original: La distinction. Critique sociale du jugement, Paris 1979).

3.2 Führungssemantiken und Wirtschaftsöffentlichkeit im Wandel 155

Sein dokumentieren". Ob Auto, Kleidung, Wohnort, Hobbys, Wahl der Speisen und Getränke – es galt, die „Hierarchie der Status-Symbole" zu beachten.[175] Und auch bei *Capital* wusste man: „Immer gewichtiger und vielfältiger wird das Arsenal der Rangabzeichen, je höher ein deutscher Karrieremacher in der Firmenpyramide klettert."[176] Zu den Statussymbolen gehörte auch die richtige und repräsentative Ehefrau, die wissen müsse, dass ihr Mann in erster Linie mit dem Betrieb und dann erst mir ihr verheiratet sei. Daher war klar: „Alice Schwarzer-Fans scheiden als Manager-Gattinnen aus."[177]

Die Manager wurden in den Wirtschaftsmagazinen in doppelter Hinsicht mit Marketing konfrontiert: Zum einen wurde es ihnen als unverzichtbare Management- und Verkaufstechnik für den eigenen Betrieb empfohlen. Zum anderen waren sie selbst Gegenstand des Marketings als spezielle Konsumenten in einer zunehmend segmentierten Produktwelt. Der Aufstieg des Marketings und die Ausdifferenzierung der deutschen Wirtschaftspresse fallen dabei zeitlich zusammen. Zwar war Werbung in der Wirtschaftspraxis seit Jahrzehnten verbreitet, doch als verhaltenswissenschaftlich fundiertes Managementkonzept wurde Marketing erst zum Ende der 1960er Jahre in die deutsche Wirtschaftswissenschaft eingeführt und erst 1969 wurde der erste Marketinglehrstuhl in Münster eingerichtet.[178]

Und auch für die Unternehmen ergab sich erst jetzt – also in einer Zeit der Pluralisierung des Konsums – die neue Bedeutung des Marketings aus dem Zwang zu Diversifizierung und kürzer werdenden Produktlaufzeiten. In seiner umfassenden Konsum- und Marketinggeschichte des westdeutschen Automobils macht der Göttinger Wirtschaftshistoriker Ingo Köhler diesen Zusammenhang besonders deutlich: Zwar sei die Zeit um 1970 nicht die Geburtsstunde des Marketings, wohl aber bilde sie „die Sattelzeit des Marketingmanagements".[179] In der Automobilbranche lasse sich erkennen, „dass sich zuvor situativ, intuitiv und vereinzelt genutzte Marketingmethoden zu einem neuartigen Regelsystem der Unternehmenssteuerung verdichteten"[180]. Grundlegend für diese „Sattelzeit" sei ein neues

---

[175] Manager-Symbole. Der Kult der Karriere, in: Wirtschaftswoche, 5.12.1975, S. 47, 50.
[176] Schlüssel für Anzug, Klo und Kasse, in: Capital 6 (1972), S. 148–154, hier: 148.
[177] Manager-Symbole. Der Kult der Karriere, in: Wirtschaftswoche, 5.12.1975, S. 47. Vgl. auch Manager-Ehe: Konflikt mit der Karriere, in: Manager Magazin 7 (1972), S. 92–95.
[178] Peter Borscheid, Agenten des Konsums. Werbung und Marketing, in: Heinz-Gerhard Haupt (Hrsg.), Die Konsumgesellschaft in Deutschland 1890–1990. Ein Handbuch, Frankfurt a. M. 2009, S. 79–96, hier: 92–95; Ingo Köhler, Marketing als Krisenstrategie. Die deutsche Automobilindustrie und die Herausforderungen der 1970er Jahre, in: Hartmut Berghoff (Hrsg.), Marketinggeschichte. Die Genese einer modernen Sozialtechnik, Frankfurt a. M./New York 2007, S. 259–295; Dirk Reinhardt, Von der Reklame zum Marketing. Geschichte der Wirtschaftswerbung in Deutschland, Berlin 1993.
[179] Ingo Köhler, Auto-Identitäten. Marketing, Konsum und Produktbilder des Automobils nach dem Boom, Göttingen 2008, S. 477.
[180] Ebd.

Markverständnis gewesen: Weil die Konsumenten als unabhängige Variable ernst genommen und entsprechend soziokulturelle Faktoren als marktrelevant eingeschätzt wurden, stieg Marketing zur Managementaufgabe auf und dies beeinflusste die Entscheidungshierarchien und die Organisation der Unternehmen.[181]

Die Verwissenschaftlichung des Marketings durch Einbezug von Elementen der Soziologie und Psychologie in einer zunehmend nachfrageorientierten Wirtschaft und ein verstärktes Interesse für die sozialen Bedingungen und Auswirkungen von Wirtschaft kamen in den Wirtschaftsmagazinen der 1970er Jahre zusammen. Es wurden neue normative Konzepte von Führung vorgestellt und auf ihre Praxistauglichkeit geprüft. Gerade durch die neuen, investigativen Magazine entstand eine neue kritische Wirtschaftsöffentlichkeit, die Abweichungen von den normativen Vorgaben (also kooperative Führungsstile) sanktionierte und dabei – wie weiter unten noch zu sehen sein wird – auch vor einer Skandalisierung von als unmodern angesehenen Führungskonzepten nicht zurückschreckte.

Gleichzeitig standen die alpha-männliche Codierung des Managers und die Propagierung von Konsum zur sozialen Distinktion in den Wirtschaftsmagazinen in einem deutlichen Kontrast zu den modernen Führungsstilen, die in denselben Publikationen propagiert wurden. Dies lässt sich so erklären: In dem Maße, in dem Führung bürokratisiert, delegiert, routiniert und demokratisiert wurde, kam es in der Wirtschaftspresse zu einer künstlichen Überhöhung der Managerfigur. Der Manager sollte zwar nicht mehr autoritär sein, aber eine bestimmte nonkonformistische Identität, eine erfolgreiche Aura sollte er schon haben. An der grundsätzlichen Bedeutung der Einzelpersönlichkeit für den ökonomischen Erfolg wurde festgehalten. Das Bedürfnis nach „Starmanagern", nach charismatischen „Unternehmerpersönlichkeiten" stieg auch deswegen an, weil der tatsächliche Einflussfaktor der „Persönlichkeit" in einer komplexer gewordenen Wirtschaft immer geringer wurde. Der Wirtschaftshistoriker Alfred Kieser beschreibt diesen Vorgang als eine „Re-Charismatisierung" und „Heroisierung" der Unternehmerfigur vor allem für die Zeit seit den 1980er und 1990er Jahren.[182] An einer solchen „Re-Charismatisierung" hatten alle Beteiligten ein Interesse: die Wirtschaftsjournalisten, die das Schwierige auf einfache Formeln bringen konnten, wenn der „Starmanager" kraft Persönlichkeit ein Unternehmen „auf Kurs brachte", die Unternehmen, deren Aktienkurse vom Glanz ihrer charismatischen Führer profitierten, die Topmanager selbst, denen das zugeschriebene Charisma zu einem höheren Marktwert verhalf, und all die aufstrebenden mittleren Manager, die hier ihre Rollenbilder fanden und auch deswegen die Magazine kauften.

[181] Ingo Köhler, Auto-Identitäten. Marketing, Konsum und Produktbilder des Automobils nach dem Boom, Göttingen 2008, S. 476–478.
[182] Alfred Kieser, Braucht der Kapitalismus erfolgreiche Unternehmer? Oder: warum werden immer mehr Unternehmer charismatisiert?, in: Plumpe (Hrsg.), Unternehmer – Fakten und Fiktionen, S. 27–56.

3.3 Führungskräfteausbildung seit den 1960er Jahren

Die normativen Konzepte von Führung waren seit Mitte der 1960er Jahre im Wandel. In den Wirtschaftsmagazinen wurden neue Führungsstile propagiert und eine Professionalisierung des Managements eingefordert. Nur dadurch – so der allgemeine Tenor – lasse sich der Rückstand gegenüber anderen weiterentwickelten Industrieländern aufholen. Diese in erster Linie an den USA orientierte Defizitwahrnehmung führte gerade in den Wirtschaftsmagazinen zu einer neuen Aufmerksamkeit für die Theorie und Praxis von betrieblicher Führung in der Bundesrepublik. Wie werden deutsche Betriebe geführt und wie sollten sie geführt werden? Die damit verbundenen Fragen nach Macht und Obrigkeit, nach dem richtigen Maß an Autorität und nach der Notwendigkeit von Demokratie und Partizipation wurden Ende der 1960er und insbesondere zu Beginn der 1970er Jahre auch zu gesellschaftlichen Fragen.

Aber schon bevor im Zuge von „1968", des bundespolitischen Regierungswechsels im Folgejahr und der Mitbestimmungsdiskussionen die Demokratisierung im Betrieb zu einer gesellschaftlichen Aufgabe heranwuchs, war innerhalb der Wirtschaft längst Bewegung in die Führungsfrage gekommen. Zum einen bemühten sich deutsche Wirtschaftsvertreter um ein positiveres Bild nach außen und versuchten sich über eine verstärkte Medien- und Öffentlichkeitsarbeit mit sozialwissenschaftlicher und gesellschaftlicher Kritik auseinanderzusetzen. Letztlich noch bedeutsamer waren zum anderen aber die verschiedenen Initiativen nach innen zu einer Professionalisierung und Modernisierung von Führung. Das betraf in erster Linie die Aus- und Weiterbildung von wirtschaftlichen Führungskräften.

3.3.1 Die Harzburger Akademie für Führungskräfte und die Gründe ihres Niedergangs

Die Frage nach einer Konzentration der wirtschaftlichen Elitenbildung in einer oder wenigen Institutionen zieht sich durch den ganzen Untersuchungszeitraum. Immer wieder wurde dabei der normative Maßstab für solch eine Bildungseinrichtung im Ausland gesucht. Während bei den allgemeinen Elitendebatten auch die britische University of Oxford und die französische École Nationale d'Administration (Ena) als Modelle dienen sollten, waren in der engeren Frage nach den ökonomischen Eliten immer die amerikanischen Business Schools und hier in erster Linie die Harvard Business School in Cambridge (Massachusetts) die alles überragenden Vorbilder. Innerhalb der deutschen Wirtschaft setzten sich in den 1960er Jahren die Debatten fort, die sich vorwiegend um die Frage nach einem stärkeren Engagement der privaten Wirtschaft und vor allem der deutschen Industrie in der Managementausbildung drehten. Dabei waren die wichtigsten

158 3. Der lange Abschied von der Autorität

Problemkreise neben Finanzierungsfragen die deutschen Besonderheiten im Ausbildungssystem, die Frage nach Kooperationen mit staatlichen Universitäten und immer wieder auch die gesellschaftlich-politische Dimension von Privatuniversitäten. Es ging also um Grundsätzliches, wenn deutsche Wirtschaftsführer die verschiedenen Initiativen für eine professionalisierte Managementausbildung an einer privaten Einrichtung diskutierten. Entscheidender Prüfstein für die Sinnhaftigkeit privater Managementaus- und -weiterbildung war die Praxisnähe. Deutsche Wirtschaftsführer hatten kein Interesse an einer Finanzierung von Konkurrenzunternehmen zur universitären Betriebs- und Volkswirtschaftslehre. Ihnen ging es nicht um rein akademische Managementlehre, sondern um professionalisierte Vermittlung von Anwendungswissen nach einem akademischen Studium und beruflicher Erfahrung in der betrieblichen Praxis. Denn erst dann zeigte sich aus Sicht der Wirtschaftsführer, ob Führungseigenschaften tatsächlich vorhanden waren oder nicht.

Diese Fragen erhielten eine neue Dringlichkeit, als 1957 kurz nach der Unterzeichnung der Römischen Verträge zur EWG das Institut Européen d'Administration des Affaires (INSEAD) gegründet wurde. Hinter dieser von der amerikanischen Wirtschaft und vom französischen Staat unterstützten Neugründung[183] stand die Idee, am Sitz des Instituts in Fontainebleau nach dem Vorbild der Harvard Business School eine künftige europäische Businesselite auszubilden.[184] Drei Jahre nach Gründung des INSEAD verließen die ersten 52 MBA-Absolventen aus 14 Ländern die Schule. Dies war aus deutscher Perspektive ein Anlass, erneut die Frage eines stärkeren Engagements der deutschen Industrie in der Managementausbildung zu stellen. Ludwig Vaubel war

---

[183] Frankreich trug die Hauptlast der Finanzierung von INSEAD, im Jahr 1966/67 waren das 51 Prozent der Gesamtkosten. Andere europäische Länder wie Großbritannien, die Niederlande, Italien, Norwegen, Österreich hatten sich ebenfalls beteiligt, die Bundesrepublik allerdings nur in geringem Maße, was 1968 beim BDI intensiv diskutiert wurde. Bei der BDI-Präsidiumssitzung vom 13.5.1968 bestand Übereinstimmung über die Förderungswürdigkeit von INSEAD, und die Hauptgeschäftsführung wurde beauftragt, die Bemühungen um einen deutschen Finanzierungsbeitrag zu intensivieren. Sitzung des Präsidiums am 21.1.1985. BDI-Archiv HGF PRO 17, Karton 777.

[184] Vgl. Eine Schule für Europas Unternehmernachwuchs, in: Blick durch die Wirtschaft, 16.11.1962. Vaubel war über diesen Artikel verärgert, weil er aus seiner Sicht fälschlicherweise suggerierte, dass Unternehmer in einer „Schule" unmittelbar nach dem Studium ausgebildet werden könnten, und forderte, dass vom Deutschen Institut zur Förderung des industriellen Führungsnachwuchses ein richtigstellender Artikel in *FAZ* oder *Blick durch die Wirtschaft* veröffentlicht werden sollte. „Wir müssen immer wieder dagegen Stellung nehmen, dass Ausbildungsveranstaltungen, die sich um künftige Führungskräfte in einem so frühen Stadium bemühen – unmittelbar nach der Universitätsausbildung oder an ihrer Stelle nach vier- bis fünfjähriger Praxis – als ‚Unternehmernachwuchs-Ausbildung' herausgestellt werden." Vgl. Vaubel an Siegfried Faßbender, 19.11.1962. Glanzstoff/Vaubel Köln, RWWA B6 12 29.

3.3 Führungskräfteausbildung seit den 1960er Jahren 159

allerdings skeptisch, ob der in Fontainebleau eingeschlagene Weg der richtige sei. In einem Brief an Helmut Wagner, den stellvertretenden Hauptgeschäftsführer des BDI, äußerte er im Oktober 1960 „grundsätzliche Bedenken [...], ob eine vorbereitende Management-Ausbildung im unmittelbaren Anschluß an ein Hochschulstudium ohne ausreichende Vorpraxis sinnvoll ist".[185] Vaubel erklärte weiter:

> Wir machen, wie Sie wissen, immer wieder die Erfahrung, dass sich die wirkliche Qualifikation zur betrieblichen Führung erst nach einigen Jahren Praxis herausstellt. Auch an der Harvard Business School wird daran festgehalten, dass die Studenten mindestens 3-4 Jahre nach dem College in der Praxis gewesen sein müssen, bevor sie dort aufgenommen werden.[186]

Vaubel vertrat hier eine moderat konservative Auffassung: Er ging davon aus, dass der Unternehmer – auch der beauftragte Unternehmer – eine Leitungs- und Regierungsfunktion ausübe, die eine besondere und nicht vollständig erlernbare Qualifikation verlange. Die unternehmerische Autorität leite sich also nicht oder zumindest nicht vollständig aus Leistungskriterien ab, sondern sie resultiere auch aus persönlichen Charaktermerkmalen. Führung sei entsprechend nicht rein funktional, sondern zu einem gewissen Grad charismatisch-autoritär zu verstehen. Eine spezifische Managementausbildung für die tatsächliche Unternehmensleitung habe also aus seiner Sicht nur in einem späteren Stadium des Berufswegs Sinn, also dann, wenn sich diese besondere unternehmerische Qualifikation bereits gezeigt hätte. Vaubel wollte die Führungskräfteausbildung reformieren, dabei aber weder das deutsche Ausbildungssystem umkrempeln noch von seinem konservativen Führungsverständnis abrücken. Diese Auffassung war prägend für die Baden-Badener Unternehmergespräche, die weitgehend einer elitären Führungsauslese dienen sollten und deren exklusive Rekrutierungskriterien auch weiterhin Bestand hatten.[187]

Auch beim Düsseldorfer Studienkreis Der Neue Betrieb (DNB), aus dem später die Deutsche Gesellschaft für Personalführung (DGfP) hervorgehen sollte, war man zu Beginn der 1960er Jahre angesichts der europäischen Aktivitäten auf dem Gebiet der Führungskräfteausbildung noch wenig alarmiert. Auf einer Vorstandssitzung des Studienkreises wurde im Dezember 1963 darauf hingewiesen, dass Kritik aus dem Ausland an der wenig wissenschaftlichen Ausbildung der deutschen Führungskräfte laut geworden sei: „Die Ausbildung würde zu sehr nach der patriarchalischen Methode gehandhabt."[188] Die ausländische Kritik be-

---

[185] Vaubel an Helmut Wagner, 31.10.1960. Glanzstoff/Vaubel Köln, RWWA B6 12 24.
[186] Ebd.
[187] Vgl. Kapitel 2.2.
[188] Auszug aus Protokoll über die Vorstandssitzung des Studienkreises „Der Neue Betrieb" am 18.12.1963 in Düsseldorf. Glanzstoff/Vaubel Köln, RWWA B6 12 31.

ziehe sich insbesondere auf die C. R. Poensgen-Stiftung und die Baden-Badener Unternehmergespräche. Bei der Vorstandsdiskussion wurde dann aber darauf hingewiesen, dass man in Deutschland nicht zu skeptisch und pessimistisch in Bezug auf die Führungskräfteausbildung sein sollte. „Bei aller Notwendigkeit der entsprechenden Schulung kommt es in erster Linie darauf an, dass der Betreffende eine Persönlichkeit ist. […] Alles in allem ist es wichtig, die Angelegenheit der neuen Ausbildungsmethoden nicht zu überstürzen."[189]

Es war auch keineswegs so, dass es in den 1960er Jahren keine deutschen Angebote zur Aus- und Weiterbildung von Führungskräften gegeben hätte. Auf die Frage, wie der größeren Bedeutung der Arbeitsteilung im modernen Betrieb, dem Aufstieg der Spezialisten und Experten und der generellen Bedeutungsaufwertung des unteren und mittleren Managements zu begegnen sei, gab es schon seit längerem eine organisationspolitische Antwort: das „Harzburger Modell", wie es in der 1956 vom früheren NS-Verfassungsjuristen Reinhard Höhn[190] gegründeten Harzburger Akademie für Führungskräfte gelehrt wurde. Die Nachfolgeorganisation der 1946 ins Leben gerufenen Deutschen Volkswirtschaftlichen Gesellschaft avancierte in den 1960er Jahren zu einer der erfolgreichsten Weiterbildungsstätten für mittlere Führungskräfte.[191] Höhns Netzwerke aus der NS-Zeit, ein geschicktes Geschäftsmodell und sein von vielen Zeitgenossen beschriebenes Charisma[192] waren die Grundlage für den Erfolg des ehemaligen

---

[189] Auszug aus Protokoll über die Vorstandssitzung des Studienkreises „Der Neue Betrieb" am 18.12.1963 in Düsseldorf. Glanzstoff/Vaubel Köln, RWWA B6 12 31.

[190] Reinhard Höhns Karriere als Verfassungsjurist in der Zeit des Nationalsozialismus brachte ihn vom Reichssicherheitshauptamt zum Institut für Staatsforschung (dessen Direktor er 1936 wurde) und 1944 zum SS-Oberführer. Vgl. dazu Michael Wildt, Der Fall Reinhard Höhn. Vom Reichssicherheitshauptamt zur Harzburger Akademie, in: Alexander Gallus/Axel Schildt (Hrsg.), Rückblickend in die Zukunft. Politische Öffentlichkeit und intellektuelle Positionen in Deutschland um 1950 und um 1930, Göttingen 2011, S. 254–271. Vgl. auch Tim Schanetzky, Unternehmer. Profiteure des Unrechts, in: Norbert Frei (Hrsg.), Karrieren im Zwielicht. Hitlers Eliten nach 1945, Frankfurt a. M. 2001, S. 73–126, hier: 115 ff.; Alexander O. Müller, Reinhard Höhn. Ein Leben zwischen Kontinuität und Neubeginn, Berlin 2019.

[191] Vgl. Nikolas Lelle, „Firm im Führen". Das „Harzburger Modell" und eine (Nachkriegs-)Geschichte deutscher Arbeit, in: Werner Konitzer/David Palme, „Arbeit", „Volk", „Gemeinschaft". Ethik und Ethiken im Nationalsozialismus, Frankfurt a. M. 2016, S. 205–224; Adelheid von Saldern, Das „Harzburger Modell". Ein Ordnungssystem für bundesrepublikanische Unternehmen, 1960–1975, in: Thomas Etzemüller (Hrsg.), Die Ordnung der Moderne. Social Engineering im 20. Jahrhundert, Bielefeld 2009, S. 303–330; dies., Bürgerliche Werte für Führungskräfte; Schmid, „Quo vadis, Homo harzburgensis?".

[192] Die Zeitschrift *Der Leitende Angestellte* berichtete über die „lebendigen", „amüsanten", „nahezu spannenden" Vorträge Reinhard Höhns. „Viele kommen, unabhängig von offiziellen und inoffiziellen Vorwürfen, nur seinetwegen." Vgl. Rosemarie Winter, Kein Kleid von der Stange. Harzburg – populärstes deutsches Schulungszentrum, in: Der Leitende Angestellte 5 (1971), S. 18–20, hier: 18.

SS-Oberführers in den 1950er und 1960er Jahren. „Der charmante und eloquente Autokrat ohne Industrieerfahrung [...] doziert heute in seiner eigenen Akademie (Tageshonorar: 1000 Mark) als Referent über Demokratie", bilanzierte die Zeitschrift *Capital* spöttisch den Gesinnungswandel Höhns.[193]

Tatsächlich machte Höhn die Führungskräfteausbildung zu einem lukrativen Geschäft. Unter seiner Leitung entwickelte sich in Bad Harzburg eine Unternehmensgruppe mit über zehn Millionen DM Jahresumsatz: Neben der Akademie entstanden noch eine Abteilung für Fernstudien, eine Wirtschaftsakademie für Lehrer und ein Sachbuchverlag. Beschäftigt wurden zu Beginn der 1970er Jahre mehr als 200 feste Mitarbeiter und knapp 100 freie Dozenten. Höhns „Harzburger Modell" basierte zum einen auf der Vorstellung, dass eine traditionell-autoritäre Betriebsführung nicht mehr in die Zeit passe. Nicht nur aufgrund von wirtschaftsdemokratischen, sondern vor allem von funktionalen und pragmatischen Gesichtspunkten könnten die Unternehmen mit zunehmender Größe nicht mehr an einem auf Befehl und Gehorsam beruhenden Führungsstil festhalten. Technische Entwicklung, Arbeitsteilung und Komplexität des modernen Betriebs erforderten eine Aufwertung des unteren und mittleren Managements. Zentrales Element des „Harzburger Modells" war daher das Prinzip der Delegation von Aufgaben, Kompetenzen und Verantwortung, das in Stellenbeschreibungen formal definiert wurde. Der Vorgesetzte übernahm die Führungsverantwortung, der Mitarbeiter die Handlungsverantwortung für den Bereich, der in der Stellenbeschreibung festgelegt war.[194] Damit war auch der Chef entlastet:

> Ein Vorgesetzter, der nach dem Prinzip der Delegation von Verantwortung führt, besitzt eine neue Form der Vorgesetztenautorität, die von seinen Mitarbeitern anerkannt wird. Er ist darüber hinaus von einer Totalautorität entlastet, die praktisch zu einer Scheinautorität wird und ihn selbst gegenüber seinen Mitarbeitern unsicher werden lassen muß.[195]

Gleichzeitig waren Höhns Vorstellungen von der Organisation des modernen Industriebetriebs ganz bewusst nicht in Anlehnung an amerikanische Managementmethoden formuliert, sondern als Wiederbelebung deutscher Traditionen. Das betraf in erster Linie die „Führung mit Stäben", die in Anknüpfung an die preußische Militärtradition und die Heeresreform von Gerhard von Scharnhorst gelehrt wurde. Aus Sicht Höhns war die Grundlage des „Harzburger Modells"

---

[193] Deutschlands Manager-Schulen. Nicht befriedigend, in: Capital 4 (1970), S. 128.
[194] Reinhard Höhn, Die Führung mit Stäben in der Wirtschaft, Bad Harzburg 1961; ders., Der Chef kann nicht alles wissen. Über die Arbeit mit Führungsstäben und den Einsatz von Spezialisten in der Wirtschaft, in: Die Zeit, 17.3.1961; ders./Gisela Böhme, Der Weg zur Delegation von Verantwortung im Unternehmen. Ein Stufenplan, Bad Harzburg 1969.
[195] Reinhard Höhn, Die Autorität im Rahmen einer Führung im Mitarbeiterverhältnis, in: Harzburger Hefte 13 (1970), S. 292–298, hier: 297.

somit ein „Re-Import"[196], weil amerikanische Unternehmen das Stabsprinzip viel früher verstanden und eingesetzt hätten:

> Über die amerikanische Wirtschaft und die amerikanische Fachliteratur wurde die deutsche Wirtschaft mit dem Stabsprinzip näher bekannt. Dabei ist es eine Ironie der Geschichte, daß man vielfach diese Organisationsform wegen ihrer angeblich amerikanischen Herkunft als für deutsche Verhältnisse nicht passend ablehnt. Man vergißt dabei, daß es sich bei der Stabsorganisation um typisch „preußisch-deutsches Gedankengut" handelt, das sich die amerikanische Wirtschaft zunutze gemacht hat.[197]

Höhn verkaufte also das amerikanische Delegationsprinzip, das in den USA seit der Zwischenkriegszeit verbreitet war,[198] als eine preußisch-deutsche Erfindung. Dem nationalsozialistischen Betriebsführer und dem patriarchalisch-autoritären Unternehmer wurde im Namen militärischer Hierarchie- und Ordnungsvorstellungen eine Absage erteilt. Damit traf Höhn geschickt den Zeitgeist, der durch eine Ablehnung des amerikanischen „Managers" und gleichzeitig durch eine widerstrebende, aber dennoch zunehmende Akzeptanz der Auswirkungen des Betriebsverfassungsgesetzes von 1952 geprägt war. Tatsächlich hatte das „Harzburger Modell" großen Erfolg: Bis 1971 hatten mehr als 200.000 Personen an den Lehrgängen der Akademie teilgenommen, darunter Vertreter von Continental, Bayer, VW, Opel, Hoechst, Krupp, Kaufhof, Karstadt, Mannesmann, BMW und AEG.[199] Die für das „Harzburger Modell" charakteristische Mischung aus moderater Mitbestimmung, kooperativer Führung und Einbezug von Experten entsprach auch aus Sicht vieler Teilnehmer den Notwendigkeiten der Zeit: „Das Universalgenie des Unternehmerleiters, der alles besser weiß, ist tot",[200] berichtete ein Teilnehmer eines Harzburger Chefseminars im November 1965 und erklärte, dass „Delegation von Verantwortung als Führungs- und Organisationsprinzip" den wirtschaftsdemokratischen Erfordernissen der Zeit entspreche.[201]

Die Wendung „Delegation von Verantwortung" wurde in den 1960er Jahren pars pro toto für nicht-autoritäre Führungsprinzipien benutzt. Schon 1961 emp-

---

[196] Kleinschmidt, Der produktive Blick, S. 198.
[197] Höhn, Der Chef kann nicht alles wissen.
[198] Vgl. Alfred Chandler, Strategy and Structure. Chapters in the History of Industrial Enterprise, Cambridge, MA 1962.
[199] Hilger, „Amerikanisierung" deutscher Unternehmen, S. 250; Kleinschmidt, Der produktive Blick, S. 199; Richard Guserl/Michael Hofmann, Das Harzburger Modell. Bürokratie statt Kooperation, in: Manager Magazin 2 (1972), S. 60–65; Rudolf Hickel, Eine Kaderschmiede bundesrepublikanischer Restauration. Ideologie und Praxis der Harzburger Akademie für Führungskräfte der Wirtschaft, in: Martin Greiffenhagen (Hrsg.), Der neue Konservatismus der siebziger Jahre, Hamburg 1974, S. 108–154, 218–225.
[200] Heinz Steinke, Welche Führungsmethoden sind zeitgemäss? Gedanken eines Teilnehmers der Chefseminare in Bad Harzburg, in: Führungspraxis. Modernes Management, November 1965, S. 4–7, hier: 6. Vgl. auch Reinhard Höhn (Hrsg.), Das Harzburger Modell in der Praxis. Rundgespräch über die Erfahrungen mit dem neuen Führungsstil in der Wirtschaft, Bad Harzburg 1967.
[201] Steinke, Welche Führungsmethoden sind zeitgemäss?, S. 4.

fahl die *FAZ* deutschen Unternehmern das Prinzip als „Heilmittel gegen frühzeitigen Herzinfarkt".[202] „Delegation von Verantwortung" wurde in der Folge zu einem regelrechten Schlagwort und fand seinen Eingang in die Diskussionen um Führungsstil, Wirtschaftsdemokratie und moderne Unternehmensführung auch losgelöst von den Modellschöpfern aus Bad Harzburg. Der Generaldirektor der IBM Deutschland Walther A. Bösenberg schrieb zur Frage „Brauchen wir einen neuen Führungsstil?" im März 1966:

> Die Zeiten, in denen der „geniale Mann" an der Spitze mit Fingerspitzengefühl lenkt, gehören endgültig der Vergangenheit an. Im Zeitalter der Automation, elektronischen Datenverarbeitung und des Zusammenwachsens der Nationalwirtschaften müssen weittragende Entscheidungen durch Spezialisten vorbereitet werden.

Daher forderte Bösenberg für die Zukunft: „Delegation von Verantwortung".[203]

Ein weiterer Grund für den Erfolg des „Harzburger Modells" in den 1960er Jahren war seine Universalität. Höhn versprach den Unternehmen ein Organisationsmodell aus einem Guss: Von der Chefsekretärin über das mittlere Management bis zum Vorstandsmitglied konnten alle Mitarbeiter eines Unternehmens aufeinander abgestimmt nach dem Modell geschult werden. Das Ziel war nicht einfach eine unverbindliche Weiterbildung, sondern die Implementierung einer umfassenden und allgemeingültigen Organisationsstruktur im heimischen Unternehmen und damit die Ablösung aller bisher gültigen informellen und historisch gewachsenen Strukturen. Teil des Modells war ein umfangreicher Regelkatalog zur Steuerung des Verhaltens aller Mitarbeiter. Die einzelnen Trainings- und Schulungseinheiten waren aufeinander abgestimmt, dem Unternehmen wurde somit ein Gesamtpaket angeboten, das – wenn erst einmal innerbetrieblich eingefahren – eine große Pfadabhängigkeit bedeutete und nur unter hohen Kosten aufgekündigt werden konnte.[204] Ein Unternehmen, das sich dem Modell verschrieb, bekam eine hierarchische Organisationsstruktur mit klar abgegrenzten Verantwortungsbereichen auf allen Ebenen, unabhängig von der Branche, Größe oder individuellen Geschichte des Unternehmens. Der Grundgedanke war, dass sich das Verhalten aller Betriebsangehörigen mit einer einheitlichen Norm steuern lasse. Tatsächlich hatten in den 1960er Jahren fast 400 Unternehmen das Modell eingeführt.[205]

---

[202] Rolf-Peter Hartmann, Delegation der Verantwortung, in: Frankfurter Allgemeine Zeitung, 4.9.1961.
[203] Brauchen wir einen neuen Führungsstil?, in: Führungspraxis. Modernes Management, März 1966, S. 3–5, hier: 3.
[204] Daniel Schmid spricht in diesem Zusammenhang von einem „Lock in-Effekt" für die Unternehmen, die das „Harzburger Modell" eingeführt haben. Vgl. Schmid, „Quo vadis, Homo harzburgensis?", S. 77.
[205] Hilger, „Amerikanisierung" deutscher Unternehmen, S. 250; Schmid, „Quo vadis, Homo harzburgensis?", S. 79.

3. Der lange Abschied von der Autorität

Dennoch wurde Höhn in den Unternehmerkreisen um Vaubel von Anfang an sehr kritisch wahrgenommen. Einer frühen Initiative Höhns, in Deutschland eine größere Tagung zur Frage des Führungskräftenachwuchses mit Blick auf Erfahrungen in anderen Ländern zu veranstalten, erteilte Vaubel 1956 mit dem Argument eine Absage, dass eine ganze Reihe von deutschen Unternehmern selbst an den einschlägigen Ausbildungsgängen im Ausland wie z. B. der Harvard Business School teilgenommen habe und daher über „eine bessere Kenntnis dieser Einrichtungen und ihrer Wirkungsmöglichkeiten" verfüge.[206] Von dem Nichtindustriellen Höhn wollte man sich hinsichtlich moderner Führungsstile offenbar nicht belehren lassen. Wahrscheinlich war auch Höhns SS-Vergangenheit, obwohl öffentlich noch nicht thematisiert, ein Hinderungsgrund für eine Zusammenarbeit, doch die Verbindung riss nicht ab. Als Höhn 1956 seine Akademie gründete, suchte er den Kontakt zum Institut zur Förderung des industriellen Nachwuchses und kam persönlich zu Koordinierungsgesprächen nach Wuppertal.[207] Dem Unternehmerkreis um Vaubel war es wichtig, dass in Bad Harzburg explizit keine Spitzenmanager ausgebildet werden sollten. Daher befürwortete Vaubel auch Höhns frühen Vorschlag, sein Institut „Akademie für mittlere Führungskräfte der Wirtschaft" zu nennen, weil diese Bezeichnung „eine klare Abgrenzung gegenüber dem falschen Anspruch einer Unternehmer-Akademie" enthalte.[208]

Tatsächlich hieß das Institut dann doch „Akademie für Führungskräfte der Wirtschaft", und obwohl sich die Programme vor allem an das untere und mittlere Management richteten, gab es auch die sogenannten Chefseminare. In den Unternehmerkreisen um Vaubel schlug Höhn entsprechend Misstrauen entgegen,[209] am Rande einer Präsidialsitzung der BDA war es gar zu „bedenkliche[n] Äußerungen über Bad Harzburg"[210] gekommen. Vaubel selbst teilte nach schlechten Erfahrungen von zwei seiner leitenden Angestellten, die 1960 an einem Verkaufsförderungs-Kursus in Bad Harzburg teilgenommen hatten, Höhn direkt mit: „Sie werden verstehen, daß bei uns im Hause nunmehr eine erhebliche Aversion dagegen besteht, noch weitere Teilnehmer nach Bad Harzburg zu entsenden."[211]

Nach der Lektüre von Höhns Hauptwerk „Die Führung mit Stäben in der Wirtschaft" konstatierte Vaubel, dass „der Verfasser von der echten Praxis nicht genug versteht".[212] Insbesondere die Aufgabe des Unternehmers sei nicht richtig dargestellt. Denn diese beschränke sich keineswegs auf „Dienstaufsicht und

---

[206] Vaubel an Höhn, 3.5.1955. Glanzstoff/Vaubel Köln, RWWA B6 12 17.
[207] Vaubel an Herbert Studders, 28.1.1956. Glanzstoff/Vaubel Köln, RWWA B6 12 18.
[208] Ebd. [Hervorhebung im Original, B. D.]
[209] Vaubel an Fritz Arlt, 10.8.1960. Vaubel Köln, RWWA B6 12 24.
[210] Vaubel an Fritz Arlt, 28.11.1960. Vaubel Köln, RWWA B6 12 25.
[211] Vaubel an Höhn, 31.1.1961. Vaubel Köln, RWWA B6 12 25.
[212] Notiz für Herrn Dr. Kern, 9.4.1962. Vaubel Köln, RWWA B6 12 27.

Erfolgskontrolle", sondern sei viel aktiver und dynamischer: Im ständigen Austausch mit seinen engsten Mitarbeitern habe der Unternehmer laufend Mitentscheidungen – „gegebenenfalls sogar die Alleinentscheidung" – zu treffen. Die Empfehlung eines verstärkten Einsatzes von Stäben sei zwar richtig, aber dieses System sei in deutschen Unternehmen „längst voll eingefahren". Außerdem habe die „Führung mit Stäben" nichts mit „Delegation von Verantwortung" zu tun, die mangelnde Unterscheidung zwischen diesen Prinzipien empfand Vaubel als „verwirrend". Er schlussfolgerte, dass Höhn an vielen Stellen des Buches Gefahr laufe, „die grundsätzliche militärische Führung und die dort geltende Terminologie zu bedenkenlos in den wirtschaftlichen Bereich zu übertragen".[213]

Weitere Gründe für die ablehnende Haltung waren die erhöhte Aktivität Bad Harzburgs auf dem Ausbildungsmarkt für Führungskräfte zu Beginn der 1960er Jahre und Höhns offensichtliches Geschick, seine Akademie publikumswirksam zu etablieren – wobei ihm seine NS-Vergangenheit keineswegs im Weg stand; diese wurde bis in die frühen 1970er Jahre nicht öffentlich thematisiert.[214] Vaubel störte aber ganz offensichtlich die Konkurrenz für seine eigenen Programme und Initiativen im Bereich der Managerausbildung: „Herr Professor Höhn hat es gerade in der letzten Zeit besonders gut verstanden, sich wieder energisch in den Vordergrund zu spielen."[215] Insbesondere die exklusive Nachwuchsförderung, wie sie durch die Gesellschaft zur Förderung des Unternehmernachwuchses betrieben wurde, wollte Vaubel vor der Konkurrenz aus Bad Harzburg schützen.[216] Gegenüber dem Siemens-Aufsichtsratsvorsitzenden Wolf-Dietrich von Witzleben betonte Vaubel die Konkurrenz durch die Harzburger Akademie für Führungskräfte. Die Baden-Badener Unternehmergespräche und das Deutsche Institut zur Förderung des industriellen Nachwuchses seien auf einem guten Weg, aber man müsse die eigenen Aktivitäten bei deutschen Unternehmern und insbesondere im wachsenden Kreis der leitenden Angestellten bekannter machen.[217]

[213] Notiz für Herrn Dr. Kern, 9.4.1962. Vaubel Köln, RWWA B6 12 27.
[214] Von Saldern, Bürgerliche Werte für Führungskräfte, S. 181.
[215] Vaubel an Fritz Arlt, 11.4.1960. Vaubel Köln, RWWA B6 12 24.
[216] An Günther Schlicht, den Vorstandsvorsitzenden der Deutschen Erdöl AG, schrieb Vaubel im Januar 1962: „Besonders beschäftigen muß uns wohl in Zukunft […], wie die Geltung der Gesellschaft und des Instituts als führende Einrichtung auf dem Gebiet der industriellen Nachwuchsförderung in der Bundesrepublik ausgebaut und gesichert werden kann. Unter anderem zwingt die nicht mehr zu übersehende Breitenwirkung der Veranstaltungen und auch der Public relations-Arbeit von Bad Harzburg meines Erachtens zu neuen Überlegungen in dieser Richtung." Vaubel an Günther Schlicht, 9.1.1962. Vaubel Köln, RWWA B6 12 27.
[217] „Bei der erheblichen Aktivität, die Prof. Höhn für Bad Harzburg mit unleugbarem Geschick entfaltet, werden wir auch darauf achten müssen, dass wir unsere Position in geeigneter Weise ausbauen. Dass mir dabei alles Reklamehafte fern liegt, brauche ich Ihnen nicht besonders zu versichern." Vaubel an Wolf-Dietrich von Witzleben, 26.2.1962. RWWA B6 12 27.

Die Sorge vor der Konkurrenz trieb den Unternehmerkreis um Vaubel zu mehr Aktivität an, die keine zehn Jahre später ihre Grundlage verlieren sollte, denn der Kontrahent geriet in die Defensive: Die öffentliche Diskussion um Höhns NS-Vergangenheit im Jahr 1971 leitete den Niedergang des „Harzburger Modells" in den 1970er und 1980er Jahren ein.[218] Ausgelöst wurde die Debatte von einem kritischen, aber überzogenen Artikel im SPD-Organ *Vorwärts* vom Dezember 1971, in dem der Autor Höhns SS-Vergangenheit anprangerte, die NS-Vergangenheit weiterer Mitarbeiter der Akademie enthüllte und bilanzierte, dass es wohl kaum „eine demokratie- und gewerkschaftsfeindlichere Ausbildungsstätte" als jene in Bad Harzburg gebe.[219] Weil die Harzburger Akademie auch staatliche Unterstützung vor allem durch die Bundeswehr erhielt, zeigten sich auch eine Reihe von prominenten Schriftstellern – darunter Siegfried Lenz, Erich Kästner und Günter Wallraff – in einem offenen Brief empört. Im März 1972 verkündete das Bundesverteidigungsministerium, dass es die Zusammenarbeit mit der Harzburger Akademie einstellen werde.[220] Mit dem Skandal rückten auch die inhaltlichen Aspekte des „Harzburger Modells" in den Fokus einer breiteren Öffentlichkeit. In der Kritik der Neuen Linken an Bad Harzburg wurden NS-Vergangenheit und Kapitalismuskritik zusammengeführt, die Akademie wurde hier zur „Kaderschmiede bundesrepublikanischer Restauration".[221] In einer anderen Publikation hieß es ähnlich überspannt: „Das Höhnsche Konzept der Unternehmensführung entpuppt sich als das auf den kapitalistischen Industriebetrieb reduzierte Konzept der faschistischen Staats- und Volksführung."[222]

Die eigentliche Ursache für den Bedeutungsverlust war allerdings, dass das „Harzburger Modell" schon bald den ökonomischen Anforderungen der Zeit grundsätzlich nicht mehr gewachsen war. Die weniger reißerische zeitgenössische Kritik an dem Modell ging von soziologischen Untersuchungen aus, die zuerst Beachtung in den Managementzeitschriften gefunden hatten. Im *Manager Magazin* wurde das „Harzburger Modell" Anfang der 1970er Jahre entschieden kritisiert.[223] In der für das Magazin typischen Manier wurden die zeitgenössi-

---

[218] Wildt, Der Fall Reinhard Höhn, S. 267–271.
[219] Bernt Engelmann, Schmiede der Elite: Wo Bosse kommandieren lernen. Im Harzburger „Führer"-Hauptquartier lehrt Ex-General Höhn Planspiele gegen die Demokratie, in: Vorwärts, 9.12.1971.
[220] Wildt, Der Fall Reinhard Höhn, S. 267 f.
[221] Hickel, Eine Kaderschmiede bundesrepublikanischer Restauration.
[222] Manfred Boni [u. a.], Kaderschule für das Kapital. Theorie und Praxis der Harzburger Akademie für Führungskräfte der Wirtschaft, Frankfurt a. M. 1972 (= Informationsbericht des Instituts für Marxistische Studien und Forschungen 10), S. 41.
[223] Guserl/Hofmann, Das Harzburger Modell. Auf den Artikel folgte eine Gegendarstellung direkt aus Bad Harzburg und in der Zeitschrift *Plus*. Vgl. Harzburger Modell. Praxisgerechte Führung oder Utopie?, in: Harzburg aktuell. Informationen für die Praxis, 25.2.1972; Werner Glahe, Ist das Harzburger Modell verstaubt?, in: Plus. Zeitschrift für Unternehmensführung 4 (1972), S. 43 ff. Vgl. auch die nachfolgenden Publikationen: Richard

sche Kritik der Sozialwissenschaften und die Kritik aus der Unternehmenspraxis zusammengeführt. Gerade diese „critical examiniation of the Harzburg leadership model" hoben die Macher des *Manager Magazins* auch gegenüber dem amerikanischen Partner, dem Medienunternehmen McGraw-Hill, als gelungenes Beispiel einer erfolgreichen Einbindung externer Gesellschaftskritik für die Sektion „management know how" hervor.[224]

Empirische Basis der Kritik war eine Befragung von Mitarbeitern aus 13 Unternehmen, die das „Harzburger Modell" eingeführt hatten, darunter Kaufhof, Agfa, Hettlage und Seidensticker. Die allgemeine Stoßrichtung der Untersuchung war, dass das Modell lediglich vorgebe, demokratisch zu sein, durch seinen bürokratischen Formalismus aber in Wahrheit Kreativität und Spontaneität unterdrücke. In seiner universellen, abstrakten und statischen Form gehe das „Harzburger Modell" an der Wirklichkeit in den Betrieben vorbei. Gerade die Stellenbeschreibungen, mit denen der Verantwortungs- und Kompetenzbereich eines Mitarbeiters genau abgesteckt werden sollte, führten zu einer „organisatorischen Zementierung" und „Überorganisation, deren Folge starke bürokratische Hemmnisse sind".[225] In einer späteren Publikation bilanzierten die Autoren, dass im „Harzburger Modell" Partizipationsgrad und Selbstentfaltungsmöglichkeiten der Mitarbeiter gering seien. Letztlich werde lediglich der „patriarchalisch-autoritäre" Führungsstil durch einen „bürokratisch-autoritären" Führungsstil ersetzt.[226]

Auch bei *Plus* wurde das „Harzburger Modell" in den 1970er Jahren zum Sinnbild für das Scheitern altmodischer Führungskonzepte. „Autoritäre Führungsmethoden sind nicht mehr ‚in'. Führungskräfte jeder Couleur lassen sich auf kooperativ trimmen"[227], bilanzierte man hier 1972 und stellte tabellarisch die Vorteile und Gefahren von kooperativer und autoritärer Führung einander gegenüber. Dabei überwogen die Vorteile kooperativer Führung gegenüber denen autoritärer bei weitem.[228] Kritisiert wurde aber nicht nur autoritär-patriarchalische

---

Guserl/Michael Hofmann, Modell-Kritik: Kampf um Harzburg, in: Manager Magazin 7 (1972), S. 52–55; Richard Guserl, Das Harzburger Modell. Idee und Wirklichkeit und Alternative zum Harzburger Modell, Diss., Wiesbaden 1973.
[224] Leo Brawand, Manager Magazin: Guidelines, Nachlass Leo Brawand, Spiegel-Archiv Hamburg.
[225] Guserl/Hofmann, Das Harzburger Modell, S. 62.
[226] Richard Guserl/Michael Hofmann, Das Harzburger Modell. Idee und Wirklichkeit und Alternative zum Harzburger Modell, 2. Auflage, Wiesbaden 1976 (= Führung – Strategie – Organisation Serie 3, 1), S. 51. Vgl. auch Claus Steinle, Leistungsverhalten und Führung in der Unternehmung. Das Harzburger Führungsmodell im Vergleich mit einem motivationstheoretisch fundierten Leistungs-Verhaltensmodel, Berlin 1975.
[227] Gerald Knabe, Wann autoritär führen?, in: Plus. Zeitschrift für Unternehmensführung 11 (1972), S. 31–33.
[228] Knabe, Wann autoritär führen? Vgl. auch Unternehmensführung. Stile, Modelle, Techniken, in: Wirtschaftswoche 29.10.1971, S. 30–31.

Führung, sondern auch formalisierte bürokratische Hierarchie, denn auch diese hemme die Kreativität der Mitarbeiter:

> Innovationen entstehen selten durch zufällige Erfindungen eines einzelnen, häufiger durch systematische Kooperation von mehreren Personen in einer die Kreativität fördernden Atmosphäre. Das Zustandekommen von kreativen Situationen aber wird in der Hierarchie behindert.[229]

In der Zeitschrift *Capital* verdetulichte man diesen Zusammenhang unter der Überschrift „Der Führer ist tot"[230] und auch in *Der Welt* erklärten westdeutsche Arbeitspsychologen zum Thema Führungsstil: „Autoritäres Klima tötet den Geist".[231] Der normative Abschied von Hierarchie und Autorität hatte Auswirkungen auf den Jobmarkt: Ehemalige Wehrmachts- und Bundeswehroffiziere, die zwei Jahrzehnte lang in der deutschen Wirtschaft eine zweite Karriere machen konnten und zu den natürlichen Anhängern des „Harzburger Modells" gehörten, waren als Führungskräfte nicht mehr gefragt.[232] Die Diskussion um die richtigen Managementstile und die Kritik an „Bad Harzburg" erreichte sogar das deutsche Fernsehen. In den dritten Programmen der ARD lief 1972 ein sechsmonatiger Fernsehkurs zur Betriebs- und Menschenführung, an dessen Ende die Zuschauer gegen eine Gebühr eine Prüfung ablegen konnten. In Folge 6 wurde das „Harzburger Modell" besprochen und als „bürokratisch", „formalistisch" und „versteckt autoritär" eingeschätzt.[233] Höhn wehrte sich gegen die Kritik und hielt den „organisatorischen Bilderstürmern", die Hierarchien einebnen und ganz auf Gruppen- und Teamarbeit setzen wollten, „Wunschdenken und Verkennen aller realen Möglichkeiten" vor. Die „Team-Euphorie" sei „nicht frei von einem politisch-ideologischen Beigeschmack"; eine Organisation ohne Hierarchie würde zu „Anarchie und Chaos" führen.[234] „Im Übrigen steht die hierarchische Ordnung keineswegs im Gegensatz zur Demokratie. Im Gegenteil, für eine Massendemokratie, wie sie uns heute in immer ausgeprägterem Maße entgegentritt, ist sie ein sinnvolles und notwendiges Ordnungsprinzip."[235]

---

[229] Peter Bendixen/Eckhard Miketta, Können wir uns Hierarchie noch leisten, in: Plus. Zeitschrift für Unternehmensführung 3 (1974), S. 26–31.
[230] Der Führer ist tot. Anti-Autoritätstraining, in: Capital 9 (1971), S. 107–110.
[231] Arthur Mayer/Heinz Franke/Lutz von Rosenstiel, Autoritäres Klima tötet den Geist, in: Die Welt, 15.1.1970.
[232] Keine Chance für Offiziere, in: Manager Magazin 4 (1972), S. 60–61.
[233] Lehrgang für Aufsteiger, in: Capital 10 (1972), S. 109–116, hier: 116. Die Zeitschrift *Capital* beteiligte sich an dem Lehrgang mit einer eigenen Begleitserie. Zur Fernsehserie gehörte außerdem ein zweibändiges Lehrbuch. Vgl. Sebastian Dworatschek, Management für alle Führungskräfte in Wirtschaft und Verwaltung. Begleitmaterial zur gleichnamigen Fernsehreihe in Zusammenarbeit mit dem Südwestfunk und dem Norddeutschen Rundfunk, Stuttgart 1972.
[234] Reinhard Höhn, Delegation von Verantwortung und hierarchische Ordnung, in: Harzburger Hefte 13 (1970), S. 331–339, hier: 332 f.
[235] Ebd., S. 339.

In den siebziger Jahren hörte das „Harzburger Modell" keineswegs auf zu existieren, immer noch wurden in Bad Harzburg Führungskräfte geschult, die *Harzburger Hefte* wurden in *Management Heute* umbenannt und erschienen ab Juli 1973 in Farbe[236] und die Harzburger Akademie versuchte auch in Österreich und der Schweiz Fuß zu fassen.[237] Dennoch galt das Modell generell als überholt und wurde tendenziell nur noch von kleineren Familienbetrieben und in der öffentlichen Verwaltung praktiziert. Viele Großbetriebe waren schon länger dazu übergegangen, eigene Schulungszentren für den Führungskräftenachwuchs aufzubauen. Dabei wurde vereinzelt auch die Expertise von externen Unternehmensberatern einbezogen. Die Rheinstahl AG beauftragte 1970 zur Erfassung und Beurteilung aller Führungs- und Nachwuchsführungskräfte und zur Planung von Förderungsmaßnahmen die Unternehmensberatung McKinsey. Der von der Firma erstellte Bericht „Aufbau eines Systematischen Programms zur Führungskräfteentwicklung" sollte dem Konzernvorstand als Basis für die „Durchführung gezielter Maßnahmen zur Förderung und Entwicklung von Führungskräften dienen".[238] Angewendet werden sollte das ursprünglich von dem österreichisch-amerikanischen Managementtheoretiker Peter F. Drucker entwickelte Führungsverfahren „Führen durch Zielsetzungen" („Management by objectives"). Die Basisidee des Prinzips ist die Zielvereinbarung zwischen Vorgesetzten und Mitarbeitern. Die Firma McKinsey erklärte in ihrem Bericht für Rheinstahl, das Verfahren unterstütze „die Führungskräfteentwicklung durch herausfordernde, quantitativ formulierte Erwartungswerte".[239] Tatsächlich galt „Management by objectives" im Führungsdiskurs der 1960er und 1970er Jahre als Fortschritt im Vergleich zum „Harzburger Modell", weil es auf einem Austauschverhältnis zwischen Führungskraft und Mitarbeiter beruhte. Aber auch die Kritik an dem Prinzip ließ nicht lange auf sich warten und kam, wie das Modell selbst, aus den USA.[240] Die Idee, dass auch „Management by objectives" eine Rationalisierung in der tayloristischen Tradition darstelle und die Motivationsstruktur des Menschen ungenügend berücksichtige, wurde schnell von jenen aufgegriffen, die motivationstheoretisch fundierte Führungsstile propagierten.

Selbst beim eher konservativen Bundesverband der Deutschen Industrie wurde seit Ende der 1960er Jahre über den normativen Abschied von der Autorität nachgedacht. Für den BDI-Arbeitskreis „Dynamische Unternehmensführung in Wirtschaft und Gesellschaft von morgen" skizzierte im Sommer 1969 der Indus-

---

[236] Lieber Leser, in: Harzburger Hefte 16 (1973), S. 183.
[237] Die Welt, 27.1.1973.
[238] Dr. Dieter Just, McKinsey an Vorstand der Rheinstahl Aktiengesellschaft, 26.8.1970. ThyssenKrupp Konzernarchiv, Duisburg (TKA). RSW/003175.
[239] McKinsey, Aufbau eines Systematischen Programms zur Führungskräfteentwicklung, Rheinstahl August 1970 ThyssenKrupp Konzernarchiv, Duisburg (TKA). RSW/003175.
[240] Harry Levinson, Management by whose objectives, in: Harvard Business Review 4 (1970), S. 125–134.

trielle Ernst Wolf Mommsen die Dringlichkeit, traditionelle Autoritätsstrukturen in den Unternehmen aufzubrechen, und machte dafür sowohl ökonomische und technische als auch gesellschaftliche Gründe geltend: „Die Unruhe der Jugend hat in der ganzen Welt zu heftigen Auseinandersetzungen mit dem allerorts kritisierten ‚Establishment' geführt. Es wäre unverantwortlich, wenn das Management des kommenden Jahrzehnts, das diese Generation führen muß, sich nicht konsequent auf diesen Wandel einstellt."[241] Entsprechend wurde auch beim BDI die Notwendigkeit erkannt, „zukunftsbezogene Führungsstile" mit „motivierender Wirkung" zu entwickeln.[242] Bei der Jahrestagung des BDI im Juni 1971 wurde im Arbeitskreis „Neue Wege unternehmerischer Führungspolitik" festgestellt, dass nur ein „innovationsfreudiges Management", das sich der in den vergangenen Jahren entwickelten Führungsinstrumente konsequent bedient, dem Wandlungsprozess gerecht werden könne. Europa stehe am „Vorabend einer neuen Ära des Industrialismus", die Unternehmen seien größer und komplexer geworden. Mit Intuition und Improvisation seien sie nicht mehr lenkbar, es bedürfe neuer „Führungs- und Steuerungsinstrumente". Darunter wurden vor allem motivationssteigernde und Kreativität freisetzende Führungsstile verstanden.

> Die Zukunft der Unternehmen ist erst dann gesichert, wenn die praktizierten Führungsstile Motivationen freisetzen, oder anders formuliert, wenn das Eigeninteresse bzw. die Motive der am Arbeitsergebnis Beteiligten mit jenen der Unternehmung in sinnvoller Weise verbunden werden.[243]

Auch beim BDI hatte man sich – zumindest in diesem Arbeitskreis – Anfang der 1970er Jahre vom „Harzburger Modell" verabschiedet und neue motivationstheoretische Ansätze gefordert. Eine Aufgabe, die als grundlegend eingeschätzt wurde: „Die Erhaltung der Wettbewerbsfähigkeit durch den Aufbau moderner Führungssysteme bildet ein Kardinalproblem der deutschen Industriewirtschaft."[244] „Bad Harzburg" hingegen galt, trotz einiger Reformversuche, generell als hoffnungslos veraltet. Wegen der geringen Teilnehmerzahlen musste die Harzburger Akademie 60 Mitarbeiter entlassen, wie der „Harzburg"-Kritiker Vaubel Anfang 1973 Alfred Herrhausen mitteilte.[245] Für das *Manager Magazin* war das „Harzburger Modell" noch weiterhin gelegentlich Zielscheibe der Kritik und nationale Negativfolie für die Diskussion moderner Führungsstile. Reinhard

---

[241] Ernst Wolf Mommsen, Management-Aufgaben der 70-er Jahre, in: Vortragsreihe des Deutschen Industrieinstituts, Jg. 19, Nr. 31, 5.8.1969.
[242] Ergebnis der Aussprache im Arbeitskreis V „Neue Wege unternehmerischer Führungspolitik – Eine Herausforderung für das Management". Jahrestagung des BDI, 14.6.1971 in Düsseldorf. BDI-Archiv, PI 126, Karton 672.
[243] Ebd.
[244] Ebd.
[245] Vaubel, Notiz für Herrhausen/Schwesinger, 22.1.1973. HADB V 30/660.

3.3 Führungskräfteausbildung seit den 1960er Jahren 171

Höhn habe „das deutscheste aller Führungsmodelle kreiert – gründlich und bürokratisch",[246] hieß es dort beispielsweise im Oktober 1979. In der deutschen Geschichtsschreibung werden das „Harzburger Modell" und sein außerordentlicher Erfolg in den 1960er Jahren unterschiedlich bewertet. Volker Berghahn betont den Kontinuitätscharakter aufgrund der Popularität des Modells bei ehemaligen Offizieren in der deutschen Wirtschaft. „Unter ihnen vertraten viele die Auffassung, daß eine Generalstabsabteilung die beste Vorbereitung für eine Karriere in der Industrie sei."[247] Adelheid von Saldern erkennt die Ablösung des „autoritär-patriarchalischen Leitbildes zu Gunsten eines institutionell eingebundenen, hierarchisch-strukturierten Delegationsmodells". Insgesamt lasse sich das Modell als ein „Beispiel für einen Formwandel von Bürgerlichkeit im Rahmen konservativer Modernisierung"[248] charakterisieren. Daniel C. Schmid spricht vom „Harzburger Modell als Sonderweg innerhalb der deutschsprachigen Führungsliteratur"[249], das als ein „neokonservativer Gegenentwurf zur amerikanischen Modernisierung des Managements"[250] zu bewerten sei. Der Wirtschaftshistoriker Christian Kleinschmidt betont hingegen, dass das Modell durchaus mit amerikanischen Methoden kompatibel war[251] und verweist auch auf die zeitgenössischen publizistischen Versuche aus Bad Harzburg, diese Kompatibilität mit amerikanischen Managementtechniken wie „management by exception" oder „management by objectives" zu belegen.[252]

Auf seine spezifische Art und Weise war das „Harzburger Modell" im Grunde genommen doch ein sehr deutscher Versuch der Nachkriegszeit, „Führung" zu entdiskreditieren, ein bürgerliches Leistungs- und Aufstiegsethos zu etablieren und gleichzeitig mit den Erfordernissen der modernen Unternehmensstruktur und – widerstrebend – den Anforderungen durch das Betriebsverfassungsgesetz in Einklang zu bringen, ohne „Residuen betrieblicher Gemeinschaftsvorstellungen"[253] ganz aufzugeben. Das Modell erlebte seine Hochzeit in der zweiten Hälfte der 1950er und in den 1960er Jahren. Aber auch schon in dieser Zeit wurde es von der Konkurrenz rund um die Baden-Badener Unternehmergespräche und das Deutsche Institut zur Förderung des industriellen Nachwuchses entschieden kritisiert. Dabei empfanden die Unternehmer um Vaubel – verglichen mit ihren eigenen Auslandserfahrungen – Höhn als zu provinziell und in

---

[246] Peter Derschka, Ritual und Ratio, in: Manager Magazin, Oktober 1979, S. 101–104. Vgl. auch ders., Politur eines Oldtimers, in: Manager Magazin, November 1983, S. 174–181.
[247] Berghahn, Unternehmer und Politik, S. 255.
[248] Von Saldern, Bürgerliche Werte für Führungskräfte, S. 183.
[249] Schmid, „Quo vadis, Homo harzburgensis?", S. 97.
[250] Ebd., S. 77.
[251] Kleinschmidt, Der produktive Blick, S. 198.
[252] Wolfgang Borkel, Amerikanische Management-Techniken und das Harzburger Modell, in: Harzburger Hefte 5/6 (1969), S. 266–276.
[253] Von Saldern, Das „Harzburger Modell", S. 329.

Wirtschaftsdingen zu unerfahren. Ein wirkliches Verständnis des Wesens von Unternehmensführung sprachen sie dem Nichtindustriellen Höhn ab.

Letztlich muss man das „Harzburger Modell" als ein Übergangsphänomen der westdeutschen Geschichte der 1950er und 1960er Jahre einstufen. Seine Leistung bestand darin, dass die bis dahin bestehende Führungsform in der deutschen Wirtschaft grundsätzlich in Frage gestellt wurde. Mit Hilfe der Formalisierung von Betriebsabläufen sollte Führung rationalisiert und vor autoritärem Missbrauch geschützt werden. Indem „Führung im Mitarbeiterverhältnis" ausgeübt werden sollte, wurde Autorität eingehegt, aber ein hierarchisches Prinzip der Steuerbarkeit des Verhaltens der Betriebsteilnehmer zugrunde gelegt. Führung war nicht mehr auf eine Person konzentriert, sondern verteilte sich nach rationalen Prinzipien auf mehreren Ebenen. Das „Harzburger Modell" war somit von tayloristisch-fordistischen Ordnungsprinzipien geprägt und gleichzeitig eine deutsche Antwort auf die Frage nach der Autorität im Betrieb. Durch seine Formalisierung der Betriebsabläufe förderte es letztlich den internen Bewährungsaufstieg und somit auch soziale Mobilität auf den unteren und mittleren Führungsebenen. Doch schon Ende der 1960er Jahre entsprach das Modell nicht mehr den politisch-sozialen wie auch den ökonomisch-betriebswirtschaftlichen Anforderungen der Zeit. Zum einen wurde die Diskussion um die Mitbestimmungsgesetzgebung wieder lauter. Damit rückten die Interessengegensätze zwischen Arbeit und Kapital wieder stärker ins Zentrum der Aufmerksamkeit, die in Höhns Angebot durch die Partnerschaftsideologie des „Harzburger Modells" weitgehend harmonisiert worden waren.[254] Zum anderen entsprach das Modell nicht dem Paradigmenwechsel in der Art der Unternehmensführung, wie er sich seit Mitte der 1960er Jahre vollzogen hatte.

3.3.2 Paradigmenwechsel in der Unternehmensführung in Folge der Wirtschaftskrise von 1966/67

Zum Ende der Dekade stellten sich die Fragen nach Führung, Elite und Professionalisierung der Managementausbildung unter anderen Vorzeichen. Eine neue und zunehmende Komplexität von Führungsaufgaben ergab sich allein aus der wachsenden Größe der Unternehmen. Vor allem aber hatten die Wirtschaftskrise von 1966/67 und die Debatten über das „management gap" und die amerikanische Herausforderung ihre Spuren hinterlassen. Zwischen Herbst 1966 und Sommer 1967 war es nach einer langen Phase der wirtschaftlichen Prosperität zu einer ersten Konjunkturabschwächung und einem Anstieg der Arbeitslosenzahlen gekommen. 1967 gab es erstmals in der Geschichte der Bundesrepublik kein Wirtschaftswachstum, was enorme psychologische Auswirkungen auf deren

---

[254] Von Saldern, Das „Harzburger Modell", S. 329; Wildt, Der Fall Reinhard Höhn, S. 265.

Selbstverständnis hatte.[255] Obwohl Stabilitätsgesetz, subventionierte Technologiepolitik und konzertierte Aktionen ein gewisses Maß an Kontrolle und Planungssicherheit schufen, zeigte sich schon bald, dass die große Euphorie der 1950er und 1960er Jahre vorbei war. Erstmals wurde ein Ende des „Goldenen Zeitalters" vorstellbar,[256] oder in den Worten von Werner Abelshauser ausgedrückt: Nach dem „‚Wirtschaftswunder'-Gipfelsturm" setzten die „Mühen der Ebene" ein.

Viele Unternehmen gingen in Folge der Wirtschaftskrise zu einer stärkeren Diversifizierung ihrer Produkte und Absatzmärkte über. Dies spiegelte sich auch in sich verändernden Unternehmensstrukturen wider. Anstelle klar geordneter, funktionaler Unternehmensstrukturen traten zunehmend komplexere, divisionale Organisationsformen.[257] Damit verschob sich auch der Fokus der Managementaufgaben: von der technischen Steuerung des Produktionsprozesses zu einer effizienteren und flexibleren Gestaltung des Organisationsprozesses selbst. Als Folge davon waren nicht mehr nur technisch-naturwissenschaftliches Fachwissen und unternehmerische Erfahrung gefragt, sondern betriebswirtschaftliche Kenntnisse zum besseren Verständnis des Zusammenspiels von Unternehmen, Markt und Umwelt.[258] Gerade auf diesen Gebieten wurde um 1970 der Rückstand der europäischen Manager gegenüber ihren US-amerikanischen Kollegen am gravierendsten empfunden. In einem Memorandum der Europäischen Kommission zur Industriepolitik der Europäischen Gemeinschaft von 1970 heißt es: „Das europäische Unternehmen lebt immer noch in der Erinnerung an eine lange Zeit des Mangels, in der die Rohstoffversorgung und die technischen Produktionsprobleme lebenswichtig waren und der Absatz keine Schwierigkeiten bereitete."[259]

Diese Zeiten waren aber nun vorbei. Produktivitätszunahme, technischer Fortschritt und Marktsättigung führten zu einem scharfen Wettbewerb auf der Angebotsseite. Der Verkäufermarkt kippte in Richtung Käufermarkt und dies

---

[255] Werner Plumpe, Die Wirtschaftskrise 1966/67 und ihre Bedeutung in der deutschen Wirtschaftsgeschichte, in: Martin Wengeler (Hrsg.), Sprachliche Konstruktionen von Krisen. Interdisziplinäre Perspektiven auf ein fortwährend aktuelles Phänomen, Bremen 2013, S. 19–29; ders., Wirtschaftskrisen. Geschichte und Gegenwart, München 2010, S. 95–101.
[256] Stephen A. Marglin/Juliet B. Schor (Hrsg.), The Golden Age of Capitalism, Reinterpreting the postwar experience, Oxford 2000.
[257] Youssef Cassis, Big Business. The European Experience in the Twentieth Century, Oxford 1997; Pierre-Antoine Dessaux/Jean-Philippe Mazaud, Hybridizing the Emerging European Corporation. Danone, Hachette, and the Divisionalization Process in France during the 1970s, in: Enterprise & Society 7 (2006), S. 227–265.
[258] Vgl. auch Werner Abelshauser, Umbruch und Persistenz. Das deutsche Produktionsregime in historischer Perspektive, in: Geschichte und Gesellschaft 27 (2001), S. 503–523.
[259] Memorandum der Kommission der Europäischen Gemeinschaften betreffend die Industriepolitik der Gemeinschaft. Deutscher Bundestag, 6. Wahlperiode, 9.4.1970. Drucksache VI/606, S. 111.

führte zu einer stärkeren Konkurrenz um die Kunden. Für diesen Wettbewerb bedurfte es neuer Organisationsstrukturen. Ja, die Organisation des Unternehmens und ihre Anpassung und Veränderung wurden zunehmend selbst als ökonomische Ressourcen verstanden. Entsprechend entstand eine Nachfrage nach neuen und flexibleren Organisationsmodellen und darauf reagierte auch der Markt: Als das „Harzburger Modell" als zu starr, bürokratisch und unflexibel kritisiert wurde, traten andere Anbieter auf, die „offene" und „flexiblere" Organisationsmodelle anboten. Es entstand eine Vielfalt von Organisations- und Führungsmodellen mit unterschiedlichen Ansatzpunkten und Methoden. Charakteristisch für viele neue Ansätze waren eine weitere Öffnung gegenüber den Sozialwissenschaften und die Aufnahme motivationspsychologischer Elemente. Die Wirtschaftspresse und die Managementzeitschriften widmeten dem Vergleich der verschiedenen Führungsstile große Aufmerksamkeit.[260] Damit korrespondierte eine Betriebswirtschaftslehre, die sich zunehmend für Fragen der allgemeinen Organisationslehre interessierte und mathematisch fundierte Optimierungsmodelle für die Unternehmensführung einführte.[261] In den frühen 1970er Jahren kam zudem der verhaltenstheoretische bzw. verhaltenswissenschaftliche Ansatz auf, der auf Motivations- und Bedürfnistheorien basierte und die Mitarbeiter eines Unternehmens als menschliche Faktoren einbezog. In der Bundesrepublik war es vor allem der Göttinger Wirtschaftswissenschaftler Günther Schanz, der den Mitarbeiter und sein Verhalten in die Betrachtung der Betriebswirtschaftslehre einbezog und die Betriebswirtschaftslehre als eine Sozialwissenschaft interpretierte, die vor allem die Motivation der Mitarbeiter (bei Schanz sind das die Koalitionspartner) zu untersuchen habe.[262] Diese Veränderungen lagen ganz in der Logik der ökonomischen Strukturveränderungen, denn wenn Wachstum auf dem bisherigen Weg nicht mehr oder nicht mehr in der gleichen Form möglich war und neue Basisinnovationen in Form von bahnbrechenden Schlüsseltechnologien (noch) nicht in Sicht waren, mussten die Impulse von anderer Seite kommen. Und so wurden die Organisation der Unternehmen und die Mitarbeiterführung als innovativ zu optimierende Ressourcen interpretiert.

Ein Element des Paradigmenwechsels in der Unternehmensführung ist der Aufstieg der Lehre von der Organisationsentwicklung, die auf der Ba-

---

[260] Vgl. z. B. Unternehmensführung. Stile, Modelle, Techniken, in: Wirtschaftswoche, 29.10.1971, S. 30 f.; Management by Moses, in: Capital 1 (1972), S. 62 f.; Modelle als Führungshilfe, in: Der Leitende Angestellte 6 (1972); Management-Stile auf dem Prüfstand, in: Manager Magazin 5 (1973), S. 65–69.

[261] Zum Wandel der deutschen Betriebswirtschaftslehre: Horst Albach, Business Administration: History in German Speaking Countries [1990], in: Klaus Brockhoff (Hrsg.), Geschichte der Betriebswirtschaftslehre. Kommentierte Meilensteine und Originaltexte, 2. Auflage, Wiesbaden 2002, S. 143–169.

[262] Günther Schanz, Grundlagen der verhaltenstheoretischen Betriebswirtschaftslehre, Tübingen 1977; ders., Verhalten in Wirtschaftsorganisationen. Personalwirtschaftliche und organisationstheoretische Probleme, München 1978.

sis von Verhaltensforschung und Sozialpsychologie zwischenmenschliche Kommunikations- und Verhaltensmuster optimieren wollte. Menschliche Bedürfnisse und Wünsche sollten verstärkt berücksichtigt werden. Zwecks Optimierung der Organisationen wurde nicht mehr vordergründig auf den technischen Produktionsprozess, sondern auf den Menschen selbst gezielt. Eine Organisation wurde verstanden als „ein sich selbst regulierender Organismus, in dem das soziale System ständig für die Erneuerung als fortlaufender Prozeß sorgt".[263] Ein zeitgenössischer Beobachter brachte diesen normativen Wandel des Managements 1970 auf eine knappe Formel: Der „Manager der Zukunft" könne sich nicht darauf beschränken, ein „Technokrat" zu sein, sondern müsse gleichermaßen auch ein „Humanokrat" sein.[264] Diese Entwicklung ging einher mit der Einbindung humanwissenschaftlicher Experten in westdeutsche Unternehmen[265] und dem Aufstieg des wissenschaftlich fundierten Marketings, das nicht zuletzt als Ausdruck einer stärkeren Konkurrenzdynamik und dem Zwang zu Produktinnovation und aktiven Verkaufsstrategien zu sehen ist.

Durch diese Entwicklung erlebten verhaltensökonomische und motivationspsychologische Ansätze eine neue Konjunktur. Ökonomie und Psychologie haben seit jeher eine gemeinsame Grenzlinie: Die psychologische Analyse des Verhaltens von Beschäftigten gehört zur Arbeits-, Betriebs- und Organisationspsychologie, wie sie sich vor und zwischen den beiden Weltkriegen entwickelt hat.[266] Aber die vor allem in der Personalwissenschaft seit Ende der 1950er Jahre diskutierten Ansätze zur psychologischen Struktur der Arbeitsmotivation des Menschen durch Abraham Maslow,[267] Frederick Herzberg,[268] Chris Argyris[269] und Douglas McGregor[270] erreichten in der Bundesrepublik erst Anfang der 1970er Jahre den allgemeinen Managementdiskurs.[271] Symptomatisch für die

---

[263] Die Lehre von der Organisations-Entwicklung, in: Manager Magazin 1 (1973), S. 53.
[264] Mark Schmid-Neuhaus, Manager – nur Liebediener der Spätkapitalisten?, in: Management im Aufbruch – Karrieren in die Zukunft. Eine Dokumentation von Handelsblatt und Plus, November 1970, S. 15.
[265] Rosenberger, Experten für Humankapital.
[266] Vgl. Siegfried Greif, Geschichte der Organisationspsychologie, in: Heinz Schuler (Hrsg.), Lehrbuch Organisationspsychologie, Bern 2007, S. 21–57.
[267] Abraham H. Maslow, Motivation and personality, New York 1954.
[268] Frederick Herzberg, The work and the nature of man. Cleveland, OH 1966; ders./Bernard Mausner/Barbara Bloch Snyderman, The motivation to work, New York 1959.
[269] Chris Argyris, Personality and Organization: the Conflict between System and the Individual, New York 1957; ders., Interpersonal Competence and Organizational Effectiveness, Homewood 1962; ders., Integrating the Individual and the Organization, New York 1964; ders., Organization and Innovation, Homewood 1965.
[270] Douglas McGregor, The Human Side of Enterprise, New York 1960.
[271] In einigen Fachpublikationen auch schon Ende der 1960er Jahre. Vgl. z. B. zur Rezeption Douglas McGregors: Hanns-Martin Schönfeld, Die Führungsausbildung im betrieblichen Funktionsgefüge, Wiesbaden 1967, S. 43–46.

immer wieder hergestellten Bezüge im Bereich der Managerausbildung und Führungsdiskussion ist folgendes Zitat aus dem *Manager Magazin*:

> Dass die Fähigkeit zur Kooperation eine Überlebensfrage für Wirtschaftsunternehmen wird, artikulierten bereits vor Jahren Motivationstheoretiker wie Abraham Maslow, Frederick Herzberg und Douglas McGregor. Sie postulieren, dass ein Industriebetrieb, der überleben will, nicht nur Waren, sondern auch menschliches Wohlbefinden bei Arbeitern und Angestellten produzieren muss.[272]

Gemein war den Ansätzen von Maslow, Herzberg und McGregor ein Menschenbild, das von der intrinsischen Motivation des Menschen ausging und Arbeitsanreize vor allem durch die Befriedigung der Ich-Bedürfnisse und des Strebens nach Selbstverwirklichung schaffen wollte. Vor allem die Bedürfnispyramide von Abraham Maslow – die ja auch Grundlage der sozialwissenschaftlichen Wertewandelforschung der späten 1970er und 1980er Jahre ist – hatte in der Managementliteratur der späten 1960er und frühen 1970er Jahre eine enorme Konjunktur. Die Theorie der hierarchischen Bedürfnisse hatte den Vorteil, nicht zu abstrakt zu sein und hohe Allgemeingültigkeit zu beanspruchen. Sie half, sowohl die Veränderungen in der Produktwelt (Rolle des Marketings als Antwort auf sich verändernde Bedürfnisse) als auch in der Personalwelt (neue Faktoren in der Arbeitsmotivation) zu verstehen und in Managementmethoden einzubauen. Zusätzlich ließ sich mit der Theorie auf die kapitalismuskritische Herausforderung durch „1968" reagieren, ohne das zentrale Leistungsprinzip in Frage zu stellen. Wer „Selbsterfüllung" als höchstes Ziel der eigenen Management- und Personalpolitik anbieten konnte, brauchte den Vorwurf der „Entfremdung" der Arbeit nicht zu fürchten.

Dass die Grundbedürfnisse „befriedigt" waren, passte ja durchaus zu der Erkenntnis, dass Ende der 1960er Jahre die Zeit des Wirtschaftswunders vorbei war und neue Bedürfnisse geweckt werden mussten. Genau hier sahen viele Managementansätze die Aufgaben des Managers. Die eigentliche Führungsaufgabe bestand in allen auf Maslow basierenden Managementlehren darin, „unbefriedigte" Bedürfnisse aufzuzeigen und als „Katalysator" an ihrer Befriedigung mitzuwirken. In dem auf Maslow basierenden Buch „Führungspsychologie für Vorgesetzte" von 1973 heißt es:

> Aufgabe des Vorgesetzten ist es, ständig höhere Bedürfnisse zu wecken und den Mitarbeiter, unter Beachtung seiner Fähigkeiten, zur vollen, höchstmöglichen Entfaltung zu bringen. Dabei handelt es sich keineswegs um Zwang oder Manipulation, sondern darum, zu erreichen, dass der Mitarbeiter in seiner Aufgabe aufgeht und sich mit ihr identifiziert.[273]

---

[272] Manager proben Antiautorität, in: Manager Magazin 6 (1972), S. 60–63, hier: 61.
[273] Friedrich Liegert, Führungspsychologie für Vorgesetzte, München 1973, S. 106.

3.3 Führungskräfteausbildung seit den 1960er Jahren 177

„Die stärkste Motivation ist die Selbstmotivation", wusste man auch im *Leitenden Angestellten* aus Texten von Maslow, Herzberg und des US-amerikanischen Verhaltens- und Sozialpsychologen David McClelland: „Denken wir nur an den Künstler, das klassische Beispiel für Selbstmotivation."[274] Gespickt mit Unternehmensbeispielen (VW, Esso AG, Hamburger Elektrizitäts-Werke, Kodak AG) wurde in dem Artikel der unvermeidliche Siegeszug der psychologischen Motivationslehre in den 1970er Jahren demonstriert. Arbeit und Lohn dürften nicht mehr so strukturiert werden, als ob der Mensch nur „niedrige Bedürfnisse" hätte. Als Leistungsstimulus seien „persönliches Wachstum", „Selbstverwirklichung" und „Erfüllungsmotivation" erheblich wichtiger.[275] Die verhaltenstheoretische Motivationslehre fasste in den 1970er Jahren auch in der westdeutschen Betriebswirtschaftslehre Fuß. Auf der Basis der US-amerikanischen Verhaltens- und Sozialpsychologie entwickelte der Freiburger Wirtschaftswissenschaftler Claus Steinle 1975 eine eigene Motivationstheorie, die er auf das „Harzburger Modell" anwandte. Sein Ergebnis war vernichtend. Insgesamt sei das Modell nur eine „palliative Führungsfassade".[276] Die Gründe dafür fasste Steinle so zusammen:

> Die statisch-bürokratische Ausrichtung des Harzburger Führungsmodells, die ausgeprägte Sicherheitsorientierung, die starre Regelhaftigkeit der Führungsinstrumente, die mangelnde Partizipation der Mitarbeiter, das ausschließlich sachorientierte Organisationsprinzip und das Fehlen einer dynamisch-innovativen Entwicklungskomponente für den Mitarbeiter deuten auf eine Nichtberücksichtigung der Selbstentfaltungs- und Selbstverwirklichungsmotive im Harzburger Führungsmodell hin.[277]

Die Untersuchung von Steinle, die sich an ein wirtschaftswissenschaftliches Fachpublikum wandte und sicher nicht als populäre Managementliteratur gedacht war, ist symptomatisch für den Paradigmenwechsel in der Theorie der Unternehmensführung. Führung wurde nun nicht mehr als Verhaltenssteuerung über Vorgaben (durch Befehl oder Stellenbeschreibung), sondern als Verhaltenssteuerung über die Aktivierung von Motiven verstanden. Menschliches Verhalten sei demnach durch die richtigen Anreize steuerbar. Damit basierte diese Motivationslehre auf demselben Menschenbild wie die sozialwissenschaftliche Wertewandelforschung: Der Mensch ist ein „self-actualizing man", er will sich von Natur aus verwirklichen und entfalten. Seine das Verhalten steuernden Bedürfnisse, Motive oder eben Werte sind (mehr oder weniger)

---

[274] Hans Fiedler, Wie motiviere ich meine Mitarbeiter?, in: Der Leitende Angestellte 6 (1979), S. 16–19, hier: 16.
[275] Ebd., S. 16 f.
[276] Steinle, Leistungsverhalten und Führung in der Unternehmung, S. 342. Ähnlich kritisch aus betriebswirtschaftlicher Perspektive: Wolfram Braun/Georg Schreyögg, Zu den Grundsätzen der „Führung im Mitarbeiterverhältnis". Eine Analyse des Harzburger Modells, in: Wirtschaftswissenschaftliches Studium 2 (1976), S. 56–61.
[277] Ebd., S. 201.

hierarchisch gestuft. Sind die basalen Motive (Sicherheitsmotive) gratifiziert, bedarf es zusätzlicher Anreizformationen für die Aktivierung von Leistung.[278] Für die Unternehmen gab dieses Menschenbild in einer sich rasant ausbreitenden Konsumgesellschaft neue Orientierung.

Zu der verhaltenswissenschaftlichen und motivationstheoretisch fundierten Managementlehre trat in den 1970er Jahren noch eine weitere wichtige Traditionslinie aus den USA: die Humankapital-Theorie.[279] Grundlegend für diese Theorie war, dass der Mitarbeiter als Vermögensteil des Unternehmens angesehen wurde. Während Arbeit klassischerweise als ein Kostenfaktor gesehen wurde, den es durch personalpolitische Maßnahmen zu reduzieren galt, war in der Humankapital-Theorie Arbeit ein Aktivposten, der wie andere Vermögenswerte des Unternehmens bewertet werden konnte. In dieser Perspektive galt es den Wert der Arbeit zu erhalten oder durch Investitionen in das Humankapital zu steigern. Daher waren Ausgaben für Aus- und Weiterbildung der Mitarbeiter Investitionen in einen unternehmerischen Vermögensteil.[280] Seit Ende der 1960er Jahre wurden in den amerikanischen Wirtschaftswissenschaften empirische und theoretische Versuche unternommen, die Bedeutung und den Wert des Humanfaktors zu errechnen (Human Resource Accounting).[281] Diese Ansätze zur Erfassung und Berechnung des Humanvermögens fielen in der Bundesrepublik der 1970er Jahre auf fruchtbaren Boden.[282] Gestiegene Qualifikationsanforderungen im Zuge der Akademisierung und der Einführung neuer Technologien, steigende Lohn- und Nebenkosten, aber auch staatliche Initiativen und Regelungen wie das Aktionsprogramm Humanisierung der Arbeit und das Betriebsverfassungs- und Mitbestimmungsgesetz brachten ein neues Bewusstsein für den Wert der Arbeit mit sich.[283]

Beide – das verhaltenswissenschaftlich fundierte Konzept des „self-actualizing man" und die ökonomische Theorie des Humankapitals – wirkten in der Personalwissenschaft besonders einschneidend.[284] Dieser Erfolg zeigte sich

---

[278] Vgl. Kapitel 7.1.
[279] Vgl. Theodore W. Schultz, The Economic Value of Education, New York 1963; ders., Investment in Human Capital. The Role of Education and of Research, New York 1971; Gary Becker, Human Capital. A Theoretical and Empirical Analysis, with Special Reference to Education, New York 1964.
[280] Wolfgang H. Staehle, Human Resource Management und Unternehmungsstrategie, in: Mitteilungen aus der Arbeitsmarkt- und Berufsforschung 22 (1989), S. 388–396, hier: 390.
[281] Rensis Likert, The Human Organisation, New York 1967.
[282] Christoff Aschoff, Betriebliches Humanvermögen. Grundlagen einer Humanvermögensrechnung, Wiesbaden 1978.
[283] Staehle, Human Resource Management und Unternehmungsstrategie.
[284] Nach Ulich (2005) beruhte das Menschenbild in der ersten Phase der Entwicklung der Arbeitswissenschaft auf der Vorstellung, dass die Menschen im Allgemeinen (die sogenannten „Durchschnittsmenschen") verantwortungsscheu seien und nur durch Geld zu Arbeitsleistungen motiviert werden könnten (homo oeconomicus oder economic man).

im Wechsel vom Human Relations-Ansatz zum Human Resources-Konzept: Für den Arbeitserfolg stand nicht mehr die Verbesserung der zwischenmenschlichen Beziehungen im Vordergrund, sondern der Einzelne, seine Fähigkeiten, seine Wünsche und seine Kreativität wurden als Ressourcen entdeckt und gefördert.[285] Um die Produktion eines Unternehmens zu steigern und Kosten zu senken, wurde die Steigerung der Leistungsbereitschaft des einzelnen Mitarbeiters in den Mittelpunkt der unternehmens- und personalpolitischen Zielsetzungen gerückt. Weil der Ort der Leistungserzeugung vom Unternehmen zum Einzelnen verschoben wurde, sah dieser Ansatz die Motivationsquelle auch nicht mehr in einer verbesserten Arbeitsumwelt (also Werksgemeinschaft, Sport- und Freizeitmöglichkeiten etc.), sondern in der Arbeit selbst, also „der produktiven Verschmelzung des Einzelnen mit seiner angereicherten und vorgeblich bereichernden Tätigkeit".[286] Die Motivation zur Arbeit erfolgte in diesem Ansatz abnehmend über immaterielle Vergütung und zunehmend über persönliche Befriedigung und Selbstverwirklichung.[287] Das Konzept des Human Resource Management entwickelte sich weiter und wurde in der Bundesrepublik der 1980er Jahre im Sinne von strategischen Konzeptionen des Personalwesens als zentraler Bestandteil der Unternehmensplanung angewandt.

In der zweiten Phase sei die Bedeutung von Normen der Arbeitsgruppe, des unterstützenden Verhaltens der Führungskräfte und sozialer Motive erkannt worden (social man). In der dritten Phase sei die Selbstverwirklichung und Autonomie in den Vordergrund gestellt worden (self-actualizing man). Komplexe technologische Veränderungen durch Aufgabenerweiterung und Arbeit in teilautonomen Gruppen führten schließlich in der gegenwärtigen, vierten Phase dazu, die Bedeutung inter- und intraindividueller Unterschiede und die Komplexität des Menschen herauszustellen (complex man). In seiner Darstellung zeigt Ulich, welche Bedeutung die Menschenbilder jeweils für die Entwicklung von Fragestellungen und Konzepten zur praktischen Arbeits- und Organisationsgestaltung gehabt hätten. Das Organisationsverständnis habe sich von einem ausschließlich technischen System über ein vorwiegend soziales System und erst danach zu einem soziotechnischen System gewandelt, das sowohl die technischen als auch die sozialen Subsysteme berücksichtige. Eberhard Ulich, Arbeitspsychologie, 6. Auflage, Zürich [u. a.] 2005.

[285] Vgl. Donauer, Faktor Freude, S. 58–75.
[286] Donauer, Faktor Freude, S. 68. Vgl. auch dies., Job Satisfaction statt Arbeitszufriedenheit.
[287] Programmatisch für den Wechsel vom Human Relations-Ansatz zum Human Resources-Konzept ist ein Aufsatz in der *Harvard Business Review* von 1965. Hier heißt es über den neuen Human Resources-Ansatz: „This approach represents a dramatic departure from traditional concepts of management. [...] The magnitude of its departure from previous models is illustrated first of all in its basic assumptions concerning people's values and abilities, which focus attention on all organization members as reservoirs of untapped resources. These resources include not only physical skills and energy, but also creative ability and the capacity for responsible, self-directed, self-controlled behavior." Raymond E. Miles, Human Relations or Human Resources, in: Harvard Business Review 4 (1965), S. 148–163, hier: 150. Zur frühen westdeutschen Rezeption des US-amerikanischen Paradigmenwechsels vgl. Stöhr, Unternehmensführung auf neuen Wegen.

Das besonders prägnante Beispiel der „werteorientierten Personalpolitik" bei BMW wird weiter unten ausführlich diskutiert.[288]

An dieser Stelle muss noch einmal betont werden: Die verstärkte Rezeption der verhaltensökonomischen und motivationspsychologischen Ansätze und ihr Einbau in neue Führungslehren um 1970 war kein Zufall und auch nicht einfach einem liberalen Zeitgeist geschuldet, sondern entsprach ökonomischen Logiken. Gewissermaßen kam die „Entdeckung" der Ressource Mensch einer neuen Basisinnovation gleich, von der man sich angesichts der starken Konkurrenzdynamik neue Wachstumsstimulation erhoffte. Gleichzeitig konnte mit Führungskonzepten, die menschliche Bedürfnisse in den Mittelpunkt rückten, gegen die Notwendigkeit von gewerkschaftlicher Organisation auf betrieblicher Ebene argumentiert werden. Mit anderen Worten: Betriebe, die die Bedürfnisse ihrer Mitarbeiter kannten, brauchten keine Gewerkschaften. Diese waren dann nur für überbetriebliche Belange in der Tarifpolitik und als Sozialpartner relevant. In Zeiten von immer weiter gehenden Mitbestimmungsforderungen war dies für die Unternehmen eine interessante Perspektive.

Eng verbunden mit der Karriere der Motivationslehre war die Integration der Psychologie in die Managementausbildung in den 1970er Jahren. Psychologische Kenntnisse wurden vielfach als besonders hilfreiche Qualifikation, ja sogar als „Pflichtfach" für Manager beschrieben. Die psychologischen Fähigkeiten des „neuen Managers" seien von entscheidender Bedeutung für einen guten Führungsstil, um die „kreativen Möglichkeiten und Bedürfnisse" seiner Mitarbeiter zu erkennen und zu stimulieren.[289] „Menschenführungsqualifikation" bedeutete, die Entwicklung, die Bedürfnisse und den Arbeitsantrieb des Menschen besser zu verstehen.[290]

Davon ging auch das 1969 gegründete Beratungsunternehmen Team für Psychologisches Management (tpm) aus, an dessen „Psycho-Training" in den 1970er Jahren hunderte deutsche Manager teilnahmen.[291] Tpm führte spezifische Trainingskurse in „Menschenkenntnis", „Personenbeurteilung", „Gesprächsführung" und „Kreativität" für Kursteilnehmer aus dem mittleren Management und dem Topmanagement durch. Die Psychologie sollte helfen, den Menschen jenseits seiner Eigenschaft als reine Arbeitskraft zu entdecken. Erst dadurch wäre es möglich, an bisher verborgene Ressourcen der Kreativität zu gelangen. „Menschenkenntnis" diente als „Schlüssel zum anderen", so der Titel eines populären Beratungsbuchs für Manager, das gleich auf der

---

[288] Vgl. Kapitel 6.2.
[289] Rudolf Affemann, Psychologie: Pflichtfach für Manager, in: Plus. Zeitschrift für Unternehmensführung 9 (1972), S. 73–75.
[290] Friedrich Liegert, Führungspsychologie für Vorgesetzte, München 1973, S. 8.
[291] Manager im Psycho-Training, in: Der Leitende Angestellte 8 (1971), S. 17–18.

ersten Seite klarmachte, dass es sich hierbei nicht um ein esoterisches Hobby handele, sondern um eine lohnende Investition: „Bessere Menschenkenntnis wird nicht nur den Menschen gerechter und führt deshalb zu besseren Verhältnissen im Betrieb, sondern geht unmittelbar in die Kostenrechnung ein."[292]

Die divisionalen Unternehmensstrukturen und die größer gewordene Bedeutung mittlerer Führungsebenen in Großunternehmen brachten die Frage nach der Delegation von Entscheidungsvollmachten unter dem Gesichtspunkt von Effizienzlogiken notwendigerweise mit sich. Darauf hatte ja auch schon das „Harzburger Modell" reagiert. Nun aber stand die Frage im Raum, ob starr hierarchische Organisationsformen den Anforderungen der Zeit noch entsprächen und ob es nicht eher flexibler und adaptiver Führungsstile bedürfe. Stark beeinflusst von amerikanischer Forschung, wurde der Wandel zu neuen, postfordistischen Ordnungsvorstellungen in den deutschen Wirtschaftswissenschaften bereits antizipiert:

> Das Organisationsmodell einer strengen, nicht durchbrochenen und darüber hinaus steilen Hierarchie ist den sich schnell wandelnden Aufgabenstrukturen der industriellen Arbeitswelt in der zweiten Hälfte des 20. Jahrhunderts nicht mehr gewachsen. [...] In dem Maße, in dem komplexe Planungs-, Entwicklungs, Projektions- oder Problemlösungsaufgaben zunehmen und den dominierenden Bestandteil menschlicher Arbeit in den großen Mensch-Maschine-Systemen ausmachen, wird auch die Zahl der Teams, die die hierarchische Struktur umgeben, ansteigen müssen.[293]

In der komplexer gewordenen Unternehmenswelt war zusätzlich ein erhöhter Bedarf an wissenschaftlich fundiertem Wissen entstanden, das zunehmend die systematischen Wirtschafts- und Sozialwissenschaften befriedigte. Oder anders ausgedrückt: Gefragt war nicht mehr nur der Ingenieur als Manager, sondern

---

[292] Erwin Küchle, Menschenkenntnis für Manager. Der Schlüssel zum anderen, 4. Auflage, München 1983. Vgl. auch: Albert Ackermann, Praktische Psychologie für Führungskräfte. Die Kunst der Menschenführung, München 1967; Heinrich Oswald, Führen statt verwalten! Akzente der Unternehmensführung, Bern 1967; Ludwig Rosner, Moderne Führungspsychologie. Psychologie und Technik der Gruppenführung im Betrieb, München 1971; Robert E. Tannehill, Motivation and Management Development, Princeton 1970 [dt.: Praktische Psychologie und Motivation als Führungsaufgabe, München 1974]; Albert Ackermann, Praktische Führungspsychologie, München 1973; Friedrich Liegert, Führungs-Psychologie für Vorgesetzte, München 1973; Rolf Müller, Menschenkenntnis im Betrieb. Das psychologische Instrumentarium des Vorgesetzten, Zürich 1973; Mortimer F. Feinberg/Robert Tanofsky/John J. Tarrant, The new psychology for managing people, Englewood Cliffs, NJ 1975 [dt.: Chefs müssen wieder führen. Die neue Psychologie für Manager, München 1978]; Joseph W. Chilver, The human aspects of management, Oxford 1976.

[293] Joachim Häusler, Der Führungsprozeß in der industriellen Unternehmung, in: Stöhr (Hrsg.), Unternehmensführung auf neuen Wegen, S. 19–86, hier: 23.

der Manager als Manager. Die Personalpolitik der Unternehmen wurde professioneller und systematischer.[294] Dieser veränderte Wissens- und Personalbedarf zeigte sich in der zunehmenden Bedeutung der externen Unternehmensberater,[295] insbesondere aber auch in der Forderung nach einer Professionalisierung der Aus- und Weiterbildung der Manager. Die in der Wissenschaft, den Wirtschaftsmedien und in Teilen der Wirtschaft artikulierten Rufe nach einer Professionalisierung des Managements, nach einer engeren Zusammenarbeit zwischen Wirtschaft und Wissenschaft wurden lauter. Und auch die Frage nach einer Institutionalisierung privater Managementausbildung bekam eine neue Dynamik. Immer wieder wurde nach einem „deutschen Harvard" für Manager gerufen.

3.3.3 Das deutsche Harvard: Neue Führungslehre im Universitätsseminar der deutschen Wirtschaft

Was lange Zeit nur Theorie geblieben oder in Ansätzen stecken geblieben war, wurde 1968 Realität: ein von der deutschen Wirtschaft getragenes Institut zur Managerausbildung. Das in Köln initiierte Universitätsseminar der Wirtschaft (USW) war maßgeblich durch das Engagement von deutschen Wirtschaftsführern wie Ludwig Vaubel, Otto Wolff von Amerongen, Walter Cordes, Alfred Herrhausen oder Clemens Börsig geprägt. Ziel war es, eine deutsche Business School nach amerikanischem Vorbild zu etablieren. Trotz vieler Schwierigkeiten entwickelte sich das USW in den 1970er und 1980er Jahren zum Flaggschiff der deutschen Managerausbildung. Das USW wurde für eine ganze Generation von Managern zum „Klassenzimmer der deutschen Wirtschaft"[296]. Die Einrichtung und Gestaltung des USW in den späten 1960er Jahren, die Konflikte über die programmatische Ausgestaltung in den 1970er und 1980er Jahren wie auch sein Niedergang in den 2000er Jahren und das Aufgehen in der

---

[294] Vgl. Christian Reuber, Der lange Weg an die Spitze. Karrieren von Führungskräften deutscher Großunternehmen im 20. Jahrhundert, Frankfurt a. M. 2012; Barbara Koller, Die Entwicklung der persönlichkeitsbezogenen Anforderungsprofile an die Wirtschaftselite seit den sechziger Jahren, in: Berghahn/Unger/Ziegler (Hrsg.), Deutsche Wirtschaftselite im 20. Jahrhundert, S. 337–351.

[295] Christian Marx, Die Manager und McKinsey. Der Aufstieg externer Beratung und die Vermarktlichung des Unternehmens am Beispiel Glanzstoff, in: Morten Reitmayer/Thomas Schlemmer (Hrsg.), Die Anfänge der Gegenwart. Umbrüche in Westeuropa nach dem Boom, München 2014, S. 65–77.

[296] So Lars-Hendrik Röller 2006 in seiner damaligen Funktion als Präsident der privaten European School of Management and Technology. https://www.ots.at/presseaussendung/OTS_20060910_OTS0018/esmt-ministerpraesident-ruettgers-als-festredner-bei-usw-jubilaeum-30-jahre-managerfortbildung-in-schloss-gracht [Zugriff: 1.10.2019].

European School of Management and Technology ist in vielerlei Hinsicht aufschlussreich für den Formwandel der normativen Konzepte von Führung in Deutschland.[297]

Ausgangspunkt und treibende Kraft für die USW-Gründung waren das Kölner Institut zur Förderung des industriellen Nachwuchses, das bereits seit zwei Jahrzehnten die Baden-Badener Unternehmergespräche organisierte,[298] und eine Reihe von Unternehmern aus dem Kölner Raum, die sich für das Institut engagierten – in vorderster Linie „Schulungs-Avantgardist" Ludwig Vaubel[299] und Otto Wolff von Amerongen. Den Unternehmern gelang es, die nordrhein-westfälische Politik von ihrer Vision einer neuen Aus- und Weiterbildungsmöglichkeit für Führungskräfte zu überzeugen. Zusammen mit den Vorstandsmitgliedern Heinz Horn (Felten & Guilleaume), Fritz Jacobi (Bayer), Hans Schmidt (Ford) und Karl-Heinz Sonne (Klöckner-Humboldt-Deutz) bat Vaubel in einem Brief vom 29. März 1966 den nordrhein-westfälischen Kultusminister Paul Mikat, Möglichkeiten der Weiterbildung von Führungskräften in Zusammenarbeit mit den Universitäten prüfen zu lassen.[300] Der daraufhin eingesetzte Sachverständigenausschuss[301] beauftragte das Kölner Institut zur Förderung des industriellen Nachwuchses, ein umfassendes Gutachten zur Frage der Weiterbildung für Führungskräfte zu erstellen. Zur Vorbereitung des Gutachtens reisten Vaubel und seine Mitarbeiter ins Ausland, um sich ein genaueres Bild von erfolgreichen Business Schools in den USA, den Nie-

---

[297] Wichtigster und fundiertester Beitrag zur Geschichte des USW ist: Sattler, „Harvard in Schloss Gracht". Vgl. auch noch Kipping, Hidden Business Schools, S. 103–106; Guiliana Gemelli/Benedict Rodenstock, German Obstinacy and its Historical Variations, in: Guiliana Gemelli (Hrsg.), The Ford Foundation and Europe (1950's-1970's). Cross-fertilization of Learning in Social Science and Management, Brüssel 1998, S. 307–349, hier: 326–331.

[298] Vgl. Kapitel 2.2. Vgl. auch Hans-Joachim Arndt, Die Rolle der Führung und die Versachlichung der Unternehmensleitung, in: Unternehmensführung. Weiterbildung des Führungsnachwuchses in Deutschland. Berichte zur Düsseldorfer Tagung der Europäischen Vereinigung von Instituten zur Weiterbildung von Führungskräften der Wirtschaft, Düsseldorf 1965, S. 63–84; ders., Unternehmensführung als Fachberuf? Zur Kritik der Management-Ausbildung, Essen 1966; Unternehmer und Bildung: Festschrift zum 60. Geburtstag von Ludwig Vaubel, Wiesbaden 1968; Siegfried Faßbender, Überbetriebliche Weiterbildung von Führungskräften: Der Wuppertaler Kreis und seine Mitglieder, Essen 1969; Hans-Joachim Arndt/Siegfried Faßbender, Management-Weiterbildung im Betrieb. Erfahrungen aus Feldstudien in Deutschland, Frankfurt a. M. 1971.

[299] So der *Spiegel* in einem Bericht über das erste USW-Seminar. Vgl. Nacktes Überleben, in: Der Spiegel, 1.9.1969.

[300] Vermerk Betr. Gutachten des Deutschen Instituts zur Förderung des industriellen Führungsnachwuchses: „Weiterbildung wirtschaftlicher Führungskräfte an der Universität", 18.8.1967. Bundesarchiv Koblenz B 102/151501.

[301] Den Vorsitz des Sachverständigenausschusses übernahm der Wirtschaftswissenschaftler Günter Schmölders, stellvertretender Vorsitzender war Vaubel.

derlanden und der Schweiz zu machen.[302] Besonders interessierte man sich auch für die britischen Business Schools in Manchester und London, an deren Gründung maßgebend britische Industrielle beteiligt gewesen waren und deren Erfahrungen in mehreren Unterredungen eruiert wurden. Auch mit dem British Institute of Management und dem Oxford Centre for Management Studies wurden Gespräche zur Vorbereitung der inhaltlichen Ausgestaltung des USW geführt.[303]

Das Gutachten erschien 1968 und empfahl den Aufbau eines von der Wirtschaft getragenen „Universitätsseminars der Wirtschaft" unter Beteiligung von Hochschullehrern verschiedener deutscher Universitäten und Hochschulen.[304] Aus dem Wuppertaler Kreis hatte es ursprünglich Bedenken gegen eine Beteiligung der Universitäten bei der Weiterbildung von Führungskräften gegeben.[305] Offensichtlich fürchtete man dort Konkurrenz für die eigenen Programme. Aber Vaubel war sich sicher, dass der Versuch gewagt werden müsse, „die Universitätslehrer durch aktive Zusammenarbeit mit Praktikern an einer gemeinsamen Lehraufgabe an die Weiterbildungsbedürfnisse der Wirtschaft näher heranzuführen".[306]

Der Senat der Universität Köln reagierte positiv auf das USW-Projekt, und das Kultusministerium des Landes Nordrhein-Westfalen erklärte sich mit den Plänen einverstanden und sagte finanzielle Unterstützung zu. Auch das Bundeswirtschaftsministerium war involviert: Nachdem Vaubel und Walter Cordes die USW-Pläne bereits im August 1967 im Wirtschaftsministerium vorgestellt hatten, brachte schließlich der persönliche Kontakt zu Staatssekretär Klaus von Dohnanyi den Durchbruch.[307] In einer Besprechung mit Vaubel am 12. Juni 1968 stellte Dohnanyi dem USW für 1968 einen Betrag von 125.000 DM und für zwei bis drei weitere Jahre je 250.000 DM in Aussicht, allerdings unter der Bedingung, dass das Bundeswirtschaftsministerium zehn Prozent der Studienplätze besetzen könnte – vornehmlich „mit Herren von den Gewerkschaften".[308] Darauf reagierten die USW-Verantwortlichen zögerlich bis ablehnend und stellten den offiziellen Zuschussantrag erst, nachdem man sich darüber verständigt hatte,

---

[302] Bericht des Vorstandes über die Tätigkeit der Gesellschaft zur Förderung des Unternehmernachwuchses e. V. und des Deutschen Instituts zur Förderung des industriellen Führungsnachwuchses für die Zeit vom 1. Januar bis 31. Dezember 1967. BBUG Archiv, Ordner 3: 1965–68.
[303] Ebd.
[304] Hans-Joachim Arndt/Siegfried Faßbender/Hans Hellwig, Weiterbildung wirtschaftlicher Führungskräfte an der Universität. Denkschrift des Deutschen Instituts zur Förderung des Industriellen Führungsnachwuchses, Düsseldorf 1968.
[305] Protokoll über die Sitzung des Vorstandes der Gesellschaft zur Förderung des Unternehmernachwuchses, 18.12.1967, BBUG Archiv, Ordner 3: 1965–68.
[306] Ebd.
[307] Wilhelm F. Bayer an Klaus von Dohnanyi, 10.5.1968. Bundesarchiv Koblenz B102/151501.
[308] Baetzgen an Dohnanyi, 16.4.1969. Bundesarchiv Koblenz B 102/151501.

3.3 Führungskräfteausbildung seit den 1960er Jahren 185

nicht Gewerkschafter an sich, sondern nur Führungskräfte aus gewerkschaftseigenen Unternehmen im USW aufzunehmen. An eine Dauerfinanzierung war allerdings im Ministerium sowieso nie gedacht worden.[309] Stattdessen suchte der inzwischen eingesetzte interministerielle „Gesprächskreis Management" nach weiteren förderwürdigen Initiativen.[310] Entscheidend für die Finanzierung des USW war daher nicht der Staat, sondern die Unterstützung durch die deutsche Wirtschaft. Hierzu wurde am 7. Februar 1968 in Köln unter Vorsitz von Otto Wolff von Amerongen der Verein zur Förderung des Universitätsseminars der Wirtschaft gegründet. Jedes Mitgliedsunternehmen zahlte einen Jahresbeitrag von 5000 DM. 1971 gehörten knapp 100 deutsche Großunternehmen zu den Finanziers des USW, darunter waren: Allianz, August Thyssen Hütte, Bayer, Bosch, Daimler-Benz, Deutsche Bank, Dresdner Bank, Lufthansa, Hoechst, Ford, Krupp, Glanzstoff, IBM, Karstadt, Klöckner-Werke, Mannesmann, Preussag, Siemens und VW.[311]

Die organisatorische Ausgestaltung des USW schritt rasch voran: Im Juni 1968 konstituierten sich ein Kuratorium[312] unter Vorsitz von Otto Wolff von Amerongen und ein Programmbeirat unter Vorsitz von Günter Schmölders.[313] Die wissenschaftliche Leitung des USW übernahmen Horst Albach, Professor für Betriebswirtschaftslehre an der Universität Bonn, und Walter Busse von Colbe, Professor am Institut für Unternehmensführung der Ruhr-Universität Bochum. Die Auswahl Schmölders zum Vorsitzenden des Programmbeirats ist bemerkenswert, nicht nur weil er zwischen 1968 und 1970 Präsident der Mont Pelerin Society war und sich auch in weiteren internationalen Elitezirkeln engagierte,[314] sondern vor allem auch hinsichtlich seiner wissenschaftlichen Arbeit. Denn Schmölders gilt als Begründer der sozialökonomischen Verhaltensforschung in Deutschland, die er an der 1958 von ihm gemeinsam mit Erwin K. Scheuch gegründeten Forschungsstelle für empirische Sozialökonomik in Köln durchführte.[315] Hier wurde unter Rückgriff auf Erkenntnisse der Psychologie, Sozialpsychologie und Soziologie ökonomisches Verhalten mit den Mitteln der empirischen Sozialforschung analysiert, und diese programmatische Öffnung gegenüber den Sozialwissenschaften sollte auch prägend für das USW werden.

---

[309] Sauer an Wolkersdorf, 15.6.1972. Bundesarchiv Koblenz B 102/151443.
[310] Vgl. die Akten zum Gesprächskreis Management in: Bundesarchiv Koblenz B 102/151442 und Bundesarchiv Koblenz B 102/151443.
[311] Kein Platz für Manager, in: Capital 11 (1971).
[312] Aufstellung der Kuratoriumsmitglieder, in: Universitäts-Seminar der Wirtschaft. HADB V 30/661.
[313] Aufstellung der Mitglieder des Programmbeirats, in: Universitäts-Seminar der Wirtschaft. HADB V 30/661.
[314] Vgl. Johannes Großmann, Die Internationale der Konservativen. Transnationale Elitezirkel und private Außenpolitik in Westeuropa seit 1945, München 2014, S. 426.
[315] Vgl. Günter Schmölders, „Gut durchgekommen?" Lebenserinnerungen, Berlin 1988.

Auch die Benennungen von Albach und Colbe waren programmatischer Natur, wie die Historikerin Friederike Sattler feststellt. Denn sowohl Albach als auch Colbe waren Vertreter einer auf den Theorieansätzen des Wirtschaftswissenschaftlers Erich Gutenberg basierenden, mathematisch ausgerichteten Betriebswirtschaftslehre, deren Fokus auf Kostenrechnung und Bilanzierung mit computergestützter Planung, Simulation und Entscheidungsvorbereitung, mit Operations Research, Controlling und Risikoabschätzung lag. Mitglied des Kuratoriums des Vereins zur Förderung des USW sowie Mitglied des Programmbeirats war auch Erich Gutenberg, genauso wie dessen ehemaliger Assistent Wolfgang Kilger. Entsprechend schlussfolgert Friederike Sattler:

> In dieser Besetzung der wissenschaftlichen Leitung spiegelte sich die Überzeugung der Initiatoren wider, dass die moderne Unternehmensführung sich nicht länger vor allem auf technisch-naturwissenschaftliches Fachwissen und Erfahrung stützen konnte, sondern zusätzlich auch auf neue, betriebswirtschaftlich fundierte Führungs- und Steuerungstechniken zurückgreifen sollte, die letztlich auf rechenhaften Verfahren beruhten.[316]

Von wissenschaftlicher Seite waren im Programmbeirat außerdem der Mannheimer Betriebswirt Ludwig Pack, der zur Aus- und Weiterbildung an amerikanischen Universitäten geforscht hatte,[317] und der Kölner Soziologe René König vertreten. Die Intention der USW-Verantwortlichen, sowohl amerikanische Vorbilder ernst zu nehmen als auch die Sozialwissenschaften aktiv in die Programmgestaltung einzubeziehen, bekam so weitere Gesichter.[318]

Auch sonst waren die Führungsgremien des USW prominent besetzt. Im Vorstand des Vereins zur Förderung des USW waren neben Ludwig Vaubel die Vorstandsmitglieder Walter Cordes (August-Thyssen-Hütte), Helmut Schwesinger (Shell) und Alfred Herrhausen (Deutsche Bank) vertreten.[319] Im Kuratorium des Vereins saßen neben Amerongen der ehemalige BDA-Präsident Siegfried Balke, der neue BDA-Präsident Otto A. Friedrich, der BDI-Präsident Fritz Berg, der RKW-Vorsitzende Ernst Mommsen, die Vorstandsvorsitzenden Kurt Hansen (Bayer), Egon Overbeck (Mannesmann), Rudolf Schlenker (Reemtsma), Friedrich Krämer (Preussag), Günter Vogelsang (Krupp) und der Vorstandssprecher der Deutschen Bank Franz-Heinrich Ulrich, die Vorstandsmitglieder Horst Backsmann (Volkswagen), Hans Coenen (Karstadt), Rudolf Wilhelm Eversmann (Allianz), Herbert Gienow (Klöckner-Werke), Karl Friedrich Hagen-

---

[316] Sattler, „Harvard in Schloss Gracht", S. 103.
[317] Ludwig Pack, Ausbildung und Weiterbildung von Führungskräften an amerikanischen und deutschen Universitäten, Wiesbaden 1969.
[318] Vorstandsmitglieder waren außerdem noch Willy Minz und Hans Schmidt. Vgl. Gremien. Verein zur Förderung des Universitätsseminars der Wirtschaft/Universitätsseminar der Wirtschaft, Stand 7.7.1970. Bundesarchiv Koblenz B 102/151443.
[319] Vgl. Ebd.

müller (Dresdner Bank), Josef Fischer (Hoesch), Gerhard Frühe (Lufthansa), Joachim von Oertzen (Siemens), Hans Reintges (Hoechst), Hanns Martin Schleyer (Daimler-Benz), Wilhelm Schmitz (Felten & Guilleaume Carlswerk), Rolf Selowsky (Klöckner-Humboldt-Deutz), Helmut Thoma (Kaufhof), Carl-Alex Volmer (Rheinische Braunkohlewerke) sowie der Geschäftsführer der IBM Deutschland Manfred P. Wahl, der Vorsitzende der Geschäftsführung der Robert Bosch GmbH, Hans L. Merkle, und der Direktor des Battelle-Instituts Max Barnick.[320]

Zentraler Ansatzpunkt des USW war es, die Kluft zwischen unternehmerischer Praxis und wissenschaftlicher Theorie zu schließen. Anders als beim „Harzburger Modell" wurde beim USW kein einheitliches, universell anwendbares Führungskonzept vermittelt, sondern es wurde ein breit gefächertes Seminarangebot geschaffen, um Führungskräften wissenschaftlich fundiertes Wissen interdisziplinär zu vermitteln. Nur so könnten sie die komplexer gewordenen praktischen Managementaufgaben bewältigen, betonte Ludwig Vaubel in einem Beitrag von 1969 mit dem programmatischen Titel „Fachstudium und Erfahrung allein reichen nicht aus".[321] Für die Veranstaltungen des USW wollte man Wissen aus möglichst vielen Fächern einbinden. Sowohl Gremien als auch der Referenten- und Mitarbeiterstab sollten interdisziplinär besetzt sein. Betriebswirtschaft wurde zwar als „Leitwissenschaft"[322] aufgefasst, aber das Programm sollte wesentlich von anderen Wissenschaften bestimmt werden. Und tatsächlich waren unter den Referenten Volkswirte, Psychologen, Soziologen, Juristen, Techniker und Naturwissenschaftler. Weil die Führungskräfte der Wirtschaft ihre Ausbildung in der Regel nur in einer Disziplin erfahren hatten, war es das Ziel, sie „mit den Aspekten anderer, die Führung von Unternehmen angehender wissenschaftlicher und praktischer Disziplinen vertraut zu machen"[323].

Zielgruppe waren akademisch vorgebildete Manager mit mehrjähriger Berufserfahrung. Dabei war das Selbstverständnis des USW von Beginn an elitär. Es sollten zukünftige Spitzenmanager ausgebildet werden: „Die Teilnehmer werden nicht aus dem eigentlichen Topmanagement erwartet, sondern aus dem Kreis derjenigen, denen man innerhalb der Firmen eine Chance auf dem Weg dorthin zutraut."[324] Adressiert wurden jüngere Führungskräfte, die in der Regel über eine fünfjährige Berufserfahrung verfügten und sich aus Sicht der USW-

---

[320] Bernt Spiegel, Werbepsychologische Untersuchungsmethoden. Experimentelle Forschungs- und Prüfverfahren, Berlin 1958; ders., Die Struktur der Meinungsverteilung im sozialen Feld. Das psychologische Marktmodell, Bern/Stuttgart 1961.
[321] Ludwig Vaubel, Fachstudium und Erfahrung allein reichen nicht aus, in: Universitäts-Seminar der Wirtschaft. Ziele und Programm, o. O. [Köln] o. J. [1969]. HADB V 30 661.
[322] Vaubel an Rühle von Lilienstern, 18.9.1968. Vaubel Köln, RWWA B6 12 39.
[323] Vaubel an Heinz Pentzlin, 18.10.1968. Vaubel Köln, RWWA B6 12 39.
[324] Vaubel an Rühle von Lilienstern, 18.9.1968. Vaubel Köln, RWWA B6 12 39.

Mitgliedsfirmen für besonders gehobene Positionen qualifiziert hatten. Das USW richtete sich mit seinem Angebot also anders als Bad Harzburg nicht an das untere Management. Genau diese Entwicklung des USW zu einer Ausbildungsstätte mit Elitecharakter traf auch auf Vorbehalte in Teilen der deutschen Industrie, genauer gesagt bei den Baden-Badener Unternehmergesprächen, für die pikanterweise ebenfalls Vaubel verantwortlich war.

In der Vorstandssitzung der BBUG vom November 1969 machte sich der Vorstandsvorsitzende der Ruhrkohle AG, Hans-Helmut Kuhnke, zum Sprachrohr dieser Kritik.[325] Er machte klar, dass die Errichtung des USW „von uns nicht nur begrüsst und gefördert worden" war. Daher sei das USW „nicht nur ‚von diesem Tisch aus' genau zu beobachten". Das USW dürfe sich „nicht völlig freischwimmend" entwickeln. Schließlich seien die BBUG ja nicht nur als eine unter vielen Weiterbildungsveranstaltungen ins Leben gerufen worden, sondern hätten seinerzeit eine Lücke ausgefüllt: Baden-Baden verbinde „als abgeschirmter Versuch zur elitären Führungsauslese die Bildung von Korpsgeist mit der Übertragung von Erfahrungen". Kuhnke legte Wert darauf, dass am Grundgedanken von Baden-Baden festgehalten werde, nämlich: „eine Elite heranzuziehen, ein Führungskorps zu schaffen, das nicht mehr Art, Umfang und Richtung seiner Ausbildung als den gemeinsamen Nenner betrachte, sondern den Korpsgeist, den zu vermitteln nicht zuletzt die Aufgabe von Baden-Baden sei".[326]

Dagegen sei das USW „als etwas Notwendiges, aber auch als etwas notwendig anderes als Baden-Baden verstanden worden". Daher legte Kuhnke Wert darauf, dass das USW eine „Ausbildungsstätte neben anderen Ausbildungsstätten bleibe und dass nicht eines Tages auch dort ein ‚Korps' gebildet werde, das dann neben Baden-Baden stehe wie die Burschenschaften neben den Landsmannschaften". Gemeinschaftsbildende Maßnahmen wie die Folgegespräche, über welche die Baden-Badener über Jahrzehnte im Kontakt blieben, lehnte Kuhnke für das USW ab.[327] Daraufhin verteidigte Vaubel das USW und betonte, dass Baden-Baden nicht tangiert werde, weil die Teilnehmer deutlich jünger und das Ziel deutlich längere, wissenschaftlich fundierte Seminare seien. Intern war Vaubel aber alarmiert. In einem Schreiben an Hans Hellwig vom Deutschen Institut zur Förderung des industriellen Führungsnachwuchses erklärte er:

> Ich bitte, nochmals zu überlegen, ob die an sich richtige Wiedergabe der Ausführungen von Herrn Dr. Kuhnke zur Entwicklung eines „Korpsgeistes" so deutlich im Protokoll ausgeführt werden sollte. Sie wissen, daß nach dieser Richtung in der Öffentlichkeit vielfach Vorwürfe laut geworden sind. Bei der Unsicherheit, die heute hinsichtlich der Vertraulichkeit von Protokollen besteht, könnte man sich hier, ohne für die Beteiligten etwas aufzugeben, vielleicht etwas bedeckter halten.

---

[325] Vorstandsprotokoll 21.11.1969. BBUG Archiv, Ordner 4: 1969–79.
[326] Ebd.
[327] Ebd.

3.3 Führungskräfteausbildung seit den 1960er Jahren 189

Daher bat Vaubel seinen Mitarbeiter, das Protokoll zu entschärfen, was dieser auch tat, bevor er es an die übrigen Vorstandsmitglieder versandte.[328]

Der Vorgang ist exemplarisch für drei Dinge: zum einen dafür, wie elitärexklusiv die Baden-Badener Unternehmergespräche auch Ende der 1960er Jahre von ihren Organisatoren verstanden wurden. Die BBUG waren tatsächlich keine Ausbildungsstätte im eigentlichen Sinne. Die innerhalb eines Netzwerkes von deutschen Industriellen für tauglich gehaltenen Führungskräfte wurden nach Baden-Baden entsandt, wo der eigentliche Fokus nicht auf wissenschaftlicher Vermittlung von Wissen lag, sondern auf der Übertragung von Erfahrungen und dem Aufbau einer Gemeinschaftsvorstellung, die nicht zuletzt durch Jahrgangstreffen und Alumni-Veranstaltungen verfestigt werden sollte.[329] Gleichzeitig zeigt die Episode zweitens, wie empfindlich das Thema „Elite" und „Korpsgeist" Ende der 1960er Jahre geworden war. Die Sorge vor einer kritischen Öffentlichkeit war grundsätzlich präsent und hatte Einfluss auf das Sprechen und Handeln der an der Führungskräfteausbildung beteiligten Wirtschaftsführer und Wissenschaftler. Darüber hinaus ist es drittens aber auch kein Zufall, dass die Kritik am USW von Hans-Helmut Kuhnke und somit von einem Vertreter der „alten" Industrien kam. In der arbeits- und nicht wissensbasierten Stahl- und Kohleindustrie waren moderne Führungsstile genauso wenig notwendig geworden wie ein breiterer und modern-wissenschaftlich ausgebildeter Führungskräftenachwuchs.

Auch das USW sollte der „elitären Führungsauslese" dienen, nur unter anderen Voraussetzungen und in einem anderen Stadium. Schon Anfang der 1960er Jahre hatten Vaubel und der Wuppertaler Kreis sich um die Förderung der mittleren Kategorie von Führungskräften bemüht. Intern liefen die Teilnehmer entsprechender Fortbildungsveranstaltungen unter der Bezeichnung „Baden-Badener 10 Jahre jünger"[330]. Gemeint war die Gruppe mittlerer Führungskräfte, „die voraussichtlich in höhere Kategorien, d. h. in verantwortungsreichere Kategorien aufsteigen werden".[331] Im USW konnten nun all diese Maßnahmen zur Elitenrekrutierung und gleichzeitig zur Verwissenschaftlichung der Managerausbildung zusammengeführt werden: Es sollte *die* Institution für die „Baden-Badener 10 Jahre jünger" sein. Im Grunde war es der erste deutsche Versuch, die „zu Führung Berufenen" mit jenem wissenschaftlichen Rüstzeug auszustatten, das sie auf ein Niveau mit den Absolventen der amerikanischen und europäischen Business Schools bringen sollte. Das USW diente also der Rekrutierung einer unternehmerischen Elite, gleichzeitig wollten die USW-Macher

---

[328] Vaubel an Hans Hellwig, Deutsches Institut zur Förderung des industriellen Führungsnachwuchses, 9.12.1969. BBUG Archiv, Ordner 4: 1969–79.
[329] Vgl. Kapitel 2.2.
[330] Betrifft Punkt 3 der Tagesordnung der Vorstandssitzung vom 9.8.1960. BBUG Archiv, Ordner 2: 1955–64.
[331] Ebd.

aber kein deutsches ENA, also keine nach französischem Vorbild geschaffene zentrale Institution für die Elitenbildung in Politik, Verwaltung und Wirtschaft. Als entsprechende Pläne des Bundeskanzleramtes an das USW herangetragen wurden, reagierte man defensiv.

Im Oktober 1968 hatten Vertreter des Planungsstabs des Bundeskanzleramts Vaubel besucht, um die Möglichkeit einer gemeinsamen Initiative auf dem Gebiet der Weiterbildung von Führungskräften für Wirtschaft und höhere Verwaltung auszuloten. Die Idee ging auf Bundeskanzler Kurt Georg Kiesinger zurück: „Nach Angabe der Herren liegt dem Bundeskanzler sehr daran, durch eine geeignete Weiterbildungsinstitution zur Bildung eines Chorgeistes [sic!] der Führenden in Verwaltung und Wirtschaft beizutragen, etwa im Sinne der Hochschulen in Frankreich."[332] Vaubel hielt ein solches Projekt allerdings für „utopisch". Deutsche Unternehmen würden nur dann ihre Führungskräfte zu zeit- und kostenaufwendigen Weiterbildungseinrichtungen entsenden, wenn ein unmittelbarer ökonomischer Nutzen durch eine verbesserte praktische Qualifikation der Teilnehmer zu erwarten wäre.[333] Von einem nationalen Eliten-Korpsgeist, wie er Kiesinger vorschwebte, versprachen sich die deutschen Wirtschaftsführer einen solchen Nutzen offenbar nicht. Und wie schon in den 1950er Jahren wollte man die Politik bei der inhaltlichen Gestaltung der eigenen Führungskräfteausbildung möglichst raushalten.

Auch in einem anderen Punkt waren die USW-Verantwortlichen mit dem Bundeskanzler 1968 uneins. Kiesinger machte sich aus europapolitischen Gründen für eine stärkere deutsche Beteiligung an der europäischen Business School INSEAD in Fontainebleau stark und forderte auch ein kräftigeres finanzielles Engagement der deutschen Wirtschaft.[334] Das war offenbar auch nicht ungerechtfertigt, wie BDI-Geschäftsführer Hellmuth Wagner einräumte: „[E]s sei nun leider so, dass die Bundesrepublik die meisten Studenten und den geringsten Finanzbeitrag stelle." Vaubel hingegen fürchtete um die finanzielle Unterstützung des USW durch die deutsche Wirtschaft in seiner Gründungsphase. Der Augenblick sei wenig geeignet, um nun auch noch für das INSEAD „die Werbetrommel zu rühren", woraufhin Wagner versicherte, dass der BDI versuchen werde, die finanziellen Anstrengungen für das USW und das INSEAD zeitlich zu entzerren.[335]

Die organisatorische und programmatische Ausgestaltung des USW schritt indessen weiter voran. Dazu reisten die für das Programm verantwortlichen Wis-

---

[332] Betr. USW – Besuch der Herren vom Planungsstab des Bundeskanzleramtes am 30.10.1968, Notiz 5.11.1968. Vaubel Köln, RWWA B6 12 39.
[333] Ebd.; vgl. auch Vaubel an Horst Albach, 5.11.1968. Vaubel Köln, RWWA B6 12 39.
[334] Protokoll über die Sitzung des Vorstandes der Gesellschaft zur Förderung des Unternehmernachwuchses, 7.6.1968, BBUG Archiv, Ordner 3: 1965–68.
[335] Ebd.

3.3 Führungskräfteausbildung seit den 1960er Jahren 191

senschaftler Horst Albach und Walter Busse von Colbe im Frühjahr 1968 erneut in die USA, um didaktische Methoden der amerikanischen Business Schools zu studieren. Die Eindrücke führten zu einer „wesentliche[n] Korrektur des ersten Programmentwurfs"[336]. Mehr Eigenbeteiligung in Form von Lektüre, Lehrformate wie Unternehmensplanspiele[337] und Gruppendiskussionen und zeitliche Auflockerung des Unterrichts durch freie Wochenenden und das „Heranziehen der Ehefrauen" waren Elemente, die schnell in die ersten USW-Seminare aufgenommen wurden.[338] Der Seminarplaner Albach war sich dennoch bewusst, dass die „Lücke" zu den amerikanischen Business Schools nicht von heute auf morgen zu schließen sei. Gegenüber dem *Spiegel* gab er sich dennoch optimistisch: „Den amerikanischen Vorsprung werden wir in zehn Jahren aufgeholt haben, wenn wir unser neues Programm durchstehen."[339]

Im Sommer 1969 war es dann so weit: Das USW führte im Missionshaus der Steyler Missionare in Sankt Augustin bei Bonn das erste Seminar für Führungskräfte durch.[340] Es folgte in den nächsten Jahren an verschiedenen Orten eine wachsende Anzahl von Seminaren und Weiterbildungskursen: vom USW-Aushängeschild, dem umfassend angelegten General Management Seminar, das zehn Wochen dauerte, bis zu kleineren unternehmensinternen Schulungen. Übergeordnetes Ziel war es, die Kursteilnehmer durch Lehrkräfte aus Wissenschaft und Wirtschaft (Professoren verschiedener westdeutscher Hochschulen und Unternehmenspraktiker, darunter viele Vorstandsmitglieder) mit neuen, möglichst wissenschaftlichen Ansätzen vertraut zu machen, die für die unternehmerische Entscheidungspraxis als wertvoll angesehen wurden. Dabei gingen die Programmgestalter bewusst plural und interdisziplinär vor. In einem komplexer gewordenen Unternehmensumfeld waren rein ökonomische Managementlehren aus Sicht der USW-Macher nicht mehr sinnvoll.

Stattdessen sollten die komplexen Voraussetzungen ökonomischen Handelns durch mehr, vor allem aber plurales Wissen besser beherrschbar gemacht werden. Entsprechend breit war der Seminaralltag und reichte von Betriebswirtschaft über Arbeitsrecht, EDV und Motivationspsychologie bis hin zu Marketing, Außenhandel und Politikwissenschaft. Quantitative Entscheidungsprobleme sollten

---

[336] Vaubel an Paul Gert von Beckerath, 5.11.1968. Vaubel Köln, RWWA B6 12 39.
[337] Vgl. dazu auch Rolf F. Nohr/Theo Röhle, „Schulen ohne zu schulmeistern". Unternehmensplanspiele in den 1960er-Jahren, in: Zeithistorische Forschungen/Studies in Contemporary History 13 (2016), Online-Ausgabe, URL: http://www.zeithistorische-forschungen.de/1-2016/id=5327 [Zugriff: 1.10.2019], Druckausgabe: S. 38–60.
[338] Vaubel an Paul Gert von Beckerath, 5.11.1968. Vaubel Köln, RWWA B6 12 39.
[339] Vgl. Nacktes Überleben.
[340] Vgl. Horst Albach, Management-Ausbildung in Deutschland. 1. Zehnwochen-Seminar für Führungskräfte am Universitätsseminar der Wirtschaft, Wiesbaden 1969; Universitätsseminar der Wirtschaft (Hrsg.), 25 Jahre Universitätsseminar der Wirtschaft 1968–1993, Stuttgart 1993.

verstärkt mit dem Computer gelöst werden. Gesamtwirtschaftliche Zusammenhänge, gesellschaftspolitische Problemlagen und auch Kritik am Kapitalismus – alle Einflussfaktoren auf das Unternehmen sollten besser beobachtet, verstanden und prognostiziert werden, um unternehmerische Entscheidungen optimieren zu können. Kurz und in den Worten der USW-Macher: Management wurde verstanden als „Problemfinden und rationales Entscheiden in komplexen ökonomischen und gesellschaftlichen Systemen"[341].

Die praxisnahen Lehrmethoden waren bewusst an die amerikanischen Business Schools angelehnt, gleichzeitig sollten die ausgewählten didaktischen Mittel die angestrebten modernen Führungsstile antizipieren.[342] Autoritäre Führungsstile galten als veraltet. In einem USW-Lehrbuch, für das Albach die Führungsgrundsätze verschiedener deutscher Unternehmen ausgewertet hatte, schlussfolgerte er: „Die Ablehnung eines autoritären und der Wille zur Entwicklung eines kooperativen Führungsstils lassen sich eindeutig nachweisen."[343] Durch Fallbeispiele („Case-Study"-Methode), die sich auf konkrete Unternehmen bezogen, Unternehmens- und Entscheidungsspiele, gruppendynamische Übungen und Diskussionsrunden sollte ein Führungsverhalten vermittelt werden, das im Kern auf Teamarbeit und kooperativen Entscheidungen basierte.[344] Sachliche Führung, interdisziplinäre Lösung, Entscheidung in der Gruppe auf Basis des Computereinsatzes waren die normativen Maßgaben. Die Teilnehmer von USW-Seminaren waren aufgefordert, ihr eigenes Verhalten zu reflektieren, aber auch die Kurse zu evaluieren. Mitwirkung, Diskussion, faire Kritik waren entsprechend beliebte Lehrprinzipien. Hierbei ging es aber nicht nur um die Implementierung eines neuen Managementstils aus Effizienzgründen, sondern es wurde auch eine mit den angelsächsischen Vorbildern geteilte Kommunikationsgrundlage geschaffen, die internationale Geschäfte erleichtern sollte. Gemeinsame oder zumindest ähnliche Vorstellungen und Konzepte von Führung und Organisation konnten dann auch als Voraussetzung für künftige internationale Kooperationen oder Fusionen gesehen werden.

In der Fachpresse fand das USW als „Führungsseminar à la Harvard"[345] schnell Anerkennung. Es half, dass es zu *Plus. Zeitschrift für Unternehmensführung* und dem *Handelsblatt* vor allem in der Person von Alfred Herrhausen eine direkte Beziehung gab. Ende 1972 trat dann auch die Handelsblatt GmbH dem Verein zur Förderung des USW bei. „Dadurch sollen nicht nur Rang und Wert der dort geleisteten Arbeit unterstrichen sein. Wir wollen damit auch

---

[341] Universitätsseminar der Wirtschaft. Konzeption und Aktivitäten. HADB V 30/660.
[342] Horst Albach, Unternehmens-Führung. Sich dem Wandel stellen, in: Universitäts-Seminar der Wirtschaft. HADB V 30/661.
[343] Horst Albach, Mitarbeiterführung. Text und Fälle, Wiesbaden 1977, S. 197.
[344] Heinz Pentzlin, Auch Gruppenarbeit wird gelenkt und geleitet, in: Universitäts-Seminar der Wirtschaft. HADB V 30/661.
[345] Karriere, in: Capital 9 (1969).

die Nähe zum Ausdruck bringen, die unsere Gruppe, insonderheit aber der Handelsblatt-Verlag mit dem USW verbindet."[346] Aber auch das Echo in der allgemeinen Presse war groß. Man zeigte sich fasziniert, wie intensiv im USW gelehrt wurde, und darüber, dass die „Jungchefs wieder auf der Schulbank"[347] saßen. Es wurde über die spartanischen Bedingungen der Unterkunft, über die sehr hohen Leistungsanforderungen und die langen Seminartage berichtet, die um 8 Uhr begannen und oft erst spät abends endeten. „Freizeit im Fernseh-Sinn ist unbekannt", schrieb beeindruckt die *Trierische Landeszeitung*.[348]

Der *Spiegel* berichtete vom „härtesten Training für Top-Leute, das je auf deutschem Boden veranstaltet wurde"[349]. Drastisch schilderte das Magazin den Seminaralltag im USW:

> Bis zu 60 Seiten Pflichtlektüre täglich, Diskussionen, Vorlesungen sowie strenger Drill an Computer-Steuergeräten, die über Telephon mit Elektronenhirnen in Düsseldorf und Köln verbunden sind, halten die Manager-Schüler beschäftigt. „Das ist hier ein Lehr-Zuchthaus. Ich arbeite jede Nacht bis um zwei, sonst komme ich nicht mehr mit", stöhnte ein Hamburger Kursant.[350]

Der Respekt vor dem Manager als Angehörigem einer eigenen „Profession", als Vertreter einer neuen Wissens- und Höchstleistungselite, kam in diesen Berichten zum Vorschein. Informationen über die Verwissenschaftlichung und Professionalisierung der Ausbildung trugen so zur gesellschaftlichen Anerkennung des Managers als eigenständige Profession bei.

Als besonderer Vorzug der USW-Seminare wurde der interdisziplinäre Austausch hervorgehoben. Die *Welt* zitierte einen 46-Jährigen Physiker, der als Prokurist und Exportchef eines großen Elektrounternehmens an dem ersten Zehn-Wochen-Seminar des USW teilgenommen hatte: „Ich muss wissen, welche Sprache die jungen Hochschulabsolventen aller Disziplinen sprechen, die in meiner Firma für Aufgaben der Unternehmensführung heranwachsen."[351] Bei den Lehrinhalten wurde gesellschaftspolitischen Fragen eine besonders große Rolle zugesprochen. Das galt sowohl für die Zehn-Wochen-Seminare als auch für einzelne kürzere und speziellere Schulungen, die einen personalpolitischen Fokus hatten. In einem 1972 von Horst Albach entworfenen Seminar „Führung von Mitarbeitern", das sich an 35 bis 50 Jahre alte Führungskräfte richtete, die nicht selbst der Personalabteilung angehörten, wurde als oberstes Seminarziel

---

[346] Zundler an Herrhausen, 15.11.1972, HADB V 30/0200.
[347] Jungchefs wieder auf der Schulbank, in: Die Welt, 11.9.1969. Vgl. auch: Manager made in St. Augustin, in: Der Volkswirt, 12.9.1969; Teilnehmer aus allen Sparten, in: Blick durch die Wirtschaft, 18.9.1969.
[348] Abends fallen müde Manager ins Kloster-Bett, in: Trierische Landeszeitung, 22.5.1970. Vgl. auch: Seminar in St. Augustin, in: Die Welt, 20.6.1970.
[349] Nacktes Überleben.
[350] Ebd.
[351] Jungchefs wieder auf der Schulbank, in: Die Welt, 11.9.1969.

formuliert: „Die Wechselwirkung zwischen Führungsverhalten im Unternehmen und gesellschaftlichen Entwicklungstendenzen sichtbar machen."[352]

Die Bedeutung des neuen Betriebsverfassungsgesetzes für die Führung von Mitarbeitern sollte erörtert und die Fähigkeit des Vorgesetzten, seine Mitarbeiter zu motivieren, verbessert werden. Zentral für das Seminar war das Studium „gesellschaftspolitischer Grundsatzfragen". Die Teilnehmer sollten die theoretischen Grundlagen und praktischen Probleme „marktwirtschaftlicher und sozialistischer Wirtschafts- und Gesellschaftssysteme" erarbeiten und „in der praktischen Anwendung die Formen und Strategien der ideologischen und dialektischen Diskussion dieser Fragen mit Mitarbeitern" erlernen.[353] Das Seminar kombinierte somit Arbeitsrecht, Organisationslehre und Führungspsychologie mit gesellschaftspolitischen Fragen, insbesondere jenen nach der Berechtigung der Kritik am kapitalistischen Gesellschaftssystem.

Gerade der gesellschaftspolitische Teil wurde in den Aussprachesitzungen von den Teilnehmern als besonders wichtig empfunden.[354] Dabei waren auch linke und gewerkschaftliche Positionen willkommen. Regelmäßiger Referent war beispielsweise Hans Matthöfer von der IG Metall. Im Programmbeirat legte man auf kontroverse Diskussionsrunden großen Wert. Im März 1972 war es „einhellige Meinung des Programmbeirats, Herrn Matthöfer weiterhin Gelegenheit zu geben allein vorzutragen, ohne ihn durch ein festes Gesprächsthema einzuengen". Der gesellschaftspolitische Programmteil und die kontroverse Diskussion sollten auf keinen Fall aufgegeben werden. Im Gegenteil: „Eine Intensivierung scheint eher angebracht."[355] Dazu dienten neben den Seminaren auch spezifisch ausgerichtete Tagungen wie das dritte USW-Symposium, das vom 9. bis 12. Juni 1972 in Berlin zum Thema „Unternehmensführung und Gesellschaftspolitik" stattfand.[356] Unter der Leitung von Horst Albach wurden die Auswirkungen des neuen Betriebsverfassungsgesetzes, Fragen der beruflichen Aus- und Weiterbildung und die „Vorstellungen der ‚neuen Linken' zur Wirtschafts- und Gesellschaftsordnung" diskutiert. Auch auf diesem Symposium wurden Gesellschaftspolitik, Anforderungen für die Führungskräfte und die Auswirkungen der neuen institutionellen Rahmenbedingungen zusammengedacht. Paul Gert

---

[352] Seminar: Führung von Mitarbeitern. Anlage 2 zum Protokoll der Vorstandssitzung vom 24.3.1972. HADB V 30/666.
[353] Ebd.
[354] Nach dem sechsten Zehn-Wochen-Seminar wurde in der Aussprache von den Teilnehmern der Wunsch geäußert, „dass Fragen der Mitarbeiterführung stärker behandelt werden, ebenso eine intensivere Behandlung gesellschaftspolitischer Fragen". Protokoll des Programmbeirats des USW am 5. Oktober 1972. HADB V 30 659.
[355] Protokoll des Programmbeirats des Universitätsseminars der Wirtschaft am 9. März 1972. HADB V 30 659.
[356] Otto Paleczek, Bericht über das 3. Symposium vom 9. bis 12. Juni 1972 in Berlin, 21.6.1972. Bundesarchiv Koblenz B 102/151443.

von Beckerath von der Bayer AG konstatierte, dass durch das neue Betriebsverfassungsgesetz dem Management mehr denn je gesellschaftspolitische Aufgaben übertragen worden seien. Der „dauernde Begründungszwang für betriebliche Entscheidungen" könne für die Unternehmen zwar auch zu Problemen führen, er sei aber insgesamt eine Chance, die „Arbeitnehmerschaft von der Notwendigkeit und Richtigkeit einer guten Unternehmensführung zu überzeugen".[357]

Höhepunkt des Symposiums war ein Besuch im Berliner Verlagshaus Axel Springer. Dort sollten den Teilnehmern die Schwierigkeiten von Unternehmen „im Spannungsfeld gesellschaftspolitischer Auseinandersetzungen" dargestellt werden. Der Gesellschafter der Flick AG, Eberhard von Brauchitsch, erklärte den Jungmanagern die „Symbolrolle", die Springer für die „revolutionäre Linke" spiele. Das Unternehmen habe diese Rolle nicht gesucht, es sei aber kein Zufall, dass es angesichts „seiner staatsloyalen, konservativen, aber weder rechts noch links orientierten Haltung" dazu gekommen sei. In der „sehr kritischen" Diskussion wollten die Teilnehmer der Einschätzung Brauchitschs nur bedingt folgen. Es wurde die Frage gestellt, ob es nicht „ein Spannungsfeld zwischen dem Unternehmer Springer und dem Sendungsbewußtsein des Unternehmers Springer" gebe, ob also Springer nicht durchaus dazu beigetragen habe, zum Angriffsziel der Linken zu werden. Und in diesem Stil ging es kritisch weiter: Die USW-Teilnehmer fragten, ob Springer überhaupt objektiv genug sei, ob Springer nicht einen „Staat im Staat" bilde und ob es nicht eine „Lex Springer" geben müsse. In die Defensive gedrängt, räumten die Verlagsvertreter ein, dass „es Probleme der objektiven Information gibt, die sich aus dem riesigen Angebot an zu verwertendem Informationsmaterial ergeben" würden. Ganz offensichtlich hatten die Symposiumsteilnehmer das USW-Ziel, gesellschaftskritisch sensible Führungskräfte auszubilden, sehr beherzt erfüllt. Der Beobachter des Bundeswirtschaftsministeriums, Otto Paleczek, war jedenfalls sehr zufrieden und bewertete den Versuch, den Führungskräften der Wirtschaft gesellschaftspolitische Themen vor Ort bewusst werden zu lassen, als „gelungen".[358]

Gesellschaftspolitische Themen blieben auch in der Folge ein zentrales Element der USW-Ausbildung. In einem Zwei-Wochen-Seminar, das – maßgeschneidert für die Firma Hoechst – im Mai 1973 geplant wurde, bestand der Höhepunkt der Veranstaltung in einer Podiumsdiskussion zum Thema „Die Motivation von Mitarbeitern in einer kritischen Gesellschaft".[359] Die Diskussionsleitung sollten Alfred Herrhausen und Eberhard von Brauchitsch übernehmen. Ziel der Veranstaltung, so Albach in einem Brief an Herrhausen,

---

[357] Otto Paleczek, Bericht über das 3. Symposium vom 9. bis 12. Juni 1972 in Berlin, 21.6.1972. Bundesarchiv Koblenz B 102/151443.
[358] Ebd.
[359] Entwurf Personalführungsseminar. HADB V 30 659.

sei es, das Problem der „angeblichen oder vermeintlichen oder wirklichen ‚Unternehmerfeindlichkeit' der heutigen Gesellschaft" zu diskutieren. Die übergeordnete Frage bestehe darin, „wie in einer solchen Umwelt Mitarbeiter in privatwirtschaftlichen Unternehmen motiviert werden können". Nach einem Eingangsvortrag durch den Kölner Soziologen Erwin Scheuch solle Herrhausen „etwas zu der gesellschaftspolitischen Situation sagen" und aufzeigen, wie er das Problem angehe, „eine kritische Generation von Mitarbeitern zu führen", und welche Erfahrungen er gesammelt habe, „um einen Mitarbeiter für eine Aufgabe zu begeistern".[360]

Im Programmbeirat des USW, dessen Vorsitz 1972 Kurt Biedenkopf übernommen hatte,[361] wurden laufend neue Seminartypen diskutiert, die auch auf die Rückmeldungen und Kritik der Teilnehmer und der Firmen eingingen. Aus Sicht der Unternehmen war die Abstellung leitender Mitarbeiter für einen Zeitraum von zehn Wochen sehr teuer. Außerdem wurde immer wieder der Wunsch geäußert, dass das neue Wissen direkt in der Unternehmenspraxis anwendbar sein müsse. Beim USW war man sich durchaus bewusst, dass die erlernten modernen Führungsmethoden nicht ohne weiteres umgesetzt werden konnten, wenn die Seminarteilnehmer wieder in ihre Betriebe zurückkehrten. Dies liege daran, dass die Umgebung oft nicht auf die neuen Ideen eingestellt und die Unternehmensleitung nicht bereit sei, sich auf Veränderungen einzustellen, so die Verantwortlichen in einer Vorstandssitzung im Mai 1972. Ein im USW geschulter Manager „erzeugt Widerstand, weil er Fragen stellt[,] und läuft Gefahr, als ‚egghead' auf ein totes Gleis geschoben zu werden". Dieses Dilemma gebe es an der Harvard Business School nicht. Ein Teilnehmer, der aus einem Harvard-Seminar zurückkommt, stehe nicht unter demselben Druck, das Erlernte sofort in der betrieblichen Praxis zu beweisen: „Harvard gehört zur Allgemeinbildung."[362] Einen ähnlich offenen und entspannten Umgang mit akademischem Managementwissen wünschten sich die USW-Macher auch für die deutschen Unternehmen.

Zunächst passten sie aber das Seminarspektrum an. Es wurden kürzere, weniger theoretische Fachseminare in das Angebot aufgenommen. Zwei- bis dreiwöchige Spezialseminare zu Marketing, Planung und Personalführung wurden eingeführt. Bei den Personalführungsseminaren legte Albach großen Wert auf den Einbezug der motivationspsychologischen Elemente. Ganz im Sinne des Human Resource-Ansatzes wurden der einzelne Mitarbeiter, seine Fähigkeiten, seine Wünsche und seine Kreativität als unternehmerische Ressourcen und die

---

[360] Albach an Herrhausen, 16.2.1973. HADB V 30 659.
[361] Protokoll des Programmbeirats des Universitätsseminars der Wirtschaft am 9. März 1972. HADB V 30 659.
[362] Ergebnisprotokoll Gemeinsame Sitzung des Vorstandes und des Geschäftsführenden Vorstandes am 24.5.1972. HADB V 30 666.

3.3 Führungskräfteausbildung seit den 1960er Jahren   197

Abhängigkeit dieser Ressourcen von gesellschaftlichen Wertvorstellungen in den Fokus der Personalarbeit gestellt. Albach erklärte im Programmbeirat des USW:

> Ziel dieses Seminars soll die Bewußtmachung der eigenen Motivation und ihrer Veränderungen, die Bewußtmachung von Gruppenprozessen, die Bewußtmachung von gesellschaftlichen Wertvorstellungen und Präferenzordnungen und die Bewußtmachung von Wertvorstellungen für ganze Unternehmen und Gruppen sein.[363]

Albach knüpfte an die neuen verhaltensökonomischen und motivationspsychologischen Ansätze in der Managementlehre an und wollte sie für das USW nutzbar machen. Sozialwissenschaftliche und sozialpsychologische Ansätze zur Unternehmensführung standen bei den Programmplanern des USW generell hoch im Kurs. Die Optimierung der Managemententscheidungen auf der Basis dieser Ansätze betraf auch die eigene Person. Das Trainingsseminar „Streß, Leistung, Kreativität" etwa basierte auf einer Kombination von medizinischer Anthropologie und Sozialpsychologie und diente einer Verbesserung der „Führung der eigenen Person".[364] Denn diese sei „die – vernachlässigte – Basis allen Führungsverhaltens". Das von Ärzten und Psychologen geführte Seminar wandte sich an „hochbelastete Führungskräfte zwischen etwa 40 und 50 Jahren, insbesondere an solche, die keine unmittelbaren Arbeitsdirektiven mehr erhalten, sondern generellen Richtlinien nach eigenem Ermessen zu folgen haben". Die Teilnehmer des Seminars sollten sechs bis acht Wochen vor Seminarbeginn an einer Vorbesprechung teilnehmen und dazu ein Belastungs-EKG mitbringen. Nach weiterer ärztlicher Untersuchung erhielten sie ein individuell abgestuftes körperliches Vortraining mit Zielvorgaben für den Beginn des eigentlichen Drei-Wochen-Seminars. Ziele des Seminars waren die „Vermittlung möglichst eindrucksvoller Selbsterfahrung" und ein verändertes Verhalten, das der „Steigerung der Leistungsfähigkeit der hochbelasteten Führungskraft und seiner Lebensfreude" dienen sollte.[365]

Schöpfer und wissenschaftlicher Leiter des Trainingsseminars „Streß, Leistung, Kreativität" war Bernt Spiegel, Ordinarius für Wirtschafts- und Sozialpsychologie an der Universität Göttingen. Spiegel, der in den 1970er Jahren an diversen USW-Seminaren beteiligt war und den vom Frankfurter Batelle-Institut geförderten Lehrstuhl für wissenschaftliche Führungsmethoden am USW innehatte,[366] gilt als Begründer der Marktpsychologie. Mit seinem eigenen „Spiegel-Institut Mannheim" hatte er sich in den 1950er und 1960er Jahren auf dem Gebiet der Marktforschung und marktpsychologischen Un-

---

[363] Protokoll des Programmbeirats des Universitätsseminars der Wirtschaft am 9. März 1972. HADB V 30 659.
[364] Bernt Spiegel an Alfred Herrhausen, 6.7.1972. HADB V 30 659.
[365] Ebd.
[366] Gremien. Verein zur Förderung des Universitätsseminars der Wirtschaft/Universitätsseminar der Wirtschaft, Stand 7.7.1970. Bundesarchiv Koblenz B 102/151443.

ternehmensberatung etabliert. Spiegel war der deutsche Pionier auf dem Gebiet der systematischen Befragung von Einstellungen, Erwartungen, Wünschen und Befürchtungen.[367] Mitte der 1970er Jahre erarbeitete er beispielsweise Marktforschungsanalysen für BMW zum Thema „Wertewandel" und Motivstrukturen des Automobilkonsums.[368] Beim USW war Spiegel aber nicht nur aufgrund seiner Expertise als Marktpsychologe gefragt, sondern er unterrichtete wirtschaftspsychologische Grundlagen auch auf dem Gebiet der Personalführung, etwa in dem Kurs „Die Motivationsstruktur des Menschen" oder in einem 1973 geplanten „Psychologieseminar".[369]

Die programmatische Ausgestaltung des USW verlief dabei alles andere als harmonisch. Gerade der progressive Ansatz des USW provozierte auch Widerstand innerhalb der das Institut tragenden Unternehmerschaft. Dabei verlief die Konfliktlinie zwischen jenen Unternehmensvertretern, die auf ein pragmatisches, weniger wissenschaftliches Seminarangebot drängten, und „Praktikern" wie Ludwig Vaubel und Alfred Herrhausen,

> die der Einführung neuer, betriebswirtschaftlich avancierter Methoden und Verfahren bei der Unternehmensführung besonders aufgeschlossen und erwartungsvoll gegenüberstanden und die sich deshalb gemeinsam mit den Wissenschaftlern um eine Institutionalisierung des USW in genau diesem Sinne bemühten.[370]

Obwohl es weitere Konflikte um das USW gab (u. a. auch in Finanzierungsfragen), obsiegten letztlich die kompromissbereiten Reformer um Herrhausen in den späten 1970er Jahren (Vaubel hatte sich 1975 altersbedingt aus der Leitung zurückgezogen), auch wenn aus Sicht der beteiligten Wissenschaftler zu viele Kompromisse hin zu einer praktisch-pragmatischen Ausrichtung des Ausbildungsangebots gemacht wurden. Von Seiten der großen Wirtschaftsverbände wurde das USW entschieden gestützt. Als 1973 durch den Wegfall der staatlichen Zuschüsse des Bundeswirtschaftsministeriums und des nordrhein-westfälischen Kultusministeriums eine Finanzierungslücke die Existenz des USW bedrohte, gab sich der BDI solidarisch.[371] Auf die „allseits anerkannten Leistungen des USW auf dem Gebiet der Managementausbildung" könne auf keinen Fall verzichtet werden. Der Kreis der durch das USW ausgebildeten Mitarbeiter stehe den Unternehmensleitungen „besonders nahe". Daher, „und mit Rücksicht auf die jüngsten verstärkten Initiativen der Gewerkschaften auf

---

[367] Spiegel, Werbepsychologische Untersuchungsmethoden; ders., Die Struktur der Meinungsverteilung im sozialen Feld.
[368] Vgl. Köhler, Auto-Identitäten, S. 275 f.
[369] Ergebnisprotokoll Gemeinsame Sitzung des Vorstandes und des Geschäftsführenden Vorstandes am 24.5.1972. HADB V 30 666.
[370] Sattler, „Harvard in Schloss Gracht", S. 109.
[371] Niederschrift Präsidialsitzung BDI, 4.4.1973. BDI-Archiv A 125.

3.3 Führungskräfteausbildung seit den 1960er Jahren 199

diesem Feld",[372] sei es von großer Bedeutung, die Managerschulung weiterzuentwickeln und ihre Finanzierung zu sichern.[373]

Gleichzeitig sei es wichtig, die „zum Teil unkoordinierte Entwicklung auf dem Gebiet der Managementweiterbildungsinstitute besser zu steuern und die Finanzierung durch die Wirtschaft auf eine überschaubare Zahl von qualitativ hochstehenden Einrichtungen zu konzentrieren"[374]. Auch DIHT-Präsident Otto Wolff von Amerongen sah im USW die „rühmliche Ausnahme" angesichts des zum Teil niedrigen Standards der Managementschulen. Es komme daher darauf an, das USW zum „Nukleus einer sinnvollen und ausgewogenen Ausbildung von Führungskräften der Wirtschaft zu machen".[375] Dass das USW zu jener „überschaubaren Zahl" von exklusiven Managementausbildungsstätten zählen würde, stand in den 1970er Jahren außer Frage. Maßgeblich zur Konsolidierung und echten Institutionalisierung des USW hatte auch der Einzug ins Wasserschloss Gracht in Erftstadt-Liblar zum Jahresende 1975 beigetragen. Die Weiterbildungsstätte mit modernen Unterrichtsräumen, eigenem Rechenzentrum und Internat wurde im April 1976 feierlich eröffnet.[376] Von nun an hatte das USW eine feste Bleibe und konnte dem Anspruch seiner Attraktivität für Führungskräfte und Exklusivität auch in repräsentativen Räumlichkeiten gerecht werden.

Auch hinsichtlich der Teilnehmerzahlen blieb das USW eine exklusive Institution. 1974 etwa nahmen 460 Personen an den Seminaren des USW teil. Fast 60 Prozent dieser Teilnehmer kamen aus Großunternehmen mit mehr als 2.500 Beschäftigten.[377] Die Schwierigkeiten, den Mittelstand für das USW zu gewinnen, wurden entsprechend immer wieder artikuliert. Die überwältigende Mehrheit der Teilnehmer kam aus der verarbeitenden Industrie (1977: 62 %), es folgten Teilnehmer aus der Investitionsgüterindustrie (20 %). Teilnehmer aus Banken und Versicherungen blieben selten (5 %).[378] Auch hinsichtlich der Vorbildung war das Bild eindeutig. Mehr als die Hälfte der Teilnehmer waren Ingenieure oder Naturwissenschaftler (1977: 54 %), es folgten praktische Kaufleute (25 %), Wirtschaftswissenschaftler (16 %) und Juristen (3 %).[379] Diese Teilnehmerstruktur änderte sich im Laufe der Zeit nur geringfügig. Knapp zehn Jahre später war der Anteil der Ingenieure und Naturwissenschaftler gesunken, aber immer noch

---

[372] Gemeint waren hier die Bemühungen des DGB, in der Auseinandersetzung um die leitenden Angestellten, diese Gruppe für sich zu gewinnen und zu diesem Zweck eine eigene Managerakademie zu gründen. Vgl. Kapitel 5.3.
[373] Niederschrift Präsidialsitzung BDI, 4.4.1973. BDI-Archiv A 125.
[374] Ebd.
[375] Nicht jeder hat die Anlage, ein Unternehmen zu führen, in: Wirtschaftswoche, 8.10.1971.
[376] Presseinformation zur Eröffnung von Schloss Gracht am 30.4.1976. HADB V 30/660.
[377] Geschäftsberichte des Vereins zur Förderung des USW für 1974. HADB V 30/661.
[378] Geschäftsberichte des Vereins zur Förderung des USW für 1977. HADB V 30/788.
[379] Ebd.

am höchsten (1985: 39 %), der Anteil der praktischen Kaufleute leicht gesunken (22 %), der der Wirtschaftswissenschaftler (18 %) und Juristen (6 %) hingegen gestiegen.[380] Das USW bildete also vornehmlich Mittelmanager und angehende Topmanager der bundesrepublikanischen industriellen Wirtschaft aus.

Hinsichtlich seiner programmatischen Gestaltung war das USW in den 1970er Jahren aber in der Tat innovativ. Es gilt vor allem drei Punkte zusammenfassend herauszustellen: Erstens bemühte das USW sich um eine konsequent wissenschaftliche Ausrichtung seines Seminarprogramms und eine Anwendung wissenschaftlich fundierter Methoden und Verfahren. Kernstück der Lehre war eine moderne Ausrichtung der Betriebswirtschaftslehre, die Führungs- und Steuerungstechniken auf der Basis angewandter Mathematik bereitstellte.[381] Hinzu kam zweitens eine interdisziplinäre Öffnung des Programms hin zu den Sozialwissenschaften und zu einer neuen Wirtschafts- und Sozialpsychologie, die in den Universitäten, vor allem aber in der Personalwissenschaft und in privaten Marketinginstituten entwickelt wurde. Der humanwissenschaftliche Paradigmenwechsel, wie er mit dem neuen Ansatz der Human Resources verbunden ist, wurde im USW von Beginn an mitgetragen. Es überrascht nicht, dass das USW in den 1980er Jahren an der Diskussion um den „Wertewandel" in der Personal- und Produktwelt sehr aktiv beteiligt war.[382]

Drittens spielten in der Programmgestaltung des USW gesellschaftspolitische Themen eine zentrale Rolle. Dies war kein Rahmenprogramm, sondern elementarer Bestandteil der Lehrphilosophie, die davon ausging, dass in einer komplexer gewordenen Umwelt erfolgreiche und somit auch rentable Unternehmensführung nur durch ein richtiges Verständnis der ökonomischen, rechtlichen, sozialen und ökologischen „Umweltfaktoren" möglich sei.[383] Paradigmatisch dafür sind auch die in den späten 1970er Jahren eingeführten dreiwöchigen „Umwelt-Seminare", mit denen die USW-Macher erneut auf die Nachfrage nach einem gesellschaftspolitischen Fokus der Seminare reagierten.[384] Zur Lehrphilosophie des USW gehörte es also auch, die neuen Realitäten des Betriebsverfassungsgesetzes und später des Mitbestimmungsgesetzes genauso in die Managementausbildung aufzunehmen wie die Herausforderungen durch kapitalismuskritische Strömungen in den Betrieben und in der Gesellschaft.

---

[380] Geschäftsberichte des Vereins zur Förderung des USW für 1985. HADB V 30/788.
[381] Vgl. zu den parallelen Veränderungen in der Volkswirtschaftslehre vor allem Kapitel 9 aus: Jan-Otmar Hesse, Wirtschaft als Wissenschaft. Die Volkswirtschaftslehre in der frühen Bundesrepublik, Frankfurt a. M. 2010.
[382] Vgl. Kapitel 7.1 und 7.3.
[383] Vgl. hierzu auch aus der Reihe der USW-Schriften für Führungskräfte den Band 6: Das Unternehmen in der Gesellschaft, Wiesbaden 1974 mit Beiträgen von Hanns Martin Schleyer, Ernst Mommsen, Eberhard von Brauchitsch und Otto A. Friedrich.
[384] Andrykowsky an die Mitglieder des Vorstandes des USW-Fördervereins, 24.6.1977. HADB V 30/656.

3.3 Führungskräfteausbildung seit den 1960er Jahren 201

Trotz dieser vergleichsweise progressiven Ansätze schlug dem USW Anfang der 1970er Jahre starke Kritik entgegen. Der Grund für die Aufmerksamkeit bestand in dem Versuch des USW, mit der Universität Bonn stärker zusammenzuarbeiten. Horst Albach hatte einen Antrag auf die Errichtung eines gemeinsam von der Universität und dem USW getragenen Lehrstuhls für Unternehmensführung gestellt und damit im Wintersemester 1971/72 heftige Turbulenzen an der Universität Bonn ausgelöst. Vor allem linke studentische Gruppen organisierten den Widerstand: Die „Basisgruppe Volkswirtschaft" kritisierte, dass mit dem geplanten Lehrstuhl doch nur „Knechte des Großkapitals" gezüchtet würden. Der Einfluss der Konzerne auf die Universität werde durch eine solche Zusammenarbeit zementiert, so der Vorsitzende des Bonner AStA Ingo Thiée. In einer von der „Basisgruppe Volkswirtschaft" herausgegebenen Veröffentlichung, die Albach in Kopie an alle USW-Vorstandsmitglieder verschickte,[385] wurde man noch deutlicher: „Zerschlagt den USW-Lehrstuhl", hieß es dort, denn dieser mache die Universität zum „Kontakthof der Wirtschaft, wo die Profs als Huren laufen und sich an das Kapital verkaufen".[386] Eine mit öffentlichen Mitteln finanzierte Managerausbildung dürfe es auf keinen Fall geben. Denn die dort gelehrten Inhalte und Methoden – Führungsverhalten, Entscheidungsaufbereitung und -findung, Gruppendynamik, Personalpolitik – seien letztlich

> nichts anderes als die unmittelbare Nutzbarmachung der Sozialwissenschaften zur herrschaftsstabilisierenden Konfliktsteuerung in der Produktionssphäre, Unterdrückung der arbeitenden Bevölkerung und Perpetuierung der gegenwärtigen Machtverhältnisse in alle Ewigkeit.[387]

Der Widerstand gegen das USW blieb nicht nur bei Worten, im Mai 1972 störten mehrere hundert Bonner Studenten eine Sitzung des Fachbereichs, der über Albachs Antrag abstimmte. Dass dieser letztlich nur äußerst knapp für den Antrag stimmte, zeigt, dass das Projekt auch unter den Professoren sehr umstritten war.[388] Letztlich scheiterte das Vorhaben an der Politik. Der nordrheinwestfälische Bildungsminister hielt es für „nicht vertretbar", einen Lehrstuhl für Aufgaben des USW freizustellen.[389]

Ereignisse wie die in Bonn stoppten allerdings keineswegs die Versuche der deutschen Wirtschaft, mit den Universitäten zusammenzuarbeiten, wie im nächsten Kapitel zu sehen sein wird. Festzuhalten bleibt an dieser Stelle: Schon seit

---

[385] Albach an die Mitglieder des Vorstands Förderverein, 22.4.1971.
[386] Output 4/1971. HADB V 30 660.
[387] Ebd.
[388] Kein Platz für Manager, in: Capital 11 (1971). Vgl. Tonbandabschrift einer Sendung des Westdeutschen Fernsehens in der Reihe „Uni/Audimax" über das Universitätsseminar der Wirtschaft, 21.1.1972. HADB V 30/660.
[389] Der Minister für Wissenschaft und Hochschule des Landes Nordrhein-Westfalen an die Universität Bonn, November 1972. HADB V 30 660.

den frühen 1960er Jahren hatte sich die deutsche Wirtschaft zunehmend gesellschaftspolitischen Themen geöffnet. Angetrieben von sozialwissenschaftlicher Kritik ging es zunächst darum, dem Vorwurf zu begegnen, die deutschen Wirtschaftsführer seien immer noch in autoritär-paternalistischen Standesideologien verhaftet. Die Unternehmer, Manager und leitenden Angestellten waren zum soziologischen Objekt geworden und wollten auf das von ihnen entstehende Bild Einfluss nehmen. Die Interaktion mit einer kritisch-akademischen Gegenkultur führte zu einer Aufwertung der unternehmerischen Öffentlichkeitsarbeit, die sich nicht einfach als reine Imagepflege und Propaganda beschreiben lässt. Doch gerade im Zuge der Professionalisierung der Führungskräfteausbildung ist deutlich geworden, dass die Modernisierung von Führung vor allem auch als Reaktion auf ökonomische Strukturveränderungen und unternehmensorganisatorische Notwendigkeiten zu verstehen ist.

Die transnationale Dimension dieses Prozesses gilt es nicht zu unterschätzen, wobei die „Amerikanisierung" der Führungskräfteausbildung nur teilweise als tatsächlicher Import von Schulformen und Lehrmodellen daherkam, sondern vor allem als die treibende Kraft eines Defizitgefühls. Wer nicht wie die USA über eine professionelle Führungskräfteausbildung verfügt und moderne Managementmethoden lehrt und anwendet, verliert unweigerlich den Anschluss an die voranschreitende Modernisierung der Industriegesellschaft, so die gängige und wirkungsmächtige Einschätzung. Diese Vorstellung wurde von den neuen Managementzeitschriften, die die Diskurse um die Professionalisierung von Führung als Geschäftsgrundlage entdeckt hatten, maßgeblich popularisiert. Autoritäre Führungsstile galten hier als unprofessionell, antiquiert und kreativitätshemmend. Die Grenzen der Amerikanisierung zeigten sich in der Ablehnung des Managerbegriffs, die selbst bei den großen Gewinnern der Professionalisierung von Führung, den leitenden Angestellten, vertreten wurde. Das normative Konzept von Führung wurde – das hat das Beispiel USW gezeigt – seit 1968 moderner, sachlicher und wissenschaftlicher. Gleichzeitig wurde es humaner, weil menschliche Bedürfnisse, Einstellungen und Werte zu ökonomischen Entscheidungsgrundlagen in Marketing und Personalführung aufstiegen und damit Teil der Managementaufgaben wurden. Kann man also von einem „1968 der Manager" sprechen? Wurde im Zuge der Studentenrebellion die deutsche Wirtschaft demokratischer und offener? Und welche anderen ökonomischen, sozialen und politischen Faktoren waren für diesen Wandel maßgeblich?

4. Das „1968" der Manager: Vetrauenskrise des westdeutschen Kapitalismus

Gibt es ein ökonomisches Erbe der Revolte von „1968"? Hat die Autoritätskritik der „1968er" dazu geführt, dass die Wirtschafts- und Arbeitswelt menschlicher geworden ist und überkommene patriarchalische Verhältnisse neuen kooperativen Führungsstilen gewichen sind?[1] Die Wirtschaftshistoriker Werner Plumpe und Christian Kleinschmidt haben zu Recht betont, dass man sich von der klischeehaften Vorstellung trennen sollte, dass bis 1968 die deutsche Wirtschaft in alten autoritären Mentalitäten verharrt habe, um sich dann aufgrund gesellschaftlichen Drucks schlagartig zu demokratisieren.[2] Dass in der Tat zentrale sozialkulturelle Paradigmenwechsel in der Wirtschaft früher anzusiedeln sind, ist oben deutlich geworden. Es ist außerdem zutreffend, dass sozialwissenschaftliche Kritik und linksliberale Medien im Zuge von „1968" die Unternehmer vormoderner und autoritärer erscheinen ließen, als sie es tatsächlich waren.[3] Dennoch spricht einiges für eine Zäsur, wobei „1968" als Chiffre zu verstehen ist und tatsächlich eher der ganze Zeitraum von 1966 bis 1976 gemeint ist, also die Zeit vom Beginn der ersten Wirtschaftskrise der Bundesrepublik bis zur Verabschiedung des Mitbestimmungsgesetzes. Dabei ist es wichtig, eine etwas breitere Perspektive einzunehmen und diese Umbruchzeit nicht nur als Auseinandersetzung der Wirtschaft mit den Wortführern der engeren „1968er"-Bewegung zu sehen, sondern als Interaktion mit einer sich neu formierenden kritischen Öffentlichkeit, mit den Universitäten, mit der ab 1969 regierenden sozialliberalen Koalition, und nicht zuletzt als Interaktion zwischen zwei Generationen von Wirtschaftsführern.

---

[1] Vgl. hierzu Bernhard Dietz, Weniger Autorität wagen. „1968" und der Wandel von Führungskonzepten in der westdeutschen Wirtschaft, in: Mittelweg 36. Zeitschrift des Hamburger Instituts für Sozialforschung 27 (2018), Heft 6, S. 43–64; ders., Die Ressource Mensch, in: Frankfurter Allgemeine Zeitung, 22.10.2018.

[2] Werner Plumpe, 1968 und die deutschen Unternehmen. Zur Markierung eines Forschungsfeldes, in: Zeitschrift für Unternehmensgeschichte 49 (2004), S. 44–65; Christian Kleinschmidt, Das „1968" der Manager. Fremdwahrnehmung und Selbstreflexion einer sozialen Elite in den 1960er Jahren, in: Jan-Otmar Hesse/Christian Kleinschmidt/Karl Lauschke (Hrsg.), Kulturalismus, neue Institutionenökonomik oder Theorienvielfalt – Eine Zwischenbilanz der Unternehmensgeschichte, Essen 2002, S. 19–31. Vgl. auch Stephan Malinowski/Alexander Sedlmaier, „1968" als Katalysator der Konsumgesellschaft. Performative Regelverstöße, kommerzielle Adaptionen und ihre gegenseitige Durchdringung, in: Geschichte und Gesellschaft 32 (2006), S. 238–267.

[3] Kleinschmidt, Das „1968" der Manager, S. 30.

Der Protest der „1968er" war auch eher makroökonomisch ausgerichtet, das kapitalistische System wurde angefeindet, weniger die Unternehmen selbst. Die Kritik richtete sich auf die deutsche Vergangenheit, wenn der Faschismus kausal aus dem Kapitalismus abgeleitet wurde, aber auch auf die Gegenwart, wenn der Vietnamkrieg auf den Kapitalismus zurückgeführt wurde. Direktes Feindbild war der Axel Springer Verlag, dies aber vor allem in seiner Eigenschaft als Westberliner Produzent der verhassten *Bild, Welt, B. Z.* und *Berliner Morgenpost*. Insgesamt blieben die Unternehmen zumindest zu Beginn der „1968er"-Bewegung im „Schatten des Politischen"[4]. In der allgemeinen Öffentlichkeit war dies anders: Die ARD-Magazine *Panorama* und *Report* etwa kritisierten in ihren Reportagen regelmäßig und schon länger betriebliche Missstände und provozierten dadurch die deutsche Unternehmerschaft. Günter Wallraffs erstmals 1966 veröffentlichten „Industriereportagen" beschrieben die Fließband- und Akkordarbeit in deutschen Industriebetrieben drastisch und wurden zum langjährigen Publikumserfolg.[5] Die deutsche Wirtschaft und ihre Vertreter – Unternehmer, Manager, Verbandsfunktionäre, Aktionäre – standen in neuem Fokus der Aufmerksamkeit. Kritik an den Unternehmern und Managern erreichte nun viel breitere Teile der Gesellschaft als der soziologische Elitendiskurs Anfang der 1960er Jahre. Aber auch die wirtschaftsfreundlichere Presse wurde kritischer, wie das Beispiel der Missmanagement-Geschichten zeigt: In den 1970er Jahren brachten zunächst das *Manager Magazin*, dann in Kopie auch andere Wirtschaftsmagazine wie *Wirtschaftswoche* und *Capital* betriebliche Reportagen über Managementfehler, die die deutsche Wirtschaft erheblich provozierten. Aktiv wurden die deutschen Unternehmer aber nicht nur angesichts einer kritischen Öffentlichkeit, sondern im Falle der Universitäten auch aufgrund einer echten Sorge um die ideologische Gesinnung des Führungskräftenachwuchses.

Die Herausforderung der Unternehmen durch „1968" war aber auch politischer Natur. Die Forderungen nach Partizipation in den Betrieben und nach dem richtigen Führungsstil intensivierten sich zwischen 1966 und 1976 und erreichten deutlich größere Teile der Bevölkerung als noch zu Beginn der 1960er Jahre. „Wirtschaftsdemokratie" war seit dem Antritt der sozialliberalen Regierung unter Willy Brandt im September 1969 offizielles Regierungsprogramm. Im gesellschaftlichen Reformklima der frühen 1970er Jahre wurde hierarchischen Ordnungsmodellen und autoritären Führungsstilen von Seiten der Politik der Kampf angesagt. Programme zur Humanisierung der Arbeitswelt,[6] eine neue

---

[4] Plumpe, 1968 und die deutschen Unternehmen, S. 50.
[5] Günter Wallraff, Wir brauchen dich. Als Arbeiter in deutschen Industriebetrieben. München 1966; ders., Industriereportagen. Als Arbeiter in deutschen Grossbetrieben, Reinbek 1970.
[6] Nina Kleinöder, „Humanisierung der Arbeit". Literaturbericht „Forschungsprogramm zur Humanisierung des Arbeitslebens", Düsseldorf 2016 (= Hans-Böckler-Stiftung, Working Paper Forschungsförderung, Nummer 008, Februar 2016).

Gewerbeordnung, neue Lehrlingsausbildungsvorschriften, vor allem aber die Reformvorhaben zur Betriebsverfassung und zur Mitbestimmung prägten diesen wirtschafts- und arbeitspolitischen Reformprozess. Die Wirtschafts- und Arbeitswelt sollte humaner, demokratischer und egalitärer werden.[7]

Für die Unternehmen war „1968" somit einerseits eine mediale und politische Provokation, auf die zunächst mit kämpferischer Rhetorik, später aber mit Dialogbereitschaft, Absorption von Kritik und professionalisierter Öffentlichkeitsarbeit geantwortet wurde. Gleichzeitig aber gab es um 1968 neue ökonomische Herausforderungen, denn die Dezentralisierung von Unternehmensorganisationen, die Delegation von Verantwortung auf ein stark angewachsenes Führungskräftekorps, um dessen marktwirtschaftliche Verlässlichkeit man sich sorgte, und nicht zuletzt die kooperativen Führungsstile waren Antworten auf komplexe Umweltanforderungen seit der Wirtschaftskrise 1966/67.

4.1 Die Unternehmer und die Öffentlichkeit

Zu Beginn dieses Buches ist deutlich geworden, wie den westdeutschen Unternehmern nach dem Zweiten Weltkrieg ein außerordentlicher PR-Erfolg gelungen ist: Galten sie zum Ende der 1940er Jahre noch als Handlanger und Profiteure des NS-Systems, änderte sich die öffentliche Meinung innerhalb weniger Jahre dramatisch. Schon zu Beginn der 1950er Jahre waren die Unternehmer unverzichtbare Garanten für Prosperität und Stabilität, jene „Macher", die der jungen Bundesrepublik Vollbeschäftigung und Massenwohlstand brachten. Geschickt inszenierten sie sich selbst als „Kapitäne des Wirtschaftswunders", als „geborene Unternehmer", die dank harter Arbeit und einer gehörigen Spur Genialität den Wiederaufbau nach dem Krieg erfolgreich gesteuert hatten. Von Schuld war keine Rede mehr und auch die politisch-ökonomischen Ordnungsvorstellungen der Unternehmer hatten sich durchgesetzt: Marktwirtschaft und Konsumgesellschaft nach westlichem Vorbild wurden von einem Großteil der Bevölkerung befürwortet. Dieses Bild blieb bis in die zweite Hälfte der 1960er Jahre stabil. Aber zum Ende der Dekade geriet das Unternehmerimage aus der Zeit des „Wirtschaftswunders" ins Wanken und der westdeutsche Kapitalismus insgesamt rutschte in eine Legitimations- und Vertrauenskrise. „Sündenbock Unternehmer?", fragten sich daher der Wirtschaftswissenschaftler Clemens-August Andreae und der

---

[7] Bernd Faulenbach, Das sozialdemokratische Jahrzehnt. Von der Reformeuphorie zur neuen Unübersichtlichkeit. Die SPD 1969–1982, Bonn 2011, S. 181–200; Hans Günter Hockerts, Der deutsche Sozialstaat. Entfaltung und Gefährdung seit 1945, Göttingen [u. a.] 2011, S. 181 ff.

Journalist Burghard Freudenfeld in einer gemeinsamen Publikation von 1973.[8] Freudenfeld war 1971 zum Direktor des Deutschen Industrieinstituts ernannt worden und machte in dieser Funktion immer wieder deutlich, dass es für die deutsche Wirtschaft nicht allein um Imagefragen, sondern um Grundsätzliches ging: „Es ist heute offenkundig, dass die soziale Marktwirtschaft in diesem Staats- und Gesellschaftssystem erneut nach 25 Jahren vor ihre alte Sinnfrage gestellt ist."[9]

Der Anstoß zu einer unternehmenskritischeren Öffentlichkeit kam von links, aber nicht nur von der Studentenrevolte im engeren Sinne. In der Zeit von 1965 bis 1975 entwickelte sich vielmehr eine lebhafte und vielgestaltige Interaktion von linker bzw. akademischer Gegenkultur und deutscher Wirtschaft. Dabei veränderte sich innerhalb dieses Zeitraums der Umgang der Unternehmer mit der Kritik grundsätzlich. Wie Werner Kurzlechner bereits anhand der Wirtschaftsmedien *Handelsblatt* und *Der Arbeitgeber* herausgearbeitet hat, kam es in Reaktion auf die gesellschaftlichen Veränderungen von „1968" zu einem signifikanten Wandel in der öffentlichen Selbstdarstellung der Unternehmer und ihrer medialen Wahrnehmung zwischen 1965 und 1975. Eine selbstmitleidige „Semantik der Klage" war einer selbstkritischen und offensiven Medienpolitik gewichen.[10] Tatsächlich waren es aber nicht nur die Semantiken, die sich verändert hatten, sondern auch die medialen Formen an sich. Während das *Handelsblatt* oder *Der Arbeitgeber* in dieser Beziehung eher für Kontinuität stehen, ist der Aufstieg von kritisch-investigativen Managermagazinen wie *Capital* und vor allem dem *Manager Magazin* als Zeichen für eine veränderte Medienumwelt zu werten. Denn hier kamen die gesellschaftliche Kritik an den Unternehmen und die Diskussion von modernen Führungsstilen im Zeichen des „management gap" in neuer Form zusammen. Auf diese Entwicklung reagierten die Unternehmer auch mit einem eigenen Engagement in der Wirtschaftspresse. Das oben diskutierte Beispiel des Wirtschaftsmagazins *Plus* demonstriert diese neue Medienpolitik der deutschen Wirtschaft.

---

[8] Clemens-August Andreae/Burghard Freudenfeld, Sündenbock Unternehmer? Das Risiko der Freiheit im Wandel der Gesellschaft, 2. Auflage, Köln 1973.
[9] Burghard Freudenfeld, „Standort und Perspektive", in: Clemens-August Andreae/Burghard Freudenfeld, Sündenbock Unternehmer? Das Risiko der Freiheit im Wandel der Gesellschaft, 2. Auflage, Köln 1973, S. 97–129, hier: 119.
[10] Werner Kurzlechner, Von der Semantik der Klage zu einer offensiven Medienpolitik. Selbstbild und Wahrnehmung westdeutscher Unternehmer 1965–1975, in: Reitmayer/Rosenberger (Hrsg.), Unternehmen am Ende des „goldenen Zeitalters", S. 289–318. Vgl. auch Andrea Rehling, Die deutschen Wirtschaftseliten in der öffentlichen Wahrnehmung am Beispiel von „Spiegel", „Stern" und „Quick", in: Akkumulation. Informationen des Arbeitskreises für kritische Unternehmensgeschichte 18 (2003), S. 1–14. Vgl. auch Meinolf Dierkes, Unternehmer im Spiegel der öffentlichen Meinung (I+II), in: Der Arbeitgeber 22 (1970a), S. 761–762 (I) und 806–807 (II).

4.1 Die Unternehmer und die Öffentlichkeit

In einer zunehmend rechtfertigungs- und transparenzaffinen Gesellschaft konnten sich die Unternehmen auch nicht mehr abschotten. Infolge der Reform des Aktienrechts von 1965 und des Publizitätsgesetzes von 1969 begannen die Unternehmen – wenn auch zögerlich –, Einblicke in ihr Innenleben zu gewähren und vereinzelt Presseabteilungen aufzubauen.[11] Auch bei BDI und BDA war man Ende der 1960er Jahre zu einer aktiveren Öffentlichkeitsarbeit übergegangen, und zwar zu einem Zeitpunkt, als die Mitbestimmungsdiskussion bereits im Gang war, aber noch bevor Willy Brandt in seiner Regierungserklärung im September 1969 „Wirtschaftsdemokratie" zur Regierungspolitik machte. Im November 1968 erläuterte Hanns Martin Schleyer in einer Präsidiumssitzung des BDI diesen neuen Kurs. Der Präsidialarbeitskreis der BDA habe ein neues „gesellschaftspolitisches Programm der Unternehmerschaft" entwickelt. Schleyer betonte dabei, dass es unbedingt notwendig sei, „zu einem positiven Konzept der Unternehmerschaft zu gelangen".[12] Aus politischen Gründen müssten die Arbeitnehmer für die Unternehmen und die Gesellschaft gewonnen werden. Dafür war man bei der BDA zu einer breiten programmatischen und betriebspraktischen Offensive bereit. Entsprechend enthielt das „gesellschaftspolitische Programm" laut Schleyer Vorschläge zur Verbesserung von Bildung und Ausbildung, zur Verbesserung der Stellung und Mitarbeit der Arbeitnehmer im Betrieb, zum Schutzbedürfnis älterer Arbeitnehmer, zur Vermögensbildung und zur sozialen Sicherheit.[13]

Eine besondere Herausforderung für die Wirtschaft stellte im Bereich der öffentlichen Kommunikation neben den linksliberalen Printmedien *Stern*, *Spiegel* und *Zeit* auch das deutsche Fernsehen dar, dem in den 1960er Jahren rasante Entwicklungsschritte gelungen waren.[14] Vor allem die kritischen ARD-Magazine *Panorama* und *Monitor* waren den betroffenen Unternehmern ein Dorn im Auge. Bereits 1963 sah das von BDI und BDA gegründete Deutsche Industrieinstitut seine Aufgabe darin, gegen diese „unternehmerfeindliche" Berichterstattung und den „Geist der Panoramasendungen" anzukämpfen. Das Institut unterlasse daher nichts, „um gegen die sogenannten zeitkritischen Sendungen von Rundfunk und Fernsehen, ihre fortgesetzte nationale Selbstabwertung und den permanenten Verstoß gegen die Objektivitätspflicht von Funk und Fernsehen vorzugehen".[15] Im Laufe der 1960er Jahre wurde diese Aufgabe immer intensiver. Gerade beim BDI überlegte man, wie man dieser medialen Herausforderung begegnen sollte. Rolf Audouard, Hauptgeschäftsführer des Verbands Deutscher Maschinen- und

---

[11] Publizität. Eine lästige Pflicht, in: Manager Magazin 4 (1972), S. 48 f.
[12] Niederschrift Präsidialsitzung BDI, 20.9.1969. BDI-Archiv HGF Pro 18, Karton 777.
[13] Ebd.
[14] Vgl. Knut Hickethier, Geschichte des deutschen Fernsehens, Stuttgart 1998, S. 198–280.
[15] Niederschrift über die Kuratoriumssitzung des Deutschen Industrieinstituts am 14.12.1963. Bundesarchiv Koblenz N 1223/102.

Anlagenbau (VDMA), erklärte auf einer gemeinsamen Präsidial- und Vorstandssitzung des BDI im November 1968:

> Das Fernsehen wirkt in einer so viel stärkeren Weise auf einen so viel größeren Kreis von Menschen, [...] und das Fernsehen ist in diesen Berichten „Monitor", „Report" usw. derartig diametral gegen die Interessen einer gesunden Wirtschaft gerichtet, dass man meines Erachtens jeden Versuch unternehmen sollte, hier einmal einen gewissen Wandel zu schaffen; denn die Einflußmöglichkeit ist hier sehr viel stärker als über die Flugblätter und -schriften.[16]

Auch der BDI-Präsident Fritz Berg konnte dieser Diagnose zustimmen. Im westdeutschen Fernsehen komme die Wirtschaft selbst kaum zu Wort, im Gegensatz zu allem, „was rot und rot-intellektuell ist". Außerdem werde von den Kommentaren die deutsche Wirtschaft grundsätzlich schlecht geredet. Feindbild war hier besonders Peter Merseburger, seit 1967 Leiter und Moderator des Fernsehmagazins *Panorama* in der Nachfolge von Joachim Fest. „Sehen Sie sich ‚Report' und ‚Panorama' an! Sehen Sie sich Herrn Merseburger an! Ich meine, dass überhaupt noch Fernseher da sind und nicht die Gläser eingeschmissen sind, kann ich heute noch nicht verstehen", schimpfte der BDI-Präsident. Immerhin gestand Berg ein: „Aber ich kann ihn nicht totschießen; das geht nicht."[17]

Es gehe auch nicht nur darum, dass das Fernsehen antiunternehmerisch sei, so BDI-Geschäftsführer Theodor Pieper, der auf Berg antwortete. Mindestens so problematisch sei, dass die „Leute, die an das Fernsehen herangehen, publizistisch eben besser sind". Gerade angesichts der Mitbestimmungsdiskussion sei es wichtig, dass auch der BDI mit mediengeschulten Spezialisten arbeite: „Ein Unternehmen würde seine Public Relation und seine Beeinflussung der öffentlichen Meinungsbildung durch die Massenmedien nie mit Amateuren wie wir machen, sondern es stellt eben Leute an, die da Spezialisten sind." Wenn man zum Publikum durchdringen wolle, gebe es dazu keine Alternative und dabei dürfe man nicht nur wissenschaftlich, sondern auch polemisch vorgehen. Um dem Arbeiter die Unternehmerposition verständlich zu machen, müssten entsprechend die Arbeitgeber „nicht nur in der Sprache des ‚Volkswirt[s]', sondern auch in der Sprache von ‚Bild'" sprechen.[18]

Doch das reichte Berg nicht. „Das Massenmedium ist zweifellos das Fernsehen." Allerdings gebe es für die Wirtschaft keine Möglichkeit, „an das Fernsehen

---

[16] Niederschrift gemeinsame Präsidial- und Vorstandssitzung BDI, 15.11.1968. BDI-Archiv HGF Pro 18, Karton 777.
[17] Ebd. Vgl. auch Ulrike Berger, Organisierte Interessen im Gespräch. Die politische Kommunikation der Wirtschaft, Frankfurt a. M. 2004; Hugo Müller-Vogg, Public Relations für die soziale Marktwirtschaft. Die Öffentlichkeitsarbeit der Bundesvereinigung der Deutschen Arbeitgeberverbände, des Bundesverbandes der Deutschen Industrie und des Instituts der Deutschen Wirtschaft zwischen 1966 und 1974, München 1979.
[18] Niederschrift gemeinsame Präsidial- und Vorstandssitzung BDI, 15.11.1968. BDI-Archiv HGF Pro 18, Karton 777.

heranzukommen", so Berg. Das sei eine Machtfrage: „[D]as ganze Direktorium des Fernsehens ist entweder rot oder rot-intellektuell, aber einer von uns gehört nicht dazu." Der Einfluss der Wirtschaft würde sich ganz anders darstellen, wenn es ein privates, über Werbeeinnahmen finanziertes Fernsehen in Deutschland gebe. Es sei also ein Fehler der Wirtschaft gewesen, eine entsprechende Initiative nicht stärker zu unterstützen, so Berg:

> Jetzt sehen wir das, was wir falsch gemacht haben, als der Bundeskanzler mit uns zusammen, wie wir hier sitzen, das private Fernsehen aufziehen wollte. Da haben die Länder geschimpft, und alle haben geschimpft, alle glaubten, wir kämen hinein. Wenn wir heute unser eigenes Fernsehen hätten, könnten wir über das Fernsehen sagen, was wir wollten.[19]

Zunächst musste man aber mit dem öffentlich-rechtlichen Fernsehen zurechtkommen und dabei sahen sich die Verbände klar im Nachteil. Es wurde beklagt, dass Vertreter der Wirtschaft in den Rundfunk- und Fernsehgremien kaum eine Rolle spielten bzw. angesichts der dort dominierenden „etatistischen Denkweise" und „links-progressiven Einstellungen" sich nicht durchsetzen konnten.[20] Um hier aus der Defensive zu kommen, erhofften sich Vertreter von BDI und BDA eine aktive Medienpolitik des Deutschen Industrieinstituts. Insbesondere eine forcierte Rundfunk- und Fernsehpolitik zur Förderung einer unternehmensfreundlicheren Berichterstattung wurde von den Verbänden als eine zentrale Aufgabe für die Zukunft identifiziert. Das Deutsche Industrieinstitut solle versuchen, „stärker auf die Besetzung von Rundfunkgremien und die Gestaltung der Rundfunk- und Fernsehprogramme Einfluss" zu nehmen, so Hanns Martin Schleyer auf einer Kuratoriumssitzung des Deutschen Industrieinstituts im Oktober 1968.[21]

Nach der Bundestagswahl von 1969 und der Regierungsübernahme durch Willy Brandt gingen die großen Wirtschaftsverbände auf Konfrontationskurs zu Regierung, Gewerkschaften und linken Kritikern. Auf Seiten der Unternehmer hatte man Angst vor staatlichen Eingriffen in die Wirtschaft durch die sozialliberale Koalition, fürchtete die „sozialistische Unterwanderung" der ei-

---

[19] Niederschrift gemeinsame Präsidial- und Vorstandssitzung BDI, 15.11.1968. BDI-Archiv HGF Pro 18, Karton 777. Das Verhältnis zwischen Wirtschaft und den kritischen ARD-Magazinen blieb spannungsreich. Nachdem das *Manager Magazin* im Februar 1975 deutschen Unternehmen „TV-Ratschläge" wie vorherige Drehbucheinsicht gegeben hatte, schrieb Peter Merseburger in der April-Ausgabe desselben Magazins von „Vorzensur", „gezielter Aussperrung" und einem „patriarchalischen Diktat der Unternehmer, welches kritische Berichterstattung" durch Fernsehjournalisten verhindern solle. Vgl. Peter Merseburger, Feindbild Fernsehmacher, in: Manager Magazin 4 (1975), S. 68–71, hier: 68 f.
[20] So Josef Winschuh bei einer Kuratoriumssitzung des Deutschen Industrieinstituts. Vgl. Protokoll über die Kuratoriumssitzung des Deutschen Industrieinstituts am 7.10.1969. Archiv des Instituts der Deutschen Wirtschaft.
[21] Ergebnisprotokoll über die Kuratoriumssitzung des Deutschen Industrieinstituts am 23.10.1968. Archiv des Instituts der Deutschen Wirtschaft.

genen Arbeiterschaft und sorgte sich um den Führungskräftenachwuchs, der an den „linken Hochschulen" ausgebildet werde. Öffentlichkeitsarbeit wurde entsprechend noch viel grundsätzlicher verstanden. Sie war nun Teil einer grundlegenden Auseinandersetzung um die Wirtschaftsordnung und Gesellschaftsverfassung. Ein besorgter Leiter eines Industrieunternehmens schrieb im September 1970 an den BDI:

> Unsere Marktwirtschaft wird sterben, wenn niemand bereit ist, das Notwendige zu tun, um sie am Leben zu erhalten. Man ist allenthalben fleißig am Werk, um das zu zerstören, was unseren äußeren Wiederaufbau nach dem Krieg ermöglicht hat. Selbst die CDU – als Nachläuferin von Erhardt [sic!] – hat wohl vergessen, was ihr zu Macht und Ansehen verholfen hat.

Die deutsche Wirtschaft müsse sich dringend „ein gefälliges Kleid" anlegen, eine Sprache sprechen, die „auch verstanden wird", und die Auseinandersetzung mit ihren Kritikern suchen. Nur „aktiv und schöpferisch", nicht „durch Verteidigung, sondern durch Fortentwicklung dessen, was uns groß gemacht hat", könne das marktwirtschaftliche System gerettet werden. Es komme darauf an, die freie und soziale Marktwirtschaft den Bundesbürgern „neu zu verkaufen".[22]

Die deutsche Unternehmerschaft sah sich dabei zunächst vor allem in einer Verteidigungsposition. „Trotz des allgemeinen Wohlstandes" sehe sie sich eines „konzentrischen Angriffs" ausgesetzt, so BDA-Präsident Otto A. Friedrich bei einer BDI-Präsidiumssitzung im November 1971.[23] Besonders in der jungen Bevölkerung wachse die Skepsis, ob die Marktwirtschaft noch das Modell für die Zukunft sei. Bei dem anstehenden Kampf um die Deutungshoheit sah Friedrich allerdings einen strukturellen Nachteil für die deutsche Wirtschaft: „Die politische Linke verfüge oftmals zur Durchsetzung ihrer politischen Ziele über Mittel, die aus öffentlichen Haushalten stammten." Daher bedürfe es einer umfassenden „Öffentlichkeitsaktion großen Stils". Wie bisher könne es nicht weitergehen. „Eng begrenzte Werbung allein zur Verbesserung des Unternehmer-Images" reiche bei weitem nicht mehr aus.[24]

Die Initiative, die Friedrich vorschwebte, hatte eine eindeutig politische Dimension. Die Sicherung des Vertrauens der deutschen Bevölkerung in die deutsche Marktwirtschaft könne man „nicht mehr allein den konservativen Kräften in den Parteien überlassen". Mit einer solchen Öffentlichkeitsarbeit der großen

---

[22] Helmuth Reuter an die Hauptgeschäftsführung des BDI, 27.9.1970. BDI-Archiv PI 39, Karton 644. Vgl. auch Presseabteilung an Helmuth Reuter, 26.10.1970. BDI-Archiv PI 39, Karton 644.
[23] Niederschrift Präsidialsitzung BDI, 9.11.1971. BDI-Archiv A 125. Vgl. auch Otto A. Friedrich, Der Unternehmer und die freie Gesellschaft, in: Vortragsreihe des Deutschen Industrieinstituts, Jg. 20, Nr. 46, 17.11.1970.
[24] Niederschrift Präsidialsitzung BDI, 9.11.1971. BDI-Archiv A 125. Vgl. auch Berghahn/Friedrich, Otto A. Friedrich, ein politischer Unternehmer, S. 362 f.; Bähr/Kopper, Industrie, Politik und Gesellschaft, S. 281 f.

Wirtschaftsverbände, deren Kosten Friedrich auf zehn bis zwanzig Millionen DM schätzte, dürfe nicht zu spät begonnen werden. Gleichzeitig sollte sie aber unbedingt noch in das Wahljahr 1973 hineinreichen. Denn so hoffte man bei der BDA Einfluss auf den Ausgang der Bundestagswahl nehmen zu können. Eine solche Kampagne würde „sicherlich auch zu einem politisch wünschenswerten Wahlergebnis bei der nächsten Bundestagswahl 1973 beitragen", so Friedrich.[25] Im *Handelsblatt* wurde die Aktion als „Rundumverteidigung" der Unternehmer angekündigt.[26]

Friedrichs Forderungen wurden allgemein begrüßt und den Ankündigungen folgten erste Maßnahmen, wenn auch zunächst nicht (zumindest nicht offiziell) als konzertierte Aktion der Verbände. Ende 1971 erschien in allen großen bundesdeutschen Zeitungen und Zeitschriften eine vom designierten BDI-Präsidenten Hans-Günther Sohl und 61 weiteren Unternehmern unterzeichnete ganzseitige Anzeige, in der die Wirtschaftspolitik der Bundesregierung offen attackiert wurde. Unter der Überschrift „Wir können nicht länger schweigen" forderten die Unternehmer an der Preisstabilität ausgerichtete Lohnabschlüsse und warnten eindringlich vor sozialdemokratischen Plänen zur Steuerreform und Vermögensbildung.[27] Neben Sohl und Fritz Berg unterschrieben auch BDA-Präsident Friedrich und DIHT-Präsident Otto Wolff von Amerongen sowie weitere Präsidiumsmitglieder des BDI. Diese außergewöhnliche politische Intervention stellt aus Sicht der Wirtschaftshistoriker und BDI-Experten Johannes Bähr und Christopher Kopper eine wichtige Zäsur dar. Für sie markierte die Aktion einen „Traditionsbruch in der Nachkriegsgeschichte der kollektiven Interessensvertretung von Unternehmern"[28]. Zum ersten Mal kritisierten repräsentative Teile der Unternehmerschaft öffentlich und publikumswirksam nicht nur einzelne politische Beschlüsse oder einzelne Minister, sondern die gesamte Bundesregierung, und dies im Vorfeld einer Bundestagswahl.[29]

Das politische Engagement der Verbände blieb nicht auf die Anzeigenkampagne beschränkt. Im Herbst und Winter 1971 fanden Spitzengespräche zwischen der BDA, dem BDI, dem DIHT und dem Deutschen Industrieinstitut (DII) statt. Das von BDI und BDA gemeinsam getragene DII sollte zur Speerspitze der Öffentlichkeitsarbeit ausgebaut werden.[30] Dabei ging es nicht nur um politische Tagesfragen. Vielmehr sollte die Aufgabe des DII grundsätzlicher Art sein. Es ging darum, die „Führerschaft in der ideologischen Auseinandersetzung"

---

[25] Niederschrift Präsidialsitzung BDI, 9.11.1971. BDI-Archiv A 125.
[26] Unternehmer proben Rundumverteidigung, in: Handelsblatt, 18.11.1971.
[27] Bis zum Offenbarungseid, in: Der Spiegel, 29.11.1971, S. 32–34.
[28] Bähr/Kopper, Industrie, Politik und Gesellschaft, S. 281 f.
[29] Die Aktion und stieß auch auf heftige Kritik. Vgl. Kein Ende der Ära Berg, in: Die Zeit, 7.1.1972.
[30] Niederschrift Präsidialsitzung BDI, 29.5.1972. BDI-Archiv A 125. Vgl. auch „Unternehmer: morgen rot", in: Der Spiegel, 29.5.1972.

anzustreben, so der Unternehmer Carl-Ludwig Grosspeter auf einer Sitzung des DII im Sommer 1971.[31] Von herausragender Bedeutung dafür war es aber, nicht nur den ideologischen Gegner zu bekämpfen, sondern gleichzeitig eine „positive und konstruktive Interpretation der sozialen Marktwirtschaft" zu entwickeln, erklärte Rolf Rodenstock zu Beginn derselben Sitzung.[32] Für diese Aufgaben galt es das Institut finanziell besserzustellen. In einem ersten Schritt wurde dem DII ein Fonds von einer Million DM zusätzlich zur Verfügung gestellt. Außerdem wurde auf der Basis einer Studie der BDA zur gesellschaftspolitischen Entwicklung eine Anzeigenkampagne entworfen. Bei den Beratungen wurde schnell deutlich, dass die groß angelegte Öffentlichkeitsaktion, die man für den Zeitraum Herbst 1972 bis Frühjahr 1973 plante, nicht über die Etats der Verbände abgewickelt werden konnte. Daher sollte ein Förderkreis „Deutsches Unternehmerforum" gegründet werden.[33]

Das Scheitern des konstruktiven Misstrauensvotums gegen Bundeskanzler Willy Brandt am 27. April 1972, Brandts Vertrauensfrage und die Neuwahlen im November 1972 mit dem deutlichen Wahlsieg der SPD brachten die Pläne der Wirtschaftsverbände durcheinander. Die politischen Weichenstellungen sorgten für einen Wandel in der Auseinandersetzung der Verbände mit Sozialdemokraten und Gewerkschaften. Aber auch der Führungswechsel beim BDI von Fritz Berg zu Hans-Günther Sohl Anfang des Jahres 1972 leitete mittelfristig einen Stil- und Politikwechsel beim BDI ein. In seiner erzkonservativen und gegenüber Gewerkschaften und SPD polemisch-aggressiven Art hatte Berg den patriarchalisch-autoritären Wirtschaftsführer alter Schule verkörpert. Typisch dafür war Bergs Humor zur Mitbestimmungsdiskussion: „In meiner Firma will keiner die Mitbestimmung. Da bin ich es allein, der mitbestimmt, sonst keiner; das ist ganz klar."[34] Sogar aus Sicht von Weggefährten aus der Industrie passte Berg mit seinen Ansichten in den 1970ern „nicht mehr in die Zeit"[35]. Dagegen leitete Sohl einen Erneuerungsprozess des BDI[36] ein, den ihm vie-

---

[31] Protokoll über die Vorstands- und Kuratoriumssitzung des Deutschen Industrieinstituts am 7.6.1971. Archiv des Instituts der Deutschen Wirtschaft.

[32] Ebd.

[33] Niederschrift Präsidialsitzung BDI, 29.5.1972. BDI-Archiv A 125. Vgl. auch „Unternehmer: morgen rot", in: Der Spiegel, 29.5.1972.

[34] Niederschrift gemeinsame Präsidial- und Vorstandssitzung BDI, 15.11.1968. BDI-Archiv HGF Pro 18, Karton 777.

[35] Werner Bührer, „… insofern steckt in jedem echten Unternehmer auch ein künstlerisches Element." Die Erneuerung des Bundesverbands der Deutschen Industrie (BDI) in den 1970er Jahren, in: Reitmayer/Rosenberger (Hrsg.), Unternehmen am Ende des „goldenen Zeitalters, S. 233–250, hier: 235. Vgl. auch Bähr/Kopper, Industrie, Politik und Gesellschaft, S. 285 f.

[36] Toni Pierenkemper, Hans-Günther Sohl: Funktionale Effizienz und autoritäre Harmonie in der Eisen- und Stahlindustrie, in: Paul Erker (Hrsg.), Deutsche Unternehmer zwischen Kriegswirtschaft und Wiederaufbau: Studien zur Erfahrungsbildung von Industrie-Eliten, München 1999, S. 53–107.

le aufgrund „seines Habitus als schwerindustrieller Manager mit autoritären Persönlichkeitszügen"[37] nicht zugetraut hätten.

Vor der Bundestagswahl im Herbst 1972 kam es allerdings noch ein Mal zu einem heftigen Konflikt zwischen den drei großen Wirtschaftsverbänden BDI, BDA und DIHT auf der einen und dem Bundeskanzler auf der anderen Seite. Anlass waren Betriebsbesuche Willy Brandts bei den Krupp Hüttenwerken in Bochum und der Rheinstahl-Henschel AG in Kassel auf Einladung von Vorstand und Arbeitnehmervertretern im Oktober 1972.[38] Die Arbeitgeberverbände sahen darin eine Verletzung des Betriebsverfassungsgesetzes, das Arbeitgebern und Betriebsrat gleichermaßen „jede parteipolitische Betätigung im Betrieb" (§ 74,2 BetrVG) verbietet. Noch vor Brandts Auftritten bei den Betriebsversammlungen schrieben daher Hans-Günther Sohl, Otto A. Friedrich und Otto Wolff von Amerongen gemeinsam an den SPD-Vorsitzenden und Bundeskanzler, um ihn von dem Vorhaben abzuhalten.[39] Das Verbot parteipolitischer Betätigung habe im Hinblick auf die „schärfer" werdende politische Auseinandersetzung besondere Bedeutung. Sohl, Friedrich und Amerongen baten daher den Kanzler, „einer solchen Einladung nicht zu folgen".[40] Auf den Brief antwortete Brandt nicht persönlich; der Bundesgeschäftsführer des SPD-Parteivorstands Holger Börner jedoch reagierte mit dem Hinweis, dass Brandt in den Betrieben „bisher niemals den Verdacht parteipolitischer Propaganda geweckt" habe und die besagten Auftritte keinen Verstoß gegen das Betriebsverfassungsgesetz dargestellt hätten, weil Brandt nicht als Wahlredner, sondern als Bundeskanzler zu aktuellen wirtschafts- und sozialpolitischen Fragen gesprochen habe.[41] Der BDA-Präsident reagierte „auf die sehr verspätete Antwort von Herrn Börner"[42] indigniert: „In Übereinstimmung mit den Herren Sohl und Wolff von Amerongen muss ich Ihnen zu unserem Bedauern mitteilen, dass uns diese Antwort in keiner Weise befriedigt hat", schrieb Friedrich.[43] Das Betriebsverfassungsgesetz sei schließlich ein Gesetz aus Brandts Regierungszeit, müsse also gerade von dieser Regierung respektiert werden. Dass die Reden in Bochum und Kassel keinen parteipolitischen Charakter hätten, stimme schlicht nicht. Auch die Pressemitteilungen der SPD über bevorstehende weitere Teilnahmen Brandts an Betriebsversammlungen als SPD-Vorsitzender ließen keine Zweifel daran, „dass es sich um parteipolitische Wahlreden im Sinne ihrer Partei handelt".[44]

---

[37] Bähr/Kopper, Industrie, Politik und Gesellschaft, S. 285 f.
[38] Feine Unterschiede, in: Der Spiegel, 16.10.1972.
[39] Hans-Günther Sohl/Otto A. Friedrich/Otto Wolff von Amerongen an Willy Brandt, 27.9.1972. Bundesarchiv B136 8789.
[40] Ebd.
[41] Holger Börner an Otto A. Friedrich, 10.10.1972. Bundesarchiv B136 8789.
[42] Otto A. Friedrich an Willy Brandt, 10.11.1972. Bundesarchiv B136 8789.
[43] Otto A. Friedrich an Willy Brandt, 17.10.1972. Bundesarchiv B136 8789.
[44] Ebd.

Angesichts des vorwurfsvollen Tons reagierte nun auch Brandt selbst. In einem persönlich verfassten Schreiben brachte er „sein Erstaunen" über Friedrichs Brief zum Ausdruck.[45] Auch frühere Bundeskanzler hätten Betriebe in Wahlkampfzeiten besucht, dass die BDA jetzt plötzlich darin ein Problem sehe, liege wohl daran, dass es jetzt „einen sozialdemokratischen Bundeskanzler gibt". Dass Friedrich sich ihm gegenüber anders verhalte als gegenüber seinen Amtsvorgängern hielt Brandt „im Interesse einer weiteren gedeihlichen Zusammenarbeit für bedauerlich".[46] In einem Hintergrundgespräch mit Vertretern der katholischen Presse war das Zerwürfnis Brandts mit den Wirtschaftsvertretern ebenfalls ein Thema, dem viel Raum beigemessen wurde.[47] Brandt erklärte den Journalisten, dass der Unternehmer-Aufruf „Wir können nicht länger schweigen!" auf politischen Fehleinschätzungen basiere. „Unsere führenden Unternehmer sind häufig tüchtigere Unternehmer, als sie es in ihrer politischen Tätigkeit sind."[48] Doch insgesamt gab sich Brandt versöhnlich. Auch Otto A. Friedrich schätze er „persönlich sehr", und im Hinblick auf eine Zusammenarbeit in der Zukunft prognostizierte er: „Was die Unternehmer angeht, da bin ich nicht so skeptisch, das wird klappen."[49] Auch Friedrich war am Vorabend der Bundestagswahl um Deeskalation bemüht. Er betonte, dass seine Haltung gegenüber Brandt immer von Respekt bestimmt war. Diese Einstellung sei Friedrich sogar „in manchen Kreisen als ausgesprochene Parteinahme für Sie und die sozialliberale Koalition" missgedeutet worden.[50] Die Vorgänge sollten besser „mit Gelassenheit" behandelt werden, in der „etwas fiebrigen Stimmung des Wahlkampfes" sei es wohl nicht möglich, ein normales Gespräch zu führen.[51]

[45] Willy Brandt an Otto A. Friedrich, 23.10.1972. Bundesarchiv B136 8789.
[46] Ebd.
[47] Informationsgespräch (Hintergrund) Bundeskanzler Willy Brandt mit 27 Chefredakteuren, Redakteuren und einigen Verlegern der katholischen Bistums-, Wochen-, Magazin- und Verbandspresse, 25.10.1972. Bundesarchiv B136 8789.
[48] Als Beispiel für das mangelnde politische Gespür der deutschen Unternehmerschaft führte Brandt ein Gespräch mit Hans-Günther Sohl („der neue Präsident des BDI, den ich als Unternehmer sehr schätze") aus dem Dezember 1971 an. Nachdem Brandt den öffentlichen Unternehmer-Aufruf „Wir können nicht länger schweigen!" gegenüber Sohl kritisiert hatte, habe dieser gesagt: „Herr Bundeskanzler, ich muß Ihnen sagen, in den 40 Jahren meiner Unternehmertätigkeit habe ich noch keiner so ernsten Lage gegenübergestanden." Daraufhin habe Brandt geantwortet: „1971 minus 40 ergibt 1931. Das können Sie doch nicht meinen?" Informationsgespräch (Hintergrund) Bundeskanzler Willy Brandt mit 27 Chefredakteuren, Redakteuren und einigen Verlegern der katholischen Bistums-, Wochen-, Magazin- und Verbandspresse, 25.10.1972. Bundesarchiv B136 8789.
[49] Informationsgespräch (Hintergrund) Bundeskanzler Willy Brandt mit 27 Chefredakteuren, Redakteuren und einigen Verlegern der katholischen Bistums-, Wochen-, Magazin- und Verbandspresse, 25.10.1972. Bundesarchiv B136 8789.
[50] Otto A. Friedrich an Willy Brandt, 10.11.1972. Bundesarchiv B136 8789. Friedrich spricht hier die Gerüchte an, die ihn als Linken und SPD-Wähler darstellten. Vgl. Berghahn/Friedrich, Otto A. Friedrich, ein politischer Unternehmer, S. 363.
[51] Otto A. Friedrich an Willy Brandt, 10.11.1972. Bundesarchiv B136 8789.

Und in der Tat versachlichte sich daraufhin die Auseinandersetzung mit SPD und Gewerkschaften, die alte Polemik wurde weitgehend ausgesetzt. Nach der Wiederwahl Willy Brandts als Bundeskanzler im November 1972 gaben die Wirtschaftsverbände BDI und BDA ihre Strategie der offenen Konfrontation mit der Bundesregierung weitgehend auf. Die „Belagerungsmentalität" erodierte, die Unternehmerschaft setzte nun verstärkt auf Dialog mit der Bundesregierung und der SPD, parteipolitische Fragen wurden untergeordnet.[52] Gleichzeitig gab es Veränderungen auf der Ebene der Geschäftsführung des BDI, wo in der Zeit von 1968 bis 1977 eine Reihe von Personalwechseln wissenschaftlich ausgebildete Mitarbeiter in den Verbandsapparat brachte.[53] Der BDI trat in der Folge weniger als Vertreter von ökonomischen Partikularinteressen auf, sondern formulierte wirtschaftspolitische Interessen der Industrie stärker im Einklang mit gesamtwirtschaftlichen Zielen. Eine „wundersame Wandlung des BDI" nannte *Die Zeit* im Oktober 1979 diesen Veränderungsprozess zum dreißigjährigen Jubiläum des Verbands.[54] Auch bei der BDA mehrten sich die Stimmen, dass die alten Narrative zur Legitimation der deutschen Unternehmerschaft nicht mehr ausreichen würden. Der Leiter der BDA-Abteilung Sozialpolitische Bildungs- und Jugendarbeit, Georg Juraschek, erklärte der *Wirtschaftswoche* im Dezember 1971: „Bei allem Stolz auf die wirtschaftlichen Erfolge der letzten Jahre sind Hinweise auf den materiellen Fortschritt dieser Gesellschaft offensichtlich keine befriedigende Antwort auf die Frage großer Teile der jungen Generation, ob dies denn alles sei."[55]

Ein konkreter Ausdruck dieser jugendlichen und studentischen Unzufriedenheit war die zu Beginn der 1970er Jahre lauter werdende Konsumkritik. Die entscheidenden Stichworte und Argumente hatte hierfür der deutsch-amerikanische Soziologe und Philosoph Herbert Marcuse in seinem 1967 erschienenen Buch „Der eindimensionale Mensch" geliefert.[56] Marcuses Schrift avancierte zu einem Standardwerk der „1968er", weil es die von Theodor W. Adorno und Max Horkheimer in den 1940er Jahren formulierte Kapitalismusanalyse für die Anwendung auf die moderne Konsumgesellschaft aktualisierte. Der zentrale Gedanke des Buches bestand darin, dass das Individuum durch Konsumwerbung subversiv manipuliert werde, es also einen Zusammenhang zwischen Werbung, Wohlstand

---

[52] Bührer, „... insofern steckt in jedem echten Unternehmer auch ein künstlerisches Element.", S. 241; Kurzlechner, Von der Semantik der Klage zu einer offensiven Medienpolitik; Bähr/Kopper, Industrie, Politik und Gesellschaft, S. 286.
[53] Bührer, „... insofern steckt in jedem echten Unternehmer auch ein künstlerisches Element.", S. 238.
[54] Rudolf Herlt, Dreißig Jahre und ein bißchen weiser. Die Wandlung eines Verbandes, in: Die Zeit, 26.10.1979.
[55] Unternehmer-PR. BDA-Initiativen, in: Wirtschaftswoche 3.12.1971, S. 10–12, hier: 10.
[56] Herbert Marcuse, Der eindimensionale Mensch. Studien zur Ideologie der fortgeschrittenen Industriegesellschaft, Neuwied 1969.

und Unfreiheit gebe. Marcuse lieferte damit einige der zentralen Schlagworte für die Gesellschaftskritik der „1968er": die herrschende Verblendung durch Massenmedien und Konsum auf der einen Seite und die notwendige Verweigerung von Konformismus und Opposition gegen Manipulation auf der anderen Seite.[57] In dieser Perspektive war Werbung nichts anderes als das Propagandainstrument stumpfsinnigen Massenkonsums. Diese Ideen verbreiteten sich rasch und machten Marcuse aus Sicht von Wirtschaftsvertretern zu einem „modernen Rattenfänger"[58].

Tatsächlich wurde Marcuses Kritik an Konsum und Werbung auch außerhalb der „1968er"-Bewegung stark rezipiert. Die im Zuge der Studentenrevolte artikulierte These vom manipulierten Konsumenten führte zu Beginn der 1970er Jahre in der Bundesrepublik zu einer breiten Debatte über die grundsätzliche Rechtschaffenheit und Moralität von Konsum, Marketing und Werbung. Populärwissenschaftliche Bücher mit konsumkritischer Stoßrichtung griffen die Thesen auf.[59] Dabei verband sich Konsumkritik oft auch mit dem Ziel, die – als besonders empfänglich eingestuften – Kinder und Jugendlichen vor Werbung und „Konsumterror" zu bewahren.[60] Dieser Gedanke griff in den 1970er Jahren auf die Schulen über: Schulbücher aller Klassenstufen kritisierten immer wieder Werbung als ein von kommerziellen Interessen gesteuertes Manipulationsinstrument.[61] Werbung setze nicht auf Information, sondern auf Suggestion – so die gängige Argumentation.[62] Werbung sei dabei so subversiv, dass es ihr so-

---

[57] Vgl. hierzu Alexander Sedlmaier, Konsum und Gewalt: Radikaler Protest in der Bundesrepublik, Berlin 2018; Nepomuk Gasteiger, Vom manipulierbaren zum postmodernen Konsumenten. Das Bild des Verbrauchers in der westdeutschen Werbung und Werbekritik, 1950–1990, in: Archiv für Kulturgeschichte 90 (2008), S. 129–157; ders, Konsum und Gesellschaft. Werbung, Konsumkritik und Verbraucherschutz in der Bundesrepublik der 1960er- und 1970er-Jahre, in: Zeithistorische Forschungen/Studies in Contemporary History 6 (2009), S. 35–57; ders., Der Konsument. Verbraucherbilder in Werbung, Konsumkritik und Verbraucherschutz 1945–1989, Frankfurt a. M./New York 2010.

[58] Egon Tuchtfeldt, Die Marktwirtschaft zwischen gestern und morgen, in: Zeitschrift für Wirtschaftspolitik 2 (1972), S. 7–14, hier: 10.

[59] Wolfgang Menge, Der verkaufte Käufer. Die Manipulation der Konsumgesellschaft, München 1971; Wolfgang Schmidbauer, Homo Consumens. Der Kult des Überflusses, Stuttgart 1972; Karl-Werner Bühler, Der Warenhimmel auf Erden: Trivialreligion im Konsum-Zeitalter, Wuppertal 1973.

[60] Horst Künnemann, Kinder und Kulturkonsum. Überlegungen zu bewältigten und unbewältigten Massenmedien unserer Zeit, Weinheim 1972; Alfred Marquart, Glück zu verkaufen: Werbung, Leistung, Konsum, Ravensburg 1974. Vgl. auch: Nur mit faulen Tricks. Manipuliert uns die Werbung?, in: Die Zeit, 25.10.1974.

[61] Nepomuk Gasteiger, Der Konsument. Verbraucherbilder in Werbung, Konsumkritik und Verbraucherschutz 1945–1989, Frankfurt a. M./New York 2010, S. 177 f.

[62] Vgl. auch Rolf Lindner, Kritik der Konsumgüterwerbung: Gesellschaftliche Voraussetzungen, ökonomische Funktionen und ideologische Implikationen eines Kommunikationsmittels, Berlin 1975; Wolfgang Fritz Haug (Hrsg.), Warenästhetik: Beiträge zur Diskussion, Weiterentwicklung und Vermittlung ihrer Kritik, Frankfurt a. M. 1975.

gar gelungen sei, die größte jugendkulturelle Verweigerung gegen Konsum und Leistungsgesellschaft der jüngsten Zeit – nämlich die der Hippies – für sich zu vereinnahmen, so der Hörfunkjournalist Alfred Marquart. In einem konsumkritischen Diskussionsbuch für Jugendliche beschrieb Marquart die Eingliederung der Hippies „in den gewohnten Konsum-Rhythmus", die sich als „tausendmal wirkungsvoller" erwiesen habe „als die Gummiknüppel und Tränengasattacken der beamteten Ordnungshüter".[63] Darüber hinaus habe die Werbung aus dieser Herausforderung gelernt und die Warenindustrie werde in Zukunft jede Kritik an sich schon frühzeitig absorbieren, so Marquart: „Wenn die Konsumenten schon den Konsum verweigern wollen, dann bitteschön unter Anleitung der Konsumindustrie!"[64]

Scharfe Kritik an der Werbewirtschaft kam auch aus der Politik. Die SPD, die Gewerkschaften, vereinzelte Politiker der CDU und später dann auch Die Grünen setzten sich für Werbebeschränkungen und teilweise für Werbeverbote in einzelnen Medien ein.[65] Dabei wurde mit Verbraucherschutz, Kinderschutz aber auch mit der Gleichberechtigung der Frauen argumentiert, da diese in der Werbung allzu oft nur in der Rolle der Hausfrau oder des Sexobjekts dargestellt würden.[66] Die westdeutschen Unternehmen und ihre Verbände bekämpften die konsumkritischen Vorstellungen und betonten die Notwendigkeit von Werbung für eine transparente Konsumentscheidung in einer freien Wirtschaft. Insbesondere die These von der unterschwelligen Manipulation des Verbrauchers galt es zu entkräften. In einer Informationsbroschüre des Industrieinstituts wurde daher der „aufgeklärte Verbraucher" dem vermeintlich hilflosen Konsumenten entgegengestellt.[67] Zwar sei es richtig, dass der Mensch zu einem gewissen Grad „steuerbar" sei, aber er lasse sich eben nicht alles „andrehen".[68] Zu viele gescheiterte und kostspielige „Werbefeldzüge" würden der Manipulationsthese aus Sicht der Wirtschaft widersprechen. „Eine Kritik, die undifferenziert von manipulierender Werbung und Konsumterror spricht, setzt sich über diese komplizierten Zusammenhänge hinweg. Keine Frage: Es gibt schlechte und sicher auch zu

---

[63] Alfred Marquart, Glück zu verkaufen: Werbung, Leistung, Konsum, Ravensburg 1974, S. 80–84.
[64] Ebd., S. 84.
[65] Gerhard Merk, Zur Begrenzung der Offensivwerbung, Berlin 1977; Michael A. Boss, Unternehmenspolitische und gesellschaftliche Konsequenzen einer staatlich verordneten Einschränkung der Werbung, Berlin 1976.
[66] Anke Martiny, Die Diskriminierung von Frauen in der Werbung, in: Aus Politik und Zeitgeschichte: Beilage zur Wochenzeitung Das Parlament 32/33 (1979), S. 32–41; Christiane Schmerl/Michaela Huber, Frauenfeindliche Klischees in der Werbung, in: Psychologie heute 2 (1979), S. 24–25; Christiane Schmerl, Frauenfeindliche Werbung: Sexismus als heimlicher Lehrplan, Berlin 1980.
[67] Vgl. etwa die Schrift: Werbung: Manipulation und Konsumterror [= Die Neue Linke, Nr. 15], hrsg. v. Deutschen Industrieinstitut, Köln 1971.
[68] Ebd., S. 5.

‚unnötigem' Konsum verleitende Werbung [...]. Dieser Mißstand ist aber keine Frage des Wirtschaftssystems, sondern eine Frage des kritischen Verhaltens von mündigen Bürgern."[69]

Das Beispiel zeigt: Kapitalismuskritik als Konsumkritik stellte für die westdeutsche Wirtschaft in den 1970er Jahren eine neuartige und empfindliche Herausforderung dar, denn gerade erst hatten die Unternehmen damit begonnen, den Konsumenten in das Zentrum ihrer Marktanalyse zu stellen, den Kunden wirklich zum „König" zu machen. Mittelfristig half ihnen aber die Konsumkritik dabei, feinfühligere Antennen für neue Lebens- und Konsumformen zu entwickeln. Der Jugendprotest, alternative Moden und die neuen Subkulturen waren gegen den herkömmlichen Konsum gerichtet. Die vorgelebte Kritik am Einheitskonsum produzierte aber auch neue Konsumformen und verschaffte den Unternehmen und ihren Marketingabteilungen gleichzeitig die Möglichkeit, neue Bedürfnisse und andersartige Konsumwünsche zu antizipieren. Denn der Weg in die weiter ausdifferenzierte Konsumgesellschaft galt als unumkehrbar. Mehr als je zuvor hatte Werbung nun die Aufgabe, nicht mehr nur den funktionalen, sondern den symbolischen Nutzen eines Produkts auszustellen.

In einem Beitrag der Managerzeitschrift *Plus* zur Moralität von Werbung wurde dieser ideelle Kern der Konsumgesellschaft pointiert beschrieben: „Ob wir es wahrhaben wollen oder nicht: Wir erwarten in der Tat von der Werbung, daß sie diese Symbole für uns schafft, um uns zu zeigen, wie das Leben sein könnte. [...] Die Welt arbeite nach den Wünschen und Bedürfnissen der Menschen in ihr."[70] Es ging nun darum, diese Wünsche und Bedürfnisse besser zu verstehen. Eine soziologisch gut informierte Marktforschung, wie sie sich etwa in der Automobilindustrie in den 1970er Jahren entwickelte[71], ging dazu über, Alltagsaktivitäten, Vorlieben und Wertvorstellungen der unterschiedlichen Konsumentenmilieus besser zu erfassen, um passgenauere Produkte für unterschiedliche Käuferpersönlichkeiten und Lebensstile entwickeln zu können. Um den Markt besser zu verstehen, wurde nicht mehr nur noch der Markt beobachtet, sondern die Gesellschaft selbst. Die sozialwissenschaftliche Diagnose vom „Wertewandel" lieferte dafür seit Ende der 1970er Jahre entscheidende Referenzpunkte.[72] Die Konsumkritik war aber nicht die einzige und wohl auch nicht die gravierendste Herausforderung für die westdeutsche Wirtschaft durch „1968", wie die nächsten Kapitel zeigen sollen.

---

[69] Vgl. etwa Werbung: Manipulation und Konsumterror, S. 8.
[70] Theodore Levitt, Ist Werbung moralisch?, in: Plus. Zeitschrift für Unternehmensführung 3 (1974), S. 67–73, hier: 73.
[71] Vgl. Köhler, Auto-Identitäten.
[72] Vgl. Kapitel 7.

4.2 Die Sorge um die Führungskräfte von morgen

Die ideologische Auseinandersetzung der Wirtschaftsverbände mit ihren linken Kritikern verlagerte sich zu Beginn der 1970er Jahre auch auf die Bildungspolitik. Ein wichtiges Feld war hier die Berufsbildung – ein „bevorzugter Angriffspunkt politischer Gruppierungen auf die unternehmerische Wirtschaft", so BDI-Hauptgeschäftsführer Fritz Neef.[73] Damit spielte Neef auf den als Lehrlingsbewegung bezeichneten Protest von Auszubildenden zwischen 1968 und 1973 an, der, angeregt durch die Studentenbewegung, mit zum Teil spektakulären Aktionen auf die als „ausbeuterisch" bezeichneten Bedingungen der beruflichen Ausbildung in Lehrbetrieben aufmerksam machen sollte.[74] Vor allem aber wurden die Auseinandersetzungen der Unternehmen mit den Universitäten intensiviert. Das lag zum einen daran, dass man sich weiter um die Zusammenarbeit mit der Wissenschaft im Bereich der Führungskräfteausbildung und der Forschung bemühte. Nur so konnte man den intellektuellen und technischen Herausforderungen des ökonomischen Wandels gerecht werden, das war zumindest die Überzeugung von Wirtschaftsführern wie Alfred Herrhausen. Zum anderen waren die Universitäten der Ort, wo die Kapitalismus- und Unternehmerkritik dieser Zeit am lautesten geäußert wurde und dazu den Führungskräftenachwuchs ideologisch „gefährdete". Diese Sorge wurde in der Wirtschaftspresse artikuliert und beschäftigte in den frühen 1970er Jahren Wirtschaftsverbände wie den BDI, die BDA und die ULA.

Früher sei der Fall klar gewesen: Elitäre Nachwuchsinstitutionen hätten „korporative Jungakademiker" mit „Corpsgeist" hervorgebracht, so *Der Leitende Angestellte* zur Frage „Tendiert der Führungsnachwuchs nach links?". Heute aber hätte vermutlich die Mehrheit der jungen Führungskräfte die Parteien der sozialliberalen Koalition gewählt.[75] Es bestehe durchaus „die Gefahr der Aufgeschlossenheit für utopische Strukturen"[76]. Teilweise wurde dies in der Wirtschaftspresse als ein internationales Phänomen wahrgenommen. Mit Sorge stellte etwa *Der Volkswirt* 1970 fest, dass selbst an der Harvard Business School sich inzwischen viele Studenten „von dem sonst üblichen Typ des glattrasierten und kurzgeschorenen künftigen Managers mit dem Attaché-Koffer" unterscheiden

---

[73] Niederschrift Präsidialsitzung BDI, 4.4.1973. BDI-Archiv A 125.
[74] Knud Andresen, Die bundesdeutsche Lehrlingsbewegung 1968–1973. Zum Prozess der kollektiven Identitäten, in: Jürgen Mittag/Helke Stadtland (Hrsg.), Theoretische Ansätze und Konzepte der Forschung über soziale Bewegungen in der Geschichtswissenschaft, Essen 2014, S. 219–241.
[75] Tendiert der Führungsnachwuchs nach links?, in: Der Leitende Angestellte 3 (1974), S. 4–6, hier: 5.
[76] Ebd., S. 5.

würden.[77] Nicht nur seien in den Hörsälen verstärkt „Haarwuchs bis auf den Kragen" und „ausgefallene Koteletten oder Bärte" zu sehen, sondern es würden auch immer öfter Fragen zur sozialen Rolle und Umweltverantwortung der Wirtschaft gestellt.[78] Auch in der Bundesrepublik war man sich der ideologischen Zuverlässigkeit des eigenen Nachwuchses keineswegs sicher. Wer sich scheute, die ideologische Auseinandersetzung an den Universitäten zu führen, laufe Gefahr, dass gerade die akademisch gebildeten höheren Angestellten die antiautoritäre Kritik in die Unternehmen bringen würden, warnte Helge Pross im *Manager Magazin* im Dezember 1971. Die Manager sollten sich daher auch in dieser Hinsicht besser auf die Auseinandersetzungen vorbereiten, indem sie aktiv und ernsthaft die Kommunikation mit den Kritikern suchen sollten – mit bloßer Propaganda könne man der intellektuell versierten Opposition nicht beikommen.[79]

Diese Auffassung teilte Pross mit dem späteren CDU-Generalsekretär Kurt Biedenkopf, der Anfang der 1970er Jahre in der zentralen Geschäftsführung des Henkel-Konzerns tätig war. In einem Aufsatz für die Zeitschrift *Plus* forderte er von den Unternehmern, „sich mit der Entwicklung der politischen Sprache nicht nur zu beschäftigen, sondern zu lernen, sie zu beherrschen".[80] Die Kritik an der mangelnden Legitimation von unternehmerischer Macht war aus Sicht Biedenkopfs nicht unberechtigt. Die Hinweise auf die Erfolge beim Wiederaufbau nach dem Krieg und auf den wirtschaftlichen Wohlstand würden jedenfalls in den 1970er Jahren nicht mehr ausreichen. Die „Beweislast" habe sich umgekehrt. Es bedürfe einer Neubegründung unternehmerischer Legitimation „aus dem Beitrag des Unternehmens für das Ganze" heraus. In der modernen Diskussion gehe es nicht mehr um die verfassungsrechtliche Sicherung des individuellen Rechts der Unternehmer, sondern um die gemeinwohlbezogene Legitimation des Privilegs der Unternehmer. Dieser politischen Diskussion müssten sich die Unternehmer unbedingt stellen. „Nicht nur der Gütermarkt für wirtschaftliche Leistungen, auch der Markt politischer Ideen bietet Raum für unternehmerisches Handeln."[81]

Auch Hans Günther Zempelin, Vorstandsmitglied der Glanzstoff AG, erkannte an, dass die Unternehmer ihre gesellschaftliche Position neu und offensiv legitimieren müssten, und schlug dabei neue und ostentativ bescheidene Töne an:

---

[77] Linkstrend in Harvard, in: Der Volkswirt, 20.2.1970.
[78] Ebd.
[79] Pross, Kritik am Management. Vgl. auch Unternehmer dürfen nicht nur nach Gewinn streben, in: Handelsblatt, 12./13.2.1971; Wer den „Kapitalismus" verteidigt, begibt sich schon aufs Glatteis, in: Handelsblatt, 19./20.5.1972; Was die Unternehmer für ihr Image tun wollen, in: Handelsblatt, 27.6.1972; Auch Unternehmer an Marcuse schuld, in: Handelsblatt, 15.5.1972.
[80] Kurt Biedenkopf, Unternehmer stellt euch der Jugend!, in: Plus. Zeitschrift für Unternehmensführung 10 (1972), S. 7–10, hier: 8. Vgl. auch Manfred Geist, Die Krise der Unternehmer, in: Wirtschaftswoche 21.1.1972, S. 16.
[81] Biedenkopf, Unternehmer stellt euch der Jugend!, S. 10.

4.2 Die Sorge um die Führungskräfte von morgen

„Unternehmer sein, heißt für mich, eine Dienstleistungsfunktion innerhalb der Gesellschaft auszuüben."[82] Zempelin gehörte der Studiengruppe „Unternehmer in der Gesellschaft" an, die Anstöße zu einem neuen sozialen Unternehmerverständnis geben wollte.[83] Der Sozialphilosoph Günter Rohrmoser forderte in einem Beitrag für die Zeitschrift *Der Leitende Angestellte* von den Führungskräften eine bessere ideologische Vorbereitung und insbesondere eine genaue Kenntnis der Theorien der Frankfurter Schule:

> Wenn die kritische Opposition, die durch die Theorie dieser Schule hindurchgegangen ist, die Industriebetriebe erreicht, dann wird der Ausgang der Auseinandersetzungen wesentlich davon abhängen, ob die etablierten Führungskräfte fähig sind, die zu erwartenden kritischen Anfragen zu verstehen und zu begreifen, wovon eigentlich die Rede ist, auf welche Ursachen und Motive eine solche Kritik zurückgeführt werden muss und worin ihr substantielles und pragmatisches Recht besteht.[84]

Günter Rohrmosers Forderung nach einem intensiven Studium von Adorno, Horkheimer und Marcuse dürften nur wenige etablierte Manager nachgekommen sein. Aber den Austausch mit den Universitäten und die Öffentlichkeitsarbeit zur Gewinnung der „kritischen Studenten" forcierten reformorientierte Wirtschaftsführer im Zuge von „1968" allemal. Symptomatisch hierfür ist eine 70-seitige Sonderpublikation von *Handelsblatt* und *Plus* aus dem November 1970, in der sich rund 60 Beiträge mit dem gesellschaftlichen Wandel und den daraus resultierenden Folgen für Arbeit, Leistung und Führung auseinandersetzten.[85] Getragen und gestaltet wurde das Projekt im Wesentlichen von einer Gruppe von Wirtschaftsführern, Wissenschaftlern und Journalisten, die bei *Plus*, USW und *Handelsblatt* aktiv waren, u. a. Ernst Wolf Mommsen, Erich Potthoff, Peter Rogge, Siegfried Balke, Werner Siegert, Horst Albach, Karl Albrecht, Herbert Gross, Manfred Bunte und Hans Hellwig.[86] Zur Vorbereitung der Publikation veranstaltete die Zeitschrift *Plus* zusammen mit dem RKW und dem Europäischen Komitee für Managementbildung am 4. Oktober 1972 eine Tagung, zu der Unternehmer, Wissenschaftler, Gewerkschafter, aber auch der Juso-Vorsitzende Wolfgang Roth eingeladen worden waren. Zwölf Stunden debat-

---

[82] „Unternehmer sein heißt, eine Dienstleistungsfunktion innerhalb der Gesellschaft auszuüben", in: Wirtschaftswoche, 21.1.1972, S. 17–18.
[83] Walter Eberle (Hrsg.), Unternehmenspolitik heute und morgen. Denkansätze für eine zeitgemäße Konzeption, Köln 1971. Aus der Studiengruppe ging die 1972 in Frankfurt gegründete Stiftung Gesellschaft und Unternehmen hervor.
[84] Günter Rohrmoser, Die Herausforderung der Radikalen. Eine ideenpolitische Analyse, in: Der Leitende Angestellte 6 (1972), S. 9. Vgl. auch ders., Die Herausforderung der Radikalen. 12 Kolumnen zum Zeitgeschehen, Köln 1973.
[85] Management im Aufbruch – Karrieren in die Zukunft. Eine Dokumentation von Handelsblatt und Plus, November 1970.
[86] Themenliste der Management-Beilage HB/Plus „Management im Aufbruch – Karrieren in die Zukunft". Historisches Archiv Deutsche Bank V30/0200.

tierten die Teilnehmer im Industrieklub Düsseldorf zum Thema „Management und Gesellschaftspolitik", wobei im Zentrum der Kontroverse die Managerausbildung stand.[87]

Die in der Folge entstandene aufwendige Sonderbeilage war nicht nur für die *Handelsblatt*- und *Plus*-Leser gedacht, sondern wurde zusätzlich kostenfrei an 30.000 Studenten und junge Führungskräfte verteilt. Die Absicht einer kritisch-offensiven Medienpolitik und die Sorge um den akademischen Nachwuchs kamen in dieser „Vertrauenswerbung für die Berufe des Managements"[88] zusammen. Ziel der Publikation sei es, die Jugend mit dem „Aufbruch des Managements" in einer Zeit des gesellschaftlichen, organisatorischen und technologischen Wandels zu konfrontieren, so *Plus*-Chefredakteur Werner Siegert in einer Einführung. Dieser Wandel sei gekennzeichnet

> durch die Auflösung der alten Auftrags- und Gehorsamsbeziehungen zwischen Vorgesetztem und Untergebenen, durch den Einsturz der hierarchischen Pyramiden, durch die wachsende Bedeutungslosigkeit der überkommenen Motivatoren Geld und Sicherheit, durch die Rufe nach Mitbestimmung und Mitverantwortung.

Dem gesellschaftlichen Wandel müssten die Wirtschaftsführer Rechnung tragen. Siegert schlussfolgerte: „Der neue Mensch setzt neue Manager voraus. Führen heißt nicht länger kommandieren und kontrollieren, führen heißt Bedingungen schaffen, in denen die Mitarbeiter ihre Kräfte und ihre Kreativität optimal entfalten können."[89]

Das Spektrum der Autoren war bewusst breit angelegt und reichte vom McKinsey-Manager über Bad-Harzburg-Chef Reinhard Höhn und den ehemaligen DGB-Vorsitzenden Ludwig Rosenberg bis hin zum SDS-Mitglied als Vertreter der „Neuen Linken". Nahezu alle Beiträge waren geprägt von der Vorstellung, dass sich ein fundamentaler Wandel in Wirtschaft und Gesellschaft vollziehe und dass der „Manager von morgen" diesen Wandel aktiv gestalten müsse, dieser Beruf also große gesellschaftliche Relevanz habe. „Umbruch", „Reform" und „Aufbruch in ein neues Jahrzehnt" waren die Stichworte. Gesellschaftskritik und moderne Wirtschaft gehörten zusammen und müssten vom „Manager der Zukunft" zusammengedacht werden, so der allgemeine Tenor. „Die Gesellschaft fordert Rechenschaft", erklärte der Unternehmer Ernst Wolf Mommsen, inzwischen Staatssekretär im Verteidigungsministerium, zu Beginn des Heftes die Zeitenwende für die Unternehmensführung. Der Zielgruppe der Studenten und jungen Führungskräfte legte Mommsen nahe, dass die deutsche Wirtschaft neue

---

[87] Werner Siegert an Ernst Wolf Mommsen, 18.8.1972. Bundesarchiv Koblenz. B 102/151443; Werner Siegert an Joachim Böttger [sic! = Böttcher], 27.9.1972. Bundesarchiv Koblenz. B 102/151443; Systemüberwindung durch Manager. Schlagabtausch zwischen Unternehmern, Gewerkschaftlern und dem Juso-Chef, in: Handelsblatt, 6.10.1972.
[88] Werner Siegert, Warum?, in: Management im Aufbruch – Karrieren in die Zukunft. Eine Dokumentation von Handelsblatt und Plus, November 1970, S. 3.
[89] Ebd.

Prioritäten setzen werde: „Künftig steht die Verantwortung vor der Öffentlichkeit höher als die Ziele der Gewinnmaximierung."[90] Neben solchen allgemein gesellschaftlich-politischen und den ausbildungspraktischen Artikeln sind die Beiträge am interessantesten, die sich mit den von der Wirtschaft propagierten „neuen Führungsstilen" kritisch auseinandersetzten.

In diesen Beiträgen wurde grundsätzlich begrüßt, dass sich Autorität „heute" auch in der Wirtschaft rechtfertigen und legitimieren musste. Hinsichtlich der tatsächlichen emanzipatorischen Auswirkungen des Autoritätswandels in der Arbeitswelt war man aber skeptisch. Paradigmatisch ist dafür der Beitrag „Antiautoritär führen?" des *Plus*-Redaktionsmitglieds Manfred Bunte, der sich mit der Autoritätskritik im Anschluss an Marcuse und Mitscherlich und den Folgen für die Führungskräfte in den Unternehmen auseinandersetzte.[91] Dass der autoritäre Begründungszusammenhang von Leistung sich in der neuen Führungslehre gelöst hatte, wurde von Bunte anerkannt. Moderne Führungskräfte würden heute nicht mehr befehlen, sondern stattdessen „motivieren, formen, ausrichten, steuern, koordinieren, begeistern, aktivieren"[92].

Bezweifelt wurde hingegen, ob das „gegenwärtige Geheimrezept der systemkonformen Führungsapologeten" auch wirklich befreiende Wirkung haben würde. In der Theorie mache die moderne Führungskraft den mündigen und gleichverpflichteten Mitarbeitern das „Was" und das „Warum" einer Arbeit plausibel. Sei die Arbeit sinn- und verantwortungsvoll, würden die Mitarbeiter „aus sich heraus, freiwillig zu ihrem eigenen und zum Nutzen des Unternehmens" arbeiten, „Zwang erübrigt sich". Das kardinale Problem sei aber, dass Unternehmen ihren Mitarbeitern auch wirklich Arbeit anbieten müssten, die deren Bedürfnisse tatsächlich befriedige. Es stelle sich dabei aber grundsätzlich die Frage, ob die Unternehmen das überhaupt leisten könnten. „Künstler können sich in und mit ihrer Arbeit selbstverwirklichen. Aber Angestellte in einem Unternehmen?"[93]

Die ostentative Offenheit für Kapitalismus- und Gesellschaftskritik, die das Sonderheft „Management im Aufbruch – Karrieren in die Zukunft" auszeichnete, ist bemerkenswert. (Der Beitrag des ehemaligen Hochschulreferenten des AStA Münster wurde eingeleitet mit: „Dieser Beitrag ist weder redigiert noch gekürzt. Er wird manchen schockieren."[94]) Selbst vor einer finalen – und tatsäch-

---

[90] Ernst Wolf Mommsen, Die Gesellschaft fordert Rechenschaft, in: Management im Aufbruch – Karrieren in die Zukunft. Eine Dokumentation von Handelsblatt und Plus, November 1970, S. 7.
[91] Manfred Bunte, Anti-autoritär führen?, in: Management im Aufbruch – Karrieren in die Zukunft. Eine Dokumentation von Handelsblatt und Plus, November 1970, S. 53.
[92] Ebd.
[93] Ebd.
[94] Zoran Stojadinović, Reform des Kapitalismus oder antikapitalistischer Kampf?, in: Management im Aufbruch – Karrieren in die Zukunft. Eine Dokumentation von Handelsblatt und Plus, November 1970, S. 14.

lich wenig zurückhaltenden – Glosse „Managementbeschimpfung" schreckten die Macher des Heftes nicht zurück.[95] Ganz offensichtlich waren die an dem Projekt beteiligten Unternehmer, Wirtschaftsjournalisten und Wissenschaftler der Auffassung, Beratungsartikel wie „Wie wird man Unternehmensberater" oder „Das Bücherregal des Chefs" auf diese Weise am besten dem Zielpublikum näherbringen zu können.[96] Oder anders ausgedrückt: Um die „Führungskräfte von morgen" für sich zu gewinnen, war man bereit, erstaunlich weit auf die linken Kritiker zuzugehen.

Mit dem gleichen Ziel hatte sich beim BDI die 1970 gegründete „Arbeitsgruppe Gesellschaftspolitik"[97] den westdeutschen Abiturienten gewidmet. Ihre Anliegen, ihre Kritik und ihre Zukunftserwartungen sollten besser verstanden werden. Gerade der Leiter der Presseabteilung des BDI Friedrich-Wilhelm Kleinlein war in dieser Hinsicht sehr aktiv. Kleinlein war ein früher Profi der modernen Unternehmenskommunikation: Nach dem Studium der Philosophie, Kunstwissenschaft, Geschichte sowie Rechts- und Staatswissenschaften hatte er während des Zweiten Weltkriegs im persönlichen Stab Joachim von Ribbentrops im Hauptreferat Information und Presse gearbeitet (Arbeitsgebiet: Antikomintern). Ab 1952 leitete er die Abteilung Information und Kommunikation des BDI. Gleichzeitig war er Hauptinitiator der exklusiven Deutschen Public-Relations-Gesellschaft (DPRG), die sich um eine Professionalisierung des PR-Berufs bemühte.[98] Beim BDI sammelten Kleinleins Leute in den frühen 1970er Jahren ausgiebig Material über gesellschaftskritische Gruppen und die „kritische Jugend". Ein interessantes und ungewöhnliches Beispiel ist in diesem Zusammenhang der Schriftwechsel zwischen den Farbwerken Hoechst AG und einem Gymnasium im westlich von Köln gelegenen Lechenich zum Thema „Entwicklungspolitik und Kapitalinteresse", der als „besonders lebendiges Anschauungsmaterial" für die Analyse des „Standpunktes junger Menschen"[99] Eingang in die Materialsammlung der „Arbeitsgruppe Gesellschaftspolitik" des BDI gefunden hat.[100]

---

[95] Uwe Loesch, Managementbeschimpfung, in: Management im Aufbruch – Karrieren in die Zukunft. Eine Dokumentation von Handelsblatt und Plus, November 1970, S. 63.

[96] Alden L. Fiertz, Wie wird man Unternehmensberater? in: Management im Aufbruch – Karrieren in die Zukunft. Eine Dokumentation von Handelsblatt und Plus, November 1970, S. 50; Redaktion Plus, Das Bücherregal des Chefs, in: Management im Aufbruch – Karrieren in die Zukunft. Eine Dokumentation von Handelsblatt und Plus, November 1970, S. 39.

[97] Vgl. Jahresbericht BDI 1970/1971, S. 173.

[98] Vgl. Public Relations. Werbung in Watte, in: Der Spiegel, 8.7.1968.

[99] Karl Hans Berlet an Eckart John von Freyend, 9.5.1972. BDI-Archiv, PI 45, Karton 643. Vgl. auch Notiz „Systemkritik in der Schule" der wirtschaftspolitischen Abteilung Hoechst, 3.3.1972. BDI-Archiv, PI 45, Karton 643.

[100] Eckart John von Freyend an Friedrich-Wilhelm Kleinlein, 12.6.1972. BDI-Archiv, PI 45, Karton 643.

4.2 Die Sorge um die Führungskräfte von morgen

Der Schriftwechsel begann, weil der engagierte Oberstudienrat Wilke mit seinen Schülern im Rahmen eines größeren Schulprojekts „Entwicklungshilfe" mehrere Konzerne angeschrieben hatte, um Informationen zum politischen und wirtschaftlichen Kontext von Auslandsinvestitionen deutscher Unternehmen in „Ländern der 3. Welt" zu erhalten. Es sollte der gängige Vorwurf überprüft werden, ob solche Investitionen Monopolstellungen für europäische und amerikanische Konzerne schaffen und somit „Selbsthilfe der 3. Welt" verhindern würden. Dabei wurden grundsätzliche Fragen des kapitalistischen Systems und die Einstellung der Schüler thematisiert. Gerade die realistische Einschätzung der Bedenken der Schüler durch den Oberstudienrat war für Hoechst von Interesse. In einem Schreiben an Hoechst erklärte Wilke im August 1971:

> Kein Primaner erwartet heute, dass Konzerne ihre Entscheidungen nach bloß moralischen Gesichtspunkten fällen, sie fragen aber nach den Ausmaßen des Wettstreits, in den heute humanitäre und wirtschaftliche Interessen getreten sind. [...] Sie befürchten die Wiederholung der schrecklichen Geschichten des Kolonialismus und seiner Folgen, sofern Wirtschaftspraktiken wie wirtschaftlicher Kolonialismus erscheinen.[101]

Die Firma Hoechst war daraufhin gerne gewillt, für die „schulische Aufklärungsarbeit" zur Verfügung zu stehen. Allerdings machten die Firmenvertreter deutlich, dass sie die in der Öffentlichkeit kursierenden Thesen zu privatwirtschaftlichen Investitionen und Entwicklungspolitik nicht teilten, sondern für „gefährliche" Polemik hielten. Außerdem sei es ganz und gar nicht so, dass die Länder der Dritten Welt „hilflos den Ausbeutungsaktionen des internationalen Großkapitals ausgesetzt" seien, sondern vielmehr Privatinvestitionen von allen Seiten erheblich behindert würden.[102]

Als das Schulprojekt beendet war, schrieb Wilke einen letzten und sehr ausführlichen Brief an die Firma Hoechst, in dem er seine Erfahrungen in einen breiteren Kontext stellte und den „Dialog zwischen Lehrer und Manager, Schule und Konzern" allgemein reflektierte.[103] Dabei distanzierte er sich ausdrücklich von radikaler Kapitalismuskritik und oberflächlichen Schuldzuweisungen an die deutsche Wirtschaft, für die Zustände in der „dritten Welt" verantwortlich zu sein. Dem Gymnasiallehrer war es aber wichtig, dass die Sorgen seiner Schüler ernst genommen würden, und er betonte, dass es für die Wirtschaft besser wäre, diese nicht zu ignorieren oder ihnen mit der bisherigen Kampfrhetorik zu begegnen:

> Wer die jetzt 18–20jährigen, die später einmal für Schlüsselpositionen gut sein sollen, täglich um sich hat und ihr Denken kennt, sieht, auch wenn er völlig phantasielos ist, bereits heute die kommenden neuen Konflikte zwischen der jungen Generation und einem etablierten Industriemanagement sehr deutlich.[104]

---

[101] Wilke an Berlet, 25.8.1971. BDI-Archiv, PI 45, Karton 643.
[102] Noack/Berlet an Wilke, 23.9.1971. BDI-Archiv, PI 45, Karton 643.
[103] Wilke an Hoechst, 12.1.1972. BDI-Archiv, PI 45, Karton 643.
[104] Ebd.

Viele andere Lehrer könnten diese Einschätzung bestätigen, so Wilke weiter; die Anpassung heutiger Abiturienten an „wirtschaftskonformes Denken" dürfte immer schwieriger werden. Und dafür sah der Gymnasiallehrer einen einfachen Grund: „Die erwartbare materielle Gegenleistung für diesen Konformismus oder die von vielen heutigen Managern in sich vermutete und genossene gesellschaftliche Dignität ist für die meisten Jugendlichen kein erhoffter Wert mehr, für den sie sich selbst opferten." Daher empfahl Wilke der deutschen Industrie, den jungen Menschen nicht einfach nur als Konsumenten anzusprechen, sondern als „gesellschaftspolitisch denkenden Mensch[en]". Am besten wäre es, wenn die Industrie „geschulte und weitsichtige" Referenten für den Oberstufenunterricht bereitstellen würde, um so den offenen Dialog weiterzuführen.[105]

Obwohl man bei Hoechst mit der von vielen Wirtschaftsvertretern vorgebrachten Klage antwortete, dass die Leistung der deutschen Industrie beim Wiederaufbau nach dem Krieg bei der Jugend nicht ausreichend gewürdigt werde, und Fernsehen und politische Magazine als „Multiplikatoren des Angriffs" gegen die freiheitliche Wirtschaftsordnung verantwortlich machte, war man auch bereit zur Selbstkritik. Angesichts des verbreiteten Unwissens über die „Wirtschaftswirklichkeit" sei es in der Tat zu beklagen, dass die deutsche Wirtschaft sich bisher nicht auf „das ungewohnte Terrain der Auseinandersetzung mit den Kritikern" begeben hätte.[106] Das sollte sich nach Auffassung des BDI bald ändern. Noch fehlten allerdings von Seiten der Wirtschaft und ihrer Verbände die dafür notwendigen „hinreichenden Transmissionsriemen", so Eckart John von Freyend an Karl Hans Berlet von Hoechst in einem Dankesschreiben für den Schriftwechsel mit den Gymnasiasten, den er als „wertvolles Hintergrundmaterial" für den BDI einschätzte.[107]

In der Folge intensivierten die Wirtschaftsverbände ihre gesellschaftspolitischen und öffentlichkeitswirksamen Aktivitäten. Dabei standen zunächst die Gymnasien im Fokus. Um die westdeutschen Abiturienten für die deutsche Wirtschaft zu gewinnen, entwickelte die „Arbeitsgruppe Gesellschaftspolitik" 1972 die Broschüre „Studium '73", die grundsätzliche Informationen über Hochschule und Studium liefern sollte.[108] Neben allgemeinen Formalitäten für Studienanfänger sollte vor allem über die berufspraktischen Möglichkeiten der einzelnen Studiengänge aufgeklärt werden. Für diese Aktion betrieb die Arbeitsgruppe zusammen mit der Presseabteilung des BDI und der bildungspolitischen Verlagsanstalt Krefeld erheblichen Aufwand: Die Zahl der Abiturienten des Jahrgangs 1973 wurde auf 110.000 geschätzt, angepeilt wurde eine Druckauflage

---

[105] Wilke an Hoechst, 12.1.1972. BDI-Archiv, PI 45, Karton 643.
[106] Noack/Berlet an Wilke, 21.2.1972. BDI-Archiv, PI 45, Karton 643.
[107] Eckart John von Freyend an Karl Hans Berlet, 12.6.1972. BDI-Archiv, PI 45.
[108] Presseabteilung BDI an Arbeitsgruppe Gesellschaftspolitik, 29.12.1972. BDI-Archiv, PI 41, Karton 644.

von 120.000. Jedes Gymnasium in der Bundesrepublik bekam eine Sendung mit 50 Exemplaren der Broschüre. Den Schulleitungen und Lehrerschaften traute man dabei nicht über den Weg: Um sicherzustellen, dass die BDI-Sendung nicht „abgefangen" wurde, war sie direkt an die Schüler der 13. Klassen adressiert.[109] Angesichts der hohen Kosten hatte sich der BDI um Unterstützung der deutschen Wirtschaft bemüht, die Anzeigen schalten und sogenannte Patenschaften übernehmen konnte, bei denen lokale Unternehmen – für sich selbst werbend – die Übersendung von „Studium '73" übernahmen.[110] Die Informationsbroschüre wurde auch in den kommenden Jahren publiziert, in den 1980er Jahren wurde daraus ein jährlich erscheinendes Sonderheft der *Wirtschaftswoche* mit dem Titel „Abitur: Berufe und Perspektiven".

Auch der Axel-Springer-Verlag förderte 1973 die Aktion durch ausführliche Besprechungen in *Welt* und *Welt am Sonntag*. Von einer direkten Beteiligung an den Herstellungskosten nahm der Berliner Verlag aber Abstand, weil man Sorge hatte, dass ein solches Handbuch zu schnell überholt sein könnte, so Joachim Freyburg von der Informationsabteilung des Verlags im Januar 1973.[111] Außerdem wollten Freyburg und seine Kollegen wissen, ob das Heft wirklich in ausreichender Form „deutlich und kühl" vor „kommunistisch unterwanderten" Fachbereichen warnen würde – unter Verweis auf die „möglicherweise aussichtslose [...] spätere [...] Verwertbarkeit solcher Studien im Beruf". Offenbar fand man beim Springer-Verlag den BDI-Vorstoß zu zahm. Auch die Vorstellung, ein Vertreter der konservativen Deutschen Studenten-Union (DSU) könne auf Studienanfänger im Sinne der deutschen Wirtschaft einwirken, hielten die Springer-Vertreter für naiv:

> Die kleine Gruppe DSU – die wir ja einige Jahre lang, wie Sie wohl wissen, gefördert haben – steht doch den Sturmblocks von Spartakus, Marxisten, Leninisten mindestens in den Ballungs-Universitäten gegenüber. Diese Linken stürzen sich gerade auf die Erstsemester, um sie in die von Tutoren geleiteten radikal marxistischen Vorbereitungskurse zu schleifen.[112]

Anders als bei Springer waren die Aktionen der „Arbeitsgruppe Gesellschaftspolitik" des BDI in den frühen 1970er Jahren von dem Bedürfnis geprägt, die Abiturienten, Studenten und damit auch den Führungskräftenachwuchs tatsächlich besser zu verstehen. Selbstredend stellten deswegen die BDI-Mitarbeiter die Marktwirtschaft nicht grundsätzlich in Frage. Ganz offenbar aber waren sie – womöglich in einem stärkeren Maße als die Verbandsspitze – davon über-

---

[109] Protokoll der Arbeitsgruppe Gesellschaftspolitik am 15.10.1973. BDI-Archiv, PI 41, Karton 644.
[110] Ebd.
[111] W. Joachim Freyburg an Friedrich-Wilhelm Kleinlein, 26.1.1973. BDI-Archiv, PI 41, Karton 644.
[112] Ebd.

zeugt, dass wirksame Aktionen der deutschen Wirtschaft zur Rechtfertigung der ökonomischen Verfasstheit der Bundesrepublik nur dann möglich seien, wenn man die gesellschaftspolitischen Positionen der – moderat kritischen – Jugend kenne.

4.3 Antikapitalistischer Protest und unternehmerische Abwehr

Zu Beginn der 1970er Jahre führte der Zusammenhang von Kapitalismuskritik und Entwicklungspolitik zu einer schärferen Konfrontation der Wirtschaftsverbände mit radikalen und organisierten Protestgruppen. Der Grund dafür war, dass Aktionärsversammlungen als Plattform benutzt wurden, um lautstark Kritik an der mangelnden internationalen moralischen Verantwortung der Unternehmen vorzutragen. Hier bot sich eine neue Form des sozialen Protests, bei der Kritik direkt an die Unternehmensspitze adressiert wurde. Die Störaktionen gipfelten immer wieder in Beschimpfungen, Tumulten und Rangeleien und wurden so ein Thema sowohl für die Öffentlichkeit als auch für die Wirtschaftsverbände.[113] Startpunkt für diese neue Protestform war die Agitation gegen die Beteiligung deutscher Unternehmen am Bau des Staudamms Cabora Bassa in der portugiesischen Kolonie Mosambik 1971, der von Kritikern als moralisch verwerfliches, kolonialistisches Großprojekt gewertet wurde. Am Auftragsvolumen für den Staudamm von insgesamt 1,7 Milliarden Mark waren die westdeutschen Firmen AEG-Telefunken, Siemens, Hochtief, Voith und Brown, Boveri & Cie mit 680 Millionen Mark beteiligt. Die wilden Proteste in den Hauptversammlungen mit Transparent-Aktionen und Verteilung von „Steckbriefen" an Aktionäre („Gesucht wegen Beihilfe zum Mord. Beschreibung des Täters: AEG-Telefunken")[114] markierten aber auch inhaltlich den Beginn einer neuen Form des Protests. Erstmals wurde das Engagement von deutschen Unternehmen in politisch zweifelhaften Systemen problematisiert – und so zu einem PR-Problem für die beteiligten Unternehmen.[115]

---

[113] BDI-Arbeitsgruppe Publizität, Überblick über die Initiativgruppen. Anhang zum Ergebnisbericht der konstituierenden Sitzung vom 16.10.1972, S. 9. BDI-Archiv, PI 45, Karton 643.
[114] Wild gebrüllt, in: Der Spiegel, 21.6.1971.
[115] Plumpe, 1968 und die deutschen Unternehmen, S. 49. Vgl. auch Rainer Müller, Zur politischen Funktion kritischer Gruppen in der Öffentlichkeit. Eine soziologische Untersuchung der Cabora Bassa Kampagne in der BRD und in Westberlin (Diplomarbeit), Freie Universität Berlin 1973. http://www.socium.uni-bremen.de/uploads/Mitarbeiter/RainerMueller/1973_Cabora_Bassa_Kampagne.pdf [Zugriff: 4.10.2019].

4.3 Antikapitalistischer Protest und unternehmerische Abwehr

Beim BDI fürchtete man, dass das Thema Cabora Bassa auf den Hauptversammlungen „lediglich als Anfang zu werten" sei. Auf der konstituierenden Sitzung der „Arbeitsgruppe Publizität" am 16. Oktober 1972 in Köln beschäftigte man sich entsprechend intensiv mit den Störversuchen, der Taktik und der organisatorischen Beschaffenheit der Aktivisten. Es wurde eine detaillierte Liste über 80 Initiativgruppen geführt, die „eine direkte Konfrontation mit Unternehmensleitungen auf Hauptversammlungen suchen oder für solche Aktionen mobilisiert werden können".[116] Verantwortlich für die Aktionen seien vornehmlich „Studenten, Schüler, Jungakademiker". Hauptgefahrenquelle waren also zum einen die Universitäten, zum anderen die Kirchen, die man für von linken Gruppierungen „unterwandert" hielt. „Den größten Unterwanderungserfolg verzeichnen die Radikalen zweifellos bei der evangelischen Kirche. Deutlich wird dies unter anderem auch an der zunehmenden Zahl von DKP-Mitgliedern unter den Geistlichen."[117]

Dass sich gerade die Kirchen in politisch extreme Positionen manövrieren ließen, dürfe nicht verwundern. Zwischen Kirchen und Universitäten bestehe eine enge Verzahnung, außerdem gebe es einen starken Trend zur „Internationalisierung der kirchlichen Willensbildung". Für die Linken sei die Zusammenarbeit mit der Kirche optimal, denn so könnten sie ihre „neo-marxistischen Ansätze mit christlich-moralischen Normen bemänteln". Mit dem „moralischen Gewicht der Kirche als Schild" werde dann die Ausbeutungsthematik auf die innenpolitische Situation der Bundesrepublik übertragen und eine „Strategie der Systemüberwindung" betrieben. Die personellen Netzwerke der verschiedenen Gruppierungen wurden als bedeutend eingeschätzt – unter den „Zentralstellen der Opposition" fanden sich u. a. das Freiburger Informationszentrum Dritte Welt (iz3W) und die Göttinger Gruppe für Internationale Zusammenarbeit (GIZ). Verbindungen in die Ministerien der sozialliberalen Regierung, insbesondere in das Bundesministerium für wirtschaftliche Zusammenarbeit, wurden vermutet.[118]

Die „Arbeitsgruppe Publizität" ging davon aus, dass die beobachteten Gruppen im Laufe der nächsten Jahre bald weitere Themen besetzen würden, die sich innenpolitisch gegen die deutsche Wirtschaft nutzen lassen könnten. Die BDI-Liste der „voraussichtlichen Themen" der Kapitalismuskritik ist aufgrund ihres prophetischen Charakters bemerkenswert. Als Felder für Wirtschaftskritik erwartete man u. a.: Tochterunternehmen in Südafrika, Direktinvestitionen in

---

[116] BDI-Arbeitsgruppe Publizität, Überblick über die Initiativgruppen. Anhang zum Ergebnisbericht der konstituierenden Sitzung vom 16.10.1972, S. 1. BDI-Archiv, PI 45, Karton 643.
[117] Ebd.
[118] Ebd., S. 2 und 8. BDI-Archiv, PI 45, Karton 643.

"faschistische Länder" (Iran, Brasilien, Portugal, Griechenland), Rüstungslieferungen, Umweltschutz („besonders beim Bau von Kernkraftwerken"), Gastarbeiter, betriebsinterne Fragen, Einflussnahme auf den Wahlkampf („Unterstützung der CDU, Anzeigen usw.") und Fragen des Verbraucherschutz („Dieses Thema klang bisher nur einmal – bei VW – ganz schwach an, dürfte aber künftig an Bedeutung gewinnen.").[119] Offensichtlich war den Unternehmen umfangreich bewusst, wo ihr Handeln Grund zur Kritik geben konnte.

Die ideologische Auseinandersetzung mit linken und linksradikalen Gruppierungen aus dem Umfeld der sich formierenden neuen sozialen Bewegungen hatten sich die großen Wirtschaftsverbände also in den frühen 1970er Jahren zu einer Kernaufgabe gemacht. Ihre Themen wurden antizipiert, Richtlinien, Gegenargumente und taktische Reaktionen erarbeitet. Das wichtigste Anliegen der Verbände war es bei dieser Arbeit, den „Kampf" um die zukünftigen Führungskräfte zu gewinnen. Besonders aktiv war in diesem Zusammenhang das von BDI und BDA getragene Deutsche Industrieinstitut – das ab 1973 Institut der deutschen Wirtschaft hieß[120] – vor allem unter dem Direktor Prof. Burghard Freudenfeld (1971 bis 1983). Im unmittelbaren Anschluss an die oben dargestellte Absage für den USW-Lehrstuhl organisierte das DII ein Treffen von Wirtschafts- und Hochschulvertretern, das am 30. November 1972 in Köln stattfand. Den äußerst aufschlussreichen Bericht über diesen „Erfahrungsaustausch Hochschule – Wirtschaft" schickte Horst Albach an die USW-Vorstandsmitglieder,[121] und es lohnt sich, diesen im Folgenden etwas genauer in den Blick zu nehmen.

In seiner Einleitung für das Treffen zeigte sich Freudenfeld zunächst ausgesprochen selbstkritisch.[122] In der Zeit des Wirtschaftsaufbaus nach 1945 habe die Wirtschaft den Fehler begangen, „zu stark das Prinzip der Gewinnmaximierung als Handlungsnorm gefordert zu haben". Doch die Wahrheit sei, dass die „wirtschaftlichen Funktionsabläufe" eben nicht das „normative Leitsystem der Gesellschaft" ausmachten. „Die Wirtschaft als Teil des Bürgertums war nicht in der Lage, ihr Tun in ein Wertnormsystem einzuordnen." Daraus ergebe sich

---

[119] BDI-Arbeitsgruppe Publizität, Überblick über die Initiativgruppen. Anhang zum Ergebnisbericht der konstituierenden Sitzung vom 16.10.1972, S. 2 und 8. BDI-Archiv, PI 45, Karton 643.

[120] Die Umbenennung sollte der größeren Bedeutung des Instituts Rechnung tragen und eine breitere Basis für die tatsächlichen Aktivitäten ermöglichen. Vgl. hierzu die Erklärungen von Peter von Siemens im Sommer 1972. Protokoll über die Vorstands- und Kuratoriumssitzung des Deutschen Industrieinstituts am 7.6.1972. Archiv des Instituts der Deutschen Wirtschaft.

[121] Albach an den Vorstand Förderverein Universitätsseminar der Wirtschaft, 16.1.1973. HADB V 30 659; Bericht über den Erfahrungsaustauch Hochschule – Wirtschaft am 30.11.1972. HADB V 30 659.

[122] Bericht über den Erfahrungsaustauch Hochschule – Wirtschaft am 30.11.1972. HADB V 30 659.

eine „Bestätigung der Fin de Siècle-Situation unseres Bürgertums". Die Konturen einer „neuen Arbeiter- und Angestelltengesellschaft" würden sich immer klarer abzeichnen. Daher seien von der Wirtschaft gestartete „vordergründige Anzeigenkampagnen, die das Ziel verfolgen, in konzertierten Aktionen die Position des Unternehmers im Vorstellungsrahmen der bürgerlichen Welt zu erhalten", sinnlos. Sie würden sich vielmehr als „Bumerang mit negativer Wirkung" erweisen.[123]

Gleichzeitig sei die Politisierung und Ideologisierung der deutschen Hochschulen eine ernstzunehmende Gefahr für das Leistungsprinzip. Eine Folge davon könne sein, dass politische Haltung höher eingestuft werde als fachliche Qualifikation. „Die Konsequenz ist eine fortschreitende negative Auslese." Angesichts dieser bedrohlichen Entwicklungen ergäben sich notwendigerweise neue Aufgaben für die Wirtschaft. Die Unternehmer müssten zusehends gesellschaftspolitisch aktiv werden. „Wer stumm bleibt, verliert seine Rolle." Das sei auch deswegen nötig, weil die Wirtschaft zu lange dem „Marxschen Vorwurf der Selbstentfremdung manchen Nährboden gegeben" habe. Denn tatsächlich hätten „Zwänge der Technik" die Arbeitsprozesse so gestaltet, dass sie sich zum „Nachteil persönlicher Entfaltung" ausgewirkt hätten. Der „Trend zur Arbeitsbereicherung, zum job enrichment" stelle die zwangsläufige Gegenbewegung dar. Die deutsche Wirtschaft müsse sich daher dieser Entwicklung mit „Änderungen und Reformen" entschlossen anschließen.[124]

Freudenfeld forderte eine weitere gesellschaftliche Öffnung der Unternehmen und insbesondere eine bessere Öffentlichkeitsarbeit der Wirtschaft. Sonntagsreden und Vorträge seien nicht mehr gefragt. Vielmehr solle eine Vielzahl von kleineren und betriebsnahen Veranstaltungen auch „kritische Personen zum Überlegen bringen". Die Wirtschaft müsse sich vor Ort zeigen: Wichtig sei „vor allem das Selbsterleben der Probleme unserer Wirtschaftswelt in Betriebserkundungen und -praktika, etwa für Studenten und Lehrer". Noch wichtiger sei aber die Suche nach neuen „Leitbildern" und „normativen Werten": „Wer die Jugend gewinnen will, muß ihr Identifikationsmöglichkeiten mit gesellschaftlichen Leitbildern und Werten bieten." Gerade deswegen sei es von fundamentaler Bedeutung, dass man der Linken nicht die einseitige Besetzung von „werttragenden Begriffe[n] wie Mündigkeit, Emanzipation, Demokratisierung" mit „sozialistischen Inhalten" überlasse.[125] Im Umkehrschluss bedeutete dies, dass es in Zukunft darum gehen müsse, diese Begriffe mit kapitalistischen Inhalten zu füllen.

---

[123] Bericht über den Erfahrungsaustauch Hochschule – Wirtschaft am 30.11.1972. HADB V 30 659.
[124] Ebd.
[125] Ebd.

Als erforderliche Maßnahme von Seiten der Wirtschaft wurde zu allererst ein verstärktes Konfliktbewusstsein „der gesellschaftspolitisch unerfahrenen Unternehmer" gefordert. Vor allem komme es darauf an, „die ca. 62 % der klein- und mittelständischen Unternehmen zu mobilisieren". Ziel sei die Schaffung eines „Krisenmanagements mit strategischer Zielsetzung". Dabei sollten „langfristige gesellschaftspolitische und soziologische Trendanalysen" einbezogen werden. Konkret bedeute dies, dass die Wirtschaft auf die Gesellschaft zugehen müsse. Ein „realistischeres Unternehmerbild" und positive Beispiele fortschrittlicher Gesellschaftspolitik der Unternehmen sollten verbreitet werden. Die Unternehmer wurden angehalten, die Funktionen und Regeln der Marktwirtschaft nüchterner darzustellen und gleichzeitig hinsichtlich „der eingetretenen Abweichungen von marktwirtschaftlichen Maximen" ehrlich zu sein. Der Vergleich zwischen dem kapitalistischen und dem sozialistischen Wirtschaftsmodell solle sachlich bleiben.

Doch der von Freudenberg mit Wirtschaftsvertretern erstellte Maßnahmenkatalog bot noch mehr: Verstärkt werden müsse außerdem das Angebot in der Berufsbildung, „um den Gefahren einer wirtschaftsfeindlichen Praeformierung vorzubeugen". Die Führungskräfte und vor allem der Führungskräftenachwuchs müssten vorbeugend und begleitend betreut werden.

> Führungskräfte aller Ebenen müssen über Strategie und Taktik systemüberwindender Kräfte informiert werden, um daran die eigene Strategie und Taktik auszurichten. Der Schulung eines kritischen Problembewußtseins der Führungskräfte der Wirtschaft ist besondere Aufmerksamkeit zu schenken.[126]

Die Verunsicherung der Wirtschaftsführer, die Tiefe der unternehmerischen Selbstreflexion, vor allem aber die umfassenden Lösungsbemühungen, die hier deutlich werden, sind bemerkenswert. Die gesellschaftlichen Herausforderungen von „1968" wurden als ernsthaftes, auch ökonomisches Problem erkannt. Insbesondere bei der Frage der Führungskräfte ging es dabei aus Sicht von Männern wie Freudenfeld um nicht weniger als um den Fortbestand der bisherigen ökonomischen Ordnung. Um das System zu retten, galt es daher noch intensiver als bisher, die Manager des Kapitalismus für die gesellschaftspolitische Auseinandersetzung vorzubereiten. Zentral war daher die Aufklärung über die Ziele, Strategie und die Taktik der linken Gegner und gleichzeitig die inhaltliche und rhetorische Schulung der Führungskräfte.

---

[126] Bericht über den Erfahrungsaustauch Hochschule – Wirtschaft am 30.11.1972. HADB V 30 659.

4.4 Marxismus für Manager

Die Schulung der Führungskräfte für die ideologische Auseinandersetzung mit ihren Gegnern machte sich das Deutsche Industrieinstitut zur zentralen Aufgabe. „Kommunikationstechniken, sowie die Taktik der Selbstdarstellung und Selbstbehauptung in Podiumsdiskussionen und vor Massenmedien sind als nützliches und notwendiges Handwerkszeug zu vermitteln."[127] Das Deutsche Industrieinstitut verpflichtete sich, alle seine Aktivitäten auf die „Grundlage aktueller gesellschaftspolitischer und ökonomischer Analyse" zu stellen, um sowohl wissenschaftlich als auch öffentlichkeitswirksam agieren zu können.[128] Tatsächlich wurde das Institut enorm publizistisch aktiv und veröffentlichte in kurzen Abständen Beiträge aus der eigenen Vortragsreihe, die meist einen stark gesellschaftspolitischen Fokus hatten.[129] Auch der bereits seit 1951 wöchentlich erscheinende *Unternehmerbrief* sollte in der Folge von „1968" dazu dienen, „die zentralen Aussagen von Marcuse und anderen neomarxistischen Bannerträgern" einem breiteren Lesepublikum bekanntzugeben und gleichzeitig „in dialektischer Gegenüberstellung" mit den Positionen des DII zu kontrastieren.[130]

Noch spezifischere Aufklärungsarbeit sollte die Flugschriftenreihe „Die neue Linke" liefern. Die insgesamt 49 Schriften, die in dieser Reihe von 1971 bis 1981 erschienen, trugen Titel wie „Woran sie glauben", „Warum sie Sozialismus wollen" oder „Agitation im Betrieb, die roten ‚Kollegen'".[131] Gestaltet waren die Hefte als möglichst konkrete und anschauliche Argumentationshilfen für Führungskräfte in den einzelnen Betrieben, um sich in den Auseinandersetzungen mit kritischen Mitarbeitern behaupten zu können. Denn der Betrieb war der Ort, wo die kommunistische Agitation, der „Klassenkampf von unten", besonders gefürchtet wurde. Unter dem „Deckmantel gewerkschaftlicher Tätigkeit" würden die DKP, die Sozialistische Deutsche Arbeiterjugend (SDAJ) und der Marxistische Studen-

---

[127] Bericht über den Erfahrungsaustauch Hochschule – Wirtschaft am 30.11.1972. HADB V 30 659.
[128] Ebd.
[129] Vgl. zum Beispiel Winfried Schlaffke, Leistungsgesellschaft in der Kritik, in: Vortragsreihe des Deutschen Industrieinstituts 23 (1973), Nr. 11; Hanns Martin Schleyer, Gesellschaftspolitik als Konfliktbewältigung, in: Vortragsreihe des Deutschen Industrieinstituts 23 (1973), Nr. 14; Kurt H. Biedenkopf, Hat der Unternehmer noch eine Chance?, in: Vortragsreihe des Deutschen Industrieinstituts 23 (1973), Nr. 16; Wolfgang Herion, Der Angriff auf den Unternehmer, in: Vortragsreihe des Deutschen Industrieinstituts 23 (1973), Nr. 29.
[130] Protokoll über die Kuratoriumssitzung des Deutschen Industrieinstituts am 23.10.1968. Archiv des Instituts der Deutschen Wirtschaft.
[131] Woran sie glauben: der ideologische Hintergrund [= Die neue Linke, Nr. 1], hrsg. v. Deutschen Industrieinstitut, Köln 1971; Warum sie Sozialismus wollen: Kritik an der Wirtschaft [= Die neue Linke, Nr. 3], hrsg. v. Deutschen Industrieinstitut, Köln 1971; Agitation im Betrieb, die roten „Kollegen" [= Die neue Linke, Nr. 11], hrsg. v. Deutschen Industrieinstitut, Köln 1972.

tenbund Spartakus daran arbeiten, die Betriebe in „potentielle Unruheherde" zu verwandeln.[132] Als besorgniserregend galt in diesem Zusammenhang auch die „zunehmende Radikalisierung ausländischer Arbeitskräfte"[133]. Den „roten Kollegen" galt es entschieden entgegenzutreten. Die Vorgesetzten sollten das System Marktwirtschaft aber nicht apodiktisch, sondern „dialektisch" und mit Sachargumenten verteidigen. Die Vorstands- und Kuratoriumsmitglieder des DII erprobten diese Vorgehensweise in den eigenen Unternehmen: Werner von Siemens etwa war von der Reihe „Die Neue Linke" sehr angetan und ließ die Publikationen an sämtliche Führungskräfte der Siemens AG verteilen.[134]

Die Institutsleiter gingen aber noch einen Schritt weiter und entwickelten Modellseminare – „nach Möglichkeit mit audiovisuellen Programmen unterstützt" – zur Schulung von Wirtschaftsvertretern. Außerdem errichtete das Institut eine Übersicht über die verschiedenen Seminarangebote und legte eine Kartei geeigneter Referenten „zu gesellschaftspolitischen und sozio-ökonomischen Themen" an, die sowohl Wissenschaftler als auch Vertreter der Gewerkschaften und linke Politiker umfasste.[135] Ab Mai 1973 bot das Institut (das nun in „Institut der deutschen Wirtschaft" umbenannt war) das zweitägige Seminar „Auseinandersetzung mit der Linken" an. Die Kurse fanden auch ihren Weg in die innerbetriebliche Weiterbildung etwa bei der Deutschen Bank und der Bayer AG.[136] Spezifisch ausgerichtet an der Chef-Etage waren die Fernsehseminare des Instituts: Vor der Kamera und unter Anleitung erfahrener WDR-Journalisten wurden Geschäftsführer, Direktoren und Vorstandsmitglieder in gestellten Interviewsituationen auf „Redeschlachten mit Systemgegnern" vorbereitet. Für die möglichst telegenen Argumentationsübungen stellte das Institut extra geschulte Sparringspartner zur Verfügung, auf deren Leistung Institutschef Freudenfeld besonders stolz war: „Linker können die echten Linken auch nicht sein."[137]

Damit hatte das Institut der deutschen Wirtschaft die Richtung vorgegeben. Die Auseinandersetzung mit akademischer und linker Unternehmer- und Kapitalismuskritik intensivierte sich. Unter der Überschrift „Haut die Linken!" berichtete die Zeitschrift *Capital* über teure Managementseminare und Dialektik-Übungsseminare, in denen sich westdeutsche Wirtschaftsführer für die Auseinan-

---

[132] Agitation im Betrieb, die roten „Kollegen", S. 3–5, 8.
[133] Ebd., S. 7. Vgl. auch Ernst Helmstädter, Die ökonomischen Leitbilder des neuen Radikalismus, in: Vortragsreihe des Deutschen Industrieinstituts, Jg. 21, Nr. 47, 23.11.1971.
[134] Protokoll über die Vorstands- und Kuratoriumssitzung des Deutschen Industrieinstituts am 7.6.1971. Archiv des Instituts der Deutschen Wirtschaft.
[135] Bericht über den Erfahrungsaustauch Hochschule – Wirtschaft am 30.11.1972. HADB V 30 659.
[136] Die Festungs-Mentalität überwinden, in: Manager Magazin 10 (1974), S. 96–102.
[137] Hans Otto-Eglau, Management-Training: Der rechte Ton vorm Mikrofon, in: *Die Zeit*, 30.3.1973.

dersetzung mit ihren Kritikern „ideologisch aufrüsten" ließen.[138] In Wiesbaden wurden beispielsweise im Herbst 1972 im Fortbildungszentrum des Arbeitsrings der Arbeitgeberverbände der Deutschen Chemischen Industrie 2000 Führungskräfte der Branche über „soziologische Entwicklungen, über die Konfrontation zwischen Kapitalismus und Marxismus sowie die Rolle des Unternehmertums" weitergebildet.[139] Für die Seminare wurde auch akademische Prominenz engagiert: In einem weiteren Kurs des Arbeitsrings in Rech an der Ahr referierten Günter Rohrmoser und der Berliner Politikwissenschaftler Richard Löwenthal vor Managern aus der chemischen Industrie zu gesellschaftspolitischen Fragen.[140]

Eine ganze Reihe von anderen Weiterbildungseinrichtungen folgte dem Trend. Darunter war auch die Akademie der Führungskräfte in Bad Harzburg, wo 1974 der Münchner Soziologe Karl Martin Bolte das Seminar „Gesellschaftskritik in der Bundesrepublik – Motive, Argumente, Konsequenzen" anbot. Zeitgenössischen Schätzungen zufolge ließen sich jährlich etwa 3000 mittlere und höhere Führungskräfte in solchen Weiterbildungsseminaren gesellschaftspolitisch schulen, wobei Großunternehmen eigene Seminare anboten. Siemens etwa installierte dazu 1972 eine Hauptabteilung „Information und gesellschaftspolitische Fragen". Die Weiterbildungsabteilung der Esso AG entwickelte einen zweieinhalb Tage dauernden Managerkurs über „Philosophische Grundlagen und Strategie der neuen Linken", den bis Ende 1975 alle Esso-Mitarbeiter mit Vorgesetztenfunktion besucht haben sollten.[141]

Die Einschätzung, dass eine Führungskraft durch die Schulungen nicht mehr einfach zum „kampfeswütigen Condottiero des Kapitalismus" ausgebildet werden sollte, setzte sich überwiegend durch. Deutschlands Unternehmer investierten viel Zeit und Geld in Weiterbildungsmaßnahmen, die über bloße Rhetorikkurse hinausgingen. Inwieweit aber „Marxismus für Manager"[142] sinnvoll sein konnte, war auch umstritten, und vereinzelt meldeten sich kritische Stimmen angesichts der großen Offensive zum Verständnis der Kapitalismuskritiker. Der Syndikus eines Arbeitgeberverbandes erklärte nach der Teilnahme an einem entsprechenden Seminar im Herbst 1973: „Ich wehre

---

[138] Haut die Linken. Manager Polit-Unterricht, in: Capital 10 (1972), S. 26–30, hier: 26. Vgl. auch Jesuiten-Dialektik für Top-Manager, in: Handelsblatt, 25.7.1972.
[139] Die Festungs-Mentalität überwinden, S. 97.
[140] Haut die Linken, S. 28.
[141] Die Festungs-Mentalität überwinden, S. 98 f.
[142] So der Titel eines Managerseminars des Management Instituts Hohenstein GmbH in Neckargemünd. Vgl. Die Festungs-Mentalität überwinden, S. 98. Im September 1974 brachte das Institut 40 deutsche Unternehmer und Manager in Luxemburg zusammen, um an einem zweitägigen Streitgespräch zu Marxismus, Gesellschaftspolitik und Systemkritik teilzunehmen. Vgl. Manager Magazin 11 (1974), S. 26–34.

mich instinktiv dagegen, dass wir hier alle auf dem Weg sind, Marxisten zu werden. Es kann unsere Aufgabe nicht sein, den Marxismus von all seinen negativen Missverständnissen zu säubern."[143]

Signifikant ist an den diskutierten Beispielen, dass im Bereich der Managementschulungen gesellschaftliche Kritik am Kapitalismus und moderne Führungsstile zusammen diskutiert wurden. Gesellschaftliche Kritik und neue Impulse für Führungskonzepte wurden inhaltlich miteinander verknüpft, statt bloße Rhetorikkurse für ein „geschickteres" Auftreten der Manager in der Öffentlichkeit durchzuführen. Zumal ja auch nicht ein paar wenige öffentlich auftretende Spitzenmanager geschult wurden, sondern viele tausend Führungskräfte auch der unteren und mittleren Leitungsebene. Einzelne Großfirmen hatten damit begonnen, interne Informations- und Schulungsabteilungen für gesellschaftspolitische Fragen aufzubauen.

Hier ging es offensichtlich nicht lediglich um publikumswirksame Kosmetik am Unternehmerimage, sondern um den Beginn einer langfristigen Investition in einen sozialeren Unternehmenstyp, nicht weil Gewinnmaximierung plötzlich als unternehmerisches Ziel verschwunden wäre, sondern weil sich die Bedingungen des unternehmerischen Erfolgs verändert hatten. Das betraf durch den starken Einfluss der Sozialwissenschaften die ökonomisch-unternehmerische Seite, die sowohl auf der Personal- als auch auf der Produktseite durch den Aufstieg der Human Resources-Idee und den Siegeszug des Marketings gekennzeichnet war. Und es betraf die politisch-gesellschaftliche Seite mit wirtschaftsdemokratischem Reformdiskurs, Umweltdebatte, also der „gesellschaftlichen Verantwortung" der Unternehmen. Der Druck, sich gesellschaftlich zu öffnen, kam also von innen *und* von außen. Es war aus Sicht der Unternehmen in den 1970er Jahren schlicht nicht mehr opportun und rationell, sich gesellschaftlich abzuschotten.

Ein weiteres, noch stärker die betriebliche Praxis betreffendes Beispiel der Interaktion von kritischer Medienöffentlichkeit und Unternehmerverhalten war eine Artikelserie des *Manager Magazins*, in der von 1971 bis 1977 „Missmanagement-Geschichten" aus der Praxis beschrieben wurden. In beinahe siebzig Fallbeispielen wurden unternehmerische Fehlentwicklungen und Insolvenzen meist auf falsche Führungsstile und Personalentscheidungen zurückgeführt.[144] In einem der ersten dieser Artikel über den Schuhhersteller Salamander wurden das konservative Management, ein hausbackenes Image

---

[143] Die Festungs-Mentalität überwinden, S. 98 f.
[144] Wolfgang Schwetlick/Rainer Lessing, Bilanz des Versagens, in: Manager Magazin, 3.3.1977, S. 26. Vgl. hierzu auch Ingo Köhler, Havarie der „Schönwetterkapitäne"? Die Wirtschaftswunder-Unternehmer in den 1970er Jahren, in: ders./Roman Rossfeld (Hrsg.), Pleitiers und Bankrotteure. Geschichte des ökonomischen Scheiterns vom 18. bis 20. Jahrhundert, Frankfurt a. M. 2012, S. 251–283.

und die Besetzung von Top- und Middle-Management mit der Verwandtschaft des Firmengründers Jakob Sigle für den Misserfolg des Unternehmens verantwortlich gemacht. Helfen könnten nur eine neue Marketingstrategie, eine funktionale Organisationsstruktur und ein radikaler Bruch mit der jahrzehntealten Familientradition in der Leitung des Unternehmens: „Teamwork statt Familienzwist."[145] Familienunternehmen kamen in dieser Negativrubrik unverhältnismäßig oft vor. Das erklärte Chefredakteur Leo Brawand mit der unprofessionellen und nicht leistungsorientierten Personalauswahl: „Firmen, an denen eine ganze Sippe hängt, kommen offenbar besonders schlecht mit den wechselnden Zeitläufen zurecht."[146]

Die „Missmanagement-Geschichten" sorgten für Aufmerksamkeit und waren vor allem immer wieder skandalträchtig. So wurde etwa Anfang 1973 kolportiert, dass die Missmanagement-Artikel gezielt von Konkurrenten der betroffenen Firmen nachträglich genutzt wurden, um „Kunden, Interessenten oder Mitarbeiter des behandelten Unternehmens abzuwerben oder die Beziehungen zu stören".[147] Der investigative Stil des *Manager Magazins* stieß von Beginn an auch auf entschiedene Ablehnung: Nachdem das Magazin Anfang 1972 über den firmeninternen Kampf zwischen dem Krupp-Vorstandsvorsitzenden Günter Vogelsang und dem alten Generalbevollmächtigten Berthold Beitz berichtet hatte,[148] reagierte Werner Krueger, Vorstandsmitglied der Dresdner Bank, in einem vertraulichen Schreiben wütend: Als Kenner der Vorgänge bei Krupp wisse er, dass der Artikel an den Tatsachen vorbeigehe. Vor allem aber sei diese negative Berichterstattung sehr bedenklich, weil sie „intellektuellen Linksdrall" fördere und Tendenzen Vorschub leiste, die „grundlegende Veränderungen, auch in unserer Wirtschaft und deren praktischer Handhabung, anstreben".[149]

Die neue kritische Berichterstattung war für die Wirtschaft eine Provokation und ließ schließlich den BDI in Aktion treten. Die Unternehmen seien die „bisher geübte Bilanzkritik" gewohnt, nicht aber diesen „persönlichen Tadel von teilweise vernichtender Schärfe", beschwerte sich Hans Leitner vom Verein Deutscher Maschinenbau-Anstalten beim BDI. Angesichts der um sich greifenden „Dubiosität solcher Art von Wirtschaftspublizistik" sei es an der Zeit, dass sich der BDI mit der Frage auseinandersetze.[150] Damit rannte Leitner

---

[145] Helmut Raithel, Salamander – Aus Tradition am Markt vorbei, in: Manager Magazin 2 (1971), S. 24–29.
[146] Leo Brawand, Mißmanagement en famille, in: Manager Magazin 12 (1972), S. 3.
[147] Leo Brawand, Ein Forum für die Führungskräfte, in: Manager Magazin 4 (1973), S. 3.
[148] Mißmanagement. Beitz kontra Vogelsang, in: Manager Magazin 2 (1972), S. 28–31.
[149] Werner Krueger an die Herausgeber des Manager Magazins, 8.2.1972, Nachlass Leo Brawand, Spiegel-Archiv Hamburg.
[150] Hans Leitner an Friedrich Kleinlein, 7.11.1972. BDI-Archiv, PI 44, Karton 643.

beim BDI offene Türen ein. Weil auch *Capital* angefangen hatte, investigative Missmanagement-Geschichten im Stile des *Manager Magazins* zu bringen, teilten die im Arbeitskreis Presse des BDI organisierten Unternehmensvertreter – u. a. von Siemens, Hoechst, Philips, den Pegulan-Werken, Thyssen, Zeiss, BP, KSB, Flick – uneingeschränkt Leitners Bedenken.

Die „Bösartigkeit" und „Arroganz" der Berichterstattung wurde verurteilt: „Gegen soviel Pharisäertum hilft eigentlich nur ein neuer Jesus", schrieb der Leiter der Presseabteilung der Klöckner Werke AG.[151] Sein Kollege von Philips warf *Capital* vor, unseriöse „Vernichtungsartikel" zu verfassen.[152] Bei Hoechst war man erbost, wie „mit wahrer Wonne" in den Magazinen darangegangen werde, „diesen oder jenen führenden Wirtschaftler ‚in die Pfanne zu schlagen'".[153] Auch beim Pumpenhersteller KSB AG war man verärgert. Die Presse dürfe sich nicht zum „Gerichtshof à la ‚Fernsehgericht tagt'" aufschwingen.[154] Vermutet wurde aber auch, dass bei *Capital* und beim *Manager Magazin* einige „Härten" und negative Nuancierungen von den Chefredaktionen stammten, um den Artikeln den „gewünschten Trend zu geben", so die Presseabteilung der Firma Zeiss.[155]

Hinsichtlich öffentlichen Protests und Gegenmaßnahmen waren die Vertreter des Arbeitskreises Presse aber ausgesprochen zurückhaltend. Einig war man sich darin, dass der BDI Druck auf die Verleger von *Capital*, *Wirtschaftswoche* und *Manager Magazin* ausüben sollte.[156] Es müsse diskutiert werden, „ob es sich hier noch um einen sinnvollen Gebrauch der Pressefreiheit handelt oder ob hier Gefechte gegen das Unternehmertum zur Belustigung erfolgloser Mini-Manager geführt werden"[157]. Zurückhalten wollten sich die Wirtschaftsvertreter allerdings mit großangelegten öffentlichen Solidaraktionen. Als zu groß sah man die Gefahr, dass „wir uns wahrscheinlich nicht mehr als bissige Kommentare oder Glossen einhandeln".[158] Eine solidarische Aktion würde dem „Ansehen der Manager mehr schaden als nützen", so die Presseabteilung von Siemens: „Die Öffentlichkeit erwartet von einem Manager, dass er sich in geeigneter und überlegener Form selbst und souverän verteidigt."[159]

Resümierend stellte man beim BDI fest, dass es vermieden werden sollte, „als Interessensgruppe Industrie oder Industriebranche einheitlich Position zu beziehen". Zu groß sei die Gefahr, dass dies als Angriff auf die Pressefreiheit

---

[151] Cornell Ettinger an Friedrich Kleinlein, 17.11.1972. BDI-Archiv, PI 44, Karton 643.
[152] A. Lambeck an Friedrich Kleinlein, 21.11.1972. BDI-Archiv, PI 44, Karton 643.
[153] Bäumler/Bodendiek an Kleinlein, 20.11.1972. BDI-Archiv, PI 44, Karton 643.
[154] Raeder an Kleinlein, 30.11.1972, BDI-Archiv. PI 44, Karton 643.
[155] Fridolin Berthel an Kleinlein, 16.11.1972. BDI-Archiv, PI 44, Karton 643.
[156] Friedrich Kleinlein an Hans Leitner, 3.1.1973. BDI-Archiv, PI 44, Karton 643.
[157] A. Lambeck an Friedrich Kleinlein, 21.11.1972. BDI-Archiv, PI 44, Karton 643.
[158] Jürgen Burandt an Friedrich Kleinlein, 16.11.1972. BDI-Archiv, PI 44, Karton 643.
[159] Großmann/Niggl an Kleinlein, 28.11.1972. BDI-Archiv, PI 44, Karton 643.

gewertet werden könnte. Natürlich sei es „ärgerlich, wenn junge und jüngste Journalisten mit vorgefaßter Meinung altgediente und bekannte Manager unter schlechte Zensur nehmen und in der Öffentlichkeit gegen deren Führungsmethoden polemisieren." Aber letztlich müsse man der Wirtschaftspresse das Recht auf Kritik zubilligen. Lediglich bei wirklich nachweisbaren Unrichtigkeiten sollten die betroffenen Manager selbst juristisch reagieren.[160] Kollektiv und konzertiert wollte die deutsche Unternehmerschaft – aller Empörung zum Trotz – gegen die kritisch-investigative Wirtschaftspresse nicht vorgehen.

Die Missmanagement-Geschichten zeigten also erhebliche Wirkung in der Öffentlichkeit und in der Wirtschaft. Gerade deswegen warnte intern denn auch der Geschäftsführer des *Manager-Magazin*-Verlags Hans Detlev Becker davor, es mit der Skandalisierung auf Kosten der Seriosität zu übertreiben:

> Gerade die Missmanagement-Geschichte, aber auch das gesamte Ansehen des „manager magazin" bei Managern – und um die geht es doch –, steht und fällt mit der Fähigkeit, verständige und überlegene Kritik an Managern und Management zu üben, ohne in hämische Redensarten, Tratsch und verbales Rowdytum zu verfallen.[161]

Nach außen verteidigte das *Manager Magazin* seinen Stil aber entschieden und überzeugt. In einem Antwortschreiben auf eine Beschwerde von Rolf Audouard, Hauptgeschäftsführer des VDMA, erklärte Redaktionsmitglied Peter Morner, dass es für die Missmanagement-Geschichten kein rechtes Vorbild gebe. Der deutsche Wirtschaftsjournalismus sei bisher einfach oft zu unkritisch gewesen.[162]

Es gehe aber nicht darum, Manager an den Pranger zu stellen. Vielmehr seien die Missmanagement-Geschichten ganz im Sinne der Unternehmen und Mitarbeiter, so Morner selbstbewusst: „Ist es nicht sinnvoller, obwohl es mitunter hart erscheint, das Missmanagement in Unternehmen rechtzeitig darzustellen und so fatale Auswirkungen zu vermeiden?" Das lasse sich gut am Beispiel der Gebr. Claas Maschinenfabrik GmbH, Harsewinkel zeigen. Nachdem das Magazin das Missmanagement der Firma aufgedeckt hatte, habe die Firmenleitung entsprechend reagiert und die Missstände abgestellt. „Dort sind die Dinge nun, wie wir glauben, auf den richtigen Weg gebracht."[163]

Neben der „verständigen und überlegenen Kritik an Managern" standen aber immer wieder auch Erfolgsgeschichten. Und man war im *Manager Magazin* ostentativ stolz und freute sich, wenn positive Managementreportagen aus der wirtschaftlichen Praxis für Aufsehen und Interesse unter potentiellen Nachahmern gesorgt hatten. Ein geradezu idealisierender Praxisbericht über das Edelstahlwerk Schmidt + Clemens, an dessen Beispiel „der Übergang von

---

[160] Friedrich Kleinlein an Hans Leitner, 3.1.1973. BDI-Archiv, PI 44, Karton 643.
[161] Becker, Notiz für Brawand, 18.7.1972, Nachlass Leo Brawand, Spiegel-Archiv Hamburg.
[162] Peter Morner an Rolf Audouard, 22.12.1972. BDI-Archiv, PI 44, Karton 643.
[163] Ebd.

der patriarchalisch-autoritären zur kooperativ-humanen Betriebs-Organisation" in den Jahren 1967 bis 1973 nachvollzogen wurde,[164] führte zu Anfragen von Managementschulen und von zahlreichen Unternehmen „selbst aus den USA".[165] Die über die Missmanagement- und Erfolgsgeschichten transportierten neuen Führungssemantiken waren keineswegs trivial und opportunistisch, sondern sind ein Beispiel dafür, wie es durch den neuen investigativ-kritischen Wirtschaftsjournalismus, wie er im *Manager Magazin* betrieben wurde, zu neuen Interdependenzen zwischen Führungsdiskurs und betrieblicher Praxis kam.

Generell zeigt der Vorgang aber auch, dass eine Abschottung der Unternehmen keine realistische Alternative mehr war. Eine offensive, aber integrative Medienpolitik auch gegenüber links-kritischen Journalisten konnte sich durchaus auch auszahlen, wie es das folgende Beispiel illustrieren kann: 1972 drehte der ehemalige Studentenführer und „Apo-Star" Jens Litten eine Reportage über fünf „Männer aus den Chefetagen der deutschen Wirtschaft". In der am 6. Dezember 1972 in der ARD ausgestrahlten Sendung „Topmanager: Die heimliche Elite" wurden Franz Heinrich Ulrich (Deutsche Bank), Hans L. Merkle (Bosch), Joachim Zahn (Daimler-Benz), Rudolf Schlenker (Reemtsma) und der DIHT-Präsident Otto Wolff von Amerongen portraitiert. Das Ergebnis war für alle beteiligten Manager erstaunlich positiv, wie die Presseabteilung von Reemtsma dem BDI auf Nachfrage mitteilte.[166] Vor allem wenn man bedenke, dass „Litten noch vor wenigen Jahren politisch weiter links stand und als Studiker Kampfparolen in das erschauernde Publikum schmetterte". Insgesamt sei es enorm wichtig, dass sich die „big bosses" auf diese Weise dem Fernsehen stellen und Fragen beantworten würden.[167] Bei der *Zeit* war man von dem Managerportrait weniger angetan. „So glatt, so rundum sympathisch waren die Lenker unserer Wirtschaft den Fernsehzuschauern schon lange nicht mehr präsentiert worden." Dafür vermisste man „die bohrenden Fragen zur Mitbestimmung, zur Vermögensbildung, zur politischen Verantwortung der Unternehmer, zur Legitimation wirtschaftlicher Macht". Dass die Reportage von einem „namhaften Linksintellektuellen" stammte, dürfte „die Bosse zusätzlich gefreut haben".[168]

---

[164] Dietmar Gottschall, Kein Pardon für einsame Entschlüsse, in: Manager Magazin 1 (1973), S. 50–55.
[165] Leo Brawand, Ein Forum für die Führungskräfte, S. 3.
[166] Köhler an Kleinlein, 8.12.1972. BDI-Archiv, PI 44, Karton 643.
[167] Ebd.
[168] Hofbericht, in: Die Zeit, 15.12.1972.

4.5 Generationenkonflikt der Manager

Die hier aufgezeigten Strategien der Wirtschaft als Reaktionen auf die gesellschaftspolitischen und ökonomischen Herausforderungen zeigen, dass das alte Produktionsregime zum Ende der 1960er Jahre in eine Legitimations- *und* Funktionskrise geraten war. Spezifische Unternehmenswerte *und* -strukturen standen unter Druck. Zusätzlich verstärkt wurde der daraus resultierende Umbruch durch einen tatsächlichen und noch stärker wahrgenommenen Generationenwechsel in der Führung der Unternehmen. Die Zeitschrift *Capital* schrieb 1971 über „alternde Monarchen" in den Führungsetagen, die an ihren Chef-Sesseln „kleben" und unnötigerweise die Nachfolge blockierten. Eigentlich müssten 1971 „mehrere Dutzend Kronprinzen zu Generaldirektoren deutscher Aktiengesellschaften gekrönt werden".[169] Umso hoffnungsvoller wurde in der Wirtschaftspresse die „neue Manager-Generation" begrüßt und in ausführlichen Portraits als „modern", „dynamisch", „nüchtern", „realistisch" und „weltgewandt" beschrieben.[170] Tatsächlich rückte Anfang der 1970er Jahre eine neue Alterskohorte in die Vorstandsetagen der deutschen Unternehmen auf. In der Terminologie der historischen Generationenforschung lässt sich der Wandel als ein Aufrücken der sogenannten „Flakhelfer-Generation" (Jahrgänge 1926 bis 1930) beschreiben.[171]

Als typische Vertreter der neuen Managergeneration galten etwa Eberhard von Kuenheim, der als 40-Jähriger 1970 den Vorstandsvorsitz bei BMW übernahm, der 1928 geborene Guido Sandler, seit 1966 Vorsitzender der Geschäftsleitung des Stammhauses der Oetker-Gruppe, der ebenfalls 1928 geborene Horst K. Jannott, seit 1969 Vorstandsvorsitzender der Münchener Rückversicherungsgesellschaft, und der 1930 geborene Alfred Herrhausen, seit 1971 Vorstandsmitglied der Deutschen Bank.[172] „In den letzten beiden Jahren wurden relativ mehr deutsche Spitzenmanager abgelöst als in zwanzig Jahren zuvor", konstatierte man im *Manager Magazin* im Januar 1972.[173] Unternehmenshistorisch verifizieren lässt sich der Wandel beispielsweise auch für die westdeutsche Che-

---

[169] Sie wanken, aber weichen nicht, in: Capital 2 (1971), S. 26–31.
[170] Die neue Generation, in: Handelsblatt, 19./20.9.1969; Generationensprung in der Wirtschaftsführung, in: Handelsblatt, 2.1.1970. Vgl. zu den Generations-Semantiken auch Kurzlechner, Von der Semantik der Klage zu einer offensiven Medienpolitik, S. 301–304.
[171] Heinz Bude, Deutsche Karrieren. Lebenskonstruktionen von Aufsteigern aus der Flakhelfer-Generation, Frankfurt a. M. 1987; Ulrike Jureit, Generationenforschung, Göttingen 2006.
[172] Die neue Generation, in: Handelsblatt, 19./20.9.1969; Es macht ihm Spaß Unternehmer zu sein, in: Handelsblatt, 20.11.1969; Mit 41 Jahren schon lange an der Spitze, in: Handelsblatt, 6./7.3.1970; Top-Leute müssen im System denken, in: Handelsblatt, 4.7.1972. Vgl. zu Herrhausen Sattler, Herrhausen.
[173] Welche Eigenschaften braucht der Manager von morgen, in: Manager Magazin 1 (1972), S. 72–74, hier: 72.

mieindustrie: In den Vorständen der drei großen Konzerne Hoechst, BASF und Bayer kam es innerhalb weniger Jahre zu einem deutlichen Generationenwechsel. Der Übergang vom Vorkriegs- zum Nachkriegsmanagement wurde hier zwischen 1965 und 1975 vollzogen.[174] Hierzu passend konstatiert Werner Abelshauser in seiner Studie zur BASF für dieselbe Zeit einen Übergang vom technischen zum betriebswirtschaftlichen Leitbild in der Unternehmensstrategie.[175] Karl Lauschke kommt für die Eisen- und Stahlindustrie zu einem ähnlichen Ergebnis und stellt fest, dass zu Beginn der 1970er Jahre der Typus des traditionellen Stahlmanagers, des „Schlotbarons", abgelöst worden sei. Diese Entwicklung sei weniger intentional und auch erst in den 1980er Jahren abgeschlossen gewesen, habe aber einschneidende Veränderungen der Profile mit sich gebracht:

> Den Bergassessoren folgten nun verstärkt Betriebswirte und Juristen nach; akademisch ausgebildete Techniker, speziell Eisenhüttenleute und Maschinenbauer verloren ihre Dominanz, und neben der internen Selbstrekrutierung und Kooptation der Führungskräfte, die nach wie vor weiter bestand, wurde nun auch mehr, als es vorher der Fall war, auf externe, branchenfremde Manager zurückgegriffen.[176]

Diesen Generationenwechsel nahmen Teile der Wirtschaftspresse als Generationenkonflikt zwischen älteren und jüngeren Managern wahr.[177] Dieser wurde meist auch als Widerstreit zwischen unterschiedlichen Mentalitäten und Führungsstilen dargestellt.[178] Der Managertypus der Wirtschaftswunderzeit

---

[174] Vgl. Christian Marx, Vom nationalen Interesse zum Shareholder Value? Wertewandel in den Führungsetagen westdeutscher Großunternehmen in den 1970er und 1980er Jahren, in: Dietz/Neuheiser, Wertewandel in der Wirtschaft und Arbeitswelt, S. 151–176.

[175] Werner Abelshauser, Die BASF. Eine Unternehmensgeschichte, München 2002. Die Bedeutung eines Generationenwechsels für die sich verändernden Mentalitäten ist in der Forschung nicht umstritten, seine Datierung hingegen schon. Während Klaus-Dietmar Henke ein Umdenken in der direkten Nachkriegszeit feststellt, sieht Alexander von Plato in den 1950er Jahren ein neues Managerleitbild am Werk. Mit besseren Argumenten datieren Volker Berghahn und Susanne Hilger die Durchsetzung einer neuen Unternehmergeneration in der deutschen Industrie auf die Zeit zwischen 1965 und 1975. Vgl. Henke, Die amerikanische Besetzung Deutschlands, S. 571; Alexander von Plato, „Wirtschaftskapitäne". Biographische Selbstkonstruktionen von Unternehmern der Nachkriegszeit, in: Axel Schildt/Arnold Sywottek (Hrsg.), Modernisierung im Wiederaufbau. Die westdeutsche Gesellschaft der 50er Jahre, Bonn 1993, S. 377–391; Berghahn, Unternehmer und Politik, S. 324–330; Hilger, „Amerikanisierung" deutscher Unternehmen, S. 249 f.

[176] Karl Lauschke, Vom Schlotbaron zum Krisenmanager. Der Wandel der Wirtschaftselite in der Eisen- und Stahlindustrie. Eine Skizze, in: Berghahn/Unger/Ziegler (Hrsg.), Die deutsche Wirtschaftselite im 20. Jahrhundert, S. 115–128, hier: 121.

[177] Von der Anpassung zum Affront, in: Manager Magazin 10 (1973), S. 84–89.

[178] Das Argument des Generationenwechsels macht auch Volker Berghahn stark. Mit diesem verbindet er das sich zu Beginn der 1970er Jahre verändernde wirtschaftliche Führungsleitbild, das er auf die Formel bringt: vom „Betriebsführer" zum „sozialverantwortlichen Manager". Vgl. Berghahn, Unternehmer und Politik, S. 325.

galt Anfang der 1970er Jahre generell als überholt. In der Wirtschaftspresse, vor allem aber in den kritisch-investigativen Wirtschaftsmagazinen wurde diese Entwicklung besonders gerne reflektiert. In der Januar-Ausgabe des *Manager Magazins* von 1972 hieß es:

> Hemdsärmelig und improvisierend, intuitiv und eigenwillig, haben Wirtschaftswunder-Manager zwanzig Jahre lang Deutschlands Unternehmen zu immer höheren Zuwachsquoten geführt. Nun sind die Wachstums-Fetischisten nicht mehr gefragt. Unterschiedliche Konjunkturlagen, schnelle technologische Entwicklungen, wechselnde Konkurrenz und komplizierte Märkte stellen differenziertere Ansprüche. Soziale und politische Umwelt-Veränderungen überfordern den Manager alten Typs psychisch und physisch.[179]

Auch wenn diese Kontrastierung in dem für das *Manager Magazin* typischen, leicht plakativen Stil etwas überzeichnet ist, lässt sich für den scharfen Kontrast zwischen den zwei Managergenerationen auch ein soziologisches Argument anführen. Denn die zwischen der „Fritz-Berg-Generation" und der „Alfred-Herrhausen-Generation" liegenden Jahrgänge der späten 1910er und der frühen 1920er Jahre waren zu einem hohen Prozentsatz im Zweiten Weltkrieg gefallen. Entsprechend fiel der Umbruch zwischen den „Alten" und den „Neuen" um 1970 ohne die vermittelnde Zwischengeneration besonders scharf aus.[180] Offenheit für Kritik am wirtschaftlichen System der Bundesrepublik, Selbstkritik und schließlich Absorption und Aneignung von Kritik kam tatsächlich vor allem von Vertretern der jüngeren Generation, so z.B. von der Jugendorganisation des ASU, dem Bundesverband Junger Unternehmer. Laut Handelsblatt zeigten die „progressiven Juniorchefs" sogar an vielen Stellen Berührungspunkte mit den Jusos.[181]

Auch die zeitgenössischen Sozialwissenschaften diagnostizierten einen sozialkulturellen Generationenkonflikt innerhalb der westdeutschen Unternehmerschaft. In einer großangelegten Studie von 1976, die auf der Basis von 365 Unternehmer-Interviews das „Selbstbild der Unternehmer" eruieren wollte,[182] wurde der Unterschied zwischen jüngeren und älteren Unternehmern als Wertekonflikt dargestellt. Während ältere Unternehmer zur Legitimation ihrer eigenen Stellung weiterhin an „traditionalen Werten" wie „persönliche Berufung, Lebenswerkerfüllung, Abstammung, patriarchalische Verpflichtung

---

[179] Der Mann ohne Eigenschaften, in: Manager-Magazin 1 (1972), S. 3. Vgl. auch Welche Eigenschaften braucht der Manager von morgen?, in: Manager Magazin 1 (1972), S. 72–74.
[180] Plumpe, 1968 und die deutschen Unternehmen, S. 60.
[181] Junge Unternehmer haben viele Berührungspunkte mit den Jusos, in: Handelsblatt, 10.10.1972.
[182] Das Sample bestand zu 80 % aus Eigentumunternehmern und zu 20 % aus Managern. Vgl. Rainer Koehne, Das Selbstbild deutscher Unternehmer. Legitimation und Leitbild einer Institution, Berlin 1976, S. 51.

und Elitebewußtsein" festhielten, würden die „unsicheren Jungunternehmer" sich deutlich weniger stark an solchen „nicht rational begründbaren Werten" orientieren.[183] Konkret hieß dies etwa, dass von den unter 35-Jährigen 40,3 % der Ansicht waren, dass die „persönliche Berufung" zum Unternehmerdasein unerlässlich sei und auch durch eine gute Ausbildung nicht ersetzt werden könne. Von den über 46-Jährigen stimmten hingegen 58 % dieser traditionellen Unternehmerlegitimation zu. Und während von den unter 35-Jährigen nur 32,8 % der Meinung waren, dass Unternehmertum „mehr als die Ausübung eines normalen Berufs", nämlich die „Erfüllung eines Lebenswerkes" bedeute, waren von den über 46-Jährigen weiterhin 64,3 % dieser traditionellen Auffassung.[184] Doch nicht alle Zahlen der Studie passten zur eigenen Interpretation vom Generationenkonflikt. Denn interessanterweise spielte die (in den 1950er Jahren noch sehr dominante) Vorstellung, dass man zum Unternehmer „geboren" sein müsse, in den 1970er Jahren weder bei älteren noch bei jüngeren Unternehmern eine besonders große Rolle. Laut der Studie waren von den unter 35-Jährigen nur 13,4 % der Ansicht, dass Herkunft, Abstammung und „persönliche Substanz" von Bedeutung für die Unternehmerlegitimation seien. Von den über 46-Jährigen waren es mit 17 % nur geringfügig mehr. Anders als in dem oben zitierten zusammenfassenden Satz (der „Abstammung" weiterhin zu den von der älteren Generation hochgehaltenen Werten zählt), sprechen also die Zahlenergebnisse der Untersuchung dafür, dass die Kategorie „Abstammung" – die ja immer in einem Widerspruch zur Professionalisierung der Führungskräfteausbildung stand – in den 1970er Jahren deutlich an Bedeutung verloren hatte.

Das Narrativ eines Wertekonflikts zwischen älterer und jüngerer Unternehmergeneration wurde durch solche Studien dennoch gestützt. Die Vorstellung, dass die Legitimation des Unternehmertums nicht mehr aus sich selbst, sondern nur unter Einbezug der Gesellschaft gewonnen werden konnte, war sehr mächtig geworden. Gerade junge Unternehmer wussten dieses Bewusstsein für gesellschaftliche Herausforderungen auch geschickt in Szene zu setzten. Ein Beispiel hierfür ist Guido Sandler, der 1966 mit nur 38 Jahren die Führung des Oetker-Konzerns übernommen hatte und dessen Karriere für viel Aufmerksamkeit sorgte.[185] In den 1970er Jahren zeigte er in der Öffentlichkeit viel Verständnis für die Systemkritik der jüngeren Generation und betonte, wie notwendig es für die Unternehmen sei, sich stärker für die sich demokratisierende Gesellschaft zu öffnen.[186] In einem Interview mit dem Chefredakteur des *Manager*

---

[183] Koehne, Das Selbstbild deutscher Unternehmer, S. 232–234.
[184] Ebd. S. 150.
[185] Vgl. Oetker: Neue Ordnung, in: Der Spiegel, 17.10.1966.
[186] Führung ist geistige Haltung, in: Manager Magazin 2 (1974), S. 34–40.

Magazins Leo Brawand machte der Oetker-Manager dabei auch vor seinem eigenen Unternehmen keinen Halt:

> mm: Würden Sie denn auch Leute, wenn wir gerade vom Nachwuchs reden, einstellen, die stark systemkritisch eingestellt sind?
>
> Sandler: Solche Leute würde ich mir eigentlich wünschen, Herr Brawand. Wir haben zuwenig davon.
>
> mm: na, na...
>
> Sandler: Wirklich, wir haben zuwenig davon in unserer Gruppe. Ich bin überzeugt, daß hier Farbe bekannt werden muß: Entweder kann uns dieser junge Mann in der ehrlichen Diskussion davon überzeugen, daß Teile seiner Ansicht richtig sind, oder aber unser Bemühen um ehrliche, anständige Arbeit überzeugt ihn davon, daß das System, auf dem wir gründen und von dem wir auch nicht gern abweichen würden, das wirklich entscheidend bessere ist.[187]

Der „neue Geist des Kapitalismus" scheint hier schon am Werk gewesen zu sein: Die Kapitalismuskritik von 1968 wurde produktiv nutzbar gemacht, indem die Forderungen nach Entfaltung des Individuums, nach Kreativität und Autonomie sowie die Kritik an Hierarchie, Autorität und Bürokratie von der Sozialkritik getrennt aufgenommen und sich zu eigen gemacht wurden.[188] „Der Leistungsprotest der jungen Generation hat durchaus gesunde Züge und kann sich fruchtbar auswirken", stellte man in *Plus. Zeitschrift für Unternehmensführung* 1972 fest. Denn es gebe in der Jugend keine „generelle Leistungsverneinung", sondern „ein grundsätzliches Ja zur Arbeit",[189] es bedürfe jedoch einer „Erfüllung menschlicher Kreativität"[190]. Der „neue Geist des Kapitalismus" traf die deutsche Wirtschaft allerdings nicht ganz unvorbereitet. Die Auseinandersetzungen um Autorität und richtige Führung waren 1968 schon längst im Gange, und welche Vorteile die verhaltensökonomischen Ansätze à la Maslow für die Wirtschaft haben konnten, war auch schon länger bekannt.

---

[187] Führung ist geistige Haltung, in: Manager Magazin 2 (1974), S. 35.
[188] Vgl. hierzu auch Manfred Grieger, Der neue Geist im Volkswagenwerk. Produktinnovation, Kapazitätsabbau und Mitbestimmungsmodernisierung, 1968–1976, in: Reitmayer/Rosenberger (Hrsg.), Unternehmen am Ende des „goldenen Zeitalters", S. 31–66; Plumpe, 1968 und die deutschen Unternehmen.
[189] Affemann, Psychologie: Pflichtfach für Manager, S. 74.
[190] Ebd., S. 73.

4.6 Kulturalisierung und Moralisierung der Unternehmen

In den 1970er Jahren waren die Unternehmen verstärkt Objekte der Beurteilung durch die kritische Öffentlichkeit geworden. Schlechtes Management wurde gemaßregelt, gutes – gesellschaftlich vorbildliches – Verhalten gewürdigt. In diesem Klima überraschte es nicht mehr, dass die *Wirtschaftswoche* Zensuren für Manager verteilen wollte.[191] Wie oben gesehen, hatten die Unternehmer und ihre Verbände zu Beginn der 1970er Jahre verschiedene Initiativen gestartet, um aus der gesellschaftspolitischen Passivität herauszukommen und diskursfähig zu werden. Ein weiteres und besonders bemerkenswertes Beispiel für die gesellschaftspolitischen Aktivitäten der deutschen Wirtschaft ist die von der historischen Forschung bisher noch kaum beachtete Frankfurter Stiftung Gesellschaft und Unternehmen. Diese 1972 gegründete Institution, die maßgeblich auf die Initiative von Hermann Josef Abs zurückgeht, ist deshalb so interessant, weil hier nicht weniger als eine intellektuelle Neubestimmung des Kapitalismus und eine gesellschaftliche Neulegitimation der Unternehmen in der Folge von „1968" versucht wurde.[192]

Die Ursprünge für die Stiftung Gesellschaft und Unternehmen liegen in Frankreich. Im September 1968 hatten französische Industrielle die Organisation Fondation Européenne pour l'Economie (FEE) gegründet, um der kapitalismuskritischen Herausforderung durch Studenten, Medien und Intellektuelle ein unternehmerisches Austauschforum auf europäischer Ebene entgegenzustellen. Die FEE war ihrem Selbstverständnis nach eine „Vereinigung führender Unternehmerpersönlichkeiten in Europa", die sich von einer solchen „internationalen Solidarität" Impulse für die „Aufrechterhaltung der unternehmerischen Wirtschaft" versprachen.[193] Präsident der FEE wurde Hermann Josef Abs, seit 1967 Aufsichtsratsvorsitzender der Deutschen Bank. Abs gründete auch eine deutsche Sektion der FEE, die aus Anlass der Jahrestagung der „Fondation" am

---

[191] Vgl. Wie kann man Manager zensieren?, in: Wirtschaftswoche, 20.10.1972, S. 82–86. Vgl. auch Jan-Otmar Hesse/Tim Schanetzky/Jens Scholten (Hrsg.), Das Unternehmen als gesellschaftliches Reformprojekt. Strukturen und Entwicklungen von Unternehmen der „moralischen Ökonomie" nach 1945, Essen 2004.

[192] Erwähnt wird die Stiftung nur kurz bei Stephanie Hagemann-Wilholt, die sich aber dafür ausführlich mit den Arbeiten von Meinolf Dierkes, dem wissenschaftlichen Direktor der Stftung „Gesellschaft und Unternehmen", auseinandergesetzt hat. Vgl. Stephanie Hagemann-Wilholt, Das „gute" Unternehmen. Zur Geschichte der Unternehmenskommunikation, Bielefeld 2016, S. 117.

[193] Hermann J. Abs, Gründung einer deutschen Gruppe der „Fondation Européenne pour l'Economie", 15.7.1970. HADB ZA 01/0106.

4.6 Kulturalisierung und Moralisierung der Unternehmen 247

15. Oktober 1970 in Frankfurt erstmals zusammentrat.[194] Dieser „Studiengruppe Unternehmer in der Gesellschaft" gehörten neben Abs zunächst Erhard Bouillon (Hoechst), Erich Mittelsten Scheid (Vorwerk), Ernst H. Plesser (Deutsche Bank), H. Rüggenberg (Henkel), Hans Günter Zempelin (Enka Glanzstoff) sowie Burghard Freudenfeld und Ludwig Losacker vom Deutschen Industrieinstitut an.[195] In einem Informationsprospekt der Studiengruppe wurde die Notwendigkeit der grenzüberschreitenden Strategie so begründet: Da jedes europäische Land „seine ‚Neue Linke'" habe und hier ein „Import und Export von Denkweisen, Attitüden, Vorurteilen und Ideologien" stattfinde, müssten auch die europäischen Unternehmer sich besser verständigen und dabei nicht nur eine Abwehrstrategie formulieren, sondern „bereits im Vorfeld der geistigen und ideologischen Argumentation" die Auseinandersetzung mit den Kapitalismuskritikern suchen.[196]

Zentral für diese Auseinandersetzung war für Hermann Abs eine intellektuelle Reflexion des Unternehmertums und des kapitalistischen Systems insgesamt. In seiner Rede auf der Tagung 1970 in Frankfurt erklärte er, das geistige Ziel der FEE sei nicht weniger als die „Konzipierung der Industriegesellschaft von morgen und darüberhinaus"[197]. Dies sei nötig, weil aus seiner Sicht seit den späten 1960er Jahren eine ökonomische und eine sozialkulturelle Zäsur zusammengekommen seien. Das Ende des langen Nachkriegsbooms setzte Abs mit mentalen Veränderungen in Beziehung: Wohlstand allein reiche den Menschen nicht mehr. „Man will nicht nur die Teilhabe an den Ergebnissen der Produktion, sondern mehr Spielraum in der Gestaltung der Produktion."[198] Diesen Wandel der menschlichen Bedürfnisse müssten die Unternehmer ernst nehmen und zur Grundlage ihrer Produkt- und Personalpolitik machen. Dafür müssten die Unternehmer sich laut Abs keineswegs verbiegen, sondern lediglich auf das zentrale Ordnungsprinzip des Marktes besinnen und dieses auf die Gesamtgesellschaft anwenden. Wenn der Markt nun von den Unternehmen Dinge wie gesellschaftspolitische Verantwortung, ökologisches Bewusstsein oder Partizipation verlange, sei es aus Sicht der Unternehmen unbedingt notwendig, sich den Verbrauchern, den Kunden „zu unterwerfen".[199] In einer weiteren Rede auf einer Tagung der

---

[194] Fondation Européenne pour l'Economie, Reunion Européenne du 15 Octobre à Frankfort. Projet d'ordre du jour. HADB ZA 01/0106.
[195] Informationsprospekt der Studiengruppe Unternehmer in der Gesellschaft – Deutsche Sektion der Fondation Européenne pour l'Economie (F. E. E.). HADB ZA 01/0106.
[196] Ebd.
[197] Ansprache von Herrn Dr. Hermann J. Abs, Die Strategie der Fondation Européenne pour l'Economie, 15.10.1970. HADB ZA 01/0106.
[198] Informationsprospekt der Studiengruppe Unternehmer in der Gesellschaft – Deutsche Sektion der Fondation Européenne pour l'Economie (F. E. E.). HADB ZA 01/0106.
[199] Ansprache von Herrn Dr. Hermann J. Abs, Die Strategie der Fondation Européenne pour l'Economie, 15.10.1970. HADB ZA 01/0106.

„Studiengruppe Unternehmer in der Gesellschaft" wurde Abs 1973 noch deutlicher: Eine Wirtschaftsordnung, die „diese speziellen immateriellen Bedürfnisse der Menschen nicht zur Kenntnis nimmt", produziere am Markt vorbei. Die Wettbewerbswirtschaft sei aufgerufen, sich auf die Marktgesetze zu besinnen und diese „auf die neue, heute entscheidende Dimension, nämlich die gesellschaftlichen Probleme, anzuwenden". Erst wenn die menschlichen Bedürfnisse in ihrer Gesamtheit befriedigt seien, sei das wirtschaftliche System ausreichend legitimiert.[200]

Als Antwort auf Zweifel an der Konsumgesellschaft, Wachstumskritik und die marxistische Entfremdungsthese wollte Abs also nicht weniger Markt, sondern eine Ausdehnung des Ordnungsprinzips des Marktes auf alle gesellschaftlichen Bereiche erreichen. Die von vielen geforderte gesellschaftspolitische Verantwortung der Unternehmen sollte nicht neben oder jenseits des Marktes organisiert werden, sondern selbst den Marktgesetzen unterworfen sein und als notwendige systemlegitimierende Strategie mit Blick auf veränderte Verbraucherbedürfnisse implementiert werden. Um zu erforschen, auf welchem Wege sich diese Grundgedanken umsetzen lassen könnten, wurde am 5. Dezember 1972 von der „Studiengruppe Unternehmer in der Gesellschaft" schließlich in Frankfurt die Stiftung Gesellschaft und Unternehmen gegründet.[201]

Die Stiftung wurde vom Stifterverband für die Deutsche Wissenschaft verwaltet und von über 60 deutschen Mitgliedsunternehmen und Verbänden finanziert.[202] Das Kuratorium der Stiftung war prominent besetzt. Neben Abs, Plesser, Zempelin und Mittelsten Scheid saßen hier u. a. Ernst W. Mommsen, Joachim Zahn (Vorstandsvorsitzender von Daimler-Benz), Jürgen Ponto (Vorstandsmitglied der Dresdner Bank), Helmut Wolf (Vorstandsvorsitzender von Krauss-Maffei), Egon Overbeck (Vorstandsvorsitzender von Mannesmann), Karl Josef Ballhaus (Geschäftsführer von Schwarzkopf) und Rudolf von Bennigsen-Foerder (Vorstandsvorsitzender der VEBA).[203] Wissenschaftlicher Direktor wurde der Sozialwissenschaftler Meinolf Dierkes, der in Frankfurt ein interdisziplinäres Forscherteam aus Soziologen und Betriebswirtschaftlern zusammenführte. Im Laufe der 1970er Jahre wurde die Stiftung publizistisch sehr aktiv. Dabei stützte sie sich auf drei Publikationsreihen mit jeweils unterschiedlichen Zielgruppen: erstens die Edition Gesellschaft

---

[200] Die Rolle der Wirtschaft in der neuen Gesellschaft. Ansprache von Herrn Abs auf der Jahrestagung 1973 der Studiengruppe „Unternehmer in der Gesellschaft." HADB ZA 01/0106.
[201] Die Stiftung hieß zunächst „Wissenschaft und Wirtschaft". Vgl. Schreiben Hermann J. Abbs, 27.6.1972. HADB ZA 01/0106.
[202] Stiftung „Gesellschaft und Unternehmen". Aufgabe, Mitglieder und Struktur. HADB V30/774.
[203] Mitglieder des Kuratoriums der Stiftung „Gesellschaft und Unternehmen". HADB ZA 04/x1650.

4.6 Kulturalisierung und Moralisierung der Unternehmen

und Unternehmen, die im Campus-Verlag erschien und sich vorwiegend an ein wissenschaftliches Publikum richtete,[204] zweitens gesellschaftspolitische Bildungsmaterialien im Deutschen Instituts-Verlag, die vornehmlich für die Erwachsenenbildung und den gymnasialen Oberstufen-Unterricht gedacht waren, sowie drittens die Veröffentlichungen der Stiftung Gesellschaft und Unternehmen im Hanstein-Verlag, die die wirtschaftlichen Praktiker, vor allem die Führungskräfte großer Unternehmen ansprechen sollten.[205] Ein besonderes Augenmerk der Publikationen und Projekte der Stiftung lag auf den leitenden Angestellten, denn diese galten als jene wirtschaftliche und soziale Schicht, die – so Hermann Abs – „zum gegebenen Zeitpunkt in der Lage sein wird, die Zukunft unserer industriellen Zivilisation in die eine oder andere Richtung zu bestimmen".[206]

Die inhaltlichen Schwerpunkte der Publikationen waren vielseitig, aber alle waren geprägt von einer aufklärerischen, betont antimarxistischen Stoßrichtung. Explizites Ziel war es, Sozialwissenschaften, Wirtschaftswissenschaften und betriebliche Praxis zusammenzubringen.[207] Dabei wurden marxistische Schlüsselbegriffe wie „Mehrwert", „Gewinn", „Privateigentum" und „Entfremdung" aufgegriffen und Grundlage z. T. ambitionierter theoretischer Arbeiten.[208] Das größte Aufsehen von allen Publikationen der Stiftung erregten allerdings die vorgeschlagenen Konzepte für eine gesellschaftlich sensible Unternehmenskommunikation. Hier war es in erster Linie Meinolf Dierkes, der, nachdem er während eines mehrjährigen Forschungsaufenthaltes in den USA mit der amerikanischen Sozialindikatoren- und Social-Accounting-Forschung in Berührung geraten war,[209] nun auch in der Bundesrepublik Konzepte für gesellschafts-

---

[204] „Diese Reihe verfolgt die Absicht, die strategischen Fragestellungen der Wissenschaft zu beeinflussen, an den Realitäten orientierte und einzelne Bausteine zu einer Theorie der politischen Ökonomie und zur Unternehmenstheorie zu liefern." Walter Eberle/Hans H. Wenkebach, 5 Jahre Stiftung „Gesellschaft und Unternehmen" – Schwerpunkte ihres bisherigen Arbeitsprogrammes (1972–1977). HADB V30/774.
[205] Ebd.
[206] Ansprache von Herrn Dr. Hermann J. Abs, Die Strategie der Fondation Européenne pour l'Economie, 15.10.1970. HADB ZA 01/0106.
[207] Ansprache von Herrn Hermann J. Abs vor dem Kuratorium der Stiftung „Gesellschaft und Unternehmen" anläßlich seiner konstituierenden Sitzung am 5.12.1972. HADB ZA 01/0106.
[208] Wolfram Engels/Hans H. Wenkebach, Die Verteilung des Wohlstandes. Eine Betrachtung über die Bedeutung von Vermögen und Einkommen, Köln 1976; Helmar Nahr, Mehrwert heute. Leistung und Verteilung in der Industriegesellschaft, Frankfurt a. M. 1977; Heinz Schimmelbusch, Marktwirtschaft, Bürokratie und Leistung. Die Entstehung und die Folgen zentraler Wirtschaftsentscheidungen, Köln 1977; Hans P. Steinbrenner/Hans H. Wenkebach, Kapital und Arbeit. Kooperationsformen zur Erstellung wirtschaftlicher Leistungen, Köln 1977; Walter Eberle, Der Gewinn – Legitimation und Funktion, Köln 1978; Wolfram Engels (Hrsg.), Neue Wege in der Arbeitswelt, Frankfurt a. M. 1978.
[209] Hagemann-Wilholt, Das „gute" Unternehmen, S. 116–124.

bezogene Planungs-, Rechnungslegungs- und Informationssysteme einführen wollte, die neben die klassische, primär aktionärs- und managementorientierte Berichterstattung treten sollten.[210]

Am bekanntesten wurden die sogenannten Sozialbilanzen, also alternative Erfolgsindikatoren, mit denen unternehmerische Leistung nicht mehr allein in ökonomischen Kategorien erfasst, sondern nach ihrem gesellschaftlichen Nutzen bewertet werden sollte. Es sollten so die gesellschaftlich relevanten Leistungen, aber eben auch die sozialen Kosten eines Unternehmens systematisch erfasst, dokumentiert und öffentlich diskutiert werden. Dierkes wünschte sich, dass Sozialbilanzen verpflichtend neben die gesetzlich vorgeschriebenen Handelsbilanzen treten sollten, um so den Unternehmen wieder gesellschaftliche Legitimität zu verschaffen und letztlich einem „humanen Kapitalismus" den Weg zu bereiten.[211] „Auf Zahlen bauen statt auf Dialektik", war die Devise laut Karlheinz Bund, dessen Steag AG als erstes deutsches Unternehmen nach amerikanischem Vorbild 1973 eine Sozialbilanz vorlegte.[212] Die Frage nach Sozialbilanzen war Teil eines breiten Diskurses um die Verantwortung der Unternehmen, der in den 1970er Jahren auf drei Ebenen stattfand: Verantwortung gegenüber dem Mitarbeiter (Wirtschaftsdemokratie, Mitbestimmung, Humanisierung der Arbeit), Verantwortung gegenüber der Gesellschaft (Sozialbilanzen, Publizität) und Verantwortung gegenüber der Umwelt (Umweltschutz, Grenzen des Wachstums etc.).[213] Dass viele Unternehmen bereit waren, sich an der Entwicklung von eigenen Konzepten der Sozialberichterstattung zu beteiligen, muss aber auch als eine Strategie interpretiert werden, die gefürchteten weiteren Regulierungen durch die sozialliberale Regierung entgegenwirken sollte.[214]

In jedem Fall führten diese Ansätze zur einer Professionalisierung der unternehmerischen Berichterstattung unter Einbezug von sozialwissenschaftlichen Experten und im Zusammenspiel mit Verbänden und Wirtschaftspresse. Typisch hierfür ist die 1975 gestartete Aktion zur Bestandsaufnahme der „gesellschaftlich

---

[210] Kurzfassung und ausgewählte Materialien zum Vortrag Integration von Gewinnoptimierung und gesellschaftspolitischer Verantwortung – Konzepte und erste Erfahrungen – von Prof. Dr. M. Dierkes anläßlich der Mitgliederversammlung der Studiengruppe Unternehmer in der Gesellschaft, 26.6.1973. HADB ZA 01/0106.

[211] Meinolf Dierkes, Die Sozialbilanz. Ein gesellschaftsbezogenes Informations- und Rechnungssystem, Frankfurt 1974; ders., Corporate Social Reporting in Germany. Conceptual Developments and Practical Experience, in: Accounting, Organizations and Society 4 (1979), S. 87–107, ders., Gesellschaftsbezogene Berichterstattung. Was lehren uns die Experimente der letzten 10 Jahre?, in: Zeitschrift für Betriebswirtschaft 54 (1984), S. 1210–1235.

[212] Karlheinz Bund, Auf Zahlen bauen statt auf Dialektik, in: Manager Magazin 11 (1973), S. 64–71.

[213] Vgl. Soziale Verantwortung: Aufgabe oder nur Schlagwort?, in: Manager Magazin 9 (1974), S. 44–50. Vgl. auch Karl Heinrich Rüßmann, Votum für soziale Pflicht, in: Manager Magazin 5 (1975), S. 15–21.

[214] Hagemann-Wilholt, Das „gute" Unternehmen, S. 443.

relevanten Aktivitäten deutscher Industrieunternehmen". In Zusammenarbeit mit der Stiftung „Gesellschaft und Unternehmen" wurde für diese Sozialenquete vom *Manager Magazin* ein Fragebogen erstellt, der die „sozialen Aktivitäten" der Unternehmen messen sollte.[215] Auftakt war eine Tagung in Hamburg Ende 1975 mit dem BDI und der Chefredaktion des *Manager Magazins*. Der Datensammlung unterzogen sich rund 130 Firmen, „darunter wirklich die creme de la creme", wie Chefredakteur Leo Brawand anmerkte.[216]

Mit den größer werdenden gesellschaftspolitischen Erwartungen an die Unternehmen verband sich auch die Vorstellung eines veränderten Aufgabenfeldes der Manager, zumindest der Topmanager, die stärker in der Öffentlichkeit stehen würden. Der Gießener Wirtschaftswissenschaftler Knut Bleicher formulierte das veränderte Tätigkeitsprofil so:

> Der Manager der Zukunft wird sich weniger als bisher um die internen Probleme seines Unternehmens kümmern und mehr als Repräsentant des Unternehmens in der Öffentlichkeit auftreten. Seine Hauptaufgabe wird darin bestehen, Anstöße zur Zielfindung im Unternehmen auf Grund seiner Kenntnis und Auseinandersetzung mit der gesellschaftlichen Umwelt des Unternehmens zu geben.[217]

Tatsächlich führte aber die Sozialberichterstattung der Unternehmen seit der zweiten Hälfte der 1970er Jahre nicht zu einem „humanen Kapitalismus", wie Dierkes es sich vorgestellt hatte. Zwar sorgte die Übersetzung von sozialer und ökologischer Verantwortung in die ökonomische Zahlensprache der Bilanzen zumindest theoretisch für eine neue Transparenz. In der Praxis waren die meisten Sozialbilanzen dann aber eher Kataloge der sozialen Leistung eines Unternehmens zur Imagepflege und Herstellung einer konsensfähigen Unternehmenskultur.[218]

Eine weitere direkte Folge des Verantwortungsdiskurses war, dass eine Reihe von Unternehmen damit begann, einen Verhaltenskodex und schließlich Führungsgrundsätze, Führungsleitsätze, Führungsrichtlinien oder Firmenphilosophien zu erarbeiten. Dabei ging es darum, „die gesellschaftliche Verantwortung in die Matrix für die geschäfts- und unternehmenspolitischen Entscheidungen eines Unternehmens einzubeziehen", wie es der Generalbevollmächtigte der

---

[215] Für dieses Projekt suchte Chefredakteur Leo Brawand auch Unterstützung vom BDI bei der Datenerhebung: „Meiner Überzeugung nach lohnt es sich gerade in einer Zeit, da die staatliche Reformpolitik sichtbar an ihre Grenzen stößt, die vielfachen Leistungen der deutschen Wirtschaft auch auf diesem Gebiet transparent zu machen." Leo Brawand an BDI, 26.9.1975. BDI-Archiv PI 40, Karton 644.
[216] Leo Brawand an F. W. Kleinlein, 19.12.1975. BDI-Archiv PI 40, Karton 644. Kleinlein hielt das Vorhaben für nützlich und forderte weitere Unternehmer auf, an der Fragebogen-Aktion teilzunehmen. F. W. Kleinlein an E. von Schack, 13.1.1975. BDI-Archiv PI 40, Karton 644.
[217] Rosemarie Fiedler-Winter, Der Boß von morgen, in: Die Zeit, 6.6.1975.
[218] Hagemann-Wilholt, Das „gute" Unternehmen, S. 443–447.

Deutschen Bank Ernst Plesser ausdrückte. Plessers Idee war es, dass der BDI eine Sammlung von Führungsgrundsätzen „und ähnlich wirkenden Instrumenten modernen Managements" erstellen sollte. Entsprechend schickte er dem BDI die Führungsgrundsätze der Firmen AEG, Dow Chemical, Opel, Rank-Xerox und Siemens. Ziel war es, eine Art Datenbank zu erstellen, „damit Interessenten auf der Höhe der Zeit unterrichtet werden können und nicht bei Null anfangen müssen".[219] Auch wenn man beim BDI etwas skeptisch war, ob der Verband oder andere Spitzenorganisationen modellhaft Führungsgrundsätze auch branchenübergreifend erarbeiten könnten,[220] zeigt der Vorgang, dass die Normierung der Führungsbeziehungen anhand solcher genereller Verhaltensempfehlungen für Unternehmen in den 1970er Jahren durch gesellschaftlichen Druck aufgekommen und schnell zum Standard geworden ist. Für Horst Albach, der für ein USW-Lehrbuch dutzende Führungsgrundsätze ausgewertet hatte, waren diese „die Auffüllung einer Lücke im Argumentationshaushalt der Unternehmen der fünfziger und sechziger Jahre". Gerade eine liberale Wirtschaftsordnung bedürfe einer „dauernden Legitimation im gesellschaftlichen Bewußtsein"[221].

In der wirtschaftswissenschaftlichen Theorie haben Führungsgrundsätze nicht nur eine PR-Funktion, sondern auch eine Steuerungs-, Standardisierungs-, Entlastungs-, Orientierungs-, Harmonisierungs-, und Legitimationsfunktion.[222] Sie dienen der Koordinierung, Integration und Motivation.[223] Aus geschichtswissenschaftlicher Perspektive sind Führungsgrundsätze offizielle Sinnkonstrukte. Sie bieten ein kollektives Identitäts- und Gemeinschaftsangebot für Führungskräfte und dienen der Überhöhung der betrieblichen Wirklichkeit. Gleichzeitig hat ihr normativer Charakter eine disziplinierende und leistungsfordernde Funktion: „Betrachte die Ziele des Unternehmens als Deine eigenen Ziele und identifiziere Dich mit ihnen", lautete beispielsweise recht unverblümt der fünfte Führungsleitsatz der „10 Gebote für Rank Xerox Manager".[224] Bei Opel mussten die Führungskräfte „fest entschlossen" sein, „selbst ein Beispiel für den Grundsatz abzugeben, dass jeder ein vernünftiges Maß täglicher Arbeit zu erledigen hat, und darauf zu bestehen, dass sich unsere Mitarbeiter ebenso verhalten". Beim Rüsselsheimer Automobilhersteller waren 1973 aber auch

---

[219] Ernst Plesser an A. Sölterm 6.6.1973. BDI-Archiv PI 46, Karton 643. Vgl. auch Ernst H. Plesser (Hrsg.), Was machen die Unternehmer? Über wirtschaftliche Macht und gesellschaftliche Verantwortung, Freiburg 1974; Ernst H. Plesser/Werner Dräger, Das Unternehmen im Dienste des Menschen und der Gesellschaft, Köln 1973.
[220] W. Weisser, Vermerk für Herrn Kleinlein, 17.7.1973. BDI-Archiv PI 46, Karton 643.
[221] Horst Albach, Mitarbeiterführung. Text und Fälle, Wiesbaden 1977, S. 197.
[222] o. A., Führungsgrundsätze, in: Gabler Wirtschaftslexikon, hrsg. v. Gabler Springer Verlag, URL: http://wirtschaftslexikon.gabler.de/Archiv/86178/fuehrungsgrundsaetze-v8.html [Zugriff: 4.10.2019].
[223] Berghoff, Moderne Unternehmensgeschichte, S. 148.
[224] 10 Gebote für Rank Xerox Manager. BDI-Archiv PI 46, Karton 643.

4.6 Kulturalisierung und Moralisierung der Unternehmen

schon Umweltschutz (Leitsatz 8) und soziale Verantwortung (Leitsatz 9) in die neun Führungsleitlinien aufgenommen worden.[225] Die Einführung von Führungsgrundsätzen in den frühen 1970er Jahren markierte so den Beginn der Moralisierung und Kulturalisierung der Unternehmen, die in den 1980er und 1990er Jahren als bewusste unternehmerische Strategie weitergeführt wurden und sich mit Stichworten wie „corporate identity" und „Unternehmenskultur" verbanden.

Es gilt, eine vorläufige Bilanz zu ziehen: Der Generationenkonflikt, der Diskurs um die gesellschaftliche Legitimität und Verantwortung der Unternehmen, der normative Abschied von autoritärer Führung, die modernisierte Öffentlichkeitsarbeit der Verbände, Managementschulungen im Zuge von Gesellschaftskritik, die Entwicklung und die Vermittlung von (US-inspirierten) motivationspsychologischen Führungsstilen, die ideologischen Auseinandersetzungen um den Führungskräftenachwuchs und schließlich die moralische Normierung des Managerverhaltens in Führungsleitlinien sind als das Ergebnis einer Interaktion von linker bzw. akademischer Gegenkultur und wirtschaftlichem Establishment zu verstehen. Es gab somit ein „1968 der Manager". Verantwortlich dafür waren aber nicht – oder nur zu einem geringen Teil – „die 1968er" im engeren Sinne. Erst unter Einbezug der medienhistorischen Veränderungen (neben der Rolle des Fernsehens insbesondere das Aufkommen eines kritisch-investigativen Managementjournalismus), des politischen Reformdrucks zu mehr „Wirtschaftsdemokratie" und des nach 1966/67 einsetzenden Paradigmenwechsels in der Unternehmensführung wird der mit „1968" verbundene Mentalitätswandel in der bundesdeutschen Wirtschaft erklärbar. Werner Plumpe argumentiert darüber hinaus, dass die Unternehmen einen der „dynamischsten Teile der bundesrepublikanischen Gesellschaft darstellten" und als „wesentliche Träger und Agenten" des Wandels zu einer offen-liberalen Wohlstandsgesellschaft zu sehen seien, vor allem weil sie die Mechanismen der Konsumkultur und damit – indirekt – die mit dem neuen Konsumverhalten verbundenen sozialkulturellen Veränderungen etabliert hätten.[226]

Die hier diskutierten Befunde bestätigen diese Einschätzung nur bedingt. So berechtigt eine realistische Einschätzung der historischen Bedeutung der „1968er" ist – *ohne* die sozialkulturelle Spannung, die mit „1968" in einem weiteren Sinne verbunden ist, wäre der Handlungsdruck zu neuen Produktions- und Legitimationsstrategien nicht aufgekommen. Die von der neuen Linken formulierte Kapitalismus- und Konsumkritik forderte die Unternehmen und ihre Verbände massiv heraus und zwang sie zu einer Fülle von neuen Strategien zur Rechtfertigung der marktwirtschaftlichen Ordnung. Insgesamt scheint es aber auf der Basis der hier diskutierten empirischen Beispiele so zu sein, dass sich

---

[225] Leitsätz der Führungskräfte der Adam Opel AG. BDI-Archiv PI 46, Karton 643.
[226] Plumpe, 1968 und die deutschen Unternehmen, S. 47, 59.

in der Folge von 1968 zwei für die bundesrepublikanische Wirtschaft bedeutsame Entwicklungen überlappten: zum einen der seit den frühen 1960er Jahren voranschreitende Prozess der Professionalisierung von Unternehmensführung, durch den Autorität eingehegt und formalisiert wurde; zum anderen der mit der Wirtschaftskrise von 1966/67 einsetzende Paradigmenwechsel in der deutschen Industrie, der durch eine Abkehr von der Produktionsorientierung und eine Hinwendung zu einer Angebotsorientierung geprägt war. Eine neue und zunehmende Komplexität von Führungsaufgaben ergab sich allein aus der wachsenden Größe der Unternehmen. Die divisionalen Unternehmensstrukturen und die größer gewordene Bedeutung mittlerer Führungsebenen in Großunternehmen brachten die Frage nach der Delegation von Entscheidungsvollmachten unter dem Gesichtspunkt von Effizienzlogiken notwendigerweise mit sich. Gleichzeitig entstand durch die sich krisenhaft wandelnde Weltwirtschaft, durch die technologischen Entwicklungen und durch eine stärkere internationale Konkurrenz ein Handlungsdruck auf die Unternehmer, sich auf neue Techniken für Management und Organisation einzulassen. Besonders deutlich wurden die veränderten mentalen und habituellen Dispositionen in der Führungskräfteausbildung. Hier hat gerade das Beispiel des USW gezeigt, wie die neuen Ansätze der Betriebswirtschaft, der Personalführung im Sinne des Human Resource Management und des Marketings zusammengeführt werden konnten. Die verhaltensökonomischen Ansätze, die von einer hierarchischen Struktur menschlicher Bedürfnisse ausgingen, hatten hier eine erhöhte Konjunktur. Der Humanfaktor galt nun als eine zentrale unternehmerische Entscheidungsgröße.

5. Die dritte Kraft zwischen Arbeit und Kapital? Die leitenden Angestellten in den 1970er Jahren

Sozialwissenschaftliche Interpretationen auf der Basis der klassischen Polarität zwischen Arbeit und Kapital gibt es, seit Karl Marx den Gegensatz der beiden Produktionsfaktoren zum treibenden Strukturmerkmal modern-kapitalistischer Klassengesellschaften erhoben hat. Nicht-marxistische Erklärungsversuche sind hingegen dadurch gekennzeichnet, dass sie die Ordnung der Gesellschaft anhand von Arbeit und Kapital strukturell zergliedern, variieren oder nuancieren. Beispiele dafür sind sozialstrukturelle Konzepte wie „Mittelschichten", „funktionale Differenzierung" oder „formierte Gesellschaft". Generell gingen (nichtmarxistische) Soziologen davon aus, dass der Faktor Arbeit eben nicht einheitlich daherkomme, sondern – beispielsweise – in Arbeiter und Angestellte zu differenzieren sei. Sozialstrukturelle Differenzierungskonzepte waren meist kein rein wissenschaftliches Unterfangen. Ihre empirische Gültigkeit war vielmehr Gegenstand politischer Kontroversen, die von ökonomischen, sozialen, arbeitsrechtlichen und standespolitischen Interessen getrieben waren. Sozialstrukturelle Differenzierungskonzepte konnten gesellschaftliche Gruppen in ihrer Identität bestätigen oder aber fundamental herausfordern, insbesondere dann, wenn sie neue soziale Angleichungsphänomene zum Gegenstand hatten.

Ein gutes Beispiel für die Konfrontation von soziologischer Analyse mit der Abgrenzungsideologie von Interessenverbänden ist Helmut Schelskys berühmte Formel von der „nivellierten Mittelstandsgesellschaft"[1]. Die These löste in den 1950er Jahren Nivellierungsängste bei jenem Teil der Angestelltenschaft aus, der sich durch die „Kragenlinie" von der Arbeiterschaft getrennt wähnte. Die Sorge vor einer Einebnung gesellschaftlicher und beruflicher Privilegien wurde lautstark artikuliert, gerade auch weil die Zahl der Angestellten in der Industrie und ihr prozentualer Anteil am Reservoir der Arbeitnehmer generell zunahmen.[2] Auch die Geschichte der Deutschen Angestellten Gewerkschaft (DAG) ist in dieser Hinsicht ein fortwährender Kampf gegen Statusverluste und für die Legitimierung von Privilegien. Zentral hierfür war die Sicherstellung und Rechtfertigung der Angestelltenschaft als eigenständige Sozialformation vor allem gegenüber Arbeiterschaft und DGB.[3]

---

[1] Helmut Schelsky, Wandlungen der deutschen Familie in der Gegenwart. Darstellung und Deutung einer empirisch-soziologischen Tatbestandsaufnahme, Dortmund 1953.
[2] Johannes Platz, „Die White Collars in den Griff bekommen". Industrieangestellte im Spannungsfeld sozialwissenschaftlicher Expertise und gewerkschaftlicher Politik, in: Archiv für Sozialgeschichte 50 (2010), S. 271–288, hier: 271.
[3] Hans-Peter Müller, Die Deutsche Angestellten-Gewerkschaft im Wettbewerb mit dem DGB. Geschichte der DAG 1947–2001, Baden-Baden 2001.

5. Die dritte Kraft zwischen Arbeit und Kapital?

In den 1970er Jahren bekam die Geschichte der sozialstrukturellen Abgrenzungsdiskurse schließlich eine neue Dimension. Während es bisher um eine Differenzierung *innerhalb* der Arbeitnehmerschaft gegangen war, drehte sich die Debatte nun um den Ort einer sozialen Gruppe *zwischen* Arbeit und Kapital. Gemeint sind die leitenden Angestellten, deren soziale Lage und Funktion zwischen Arbeitnehmerschaft und Unternehmertum mit einem Schlag zu einem politischen, soziologischen und arbeitsrechtlichen Großthema geworden war. In ein breiteres öffentliches Bewusstsein traten die leitenden Angestellten mit ihrer Rolle in den politischen Auseinandersetzungen über das Betriebsverfassungsgesetz und das Mitbestimmungsgesetz. Bereits in seiner ersten Regierungserklärung am 28. Oktober 1969 betonte Bundeskanzler Willy Brandt die Notwendigkeit einer Neufassung des Betriebsverfassungsgesetzes.[4] Von Seiten der Interessenverbände der leitenden Angestellten wurde nun der Versuch unternommen, einen neuen Produktionsfaktor, eine „dritte Kraft" zwischen Arbeit und Kapital zu bekunden und zu legitimieren. Hierbei ging es auch um das Erkämpfen und Sichern von arbeits- und sozialrechtlichen Privilegien und Sonderbestimmungen, vor allem aber um die Identitätsfindung und Selbstverständigung einer als neu wahrgenommenen sozialen Gruppe: Die eigene Identität musste geklärt, Gruppeninteressen, Selbstverständnis und kollektive Forderungen mussten bestimmt werden. Welchen Ort in der Gesellschaft sollte die zahlenmäßig stark anwachsende Gruppe der leitenden Angestellten einnehmen? Welche politische und soziale Funktion kam ihr zu, nachdem der wirtschaftliche Strukturwandel ihre ökonomisch-technische Bedeutung herausgehoben hatte und da von ihrem Können und Wissen angeblich die Zukunft der Gesellschaft abhing?

Diese Fragen zeigen, dass es bei der Geschichte der leitenden Angestellten in den 1970er Jahren um mehr geht als um eine arbeitsrechtliche Episode im Zusammenhang mit der Geschichte des Betriebsverfassungs- und Mitbestimmungsgesetzes.[5] In einem bisher unbekannten Ausmaß wurden untere und mittlere deutsche Manager zum politischen Zankapfel. Die leitenden Angestellten wurden, so Burkhard Wellmann von der BDA, zur „Schlüsselfigur in dem Königsmord-Drama ‚Mitbestimmung'"[6]. Politische Parteien, Arbeitgeberverbände, Gewerkschaften, Medien, Wissenschaftler und nicht zuletzt die Interessenverbände der leitenden Angestellten stritten um die soziologische, politische und ökonomische Identität der Gruppe. Dabei wurden fundamentale Fragen der Verfasstheit der Wirtschafts-, Arbeits- und Sozialbeziehungen

---

[4] Vgl. Regierungserklärung Willy Brandts vor dem Deutschen Bundestag, 28.10.1969, in: Verhandlungen des Deutschen Bundestags, Stenographische Berichte, 6/5, S. 28D.
[5] Den besten Überblick über die Geschichte der leitenden Angestellten bietet die arbeitsrechtliche Darstellung von Wolfgang Hromadka. Hromadka, Recht der leitenden Angestellten. Vgl. zum Folgenden auch Dietz, Wertewandel in der Wirtschaft?
[6] Burkhard Wellmann, Loyalität und Interesse, in: Der Arbeitgeber 25 (1973), S. 894.

in der Bundesrepublik verhandelt. Im Kern ging es um zwei unterschiedliche Vorstellungen von der sozial-ökonomischen Ordnung: auf der einen Seite die Vorstellung einer „klassischen" Polarität zwischen Arbeit und Kapital, wie sie von großen Teilen der SPD und vom DGB vertreten wurde. Aus deren Perspektive gehörte – bis auf einen kleinen Teil des gehobenen Managements – die „wissenschaftlich-technische Intelligenz" der Unternehmen eindeutig auf die Arbeitnehmerseite, und es liege im eigenen Interesse dieser Gruppe, solidarisch mit allen anderen Arbeitnehmern für ein höheres Maß an Wirtschaftsdemokratie zu streiten. Demgegenüber stand die Vorstellung einer Pluralisierung der Interessen in der Wirtschaft, die es Leistungseliten erlauben sollte, eine eigene Stellung zwischen Arbeit und Kapital einzunehmen. Diese wurde von der FDP, der CDU/CSU (abgesehen von den Sozialausschüssen um Norbert Blüm) und teilweise von den Arbeitgeberverbänden vertreten. Wenn also über die Rolle der leitenden Angestellten gestritten wurde, ging es auch um grundsätzliche Fragen nach Leistung versus soziale Gerechtigkeit und Individualität versus Solidarität.

Für die historische Analyse der normativen Konzepte von Arbeit, Leistung und Führung ist daher die (Streit-)Geschichte der leitenden Angestellten in den 1970er Jahren von zentraler Bedeutung. Sozialstrukturelle Abgrenzungsdebatte und sozialkulturelle Auseinandersetzung gehören in dieser Geschichte zusammen. Die leitenden Angestellten bemühten sozialkulturelle Argumente und normative Leitbilder als Orientierungsstandards für das eigene Selbstverständnis wie auch zur Abgrenzung gegenüber anderen Gruppen. Gleichzeitig artikulierten andere Gruppen ihre jeweils eigenen Vorstellungen von wirtschaftlichen Führungskräften und Leistungseliten. Es ging in der Auseinandersetzung um Partizipation, Selbstbestimmung, Wirtschaftsdemokratie einerseits und Autorität, Leistung und Elite andererseits. Das schon in den 1950er und 1960er Jahren debattierte Verhältnis zwischen Unternehmern und angestellten Managern stand auf dem Prüfstand und sollte rechtlich kodifiziert werden. Dem quantitativen und qualitativen Aufstieg dieser Gruppe in den Unternehmen galt es nun auch politisch und rechtlich gerecht zu werden. Damit war jedoch ein Konflikt mit den Gewerkschaften vorgezeichnet, die in den 1970er Jahren um ihre arbeitsrechtlichen Reformvorhaben kämpften. Sie fürchteten um ihren Einfluss auf die Angestelltenschaft in ihrer Gesamtheit, und insbesondere der DGB warb daher um die Manager – mit eigenen Initiativen zur sozialrechtlichen Vertretung und Managerschulung. Im Folgenden wird die normative Konfliktgeschichte um die leitenden Angestellten nachgezeichnet. Warum kam es Anfang der 1970er Jahre zu einer gesellschaftlichen Auseinandersetzung über die leitenden Angestellten? Wie veränderten sich Selbstwahrnehmung und gesellschaftliche Wahrnehmung der leitenden Angestellten? An welchen ökonomischen Leitbildern, Führungskonzepten und Arbeitswerten orientierten sich die leitenden Angestellten? Waren die leitenden Angestellten eine Führungs- oder Leistungselite oder womöglich beides? Und gab es nun wirklich eine „dritte Kraft" zwischen Arbeit und Kapital?

5.1 Die leitenden Angestellten im „Datenkranz der Soziologen"

Zu Beginn der 1970er Jahre wurden die leitenden Angestellten in der westdeutschen Öffentlichkeit geradezu als ein völlig neuartiges soziales Phänomen diskutiert. Von einer „neuen Klasse", der „erwachenden dritten Kraft" und der „neuen Macht", die „zwischen den Fronten" stand, war in der Presse und in den Fachzeitschriften die Rede.[7] „Zwischen Kapital und Arbeit schiebt sich die immer breiter werdende Schicht von Managern und leitenden Angestellten. Mit den Arbeitnehmern gemein ist ihnen die Eigentumslosigkeit und Abhängigkeit. Unternehmer sind sie der Funktion nach",[8] hieß es im *Industriekurier* Anfang 1970. Angesicht der erwarteten tektonischen Verschiebungen in den Arbeits- und Sozialbeziehungen wurde gar eine soziale Revolution in Aussicht gestellt, die in Formeln wie „Aufstand am Schreibtisch",[9] „Rebellion der Akademiker"[10] und „Aufstand der Ingenieure"[11] gefasst wurde. Die bundesdeutsche Öffentlichkeit nahm über Streitgespräche im Fernsehen und Radio und über eine Flut von Artikeln in Zeitungen und Zeitschriften an der Diskussion teil.[12] Verstärkt wurde die zeitgenössische Wahrnehmung, dass sich die Tektonik der Arbeitsgesellschaft veränderte, durch die europäische Dimension der Vorgänge. Beispielsweise wurde 1970 über 10.000 demonstrierende französische „Cadres" berichtet, die der

---

[7] Leitende Angestellte. Die neue Klasse, in: Der Spiegel, 3.5.1971; Burkhard Wellmann, Leitende Angestellte: Die Neue Klasse?, in: Der Arbeitgeber 20 (1971), S. 229; Bernhard M. Lichtwer, Erst Sicherheit macht frei, in: Die Zeit, 15.5.1970; Leitende Angestellte. Die neue Macht, in: Capital 3 (1971), S. 24–35. Ernst Günter Vetter, Leitende Angestellte zwischen den Fronten, in: Frankfurter Allgemeine Zeitung, 27.8.1969.

[8] Industriekurier, 14.2.1970.

[9] Anzeige des Deutschen Gewerkschaftsbundes in Frankfurter Allgemeine Zeitung, Süddeutsche Zeitung, Die Welt, Die Zeit, Der Spiegel, Stern, Capital, Wirtschaftswoche, Volkswirt, Handelsblatt (Dezember 1970), Industriemagazin, Plus. Zeitschrift für Unternehmensführung (Januar 1971).

[10] Die Rebellion der Akademiker – Lehrstück für die Großindustrie, in: Industriemagazin 6 (1970), S. 31–32.

[11] Aufstand der Ingenieure, in: Capital 8 (1970), S. 42–43, Deutschlands Ingenieure proben den Aufstand, in: Der Leitende Angestellte 9 (1970).

[12] Dies war keineswegs ein reiner Elitendiskurs, sondern beschäftigte beispielsweise auch das deutsche Fernsehen, so etwa in dem Fernsehfilm „Zeitaufnahme" von Wolfgang Mühlbauer, ZDF, 17.5.1972, 21.15 Uhr, in dem die Stellung der leitenden Angestellten stark sozialkritisch thematisiert wurde. Vgl. die Fernseh-Kritik: „Der Abbau von Rückgrat. Müssen Leitende Angestellte immer so sein?", in: Junge Wirtschaft. Zeitschrift für fortschrittliches Unternehmertum 6 (1972), S. 22. Vgl. auch die Dokumentation „Die Zweitersten", ARD, 5.4.1973, 21.50 Uhr, in der der Arbeitsalltag von fünf leitenden Angestellten der chemischen Industrie dargestellt wurde. Vgl. dazu die Fernsehkritik „Gruppenbild der leitenden Angestellten. Die erste objektive Dokumentation", in: Junge Wirtschaft. Zeitschrift für fortschrittliches Unternehmertum 5 (1973), S. 38. Vgl. außerdem die Diskussionssendung Pro und Contra, ARD, 1.2.1973, 22.00 Uhr, die sich der sozialen Stellung der leitenden Angestellten widmete.

Parole ihrer Organisation Confédération générale des cadres (CGC) folgend mit „Nein dem Egalitarismus"-Plakaten durch Paris zogen.[13]

Auch in der Bundesrepublik hatten sich zu Beginn der 1970er Jahre die leitenden Angestellten lautstark zu Wort gemeldet. Dies hatte verschiedene Ursachen: Die Diversifikation der Unternehmen, die Bildungsexpansion der sechziger Jahre und die Tertiärisierung durch den generellen Strukturwandel führten zu einem rapiden Anstieg der Zahl der leitenden Angestellten. Der Wandel in der Unternehmensorganisation mit einer Tendenz zur Dezentralisierung und zur Bildung zusätzlicher Entscheidungszentren hatte eine wachsende Selbständigkeit und Verantwortung der Führungskräfte zur Folge. Die Zahl der leitenden, dispositiven Positionen in den Unternehmen war in relativ kurzer Zeit schnell angestiegen. Hinzu kam die gestiegene Bedeutung der technisch-wissenschaftlichen Spezialisten sowie der Verwaltungs-, Personal- und Marketingexperten. Für die „wissenschaftliche Betriebsführung" bedurfte es insgesamt mehr leitender Personen als zuvor, die selbständig Ziele setzen, planen, überwachen und Ergebnisse kontrollieren konnten. Sie mussten Aufgaben erfüllen, die ein sehr spezialisiertes Wissen und eine hohe persönliche Qualifikation erforderten. Die Führungsstile, die auf einer „Delegation der Verantwortung" basierten, sorgten gleichzeitig dafür, dass delegierte Unternehmerfunktionen auch auf mittleren Ebenen der Betriebshierarchie wahrgenommen werden konnten. Der Zuwachs an objektiver Bedeutung und subjektivem Anspruch der leitenden Angestellten war somit auch eine direkte Folge der oben diskutierten Veränderungen der Unternehmensorganisation und der Managementkonzepte.[14] Die Unzufriedenheit der leitenden Angestellten um 1970 war somit in erster Linie eine Folge ihrer gestiegenen quantitativen und qualitativen Bedeutung. Mit der neuen Masse verloren die leitenden Angestellten aber auch an alter sozialer Exklusivität.

Die zum Ende der 1960er Jahre einsetzenden ökonomischen Tendenzen der Reorganisation von Unternehmen, der internationalen Fusionen und der damit verbundenen Auflösung traditioneller Unternehmensstrukturen führten dazu, dass das klassische antagonistische Schema von Arbeit und Kapital, verkörpert durch Industriearbeiter und Fabrikbesitzer, an Plausibilität verlor. Dies lag nicht zuletzt auch daran, dass die Produktionseigentümer immer seltener zu personifizieren waren und in der Anonymität des Kapitalmarktes verschwanden. Die Akademisierung der Führungspositionen führte wiederum dazu, dass das Rekrutierungsfeld für wirtschaftliche Führungskräfte schon zu Beginn der 1970er Jahre fast ausschließlich die Universitäten waren.[15] Eine Untersuchung der Universitäten Kiel und Mannheim von 1974 ergab, dass 85,3 Prozent der befragten Manager das Abitur und 42,9 Prozent eine Promotion erworben hatten.

[13] Würde statt Wissen, in: Der Spiegel, 1.6.1970.
[14] Vgl. Kapitel 3.
[15] Vgl. Elvira Helmer, Soziale Stellung und Selbstverständnis der leitenden Angestellten, Münster 1974, S. 52.

Von ihren Vätern hingegen hatten nur 7,1 Prozent Abitur und nur 2,7 Prozent einen Universitätsabschluss gemacht, weshalb die Ergebnisse der Studie überschrieben waren mit: „Die Väter Volksschüler, die Söhne Akademiker".[16] Dabei wurde Anfang der 1970er Jahre mit einem weiteren dramatischen Anstieg des Akademisierungsgrades in den Unternehmen gerechnet. Eine für das Bundesland Nordrhein-Westfalen erstellte Studie kam 1972 zu dem Schluss, dass die Großunternehmen künftig dreimal so viele Diplom-Kaufleute und doppelt so viele Diplom-Ingenieure wie bisher benötigen würden, wobei der Bedarf an Akademikern insgesamt als noch größer angesehen wurde, wenn auch der industrielle Mittelstand einbezogen würde.[17]

Ausgelöst wurde die Debatte um den Status der leitenden Angestellten durch die bereits in der großen Koalition unternommenen Ansätze zur rechtlichen Regelung der Mitbestimmung. Der mit „1968" verbundenen Aufbruchsstimmung zu mehr Demokratie und Partizipation[18] wollten sich nun auch die leitenden Angestellten anschließen und ihre Forderungen nach mehr Mitsprache und nach besserer sozialer Absicherung selbstbewusst gegenüber den Arbeitgebern vertreten, ohne sich den Gewerkschaften anzuschließen. Vor allem in Großbetrieben der Elektro-, Chemie und Metallindustrie begannen sich daher seit Ende der 1960er Jahre besonders jüngere leitende Angestellte zusammenzuschließen.[19] Gesprächskreise, Sprecherkreise und Sprecherausschüsse wurden gebildet. Die leitenden Angestellten fuhren einen Kurs „hart am Wind des allgemeinen Trends zur Selbstbestimmung und Mitbestimmung"[20]. Schnell reagierte die Union der leitenden Angestellten (ULA) als Dachverband der Organisationen der leitenden Angestellten auf diese Entwicklung: Aus einer lange Zeit eher klassisch-berufsständisch agierenden Organisation wurde innerhalb weniger Jahre ein politischer Spieler mit großem Vertretungsanspruch, der starken Einfluss auf den Gesetzgebungsprozess ausübte. „Heiß" war das Thema der Ortsbestimmung der leitenden Angestellten, so Hanns Meenzen von der ULA im Januar 1971, weil sich „eine für die wirtschaftliche Entwicklung eminent wichtige Personengruppe anschickt, aus dem öden marxistischen

---

[16] Manager-Magazin 4 (1974). Dieser Trend wird von einer weiteren Untersuchung aus demselben Jahr bestätigt: „Die Zahl der Akademiker unter den leitenden Angestellten wird in der Zukunft erheblich steigen. Unter den Leitenden mit einer Dienstzeit bis zu 10 Jahren haben 88 % studiert." Helmer, Soziale Stellung der leitenden Angestellten, S. 52.

[17] Gerhard Brinkmann/Wolfgang Rippe, Qualität und Quantität des Bedarfs an Führungskräften der Wirtschaft Nordrhein-Westfalens bis zum Jahre 1990 [Forschungsberichte des Landes Nordrhein-Westfalen Nr. 2233], Opladen 1972. Vgl. auch: 1990: 3x soviel Akademiker gefragt wie heute, in: Der Leitende Angestellte 2 (1973), S. 11–12.

[18] Vgl. Kapitel 4.

[19] Hans Friedrichs, Die Problematik der außertariflichen Angestellten, in: Mensch und Arbeit 8 (1970), S. 226–230.

[20] Heinz Hartmann, Sie brauchen keinen Souffleur. Gruppenbildung und Selbstbewußtsein der Leitenden weit fortgeschritten, in: Der Leitende Angestellte 11 (1973), S. 4–11, hier: 11.

Schema Kapital und Arbeit auszubrechen und sich dagegen wehrt, von den Gewerkschaften untergebuttert zu werden".[21]

Tatsächlich war es bereits in der Zeit der Hochindustrialisierung (1871–1914) in vielen Konzernen zu einer vermehrten Beschäftigung familienfremder Führungskräfte und zum Aufbau eines funktional differenzierten Managements gekommen. Wirklich „neu" war diese Gruppe zu Beginn der 1970er Jahre in rein funktionaler Hinsicht also nicht, wohl aber im Hinblick auf ihre Größe, ihren Organisationsgrad und damit verbunden ihre Abgrenzung „nach unten". Denn während beispielsweise lange Zeit Büro- und Schreibarbeiten von den (männlichen) „Industriebeamten" ausgeführt worden waren, sorgten die Mechanisierung des Büros und später der Einzug der elektronischen Datenverarbeitung dafür, dass die einfachen Angestelltentätigkeiten mit niedrigerem Status und Einkommen verbunden waren und meistens von Frauen ausgeführt wurden. Leitende Angestellte waren hingegen um 1970 fast ausschließlich Männer, die aufgrund des von den Unternehmen verstärkt nachgefragten Fachwissens in gehobene Positionen aufgestiegen waren und ihre Arbeitsbedingungen meist mit der Unternehmensleitung direkt aushandelten. Die Akademisierung ihrer Ausbildung hatte gleichzeitig zur Folge, dass sie nach dem Studium relativ jung in Leitungspositionen aufrückten und sich von den einfachen Angestellten durch ihr Fachwissen und ihr deutlich höheres Einkommen unterschieden. Diese Abgrenzung nach unten wurde von den Organisationsverbänden der leitenden Angestellten massiv propagiert und legitimiert, wobei vor allem die ULA auch wieder den alten berufsständischen Topos von der „Gefahr der Nivellierung" bemühte.

Das Problem der Abgrenzung der leitenden Angestellten war äußerst kontrovers, ja, die Frage, wer alles zu dieser Gruppe dazugehörte, machte das eigentliche Wesen der Auseinandersetzung aus. Als mehr oder weniger objektive Kriterien wurden in den zeitgenössischen Untersuchungen u. a. die Position in der Unternehmenshierarchie, Prokura, Personalverantwortung, Sachverantwortung und Jahreseinkommen herangezogen.[22] Generell setzte sich die Gruppe der leitenden Angestellten aus Führungskräften unterhalb der Vorstandsetage zusammen.

---

[21] Hanns Meenzen, Die „Leitenden" lassen sich nicht unterbuttern, in: Junge Wirtschaft. Zeitschrift für fortschrittliches Unternehmertum 1 (1971), S. 22–23, hier: 22.

[22] Auf der Basis einer breit angelegten empirischen Untersuchung im Auftrag des Bundesarbeitsministeriums von 1974 zu „empirische[n] Erhebung der in der Wirtschaftspraxis angewendeten Kriterien zur Abgrenzung des Personenkreises der Leitenden Angestellten" bei Unternehmen mit mehr als 2000 Mitarbeitern heißt das beispielsweise: Leitende Angestellte seien Arbeitnehmer mit Arbeitgeberaufgaben unterhalb der Vorstandsebene bis zur fünften Leitungsebene, die Prokura, eine Personalverantwortung von durchschnittlich 200 Mitarbeitern, eine Sachverantwortung von durchschnittlich fünf Prozent des Gesamtumsatzes des Unternehmens sowie ein durchschnittliches Jahreseinkommen in Höhe des Zweifachen des Wertes der Beitragsbemessungsgrenze hätten. Vgl. Eberhard Witte/Rolf Bronner, Die Leitenden Angestellten. Eine empirische Untersuchung, München 1974, S. 119–123.

5. Die dritte Kraft zwischen Arbeit und Kapital?

Grundsätzlich wurden dazu die oberen Führungskräfte (Generalbevollmächtigte, Ressortchefs, Hauptabteilungsleiter) und das mittlere Management (Betriebsleiter, Obermeister im Fertigungsbereich, Abteilungsleiter), meist auch die technisch-wissenschaftliche Intelligenz aus den Stäben, das gehobene kaufmännische Personal sowie die Personal- und Organisationsexperten gezählt. Dabei war die absolute Zahl dieser Personengruppe Anfang der 1970er Jahre ebenfalls heftig umstritten. Die SPD und der DGB gingen entsprechend ihrer engeren Abgrenzung von einer viel geringeren Zahl aus als CDU, FDP und BDA.

In einem vom *Manager Magazin* organisierten Streitgespräch prallten im Sommer 1972 die Meinungen über die Zahlen aufeinander: Arbeitgeberpräsident Hanns Martin Schleyer sprach von 300.000 Menschen, der DGB-Funktionär und SPD-Bundestagsabgeordnete Friedhelm Farthmann konnte hingegen „höchstens 50.000" Leitende erkennen. Mit 440.000 Personen ging der ULA-Geschäftsführer Jürgen Borgwardt naturgemäß von der höchsten Zahl aus.[23] Der Trend war hier eindeutig: 1962 wurde in einer der ULA nahestehenden Untersuchung die Zahl der leitenden Angestellten noch auf 100.000 bis 150.000 geschätzt.[24] Der Kampf um die genauen Zahlen war also hoch politisch, die generelle Entwicklung aber unstrittig. Besonders in Branchen mit großen Entwicklungsabteilungen wie in der chemischen Industrie oder auch in der Automobilindustrie war die Zahl der leitenden Angestellten stark angestiegen. Die technische Entwicklung konnte auch mit Fusionen und Unternehmensneuorganisationen einhergehen. Ein Beispiel für diese Entwicklung ist die Volkswagen AG, die eine dezentrale Neugliederung mit Anstieg der Zahl der leitenden Angestellten am Ende der 1960er und zu Beginn der 1970er Jahre erlebte. Nachdem Volkswagen 1965 die Auto Union GmbH gekauft hatte und diese sich durch eine Fusion mit der NSU Motorenwerke AG zur späteren Audi AG entwickelt hatte, war VW zu einem Mehr-Marken-Konzern geworden. Um den Zentralvorstand zu entlasten, kam es zu einer Neugliederung mit eigenverantwortlichen Gruppen und dies führte bis 1972 zu einer Zunahme der leitenden Angestellten um mehr als 80 Prozent.[25]

---

[23] Leitende Angestellte im Aufbruch. Ein Gespräch zwischen BDA-Schleyer, DGB-Farthmann und der ULA, in: Der Leitende Angestellte 8 (1972), S. 7–10, hier: 8. Von 400.000 leitenden Angestellten geht auch eine Untersuchung von 1979 aus, die sich auf die Arbeits- und Sozialstatistik des Jahres 1976 und auf Auskünfte des Statistischen Bundesamtes beruft. Die leitenden Angestellten machten demnach zwei Prozent der Arbeitnehmerschaft aus. Hromadka, Recht der leitenden Angestellten, S. 2 f.
[24] Vgl. Gisela Kleine, Soziologie des leitenden Angestellten, in: Ferdinand Grüll (Hrsg.), Handbuch für Leitende Angestellte, Bd. 1, Heidelberg 1962, S. 149.
[25] Vgl. Reuber, Der lange Weg an die Spitze, S. 311 f.; Manfred Grieger, Die „geplatzte Wirtschaftswundertüte". Die Krise 1966/67 und 1973/75 im deutschen Symbolunternehmen Volkswagen, in: Stephanie Tilly/Florian Triebel (Hrsg.), Automobilindustrie 1945–2000. Eine Schlüsselindustrie zwischen Boom und Krise, München 2013, S. 23–75; ders., Der neue Geist im Volkswagenwerk. Produktinnovation, Kapazitätsabbau und Mitbestimmungsmodernisierung, 1968–1976, in: Reitmayer/Rosenberger (Hrsg.), Unternehmen am Ende des „goldenen Zeitalters", S. 31–66.

5.1 Die leitenden Angestellten im „Datenkranz der Soziologen"

Im Zuge der arbeitspolitischen Reformdebatten über Betriebsverfassungsgesetz und Mitbestimmung in den 1970er Jahren vertraten die leitenden Angestellten zunehmend selbstbewusst ihre Interessen. Gleichzeitig wurde ihre Stellung zu einem umkämpften Politikum zwischen Gewerkschaften und Arbeitgeberverbänden, zwischen sozialliberaler Regierung und Opposition, aber auch innerhalb der Regierung zwischen SPD und FDP. Dabei drehte sich die zuweilen ideologisch aufgeladene Debatte vor allem um zwei Fragen: Wer gehört zu den leitenden Angestellten und was zeichnet diese aus? Das sind klassische Fragen für die Sozialwissenschaften und so überrascht es nicht, dass sich die deutsche Soziologie dem Thema in den 1970er Jahren verstärkt zuwandte. Heinz Hartmann, der mit seiner Dissertation Anfang der 1960er Jahre die westdeutsche Unternehmerschaft verärgert hatte[26] und inzwischen an der Universität Münster einen Lehrstuhl für Soziologie innehatte, war dabei einer der ersten deutschen Wissenschaftler, der sich ausführlich und empirisch mit den leitenden Angestellten beschäftigte. Mit seinem Interesse für Management und Unternehmertum, seiner Analyse unternehmerischer Leitideen und Selbstbilder, vor allem aber durch seine Analyse von funktionaler Autorität, die er als grundlegenden Wesenszug moderner demokratischer Gesellschaften identifizierte, war Hartmann prädestiniert für eine soziologische Untersuchung der leitenden Angestellten.[27] Dabei dürfte ihm seine normative Vorstellung vom angestellten Manager als Träger von funktionaler Autorität und rational-demokratischer Entscheidungsprozesse die Sympathien der Organisationen der leitenden Angestellten eingebracht haben. Das zeigte sich auch daran, dass diese Anfang der 1970er Jahre immer wieder Hartmanns Texte in den Verbandszeitschriften publizierten oder ihn zu Veranstaltungen einluden.

Anlässlich der Delegiertentagung des Verbandes angestellter Akademiker der chemischen Industrie (VAA) 1972 in Ludwigshafen bestätigte Hartmann seinen Gastgebern ein ausgeprägtes Gruppenbewusstsein und unterstützte deren Forderungen nach betrieblicher Interessenvertretung.[28] Im Gegensatz zu den gängigen Klischees seien die leitenden Angestellten weniger individualistisch eingestellt und würden sich selbst tatsächlich als ein Kollektiv „im Sinne einer relativ einheitlichen Interessenslage" bestimmen, so Hartmann. Auch für eine Konsolidierung dieses Selbstverständnisses seien die Voraussetzungen angesichts des ökonomischen Strukturwandels und der wachsenden Zahl von leitenden

---

[26] Vgl. Kapitel 3.
[27] Vgl. auch Heinz Hartmann, Amerikanische Firmen in Deutschland. Beobachtungen über Kontakte und Kontraste zwischen Industriegesellschaften, Köln 1963; ders., Funktionale Autorität. Systematische Abhandlung zu einem soziologischen Begriff, Stuttgart 1964; ders./Hanns Wienold, Universität und Unternehmer, Gütersloh 1967.
[28] Heinz Hartmann, Sie landen nicht unter fremden Fittichen, in: Der Leitende Angestellte 4 (1972), S. 14–16. Vgl. auch ders., Soziallage und Interessenvertretung der Leitenden, in: Arbeit und Sozialpolitik 3 (1972), S. 91–101.

Angestellten günstig. Daher sei es auch trotz der Bemühungen der Arbeitgeber auf der einen und der Gewerkschaften auf der anderen Seite unwahrscheinlich, dass die leitenden Angestellten sich unter- oder einordnen würden. Vielmehr sei davon auszugehen, dass die leitenden Angestellten eine „eigene Auseinandersetzungspartei im Unternehmen" würden.[29]

Hartmanns Thesen basierten auf einem von der DFG geförderten Forschungsprojekt, das Ende 1971 an der Universität Münster begonnen wurde.[30] Das Projekt fiel also zeitlich in die Gesetzgebungsphase des novellierten Betriebsverfassungsgesetzes. Vom theoretischen Ansatzpunkt her zeichnete sich das Forschungsprojekt dadurch aus, dass einerseits der marxistischen Soziologie – wie sie beispielsweise an der FU Berlin vertreten wurde[31] und die den leitenden Angestellten ein „falsches Bewusstsein" vorwarf und sie klar zur Arbeitnehmerschaft zählte – eine deutliche Absage erteilt wurde.

> Die orthodoxe marxistische Soziologie hilft uns also in keiner Weise, die Frage nach dem Standort der technisch-wissenschaftlichen Intelligenz zu beantworten. Dieser liegt [für die Marxisten] bereits fest am Ausgangspunkt der Analyse: die technisch-wissenschaftliche Intelligenz ist Teil der Arbeiterklasse.[32]

Andererseits wollte die Gruppe sich von jenen politischen Theoretikern und Zukunftsforschern absetzen, die in der zunehmenden Bedeutung des Produktionsfaktors „Wissen" einen Weg zur technokratischen Überwindung des Kapitalismus sahen. Diese Interpretationslinie reicht in die Zeit des Zweiten Weltkriegs zurück: Der amerikanische Philosoph und politische Theoretiker James Burnham etablierte in den 1940er Jahren als Erster die Idee einer „Managerherrschaft". Burnham war der Auffassung, dass in Folge der „Managerial Revolution" auf-

---

[29] Hartmann, Sie landen nicht unter fremden Fittichen.
[30] Heinz Hartmann/Erika Bock-Rosenthal/Elvira Helmer, Leitende Angestellte. Selbstverständnis und kollektive Forderungen. Ergebnisse einer empirischen Untersuchung, Neuwied 1973. Aus dem DFG-Projekt gingen die Dissertationen der beiden Mitarbeiterinnen von Hartmann hervor: Elvira Helmer, Soziale Stellung und Selbstverständnis der leitenden Angestellten, Münster 1974; Erika Bock-Rosenthal, Leitende Angestellte und Unternehmer. Kooperation oder kollektive Auseinandersetzung, Münster 1974. Vgl. auch Heinz Hartmann/Erika Bock-Rosenthal/Elvira Helmer, Leitende Angestellte. Loyalität zum Unternehmen, in: Der Arbeitgeber 20 (1973), S. 924–926; dies., Das Selbstbild der leitenden Angestellten, in: Blätter für Steuerrecht, Sozialversicherung und Arbeitsrecht 20 (1973), S. 305–309; dies., Angst vor offenem Konflikt: Selbstbild leitender Angestellter, in: Manager Magazin 2 (1972), S. 104–108; Heinz Hartmann, Führungsqualität: Bewertung des deutschen Managers, in: Manager Magazin 2 (1972), S. 57–59.
[31] Niels Beckenbach [u. a.], Klassenlage und Bewußtseinsformen der technisch-wissenschaftlichen Lohnarbeiter. Zur Diskussion über die „Technische Intelligenz", Frankfurt a. M. 1973. Vgl. auch Frank Deppe, Leitende Angestellte, Führungsideologien und die Aufgaben der Gewerkschaften, in: Christoph Kievenheim/André Leisewitz (Hrsg.), Soziale Stellung und Bewusstsein der Intelligenz, Köln 1973, S. 286–316.
[32] Helmer, Soziale Stellung und Selbstverständnis der leitenden Angestellten, S. 22.

grund von Technisierung und Verwissenschaftlichung eine neue Kaste von Managern in allen politischen Systemen die Macht übernehmen würde, dass diese Managerelite aber weiterhin im Gegensatz zur Arbeitnehmerschaft stehen würde.[33] Andere politische Theoretiker gingen noch einen Schritt weiter. Gemein war etwa den Ansätzen von Johannes Alasco und John Kenneth Galbraith die Vorstellung, dass die stetig steigende Bedeutung des Faktors Wissen im Produktionsprozess dazu führen würde, dass die klassischen Kapitalien Boden, Arbeit und Kapital an Bedeutung verlieren würden.[34] Durch diese Entwicklung lasse sich die Systemkonkurrenz zwischen Kapitalismus und Kommunismus überwinden. Bei Galbraith manifestierte sich dieses Szenario in der Usurpation der Macht durch die „Technostruktur", also durch eine Schicht von hochqualifizierten, ideologisch weitgehend neutralen Managern und Ingenieuren an den Schaltstellen der modernen Industriegesellschaft. Alascos These des „intellectual capitalism"[35] wurde in Deutschland vor allem von Herbert Gross aufgegriffen und in die Vorstellung der zukünftigen Dominanz des „Geist- und Fähigkeitskapitals" übersetzt.[36] Auch der Zukunftsforscher Daniel Bell sah die Praktiker der neuen „intellektuellen Technologie" als die neue Führungsschicht und nicht mehr wie bisher die Unternehmer, Geschäftsmänner oder klassischen Industriemanager.[37]

Es kursierten also verschiedene Vorannahmen, soziologische Theorien und Zukunftserwartungen in Bezug auf jene Gruppe, die nun in der Bundesrepublik immer öfter mit dem arbeitsrechtlichen Begriff „leitende Angestellte" bezeichnet wurde. Nicht nur aus politischer, sondern auch aus soziologischer Perspektive war dabei zu Beginn der 1970er Jahre nicht klar, wie die Gruppe wissenschaftlich zu erfassen war. Sollte man unter den leitenden Angestellten nur die wirklich leitenden Manager mit Arbeitgeberfunktion oder auch die Gruppe der Spezialisten, der Wissenschaftler in den Stäben verstehen? Die Soziologen standen also anders gesagt vor der Frage, welche Gemeinsamkeiten ein Betriebswirt in Leitungsfunktion auf der zweiten Führungsebene und mit Aufstiegsambitionen ins Topmanagement mit dem studierten Chemiker in der Entwicklungsabteilung hatte.

---

[33] James Burnham, The Managerial Revolution. What is happening in the world, New York 1941.
[34] John Kenneth Galbraith, The new industrial state, London 1967; Johannes Alasco, Intellectual capitalism. A study of changing ownership and control in modern industrial society, New York 1950.
[35] Alasco, Intellectual capitalism.
[36] Herbert Gross, Geist- und Fähigkeitskapital. Neue Dimensionen der Kreativität, in: ders. (Hrsg.), Zukunft aus Kreativität, Düsseldorf 1971, S. 201 ff.; Herbert Gross, Manager von Morgen. Partnerschaft als Wirtschaftsform der Zukunft, Düsseldorf 1950.
[37] Daniel Bell, Die nachindustrielle Gesellschaft, in: Die Zeit, 28.11.1969. Vgl. ders., The Coming of Post-Industrial Society, New York 1973.

Für eine empirische Antwort auf diese Frage rekurrierten Hartmann und sein Team weniger auf sozialstatistische Daten wie die Stellung in der Unternehmenshierarchie oder das Einkommen, sondern maßgeblich auf sozialkulturelle Faktoren, die demoskopisch ermittelt wurden. Die zentralen Begriffe der Untersuchung waren „Selbstverständnis" und „Gruppenbewusstsein". Die Schlussfolgerungen der Untersuchung auf der Basis von mehreren hundert Interviews mit leitenden Angestellten waren überraschend und fielen „dramatischer aus als die Prognosen", so Hartmann.[38] Die leitenden Angestellten würden ein „eigenes Muster von Wertvorstellungen präsentieren", ihre „spezifischen Interessen geltend" machen und nach außen „mit der Tendenz zur Geschlossenheit" auftreten. Angesichts möglicher zukünftiger Differenzierungen innerhalb der Gruppe der leitenden Angestellten war Hartmann aber noch vorsichtig, von einer „dritten Kraft" zu sprechen – trotz der „Versuchung", der These nachzugeben.[39]

Hartmans Doktorandin Elvira Helmer war da deutlicher: Es gebe hinsichtlich des Gruppenbewusstseins deutliche Anzeichen einer Spaltung zwischen Naturwissenschaftlern auf der einen und Wirtschafts- und Sozialwissenschaftlern auf der anderen Seite. Von den leitenden Angestellten unter Berufung auf ihr Selbstverständnis als „dritte Kraft" zu sprechen, erschien Helmer daher „nicht zulässig".[40] Hartmann selbst wiederum betonte die große Bedeutung, die den Verbänden und Organisationen der leitenden Angestellten für den weiteren Gruppenbildungs- und Selbstverständigungsprozess zukam. Dabei konnten sie sich wiederum auf die Umfragen Hartmanns berufen, die ergaben, dass die Forderungen nach Partizipation und Mitbestimmung von einer überwältigenden Mehrheit der leitenden Angestellten getragen wurden.[41] Es waren jedoch nicht nur die Verbände, die zur Gruppenbildung und Politisierung der leitenden Angestellten beitrugen, sondern auch die Gewerkschaften, die sich intensiv darum bemühten, die Gruppe auf ihre Seite zu ziehen, und die Arbeitgeber, die diese „Gefahr" erkannten und entsprechend die Forderungen der leitenden Angestellten zunehmend unterstützten. Die Sorge vor einer „ideologischen Gefährdung" der leitenden Angestellten war somit Teil der oben besprochenen gesellschafts-

---

[38] Hartmann, Sie brauchen keinen Souffleur, S. 6.
[39] Ebd.
[40] Helmer, Soziale Stellung und Selbstverständnis der leitenden Angestellten, S. 210.
[41] „Considering that the interviewees belong to levels presumably well endowed with powers of decision-making, the extent of such interest in participation must seem surprising; 87 per cent of our informants said they were concerned with ‚more participation', and no other issues were backed as widely." Heinz Hartmann, Managerial Employees – New Participants in Industrial Relations, in: British Journal of Industrial Relations 12 (1974), S. 268–281, hier: 273. Vgl. auch Helmer, Soziale Stellung der leitenden Angestellten, S. 140–142. Zu einem ähnlichen Ergebnis kommt auch eine von der ULA beauftragte Infratest-Umfrage von 1972/73. Vgl. Hanns Meenzen, Leitende wollen mitbestimmen, in: Arbeit und Sozialpolitik 10 (1973), S. 335–340.

politischen Offensive der Unternehmer.⁴² Das von BDA und BDI getragene Deutsche Industrieinstitut erkannte als eine der dringlichsten Aufgaben seiner Tätigkeit für die 1970er Jahre die „[v]orbeugende und begleitende Betreuung der künftigen arrivierten Führungskräfte der Wirtschaft. Die gegenwärtige Verlassenheit der leitenden Angestellten kann künftig die Partnerschaft mit der Unternehmensleitung in Frage stellen."⁴³

5.2 „Motor der Leistungsgesellschaft": Selbstverständigung und Interessenspolitik

In dem Selbstverständigungsdiskurs der leitenden Angestellten seit Ende der 1960er Jahre zeigen sich viele Auswirkungen des Strukturwandels der bundesdeutschen Wirtschaft. Dabei waren nicht nur Bildungsexpansion und Verwissenschaftlichung, sondern auch die Professionalisierung von Führung und Führungskräfteausbildung maßgeblich. Die Identitätsfindung und das selbstbewusstere Formulieren von Gruppeninteressen und kollektiven Forderungen ist auch als eine Antwort auf die jahrzehntelange pejorative Klassifizierung der leitenden Angestellten von Unternehmerseite und Gesellschaft zu sehen. Der Attribuierung, lediglich formale Autorität auszuüben, bloße Verwalter und „seelenlose" Manager ohne oberste Autorität zu sein, wurde jetzt eine Ideologie entgegengesetzt, die sich aus alten standespolitischen Elementen, technokratisch-wissenschaftlichen Zukunftsvorstellungen⁴⁴ und libertärem Zeitgeist zusammensetzte.

Die „Dritte Kraft"-Ideologie war gegen autoritär-paternalistische Leitbilder, gegen die Vorstellung des charismatischen Wirtschafsführers gerichtet. Die Idee, dass Führung nicht erlernbar sei, war aus Sicht der leitenden Angestellten geradezu absurd. Führung war für sie ein „permanenter Auftrag", ein „Prozeß, der sich nicht aus dem Instinkt heraus gestalten läßt".⁴⁵ Moderne kooperative Führungsstile waren – so zumindest die Theorie der Interessenverbände – für die leitenden Angestellten selbstverständlich und ihrem rationalen und sachorientierten Wesen entsprechend. Burkhard Wellmann von der BDA formulierte

---

[42] Vgl. Kapitel 4.2.
[43] Bericht über den Erfahrungsaustauch Hochschule – Wirtschaft am 30.11.1972. HADB V 30 659.
[44] Hanns Meenzen berief sich selbstbewusst auf James Burnham und auf John K. Galbraith, um zu zeigen, dass die „technisch-wissenschaftlich-managerielle Intelligenz die faktische Macht in der Wirtschaftswelt übernommen" habe. Hanns Meenzen, Leitende Angestellte. Die dritte Kraft formiert sich, Stuttgart 1973, S. 9.
[45] Rolf Schmädeke, Fahndung nach falschen Führern, in: Der Leitende Angestellte 5 (1974), S. 9–10, hier: 10.

das in der Zeitschrift *Der Arbeitgeber* so: „Im jahrelangen Kernprozeß modernen Führungsverhaltens in einer demokratisch-pluralistischen Gesellschaft haben die Leitenden ihr Pensum gelernt. Das Top-Management vielfach nicht."[46]

Besonders aktiv in der Propagierung der Leistungsideologie waren bereits zum Ende der 1960er Jahre die Vertreter der chemischen Industrie. Der Verband der angestellten Akademiker der chemischen Industrie hatte mit 65 Prozent aller Akademiker einen sehr hohen Organisationsgrad[47] und mit dem Verbandsvorsitzenden Klaus Vester einen selbstbewussten Vertreter der „Dritte Kraft"-Ideologie. In einem Vortrag anlässlich der Sprechertagung des Verbands erklärte Vester Anfang 1969:

> Im Laufe der Entwicklung unserer Industriegesellschaft von der Klassengesellschaft zur Leistungsgesellschaft hat sich neben den beiden klassischen Faktoren Kapital und Arbeit eine dritte Kraft gebildet, die leitenden Angestellten. Ihr eigenverantwortliches Tun, ihre überwiegend dynamischen Wesensmerkmale stellen sie funktional an die Seite der Unternehmer. Arbeitsrechtlich jedoch sind sie Arbeitnehmer. Wegen ihrer Doppelstellung lassen sich die leitenden Angestellten weder der Arbeitgeber- noch der Arbeitnehmerseite zuordnen. Diese Erkenntnis zwingt dazu, ihrer besonderen Stellung gerecht zu werden. Sie berechtigt zu Forderungen nach klarer Rechtsstellung im Betrieb und materieller Differenzierung statt Nivellierung.[48]

Würde die Leistung der leitenden Angestellten nicht ausreichend mit materiellen und nichtmateriellen Anreizen honoriert, würden „viele der Fähigsten unseres naturwissenschaftlich-technischen Nachwuchses ihr Glück im Ausland suchen", so Vester. Die Arbeitgeber dürften sich nicht wundern, wenn ein Teil der jüngeren Führungskräfte „eine Einstellung zeigt, die sich nicht mehr viel von der anderer Arbeitnehmergruppen unterscheidet".[49]

In der vielfältigen Verbandsliteratur, in unternehmensinternen Werkzeitschriften und im Wirtschaftsjournalismus der frühen 1970er Jahre findet sich eine Vielzahl von ähnlichen Äußerungen. Dabei wurde immer wieder auf die „objektive" sozialhistorische Bedeutung des Phänomens „dritte Kraft" hingewiesen, durch die sich die gesamtgesellschaftliche Tektonik verschoben habe.[50] Die leiten-

---

[46] Burkhard Wellmann, Leitende Angestellte. Gefahr und Chance, in: Der Arbeitgeber 17 (1976), S. 684–686.

[47] Damit wurde die chemische Industrie nur vom Bergbau übertroffen, dessen leitende Angestellte zu 80 Prozent vom „Verband oberer Bergbeamten" organisiert waren. Andere große Branchen wie Metallverarbeitung, Elektroindustrie, Bekleidungs- und Textilwesen, Handel, Verkehr, Bauwirtschaft und Banken galten 1969 als noch vergleichsweise wenig organisiert und wurden als Tätigkeitsfelder für die ULA identifiziert. Vgl. Die ULA im Jahre 1969: Mehr Macht, mehr Einfluß, mehr Publizität, in: Der Leitende Angestellte 1 (1969), S. 3.

[48] Der Leitende Angestellte 3 (1969).

[49] Ebd.

[50] Vgl. etwa Jürgen Borgwardt, Ortsbestimmung der Leitenden, in: Arbeit und Sozialpolitik 11/12 (1970), S. 365–369; Hanns Meenzen, Die leitenden Angestellten müssen handeln, bevor sie domestiziert werden, in: Industriekurier, 7.2.1970.

5.2 „Motor der Leistungsgesellschaft": Selbstverständigung und Interessenspolitik

den Angestellten waren demnach die Personifizierung des sozialökonomischen Wandels, die eigentlichen Gewinner von Strukturwandel und Verwissenschaftlichung. Das galt in erster Linie für die Großunternehmen, wo persönliche Beziehungen verschwanden und „einer Hinwendung auf den aufgabenbezogenen, aber anonymen Leistungsfaktor Platz machen"[51]. Der leitende Angestellte identifizierte sich mit seinem Unternehmen entsprechend nicht mehr über ein direktes Verhältnis zum Unternehmer, sondern über seine Aufgabenstellung und professionelle Ausübung der Aufgabe selbst. Mit diesem Arbeitsethos sahen sich die leitenden Angestellten als Avantgarde. Klaus Vester erklärte dies 1969 so:

> Die Gesellschaft befindet sich parallel und bezogen auf diesen Prozeß in einer weitgehend abgeschlossenen Umwandlung: die Wertordnung ergibt sich aus funktionsbedingten Leistungsunterschieden. Die Gesellschaft entwickelt sich, mit anderen Worten, von der Klassen- zur Leistungsgesellschaft hin.[52]

Der Selbstverständigungsdiskurs der leitenden Angestellten war ein Wertediskurs. Die Forderung, als „dritte Kraft" zwischen Arbeit und Kapital akzeptiert zu werden, wurde immer wieder mit dem spezifischen Arbeitsethos der leitenden Angestellten gerechtfertigt: Leistung, Loyalität, Eigenverantwortlichkeit und Selbständigkeit waren dabei zentrale Werte, auf die rekurriert wurde. Dabei traten die Verbände entsprechend selbstsicher auf. Die „Leitenden" sahen sich als „die schöpferische Kraft des Geistes" und „Motor der Leistungsgesellschaft".[53] Man identifizierte sich als Träger von „Genialität, Entschlußkraft, Risikobereitschaft, organisatorischem Talent und Ausdauer"[54] innerhalb der Unternehmen. Die leitenden Angestellten legitimierten ihre soziale Stellung über ihre „besondere" Arbeitsleistung und ihren unverzichtbaren Beitrag zum Erfolg des Unternehmens.[55] Dies spiegelte sich auch in der außertariflichen Bezahlung wider: Individuelle „Leistung" bestimmte die individuellen Einkommens- und Aufstiegsregelungen. Leo Brawand, der Chefredakteur des *Manager Magazins*, erklärte in einem Beitrag für *Der Leitende Angestellte* im Juli 1973: „Die Leitenden sind das Rückgrat,

---

[51] Der Leitende Angestellte 5 (1969).
[52] Ebd.
[53] Der Leitende Angestellte 10 (1973).
[54] Der Leitende Angestellte 5 (1969). In ähnlichem Wortlaut auch Hanns Meenzen, Die „Leitenden" lassen sich nicht unterbuttern, in: Junge Wirtschaft. Zeitschrift für fortschrittliches Unternehmertum 1 (1971), S. 21 f.
[55] „Der leitende Angestellte ist ähnlich berufsbezogen wie Ärzte und Rechtsanwälte. Er kann nicht sagen, jetzt ist es sechs, jetzt höre ich auf. Das ist einfach nicht denkbar. [...] Auch ein Tarifangestellter erbringt seine Leistung durchaus, aber die Leistung des leitenden Angestellten wird höher liegen, weil andere Komponenten seine Leistung bestimmen", so Johannes Gottwald, Vizepräsident der ULA, in: Der Spiegel 19 (1971).

sozusagen die Obergefreiten der west-deutschen Wohlstands-Armee."[56] In Anlehnung an den Nationalökonomen Joseph Schumpeter, aber in bewusster Weiterführung seiner Theorien hielten die leitenden Angestellten nicht mehr vornehmlich den Unternehmer, sondern sich selbst für die eigentliche innovative und „schöpferische Kraft" der Wirtschaft. Als „geistiges Kapital" waren demnach die leitenden Angestellten nicht nur zur eigentlichen „Substanz des Unternehmens" geworden, das der dynamischen Wirtschaftsentwicklung die „lebensnotwendigen Impulse" gab, sondern gar zur „Triebfeder der Gesellschaft".[57]

Aufgrund dieser Funktion unterschieden sich daher die leitenden Angestellten von der Gruppe der „normalen" AT-Angestellten, denn deren außertariflicher Status sei vornehmlich materiell und nicht funktional begründet.[58] Diese Abgrenzung ist durchaus begründet, denn tatsächlich lässt der AT-Status als solcher keinen Rückschluss auf die Stellung als leitender Angestellter zu. Somit können AT-Angestellte zugleich auch leitende Angestellte im Sinne des Betriebsverfassungsgesetzes sein; dies ist aber weder erforderlich oder gar zwingend.

Dennoch überrascht es nicht, dass diese selbstbewusste Selbstdarstellung vor allem im linken Lager zurückgewiesen wurde. Zeitgenössische Kritiker wiesen entsprechend darauf hin, dass die soziale Orientierungssuche und Selbstverständigung der leitenden Angestellten nicht auf Wissenschaft basiere, sondern vor allem auf wenig rationalen Wertsetzungen:

> Die Gruppe „Leitende Angestellte" hat Identitätsschwierigkeiten. Sie weiß nicht, wohin sie sich schlagen und wie sie ein Selbstverständnis finden soll. Sie sucht Substrate, Vorlagen, Prothesen für ihren Selbstbegriff, ihre gesellschaftliche Rolle. Eine soziale Rolle wird zunächst einmal nicht rational erarbeitet, sondern der Konsensus ist durch eine vage mentale Übereinstimmung herzustellen. Diese Lücke wird durch Ideologie gefüllt: Werthaltungen und wertbestimmte Zielsetzungen.[59]

Diese Form der Kritik war im politischen Klima der 1970er Jahre erwartbar, trieb den Selbstverständigungsdiskurs der leitenden Angestellten aber nur weiter an. Zusätzliche Bestätigung und Legitimität zogen ihre Verbände aus dem transnationalen Charakter ihrer betriebssoziologischen Stellung. Gerade auf europäischer Ebene war die Solidarisierung der leitenden Angestellten groß und die Forderung nach europäischen arbeitsrechtlichen Regeln wurde aus der Vergleichbarkeit der Positionen im Betrieb abgeleitet. Die internationale Ver-

---

[56] Der Leitende Angestellte 7 (1973).
[57] Hanns Meenzen, Die dritte Kraft formiert sich. Positionen und Ziele der Leitenden Angestellten, in: Der Leitende Angestellte 10 (1973), S. 19–21.
[58] Ebd.
[59] Hans Peter Bleuel, Die Stützen der Gesellschaft. Unternehmer – Manager – Leitende – Akademiker. Privilegiert durch Herkunft, Bildung und Einkommen?, Frankfurt a. M. [u. a.] 1976, S. 109.

bandstätigkeit nahm vor allem bei der ULA einen entsprechend großen Raum ein. Auf dem sechsten Kongress der Confédération Internationale des Cadres am 8. und 9. November 1969 in Köln erklärte der Präsident der ULA Johannes Gottwald:

> Der Weg nach Europa ist weit. Wir leitenden Angestellten helfen, ihn zu markieren. Die wirtschaftlichen Unternehmen wachsen längst über ihren nationalen Rahmen hinaus und in kontinentale Dimensionen hinein. Das erfordert von ihren leitenden Mitarbeitern Mobilität und Austauschbarkeit.[60]

Im nationalen Rahmen setzte sich die ULA zunehmend selbstbewusst für die Interessen der leitenden Angestellten ein. Als noch während der großen Koalition von 1966 bis 1969 erste Anläufe zu einer Mitbestimmungsgesetzgebung genommen wurden,[61] ergriff die ULA die Initiative und brachte im Herbst 1968 einen eigenen Gesetzentwurf für ein neues Betriebsverfassungsgesetz ein. Der Entwurf eines Gesetzes über die Rechtsstellung des leitenden Angestellten, der unter maßgeblicher Federführung des Verbands angestellter Akademiker und leitender Angestellter der chemischen Industrie (VAA) entstanden war,[62] zielte auf eine Sondervertretung der leitenden Angestellten durch Sprecher und Sprecherausschüsse.[63] Zu dem Wunsch nach kollektiver Interessenvertretung kam der Wille der sozialen Abgrenzung nach „unten". Der Sprecherausschuss sollte neben dem Betriebsrat operieren und seine Aufgabe laut Entwurf darin bestehen, „die wirtschaftlichen, sozialen und personellen Belange der leitenden Angestellten gegenüber dem Arbeitgeber zu vertreten".[64] Allerdings machte die ULA gleich zu Beginn deutlich, dass man für die Wahrnehmung dieser Interessen nicht gewillt war, größere Konflikte mit den Arbeitgebern einzugehen. Oberste Priorität galt dem wirtschaftlichen Wohl des Unternehmens. „Gegen die Unternehmensinteressen darf der leitende Angestellte nicht handeln."[65] Das war ganz im Sinne der Arbeitgeberverbände: Nach Verhandlungen mit der ULA unterstützte die

---

[60] Sondernummer zum 6. Kongreß der Confédération Internationale des Cadres am 8. und 9. November 1969 in Köln, in: Der Leitende Angestelle 11 (1969).
[61] Christian Testorf, Ein heißes Eisen. Zur Entstehung des Gesetzes über die Mitbestimmung der Arbeitnehmer von 1976, Bonn 2017, S. 167–262.
[62] Vgl. Wolfgang Schroeder/Viktoria Kalass/Samuel Greef, Berufsgewerkschaften in der Offensive. Vom Wandel des deutschen Gewerkschaftsmodells, Wiesbaden 2011; Wolfgang Fuchs, Die Entstehung des Gesetzes über Sprecherausschüsse der leitenden Angestellten. Eine Analyse aus verschiedenen theoretischen Perspektiven, München 2000; Testorf, Ein heißes Eisen.
[63] Gesetzentwurf über die Rechtsstellung des leitenden Angestellten in der betrieblichen Ordnung, in: Übersicht über Vorstellungen zur Rechtsstellung der leitenden Angestellten in der Betriebsverfassung und der Unternehmensverfassung, 30.1.1973, S. 38–50. Bundesarchiv B 149 50856.
[64] Ebd., S. 40. Bundesarchiv B 149 50856.
[65] Ebd., S. 38. Bundesarchiv B 149 50856.

5. Die dritte Kraft zwischen Arbeit und Kapital?

BDA auf ihrer Geschäftsführerkonferenz im Mai 1970 die Einrichtung von Sprecherausschüssen, und BDA-Vizepräsident Hanns Martin Schleyer bescheinigte den leitenden Angestellten „ein eigenes Gruppenbewußtsein"[66]. Aus Sicht der BDA gehörten die leitenden Angestellten zum Arbeitgeber; mit ihnen führe er „in einem modernen Kooperationsstil" das Unternehmen.[67]

Der ULA-Gesetzentwurf stand in deutlichem Kontrast zum Referentenentwurf des SPD-geführten Bundesarbeitsministeriums. Dieser Vorschlag für ein neues Betriebsverfassungsgesetz sah eine enge Eingrenzung der leitenden Angestellten vor.[68] Sprecherausschüsse waren nicht vorgesehen. Zur Begründung der engen Abgrenzung der leitenden Angestellten in diesem Entwurf heißt es in einem Brief des Bundesarbeitsministers Walter Arendt an das Bundeskanzleramt vom 19. November 1970:

> Auf keinen Fall sollten hier Ansätze gelegt werden, die zu einer eigenständigen Herausstellung dieser Gruppen führen könnten. Gesellschaftspolitisch würden hierdurch neue soziale Klassen gebildet, in die Unternehmensverfassung würden hierdurch Elemente eingeführt, die auf das angelsächsische board-System hinführen.[69]

Die Vertreter der leitenden Angestellten lehnten den Entwurf ab. Aus ihrer Sicht betrieb der Gesetzentwurf eine unnatürliche Teilung des Führungskörpers: auf der einen Seite das obere Management und auf der anderen Seite der große Rest der leitenden Angestellten, der vom Betriebsrat vertreten sein sollte. Dies war aus Sicht der leitenden Angestellten „wirklichkeitsfremd", so die Interessengemeinschaft Leitender Angestellter der Robert Bosch GmbH. Begründet wurde dies in einem Brief an den Chef des Bundeskanzleramtes, Horst Ehmke, vom 24. November 1970 folgendermaßen:

> Die Gesetzesvorlage beachtet keineswegs die berechtigten Interessen der als leitende Angestellte anzusehenden Personen und setzt sich über wichtige betriebliche Erkenntnisse hinsichtlich der Funktion der leitenden Angestellten hinweg. Die Wahrnehmung der Interessen leitender Angestellter durch den Betriebsrat ist u. a. wegen Interessenkollisionen undenkbar; ferner wird durch die vorgesehene Spaltung der leitenden Angestellten der Führungskörper seiner wichtigsten Funktionen beraubt.[70]

---

[66] Die neue Klasse. Gewerkschaften umwerben Manager, in: Capital 11 (1970), S. 241–244, hier: 242; Leitende Angestellte haben ein eigenes Gruppenbewußtsein. Interview mit Hanns Martin Schleyer, in: Wirtschaftswoche, 11.12.1970.
[67] Aufstand am Schreibtisch, in: Wirtschaftswoche, 11.12.1970; Jochen Wistinghausen, Leitende Angestellte. Der 4. Produktionsfaktor, in: Der Arbeitgeber 10 (1971), S. 446–448.
[68] (Referenten-)Entwurf eines neuen BetrVerfG vom 16.10.1970, in: Übersicht über Vorstellungen zur Rechtsstellung der leitenden Angestellten in der Betriebsverfassung und der Unternehmensverfassung, 30.1.1973, S. 31–33. Bundesarchiv B 149 50856.
[69] Bundesminister der Arbeit und Sozialordnung an Chef des Bundeskanzleramtes, 19.11.1970. Bundesarchiv B 136/8761.
[70] Interessengemeinschaft Leitender Angestellter der Robert Bosch GmbH (Werk Blaichach/Allgäu) an Chef des Bundeskanzleramtes, Horst Ehmke, 24.11.1970. BA B 136/8761.

5.2 „Motor der Leistungsgesellschaft": Selbstverständigung und Interessenspolitik

Bei dem Gesetzentwurf stünden offensichtlich weniger sinnvolle wirtschaftliche, als vielmehr gesellschaftspolitische Ziele im Vordergrund. „Die leitenden Angestellten wollen aber nicht Opfer gesellschaftspolitischer Ideologie und Experimente sein."[71]

Auch die leitenden Angestellten von Bosch bemühten die Thesen zur besonderen sozioökonomischen Bedeutung der Gruppe, um ihre Forderungen zu rechtfertigen: „In Anlehnung an die Erkenntnisse der Wissenschaft hinsichtlich der Produktionsfaktoren sind die leitenden Angestellten als der 4. Produktionsfaktor anzusehen." Für die Neufassung des Betriebsverfassungsgesetzes forderten sie „eine klare, die Leitungs- und Führungsfunktionen der leitenden Angestellten betonende [...] Abgrenzung gegenüber den übrigen Angestellten" und ein „vom Betriebsrat unabhängiges und selbständiges Vertretungsorgan für die leitenden Angestellten, ohne Rücksicht auf die Betriebsgröße". Dieses Organ sollte bei Kündigung eines leitenden Angestellten gehört werden müssen.[72] Im Ausschuss für Arbeit und Sozialordnung des Deutschen Bundestags, der sich Anfang 1971 mit dem Betriebsverfassungs- und dem Mitbestimmungsgesetz beschäftigte, rechtfertigte der ULA-Vertreter Jürgen Borgwardt beide Forderungen – weite Definition und eigene Vertretung – mit der „Doppelstellung" der leitenden Angestellten. Diese seien aufgrund ihrer Funktion Teil der Unternehmensführung.[73] „Der leitende Angestellte ist Teil der Unternehmensführung, und zwar sowohl in der Linie (der Vorgesetztenhierarchie), als auch in den Stäben."[74] Würde er vom Betriebsrat vertreten werden, könnte er der Führungsaufgabe nicht mehr gerecht werden. Gleichzeitig habe er als Arbeitnehmer ein gewisses Schutzbedürfnis, das aber nur durch eigene Vertretungen gewährt werden könne.[75] Mit der von der DAG ins Spiel gebrachten Forderung nach mehr Solidarität mit der gesamten Angestelltenschaft konnte Borgwardt nicht viel anfangen: „Was bedeutet Solidarität?" Diese könne es doch nur bei gemeinsamen Interessen geben, aber zwischen leitenden Angestellten und dem Rest der Arbeitnehmerschaft gebe es sie einfach nicht. „Im Gegenteil, man orientiert sich an dem, was die leitenden Angestellten haben, und es kommt dahin, dass der leitende Angestellte immer das Muster für das abgibt, was für die übrigen Arbeitnehmer erreicht werden soll."[76]

---

[71] Interessengemeinschaft Leitender Angestellter der Robert Bosch GmbH (Werk Blaichach/Allgäu) an Chef des Bundeskanzleramtes, Horst Ehmke, 24.11.1970. BA B 136/8761.
[72] Ebd.
[73] Protokolle der 45. und 46. Sitzung des Ausschusses für Arbeit und Sozialordnung am 24. und 25. Februar 1971, S. 37. Archiv des Deutschen Bundestages.
[74] Ebd., S. 19. Archiv des Deutschen Bundestages.
[75] Ebd., S. 37. Archiv des Deutschen Bundestages.
[76] Ebd., S. 144. Archiv des Deutschen Bundestages.

Der natürliche politische Verbündete für solche Forderungen war die FDP. Die Liberalen erkannten frühzeitig das wachsende Wählerpotential der leitenden Angestellten und nahmen sich ihrer Interessen an. Der Gesetzentwurf der FDP-Bundestagsfraktion zur Änderung des Betriebsverfassungsgesetzes ging von einer besonders weiten Abgrenzung der leitenden Angestellten aus.[77] In den auf dem Bundesparteitag in Freiburg am 27. Oktober 1971 verabschiedeten „Freiburger Thesen" schlug die FDP als erste politische Partei die Repräsentation der leitenden Angestellten als eigene Gruppe im Aufsichtsrat vor.[78] In ihren Initiativen zur Mitbestimmungsregelung legte die Partei den betriebssoziologischen und gesellschaftlichen Standort der leitenden Angestellten eindeutig fest. Demnach standen sie als eigene Gruppe zwischen Arbeit und Kapital. Begründet wurde dies mit der gewachsenen Bedeutung des funktionalen Faktors „Disposition", den es im Rahmen der Mitbestimmungsregelung zu berücksichtigen gelte:

> Der neue Faktor Disposition im Aufsichtsrat entspricht nicht nur der Differenzierung der Arbeitswelt, sondern bringt vor allem eine neue, qualitative Dimension in die Unternehmensentscheidung ein, die die Durchsetzung des übergreifenden Unternehmensinteresses, der Rentabilität, sicherstellt.[79]

Mit ihren Annahmen, dass die leitenden Angestellten sowohl als Ausdruck einer ausdifferenzierten Leistungsgesellschaft als auch als Sachverwalter der langfristigen objektiven Interessen des Unternehmens zu verstehen seien, hatte die FDP der „Dritte Kraft"-Ideologie eine wichtige politische Stimme gegeben. Der politische Einfluss der Liberalen innerhalb der sozialliberalen Regierung ab 1969 brachte den leitenden Angestellten im Laufe der Mitbestimmungsdiskussionen ein nicht unerhebliches Einwirkungspotenzial ein. Dabei hatte die FDP auch das zunehmende Wählerpotential der Gruppe im Auge. Hans-Dietrich Genscher gab hier die Strategie vor; auf die Frage, für wen er sich bei seinem Engagement für die leitenden Angestellten eigentlich einsetze, antwortete er: „Dabei geht es um mehr Leute, als ihr denkt. Es geht nicht nur um die, die es sind, sondern auch um die, die es werden wollen, und die vielen anderen, die sich dafür halten."[80]

Den Wettbewerbsvorsprung im Werben um diese anwachsende Wählergruppe wollte die FDP sich dabei auch von dem natürlichen Mitbewerber um die leitenden Angestellten, der CDU, nicht wegnehmen lassen. Der Vorsitzende der

---

[77] Entwurf eines Gesetzes zur Änderung des Betriebsverfassungsgesetzes der BT-Fraktion der FDP vom 20.3.1969, in: Übersicht über Vorstellungen zur Rechtsstellung der leitenden Angestellten in der Betriebsverfassung und der Unternehmensverfassung, 30.1.1973, S. 19. Bundesarchiv B 149 50856.
[78] Karl-Hermann Flach/Werner Maihofer/Walter Scheel, Die Freiburger Thesen der Liberalen, Reinbek bei Hamburg 1972.
[79] Ebd., S. 99 f.
[80] Mitbestimmung. Die Stimmung der 1,9, in: Wirtschaftswoche, 1.2.1974.

FDP-Bundestagsfraktion Wolfgang Mischnick erklärte dies im November 1971 im Bundestag so:

> Ich darf Sie darauf hinweisen, daß die Entwicklung der leitenden Angestellten in den letzten fünf, sechs Jahren sehr stürmisch vorangegangen ist. Die CDU/CSU hat das Problem der leitenden Angestellten viel, viel später erkannt als wir. Jetzt versuchen Sie verzweifelt, auf diesen Zug noch aufzuspringen, ohne es bis zum letzten durchdacht zu haben.[81]

Damit lag Mischnick nicht ganz richtig, denn auch die CDU hatte bereits zuvor versucht, der „neuen Klasse" eine politische Heimat zu geben, und am 23. September 1970 einen Beirat „Leitende Angestellte" unter Vorsitz des Leverkusener Bayer-Direktors und christdemokratischen Bundestagsabgeordneten Günter Böhme gegründet.[82] Das politische Tauziehen um die leitenden Angestellten hatte längst begonnen.

5.3 Manager im Schutz des DGB?

Die SPD, die Gewerkschaften und allen voran der DGB boten Anfang der 1970er Jahre gänzlich unterschiedliche Interpretationen der Bewegung der leitenden Angestellten.[83] Auch sie bemühten sich um die als bedeutsam eingestufte Gruppe, aber aus ihrer Sicht stellten vor allem die „Dritte Kraft"-Ideologie und die politischen Aktivitäten der ULA eine ernst zu nehmende Bedrohung dar, weil durch sie die Eindeutigkeit der Interessenpole in der Betriebs- und Unternehmensverfassung aufgeweicht wurde. Damit gefährdete die „Dritte Kraft"-Ideologie auch die wichtigste arbeitspolitische Forderung von SPD und DGB: die paritätische Mitbestimmung der Arbeitnehmer in allen Großbetrieben. Dieses Ziel war aus SPD- und Gewerkschaftssicht nur zu erreichen, wenn die Interessenvertretungen aller Arbeitnehmer politisch einheitlich und in der Praxis geschlossen agierten. Sprecherausschüsse neben den Betriebsräten und Aufsichtsratsitze für leitende Angestellte spalteten die Arbeitnehmerschaft und gefährdeten somit ein als historisch eingestuftes Projekt.

Es sei „soziologisch nicht vertretbar, die Kategorie der Arbeitnehmer noch weiter aufzuspalten", hieß es in einer Notiz des Bundeskanzleramtsmitarbeiters

---

[81] Deutscher Bundestag – 6. Wahlperiode – 150. Sitzung. Bonn, Mittwoch, den 10. November 1971, 8616.
[82] Die neue Klasse. Gewerkschaften umwerben Manager, in: Capital 11 (1970), S. 241–244, hier: 244.
[83] Untermauert wurde diese Haltung von Teilen der Soziologie. Vgl. Günter Hartfiel, „Leitende Angestellte" – leidende Angestellte in der Betriebsverfassung?, in: Gewerkschaftliche Monatshefte 1 (1972), S. 9–19.

5. Die dritte Kraft zwischen Arbeit und Kapital?

Werner Tegtmeier im Oktober 1970. Eine eigenständige Vertretung der leitenden Angestellten berge die Gefahr, „die in der Wirtschaft zu beobachtende ‚Verselbständigung des Managements' noch zu unterstützen".[84] Sprecherausschüsse und ähnliche Vertretungen der leitenden Angestellten würden „neue soziale Klassen im Unternehmen" schaffen.[85] Eine derartige Regelung hätte darüber hinaus auch negative Konsequenzen für eine spätere Regelung der Mitbestimmung auf Unternehmensebene. Eine klare Einordnung der leitenden Angestellten auf Arbeitnehmerseite wäre andererseits „sehr geeignet, die fachliche Qualität des Betriebsrates zu verstärken".[86] Dass auch die Arbeitgeber eine eigene Vertretung für die leitenden Angestellten forderten, schätzte man im Bundeskanzleramt als zentrales Element einer Strategie des „divide et impera" ein.[87] Die leitenden Angestellten selbst könnten kein Interesse daran haben, dass ihre Vertretungen „in den Geruch der gelben Gewerkschaften" geraten würden und letztlich nicht mehr sein könnten als „Anhängsel des obersten Führungskreises eines Unternehmen", befand auch die SPD-Bundestagsfraktion.[88]

Ein zweiter Betriebsrat und Aufsichtsratssitze für Manager, die im Zweifelsfall mit den Arbeitgebern stimmen könnten, wurden so zum eigentlichen Schreckgespenst von SPD und Gewerkschaften in den 1970er Jahren. Während aber die SPD als Regierungspartei zu Kompromissen bereit war, suchte der DGB die Konfrontation. Zur Abwehr der drohenden Gefahr fuhr der DGB eine zweigleisige Strategie: Zum einen wurde die ULA ideologisch und politisch bekämpft, zum anderen bemühte der DGB sich intensiv um jene leitenden Angestellten, die aus Gewerkschaftssicht eben nicht zur Unternehmensleitung, sondern zu den Arbeitnehmern zu zählen waren. Die „technisch-wissenschaftliche Intelligenz", das untere Management und weite Teile des mittleren wurden vom höheren Management funktional und soziologisch abgetrennt. *Diesen* Managern, die also auch den Kapitalinteressen ausgeliefert waren, wollte man die Sicherheit einer Solidarvertretung anbieten.

Damit reagierte der DGB auch auf eine tatsächlich artikulierte Schutzbedürftigkeit der leitenden Angestellten. Der ökonomische Strukturwandel hatte nicht nur die Zahl der leitenden Angestellten rapide ansteigen lassen, sondern erstmals auch ihre beruflichen und sozialen Probleme in den Fokus gerückt. In der Folge war das Risiko des Arbeitsplatzverlusts auch bei Führungskräften ein viel diskutiertes Problem. Anders als normale Tarifangestellte waren sie ja auch grundsätzlich einer Kündigung weitgehend ohne rechtlichen Schutz

---

[84] Tegtmeier [Notiz für BK], 22.10.1970. Bundeskanzleramt B 136/8761.
[85] Tegtmeier [interner Vermerk], 10.11.1970. Bundeskanzleramt B 136/8761.
[86] Tegtmeier [Notiz für BK], 22.10.1970. Bundeskanzleramt B 136/8761.
[87] Referent Tegtmeier [Notiz für Chef BK], 24.2.1971. Bundeskanzleramt B 136/8761.
[88] Informationen der SPD-Fraktion im Deutschen Bundestag, 10.11.1971. AdSD, SPD-Bundestagsfraktion, 6WP, 753.

ausgeliefert. Die arbeitsrechtlichen und sozialen Schutzzonen durch Tarifvertrag und Betriebsverfassungsgesetz galten für sie nicht. Einsetzend mit der Wirtschaftskrise von 1966/67,[89] verstärkt durch die sich verändernde Unternehmenslandschaft zu Beginn der 1970er Jahre (Fusionen, Restrukturierungen, Dezentralisierungen) und insbesondere nach der Ölkrise von 1973[90] artikulierten die leitenden Angestellten zunehmend den Wunsch nach mehr sozialer Sicherheit. Von einer „ausgebeuteten Elite"[91], die jetzt auch den „eisigen Hauch im Genick"[92] spüren würde, war die Rede. In einem Interview mit dem *Spiegel* betonte auch Johannes Gottwald, Vizepräsident der ULA, das besondere Schutzbedürfnis der leitenden Angestellten, machte jedoch klar, dass deren Bedürfnissen und Wünschen nur durch eine „eigenständige Vertretung" Rechnung getragen werden könne und nicht durch die Gewerkschaften des DGB oder die Deutsche Angestellten-Gewerkschaft (DAG).[93] Dennoch standen klassische Themen und Forderungen der Arbeiterbewegung im Raum: Gehaltsfortzahlungen im Krankheitsfalle, betriebliche Altersvorsorge und Kündigungsschutz auch für leitende Angestellte wurden diskutiert. Ein leitender IBM-Angestellter brachte die schwierige soziale Situation der Gruppe auf die Formel: „Leitende Angestellte haben zwar einen Platz an der Sonne, aber eben nur einen Stehplatz."[94]

Das Anfang der 1970er Jahre artikulierte kollektive Schutzbedürfnis und die Unzufriedenheit der leitenden Angestellten ist auch mit diesen entindividualisierten und „verobjektivierten" Arbeitsplatzstrukturen zu erklären. Die Gründe hierfür waren zum einen die neuen Technologien und Organisationsformen, die verstärkt sachautoritativ entscheidende Manager erforderten,[95] und zum anderen die systematische Führungskräfteentwicklung vor allem in den Großunternehmen mit verobjektivierten Anforderungsprofilen betrieblicher Leitungspositionen.[96] Für die leitenden Angestellten bedeutete dies, dass sie ihre Leistungen nicht mehr nur im direkten Verhältnis zur Unternehmensleitung be-

---

[89] Vgl. Hanns Meenzen, Die Arbeitslosigkeit leitender Angestellter: wer mit fünfzig Jahren noch den Betrieb wechselt, in: Arbeit und Sozialpolitik 1 (1966), S. 7–9; „Zu viele Spitzenkräfte", in: Stuttgarter Nachrichten, 26.2.1969.
[90] Leitende Angestelle: sozial deklassiert?, in: Wirtschaftswoche, 9.10.1970; Führungskräfte. Schlechtes Jahr, in: Wirtschaftswoche, 14.12.1973. In der Frankfurter Rundschau hieß es im Mai 1976: „Auch in Chefetagen gesiebt", in: Frankfurter Rundschau, 6.5.1976. Vgl. dazu auch Süddeutsche Zeitung, 3.9.1975. Zu den neuen und rigideren Methoden der Auswahl von Führungskräften vgl. Manager Magazin 1 (1977), S. 43 ff.; Wirtschaftswoche 23 (1976), S. 102 ff.
[91] Die ausgebeutete Elite, in: Capital 6 (1973), S. 18–26.
[92] Eisiger Hauch, in: Der Spiegel, 3.5.1971.
[93] Der Spiegel 19 (1971).
[94] Manager Magazin 5 (1972).
[95] Vgl. Hartfiel, „Leitende Angestellte" – leidende Angestellte?, S. 17.
[96] Vgl. Reuber, Der lange Weg an die Spitze, S. 329.

gründeten, also weniger auf Lob und Bestätigung eines Eigentumsunternehmers zählen konnten, sondern ihre Leistung abstrakter rechtfertigen mussten. Sowohl die Ideologie von der „dritten Kraft" und der „besonderen Leistung" als auch das Bild vom sich selbst verwirklichenden „neuen Manager" sollten auch kulturelle Orientierung geben.

Die von der ULA beklagten „Nöte der leitenden Angestellten"[97] wollte der DGB nicht den Interessenverbänden der leitenden Angestellten überlassen. Als klassische Schutzmacht von Arbeitnehmerinteressen fühlte sich der DGB zu dem Thema berufen. In einer Stellungnahme des Bundes-Angestelltenausschusses des DGB hieß es im Oktober 1970:

> Die Lage der „Leitenden Angestellten" wird durch eine zunehmende Schutzbedürftigkeit gekennzeichnet. Ihre immer größer werdende Zahl nimmt ihnen die Exklusivität und veranlaßt sie zur Solidarität. Individuell können sie nur noch mühsam oder mangelhaft ihre Lohn- und Arbeitsbedingungen regeln. Die verflossene Rezession hat ihnen auch deutlich gemacht, daß sie in Zeiten rückläufiger Konjunktur oder größerer Rationalisierungserfolge ebenso zur Disposition stehen wie andere Angestellte.[98]

Diese Entwicklungen hätten unter den leitenden Angestellten „zu einem verstärkten Schutzbedürfnis und gewissen Solidarisierungstendenzen geführt"[99]. Allerdings müsse man feststellen: „Den Gewerkschaften des DGB ist der gestiegene Solidarisierungswille bisher nicht in größerem Umfange zugute gekommen. Wahrscheinlich deshalb, weil der Personenkreis sich unzulänglich oder überhaupt nicht durch die Gewerkschaften vertreten betrachtet."[100]

Diese Situation versuchten die Gewerkschaften Anfang der 1970er Jahre mit verschiedenen Initiativen und Aktionen zu ändern. Die IG-Metall beauftragte ihre Arbeitsdirektoren in der Montanindustrie, Arbeitskreise für Führungskräfte einzurichten. In der Tarifpolitik ging es der Gewerkschaft jetzt auch darum, „für den Kreis der Angestellten in Leitungsfunktion etwas zu tun", so Werner Möricke vom Vorstand der IG-Metall.[101] Außerdem veranstaltete die Gewerkschaft Managementkurse für außertariflich bezahlte Angestellte von Siemens, IBM, Daimler-Benz und Ford.[102] Die DAG wiederum erweiterte ihre Vorstandsreferate für den Bereich leitende Angestellte. Im Oktober verteilte die Angestelltengewerkschaft 45.000 Broschüren mit dem Titel „Forderungen für

---

[97] Jürgen Borgwardt, Ortsbestimmung der Leitenden, in: Arbeit und Sozialpolitik 11 (1970), S. 365–369.
[98] Stellungnahme des Bundes-Angestelltenausschusses des Deutschen Gewerkschaftsbundes, Oktober 1970, DGB-Archiv im AdsD, Abt. Angestellte, 24/8259.
[99] Ebd.
[100] Ebd.
[101] Kurzprotokoll über die 3. Sitzung des Bundes-Arbeitskreises „Leitende Angestellte" im DGB vom 22.5.1974. DGB-Archiv im AdsD, Abt. Angestellte, 24/8200.
[102] Leitende Angestellte. Die neue Macht, in: Capital 3 (1971), S. 24–35, hier: 34.

leitende und wissenschaftliche Angestellte"[103]. Auch im Gesetzgebungsprozess sah sich die DAG als eigentliche Vertreterin der leitenden Angestellten. Vor einer „unnatürlichen" Abspaltung der höheren von den restlichen Angestellten wurde gewarnt. Dabei rekurrierte der stellvertretende DAG-Bundesvorsitzende Günter Apel auf die sozioökonomische Entwicklung und ihre Auswirkungen auf die Angestelltenschaft. In den Beratungen des Ausschusses für Arbeit und Sozialordnung des Deutschen Bundestags machte Apel Anfang 1971 dieses historische Argument besonders stark.[104] Demnach sei die unternehmerische Funktion sozial immer weiter „nach unten" gewandert. „Der Unternehmer als einzelner Handwerker, Gewerbetreibender usw. hat ursprünglich selbst und mit der Hand kassiert. Heute tun das Kassiererinnen. Ich kann nachweisen, dass das ursprünglich eine unternehmerische Funktion war, die delegiert worden ist." Gerade in jüngster Zeit sei die unternehmerische Funktion immer weiter delegiert worden, nicht nur innerbetrieblich, sondern auch außerbetrieblich auf Steuerberater, Wirtschaftsprüfer, Banken. „Die moderne Unternehmensführung lebt von dieser Delegation." Deswegen könne man nicht sagen, dass delegierte Unternehmerfunktion jemanden automatisch zum Nichtarbeitnehmer mache, argumentierte Apel in seinem Plädoyer für eine möglichst enge definitorische Abgrenzung der leitenden Angestellten.[105]

Am intensivsten umwarb allerdings der DGB die leitenden Angestellten. Dies ist durchaus bemerkenswert, denn die umworbene Gruppe galt lange Zeit als verlängerter Arm der Unternehmensführung. Nun änderte sich diese Auffassung deutlich. Der DGB wolle auch für die „Stiefkinder unter den Arbeitnehmern"[106] eine organisatorische Heimat sein, so die Bundesangestelltensekretärin des DGB, Annedore Bell. Gerade der DGB könne die Forderungen der Führungskräfte durch Einfluss auf die Gesetzgebung unterstützen. Als relevante Themenfelder nannte Bell: „Überprüfung von Kündigungsschutz, Wettbewerbsrecht, Haftungsrecht, Erfinderrecht und Vorschlagswesen, Sonderprobleme in der Renten-, Kranken- und Unfallversicherung."[107]

Das neue Engagement des DGB für die leitenden Angestellten zeigte sich erstmals 1970 in einer öffentlichkeitswirksamen Werbeaktion. In Zusammenarbeit mit einer Werbeagentur wurde für 400.000 DM eine DGB-Anzeigenkampagne entwickelt, die sich direkt an Führungskräfte und leitende Angestellte

---

[103] Forderungen für leitende und wissenschaftliche Angestellte. Eine Stellungnahme der DAG [DAG-Schriftenreihe 6/1970], Hamburg 1970.
[104] Protokolle der 45. und 46. Sitzung des Ausschusses für Arbeit und Sozialordnung am 24. und 25. Februar 1971, S. 35. Archiv des Deutschen Bundestages.
[105] Ebd.
[106] Annedore Bell, Sind die Gewerkschaften für die „Leitenden Angestellten" attraktiv?, in: Gewerkschaftliche Monatshefte 4 (1972), S. 262–264, hier: 263.
[107] Ebd., S. 264.

wandte.[108] In allen wichtigen westdeutschen Tages- und Wochenzeitungen sowie in der Wirtschaftspresse erschienen im Winter 1970/71 die großformatigen Anzeigen unter der Schlagzeile „Aufstand am Schreibtisch".[109] „Völlig unverbindlich und ohne Verpflichtung" offerierte darin der DGB einen Muster-Anstellungsvertrag, der leitenden Angestellten bei ihren Verhandlungen mit der Geschäftsleitung helfen sollte. „Nichts ist normaler als Spielregeln vor Beginn des Spiels zu verabreden", ermutigte der DGB seine neue Klientel. Vom Erfolg der Aktion war der DGB überrascht, laut Eigenaussage hätten schließlich 30.000 leitende Angestellte den Mustervertrag beim DGB in Düsseldorf bestellt.[110] Der Hintergrund für die Aktion war die „politische Bedeutung des gewerkschaftlichen Einsatzes für diesen Personenkreis, um den nicht ohne tiefen Hintergrund ein regelrechter Kampf zwischen Arbeitgeberseite und Gewerkschaften entbrannt ist".[111]

Parallel zu solchen Werbeaktionen lief der Kampf gegen den Alleinvertretungsanspruch der ULA. Hier galt es insbesondere, die ideologische Auseinandersetzung mit den von der ULA vorgebrachten Theorien zu führen. Gegen die von der ULA vorgebrachte Leistungsideologie zur Rechtfertigung einer besonderen Stellung der leitenden Angestellten rekurrierte der SPD-Bundestagsabgeordnete Helmut Kater in einem Vortrag auf der Arbeitstagung des DGB-Landesbezirks Hessen im April 1972 auf den Soziologen Helmut Schelsky. Dieser habe deutlich gemacht, dass das der „Managerherrschaft" zugrunde gelegte Leistungskonzept eine Chimäre sei. Wäre wirklich Leistung das oberste Legitimationsprinzip, so hätten alle in einem Unternehmen Beschäftigten ein Mitspracherecht. Der Erfolg einer Unternehmung sei nicht nur das Resultat der Arbeit seiner Manager oder von „anderen kapitallosen Funktionären", sondern das Ergebnis aller Mitarbeiter. Gewerkschaftler wie Kater betonten, dass es notwendig sei, den grundsätzlichen Konflikt zwischen Arbeit und Kapital für eine funktionierende Demokratisierung der Wirtschaft anzuerkennen. Demgegenüber sei es charakteristisch für „konservative Ideologien", grundlegende Konflikte in der Gesellschaft zu leugnen oder mit Ideologien wie der „formierten Gesellschaft" zu überkleistern. „Kon-

---

[108] Protokoll über die Sitzung des Bundes-Angestelltenausschusses am 27./28.1.1971. DGB-Archiv im AdsD, Abt. Angestellte, 24/8200.

[109] Anzeige des Deutschen Gewerkschaftsbundes in Frankfurter Allgemeine Zeitung, Süddeutsche Zeitung, Die Welt, Die Zeit, Der Spiegel, Stern, Capital, Wirtschaftswoche, Volkswirt, Handelsblatt (Dezember 1970), Industriemagazin, Plus. Zeitschrift für Unternehmensführung (Januar 1971).

[110] Vgl. Günter Stephan/Annedore Bell, 30000 „Leitende Angestellte" bestellten beim DGB einen Musterarbeitsvertrag. Bericht über eine Aktion des Deutschen Gewerkschaftsbundes sowie über eine repräsentative Untersuchung bei „Leitenden Angestellten und Führungskräften", Düsseldorf 1971.

[111] Protokoll über die Sitzung des Bundes-Angestelltenausschusses am 27./28.1.1971. DGB-Archiv im AdsD, Abt. Angestellte, 24/8200.

flikte werden auch heute leider oft noch als störend, als anormal empfunden. Das Harmonie-Ideal ist lediglich Vorstufe oder Bemäntelung der Diktatur."[112]
Die Einflussnahme der ULA auf die Reform des Betriebsverfassungsgesetzes lehnten die Gewerkschaften entschieden ab. Vor allem in der Frage nach der Abgrenzung der leitenden Angestellten standen sich die Auffassungen diametral entgegen. Der DGB plädierte dafür, dass nur noch Manager mit Generalvollmacht oder Befugnis zur selbständigen Geschäftsführung (inklusive Einstellung und Entlassung von Arbeitnehmern) zu den leitenden Angestellten zu zählen seien. Durch eine solche Regelung hätten 90 Prozent der bisherigen leitenden Angestellten ihren Status verloren, dafür aber neue Schutzrechte durch den Betriebsrat gewonnen. Kompromisse der SPD mit dem Koalitionspartner wurden in dieser Frage beim DGB strikt abgelehnt. Die größte Gefahr bestand jedoch aus Gewerkschaftssicht in einer eigenen Vertretung der leitenden Angestellten in der Betriebsverfassung. In einem Brief an Bundeskanzler Willy Brandt machte der Arbeitskreis der „Angestellten in Leitungsfunktionen" im DGB Hessen[113] dieser Sorge Luft.[114] „Mit aller Schärfe" verwahrte man sich gegen die Bestrebungen, eine Sondergruppe neben dem Betriebsrat zu institutionalisieren. Damit würden die leitenden Angestellten völlig in die Abhängigkeit der Unternehmensleitungen geraten und die gewollte Spaltung der Arbeitnehmerschaft wäre vollzogen. Doch dies entspreche nicht der wahren Identität der Gruppe:

> Wir erhalten wie alle Arbeitnehmer im Betrieb unsere Aufgaben von der Unternehmensleitung und sind damit aus soziologischer Sicht eindeutig Arbeitnehmer. Wir empfinden das gleiche Bewußtsein der Unsicherheit z. B. in Bezug auf unseren Arbeitsplatz, das Einkommen und die Alterssicherung. Aus diesem Grund fühlen wir uns solidarisch mit den übrigen Arbeitnehmern und sind bereit, im Betriebsrat gemeinsam die Interessen der Arbeitnehmer zu vertreten.[115]

Zu den im Sinne der leitenden Angestellten erhobenen Forderungen gehörte etwa auch eine gemeinsame Tarifpolitik mit dem Ziel von einheitlichen und transparenten Lohn- und Gehaltssystemen für die Mitarbeiter eines Unternehmens.

In dem politischen Kompromiss, der schließlich zustande kam und die Grundlage des neuen Betriebsverfassungsgesetzes darstellte, nahm die FDP von ihrer Forderung einer eigenständigen Vertretung der leitenden Angestellten außerhalb

---

[112] Helmut Kater, Die Mitbestimmungskonzeption der Gewerkschaften, Vortrag auf der Arbeitstagung des DGB-Landesbezirks Hessen für Angestellte in Leitungsfunktion am 22./23.4.1972. AdsD, SPD-Bundestagsfraktion, 6WP, 415.
[113] Bei den Angestellten-Abteilungen der DGB-Landesbezirke Berlin, Hessen und Nordmark gab es bereits Arbeitskreise für „Angestellte in Leitungsfunktionen". Vgl. Schreiben DGB-Berlin an DGB-Bundesvorstand – Angestellte, 11.3.1974. DGB-Archiv im AdsD, Abt. Angestellte, 24/8200.
[114] DGB Landesbezirk Hessen an Willi [sic!] Brandt, 26.11.1970. Bundesarchiv B 136/8761.
[115] Ebd.

des Betriebsrates Abstand.[116] Zum Ausgleich bekam sie die weite Definition der leitenden Angestellten, auf die das Gesetz keine Anwendung hatte. Aus Sicht der Liberalen waren die leitenden Angestellten so vor dem Einfluss des Betriebsrates „gerettet". Der Einfluss der FDP auf das Betriebsverfassungsgesetz brachte den Beifall von Seiten der Arbeitgeber,[117] auch wenn das Gesetz immer noch „eindeutig kollektivistische, von einer freien Marktordnung abweichende Züge" habe, wie BDA-Präsident Otto A. Friedrich in einer Rede vor der Landesvereinigung der Niedersächsischen Arbeitgeberverbände in Hannover kritisierte.[118]

Das am 18. Januar 1972 in Kraft getretene Betriebsverfassungsgesetz löste die Fassung aus dem Jahre 1952 ab und räumte den Arbeitnehmern mehr Mitwirkungs- und Mitbestimmungsrechte auf Betriebsebene ein. Auf die leitenden Angestellten im Sinne der Abgrenzung der Gruppe nach § 5 (3) fand das Gesetz keine Anwendung.[119] Die leitenden Angestellten besaßen damit weder das aktive noch das passive Wahlrecht für den Betriebsrat. Die ULA war dennoch nicht unzufrieden, denn die Abgrenzung der leitenden Angestellten erfolgte nicht viel anders als im Betriebsverfassungsgesetz von 1952 und der Kreis der leitenden Angestellten blieb so, anders als von DGB und SPD erhofft, im Wesentlichen unverändert.[120] Da das neue Betriebsverfassungsgesetz den leitenden Angestellten keine eigene Interessenvertretung gewährt hatte, kam es in den folgenden Jahren zu einer verstärkten Bildung von Sprecherausschüssen

---

[116] Abteilungsleiter IV für BK, Vermerk für Ihr Gespräch mit Gewerkschaftsvertretern am 26.11.1970, hier: Entwurf des neuen Betriebsverfassungsgesetzes, 26.11.1970. Bundesarchiv B 136/8761. Vgl. auch Reinhard Richardi, Arbeitsverfassung und Arbeitsrecht, in: Hans Günter Hockerts, Bundesrepublik Deutschland, 1966–1974. Eine Zeit vielfältigen Aufbruchs, Geschichte der Sozialpolitik in Deutschland seit 1945, Bd. 5, Baden-Baden 2006, S. 225–276, hier: 273–275.

[117] In einer Ansprache auf einer Unternehmerkundgebung in Düsseldorf in der Neuen Messe am 12.10.1971 erklärte Hanns Martin Schleyer: „Wir müssen anerkennen, daß die FDP den Entwurf des Bundesarbeitsministers in dieser Form nicht akzeptierte und daß es ihr gelang, in gewiß schwierigen Auseinandersetzungen mit dem Koalitionspartner einige besonders gefährliche Auswüchse zu beseitigen. [...] Nicht zuletzt wurde die Unterordnung der leitenden Angestellten unter den Betriebsrat und damit auch unter den Machteinfluß der Gewerkschaften verhindert." Ansprache Hanns Martin Schleyer, 12.10.1971. Bundesarchiv B 136/8311.

[118] Rede des Präsidenten der BDA, Dr. Otto A. Friedrich vor der Landesvereinigung der Niedersächsischen Arbeitgeberverbände in Hannover, 1.2.1972. Bundesarchiv B 136/8789.

[119] „(3) Dieses Gesetz findet, soweit in ihm nicht ausdrücklich etwas anderes bestimmt ist, keine Anwendung auf leitende Angestellte, wenn sie nach Dienststellung und Dienstvertrag 1. zur selbständigen Einstellung und Entlassung von im Betrieb oder in der Betriebsabteilung beschäftigten Arbeitnehmern berechtigt sind oder 2. Generalvollmacht oder Prokura haben oder 3. im wesentlichen eigenverantwortlich Aufgaben wahrnehmen, die ihnen regelmäßig wegen deren Bedeutung für den Bestand und die Entwicklung des Betriebs im Hinblick auf besondere Erfahrungen und Kenntnisse übertragen werden." Bundesgesetzblatt 2 (1972), S. 15.

[120] Vgl. Hromadka, Recht der leitenden Angestellten, S. 266.

5.3 Manager im Schutz des DGB? 283

auf freiwilliger Grundlage durch Vereinbarung zwischen leitenden Angestellten und Unternehmensleitung. 1968 wurde der erste Sprecherausschuss gegründet, 1973 gab es laut ULA bereits über 100 und 1976 mehr als 200 solcher betrieblichen Interessenvertretungen der leitenden Angestellten.[121] Der Status dieser Sprecherausschüsse war bis zum Ende der 1980er Jahre äußerst umstritten.

Für den DGB war aber schon die weite Definition der leitenden Angestellten „unannehmbar". Durch diese „extreme Ausdehnung der Gruppenrechte" seien Spaltungstendenzen vorprogrammiert. Der DGB sah eine Fehlentscheidung von historischer Tragweite, weil die gesetzliche Anerkennung der soziologischen Angleichung von Arbeitern und Angestellten wieder in Frage gestellt sei:

> Nur das Betriebsrätegesetz von 1920 enthielt ähnlich starke Gruppenrechte, die sich aber bekanntlich nicht bewährt haben. Unter Berücksichtigung der rechtlichen und soziologischen Entwicklung, die eine weitere Annäherung der beiden Arbeitnehmergruppen mit sich brachte, wurde im Betriebsverfassungsgesetz [von 1952, B. D.] ein weitgehender Abbau von Gruppenschranken vorgenommen. Das diente der Geschlossenheit und damit der Stärkung des Betriebsrats. Die jetzt im Jahre 1971 (!) wiederum vorgesehene Verstärkung der Gruppenrechte bedeutet somit einen Rückschritt gegenüber dem Betriebsverfassungsgesetz des Jahres 1952. Der Regierungsentwurf berücksichtigt damit in keiner Weise die seit 1920 eingetretene gesellschaftspolitische Entwicklung.[122]

Der DGB gab aber in dem Kampf um die leitenden Angestellten nicht auf. Es wurden Umfragen in Auftrag gegeben, die belegten, dass die leitenden Angestellten sich zum größten Teil als Arbeitnehmer identifizierten.[123] Auch organisatorisch stellte sich der Verband besser auf die Problemlage ein. Nachdem bisher allgemein der Bundes-Angestelltenausschuss (BAA) des DGB zuständig gewesen war, konstituierte sich im Januar 1971 beim DGB ein Bundes-Arbeitskreis „Leitende Angestellte" bei der Abteilung Angestellte des DGB-Bundesvorstandes. Somit wollte man der speziellen Problemlage der Gruppe besser gerecht werden und die Abteilung Angestellte und den BAA besser beraten können.[124]

Darüber hinaus engagierte sich der Deutsche Gewerkschaftsbund im Bereich der beruflichen Fort- und Weiterbildung auch für Manager. In direkter Konkurrenz zu Weiterbildungsinstituten wie der Bad Harzburger Akademie

---

[121] Vgl. Hromadka, Recht der leitenden Angestellten, S. 288.
[122] Schreiben des DGB-Bundesvorstandes an die Mitglieder des Deutschen Bundestages, 8.2.1971. Bundesarchiv B 136/8761.
[123] Untersuchung bei Führungskräften für den DGB-Bundesvorstand, [Abt.] Angestellte, Referat „Leitende Angestellte", Hamburg 1971. 1973 finanzierte die Stiftung Mitbestimmung (Vorläuferin der Hans-Böckler-Stiftung) das Forschungsprojekt „Die Problematik gewerkschaftlicher Strategien" mit 47.600 DM für das Kölner Institut für Sozialforschung und Gesellschaftspolitik. Vgl. Stiftung Mitbestimmung an Otto Blume, 8.11.1973. DGB-Archiv im AdsD, Abt. Angestellte, 24/8200.
[124] Rahmenplan für die Arbeit des Referats „Leitende Angestellte" im DGB, 12.10.1973. DGB-Archiv im AdsD, Abt. Angestellte, 24/8259. Vgl auch Berichte aus der Praxis. Schwerpunkte der Angestelltenarbeit des DGB, in: Gewerkschaftliche Monatshefte 25 (1974), S. 566–590.

für Führungskräfte eröffnete der DGB im Herbst 1972 eine eigene Akademie, um Führungskräfte aus den Betrieben in modernen Managementtechniken zu schulen.[125] Für dieses Ziel war man offenbar bereit, kräftig zu investieren: Für 1,3 Millionen DM kaufte das Berufsfortbildungswerk (BFW) des DGB in Bad Zwischenahn bei Oldenburg ein Hotel, das zum Schulungszentrum ausgebaut wurde. Die Managementakademie wurde zu 49 Prozent vom DGB und zu 51 Prozent von der gewerkschaftseigenen Baugesellschaft Neue Heimat getragen.[126] Die gewerkschaftliche Initiative auf dem Weiterbildungsmarkt für Führungskräfte hatte eine doppelte Funktion: Zum einen diente das Engagement dem „Werben" um die leitenden Angestellten, zum anderen konnten so „Führungsmethoden kritisch gelehrt werden".[127] Ein Mitglied des DGB-Arbeitskreises „Leitende Angestellte" betonte die Notwendigkeit,

> attraktive Zielvorgaben für die Seminare/Kurse des DGB in der Management-Akademie in Bad Zwischenahn so zu formulieren, dass dem anzusprechenden Personenkreis klar wird, in keine Kaderschulung für eventuelle spätere sozialistische Betriebe hineingelockt zu werden, sondern dass es sich um sachliche, moderne Fortbildung zum eigenen Wohl handelt.[128]

In dem inhaltlichen Ansatz der DGB-Akademie kam die ambivalente Haltung der Gewerkschaften zu den seit Mitte der 1960er Jahre diskutierten modernen Führungsstilen zum Vorschein. Einerseits wurde der Abbau von Autorität und Hierarchie grundsätzlich begrüßt und die Delegation von Verantwortung und kooperative Führungsstile befürwortet. Andererseits fürchteten die Gewerkschaften, dass die neuen „humanen" Techniken und Strukturen einseitig zugunsten einer Produktivitätssteigerung im Interesse der Kapitalgeber ausgenutzt werden und klassische Gewerkschaftsarbeit unterminieren könnten.[129] Das galt insbesondere für individuelle Lösungen und Vereinbarungen auf Betriebsebene. Gewerkschaftliche Kritik an Initiativen einzelner Unternehmen zu mehr „Mitbestimmung" und „Selbstverwirklichung", die den „Machtverlust der Arbeitnehmer durch einen pseudo-demokratischen Mantel" verschleiern wollten, war somit keine Seltenheit.[130] Ziele der Managementkurse des DGB, die vornehmlich das mittlere Management zur Zielgruppe hatten, waren eine „kritische Auseinandersetzung mit diesen Methoden und die Schaffung von

---

[125] Berichte aus der Praxis.
[126] Ideologie nicht auf dem Programm, in: Die Zeit, 20.10.1972.
[127] Berichte aus der Praxis, S. 574.
[128] Harry Tiefenthaler an DGB-Bundesvorstand, 2.10.1973. DGB-Archiv im AdsD, Abt. Angestellte, 24/8200.
[129] Ursula Schumm-Garling, Leitung und „Führungsstile", in: Gewerkschaftliche Monatshefte 25 (1974), S. 549–557.
[130] Vgl. Caspar von Stosch, Der Mann, der seine Firma „verschenkte", in: Welt der Arbeit, 10.11.1972.

arbeitsorientierten Alternativen und Gegenkonzepten"[131]. Die Zielrichtung der DGB-Akademie im Vergleich mit anderen Managerschulen erklärte der Leiter des Referats Leitende Angestellte beim DGB, Peter Kirch, der *Zeit* folgendermaßen: „Die Programme der bestehenden Institute gehen von dem bestehenden System aus und tun so, als sei dieses System gottgegeben. Aber wer sagt denn, daß es auf immer und ewig so zu bleiben hat?"[132]

Angesichts solcher Äußerungen war es nicht überraschend, dass in Wirtschaftskreisen die Managementakademie des DGB als Kaderschmiede der Gewerkschaften verrufen war. Das schlechte Image in der Wirtschaft machte man beim DGB dann auch für den ausbleibenden Erfolg der Akademie verantwortlich.[133] Das Experiment der DGB-Managerschule war schließlich nur von kurzer Dauer. Angesichts einer schwachen Nachfrage und offensichtlicher Finanzierungsprobleme wurde die Akademie Ende 1974 wieder geschlossen. Über den ökonomischen Misserfolg und das Scheitern der Managerakademie freute sich die ULA nur wenig verklausuliert: Der für die Angestelltenpolitik des DGB zuständige Günter Stephan habe bei seiner Ankündigung der Akademie angesichts der „Pleite" den „Mund zu voll genommen", hieß es in *Der Leitende Angestellte*. Das „dünne Echo" und die „leeren Stuhlreihen" der Akademie sollten dem DGB klar aufzeigen, dass er bei den leitenden Angestellten grundsätzlich keinen Erfolg haben werde.[134]

Tatsächlich ist auch aus historischer Perspektive fraglich, ob die Funktionäre und Experten des DGB die Selbsteinschätzung und die Bedürfnisse der leitenden Angestellten richtig beurteilten. Oft wurde der ULA-Ideologie von der „dritten Kraft" die eigene Interpretation von der unbedingten Polarität von Arbeit und Kapital entgegengehalten. Der Vorwurf des „falschen Bewusstseins", dem ein „objektiv richtiges" Bewusstsein entgegenzustellen sei, war dann oft nicht weit.[135] Exemplarisch hierfür ist eine Rede von DGB-Bundesvorstandsmitglied Günter Stephan am 26. April 1974 auf der Zentralen Angestelltenkonferenz der Gewerkschaft Textil-Bekleidung in Augsburg:[136] „Unsere moderne Gesellschaft wird immer mehr zu einer Angestelltengesellschaft", erklärte Stephan einleitend. Doch auch der Angestelltenstand differenziere sich immer mehr. Oft fehle es an einer gemeinsamen Identität als Arbeitnehmer. Faktoren wie Bildungsstandard, eine bestimmte Lebenshaltung und Karrierechancen würden nicht

---

[131] Berichte aus der Praxis, S. 574.
[132] Ideologie nicht auf dem Programm, in: Die Zeit, 20.10.1972.
[133] Berichte aus der Praxis, S. 574.
[134] DGB-Manager-Schule: Die Leitenden blieben aus, in: Der Leitende Angestellte 10 (1974), S. 9.
[135] Vgl. auch Klaus Schweickart, Das „falsche Bewußtsein" der Leitenden, in: Frankfurter Allgemeine Zeitung, 17.3.1975.
[136] DGB-Nachrichtendienst, Stephan: DGB und Angestellte. AdSD DGB-Archiv/Abteilung Angestellte 24/8200.

unwesentlich zu einem Statusdenken oder Standesbewusstsein beitragen. Die sei ganz im Sinne der Arbeitgeberseite, der es immer wieder um eine „Spaltung der Arbeitnehmerschaft nach dem Prinzip des ‚teile und herrsche'" gehe. Daher stehe die Gewinnung der Angestellten für die Gewerkschaftsbewegung nach wie vor an erster Stelle des DGB-Aufgabenprogramms, erklärte Stephan. Ziel der gewerkschaftlichen Arbeit sei es daher, „die Selbsteinschätzung der Angestellten mit ihrer tatsächlichen Situation, die eine Arbeitnehmersituation ist, in Einklang zu bringen". Diese Aufgabe stelle sich insbesondere für die leitenden Angestellten.[137]

Nachdem bei den Sozialwahlen im Sommer 1974 der DGB und die DAG eine herbe Niederlage erlitten hatten und kleinere Arbeitnehmervereinigungen (darunter auch die erstmals angetretene ULA)[138] die großen Gewinner waren, kritisierten nicht nur konservative Zeitungen die „Einheitsdoktrin" und den „Monopolanspruch" der Gewerkschaften.[139] Die *Süddeutsche Zeitung* empfahl den Gewerkschaften, sich besser um die Angestellten zu bemühen, und das gehe „nur unter Verzicht auf jene dogmatische Haltung, die soziologische Eigenständigkeiten innerhalb der Arbeitnehmerschaft verleugnen will".[140] Eine vom DGB beim Institut für angewandte Sozialwissenschaften in Auftrag gegebene Untersuchung mit dem Titel „Angestelltenbewußtsein – gesellschaftliche Orientierung, gewerkschaftliches Bewußtsein und die Sozialwahl 1974" brachte ebenfalls Ernüchterung.[141] DGB-intern wurde daher gewarnt: „Bei der Verwendung der Broschüre ist darauf zu achten, daß das ‚Angestelltenbewußtsein' nicht immer schmeichelhaft für den DGB bzw. die Industriegewerkschaften und Gewerkschaften ausfällt."[142] Den Kampf um die leitenden Angestellten hatten die Gewerkschaften aber noch nicht aufgegeben, er wurde auch nach der Verabschiedung des Betriebsverfassungsgesetzes auf anderen Bühnen weitergeführt.

---

[137] DGB-Nachrichtendienst, Stephan: DGB und Angestellte. AdSD DGB-Archiv/Abteilung Angestellte 24/8200.
[138] Die ULA sah das eigene gute Abschneiden und die großen Verluste des DGB als weiteren Beweis dafür, dass der DGB kein Mandat habe, für die leitenden Angestellten zu sprechen. Vgl. Verlorene Mandate, in: Der Leitende Angestellte 7 (1974), S. 3–5; Sozialwahlen entziehen dem DGB das Mandat, in: ULA-Nachrichten, 31.5.1974.
[139] Der Machtanspruch der Gewerkschaften, in: Frankfurter Allgemeine Zeitung, 25.6.1974; Die Sozialwahlen 1974 haben einen Erdrutsch gebracht, in: Die Welt, 31.5.1974.
[140] Nachdenken beim DGB, in: Süddeutsche Zeitung, 27.6.1974.
[141] Angestelltenbewußtsein – Gesellschaftliche Orientierung, gewerkschaftliches Bewußtsein und die Sozialwahl 1974, Bonn-Bad Godesberg 1974.
[142] DGB-Bundesvorstand an die Mitglieder des Bundes-Arbeitsausschusses des DGB „Angestellte in Leitungsfunktionen", 12.07.1976. DGB-Archiv im AdSD, Abt. Angestellte 24/8271.

5.4 Die Auseinandersetzungen über das Mitbestimmungsgesetz

Die zweite große innenpolitische Auseinandersetzung, bei der die leitenden Angestellten im Mittelpunkt des Interesses standen, betraf die Frage nach der *Unternehmens*mitbestimmung.[143] Die Neuregelung der Mitbestimmung auf der Unternehmensebene gehörte wie schon zuvor die Ausweitung der Mitbestimmung in den Betrieben (Betriebsverfassungsgesetz) unter dem Stichwort „Demokratisierung der Wirtschaft" zu den zentralen Reformprojekten der sozialliberalen Regierung.[144] Die *betriebliche* Mitbestimmung bezieht sich vor allem auf den Betriebsrat und ist abzugrenzen von der Unternehmensmitbestimmung durch Arbeitnehmervertreter in Aufsichtsräten der Kapitalgesellschaften. Es ging also nicht mehr nur noch um die Mitbestimmungsregelung in der kleineren, örtlich begrenzten Einheit, sondern um die Mitbestimmung auf der höheren organisatorischen und rechtlichen Ebene. Während aber die *betriebliche Mitbestimmung* Anfang der 1970er Jahre – trotz Streit über die Details – gesellschaftspolitisch breit akzeptiert war, hatte die Frage der *Unternehmensmitbestimmung* „nichts von ihrer gesellschaftspolitischen Sprengkraft der frühen Jahre eingebüßt"[145].

Insbesondere die Arbeitgeberverbände machten gegen das geplante Mitbestimmungsgesetz der Regierung mobil. Beim BDI sah man in diesem Zusammenhang die Macht der Gewerkschaften besonders kritisch. Der „unlimitierte" Machtanspruch der Gewerkschaften gehe „über die Vorstellung einer Gleichgewichtigkeit von Arbeit und Kapital hinaus", hieß es im Mai 1974 in einer BDI-Präsidiumssitzung.[146] „Es besteht fast kein Gebiet mehr, in dem sie, abge-

---

[143] Vgl. Werner Milert/Rudolf Tschirbs, Die andere Demokratie. Betriebliche Interessensvertretung in Deutschland, 1848 bis 2008, Essen 2012, S. 462–476; Karl Lauschke, Mehr Demokratie in der Wirtschaft. Die Entstehung des Mitbestimmungsgesetzes von 1976, Düsseldorf 2006; Horst Thum, Wirtschaftsdemokratie und Mitbestimmung. Von den Anfängen 1916 bis zum Mitbestimmungsgesetz 1976, Köln 1991, S. 89–96.

[144] Vgl. Karl Dietrich Bracher, Politik und Zeitgeist. Tendenzen der siebziger Jahre, in: ders. [u. a.], Geschichte der Bundesrepublik, Bd. 5, I: Republik im Wandel 1969–1974. Die Ära Brandt, Stuttgart 1986, S. 285–406, hier: 313 f. Ein weiterer wichtiger Teil der arbeitspolitischen Reformen der sozialliberalen Regierung war außerdem das staatliche Aktions- und Forschungsprogramm „Humanisierung des Arbeitslebens". Vgl. Dieter Sauer, Von der „Humanisierung der Arbeit" zur „Guten Arbeit", in: Aus Politik und Zeitgeschichte 15 (2011), S. 18–24; Anne Seibring, Die Humanisierung des Arbeitslebens in den 1970er Jahren. Forschungsstand und Forschungsperspektiven, in: Andresen/Bitzegeio/Mittag (Hrsg.), Nach dem Strukturbruch?, S. 107–126. Vgl. zu den sich verändernden Semantiken in der Arbeitswelt und zu den Forderungen nach einer „Humanisierung der Arbeit" Süß/Süß, Zeitgeschichte der Arbeit.

[145] Milert/Tschirbs, Die andere Demokratie, S. 475. Vgl. Testorf, Ein heißes Eisen.

[146] Ausführungen von Herrn Dr. Neef. Anlage zur Niederschrift der Präsidialsitzung am 20.5.1974. BDI-Archiv A 126.

sehen von der Außenpolitik, ihren Geltungs- und Übergewichtsanspruch nicht anmelden und deutlich machen." Angesichts dieser Tendenzen befinde sich die Bundesrepublik in akuter Gefahr, ein „Gewerkschaftsstaat" zu werden.[147] Unter der Überschrift „Unannehmbar!" deutete BDA-Vizepräsident Hanns Martin Schleyer das geplante Mitbestimmungsgesetz als den Beginn der Ablösung der sozialen Marktwirtschaft durch ein „System des syndikalistischen Sozialismus".[148] Die Hauptgeschäftsführungen von BDA, BDI und DIHT verständigten sich auf ein gemeinsames Vorgehen gegen den von der Bundesregierung vorgelegten Mitbestimmungsgesetzentwurf. Die Chancen einer Verfassungsklage gegen das Gesetz bewerteten die Verbände Ende 1974 als besser denn je zuvor, noch bestehe für die Wirtschaft „kein Anlaß zur Resignation".[149]

Dabei nahm vor allem die gesellschaftliche Auseinandersetzung über die leitenden Angestellten und ihre zukünftige Rolle in den Aufsichtsräten deutscher Unternehmen weiter Fahrt auf. Ein Artikel in der *Wirtschaftswoche* fasste die Ausgangslage 1973 sehr treffend zusammen:

> Der Kampf um die leitenden Angestellten hat begonnen. Rechts ziehen die Arbeitgeber, links stehen die Gewerkschaften. Es ist eine für die deutsche Wirtschaft entscheidende Auseinandersetzung. Denn wenn die leitenden Angestellten in der Mitbestimmung in eine Rolle rücken, in der es von ihrer Stimme abhängt, wie die Abstimmungen in den Aufsichtsräten ausgehen, dann wird der künftige Kurs der deutschen Wirtschaft mit von ihrem Selbstverständnis abhängen, davon, ob sich die leitenden Angestellten mit der Arbeitgeber- oder mit der Arbeitnehmerseite verbunden fühlen.[150]

Das Ziel der SPD bestand darin, in dem neuen Mitbestimmungsgesetz den Arbeitnehmern in den Aufsichtsräten aller Unternehmen ebenso viele Sitze zuzusprechen wie den Arbeitgebern. Dabei war von Anfang an klar, „daß es nicht leicht ist, die leitenden Angestellten in eine Mitbestimmungskonzeption so einzuordnen, daß dadurch die Gleichgewichtigkeit zwischen Kapital und Arbeit nicht von vornherein gestört wird",[151] so Arbeitsminister Arendt im Bundestag am 20. Juni 1974. Zwar erkannte auch die FDP die paritätische Mitbestimmung

---

[147] Ausführungen von Herrn Dr. Neef. Anlage zur Niederschrift der Präsidialsitzung am 20.5.1974. BDI-Archiv A 126.
[148] Hanns Martin Schleyer, Unannehmbar!, in: Der Arbeitgeber 26 (1974), S. 70. Vgl. auch: Bundesvereinigung der Deutschen Arbeitgeberverbände, Stellungnahme des Arbeitskreises Mitbestimmung zum Bericht der Sachverständigenkommission Mitbestimmung im Unternehmen (Bundestagsdrucksache VI/334), Köln 1970; Erklärung des „Arbeitskreises Mitbestimmung" bei der Bundesvereinigung der Arbeitgeberverbände, in: Der Arbeitgeber 26 (1973), S. 289–292; Bundesvereinigung der Deutschen Arbeitgeberverbände, Stellungnahme des Arbeitskreises Mitbestimmung zum Entwurf eines Gesetzes über die Mitbestimmung der Arbeitnehmer (Bundestags-Drucksache 7/2172), Köln 1974.
[149] BDI-Abt. Sozialwirtschaft, Stand der Mitbestimmungsdiskussion (Unterlage zu TO 2 der BDI-Präsidialsitzung am 17.12.1974), 12.12.1974. BDI-Archiv A 126.
[150] Wirtschaftswoche, 19.4.1973.
[151] Walter Arendt vor dem Deutschen Bundestag, 20.6.1974, in: Verhandlungen des Deutschen Bundestags, Stenographische Berichte, 7/110, S. 7464D.

im Aufsichtsrat an, wollte aber die leitenden Angestellten als eigene Gruppe vertreten sehen, wie sie es bereits in ihren „Freiburger Thesen" von 1971 gefordert hatte.[152]

Die ULA schloss sich Ende der 1960er Jahre der Mitbestimmungsidee an. Dies war auch für die eigenen Funktionäre das Ergebnis eines bemerkenswerten Wandels: „Hätte man vor einem Jahrzehnt die leitenden Angestellten nach der Mitbestimmung gefragt, man wäre sicherlich auf allgemeine Ablehnung gestoßen", so Hanns Meenzen.[153] Auch aus Sicht der zeitgenössischen Soziologie war die Entwicklung erstaunlich; Heinz Hartmann konstatierte 1973: „Daß die leitenden Angestellten sich in die Mitbestimmungsbewegung einzureihen beginnen, muß als soziales Faktum von besonderer Bedeutung angesehen werden."[154] Doch die Mitbestimmungsidee der leitenden Angestellten war nicht deckungsgleich mit der gewerkschaftlichen Vorstellung. Für die ULA stand die Perspektive von individuellen Entfaltungsmöglichkeiten in Betrieb und Unternehmen im Vordergrund. In einer ausführlichen Stellungnahme, die an Bundeskanzler Willy Brandt, alle Bundesminister und Fraktionsvorsitzenden sowie die Abgeordneten des Deutschen Bundestags adressiert war, erklärte ULA-Präsident Walter Schwarz:

> Der berechtigte Ansatzpunkt für Mitbestimmungsforderungen liegt darin, daß der Freiheitsraum des Einzelnen und seine Beteiligung am unternehmerischen Entscheidungsprozeß vergrößert werden soll. Die Selbstverwirklichung der Person muß trotz des bestehenden Abhängigkeitsverhältnisses sichergestellt werden.[155]

Ein Mitbestimmungskonzept, das als Katalysator für gesellschaftspolitische Veränderungsprozesse dienen könnte, wurde hingegen entschieden abgelehnt. In klarer Abgrenzung zu den Gewerkschaften machte Schwarz deutlich, dass eine Machtumverteilung mit dem Zweck neuer gewerkschaftlicher „Organisationsmacht" oder gar der „Systemüberwindung" von der ULA „mit allem Nachdruck abgelehnt" werde. Die Lösung des Mitbestimmungsproblems dürfe nur von „betrieblichen und unternehmerischen Wirklichkeiten aus betrieben werden und nicht aus Weltanschauungen" heraus.[156]

Für eigene Sitze im Aufsichtsrat sah die ULA die leitenden Angestellten besonders prädestiniert, weil sie neben Arbeit und Kapital den dritten Faktor „Ideen" repräsentierten. Damit sei die Gruppe die „treibende Kraft für den Bestand

---

[152] So vor allem im dritten Teil der Freiburger Thesen zum Thema Mitbestimmung. Vgl. Freiburger Thesen der FDP zur Gesellschaftspolitik, Bonn 1971, S. 51–69.
[153] Meenzen, Leitende Angestellte, S. 78.
[154] Heinz Hartmann, Soziallage und Interessenvertretung der Leitenden, in: Günter Albrecht (Hrsg.), Soziologie. Sprache, Bezug zur Praxis, Verhältnis zu anderen Wissenschaften. René König zum 65. Geburtstag, Opladen 1973, S. 489–506, hier: 500.
[155] Stellungnahme der ULA zur unternehmensbezogenen Mitbestimmung, 13.9.1973. Bundesarchiv B 149/50856.
[156] Ebd.

und die wirtschaftliche Entwicklung des Unternehmens", die im Aufsichtsrat unbedingt zur Geltung kommen müsse. Wie keine andere Fraktion seien die leitenden Angestellten in der Lage, die langfristigen Unternehmensinteressen zu berücksichtigen. Aus der „täglichen Leistungsgemeinschaft" kenne man die Forderungen der Arbeitnehmerschaft, könne diese aber gegen die dauerhaften Erfordernisse des Unternehmens abwägen. Kurz: Leitende Angestellte seien mehr als alle anderen unternehmerischen Gruppen in der Lage, „sachgerechte Entscheidungen im Aufsichtsrat zu fördern" und dabei „zugleich systemstabilisierend zu wirken".[157] Darüber hinaus sei eine verstärkte Anwendung von kooperativen Führungsstilen durch eine größere Einflussnahme der leitenden Angestellten zu erwarten.[158] Ihre Forderungen unterstrich die ULA zusätzlich mit einer von ihr selbst in Auftrag gegebenen Infratest-Befragung, laut der 85 Prozent der Befragten eine Vertretung der leitenden Angestellten im Aufsichtsrat befürworteten.[159] Unterstützung bekam die ULA von der CDU/CSU, die bereits im Bundestagswahlkampf 1972 zugesagt hatte, im Falle einer Regierungsübernahme den leitenden Angestellten eigene Rechte und Repräsentanzen in Betriebs- und Unternehmensverfassung einzuräumen.[160]

Die Mitbestimmungsvorschläge der ULA provozierten die Gewerkschaften, wie es zuvor die Forderung nach Sprecherausschüssen neben dem Betriebsrat getan hatte. Dabei waren die Gewerkschaftler nicht grundsätzlich gegen die Anwesenheit leitender Angestellter in Mitbestimmungsorganen. Entschieden abgelehnt wurde aber ein gesetzlich garantierter Sonderstatus, der als „Anerkennung und Förderung standespolitischer Bestrebungen" und als „standespolitischer Angriff auf den Grundsatz der Einheitsgewerkschaft und der einheitlichen Interessenswahrnehmung im Betrieb und Unternehmen" zu deuten wäre.[161] Aufgrund „objektiver Kriterien" könne bei den leitenden Angestellten jedoch auch gar nicht von einer einheitlichen Gruppe ausgegangen werden, so ein Papier des DGB-Bundesvorstands.[162] Stattdessen spielten subjektive Kriterien wie „Bewußtsein, politische Anschauungen und Tradition" eine wichtige Rolle. Dem Personenkreis würden von der Unternehmensleitung besondere Privilegien in

---

[157] Stellungnahme der ULA zur unternehmensbezogenen Mitbestimmung, 13.9.1973. Bundesarchiv B 149/50856.
[158] Wenn die Leitenden mitbestimmen, in: Der Leitende Angestellte 6 (1973), S. 4–8.
[159] Hanns Meenzen, Leitende wollen mitbestimmen. Ergebnisse einer Repräsentativ-Befragung, in: Arbeit und Sozialpolitik 10 (1973), S. 335–340; Die Ergebnisse einer repräsentativen Befragung Leitender Angestellter, in: Der Leitende Angestellte 10 (1973), S. 2–6; Leitende Angestellte und Mitbestimmung. Ergebnisse der Infratestbefragung 1972/73, Essen 1973 (= ULA-Schriftenreihe 6).
[160] Leitende Angestellte in die Aufsichtsräte, in: Süddeutsche Zeitung, 10.10.1972.
[161] Internes Informationspapier des DGB-Bundesvorstands „Mitbestimmung und Leitende Angestellte", 6.6.1973. DGB-Archiv im AdsD, Abt. Angestellte, 24/8259.
[162] Mitbestimmung und leitende Angestellte, 6.6.1973, DGB-Archiv im AdsD, Abt. Angestellte, 24/8259.

Aussicht gestellt („Tantiemenbeteiligung, überhöhtes Einkommen als Preis für Loyalität, Statussymbole, betriebliche Autoritätsstellung") und so eine Orientierung auf den Unternehmer bewirkt. All dies führe zu einem „individualistischen Karrierestreben".[163]

Verstärkt würden solche Tendenzen durch „‚moderne' Gesellschaftstheorien", wie sie von der FDP vertreten würden. „In diesem Zusammenhang ist zu erinnern an die These von der leistungsorientierten Aufstiegsgesellschaft, an die Pluralisierungsideologie, nach der die Gesellschaft, und auch die Arbeitnehmerschaft, in eine Vielzahl in sich gleichgewichtiger selbständiger Gruppen zerfalle." Auch an die – besonders gerne von der ULA zitierten – Zukunftsvisionen von J. K. Galbraith, in der die Gewerkschaften zunehmend überflüssig würden, sei zu erinnern. „Es handelt sich samt und sonders um Ideologien, die von der eigentlichen Schichtung unserer Gesellschaft in abhängige Arbeitnehmer und den Personenkreis, der über die Produktionsmittel verfügt, ablenken sollen." Daher sei jede Kompromisslösung in der Mitbestimmungsfrage, die „in irgendeiner Form dem Kreis der Leitenden besondere Rechte garantiert", als Anerkennung und Förderung standespolitischer Bestrebungen anzusehen.[164] Vorschläge wie das ULA-Modell gelte es unbedingt abzulehnen. Durch dieses würde eine kleine Gruppe überrepräsentiert, so der SPD-Bundestagsabgeordnete Friedhelm Farthmann, der in einer ZDF-Sendung zum Thema Mitbestimmung am 1. Mai 1973 den DGB-Standpunkt vertrat. Folgte man den ULA-Vorschlägen, würde ein „Dreiklassenwahlrecht" eingeführt. Die leitenden Angestellten würden zum „trojanischen Pferd", das die angestrebte Parität im Aufsichtsrat zugunsten der Arbeitgeber wieder aufhöbe.[165] In ihrem Kampf *um* die leitenden Angestellten (der gleichzeitig ein Kampf *gegen* Organisationen wie die ULA war) suchten die deutschen Gewerkschaften Unterstützung auch auf der internationalen Ebene der Gewerkschaftsorganisationen. Auf einer Fachtagung der Europa-Sektion des Internationalen Bundes der Privatangestellten (EURO-FIET) wurde die vom DGB-Bundesarbeitskreis Leitende Angestellte eingebrachte Entschließung zur „Notwendigkeit der gewerkschaftlichen Interessensvertretung der Angestellten in Leitungs-, Stabs- und wissenschaftlichen Funktionen" einstimmig angenommen.[166] In der Entschließung vom April 1974 wurde angeprangert, dass „in verschiedensten Ländern" die Unternehmer zusammen mit ihnen nahestehenden „gelben Verbänden" den Versuch unternehmen würden, durch

---

[163] Mitbestimmung und leitende Angestellte, 6.6.1973, DGB-Archiv im AdsD, Abt. Angestellte, 24/8259.
[164] Ebd.
[165] BPA/Abt. Nachrichten, Auszug aus der ZDF-Sendung „Arbeitnehmer in der Chef-Etage? Mitbestimmung – eine Zerreissprobe für Politik und Wirtschaft?" am 1.5.1973. Bundesarchiv B 149/50855.
[166] Caspar von Stosch an die Mitglieder des DGB Bundes-Arbeitskreises „Leitende Angestellte", 25.4.1974. DGB-Archiv im AdsD, Abt. Angestellte, 24/8259.

die Erschaffung von Sonderinteressen der leitenden Angestellten „die Solidarisierungstendenzen in der Arbeitnehmerschaft aufzuhalten". Angesichts dieser historischen Gefahr gelte es, die „soziale Lage" und das „Gesellschaftsbild" dieses Personenkreises ständig zu analysieren und die spezifischen Probleme der leitenden Angestellten zu berücksichtigen. „Auf nationaler und internationaler Ebene müssen die Interessen der Führungskräfte gegenüber den Regierungen und der EG-Kommission durch die Gewerkschaften bzw. durch EURO-FIET vertreten werden." Außerdem gelte es dem besonderen Weiterbildungsbedürfnis der leitenden Angestellten durch gewerkschaftliche Angebote entgegenzukommen.[167]

Die Organisationen der leitenden Angestellten wussten sich gegen die Vorwürfe der Gewerkschaften zu wehren. Die DGB-Vorstellung vom Einheitsarbeitnehmer verurteilte ULA-Präsident Walter Schwarz als „reaktionär". Paritätische Mitbestimmung ohne Berücksichtigung der leitenden Angestellten würde ein „gewerkschaftliches closed-shop-System" bedeuten. Ein solches „gesellschaftlich gefährlichste[s] aller Modelle" hätte Demotivierung, Entloyalisierung und Leistungsverfall in den Unternehmen zur Folge.[168] Nachdem ein erster Regierungsentwurf für das Mitbestimmungsgesetz Anfang 1974 bekannt geworden war, reagierte die ULA empört. Anlass war vor allem das komplizierte Wahlsystem für den Aufsichtsrat,[169] das aus Sicht der ULA, der DAG und der BDA den DGB massiv bevorteile. Von einem „für den DGB maßgeschneiderten Wahlverfahren"[170] war die Rede.[171] In der Tat ging es SPD und DGB bei der Frage des Wahlsystems um eine möglichst effektive Arbeitnehmervertretung, also um die „Machtfrage" – „auch wenn das nicht sehr fein klingt", wie Friedhelm Farthmann erklärte.[172] Gleichzeitig erhofften sich die Sozialdemokraten und der DGB, durch die vorgelegte Mitbestimmungsregelung die leitenden Angestellten näher zu den Gewerkschaften ziehen zu können. In Zukunft werde es sehr viel mehr gewerkschaftlich engagierte leitende Angestellte geben als bisher, sagte der parlamentarische Staatssekretär und SPD-Bundestagsabgeordnete Hans Matthöfer im Januar 1974.[173] Da in Zukunft niemand gegen die Arbeitnehmervertreter im Aufsichtsrat in den Vorstand gewählt werden könne, wären leitende Angestellte

---

[167] EURO FIET, Notwendigkeit der gewerkschaftlichen Interessensvertretung der Angestellten in Leitungs-, Stabs- und wissenschaftlichen Funktionen, 24.4.1974. DGB-Archiv im AdsD, Abt. Angestellte, 24/8259.
[168] Bewußtseinsspaltung in mittleren Unternehmen. Motivierung und Demotivierung der Leitenden Angstellten, in: Junge Wirtschaft 11 (1975), S. 10–11, hier: 11.
[169] Mitbestimmung. Dubioses Wahlverfahren, in: Der Arbeitgeber 27 (1975), S. 12–14.
[170] Ebd., S. 14.
[171] Vgl. auch Manfred Löwisch, Mitbestimmungsmonopol durch Mehrheitswahl, in: Frankfurter Allgemeine Zeitung, 7.3.1974.
[172] Im Notfall den Pastor, in: Manager Magazin 12 (1974), S. 111–121, hier: 121.
[173] Änderung im Karrieredenken, in: Frankfurter Allgemeine Zeitung, 31.1.1974.

5.4 Die Auseinandersetzungen über das Mitbestimmungsgesetz

mit Vorstandsambitionen, die zuvor gewerkschaftliches Engagement gezeigt hätten, eindeutig im Vorteil. Die angestrebte Mitbestimmungsregelung werde daher das „Karrieredenken der leitenden Angestellten entscheidend verändern".[174]

Der FPD wurde von der ULA vorgeworfen, beim Thema des Wahlsystems „umgefallen" zu sein.[175] Der Vorsitzende des Sprecherausschusses der 2000 leitenden Angestellten bei Hoechst, Friedrich Ische, erklärte: „Dieser Gesetzentwurf ist einer der undemokratischsten, der jemals in der Bundesrepublik gemacht wurde."[176] Entsprechend mobilisierte die ULA nun auch ihre Mitglieder und rief sogar zu Demonstrationen auf. Dabei ging es um ihre eigenen Vorstellungen von Mitbestimmung, aber auch um den „Kampf gegen den Totalitätsanspruch des DGB".[177] Im Juni 1974 protestierten dann leitende Angestellte erstmals auf der Straße – was angesichts eines Demonstrationszuges von mittelalten Männern in Krawatte und Anzug in Bonn für einiges Aufsehen sorgte.[178] Eine weitere Demonstration von 2000 leitenden Angestellten endete mit einer ULA-Veranstaltung in der Stadthalle von Bad Godesberg, wo in „teilweise heftiger Diskussion" der Bonner Gesetzentwurf abgelehnt wurde.[179] Erneut wurde das Wahlsystem angeprangert: Die Mitbestimmungswahlen nach dem bisherigen Gesetzentwurf seien „Trickwahlen", es drohe die Okkupation sämtlicher Arbeitnehmersitze im Aufsichtsrat durch den DGB.[180]

Nach Willy Brandts Rücktritt als Bundeskanzler und der Wahl von Helmut Schmidt als seinem Nachfolger nahm der „Marathon-Zank um die Mitbestimmung"[181] eine neue Richtung. Schon zuvor hatte die FDP deutlich gemacht, dass sie das Gesetz im Sinne der leitenden Angestellten nachverhandeln wolle. Um ihr auch symbolisch wichtiges Gesetz zu retten, war die SPD nun gewillt, den Wünschen der FDP für die leitenden Angestellten entgegenzukommen. Das am 18. März 1976 vom Bundestag verabschiedete Mitbestimmungsgesetz für Kapitalgesellschaften mit mehr als 2000 Beschäftigten war schließlich ein Kompromiss aus SPD- und FDP-Forderungen. Eingeführt wurden sowohl das Prinzip der Parität von Arbeitgebern und Arbeitnehmern als auch die Anerkennung der leitenden Angestellten als eine Teilgruppe der Arbeitnehmer mit Recht auf eigene Vertretung im Aufsichtsrat. Der Kandidat der leitenden Angestellten konnte nur von der eigenen Gruppe vorgeschlagen werden, musste aber von allen

---

[174] Änderung im Karrieredenken, in: Frankfurter Allgemeine Zeitung, 31.1.1974.
[175] DGB-Monopol im Aufsichtsrat, in: Manager Magazin 3 (1974), S. 12–18. Vgl. Testorf, Ein heißes Eisen.
[176] Mitbestimmung. Die Stimmung der 1,9, in: Wirtschaftswoche, 1.2.1974.
[177] Hanns Meenzen, Der Stein im Magen des DGB, in: Junge Wirtschaft 4 (1973), S. 8.
[178] Am 25.6.1974 in Bonn. Vgl. Manager-Magazin 8 (1974).
[179] Im Notfall den Pastor, in: Manager Magazin 12 (1974), S. 111–121.
[180] Leitende Angestellte protestieren in Bonn, in: Frankfurter Allgemeine Zeitung, 12.12.1974.
[181] Mitbestimmung. Aus dem Wege, in: Der Spiegel, 14.7.1975.

Angestellten gewählt werden. Den leitenden Angestellten blieb eine gesetzliche Anerkennung als dritte Kraft in der Unternehmensverfassung verwehrt.

Dennoch war das Mitbestimmungsgesetz aus Sicht der leitenden Angestellten eine wichtige Errungenschaft. Denn zum ersten Mal bekamen sie in einem Gesetz eine positiv umschriebene Position aufgrund ihrer sozialen Stellung zugesprochen (in allen vorherigen Gesetzen wurden leitende Angestellte nur erwähnt, um sie vom gesetzlichen Geltungsbereich auszunehmen). Auch wenn das Mitbestimmungsgesetz nur einen Teilerfolg darstellte, war es aus Sicht der leitenden Angestellten ein wichtiger Etappensieg auf dem Weg zur Anerkennung als soziale Gruppe. Die Aushandlungsprozesse um die soziologische und betriebliche Stellung der Gruppe führten zu einer positiven gesetzlichen Kodifizierung ihrer demokratischen Rechte und Pflichten. Damit kam dem Mitbestimmungsgesetz für die soziale Gruppenbildung der leitenden Angestellten im letzten Drittel des 20. Jahrhunderts eine ähnlich zentrale Bedeutung zu wie dem Versicherungsgesetz für Angestellte von 1911 für die Angestellten in der ersten Hälfte des 20. Jahrhunderts.[182]

Gleichzeitig hatte ihre „Dritte Kraft"-Ideologie Wirkung gezeigt. Zwar wurden die leitenden Angestellten nicht formal als „dritte Kraft" anerkannt, aber über ihre Beteiligung an der Mitbestimmung konnten sie nun ihre Vorstellung von Wirtschaftsdemokratie ausleben, „mit Sympathie für die Arbeitnehmerseite, aber nie gegen die Zukunft des Unternehmens"[183]. Das neue Gesetz gab ihnen die Möglichkeit, ihre Vorstellung von Leistungselite und Verkörperung der „sachlichen Führung" weiter zu entfalten. Mit ihrem Sitz im Aufsichtsrat konnten die leitenden Angestellten nun beweisen, so Jürgen Borgwardt von der ULA, dass „eine pluralistisch gestaltete Mitbestimmung dynamischer ist als die archaische Montanmitbestimmung".[184] Aus Sicht der Arbeitgeber war es nun umso wichtiger, die leitenden Angestellten eng an die Unternehmensführung zu binden. Dazu gehörte auch die weitere Übertragung von Kompetenzen und Verantwortung. Hanns Martin Schleyer erklärte:

> Wichtig ist, dass die Führungskräfte in ihrem Bewußtsein, zur Unternehmensführung zu gehören, bestätigt werden. Das erfordert vor allem einen überzeugenden Führungsstil, dessen Kennzeichen es ist, durch möglichst weitgehende Dezentralisation unternehmerischer Aufgaben und Entscheidungen die Führungskräfte an der Unternehmensführung zu beteiligen.[185]

---

[182] Vgl. Hromadka, Recht der leitenden Angestellten, S. 307.
[183] Jürgen Borgwardt, Die Kuh ist vom Eis, in: Der Leitende Angestellte 1 (1976), S. 3–5, hier: 5.
[184] Ebd. Vgl. auch: Die Leitenden Angestellten. Abgrenzung, Mitbestimmung, Sprecherausschüsse; ein praktischer Wegweiser, Essen 1977 (= ULA-Schriftenreihe 8).
[185] Hanns Martin Schleyer, Führungskräfte unterstützen, in: Der Leitende Angestellte 4 (1976), S. 13.

5.5 „Schutz der Leistungseliten": Die leitenden Angestellten und die CDU/CSU

Angesichts der Kompromissbereitschaft der SPD gegenüber der Wirtschaft und dem Koalitionspartner waren die Gewerkschaften zu einer anderen Strategie übergegangen. Nachdem die sozialliberale Koalition ihr Mitbestimmungsmodell bekanntgegeben hatte und der Sonderstatus der „Leitenden" in den Aufsichtsräten besiegelt worden war, gingen die Gewerkschaften dazu über, vor Arbeitsgerichten den Status von leitenden Angestellten in Frage zu stellen. Caspar von Stosch vom Bundesvorstand des DGB formulierte die neue Strategie seines Verbandes so:

> Im Gegenteil, wir gehen davon aus, daß nach der Verabschiedung des vorliegenden Mitbestimmungsgesetzentwurfs der Kreis der leitenden Angestellten nach § 5 Abs. 3 weiter eingeengt werden muß. Hinzu kommt, daß wir wahrscheinlich dazu übergehen müssen[,] per Klage vor den Arbeitsgerichten feststellen zu lassen, daß jene leitenden Angestellten, die direkt vom Vorstand abhängig sind, nicht im Aufsichtsrat vertreten sein dürfen. Daraus ergibt sich, daß wir eine Abgrenzungspolitik sowohl „nach unten" als auch „nach oben" führen müssen. Das Endergebnis einer derartigen Politik wird darin bestehen, daß der Kreis der leitenden Angestellten, der einen Vertreter in den Aufsichtsrat entsenden kann, auf eine verschwindende Minderheit schrumpft.[186]

Der DGB war davon überzeugt, dass die Klagen ganz im Sinne der Betroffenen waren, und konnte nicht verstehen, dass viele leitende Angestellte nicht in den Schutz des Betriebsrats wollten. Caspar von Stosch formulierte sein Unverständnis gegenüber der *Wirtschaftswoche* so: „In der derzeitigen wirtschaftlichen Situation ist das eine Kamikaze-Mentalität. Den Schutz des Gesetzes abzulehnen, das ist doch irre hoch drei."[187] Die Folge war eine regelrechte Klagewelle der Gewerkschaften in der zweiten Hälfte der 1970er Jahre, die vor allem in der Automobilindustrie dazu führte, dass vielen „Leitenden" ihr Status wieder abgesprochen wurde und sie wieder eindeutig auf die Arbeitnehmerseite gestellt wurden.[188]

Die Union versuchte sich in der Folge als bessere Vertreterin der Interessen der leitenden Angestellten darzustellen und forderte vor allem eine gesetzliche Verankerung der Interessenvertretung der Führungskräfte: „Für uns ist und bleibt aber die Frage der Sprecherausschüsse für leitende Angestellte eine wich-

---

[186] Caspar von Stosch [Bundesvorstand DGB, Referat „Angestellte in Leitungsfunktionen] an Hans Georg Krüger [Arbeitskreis Angestellte in Leitungsfunktionen im DGB Landesbezirk Nordmark], 29.1.1975. DGB-Archiv im AdsD, Abt. Angestellte, 24/8200.
[187] Leitende Angestelle. So tun als ob, in: Wirtschaftswoche, 23.1.1976.
[188] Vgl. Hromadka, Recht der leitenden Angestellten; Das Lotteriespiel mit Justitia, in: Manager Magazin 3 (1978).

tige gesellschaftspolitische Forderung"[189], so der CDU-Abgeordnete Eberhard Pohlmann. Bereits auf dem Hamburger Parteitag der CDU 1973 hatte Horst Schröder von der VFLA die leitenden Angestellten als „Träger des Leistungsprinzips und wesentliche Träger des marktwirtschaftlichen Ordnungsprinzips" identifiziert und damit aber auch Widerstand bei den Sozialausschüssen der CDU provoziert.[190] Zum Ende der 1970er Jahre konkurrierten die Konservativen nun ganz offen mit der FDP um die Gruppe der Leitenden.[191] Der Parteivorsitzende Helmut Kohl adressierte in der Folge die Interessen der leitenden Angestellten als vor der sozialliberalen Regierung zu schützende Leistungselite. Auf einer Festveranstaltung der ULA zu ihrem 25-jährigen Bestehen sagte Kohl: „Die Zahl der Leitenden Angestellten nimmt zu. Die Zahl der Qualifizierten und Informierten nimmt zu. Und das ist auch ein gutes Zeichen für die Fortentwicklung unserer Volkswirtschaft."[192] Die leitenden Angestellten als die industrielle Verkörperung des „Leistungswillens" forderte Kohl auf, sich nicht nur in den Unternehmen, sondern auch in der Gesellschaft zu engagieren. „Niemand von uns hat Urlaub von der Geschichte." Gerade die leitenden Angestellten sollten ihre staatsbürgerliche Überzeugung deutlich und entschieden zum Ausdruck zu bringen.[193]

Auch aus Sicht der ULA wurde die CDU/CSU so ein immer besserer Partner. Während man in der Gesetzgebung der SPD die „Diskriminierung der Fleißigen, der Dynamischen" und eine „Vergötzung der Mittelmäßigkeit" am Werk sah, seien CDU/CSU als „pluralistisch gegliederte Parteien" – so ULA-Hauptgeschäftsführer Jürgen Borgwardt – „für uns und unsere Anliegen gut ansprechbar".[194] Dass die CDU-Mittelstandsvereinigung ein Aktionsprogramm für leitende Angestellte ausarbeitete, wurde entschieden begrüßt.[195] Nur die Sozialausschüsse der Union waren der ULA ein Dorn im Auge. Doch die Annäherung zwischen ULA und CDU/CSU war ein gegenseitiger Prozess. Auf einer Veranstaltung der CDU-Vorfeldorganisation „Vereinigung zur Förderung der Leitenden Angestellten" in Ludwigshafen betonte Kohl im Mai 1976 die

---

[189] Eberhard Pohlmann vor dem Deutschen Bundestag, 18.3.1976, in: Verhandlungen des Deutschen Bundestags, Stenographische Berichte, 7/230, S. 16028A.

[190] Protokoll des 22. Bundesparteitags 18.-20. November 1973 in Hamburg, hrsg. von der Bundesgeschäftsstelle der CDU, Bonn 1973, S. 314.

[191] Vgl. FDP-Vorstoß für leitende Angestellte, in: Frankfurter Rundschau, 25.9.1978; Die „Leitenden" wollen wissen, wer sie sind, in: Frankfurter Allgemeine Zeitung, 9.2.1979.

[192] Helmut Kohl, Leistung fördern und honorieren, in: Führungskräfte in Wirtschaft und Gesellschaft. Festveranstaltung der ULA anläßlich ihres 25. Bestehens am 10. Mai in Bonn, Essen 1976 (= ULA-Schriftenreihe 7).

[193] Ebd.

[194] Jürgen Borgwardt, Das Selbstverständnis der Union der Leitenden Angestellten, Essen 1977 (= ULA-Schriftenreihe 9).

[195] CDU-Aktionsprogramm für Leitende Angestellte, in: Der Leitende Angestellte 7 (1978), S. 21.

5.5 „Schutz der Leistungseliten": Die leitenden Angestellten und die CDU/CSU

von der Regierung vernachlässigte gesellschaftliche und politische Aufgabe, das „Leistungs- und Innovationspotential der industriellen Führungsschicht" als „Elite" aufrechtzuerhalten. Kohl forderte, dass in der „Auseinandersetzung zwischen Freiheit und Sozialismus" die leitenden Angestellten die „Partei der sozialen Marktwirtschaft" sein müssten.[196] Damit wurden die leitenden Angestellten ein wichtiges Element in konservativen Leistungs- und Leistungsverfallsdebatten.

Im Vorfeld der Bundestagswahl von 1980 wurden die Initiativen für die leitenden Angestellten noch einmal intensiviert und die CDU/CSU bereitete einen Gesetzentwurf für die gesetzliche Verankerung von Sprecherausschüssen vor.[197] Der DGB hoffte vergeblich auf die Sozialausschüsse der CDU zur Verhinderung der Gesetzesinitiative[198] und in der Bundestagsdebatte gaben sich die Abgeordneten der CDU als die eigentlichen Vertreter der leitenden Angestellten, die in Zeiten der sozialliberalen Koalition von der FDP nie wirklich vertreten worden seien. Der CDU-Abgeordnete Eberhard Pohlmann warf den Liberalen vor, dass deren Verhalten im Hinblick auf die Führungskräfte „unzumutbar" sei und die Partei „Stimmenfang mit leeren Versprechungen" betrieben habe.[199]

> 1972 und 1976 mag diese Rechnung aufgegangen sein, aber aller guten Dinge sind nicht immer drei. Die Leitenden Angestellten [...] werden nicht ein drittes Mal einer Partei ihre Stimme geben, die sich liberal allein im Umgang mit ihren Wahlversprechen verhält und die darüber hinaus seit Jahren z. B. eine Steuer- und Sozialpolitik mitzuverantworten hat, die man gerade im Hinblick auf die Leitenden Angestellten als leistungsfeindlich und nivellierend bezeichnen kann.[200]

Der Topos vom „Schutz der Leistungseliten" verweist somit auf die Wertewandeldebatten im Zusammenhang mit konservativer Sozialstaatskritik seit Ende der 1970er Jahre.[201] Langfristig führte der Aufstieg der leitenden Angestellten in den 1970er Jahren zu einer Pluralisierung der Interessen im Unternehmen. Die Sichtweise der leitenden Angestellten als gesonderte Gruppe unter den Beschäftigten mit eigenen Vertretungs- und Mitwirkungsrechten setzte sich durch und wurde schließlich 1988 durch das von der Regierung Kohl beschlossene Sprecherausschussgesetz kodifiziert.

---

[196] CDU und FDP sagen JA zu Sprecherausschüssen, in: Der Leitende Angestellte 6 (1976), S. 3–6, hier: 6.
[197] CDU/CSU: Hinter Gesetzesinitiative für LA steckt politisches Gewicht, in: Der Leitende Angestellte 4 (1979), S. 16–17.
[198] DGB gegen Sprecherausschüsse für Leitende Angestellte, in: Süddeutsche Zeitung, 27.3.1979; Caspar von Stosch, CDU-Entwurf für Sprecherausschüsse zementiert die Spaltung der Angestellten, in: Angestellten Magazin 1 (1979), S. 3–6.
[199] Eberhard Pohlmann vor dem Deutschen Bundestag, 6.3.1980, in: Verhandlungen des Deutschen Bundestags, Stenographische Berichte, 8/205, S. 16483B.
[200] Ebd.
[201] Vgl. Kapitel 7.1.

6. Zwischenfazit: „Wertewandelschub" oder „neuer Geist des Kapitalismus"?

Der „Aufstand der leitenden Angestellten" zu Beginn der 1970er Jahre lässt sich durchaus auch als Element eines „1968 der Manager" interpretieren:[1] Eine gesellschaftliche Gruppe mit hohem Akademisierungsgrad „entdeckte" ihren Wunsch nach Mitbestimmung und Partizipation. Die Angehörigen der Gruppe solidarisierten sich und vertraten zunehmend selbstbewusst ihre Interessen. Ein wesentliches Element ihrer Politisierung bestand in der Autoritätskritik, die sich an überkommenen Führungsprinzipien festmachte. Für ihre Forderungen gingen die leitenden Angestellten auch mit Protestplakaten auf die Straße, öffentliche Demonstrationen wurden zum Mittel ihrer politischen Kommunikation. Durch ihren mit politischem Druck erreichten Anschluss an die Mitbestimmungsbewegung hatten sie schließlich an der Demokratisierung der Betriebe und Unternehmen als eigene Gruppe Anteil.

Bei einer solchen Bilanz gilt es natürlich festzuhalten, dass die wichtigste Organisation der Gruppe, die ULA – hinsichtlich ihrer Mitgliederzahlen – nur ein Zehntel der leitenden Angestellten vertreten hat. Gerade die politischen Komponenten ihrer „Dritte Kraft"-Ideologie dürften nicht die Überzeugung aller leitenden Angestellten widergespiegelt haben. Und ihr arbeitsrechtlicher Aufstieg ging – wie es der DGB zu Recht befürchtet hatte – auf Kosten einer einheitlichen Arbeitnehmerschaft und damit der Durchsetzungskraft für klassische Gewerkschaftsforderungen. Gleichzeitig ist deutlich geworden, dass sämtliche Versuche des DGB, die leitenden Angestellten für sich zu gewinnen, mehr oder weniger deutlich gescheitert sind. Mit seinen verstärkten Initiativen zur Weiterbildung und gewerkschaftlichen Vertretung hatte der DGB die Manager schlicht nicht erreicht. Das Festhalten an dem Prinzip der Polarität der Arbeitsbeziehungen versperrte den Gewerkschaften dabei auch zu einem gewissen Grad den Blick für die neuen Arbeitnehmerschichten.

Die leitenden Angestellten verbanden ihre systembejahende Selbstdarstellung als Leistungselite mit partizipatorischen Forderungen. Sozial und habituell orientierten sie sich eher an der Vorstandsetage, gleichzeitig waren Partizipation und Mitbestimmung gerade auch bei den leitenden Angestellten die zentralen Forderungen. Dies war keineswegs nur die offizielle Politik der Verbände, sondern wurde auch von einer überwältigenden Mehrheit der Angehörigen dieser Gruppe vertreten, wie alle empirischen Untersuchungen aus den frühen 1970er Jahren nahelegen. Auch die Bildung von Sprecherausschüssen reflektierte diesen verstärkten Wunsch nach Selbstbestimmung, Mitwirkung und Mitbestim-

---

[1] Vgl. Kapitel 4.

mung auf der Ebene der betrieblichen Praxis. Das Eintreten für Mitbestimmung diente jedoch nicht dem Ziel einer Umverteilung der Macht im Unternehmen, sondern war „Ausdruck des Strebens nach selbstverwirklichender Teilhabe an der Entscheidung".[2] Mitbestimmung bedeutete für die leitenden Angestellten Selbstbestimmung und Selbstverwirklichung und war entsprechend keineswegs gleichbedeutend mit Solidarität mit den anderen Arbeitnehmern. Die Gruppenfindung der leitenden Angestellten ging mit einer starken Abgrenzung gegenüber den Arbeitern und Angestellten einher. Wie bereits beschrieben, wurde dies mit der „besonderen" und „unverzichtbaren" Leistung der leitenden Angestellten begründet. Dieser Leistungs- und Standesideologie kam dabei eine wichtige Funktion zu, denn die durchaus heterogene Gruppe der leitenden Angestellten einte vor allem eins: nicht zu den anderen Arbeitnehmern gehören zu wollen.[3]

Sozialstrukturell war das Anwachsen der Zahl der leitenden Angestellten das Ergebnis des Paradigmenwechsels in der Unternehmensführung seit Mitte der 1960er Jahre. Akademisierung, Delegation der Verantwortung und der Abbau von „nicht-rationaler" Autorität führten dazu, dass die Stellung der leitenden Angestellten überhaupt zu einem politischen und arbeitsrechtlichen Problem wurde. Die Reformvorhaben Betriebsverfassungs- und Mitbestimmungsgesetz waren in dieser Hinsicht auch erste Versuche einer arbeitsrechtlichen Kodifizierung der Stellung der „neuen" Gruppe. Gerade die Kritik der Gewerkschaften an der Selbstverständigung der leitenden Angestellten durch Organisationen wie die ULA scheint die Gruppenbildung und Identitätsfindung eher weiter vorangetrieben als aufgehalten zu haben. Gleichzeitig fanden die leitenden Angestellten zunächst in der FDP und dann auch in der oppositionellen CDU/CSU Fürsprecher ihrer Interessen und Forderungen. Die liberalen und konservativen Kontrahenten der Gewerkschaften sahen in der Bewegung der leitenden Angestellten den Beleg für die eigenen Thesen von den gesellschaftlichen, die soziale Schichtung differenzierenden Pluralisierungstendenzen.[4]

Das galt auch für die Arbeitgeberverbände, die so der Mitbestimmungsbewegung, die sie entschieden ablehnten, auch etwas Positives abgewinnen konnten. Denn sie brachte mit den leitenden Angestellten eine kritisch-loyale Gruppe in die Betriebs- und Unternehmensverfassung, auf deren systemstabilisierende Rolle Verlass war. Aber um die Gruppe mussten sich auch die Unternehmensführungen mehr als bisher „kümmern", pejorative Äußerungen über die „seelenlosen" Technokraten verboten sich nun von selbst. Der

---

[2] Meenzen, Leitende Angestellte, S. 17.
[3] Vgl. Hartfiel, „Leitende Angestellte", S. 16.
[4] Kurt Biedenkopf, Auf dem Weg zur Unternehmensgemeinschaft. Diskussionsrahmen für die Mitbestimmungsbeschlüsse der Partei. „Berücksichtigung der zunehmenden Pluralität innerhalb der antagonistischen Gruppen durch Abbau der Klassenstruktur auch im Unternehmensrecht", „Alternativen zum dualistischen Verhältnis von Unternehmern und Mitarbeitern".

Kampf um die leitenden Angestellten sorgte so zu einem gewissen Grad auch für Organisations- und Leistungsverbesserungen für die Führungskräfte. Insgesamt hat die Bewegung der leitenden Angestellten (und die von ihr erreichte Kodifizierung einer weiten Definition der Gruppe im Arbeitsrecht) somit einen nicht unerheblichen Anteil daran, dass Führung in den 1970er Jahren weniger exklusiv verstanden wurde.

Burkhard Wellmann von der BDA fasste 1973 diesen Prozess polemisch, aber treffend wie folgt zusammen:

> Viele Leitende und Unternehmer scheinen nicht recht zu würdigen, was sie in diesem Prozeß der Politisierung der Leitenden Angestellten den Gewerkschaften verdanken. Die massiven Aktionen des DGB, die Masse der Leitenden zu sich herüberzuziehen; die Zahl der Leitenden auf ein Häuflein reaktionärer Unternehmerknechte zusammenzuprügeln; als Spalter der Arbeitnehmerschaft zu denunzieren; aber gleichzeitig mit dem Charme des Wolfes gegenüber dem Rotkäppchen alle Leitenden zu animieren, bei Betriebsrat und Gewerkschaften unterzuschlüpfen; zwingen die Unternehmensführungen, über ihre eigene Funktion und Organisation nachzudenken, das Selbstbild der Unternehmensführung zu modernisieren und damit die eigene Leistungsfähigkeit zu erhöhen.[5]

Für Wellmann war die Bewegung der leitenden Angestellten ein Beleg für den Abbau der Klassenstruktur in der deutschen Wirtschaft und Gesellschaft. Das gelte sowohl für die Pluralisierungstendenzen in der Arbeitnehmerschaft als auch für die Auflösung des Antagonismus auf der Kapitalseite. „Alt-Liberale" und „Neo-Marxisten" seien sich einig in ihrer Fehlanalyse, weil sie den „Kapitalisten" überbewerteten. Ungeachtet aller sozioökonomischer Veränderungen blieben sie bei der alten Auffassung: „der Eigentum-Unternehmer ist die Gallionsfigur unseres Wirtschaftssystems".[6] Beide lägen falsch: „Heute jedenfalls liegt die Führung der Wirtschaft in Händen von Unternehmern, die sich nicht durch Kapitalbesitz, sondern durch Führungsqualitäten ausweisen. Kapital oder Nicht-Kapital – das ist nicht mehr die Frage." Leitende Angestellte und Vorstand seien nun die „Unternehmensführung im weiteren Sinne".[7] Zu dieser Bestandsaufnahme gilt es allerdings die nicht ganz unwichtige Ergänzung zu machen, dass das Kapital zwar immer schwieriger zu personifizieren war, aber seinen Einfluss natürlich nicht verloren, sondern nur über die nationalen Grenzen verlagert hatte. Die wachsende Bedeutung der internationalen Kapitalmärkte sorgte in den folgenden Jahrzehnten für eine zusätzliche Dynamik: Unternehmen waren nicht mehr nur noch Produzenten auf unberechenbaren Märkten, sondern wurden im Zuge des Siegeszugs von Merger und Acquisitions selbst zur Ware.[8]

---

[5] Burkhard Wellmann, Loyalität und Interesse, in: Der Arbeitgeber 25 (1973), S. 894.
[6] Ebd.
[7] Ebd.
[8] Vgl. Werner Plumpe, Das Ende des deutschen Kapitalismus, in: WestEnd. Neue Zeitschrift für Sozialforschung 2 (2005), S. 1–23.

6. Zwischenfazit: „Wertewandelschub" oder „neuer Geist des Kapitalismus"?

Der „neue Geist des Kapitalismus" sei angesichts der Realität moderner Arbeitsverhältnisse eine Fiktion, wenn auch eine ausgesprochen wirksame, schreibt Werner Plumpe.[9] In den vorangegangenen Kapiteln wurde die Wirksamkeit dieser „Fiktion" überprüft. Es wurde untersucht, wie sich ein abstrakter Wandel von Führungssemantiken (z. B. in der Berater- und populärwissenschaftlichen Managementliteratur) in weiteren Bereichen des ökonomischen Diskurses (z. B. in der Wirtschaftspresse) und in der sozialen Praxis (z. B. als Professionalisierung des Managements, Führungskräfteausbildung) niederschlug. Gleichzeitig wurde gezeigt, dass die Veränderungen in der ökonomischen Kultur zu Beginn der 1970er Jahre als eine Antwort sowohl auf den ökonomischen Strukturwandel (Diversifikation der Produkte und Produktionsstandorte) und den erhöhten Bedarf an wissenschaftlich fundiertem Wissen (Akademisierung der Unternehmensführung) als auch auf die gesellschaftlichen Herausforderungen von „1968" zu sehen sind. Und es wurde dargestellt, wie die betriebs- und unternehmenssoziologischen Auswirkungen dieser Veränderungen („Aufstieg der leitenden Angestellten") zu einem umkämpften Politikum wurden, langfristig aber jene Trends verstärkten, die Ende der 1960er Jahre eingeleitet worden waren. Antiautoritäre Kritik, die Akademisierung der Angestelltenschaft, die Folgen des „Abschieds von der Proletarität"[10], aber eben auch veränderte Unternehmensstrukturen, Internationalisierung und die zunehmende Bedeutung der EDV sorgten dafür, dass sich die normativen Konzepte von Führung in der Zeit von 1966 bis 1976 fundamental wandelten.

Es gibt gute Gründe dafür, die Auseinandersetzung mit Autorität, Hierarchie, Leistung und Führung in der längerfristigen Perspektive einer Geschichte der Arbeit im 20. Jahrhundert zu interpretieren: Die Anfänge eines Personalmanagements, das auf eine Humanisierung der Arbeit zwecks Effizienzsteigerung der Betriebe ausgerichtet war, sind dabei in den 1920er Jahren zu suchen.[11] Konzepte der Mitarbeitermotivation und kooperative Führungsstile waren vereinzelt bereits während der Rationalisierungsbewegung der Weimarer Republik erprobt worden und erlebten einen Aufschwung nach dem Zweiten Weltkrieg.[12] Oben wurde gezeigt, wie die kritische Soziologie in der Folge von Heinz Hartmann die Unternehmen bereits zu Beginn der 1960er Jahre massiv herausgefordert hatte.

Vieles spricht dennoch für einen beschleunigten Wandel um 1970: Nicht nur die Studenten von „1968", sondern auch eine kritischere Wirtschaftsöffent-

---

[9] Plumpe, Nützliche Fiktionen?, S. 252.
[10] Josef Mooser, Abschied von der „Proletarität". Sozialstruktur und Lage der Arbeiterschaft in der Bundesrepublik in historischer Perspektive, in: Werner Conze/Rainer Lepsius (Hrsg.), Sozialgeschichte der Bundesrepublik Deutschland. Beiträge zum Kontinuitätsproblem, Stuttgart 1983, S. 143–186.
[11] Uhl, Humane Rationalisierung?
[12] Rosenberger, Experten für Humankapital.

lichkeit (z. B. das *Manager Magazin*), die Angst vor einem Modernitätsdefizit gegenüber den USA („management gap") und die Regierungsübernahme durch die sozialliberale Koalition und ihre Forderungen nach Wirtschaftsdemokratie verschafften der Autoritätsfrage jene Dringlichkeit, der sich die Unternehmen widmen mussten. Angesichts des mangelnden Vertrauens der Öffentlichkeit gegenüber den Unternehmen wollten sich gerade jene Manager der gestiegenen Rechtfertigungspflicht der Unternehmen gegenüber der Öffentlichkeit stellen, die sich selbst als die „neue Generation" für eine komplexer gewordene Unternehmenswelt darstellten oder die so dargestellt wurden.

In den Auseinandersetzungen um die „richtige" Führung verschränkten sich seit den 1960er Jahren der deutsche Autoritätsdiskurs und ein internationaler Paradigmenwechsel in der Arbeits-, Betriebs- und Organisationspsychologie. Der autoritäre Begründungszusammenhang von Leistung hatte sich hier gelöst. Als Leistungsanreiz und Motivationsquelle wurde zunehmend die Förderung von individueller Kreativität und Selbstverwirklichung gesehen. Das entsprach dem Zeitgeist *und* der neuen Angebotsorientierung der bundesdeutschen Wirtschaft. Denn zu Beginn der 1970er Jahre wurden Produktion und Konsum ökonomisch neu erfasst: Das zeigt sich im Aufstieg des Human Resource Management und im Siegeszug des Marketings. Beide Ansätze gehen davon aus, dass nicht mehr nur die Grundbedürfnisse des Menschen zu befriedigen seien bzw. dass eine rein materielle Vergütung durch einen abnehmenden Grenznutzen gekennzeichnet sei. Die Subjektivität des Arbeitenden und des Konsumenten wurde als ökonomische Ressource betrachtet. Expandierende Märkte der Konsum- und Gebrauchsgüter brachten eine wachsende Bedeutung der Ermittlung von Marktanteilen und des Images von Produkten mit sich. Produkte kamen „unverlangt" auf den Markt, die psychologische Marktforschung wurde entsprechend wichtiger. Vormals dominierende Sparsamkeitsideale waren in der Konsumgüterindustrie nicht mehr zeitgemäß.

Der Aufstieg des spezialisierten Marketings aufgrund eines sich ausdifferenzierenden Konsums und kreativitätsfördernde Führungsstile gehören historisch zusammen. Beides basiert auf demselben Menschenbild, dem des „self-actualizing man". Dieses auf Abraham Maslow und andere Forscher zurückgehende Konzept trat in der Bundesrepublik um 1970 seinen Siegeszug an. Es passte zur neuen Angebotsorientierung der deutschen Wirtschaft und half, „unmoderne" Führungsstile wie das Harzburger Modell abzulösen. Es spricht somit viel für einen „neuen Geist des Kapitalismus". Aber die damit gemeinten soziokulturellen Veränderungen sind nicht direkt der Ideenwelt der „1968er" entliehen und auch nicht einfach als eine direkte Antwort auf die „Künstlerkritik" zu verstehen. Der „neue Geist des Kapitalismus" hat viele Väter und Mütter: von der Motivationspsychologie der 1950er Jahre und der kritischen Soziologie der 1960er Jahre über US-amerikanische Managementvorbilder und Unternehmensberater und sich öffnende Wirtschaftsverbände bis hin zur professionalisierten Führungskräfteausbildung und der Bewegung der leitenden Angestellten in den 1970er Jahren.

In der sozialwissenschaftlichen Wertewandelforschung wird die hier bilanzierte Dekade als Zeit des „Wertewandelschubs" (so Klages für die Zeit von 1965 bis 1975) beschrieben. In dieser Zeit habe sich ein Wandel von materiellen zu postmateriellen bzw. von „Pflicht- und Akzeptanzwerten" zu modernen „Freiheits- und Selbstentfaltungswerten" vollzogen. Trotz aller Problematik der hinter den Thesen stehenden Theorien und Methoden könnte man der These auf den ersten Blick zustimmen – allerdings nur unter einer wichtigen Bedingung: Der Politikwissenschaftler Christian Welzel hat darauf hingewiesen, dass Ingleharts Postmaterialismus-Konzept eigentlich aus zwei an sich verschiedenen Typen von Wertorientierungen besteht: nämlich aus postökonomisch-idealistischen Orientierungen sowie aus postautoritär-libertären Wertorientierungen.[13] In diesem Sinne war der „Wertewandel" in der Zeit von 1965 bis 1975 eine Abkehr nicht von ökonomischen, sondern von autoritären Orientierungen. Er war kein „Wertewandel" von materialistischen zu postmaterialistischen Werten, wenn unter postmaterialistisch auch postökonomisch verstanden wird. Die Orientierung an Gewinnmaximierung und unternehmerischem Erfolg hatte sich nicht geändert, aber die Bedingungen des ökonomischen Erfolgs hatten sich gewandelt. In der Zeit von 1966 bis 1976 veränderten sich Führungssemantiken und normative Konzepte von Führung in der Managerausbildung; zudem wurde mehr Wirtschaftsdemokratie institutionell verankert (Betriebsverfassung und Mitbestimmung). Vor allem der Aufstieg des Menschenbildes des „self-actualizing man" in Führungskräfteausbildung, Personalwissenschaft, Marketing und Organisationslehre lässt sich theoretisch auch als „Wertewandel" bezeichnen.

Gleichzeitig ist aber Vorsicht geboten. Denn die Diagnose des „Wertewandels" in den 1980er Jahren war – das wird in den folgenden Kapiteln gezeigt – vielmehr Zeitdiagnostik, gesellschaftliche Selbstbeobachtung und Zukunftserwartung als historische Analyse. Zur Blütezeit der Wertewandeldiskussion in den frühen und mittleren 1980er Jahren war „Arbeit" der Kernbegriff der Auseinandersetzung. Es ging um Leistung, möglichen Leistungsverfall und das (deutsche) Arbeitsethos. Diese Debatten sind allerdings vielmehr als Folge (denn als Analyse) der in den vorangegangenen Kapiteln beschriebenen Veränderungen zu werten. Von abnehmender Arbeitsmoral, „Wertewandel" oder „Werteverfall" ist um 1970 in der deutschen Wirtschaft noch gar keine Rede. Die sozialwissenschaftliche Wertewandelforschung hat sich ja auch erst ab Mitte der 1970er Jahre

---

[13] Vgl. Christian Welzel, Werte und Wertewandelforschung, in: Viktoria Kaina/Andrea Römmele (Hrsg.), Politische Soziologie. Ein Studienbuch, Wiesbaden 2009, S. 109–139, hier: 124. Vgl. auch Scott Flanagan, Value Change in Industrial Society, in: American Political Science Review 81 (1987), S. 1303–1319.

6. Zwischenfazit: „Wertewandelschub" oder „neuer Geist des Kapitalismus"?

etabliert.[14] Auch aus einem weiteren Grund ist von einer Anwendung der Kategorien der sozialwissenschaftlichen Wertewandelforschung für die Zeit von 1965 bis 1975 Abstand zu nehmen.[15] Denn diese basierte theoretisch selbst auf dem Konzept des „self-actualizing man", also auf einem Menschenbild, das von einem nach Selbstverwirklichung bzw. Selbstentfaltung strebenden Individuum geprägt ist. Wie die um 1970 populär werdenden motivationstheoretischen Führungskonzepte (oder auch die neue Marktforschung) ging die sozialwissenschaftliche Wertewandelforschung von einer (mehr oder weniger streng) hierarchischen Ordnung der menschlichen Bedürfnisse aus. Für eine historische Analyse dieses Menschenbildes sind ihre Kategorien daher ungeeignet. Den Siegeszug des Konzepts des „self-actualizing man" gilt es zu historisieren und nicht unkritisch zu übernehmen.

Grundsätzlich haben natürlich alle geschichtswissenschaftlichen Kategorien selbst eine Geschichte, eine „reine" wissenschaftliche Metasprache steht der Geschichtswissenschaft nicht zur Verfügung. Das hier diskutierte Beispiel zeigt, dass es sich empfiehlt, einen pragmatischen Mittelweg zwischen dem Ansatz einer Übernahme der sozialwissenschaftlichen Kategorien und dem Ansatz einer radikalen Dekonstruktion dieser Kategorien zu wählen. Weder der Weg einer kritiklosen Übernahme sozialwissenschaftlicher Daten und Deutungen noch der Ansatz einer lediglich kontextualisierenden Wissenschaftsgeschichte, die dann aber keine Aussagen über sozialhistorische Realprozesse machen kann, führen zu einem befriedigenden Ziel. Hier wird argumentiert, dass sich unter dem, was seit den späten 1970er Jahren als „Wertewandel" diskutiert wurde, durchaus Spuren des Wandels von Sozialstrukturen und Einstellungen erkennen lassen. Für die Zeit des sogenannten „Wertewandelschubs" wurde das in den vorangegangenen Kapiteln ohne die Kategorien und Begriffe der sozialwissenschaftlichen Wertewandelforschung demonstriert. Dies war vornehmlich eine historische Wertewandelforschung erster Ordnung. Aus historischer Perspektive können unter „Wertewandel" in der Bundesrepublik aber auch jene reflexive Auseinandersetzung mit einer sozialwissenschaftlichen Großtheorie und ihre Folgen in der Wirtschafts- und Arbeitswelt der 1980er Jahre verstanden werden, die in den nächsten Kapiteln untersucht werden. Hierbei handelt es sich vornehmlich um eine historische Wertewandelforschung zweiter Ordnung.

---

[14] Vgl. Dietz, Zur Theorie des „Wertewandels".
[15] Dass auch andere Kategorien des Wertewandelkonzepts von Helmut Klages nicht hilfreich zur Beschreibung des Wandels sind, habe ich an anderer Stelle am Beispiel der „Wertesynthese" ausgeführt. Vgl. Dietz, Wertewandel in der Wirtschaft.

7. Die „Aufwertung der Werte": Reflexiver Wertewandel, Flexibilisierungsparadigma und die Führungskräfte in den 1980er Jahren

Wohl kein sozialwissenschaftliches Konzept zur Erklärung sozialkulturellen Wandels in der Bundesrepublik der 1980er Jahre war so erfolgreich wie der „Wertewandel". Die Vorstellung, dass sich die Werte der Menschen gewandelt hätten und die Bundesbürger jetzt in der Mehrheit stärker „postmateriell" eingestellt seien, war geradezu omnipräsent. Dabei standen vor allem die normativen Konzepte von Arbeit, Leistung und Führung im Vordergrund. „Wertewandel" gewann als Erklärung seine Durchschlagkraft vor allem als „Wertewandel" der Arbeit. Andere sozialkulturelle Wandlungsprozesse – z. B. sich verändernde Familienleitbilder oder Sexualmoral – wurden in den 1980er Jahren bei weitem nicht mit derselben Intensität unter dem Stichwort „Wertewandel" diskutiert wie sich verändernde Arbeitseinstellungen. Dies lag daran, dass die Frage, ob sich das Arbeitsethos der Deutschen verändert oder womöglich verschlechtert habe, nicht irgendeine Frage war, sondern dass damit vielmehr ein zentrales Element der westdeutschen Identität auf dem Prüfstand zu stehen schien, das in Topoi wie „deutsche (Wert-)Arbeit", „Wirtschaftswunder" und „Exportweltmeister" bis heute zum Vorschein kommt. Hier lauerte auch der politische Sprengstoff der Wertewandeldebatte der 1980er Jahre. Denn zum einen ließen sich sozialwissenschaftliche Befunde, die einen vermeintlichen Leistungsverfall der Bürger dokumentierten, politisch instrumentalisieren – beispielsweise indem die Sozial- und Bildungspolitik der 1970er für den Niedergang der Arbeitseinstellungen verantwortlich gemacht wurde. Zum anderen stellte sich die politische Frage, wie auf solche sozialkulturellen Veränderungen politisch zu antworten sei. Sollte politisch gegengesteuert und sollten „traditionelle Werte" hochgehalten werden oder galt es, die Veränderungen zu akzeptieren, zu kanalisieren und eventuell parteipolitisch von ihnen zu profitieren? Diese Probleme beschäftigten vor allem die regierende CDU, bei der die Wertewandeldebatte eine sozialkulturelle Dimension des Machtkampfes innerhalb der Partei in den 1980er Jahren darstellte.[1]

Für die Wirtschaft stellte sich vor allem eine Frage: Wenn es stimmte, dass die Deutschen nicht mehr selbstverständlich mit vollem Einsatz zur Arbeit gingen, wenn also Leistung nicht mehr wie früher begründet und eingefordert werden konnte, wie mussten sich dann die Unternehmen darauf einstellen? Welche Anreizsysteme mussten geschaffen werden, um die alte Leistung aufrechtzuerhalten,

---

[1] Vgl. Dietz, „Proletarisierung" oder Verwirklichung von Bürgerlichkeit?

ja eventuell sogar mehr Leistung zu fördern? Viele Personalexperten hatten die Antwort schnell parat. Denn die sozialwissenschaftliche Wertewandeldiagnose bestätigte die in den 1960er und 1970er Jahren entwickelten verhaltenswissenschaftlich fundierten Führungskonzepte. Nun wurde demoskopisch „bewiesen", dass die Motivation zur Arbeit nicht nur durch materielle Anreize, sondern zunehmend auch über persönliche Befriedigung und Selbstverwirklichung erfolgte. Anhand der Kategorie der Werte und auf der Basis neuen empirischen Materials fundierte die sozialwissenschaftliche Forschung, was die Personal- und Marketingexperten schon länger glaubten: Der Mensch ist ein „self-actualizing man", sind seine basalen Bedürfnisse befriedigt, strebt er nach „höheren" Zielen – sowohl im Konsum als auch in der eigenen Arbeit. Dass diese Vorstellung in der Bundesrepublik zum Allgemeingut wurde, hatte viel mit den politischen und ökonomischen Umbrüchen der frühen 1980er Jahre zu tun, wie im Folgenden analysiert werden soll.

Es soll gezeigt werden, dass der „Wertewandel" ein wissenschaftliches Theorem war, das in den 1980er Jahren recht freihändig diskursiv eingesetzt werden konnte, ohne dass man sich mit dem demoskopischen Material oder der Validität der Theoriebildung intensiv auseinandergesetzt haben musste. Der „Wertewandel" ließ sich leicht in zahlreiche Kontexte übertragen, etwa um ökonomische oder politische Strategien gezielt an die Herausforderungen durch „postmateriell" geprägte Konsumenten, Mitarbeiter oder Wähler anzupassen. Aus sozialwissenschaftlicher Analyse wurde in der Bundesrepublik der 1980er Jahre ein genereller Wissensbestand und Erwartungshorizont, der nicht mehr hinterfragt wurde. Aber welche konkreten Konzepte und Strategien haben Manager, Personal- und Marketingexperten auf der Basis des „Wertewandels" entworfen? Bedurfte es auf diesem Weg neuer „wertebasierter" Führungsstile? Und mit welcher Art von Führungskräften sollte die deutsche Wirtschaft in die neue Dekade gehen? Bedurfte es angesichts des ökonomischen Strukturwandels und der neuen internationalen Herausforderungen gar der (Aus-)Bildung einer neuen Elite? Allgemein gefragt: Wie und warum veränderten sich in den 1980er Jahren die normativen Konzepte von Arbeit, Leistung und Führung angesichts von Herausforderungen, die zeitgenössisch mit „Ende der Arbeitsgesellschaft", „Wertewandel", „Elite", „Flexibilisierung" und „internationale Konkurrenzfähigkeit" assoziiert wurden?

Zur Beantwortung dieser Frage wird zunächst in Kapitel 7.1 die sozialwissenschaftliche Theorie des „Wertewandels" historisiert und kontextualisiert. Es wird also – im Sinne Andreas Rödders – eine „Beobachtung zweiter Ordnung" vorgenommen. Gegenstände der Untersuchung sind die sozialwissenschaftliche Forschung, die kommunikative Verbreitung ihrer Theorien und Kategorien und die damit verbundenen Auseinandersetzungen in der Bundesrepublik der 1980er Jahre.[2] Allgemein gesagt geht es also um die historische Darstellung einer

---

[2] Vgl. Rödder, Wertewandel in historischer Perspektive, S. 27.

zeitgenössischen, sozialwissenschaftlich-informierten Selbstbeobachtung der westdeutschen Gesellschaft. Der Fokus des Kapitels liegt auf der Frage, welche Spielart der Wertewandelforschung sich in der deutschen Wirtschaftsöffentlichkeit durchsetzte und welche Gründe dieser Entwicklung zugrunde lagen. In einem zweiten Schritt (Kapitel 7.2) wird der Blick geweitet und die wichtigsten politökonomischen Antworten auf den „Wertewandel" werden dargestellt. Sowohl die Eliteförderung und die Forcierung von Privatuniversitäten für die wirtschaftlichen Führungskräfte als auch die Propagierung des „weiblichen Führungsstils" waren in den 1980er Jahren neue, maßgeblich von der deutschen Wirtschaft unterstützte Ideen und Programme, mit denen „Leistung" sichergestellt und neu begründet werden sollte. In neuen Koalitionen mit der Politik, Wissenschaftsinstitutionen und großen Teilen der öffentlichen Meinung wurden so eine normative Aufwertung von Leistungseliten und eine tatsächliche Kurskorrektur in der Führungskräfterekrutierung erreicht. Unter Rückgriff auf einen zeitgenössischen Begriff lassen sich diese Vorgänge als eine „Tendenzwende" der Wirtschaftseliten beschreiben.[3] In einem dritten Schritt (Kapitel 7.3) geht es um die konkreten Antworten der Unternehmen auf das Phänomen „Wertewandel". Welche personalpolitischen und arbeitsorganisatorischen Maßnahmen getroffen wurden, soll vor allem am Beispiel der „werteorientierten Personalpolitik" von BMW dargestellt werden. Dabei handelt es sich um ein Beispiel für die Interdependenzen zwischen sozialwissenschaftlicher Forschung und sozialer Praxis. Indem das Theorem „Wertewandel" Eingang in organisations- und personalpolitische Konzepte von BMW fand, wirkte es nicht nur selbst wieder normativ, sondern veränderte dauerhaft die betrieblichen Strukturen und die Arbeitswelt bei BMW.

7.1 Der „Wertewandel": eine sozialwissenschaftliche Makrotheorie in Gesellschaft, Politik und Wirtschaft der 1980er Jahre

In dem von der *Frankfurter Allgemeinen Zeitung* herausgegebenen *Blick durch die Wirtschaft* beschäftigte man sich in den 1980er Jahren intensiv mit dem „Wertewandel" als einer zentralen Herausforderung für die deutsche Wirtschaft. In der Ausgabe vom 20. Oktober 1986 begann ein längerer Artikel von Ernst

---

[3] Vgl. zur Geschichte und Einordnung des Begriffs „Tendenzwende" Peter Hoeres, Von der „Tendenzwende" zur „geistig-moralischen Wende". Konstruktion und Kritik konservativer Signaturen in den 1970er und 1980er Jahren, in: Vierteljahrshefte für Zeitgeschichte 61 (2013), S. 93–119.

Zander, Vorstandsmitglied der Reemtsma GmbH, mit den bemerkenswerten Sätzen:

> Mit dem Wertewandel ist es wie mit dem Wetter: alle sprechen von ihm, aber keiner weiß zuverlässig, wie es wird. Weitgehende Einigkeit scheint immerhin darin zu bestehen, daß es den Wertewandel tatsächlich gibt. Er ist durch eine zunehmende kritische und distanzierte Haltung zur gegenwärtigen Art der Industriearbeit gekennzeichnet; statt dessen gewinnen soziale und psychische Funktionen der Arbeit sowie alternative Erwerbsformen an Bedeutung. Sogenannte postmaterialistische Werte wie Selbstbestimmung, Gesundheit oder Freizeit gelten als besonders erstrebenswert.[4]

In der Tat war in den 1980er Jahren der „Wertewandel" in den öffentlichen Diskussionen omnipräsent. Der „Wertewandel" wurde nicht als ein kurzfristiges Phänomen, sondern als ein langfristiger Trend mit grundlegender Veränderungskraft interpretiert. Der zeitliche Erwartungshorizont für seine sozialen, ökonomischen, kulturellen, technologischen und ästhetischen Auswirkungen orientierte sich nicht an Jahren, sondern an Jahrzehnten. Der „Wertewandel" wurde international diskutiert, sein „Entdecker", der amerikanische Politologe Ronald Inglehart, entwickelte seine Forschung für eine Vielzahl von Ländern der westlichen und bald auch der restlichen Welt.[5] Nirgendwo jedoch erlangte der „Wertewandel" einen solch herausgehobenen Stellenwert, eine solche Dominanz zur Beschreibung von gesellschaftlichen Wandlungsprozessen wie in der Bundesrepublik. Dies lag nicht zuletzt an der Bedeutung des jahrhundertealten Topos der „deutschen Arbeit" und der historisch jüngeren Tatsache, dass das westdeutsche Selbstbewusstsein sich maßgeblich aus wirtschaftlichem Erfolg speiste. Für Westdeutschland war der „Wertewandel" somit eine Identitätsfrage. Entsprechend intensiv debattierten in den 1980er Jahren die Gewerkschaften, die Kirchen, die Politik und die Medien das Thema.[6] Einen besonderen Stellenwert erlangte der ökonomische Wertewandeldiskurs: Wirtschaftspresse, Management-Magazine, Fachzeitschriften für Werbung und Marketing, Konferenzen und Symposien, aber auch die großen Verbände und die Unternehmen selbst nahmen sich des

---

[4] Ernst Zander, Die Arbeit dient der Selbstentfaltung, in: Der Arbeitgeber 1 (1987), S. 28. Der Artikel basiert auf einem Vortrag des Autors beim „Schwedenlunch" der Schwedischen Handelskammer am 11.9.1986 im Anglo-German Club in Hamburg. Er erschien außerdem in zwei Teilen in der Zeitschrift der Bundesvereinigung der Deutschen Arbeitgeberverbände. Vgl. Zander, Die Arbeit dient der Selbstentfaltung, S. 28 f.; ders., Führungsgrundsätze und Wertewandel, in: Der Arbeitgeber 3 (1987), S. 112 f.

[5] Die erste repräsentative Befragungswelle von Ingleharts *World Values Surveys* fand 1981 in 22 Staaten statt. Vgl. Ronald Inglehart, Changing human beliefs and values, 1981–2007. A cross-cultural sourcebook based on the world values surveys and European values studies, Mexico 2010.

[6] Vgl. zum Medienphänomen „Wertewandel": Maximilian Kutzner, Vom „Fluch der Unterbelastung" zur „Last der reifen Jahre" – Die Wertewandel-Debatte in der bundesdeutschen Presse zwischen 1950 und 1990, in: Dietz/Neuheiser (Hrsg.), Wertewandel in Wirtschaft und Arbeitswelt?, S. 207–238.

Themas an. Welche Schlussfolgerungen galt es aus dem „Wertewandel" für die Wirtschaft im Allgemeinen und für die betriebliche Praxis im Besonderen zu ziehen? Ließ sich gar der „Wertewandel als Breitbandantibiotikum für alle Probleme der 80er"[7] verstehen?

Der „Wertewandel" war ursprünglich eine Theorie der soziologischen Umfrageforschung. Es ist bemerkenswert, mit welch geringer Zeitverzögerung der „Wertewandel" die sozialwissenschaftliche Fachliteratur verlassen hatte und in der bundesrepublikanischen Wirtschafts- und Arbeitswelt weitgehend selbständig und ohne Rekurs auf seine sozialwissenschaftlichen „Entdecker" diskutiert wurde. Besonders auffällig an der erfolgreichen Popularisierung des „Wertewandels" ist die Selbstverständlichkeit, mit der dieses sozialwissenschaftliche Theorem als plausibel und zutreffend akzeptiert wurde. Gestritten wurde lediglich über die richtige Interpretation des „Wertewandels", aber dass es diesen „Wertewandel" gab und dass es überhaupt wichtig war, sich mit so etwas wie gesellschaftlichen Werten und ihrem Wandel zu beschäftigen, war weitgehend unstrittig. Mit den empirischen Grundlagen der sozialwissenschaftlichen Wertewandelforschung setzte man sich in der bundesrepublikanischen Öffentlichkeit in den 1980er Jahren meist auch nicht mehr auseinander. Aus der Sicht des Zeithistorikers stellt sich daher umso mehr die Frage: Was sind die Gründe für die offenkundige Plausibilität und den außerordentlichen Erfolg des Wertewandelnarrativs in der deutschen Gesellschaft und Politik im Allgemeinen und in der Wirtschaft im Besonderen?

7.1.1 Krise der Arbeitsgesellschaft? Anfänge und Kontext des Wertewandeldiskurses

Von Beginn an war die „richtige" Interpretation des „Wertewandels" ein Politikum gewesen. Diese Auseinandersetzungen waren durch die engen Verbindungen zwischen sozialwissenschaftlicher Forschung und Politik geprägt. Demoskopische Studien und politische Semantiken waren eng miteinander verknüpft.[8] Während die oppositionelle CDU enge Kontakte zur Kommunikationswissenschaftlerin Elisabeth Noelle-Neumann pflegte, die ihre Allensbacher Umfragedaten als einen Verfall „bürgerlicher Werte" interpretierte, arbeitete die regierende SPD mit den Meinungsforschungsinstituten Infas und Infratest zu-

---

[7] Hans-Peter Fischer/Hans-Jürgen Heinecke, Schlußfolgerungen für die betriebliche Praxis, in: Uwe Schäkel/Frederic Vester (Hrsg.), Neue Wege der Leistungsgesellschaft. Wertewandel und seine praktischen Konsequenzen im Unternehmen, Essen 1982, S. 154–216, hier: 178.

[8] Anja Kruke, Demoskopie in der Bundesrepublik Deutschland. Meinungsforschung, Parteien und Medien 1949–1990, Düsseldorf 2007; dies., Der Kampf um die politische Deutungshoheit. Meinungsforschung als Instrument von Parteien und Medien in den Siebzigerjahren, in: Archiv für Sozialgeschichte 44 (2004), S. 293–326.

sammen. Um gegen die Werteverfallsthese argumentieren zu können, suchte die SPD darüber hinaus die Zusammenarbeit mit dem Soziologen Helmut Klages, der den „Wertewandel" als eine sinnvolle Anpassung der Bevölkerung an die veränderte Arbeitswelt interpretierte, was sich in Einklang mit den arbeitsrechtlichen Reformen der sozialliberalen Regierung bringen ließ.[9] Die Genese der Wertewandeldebatte ist also in der politisch-intellektuellen Polarisierung der 1970er Jahre, in den „culture wars" zwischen sozialliberaler Regierung und sie unterstützenden Intellektuellen auf der einen Seite und konservativer Opposition und sich formierender intellektueller Sozialstaatskritik auf der anderen Seite zu verorten.[10]

Unter dem Einfluss der „Stagflation", also der Kombination von Inflation und wirtschaftlicher Stagnation, wurde in der Bundesrepublik die US-amerikanische Kritik neokonservativer und neoliberaler Autoren am modernen Wohlfahrtsstaat breit rezipiert.[11] Intensiv wurden die Expansion des Sozialstaates und die Ausnutzung des sozialen Systems durch eine „Anspruchsinflation" diskutiert. Zu diesem Hintergrund gehört auch die programmatisch-intellektuelle Neuformierung der CDU zu Beginn der 1970er Jahre und die Grundwerte-Debatte ab Mitte der 1970er Jahre, die die politischen Parteien zwang, über ihren „Wertehintergrund" nachzudenken, und mit der sie den Wertebegriff in die politische Auseinandersetzung trugen, der etwa auch die Freiheit-versus-Gleichheit-Diskussion des Wahlkampfs von 1980 prägte. Entscheidend ist hier aber, dass sich diese eindeutige Polarität in den 1980er Jahren unter der Regierung Kohl auflöste bzw. der Konflikt um die richtige Auslegung des „Wertewandels" sich verlagerte und anhand neuer Muster ordnete.

Während die Sozialwissenschaftler den „Wertewandelschub" für die Zeit zwischen 1965 und 1975 diagnostiziert hatten, erfuhr die These ihre populäre Verbreitung zu Beginn der 1980er Jahre als eine aktuelle Gegenwartsdiagnose und Zukunftsprognose. Eine „stille Revolution" war dies nicht mehr, denn der „Wertewandel" war nun in aller Munde. Das „Loch-Ness-Ungeheuer des Wertewandels"

---

[9] Vgl. hierzu Neuheiser, Vom bürgerlichen Arbeitsethos zum postmaterialistischen Arbeiten?
[10] Vgl. hierzu Massimiliano Livi/Daniel Schmidt/Michael Sturm (Hrsg.), Die 1970er Jahre – auch ein schwarzes Jahrzehnt? Politisierungs- und Mobilisierungsprozesse zwischen rechter Mitte und extremer Rechter in Italien und der Bundesrepublik 1967–1982, Bielefeld 2010; Dirk A. Moses, German Intellectuals and the Nazi Past, Cambridge 2006; Jens Hacke, Philosophie der Bürgerlichkeit. Die liberalkonservative Begründung der Bundesrepublik, Göttingen 2006; Dominik Geppert/Jens Hacke, Streit um den Staat. Intellektuelle Debatten in der Bundesrepublik 1960–1980, Göttingen 2008.
[11] Martin H. Geyer, Sozialpolitische Denk- und Handlungsfelder. Der Umgang mit Sicherheit und Unsicherheit, in: ders. (Hrsg.), Geschichte der Sozialpolitik in Deutschland seit 1945, Bd. 6: Bundesrepublik 1974–1982. Neue Herausforderungen, wachsende Unsicherheiten, Baden-Baden 2008, S. 114–231, insbesondere S. 182–209; ders., Die Gegenwart der Vergangenheit. Die Sozialstaatsdebatten der 1970er Jahre und die umstrittenen Entwürfe der Moderne, in: Archiv für Sozialgeschichte 47 (2007), S. 47–93.

hatte sich gezeigt, wie es zusammenfassend in einem Sammelband von 1985 hieß.[12] Als diskursives Phänomen erreichte der „Wertewandel" die bundesdeutsche Gesellschaft zu Beginn der 1980er Jahre unter schwierigen ökonomischen Voraussetzungen. Das zentrale Problem war die hohe Arbeitslosigkeit, die Ende 1982 mit mehr als zwei Millionen einen neuen Höhepunkt erreicht hatte.[13] Die bittere Erkenntnis, dass jeder Konjunkturzyklus mehr Arbeitslose als der vorige hinterlassen hatte, eine auch ökologisch motivierte Wachstumsskepsis und die möglichen Folgen der neuen Informations- und Kommunikationstechnologien ließen tiefgreifende Zweifel aufkommen, ob in Zukunft „der Arbeitsgesellschaft die Arbeit ausgeht"[14]. Die Informationstechnologie galt einerseits als das „Öl der Zukunft"[15]. Der Einsatz von Computern, modernen Fernschreibern, Fernkopierern, Mikrofilmgeräten, von Teletex, Telefax und Bildschirmtext ließ die Zukunftsvision eines „papierlosen Büros" aufkommen.[16] Gleichzeitig wurden die Auswirkungen der Technisierung auf Anforderungsprofile, Berufsausbildung und vor allem die möglichen Rationalisierungspotentiale diskutiert. Hinzu kam der befürchtete Doppeleffekt aus den geburtenstarken Jahrgängen der 1950er und 1960er Jahre und den verstärkt berufstätigen Frauen, die ebenso auf den Arbeitsmarkt drängten. Die „Sorge vor panischen Zeiten am Arbeitsmarkt" machte sich breit und trieb das Nachdenken über zukünftige Formen von Arbeit an.[17]

Es wurde nicht nur diskutiert, „wieviele Arbeitslose sich eine Gesellschaft wie die unsere leisten kann", sondern angesichts der strukturellen Arbeitslo-

---

[12] Michael von Klipstein/Burkhard Strümpel, Die Entmythologisierung der Produktion, in: dies. (Hrsg.), Gewandelte Werte – erstarrte Strukturen. Wie die Bürger Wirtschaft und Arbeit erleben, Bonn 1985, S. 263–274, hier: 263.
[13] Norbert Reuter, Arbeitslosigkeit bei ausbleibendem Wachstum – das Ende der Arbeitsmarktpolitik?, in: Aus Politik und Zeitgeschichte 35 (1997), S. 3–13; Günther Schmid/Frank Oschmiansky, Arbeitsmarktpolitik und Arbeitslosenversicherung 1982–1989, in: Manfred G. Schmidt (Hrsg.), Geschichte der Sozialpolitik in Deutschland seit 1945, Bd. 7: Bundesrepublik 1982–1989. Finanzielle Konsolidierung und institutionelle Reform, Baden-Baden 2005, S. 237–287, hier: 245–247. Vgl. auch Doering-Manteuffel/Raphael, Nach dem Boom, S. 52–60.
[14] Ralf Dahrendorf, Wenn der Arbeitsgesellschaft die Arbeit ausgeht, in: Joachim Matthes (Hrsg.), Krise der Arbeitsgesellschaft? Verhandlungen des 21. Deutschen Soziologentages in Bamberg 1982, Frankfurt a. M. 1983, S. 25–37. Vgl. auch den Sammelband Meinolf Dierkes/Burkhard Strümpel, Wenig Arbeit – aber viel zu tun. Neue Wege der Arbeitsmarktpolitik, Opladen 1985.
[15] Personalabbau nur durch neue Ideen zu stoppen. Telekommunikation birgt positive wie negative Beschäftigungsimpulse, in: Computerwoche, 10.06.1983.
[16] Annette Schuhmann, Der Traum vom perfekten Unternehmen. Die Computerisierung der Arbeitswelt in der Bundesrepublik Deutschland (1950er- bis 1980er-Jahre), in: Zeithistorische Forschungen/Studies in Contemporary History 9 (2012), S. 231–256, Online-Ausgabe, URL: http://www.zeithistorische-forschungen.de/2-2012/id=4697 [Zugriff: 1.10.2019].
[17] Flexible Arbeitszeit. Modell für morgen, in: Wirtschaftswoche, 2.5.1980, S. 32–41, hier: 32.

sigkeit befürchtet, „daß unsere Gesellschaftsstruktur [...] schweren Schaden erleidet und vielleicht auseinanderbrechen wird", so der Direktor der Ruhr-Universität Bochum Knut Ipsen am 15. November 1984 in seiner Eröffnung der Ringvorlesung „Arbeitsgesellschaft im Umbruch".[18] Und nicht nur für den SPD-Vorsitzenden Willy Brandt stand daher als einzige Lösung fest: „Alle arbeiten weniger, damit die vorhandene Arbeit auf mehr Köpfe und Hände verteilt werden kann."[19]

Wenn nicht mehr genug Arbeit für alle zur Verfügung stand, wenn Arbeitszeit verkürzt, geteilt oder flexibilisiert werden musste, wenn generell der Anteil der Arbeitszeit an der Lebenszeit abnahm und sich auch andere Formen von Arbeit (wie z. B. das populäre Heimwerken[20]) anboten, schien Erwerbsarbeit selbst nicht mehr das zentrale und dominante Strukturprinzip der Gesellschaft zu sein.[21] Die bundesdeutsche Gesellschaft habe begonnen, Erwerbsarbeit als „Gravitationspunkt" jeglicher Lebensplanung „neu zu überdenken", erklärte 1980 ein Arbeitszeitexperte der Nürnberger Bundesanstalt für Arbeit.[22] Die Folgen dieses Prozesses wurden allgemein als gravierend eingeschätzt. Der „Relativierung des ökonomischen Arbeitsbegriffes" stand die Suche nach einem neuen Arbeitsverständnis gegenüber. Der Ministerpräsident von Nordrhein-Westfalen, Johannes Rau, formulierte diesen Anspruch so:

> Wir stehen vor der Aufgabe, behutsam und schrittweise ein neues Verständnis und vor allem auch ein neues Werteverständnis von Arbeit zu entwickeln. Der traditionelle Begriff der Arbeit muß überführt werden in ein neues Verständnis sinnvoller Tätigkeit, das nicht mehr die bisherige scharfe Trennung zwischen Arbeit und Freizeit kennt.[23]

---

[18] Knut Ipsen, Eröffnung der Ringvorlesung 1984/85 am 15. November 1984, Arbeitsgesellschaft im Umbruch, in: Ruhr-Universität Bochum/Industriegewerkschaft Metall (Hrsg.), Ringvorlesung 1984/85 „Arbeitsgesellschaft im Umbruch". Vereinbarung über Zusammenarbeit, Frankfurt a. M. 1985 (= Gemeinsame Veranstaltungen Ruhr-Universität Bochum/IG-Metall-Bildungszentrum Sprockhövel 9), S. 9.
[19] Willy Brandt, Mehr Beschäftigung durch weniger Arbeit, in: Die Zeit, 9.7.1982.
[20] Vgl. Jonathan Voges, (Arbeits-)Ethos der Freizeit? Do it yourself und Heimwerken und der Wertewandel der Arbeit, in: Bernhard Dietz/Jörg Neuheiser (Hrsg.), Arbeit, Leistung und Führung in den 1970er und 1980er Jahren in der Bundesrepublik Deutschland, München 2016 (= Wertewandel im 20. Jahrhundert 2), S. 73–94.
[21] Vgl. Ralf Dahrendorf, Im Entschwinden der Arbeitsgesellschaft. Wandlungen in der sozialen Konstruktion des menschlichen Lebens, in: Merkur 34 (1980), S. 749–760; André Steiner, Bundesrepublik und DDR in der Doppelkrise europäischer Industriegesellschaften. Zum sozialökonomischen Wandel in den 1970er-Jahren, in: Zeithistorische Forschungen/Studies in Contemporary History 3 (2006), S. 342–362, hier: 360 f.
[22] Der Spiegel 27 (1980), S. 39.
[23] Johannes Rau, Die Zukunft der Arbeit, in: Rolf G. Heinze/Bodo Hombach/Siegmar Mosdorf (Hrsg.), Beschäftigungskrise und Neuverteilung der Arbeit. Ein Diskussionsband, Bonn 1984 (= Forschungsinstitut der Friedrich-Ebert-Stiftung. Reihe: Arbeit, Bd. 12), S. 10–23, hier: 21.

Dabei bezog sich Rau auch auf die Versuche der evangelischen Kirche, den Arbeitsbegriff theologisch-sozialethisch neu – und in Abgrenzung zur Ethik des asketischen Protestantismus – zu erfassen und zu einer neuen Versöhnung von Arbeit und Leben zu gelangen.[24]

In der zeitgenössischen Beobachtung wurden die sich verändernden ökonomischen Bedingungen in der „post-industriellen Gesellschaft"[25] und die strukturellen Veränderungen auf dem Arbeitsmarkt mit sozialkulturellen Veränderungen, insbesondere mit „neuen" Einstellungen und Werten in Verbindung gebracht. Die Frage nach der Arbeitsmoral der Deutschen stand im Raum. Vergleiche mit Japan und seinen vermeintlich disziplinierten, verzichtsbereiten und fleißigen Arbeitern waren an der Tagesordnung.[26] Politiker, Wissenschaftler, Wirtschaftsvertreter und Journalisten diskutierten den Zustand der deutschen Arbeitsethik, und die Möglichkeit einer Erosion der Leistungsbereitschaft der deutschen Arbeitnehmer wurde zum Politikum in den Auseinandersetzungen zwischen Gewerkschaften und Arbeitgebern, aber auch innerhalb der Koalition aus SPD und FDP. Die krisenhafte zeitgenössische Selbstbeobachtung erreichte einen Höhepunkt auf dem Bamberger Soziologentag 1982, der die „Krise der Arbeitsgesellschaft?" verhandelte. Eine prominente Rolle in der soziologischen Zeitdiagnose spielte auch hier der „Wertewandel", dessen Existenz aus Sicht der Soziologen unstrittig war. Bei der Bewertung des Wandels wurde allerdings die kulturpessimistische Lesart, die von einem Verfall des „klassisch-bürgerlichen" Berufs- und Leistungsethos zugunsten „privatistisch-hedonistischer" Haltungen ausging[27] und die um 1980 zum Teil auch noch bei den Arbeitgebern vertreten wurde,[28] als einseitig und unterkomplex abgelehnt.

Die dadurch herausgeforderte Allensbacher Demoskopin Elisabeth Noelle-Neumann ließ sich so nicht einschüchtern und vertrat ihre Thesen auch in den 1980er Jahren mit Vehemenz. Hatte sie 1975 noch warnend gefragt „Werden wir

---

[24] Solidargemeinschaft von Arbeitenden und Arbeitslosen. Sozialethische Probleme der Arbeitslosigkeit. Eine Studie der Kammer der Evangelischen Kirche in Deutschland für soziale Ordnung, hrsg. von der Kirchenkanzlei im Auftrag des Rates der Evangelischen Kirche in Deutschland, Gütersloh 1982.
[25] Bell, The Coming of Post-Industrial Society; Plumpe/Steiner (Hrsg.), Der Mythos von der postindustriellen Welt.
[26] Wolfang Lecher/Johann Welsch, Japan – Mythos und Wirklichkeit. Eine kritische Analyse von Ökonomie und Arbeit, Köln 1983.
[27] Peter Kmieciak, Wertstrukturen und Wertwandel in der Bundesrepublik Deutschland, Göttingen 1976, S. 334 f., 461 f.
[28] Eduard Gaugler, Leistungsverhalten, Veränderungen im Betrieb, in: Der Arbeitgeber 32 (1980), S. 1166–1174; H. G. Bärsch, Arbeitszeitverkürzung. Feierabend für die 40-Std.-Woche, in: Der Arbeitgeber 33 (1981), S. 240–244. Gaugler war Direktor des Seminars für Allgemeine Betriebswirtschaftslehre, Personalwesen und Arbeitswissenschaft an der Universität Mannheim und hat u. a. zu Leistungsbeurteilung in der Wirtschaft gearbeitet.

alle Proletarier?",[29] sah sie nun klare Belege für die Richtigkeit ihrer Annahmen und Befürchtungen: die Verkürzung der Wochenarbeitszeit, die längeren Urlaube, der spätere Einstieg ins Erwerbsleben und die frühere Pensionierung.[30] Neue Umfragen zur Job-Zufriedenheit und Arbeitsethik waren aus Noelle-Neumanns Sicht deutliche Anzeichen für einen „Verfall der Arbeitsmoral", gar für eine „Abrüstung im Arbeitsleben".[31] Gerade im internationalen Vergleich seien diese Tendenzen bedenklich: Ein jahrhundertealtes Erbe eines angestammt hohen Arbeitsethos und deutschen Fleißes sei von „schleichender Vergiftung" bedroht. Angesichts eines „so feindseligen Klimas" hätten die Unternehmer in den letzten Jahren schlicht „keine Lust gehabt", Arbeitsplätze zu schaffen, wie es etwa in den USA der Fall gewesen sei.[32] Im Laufe der 1980er Jahre spitzte Noelle-Neumann ihre Thesen weiter zu und setzte den „Verfall der bürgerlichen Werte" mit dem im internationalen Vergleich geringen Nationalstolz der „verletzten" deutschen Nation in eine kausale Beziehung.[33]

Ähnlich argumentierte der Bildungsökonom Hasso von Recum.[34] Nachlassende Zustimmungsbereitschaft für das Leistungsprinzip gefährde den gesellschaftlichen Grundkonsens der Bundesrepublik und führe zu kultureller Desorientierung. Die „militanten Extremisten der postmaterialistischen Bewegung" hätten einen „spezifisch westdeutschen Antiindustrialismus" hervorgebracht. Die Ausbreitung des Postmaterialismus untergrabe die Grundlagen und den Zusammenhalt der Gesellschaft, so von Recum weiter in seiner konservativen Fundamentalkritik. In der „narzisstisch geprägten postmaterialistischen Gesellschaft" würden nicht nur Rollenverbindlichkeit, Gemeinsamkeit und Verantwortlichkeit schwinden. Auch würden eine Vorherrschaft von Regellosigkeit, Negation von Vergangenheit und ein kaleidoskopartiger Wech-

---

[29] Vgl. Elisabeth Noelle-Neumann, Werden wir alle Proletarier? Ungewöhnliche Wandlungen im Bewußtsein der Bevölkerung, in: Die Zeit, 13.6.1975; dies., Die Lust an der Revolution erlosch. Es bleibt die Umwertung der Werte, in: Die Zeit, 23.4.1976; dies., Werden wir alle Proletarier? Wertewandel in unserer Gesellschaft, 2. Auflage, Zürich 1979.

[30] Vgl. Elisabeth Noelle-Neumann/Burkhard Strümpel, Macht Arbeit krank? Macht Arbeit glücklich? Eine aktuelle Kontroverse, München 1984. Vgl. hierzu auch Norbert Grube, Seines Glückes Schmied? Entstehungs- und Verwendungskontexte von Allensbacher Umfragen zum Wertewandel 1947–2001, in: Dietz/Neumaier/Rödder (Hrsg.), Gab es den Wertewandel?, S. 95–119.

[31] Elisabeth Noelle-Neumann, Wir rüsten ab – im Arbeitsleben, in: Frankfurter Allgemeine Zeitung, 25.1.1985.

[32] Noelle-Neumann/Strümpel, Macht Arbeit krank?, S. 192 f.

[33] Elisabeth Noelle-Neumann/Renate Köcher, Die verletzte Nation. Über den Versuch der Deutschen, ihren Charakter zu ändern, 2. Auflage, Stuttgart 1988.

[34] Hasso von Recum, Wertewandel und Industriekultur, in: Thomas Kreuder/Hanno Loewy (Hrsg.), Konservatismus in der Strukturkrise, Frankfurt a. M. 1987, S. 123–141, hier: 123. Vgl. ders., Wertwandel. Veränderungen der sozial-kulturellen Rahmenbedingungen für das Erziehungs- und Bildungswesen, Braunschweig 1985.

sel von Interessen, Bedürfnissen und Meinungen zu einer entstrukturierten „Collage-Gesellschaft" führen.[35]

Mit Hinweisen auf Verschiebungen der sozialmoralischen Milieus ließ sich die These einer sich verändernden Arbeitsmoral besonders gut veranschaulichen. Denn gerade im neuen „alternativen Milieu" war im Gefolge von Frauen-, Ökologie- und Friedensbewegung die Systemkritik nicht mehr nur antikapitalistisch, sondern generell antiindustriell und fortschrittsskeptisch geworden.[36] Bei der „neuen bürgerlichen Linken, die antiökonomisch argumentiert"[37], ließ sich der neue „postmaterialistische Lebensstil" schon zeitgenössisch studieren. Die Kritik an der Konsumgesellschaft zeigte sich hier in „Tendenzen der ökonomischen Abrüstung", so Burkhard Strümpel.[38] Politischer Ausdruck der sich verändernden sozialmoralischen Milieus und der Neuformierung der Linken war die Gründung der Partei „Die Grünen" auf Bundesebene im Januar 1980.[39] Diese Partei mobilisiere die „Selbstverwirklichungsmilieus", stellte Gerhard Schulze in einer frühen kultursoziologischen Vermessung der 1980er Jahre fest.[40]

Interessanterweise kann die historische Forschung zeigen, dass das alternative Milieu im Hinblick auf die Arbeitsmoral viel weniger „postmaterialistisch" war, als es Beobachter und Kritiker in den 1980er Jahren vermuteten. Nicht nur spielten Leistung, Qualität und Qualifizierung auch in der sozialen Praxis der Betriebe der alternativen Wirtschaft eine große Rolle, sondern „gute Arbeit" wurde in der alternativen Ökonomie ganz explizit zum Leitwert.[41] Für die meisten Zeitgenossen hingegen war das alternative Milieu die Verkörperung des Postmaterialismus. Es galt als Ausdruck einer sozialkulturellen Tiefenströmung jenseits von Konjunkturzyklen und Arbeitsmarktentwicklungen mit gravierenden Aus-

---

[35] Hasso von Recum, Wertewandel und Industriekultur, in: Thomas Kreuder/Hanno Loewy (Hrsg.), Konservatismus in der Strukturkrise, Frankfurt a. M. 1987, S. 123–141, hier: 137.
[36] Silke Mende, Eine Partei nach dem Boom. Die Grünen als Spiegel und Motor ideengeschichtlicher Wandlungsprozesse seit den 1970er Jahren, in: Reitmayer/Schlemmer (Hrsg.), Die Anfänge der Gegenwart, S. 23–36.
[37] Rüdiger Altmann, Auf schmalem Grat in die Zukunft. Kulturkonflikte der 80er Jahre, in: Manager Magazin 4 (1981), S. 192–200, hier: 196.
[38] Burkhard Strümpel, Lebensstile gegen Wirtschaftsstile, in: Der Spiegel 22 (1985), S. 56–57, hier: 56.
[39] Silke Mende, „Nicht rechts, nicht links, sondern vorn". Eine Geschichte der Gründungsgrünen, München 2011; Dieter Rucht, Das alternative Milieu in der Bundesrepublik, in: Sven Reichardt/Detlef Siegfried (Hrsg.), Das Alternative Milieu. Antibürgerlicher Lebensstil und linke Politik in der Bundesrepublik Deutschland und Europa 1968–1973, Göttingen 2010, S. 61–86.
[40] Gerhard Schulze, Die Erlebnisgesellschaft. Kultursoziologie der Gegenwart, Frankfurt a. M. 1992, S. 312–321.
[41] Jörg Neuheiser, Utopische „Schulen unternehmerischer Tugenden"? Leistung, Qualität und Qualifizierung als Probleme des Alternativen Wirtschaftens in den 1970er und 1980er Jahren, in: Dietz/Neuheiser (Hrsg.), Wertewandel in der Wirtschaft und Arbeitswelt, S. 283–310.

wirkungen auf die traditionellen Stützpfeiler der industriellen Ordnung – Arbeit, Leistung, Technik und Fortschritt – durch neue Paradigmen wie Natur, Umwelt, Freizeit und Genügsamkeit.[42] Manche zeitgenössische Beobachter brachten diese Verschiebungen inhaltlich mit einer Art deutscher Kollektivneurose in Verbindung, die sich in romantisch-irrationaler Ablehnung der Kernkraft oder Angst vor dem Waldsterben ausdrücke.[43] Von einer „psychologischen Anfälligkeit der Deutschen" angesichts der „Schatten der Vergangenheit" sprach auch der Politikwissenschaftler Kurt Sontheimer. Dies erkläre, warum der Wandel von „eher materiellen" zu „mehr immateriellen Bedürfnissen" sich so heftig vollziehe und der „Wertewandel" als große Zeitenwende wahrgenommen werde.[44]

Zusammenfassend lässt sich sagen, dass der historische Kontext für den bundesrepublikanischen Wertewandeldiskurs in der als krisenhaft wahrgenommenen Situation der Arbeitsgesellschaft und der tatsächlichen Herausforderung des Arbeitsmarktes durch strukturelle Arbeitslosigkeit, Frauenbeschäftigung und Technisierung zu suchen ist. Die Vergleiche mit den („fleißigen") Japanern auf der einen Seite und die Beschäftigung mit den („arbeitsscheuen") alternativen Milieus auf der anderen Seite gaben der Frage nach grundlegenden sozialkulturellen Veränderungen zusätzliche Dynamik und plastisches Anschauungsmaterial. Auch in der politischen Auseinandersetzung stand „Leistung" auf dem Prüfstand. Vor allem von konservativer Seite wurde seit den späten 1970er Jahren die „leistungshemmende" Bildungs- und Sozialstaatspolitik der sozialliberalen Regierung entschieden kritisiert.

7.1.2 „Alte" oder „neue" Werte? Von der Sozialstaatskritik zur liberalkonservativen Interpretation des „Wertewandels"

War das Arbeitsethos der Deutschen also tatsächlich zerfallen? Waren die alternativen Milieus die Avantgarde und leiteten sie einen Niedergang von Leistung und Produktivität ein? Die meisten zeitgenössischen Sozialwissenschaftler widersprachen solchen Thesen und führten das festgestellte Sinken der Arbeitsmoral

---

[42] Theo Sommer, Jenseits von Pendelschwung und Wellenschlag. Vom Wertewandel in unserer Zeit, in: Die Zeit, 3.1.1986.

[43] Birgit Metzger, „Erst stirbt der Wald, dann du!" Das Waldsterben als westdeutsches Politikum (1978–1986), Frankfurt a. M. 2015; Roderich von Detten (Hrsg.), Das Waldsterben. Rückblick auf einen Ausnahmezustand, München 2013; Carsten Wippermann/Katja Wippermann, Mensch und Wald. Einstellungen der Deutschen zum Wald und zur nachhaltigen Waldwirtschaft, Bielefeld 2010; Kenneth Anders/Frank Uekötter, Viel Lärm ums stille Sterben. Die Debatte über das Waldsterben in Deutschland, in: Frank Uekötter/Jens Hohensee (Hrsg.), Wird Kassandra heiser? Die Geschichte falscher Ökoalarme, Stuttgart 2004, S. 112–138; Rudi Holzberger, Das sogenannte Waldsterben. Zur Karriere eines Klischees. Das Thema Wald im journalistischen Diskurs, Bergatreute 1995.

[44] Kurt Sontheimer, Die anfälligen Deutschen, in: Wirtschaftswoche, 28.11.1986.

nicht auf einen generellen Einstellungswandel zurück, sondern auf zu geringe Entfaltungsmöglichkeiten im Betrieb. Erst die eingeschränkten Möglichkeiten der Selbstbestätigung, Partizipation und Kommunikation in der Arbeitswelt, aber auch die mangelnde „ökonomische Moral" der Wirtschaft im Zeichen von Umweltverschmutzung und Rüstungsexporten ließen die Menschen sich verstärkt der Freizeit zuwenden. Daher gelte: „Distanzierung ist zu verzeichnen, aber keine Fahnenflucht."[45] Attackiert wurden die kulturpessimistische Lesart des „Wertewandels" und insbesondere auch die Behauptung, dass der Rückgang des traditionellen Arbeitsethos von linksliberalen Intellektuellen ausgehe und sich über Medien, Schulen und Universitäten verbreite.[46]

Auch der Philosoph Hermann Lübbe wandte sich als Zeitdiagnostiker in einer Vielzahl von Aufsätzen und Reden gegen die These vom Verfall der Werte. Anstatt die demoskopisch sichtbar gewordenen Veränderungen in der Arbeitswelt „kulturkritisch-moralisierend zu kommentieren", komme es darauf an, die „pragmatische Plausibilität" zu erkennen, die hinter den „rationalen" Einstellungsänderungen stehe. Eine stärkere Freizeitorientierung der Deutschen ergebe sich aus einem abnehmenden Grenznutzen von Arbeit.[47] Lübbe hatte erkannt und kritisch angemerkt, dass zu Beginn der 1980er Jahre die These vom „Wertewandel" selbst zu einem „Instrument der Ideologiepolitik" geworden war. Aus seiner Sicht war die These keine neutrale Sozialwissenschaft, sondern selbst normativ, indem sie das kreative, nach Selbstverwirklichung strebende Individuum mit dem angepassten und disziplinierten Karrieristen kontrastiere. Man habe die Theorie benutzt, um tatsächliche Spannungen im Verhältnis der Generationen zu verschärfen und die „Überfälligkeit eines kulturrevolutionären Bruchs mit dieser bundesrepublikanischen Herkunftskultur zu propagieren".[48] So scharfsinnig Lübbes Beobachtungen waren, so klar zeichnet sich aus heutiger Sicht ab, wie der Philosoph selbst an jenem Kampf um die Deutungshoheit des „Wertewandels" beteiligt war.

Seine liberalkonservative Position wandte sich gegen die intellektuelle Linke, wollte aber auch den kulturpessimistischen Konservatismus überwinden. Da-

---

[45] Klipstein/Strümpel, Die Entmythologisierung der Produktion, S. 263.
[46] Klipstein/Strümpel, Gewandelte Werte – Erstarrte Strukturen; Wolfgang Krüger, Wertewandel in der Wirtschaft. Kein Teufelswerk von Intellektuellen, in: Die Zeit, 14.2.1986.
[47] „Je weniger Lebensarbeitszeit der Beruf uns abverlangt, um so geringer wird auch im Verhältnis zu allem, was man außerhalb seiner Lebensarbeitszeit zu tun zunehmend Gelegenheit findet, seine Lebensbedeutsamkeit. Nicht die Arbeitsmoral ist gesunken, vielmehr haben sich die Chancen erweitert, neben der Berufsarbeit selbstverwirklichungsdienlich tätig zu sein." Hermann Lübbe, Der Wertewandel und die Arbeitsmoral, in: Frankfurter Allgemeine Zeitung, 10.12.1983.
[48] Hermann Lübbe, Wertewandel. Kulturelle Folgen des sozialen Fortschritts. Festvortrag am 16. Mai 1985 in Regensburg anlässlich der 74. Fortbildungstagung für Ärzte, Frankfurt a. M. 1985, S. 3.

mit war Lübbe besonders anschlussfähig in der bundesdeutschen Wirtschaft, und so verwundert es auch nicht, dass er seine Wertewandelvorträge vor allem vor Wirtschaftsvertretern hielt. Hier ging es darum, in Anknüpfung an die Debatten der 1970er Jahre den Begriff der „Leistung" wieder positiv zu besetzen. Lübbe kritisierte eine Kultur der Leistungsverweigerung in der deutschen Jugend, die er aber nicht den Schülern und Studenten zur Last legte, sondern einer ideologisch motivierten Delegitimierung von Leistungsdifferenzierung in der Bildungspolitik.[49] Genauso war seine Wertewandelinterpretation eine liberalkonservative Status-quo-Bestimmung, die nicht zu einem Status quo ante zurückkehren wollte, sondern auf der Basis der Bildungsreformen und des gesellschaftlichen Wandels der 1970er Jahre Möglichkeiten der Gestaltung durch Politik und Wirtschaft aufzuzeigen suchte. Gegen die Totalkritik des „Wertewandels" durch den kulturpessimistischen Altkonservatismus war Lübbes Ansatz modernitätsbejahend, geprägt von einer Haltung des „vernünftigen Ausgleichs" auf der Basis des Bestehenden.[50]

Am erfolgreichsten mit einer liberal-pragmatischen und abwägenden Charakterisierung des sozialen Wandels war der Speyerer Sozialwissenschaftler Helmut Klages mit seiner Theorie der Wertesynthese. Anders als Ronald Inglehart ging Klages nicht von einer Priorisierung von Werten aus, sondern sah in „Wertesynthesen" die Möglichkeit verschiedener Kombinationen von Pflicht- und Akzeptanzwerten und von Selbstverwirklichungswerten.[51] Damit prägte Klages eine Interpretation des „Wertewandels", die sowohl in der bundesdeutschen Politik als auch in der Wirtschaft eine große Resonanz erfahren sollte. Dabei dürfte Klages' weitere wissenschaftlich-politische Entwicklung in den 1980er Jahren nicht im Sinne der SPD gewesen sein. Obwohl ursprünglich von den Sozialdemokraten gegen Noelle-Neumann in Stellung gebracht, hat Klages seine Wertewandelforschung auch in eine politische Diagnose und Sozialstaats- und Gewerkschaftskritik übersetzt. In einer Essaysammlung von 1981 erklärte er, dass eine starke soziale Absicherung und ein hoher öffentlicher Wohlfahrtsaufwand keine Zufriedenheit und Erfüllung für die Menschen mit sich brächten. Viel wichtiger sei das Streben nach den „Selbstentfaltungswerten", daher bedürfe es einer Stärkung von Selbstverantwortung, Selbständigkeit und individueller

---

[49] Hermann Lübbe, Leistungsdruck. Über Ursachen einer aktuellen Klage. Vortrag anlässlich der Mitgliederversammlung der Landesvereinigung Rheinland-Pfälzischer Unternehmerverbände e. V. am 10. Juni 1980 in Mainz, Mainz 1980.
[50] Lübbe gehörte zum Kreis der sogenannten „Ritter-Schule" um den Philosophen Joachim Ritter. Vgl. hierzu Hacke, Philosophie der Bürgerlichkeit.
[51] Vgl. Klages, Wertorientierungen im Wandel; ders., Traditionsbruch als Herausforderung; ders., Entstehung, Bedeutung und Zukunft der Werteforschung, in: Erich H. Witte (Hrsg.), Sozialpsychologie und Werte, Lengerich 2008, S. 11–29. Zur Kritik an Klages' empirischem Design vgl. Peter Mohler, Wertkonflikt oder Wertdiffusion, in: Kölner Zeitschrift für Soziologie und Sozialpsychologie 41 (1989), S. 95–122.

Kompetenz der Bürger.⁵² Dabei bemühte Klages den Topos vom Wohlfahrtsstaat, der die Probleme, auf die er reagiert, selbst erzeugt: „Der Staat selbst ist ein Ursachenfaktor der gesellschaftlichen Anspruchsdynamisierung und der Umwandlung von Aspiration und Erwartung in ‚Ansprüche'."⁵³

Ab Ende der 1970er Jahre überlappten sich Wertewandeldebatte und Sozialstaatsdiskurs. Auch Oppositionsführer Helmut Kohl bediente sich der Argumentationsfiguren, die sich daraus ergaben, für eine Generalabrechnung mit der Regierung Schmidt. Auf dem Mannheimer CDU-Parteitag erklärte er im März 1981:

> Jetzt wird sichtbar, wie wichtig, wie unverzichtbar Tugenden sind wie: Redlichkeit und Augenmaß, Treue zu Gesetzen, Menschlichkeit und Toleranz, Pflichtgefühl und Fleiß, Sparsamkeit und Gemeinsinn, Selbstdisziplin und Eigeninitiative. Mit diesem großartigen moralischen Kapital unseres Volkes sind die Sozialisten genauso dilettantisch umgegangen wie mit den öffentlichen Finanzen des Landes.⁵⁴

Es überrascht nicht, dass diese Argumentation von Gewerkschaftsseite äußerst kritisch gesehen wurde. Mario Helfert vom Wirtschafts- und Sozialwissenschaftlichen Institut des DGB erklärte:

> Nicht zu verkennen ist allerdings auch, daß von der konservativen Seite der Wertewandel, genauer der angebliche Verfall der Arbeitsmoral (weil das „soziale Netz" zu einer bequemen „Hängematte" geworden sei), als eine der wesentlichen Ursachen der Krise und des geringen Wachstums ausgegeben wird.⁵⁵

Mit seiner Interpretation des „Wertewandels" war Helmut Klages in den 1980er Jahren nicht bei der SPD, sondern im liberal-konservativen Lager und dort besonders im reformerischen Flügel der CDU anschlussfähig. In den Positionsbestimmungen der 1980er Jahre gegen den konservativen Kulturpessimismus spielte insbesondere der baden-württembergische Ministerpräsident Lothar Späth eine wichtige Rolle, der Mitte der 1980er Jahre den sektoralen Wandel zur Dienstleistungsgesellschaft bzw. zur „Informationsgesellschaft" zu seinem großen Thema machte und diesen mit ungezügeltem Technik-Optimismus vorantreiben wollte. Späth sah sein Bundesland als High-Tech-Industrieland durch den „Wertewandel" und die Technologie-Kritik besonders herausgefordert und

---

52 Helmut Klages, Überlasteter Staat – verdrossene Bürger? Zu den Dissonanzen der Wohlfahrtsgesellschaft, Frankfurt a. M. 1981. Vgl. auch ders./Willi Herbert, Wertorientierung und Staatsbezug. Untersuchung zur politischen Kultur in der Bundesrepublik Deutschland, Frankfurt a. M. 1983.
53 Klages, Überlasteter Staat – verdrossene Bürger?, S. 32.
54 Protokoll des 29. Bundesparteitags 9./10. März 1981 in Mannheim, S. 42.
55 Mario Helfert, Wertewandel der Arbeit und Mitbestimmung am Arbeitsplatz, in: Ruhr-Universität Bochum/Industriegewerkschaft Metall (Hrsg.), Ringvorlesung 1984/85 „Arbeitsgesellschaft im Umbruch". Vereinbarung über Zusammenarbeit, Frankfurt a. M. 1985 (= Gemeinsame Veranstaltungen Ruhr-Universität Bochum/IG-Metall-Bildungszentrum Sprockhövel 9), S. 55–73, hier: 58.

bemühte sich entsprechend um eine enge Zusammenarbeit mit der Wissenschaft, insbesondere mit den Sozialwissenschaften.[56]

Ein Beispiel für diese „Wertewandelagenda" in Baden-Württemberg ist die Arbeit der von der Landesregierung eingesetzten „Kommission Zukunftsperspektiven gesellschaftlicher Entwicklungen", deren Bericht 1983 veröffentlicht wurde. In der Arbeitsgruppe „Gesellschaftliche und kulturelle Entwicklungen" agierten neben Helmut Klages die Professoren Rudolf Wildenmann, Horst Baier, Karl W. Deutsch, Bruno Fritsch, Hermann Lübbe, Max Wingen und Wolfgang Zapf.[57] Hier wurde die Idee eines gestalterischen Potentials der sozialkulturellen Entwicklungen durch die Politik sozialwissenschaftlich unterfüttert und ein umfassendes Individualisierungs- und Flexibilisierungsparadigma aus den beobachteten Veränderungen abgeleitet. Im „Wertewandel" erkannte die Kommission einen „Pragmatismus der Alltagskultur". Angesichts des beschleunigten sozialen Wandels seien die normativen Reaktionen der Menschen durchaus vernünftig, so Wolfgang Zapf zusammenfassend: „Wir sehen also im Wertewandel nicht schwarzmalerisch den Verfall der Arbeitsmoral oder den hedonistischen Individualismus, sondern durchaus lebenskluge Reaktionen auf Veränderungen in Arbeitswelt, in Familie, in Freizeit."[58] Entsprechend sei nicht die technische Zivilisation an sich in einer Krise, sondern die staatlichen Institutionen und Arbeitgeber müssten sich modernisieren und beispielsweise mehr Flexibilisierung in der Arbeitsgestaltung möglich machen. Die große Zukunftsaufgabe der Politik war demnach die Gestaltung der Synthese aus „Selbstverwirklichungswerten" und „Pflicht- und Akzeptanzwerten".[59]

Angesichts dieses sich andeutenden Schulterschlusses aus sozialwissenschaftlicher Wertewandelforschung, Wirtschaft und Politik in Baden-Württemberg witterten zeitgenössische linke Kritiker hinter dem Stuttgarter Wertewandelparadigma eine neokonservative Strategie, um von den Fragen der sozialen Ungleichheit und ökologischen Zerstörung abzulenken.[60] In eine ähnliche Richtung argumentierten Vertreter der IG Metall in einer publizistischen Replik auf den Kommissionsbericht mit dem passend doppeldeutigen Titel „Antworten

---

[56] Vgl. Lothar Späth, Dienstleistungen im Struktur- und Wertewandel, in: Rudolf Henn/Walter F. Schickinger (Hrsg.), Staat, Wirtschaft, Assekuranz und Wissenschaft. Festschrift für Robert Schwebler, Karlsruhe 1986, S. 129–134; ders., Wende in die Zukunft. Die Bundesrepublik auf dem Weg in die Informationsgesellschaft, Hamburg 1985.

[57] Vgl. Bericht der Kommission „Zukunftsperspektiven gesellschaftlicher Entwicklungen".

[58] Staatsministerium Baden-Württemberg (Hrsg.), Zukunftschancen eines Industrielandes. Kongreß der Landesregierung Baden-Württemberg am 13. und 14. Dezember 1983, Stuttgart 1983, S. 31.

[59] Bericht der Kommission „Zukunftsperspektiven gesellschaftlicher Entwicklungen", S. 10.

[60] Horst-Dieter Zahn, Kultur und Technik in konservativen Strategien, in: Widersprüche 7 (1987), URL: http://www.widersprueche-zeitschrift.de/article379.html [Zugriff: 20.01.2017].

auf den ,Späth-Kapitalismus'".[61] Die IG Metall-Vorstandsreferentin (und spätere SPD-Bundestagsabgeordnete und Parlamentarische Staatsekretärin) Karin Roth erkannte in dem Bericht der Späth-Kommission den Versuch, mit Hilfe des Wertewandelparadigmas die Arbeiterschaft zu spalten und ihre gewerkschaftlich-kollektive Vertretung zu schwächen. Durch den technischen Wandel werde vor allem die Stammbelegschaft bevorzugt, ihre Bedürfnisse würden nun zum normativen Maßstab auch für die Randbelegschaften erhoben: „Die Segmentierung von Arbeitskräften wird dazu benutzt, Leistung und Flexibilität ins Zentrum der allgemeinen Wertorientierung zu rücken." Noch wichtiger sei die Rolle der leitenden Angestellten, deren Aufstieg auch eine zunehmende Bedeutung für die unternehmerische Wertewandelstrategie der Unternehmer attestiert wurde. „Ihre Wertvorstellungen, die bisher stärker von Individualität und Akzeptanz der Verhältnisse geprägt sind, werden von den Unternehmen aufgegriffen und in betriebliche Spaltungsstrategien umgesetzt."[62]

Beim DGB tat man sich generell schwer mit der Wertewandelfrage. Die Verbindung von Sozialstaatskritik mit der Analyse eines „Verfalls der Werte" wurde abgelehnt, grundlegende Veränderungen von Einschätzungen und Erfahrungen in der Arbeitswelt aber ebenfalls festgestellt.[63] Die Frage sei nur, ob diese „auf den Wandel von subjektiven Wertmaßstäben oder von objektiven Lebensumständen zurückzuführen seien". Als Folge dieser Grundsatzfrage ergaben sich eine theoretisch-methodische Kritik an der sozialwissenschaftlichen Wertewandelforschung und eine Gegenüberstellung mit der präferierten Industriesoziologie: Anders als die inhaltlich beschränkte umfragebasierte Wertewandelforschung könne dieser Zweig der Soziologie die Veränderungen des Arbeiterbewusstseins mit betrieblicher Realität korrelieren. Die in der Umfrageforschung ermittelte zunehmende Bedeutung der immateriellen Aspekte von Arbeit interpretierte man beim DGB weniger als Ausdruck von neuen individuellen Selbstverwirklichungspotentialen, sondern als stärkeren Wunsch nach betrieblicher Mitbestimmung:

> Die Mitbestimmung am Arbeitsplatz – oder einfacher gesagt: gehört und anerkannt zu werden in der Arbeit – genießt nicht nur deshalb die hohe Priorität, weil die Beschäftigten ihre Fähigkeiten entfalten wollen, vielmehr weil sie als Bedingung angesehen wird, sich vor Überforderung zu schützen.[64]

---

[61] Gerd Lobodda/Gerhard Richter, Antworten auf den „Späth-Kapitalismus". Ausgewählte Konzepte, Aktionen, Modelle in Betrieb, Branche und Region, München 1985 (= IMU-Institut-Studien 4). Vgl. auch Hans Jürgen Krysmanski, Zukunfts-Mythen des Späth-Kapitalismus. Zum Bericht der Kommission „Zukunftsperspektiven gesellschaftlicher Entwicklungen", in: Blätter für deutsche und internationale Politik 29 (1984), S. 806–820.
[62] Katrin Roth, Strategie der Konservativen am Beispiel der Späth-Kommission, in: Lobodda/Richter (Hrsg.), Antworten auf den „Späth-Kapitalismus", S. 12–25, hier: 16–17.
[63] Vgl. Helfert, Wertewandel der Arbeit.
[64] Ebd., S. 71.

Mit dieser Interpretation des „Wertewandels" – das wird weiter unten ausführlich gezeigt werden – lagen die Gewerkschaften in diametralem Gegensatz zur deutschen Wirtschaft, die den sozialwissenschaftlich eruierten Wunsch nach mehr Selbstverwirklichung nicht als Wunsch nach weniger Arbeitsintensität auslegte, sondern ganz im Gegenteil die verstärkte Bedeutung der immateriellen Anreize als Möglichkeit für neue Kreativitätsressourcen in bisher noch nicht erschöpften Bereichen des „Humankapitals" ansah. Karin Roth von der IG Metall hatte diese „Gefahr" für die Gewerkschaften erkannt und eine eigene „Wertewandelstrategie" gefordert:

> Es muss uns rechtzeitig gelingen, das erweiterte Bedürfnis nach mehr Selbstbestimmung und individuellen Handlungsspielräumen bei den arbeitenden Menschen so aufzugreifen und ihnen Organisationsformen anzubieten, dass dabei nicht egoistische Verhaltensweisen einer Wolfsgesellschaft reproduziert werden. Es muss uns gelingen, deutlich zu machen, dass das Bedürfnis nach mehr Individualität und Selbstbestimmung als eigenständiger und solidarischer Prozess nur dann möglich ist, wenn die Risiken des Arbeitslebens relativ gut durch kollektive Schutzrechte abgesichert sind.[65]

Wie weiter unten gezeigt werden wird, sollte den Gewerkschaften genau dies nicht gelingen. Vielmehr reüssierte eine Wertewandelinterpretation, die aus dem Wunsch nach mehr Selbstbestimmung ein umfassendes Flexibilisierungsparadigma ableitete. Auch im CDU-geführten Bundeskanzleramt beschäftigte man sich intensiv mit dem Wertewandel und auch hier findet sich die Kombination aus Sozialstaatskritik und Wertewandeldiagnose.[66] Trotz der traditionellen Nähe Helmut Kohls zu Elisabeth Noelle-Neumann und ihrem Institut für Demoskopie Allensbach war es in den frühen 1980er Jahren aber vor allem der Soziologe Klages, der das Kanzleramt mit seinen demoskopischen Studien und Interpretationen zum Wertewandel versorgte.[67] Sein Kontakt war der ebenfalls an der Deutschen Hochschule für Verwaltungswissenschaften in Speyer lehrende Professor für Verwaltungswissenschaft Klaus König, der von 1982 bis 1987 Ministerialdirektor im Bundeskanzleramt war.[68]

Als wichtigsten Diskussionspunkt schätzte man im Kanzleramt die Frage nach Klages' Interpretation der „neuen Wertesynthesen" ein. Die Frage nach „Mischverhältnissen" zwischen traditionellen und „postmateriellen" Werten sei gerade für die politische Diskussion bedeutend, „da sie auf sehr hektische und nur kurzfristig gültige ‚value mixes' hindeuten könnten, die gerade im Verhält-

---

[65] Roth, Strategie der Konservativen am Beispiel der Späth-Kommission, S. 22.
[66] Klaus Bitter, Die Solidargesellschaft – Ein Konzept zur Überwindung des Sozialstaates und seiner Krisen. Bundeskanzleramt, undatiert. B 136/103103. Vgl. dazu Dietz, „Proletarisierung" oder Verwirklichung von Bürgerlichkeit?
[67] Vgl. die umfangreiche Sammlung von Klages-Texten in Bundesarchiv Koblenz B 136/24306.
[68] Klages an König, 1.7.1983. Bundesarchiv Koblenz B 136/24306; König an Klages, 19.7.1983. Bundesarchiv Koblenz B 136/24306.

nis Bürger/Staat [...] erhebliche Probleme hervorrufen könnten".[69] Neben den Gefahren sah man im Kanzleramt aber auch die Chance, angesichts des „Wertewandels" neue Wähler zu gewinnen, und so wollte man von Klages wissen, „welche programmatischen Möglichkeiten bestehen, um Randgruppen aus SPD und FDP langfristig in das christlich-demokratische Wählerpotential zu integrieren".[70] Klages bestätigte dem Kanzleramt die grundsätzliche Dynamik des „Wertewandels". Die Arbeitswelt als Bezugspunkt dominanter Werte werde von anderen sozialen Bereichen wie Familie, Bildung, sozialer Sicherheit, politischer Partizipation und Freizeitkonsum relativiert. Aber der Soziologentag in Bamberg 1982 habe zum Ergebnis gehabt, dass es eher keine grundsätzliche Krise der Arbeitsgesellschaft gebe, sondern man eher von einer Verschiebung der Wertestruktur innerhalb der Arbeitsgesellschaft ausgehen müsse.[71]

Vor der nächsten Bundestagswahl legte Helmut Klages entsprechend der CDU nahe, sich verstärkt um das „postmaterialistische Wählerpotential" zu bemühen: „Dieses sei so groß, daß die CDU ohne entsprechende Anstrengungen von vorneherein auf Mehrheitsfähigkeit verzichte."[72] Unterfüttert wurde diese Analyse durch Milieustudien der Konrad-Adenauer-Stiftung. „Durch den Wertewandel wird das Wählerverhalten immer weniger von den traditionellen Sozialmilieus bestimmt als von Lebensstilen", erklärte der Leiter des Sozialwissenschaftlichen Forschungsinstituts (SFK) der Adenauer-Stiftung Hans-Joachim Veen. Neben den traditionellen Wählern gebe es neue Potentiale für die CDU bei aufstiegsorientierten jüngeren Menschen, den „Yuppies".[73] Die Frage, ob die CDU die „neuen Leistungseliten" adressieren sollte oder nicht, wurde in der zweiten Hälfte der 1980er Jahre zu einem zentralen Streitthema in der Partei. Dabei ging es vordergründig um neue Wählerschichten, vor allem aber um die generelle Richtung der Partei und letztlich um die Machtfrage.[74] Der Reformflügel um die Bundesminister Norbert Blüm, Rita Süssmuth, den Generalsekretär Heiner Geißler, Bundesgeschäftsführer Peter Radunski und den Leiter der Grundsatz- und Planungsabteilung in der Bundesgeschäftsstelle Wulf Schönbohm wollte die Partei im Hinblick auf die gesellschaftlichen Veränderungen neu positionieren. Angesichts der zahlenmäßig an Bedeutung verlierenden klassischen Unions-Klientel – Bauern, Vertriebene, klassischer Mittelstand – galt es, die Partei in die Mitte zu verschieben und in die Randbereiche des sozialdemokratischen Wäh-

---

[69] Gespräch mit Prof. Klages, 21.7.1983. Bundesarchiv Koblenz B 136/24306.
[70] Ebd.
[71] Ebd.
[72] Zu: Ronald Inglehart, Kultureller Umbruch (1989). Bundesarchiv Koblenz B 136/24307.
[73] Schöne Aussichten. Wie die CDU ihre Macht langfristig sichern will, in: Capital 2 (1987). Vgl. auch Hans-Joachim Veen/Elisabeth Noelle-Neumann (Hrsg.), Bestimmungsgründe und politisch-kulturelle Trends am Beispiel der Bundestagswahl 1987, Paderborn 1991.
[74] Vgl. Bösch, Macht und Machtverlust, S. 120–133.

lerpotentials vorzudringen. Der „Wertewandel" war dabei ein zentraler Pfeiler der Argumentation.[75] Das galt insbesondere auch für die Frauen, die in dem von Geißler herausgegebenen Sammelband „Abschied von der Männergesellschaft" als zentrale Zielgruppe für die CDU im Zeichen des gesellschaftlichen „Wertewandels" identifiziert wurden.[76]

Experimentierfeld der gesellschaftspolitischen Offensive der Reformer war, wie weiter oben ausgeführt, das Bundesland Baden-Württemberg. Auf dem Mainzer Bundesparteitag im Oktober 1986 warb Lothar Späth eindringlich für sein Flexibilisierungsparadigma im Zeichen von „Wertewandel", Individualismus und Dienstleistungsgesellschaft: „Welche Chance für die Konservativen, diesen Fortschritt zu verwirklichen, während die sogenannten Fortschrittlichen auf der Strecke bleiben!"[77] Gestützt auf eine Studie des Beratungsunternehmens McKinsey versuchte er insbesondere, die umfassenden Vorteile von Arbeitszeitflexibilisierung bei gleichzeitiger Entkopplung von Betriebs- und Arbeitszeit darzulegen. Gemeint war damit die Ausdehnung der Betriebszeit über die individuelle Arbeitszeit eines Beschäftigten: „Die Menschen können nur weniger arbeiten, wenn die Maschinen länger arbeiten. Warum setzen wir das eigentlich nicht durch?" Späths Arbeitszeitflexibilisierungsprogramm hatte auch Auswirkungen auf die Frauen- und Familienpolitik. Die CDU dürfe nicht Anreize schaffen, dass möglichst viele Mütter zu Hause bleiben. Vielmehr müsse eine flexible Arbeitswelt den Frauen die Möglichkeit geben, vorübergehend aus dem Erwerbsleben auszuscheiden, um dann wieder dorthin zurückzufinden. Späth war sich der Tragweite seiner Forderungen bewusst: „Wir dürfen uns da übrigens auch familienpolitisch selber nicht in die Tasche lügen. […] Ich glaube, wir müssen ehrlicherweise sagen: Die Zeit ist vorbei, wo diese strenge Trennung von Arbeitswelt und Familienwelt erfolgen durfte."[78]

Nach der Bundestagswahl 1987 riefen diese Vorstellungen zunehmend Widerstand im Bundeskanzleramt hervor. Insbesondere mit der Stuttgarter Wertewandeldiagnose ging man hart ins Gericht. In einem Papier mit dem Titel „Bericht der Zukunftskommission ,Baden-Württemberg 2000'" aus dem Kanzleramt wurde kritisiert, dass sich eine Landespartei mit ihrer Wahlkampfplattform in Konkurrenz zum Grundsatzprogramm der Bundes-CDU begeben habe.[79] Der Bericht habe eine „modernistische Tendenz", bediene „Zeitgeist-Phrasen" und

---

[75] Schöne Aussichten.
[76] Heiner Geißler (Hrsg.), Abschied von der Männergesellschaft, Frankfurt 1986. Geißler hatte sich in den 1980er Jahren zum „Motor der christdemokratischen Frauenbewegung" entwickelt und war die treibende Kraft hinter dem Essener Frauenparteitag von 1985. Frank Bösch, Macht und Machtverlust. Die Geschichte der CDU, Stuttgart 2002, S. 250.
[77] Protokoll des 34. Bundesparteitags 7./8. Oktober 1986 in Mainz, S. 240.
[78] Ebd., S. 237, 235.
[79] Der „Bericht der Zukunftskommission ,Baden-Württemberg 2000'", 14.12.1990. Bundesarchiv Koblenz B 136/24307.

„soziologische Modeschlagwörter" wie „gesellschaftliche Individualisierung", „Pluralisierung der Lebensformen", „Selbstverwirklichung" und „Wertewandel", über die der Leser „ebenso altklug wie falsch" informiert werde. Aus haltlosen Prämissen würden „haarsträubende Konsequenzen für die Grundwertorientierung der CDU gezogen".[80]

Besonders problematisch sei die geforderte Bejahung des „Wertewandels": „Der Bericht dient der CDU ein Bekenntnis zum Wertewandel an und gibt schlau zu verstehen, nur kraft eines solchen Bekenntnisses könne sie Einfluss auf diesen sich angeblich mit gesetzmäßiger Notwendigkeit vollziehenden Wandel nehmen." Auch dem Individualisierungspotential, das in Teilen der CDU und besonders in der Wirtschaft als Chance des „Wertewandels" für mehr Flexibilisierung gewertet wurde, erteilte der Kanzleramtsbericht eine klare Absage. Schließlich kam der Bericht zu dem Schluss, dass es eine „gefährliche Irreführung" sei, der „CDU pauschal ein Bekenntnis zum ,Wertewandel' zu empfehlen. Die CDU muß vielmehr Wertkonsequenz unterstützen, Zielwandel als Privatsache behandeln, der Werteerosion nicht nachgeben."[81]

Die Frage nach der richtigen Interpretation des „Wertewandels" war Ende der 1980er Jahre ein zentrales Politikum vor allem innerhalb der Regierung und hier insbesondere innerhalb der Union. War der „Wertewandel" zu begrüßen, konnte man ihn im Sinne von Individualisierung und ökonomischer Selbstverantwortung steuern? Oder galt es angesichts des Werteverlusts gegenzusteuern? Diese Fragen stellten den sozialkulturell-programmatischen Hintergrund für den Machtkampf innerhalb der CDU dar. Dabei standen in der zweiten Hälfte der 1980er Jahre dem Bundeskanzleramt und der Bundestagsfraktionsführung die Reformer um Geißler und die Bundesgeschäftsstelle, der linke Flügel um Blüm und Süssmuth sowie der baden-württembergische Ministerpräsident Späth gegenüber.[82] Durchsetzen sollte sich bekanntermaßen Helmut Kohl. Mit dem gescheiterten „Bremer Putsch" und der Niederlage der Kohl-Gegner Geißler, Blüm, Süssmuth, Späth und Biedenkopf im Jahr 1989 war dieser Machtkampf fürs erste entschieden. In der Wertefrage setzte Helmut Kohl schon länger auf nationale Identitäts- und Geschichtspolitik, um einen Gegentrend zum „Wertewandel" zu schaffen. Das entsprach einem generellen Bedeutungsverlust sozialwissenschaftlicher Expertise im Bundeskanzleramt zum Ende der 1980er Jahre: Wurden etwa Klages' Einschätzungen in den ersten Jahren nach der Regierungsübernahme noch geschätzt, änderte sich das in der zweiten Hälfte der 1980er Jahre deutlich. Helmut Kohl bevorzugte die Expertise der Kommunikationswissenschaftlerin Noelle-Neumann oder von Historikern, aber auch generell scheint zum Ende

---

[80] Der „Bericht der Zukunftskommission ‚Baden-Württemberg 2000'", 14.12.1990. Bundesarchiv Koblenz B 136/24307.
[81] Ebd.
[82] Bösch, Macht und Machtverlust, S. 124–133.

der Dekade die Phase der Sozialwissenschaften als Leitwissenschaft an ihr Ende geraten zu sein. Sicher ist jedenfalls, dass die Übersetzung der Wertewandeldiagnose in ein Flexibilisierungsparadigma bzw. der „Wertewandel" als Teil einer „diskursiven Neoliberalisierung" sich in der CDU und der Bundesregierung nicht durchgesetzt hat.[83] In der deutschen Wirtschaft sah dies ganz anders aus.

7.1.3 „Leistung hat Zukunft": Der „Wertewandel" in der Wirtschaftsöffentlichkeit

In der Wirtschafts- und Arbeitswelt galt der „Wertewandel" als ein „Megatrend" mit großer Plausibilität und lebensweltlicher Anschaulichkeit. Zum einen war der „Wertewandel" eine sinnkonstituierende, aber gleichzeitig komplexitätsreduzierende Erklärung für unterschiedliche soziokulturelle Tendenzen der letzten Jahre. Zum anderen hatte das Theorem das Potential für eine konsensfähige Prognose der weiteren gesellschaftlichen Entwicklung. Für die Analyse des makroökonomischen Umfelds war der „Wertewandel" daher fester und grundlegender Bestandteil von Zukunftserwartungen. Paradigmatisch hierfür ist etwa die Analyse von Alfred Herrhausen in einem Artikel für das *Handelsblatt* im Mai 1987:

> Die Werte und Tätigkeitsnormen aus dem Bereich der Produktion z. B. geraten mehr und mehr in Gegensatz zu den Werten und Normen der Kultur-, der Konsum- und der Freizeitsphäre. Werden dort – oder wurden dort bisher – Disziplin, Organisation, Leistung, Solidarität und auch Verzicht verlangt, so überwiegen hier Expressivität, Spontanität, Bindungslosigkeit und Befriedigung. Was ich meine, wird gemeinhin unter dem Stichwort „Wertewandel" angesprochen.[84]

Man kann bezweifeln, dass Alfred Herrhausen oder die vielen anderen Manager, Verbandsfunktionäre oder Wirtschaftsjournalisten, die in den 1980er Jahren vom „Wertewandel" sprachen, sich intensiv mit dem demoskopischen Material der sozialwissenschaftlichen Wertewandelforschung auseinandergesetzt hatten. Für Herrhausen und für die bundesdeutsche Wirtschaft insgesamt war der „Wertewandel" soziale Realität und somit ein zentraler gesellschaftlicher Faktor, der in Wechselwirkung mit wichtigen makroökonomischen Größen wie Wachstum und Produktivität stand.

Wie im vorherigen Unterkapitel gezeigt, wurde der „Wertewandel" in den 1980er Jahren im Zusammenhang mit grundsätzlichen Fragen nach dem Wesen der Arbeitsgesellschaft diskutiert. Zentrale Themen waren Arbeitslosigkeit, der Zusammenhang von Freizeit und Arbeitsmotivation, das Vordringen der Frauen auf den Arbeitsmarkt, die Auswirkungen von Automatisierung und EDV und die

---

[83] Wirsching, „Neoliberalismus" als wirtschaftspolitisches Ordnungsmodell?
[84] Alfred Herrhausen, Die wirtschaftlichen und ein Teil der damit verbundenen geistigen Gegenwartstendenzen in der Bundesrepublik, in: Handelsblatt, 22.5.1987.

gerade für die Wirtschaft verstörenden Phänomene Technologiekritik und Technikfeindlichkeit. Zu Beginn der 1980er Jahre lässt sich dabei eine zunehmend konstruktive Wertewandeldiskussion feststellen – vergleichbar den Ansätzen der Reformer in der CDU –, die man unter dem Stichwort „Wertewandelmanagement" zusammenfassen könnte. Es wurde generell anerkannt, dass der Wandel der Werte Herausforderungen und Gefahren für die Unternehmen berge, dass es aber auch eindeutig „Chancen des Verfalls" gäbe, wenn die Unternehmen sich richtig an die sozialkulturellen Veränderungen anpassen würden.[85]

Auf der BDI-Jahrestagung 1982 machte Hartmut Rahn, Generalsekretär der Studienstiftung des deutschen Volkes, den anwesenden Wirtschaftsvertretern Mut.[86] Zwar hätten die amerikanische „Devaluation of Future"-Studie wie auch die Shell-Jugendstudie von 1981 Wandlungen im Wertesystem der Gesellschaft festgestellt und eine pessimistische Jugend beschrieben, aber für den begabten Führungskräftenachwuchs treffe „das Bild einer depressiven, resignierenden und sich in Aussteigertum oder Gewalt flüchtenden Jugend" nicht zu. Auch müsse man sich mit der Situation keineswegs abfinden. Im Gegenteil gebe es großes Handlungspotential, so Rahn:

> Wirtschaft, Wissenschaft und Politik haben bisher nicht zufriedenstellend die Aufgabe gelöst, der Jugend die ermutigenden und zukunftsweisenden Aspekte des technisch-ökonomischen Wandels nahezubringen, die Jugend zur individuellen und aktiven Mitgestaltung dieses Wandels aufzufordern, ihr Kriterien für den Vergleich der heutigen Situation mit der vor hundert, zweihundert oder dreihundert Jahren an die Hand zu geben und rationales Handeln an Stelle unspezifischer Daseins- und Zukunftsängste zu ermöglichen.[87]

Beim BDI kam der „Wertewandel" an vierter Stelle einer Sieben-Punkte-Liste für die generelle Strategie des Verbands für die Legislaturperiode, die auf einer gemeinsamen Sitzung von Präsidium und Vorstand im März 1983 festgelegt wurde. An dem Einstellungswandel der Bevölkerung wurden als für die Industrie besonders gravierend der „höhere Rang der ‚Selbstverwirklichung'", die „wachsende Scheu vor technologischen Entwicklungen (Kernkraft, Datenverarbeitung)" und der „höhere Stellenwert der Umwelt" eingeschätzt. Als Schlussfolgerungen für die Agenda des BDI verständigten sich Präsidium und Vorstand auf ein verstärktes „Werben um Technikakzeptanz" und eine „Vorwärtsstrategie bei der Umweltpolitik".[88]

---

[85] Arbeitsmoral. Chancen des Verfalls, in: Wirtschaftswoche 18, 27.4.1984.
[86] Dr. Hartmut Rahn, Technologisch-ökonomischer Wandel. Herausforderungen an die Bildungs- und Gesellschaftspolitik der 80er Jahre. BDI-Archiv, SDok 144. Vgl. auch BDI. Jahrestagung 1982, Arbeitskreis II: Technologisch-ökonomischer Wandel – Herausforderung an die Bildungs- und Gesellschaftspolitik der 80er Jahre, Drucksache 153 des Bundesverbandes der Deutschen Industrie e. V., Köln 1982.
[87] Ebd.
[88] Anlage 2 zur Niederschrift über die Sitzung von Präsidium und Vorstand des BDI am 21.3.1983. BDI-Archiv BDI A 129.

Die kulturpessimistische Diagnose von Noelle-Neumann und anderen wurde in der Wirtschaft weitgehend abgelehnt: „Wertewandel der Arbeit bedeutet also nicht Werteverfall"[89], hieß es im *Manager Magazin* im November 1980 – eine Formel, die vor allem in der Wirtschaftspresse mantraartig wiederholt wurde. Rückgängig machen könne man den „Wertewandel" der Arbeit auch nicht, es gehe vielmehr darum, ihn im Sinne der Wirtschaft zu gestalten. Es galt, mit flexibilisierten Methoden auf Motivationsprobleme, zunehmende Freizeitorientierung und ein verstärktes Interesse an mehr Lebensqualität der Arbeitnehmer zu reagieren. Dabei waren die gewandelten Leistungsvorstellungen das große Thema, insbesondere zu Beginn der 1980er Jahre. Mit der Aufgabe der kreativen Gestaltung dieser Veränderungen in den Betrieben sahen sich vor allem die Führungskräfte konfrontiert: „Wir müssen über eine neue Anthropologie und Ethik der Arbeit und über eine neue Interpretation des Leistungsprinzips nachdenken"[90], hieß es 1984 in der Zeitschrift *Der Leitende Angestellte*. Nicht mehr die Leistungsmenge sei ausschlaggebend, so die *Wirtschaftswoche*, sondern „die Wirtschaftlichkeit der Leistungserbringung". Daher seien nicht mehr „in erster Linie Fleiß, äußere Disziplin und Subordination der Mitarbeiter gefragt, sondern deren Kooperationsfähigkeit, Selbständigkeit und Verantwortungsbewusstsein, Kreativität und Flexibilität".[91]

Der „Wertewandel" konnte auch als eine sinnvolle soziokulturelle Anpassung angesichts der technologischen Entwicklung interpretiert werden. Der IBM-Manager Wilhelm Scheuten entdeckte in den neuen Werten einen „wertvollen Anklang an die Notwendigkeiten der hochtechnisierten Informations-Gesellschaft: Fleiß wird relativ weniger wichtig, weil die Maschine in vielen Fällen das Beeilen übernommen hat."[92] Der Wunsch nach Selbstverwirklichung, nach aktiver Gestaltung von Arbeitsprozessen hatte laut *Capital* enorme Auswirkungen auf Führung: „Möglicherweise wird schon bald nicht mehr führen können, wer gestern noch ein guter Chef war."[93] Neue Wege der betrieblichen Motivation zu finden, sei daher die fundamentale Herausforderung für die Führungskräfte der Zukunft.[94]

---

[89] Mehr reden statt regeln, in: Manager Magazin 11 (1980), S. 59.
[90] Winfried Schlaffke, Technischer Fortschritt und gesellschaftlicher Strukturwandel. Rolle und Aufgabe von Führungskräften in der Wirtschaft, in: Der Leitende Angestellte 6 (1984), S. 24.
[91] Wirtschaftswoche, 27.4.1984, S. 62.
[92] Wilhelm K. Scheuten, Wertewandel und Unternehmenskultur, in: Der Arbeitgeber 17 (1985), 608–609, hier: 609.
[93] Eignungstest für Führungskräfte. So meistern Sie die Zukunft, in: Capital 7 (1981), S. 73.
[94] Ebd., S. 80. In diesem Tenor auch ein Artikel in der Zeitschrift *Computerwoche*: „Diesem Wertewandel müssen sich die für Personalführung im Unternehmen Verantwortlichen stellen. Sie müssen sich darauf einstellen, daß zukünftig die für die Bewältigung der Zukunftsaufgaben geeigneten Mitarbeiter anders geführt und anders motiviert werden müssen als im bisherigen konservativen Wertesystem." Vgl. Personalmangel begrenzt das Wachs-

Auch konservative Publizisten wie die Literaturwissenschaftlerin Gertrud Höhler argumentierten Mitte der 1980er Jahre in diese Richtung. Höhler war im Laufe der 1980er Jahre zu einer Unternehmensberaterin für gesellschaftliche Fragen avanciert und eine Art persönliche Wertewandelexpertin für Top-Manager wie Deutsche-Bank-Chef Alfred Herrhausen oder Bertelsmann-Chef Mark Wössner geworden, so dass *Der Spiegel* sie spöttisch-anerkennend zur gut verdienenden „Zeitgeist-Propagandistin" erklärte.[95] Inhaltlich vertrat sie die liberalkonservative Wertewandelinterpretation im Sinne Klages'. In einem langen Vortrag auf der Jahrestagung des Bundesverbands Deutscher Unternehmensberater 1986 wandte Höhler sich entsprechend gegen Noelle-Neumanns Interpretation des „Wertewandels", da diese der deutschen Wirtschaft nicht weiterhelfe: „Sie können mit Kulturkritik niemand motivieren."[96] Auch Höhler dachte über eine Neufassung des Leistungsbegriffs nach. Die Tatsache, dass Freizeit einen größeren Stellenwert einnehme, bedeute nicht, dass Leistung keine Rolle mehr spiele. Ganz im Gegenteil erkannte Höhler bei der deutschen Jugend einen „neuen Unternehmergeist".[97] Wiederholt und nachdrücklich legte sie den versammelten Unternehmensberatern die „ungeheure Chance" des „Wertewandels" nahe. Diese liege vor allem darin,

> daß wir mehr Engagement vom Menschen am Arbeitsplatz gewinnen können [...],
> daß wir mehr von den Energien der Menschen im Arbeitsprozeß zu fassen kriegen,
> daß wir mehr Innovation freimachen könnten, wenn wir die Vorstellung aufgeben,
> wir müßten die Wertveränderung nur unter dem negativen Vorzeichen Hedonismus,
> Lustgewinngesellschaft, postmaterielle Strömung sehen.[98]

Helmut Klages und seine Mitarbeiter lieferten für diese positiv-voluntaristische Auslegung des „Wertewandels" in der Wirtschaft schon länger entscheidende Stichworte und Argumentationsmuster, indem sie direkt in der Wirtschaftspresse

---

tum. Konsequenzen für Unternehmen und Mitarbeiter, in: Computerwoche, 25.09.1987. Eine Veranstaltung für Personalleiter zum Thema „Strategisches Personalmanagement" in Düsseldorf wurde 1990 von der *Computerwoche* so zusammengefasst: „Wer den Wertewandel nicht ausreichend berücksichtigt und daraus Konsequenzen für die Personalpolitik im Unternehmen zieht, landet auf der Straße der Verlierer." Der Wertewandel zwingt die Personalleiter zum Umdenken. Management Circle diskutiert über Zukunft im Personalwesen, in: Computerwoche, 29.06.1990.

[95] In den Stromschnellen des Wertewandels, Der Spiegel, 16.1.1989, S. 50–56. Vgl. auch Bruno Seifert, Volkswagen. Virtuosin des Zeitgeistes Wolfsburg liegt quer, Wirtschaftswoche 13.10.1989.

[96] Gertrud Höhler, Freizeitlust statt Arbeitswut. Arbeitsethik im Wertewandel, in: Führung und Mitarbeit. Unternehmen im Wertewandel. Dokumentation zum Deutschen Beratertag BDU 1986. Öffentliche Veranstaltung am 20. November 1986 in München, Bonn 1987, S. 21–23, hier: 33. Vgl. auch Gertrud Höhler, Virtuosen des Abschieds – neue Werte für eine Welt im Wandel, Düsseldorf [u. a.] 1989.

[97] Ebd., S. 33.

[98] Ebd., S. 25 und 27.

und der Managementliteratur publizierten oder an einschlägigen Tagungen teilnahmen. Der große Erfolg des Klages'schen Wertewandelparadigmas ist sicher zu einem Teil einer geschickten Öffentlichkeitsstrategie der Speyerer Sozialwissenschaftler geschuldet. Entscheidend aber war der Inhalt ihres wissenschaftlichen Angebots. Denn Klages' Interpretation des „Wertewandels" war nicht deterministisch, sondern enthielt ein Element der Entwicklungsfreiheit, das sich für die Wirtschaft in Entscheidungs- und Gestaltungsspielräume für Personal- und Marketingexperten übersetzen ließ. Insbesondere Helmut Klages' „Wertesynthese" versprach, aus Sicht der Wirtschaft eine durchaus sympathische Erklärung zu sein, denn sie ließ für die Zukunft hoffen, war doch „Leistung" weiterhin möglich, auch wenn sie nicht mehr traditionell eingefordert werden konnte.[99] An dieser Stelle lohnt es sich, auf Klages' Vergangenheit in der westdeutschen Zukunftsforschung hinzuweisen.[100] Helmut Klages, ein Schüler Helmut Schelskys, gehörte als Direktor des Instituts für Soziologie an der TU Berlin in den späten 1960er Jahren zum Gründerkreis des Zentrums Berlin für Zukunftsforschung. Sein eigenes Konzept der Zukunftsforschung, seine „projektive Soziologie", war geprägt von einem kritisch-emanzipatorischen Machbarkeitsdenken.[101] Die Welt war für Klages grundsätzlich offen, machbar und voller Raum für Innovativität. Diese Grundgedanken leiteten auch seine Interpretation des „Wertewandels". Überspitzt formuliert: Helmut Klages übersetzte die zukunftsoptimistische Planungseuphorie der 1960er in das beginnende neoliberale Zeitalter, indem er die Gestaltung der Zukunft nicht mehr in die Hände des Staates, sondern in die Hände des Individuums (bzw. in die Hände der „aktiven Realisten" in den Führungsetagen der deutschen Wirtschaft) legte.

Klages selbst hatte das Motto in einem Aufsatz für *Blick durch die Wirtschaft* vorgegeben: „Den Wertewandel begreifen und gestalten".[102] Hier erklärte er, dass die großen Gegenwartsfragen nicht verstanden werden könnten, wenn man „den geradezu horizonterfüllenden Sachverhalt des Wertewandels" ignoriere. Die „Motivationsvernichtung großen Stils" in der deutschen Wirtschaft ergab sich für Klages durch den „Wertewandel", vor allem aber durch die mangelnde Fähigkeit, ihm gerecht zu werden. Dies betreffe die Politik, vor allem aber die Wirtschaft. Die „gegebenen Handlungsspielräume", die es zu nutzen galt,

---

[99] Im Bericht des *Manager Magazins* über den Bamberger Soziologentag 1982 wurde entsprechend das „Klagessche Sowohl-als-auch der Werte" als besonders realitätsnah beschrieben und durch Berichte aus der Wirtschaftspraxis bestätigt. Peter Derschka, Krise der Arbeit. Zweifel am Ziel, in: Manager Magazin 12 (1982), S. 102–107.
[100] Vgl. hierzu Seefried, Zukünfte, S. 355–358, 404–406.
[101] Ebd., 357 f.
[102] Helmut Klages, Morgen hat man andere Ansprüche. Den Wertewandel begreifen und gestalten, in: Blick durch die Wirtschaft (FAZ), 6.9.1984.

sah Klages 1984 in fünf Punkten: erstens in einer „qualitativ differenzierenden Personalplanung", die dem Unterschied der individuellen Wertausstattung Rechnung trägt; zweitens in verbesserten Führungspraktiken angesichts des „Wertewandels"; drittens in einer Arbeitsgestaltung anhand der Grundsätze „job rotation", „job enlargement" und „job enrichment"; viertens in einer Politik der Arbeitszeitflexibilisierung; und fünftens in einer direkteren und intensiveren Kommunikation zwischen den Leitungs-, Führungs- und Mitarbeiterebenen.[103]

Damit hatte Klages nicht nur eine wirtschaftsaffine Interpretation des Wertewandelparadigmas geliefert, sondern selbst die zentralen Anwendungsbereiche einer wertebasierten Unternehmenspolitik genannt, wie sie in den 1980er Jahren in der Wirtschaft dann auch tatsächlich diskutiert und z. T. in unternehmerische Praxis umgesetzt wurden. Gerade aber auch auf einer allgemeineren gesellschaftspolitischen Ebene bot die Klages'sche Interpretation des „Wertewandels" neue Chancen. Aus der Sicht der Wirtschaft hatte *dieser* „Wertewandel" das Potential für den Wiedergewinn kultureller Hegemonie. Eine Kombination von „Pflicht- und Akzeptanzwerten" mit „Selbstentfaltungswerten" war geradezu ideal, wenn damit eine Verbindung von grundsätzlicher Akzeptanz der marktwirtschaftlichen Verfasstheit der Bundesrepublik mit individualisierter und emotionalisierter Leistungsethik gemeint war. *Dieser* „Wertewandel" konnte auch gegen die Gewerkschaften ins Feld geführt werden: Denn wenn Individualisierung und Flexibilisierung des Arbeitsverhältnisses die Zukunft wären, müssten sich die Gewerkschaften von ihrem traditionellen Verständnis der konfrontativen Arbeitnehmervertretung trennen.

Für diese Zukunftsvision besonders erstrebenswert waren die „aktiven Realisten" aus der Wertewandeltypologie von Helmut Klages. Darunter verstand er besonders lebenstüchtige Menschen, die mit einer „Idealkombination von wünschenswerten Eigenschaften"[104] (nämlich hohe Pflicht- und Akzeptanzbereitschaft kombiniert mit Selbstentfaltungsbestrebungen) für die Herausforderungen der Postmoderne besonders gut gewappnet seien. Bei den „aktiven Realisten" handele es sich demnach um eine „echte Avantgarde",[105] die das evolutionäre Potential des „Wertewandels" verkörpere. Übersetzt auf die Unternehmensebene waren das Mitarbeiter, „die sich in aktiver Weise ‚einbringen' wollen, deshalb auch keineswegs immer bequem sind, die aber grundsätzlich Kooperations-

---

[103] Helmut Klages, Morgen hat man andere Ansprüche. Den Wertewandel begreifen und gestalten, in: Blick durch die Wirtschaft (FAZ), 6.9.1984.

[104] Helmut Klages, Der Wertewandel in den westlichen Bundesländern, in: Biss Public. Wissenschaftliche Mitteilungen aus dem Berliner Institut für Sozialwissenschaftliche Studien 2 (1991), S. 99–118, hier: 114.

[105] Helmut Klages, Wertedynamik. Über die Wandelbarkeit des Selbstverständlichen, Zürich u. a. 1988, S. 119.

und Loyalitätsbereitschaft zeigen".[106] Ziel eines Unternehmens müsse es demnach sein, die Wertesynthese der „aktiven Realisten" zu fördern, so dass neue Motivationspotentiale erschlossen werden könnten, so die Klages-Mitarbeiter Gerhard Franz und Willi Herbert in einem Aufsatz für das Wirtschaftsmagazin *Harvard-Manager*.[107]

Klages selbst legte der Wirtschaft eindrücklich nahe, das Thema „Wertewandel" konstruktiv und gestalterisch anzugehen. Für die Unternehmensführung bestehe eine Fülle von Chancen, „diese sicherlich faszinierende Aufgabe, die man mit Optimismus anpacken sollte, zu bewältigen", erklärte er auf einer gemeinsamen Tagung der Bertelsmann-Stiftung und des 1977 von Kurt Biedenkopf gegründeten Instituts für Wirtschaft und Gesellschaft (IWG) im April 1985 in Hamburg.[108] Konkret bedeute das für die Wirtschaft, neue Handlungskonzepte zu entwickeln, „in denen ein produktives Zusammengehen und Konvergieren der individuellen Werte und der organisierten Objektivationen zur Leitlinie erhoben wird". Mit dieser etwas sperrigen Formulierung empfahl Klages den über 50 Tagungsteilnehmern – darunter dutzende Geschäftsführer und Vorstandsmitglieder deutscher Unternehmen –, eine wertebasierte Personal- und Produktpolitik einzuführen. Und tatsächlich wurden auf der Hamburger Tagung die „neuen gesellschaftlichen Herausforderungen" für die Unternehmensführung nicht nur abstrakt diskutiert, sondern mit Berichten über praktische Erfahrungen mit wertebasierten Konzepten der „Mitarbeitermotivierung" kontrastiert. Vorausgegangen war der Tagung eine von der Bertelsmann-Stiftung und dem Institut für Wirtschaft und Gesellschaft beauftragte und vom Bielefelder Meinungsforschungsinstitut EMNID durchgeführte Umfrage bei über 1000 Unternehmern und leitenden Angestellten zur „Arbeitsmotivation von Führungskräften der deutschen Wirtschaft", auf die im Laufe der Tagung immer wieder Bezug genommen wurde.[109] Das für die Wirtschaft beruhigende Ergebnis der Umfrage bestand darin, dass die Führungskräfte zwar nach „Selbstverwirklichung" strebten, aber „noch"

---

[106] Gerhard Franz/Willi Herbert, Wertewandel und Mitarbeitermotivation. Eine Strategie zur Entwicklung von Motivationsproblemen, in: Harvard Manager 1 (1987), S. 96–102, hier: 98.
[107] Ebd., S. 98 f.
[108] Helmut Klages, Empirische Bestandsaufnahme des Wertewandels, in: Unternehmensführung vor neuen gesellschaftlichen Herausforderungen. Ergebnisse einer gemeinsamen Arbeitstagung der Bertelsmann-Stiftung, Gütersloh, und des Instituts für Wirtschafts- und Gesellschaftspolitik e. V. – IWG –, Bonn, am 23. und 24. April 1985 in Hamburg, Gütersloh 1985, S. 24–39, hier: 39.
[109] Die Arbeitsmotivation von Führungskräften der deutschen Wirtschaft. Ergebnisse einer Umfrage bei Unternehmern und leitenden Angestellten, durchgeführt vom EMNID-Institut, im Auftrag des Instituts für Wirtschafts- und Gesellschaftspolitik – IWG – und der Bertelsmann-Stiftung, Gütersloh 1985.

7.1 Der „Wertewandel": eine sozialwissenschaftliche Makrotheorie der 1980er Jahre   335

weitgehend einem traditionellen Arbeitsethos verpflichtet seien, „kurz: Sie sind aktive Realisten in der Nomenklatur von Professor Klages", so Meinhard Miegel vom IWG.[110]

Bezüglich der allgemeinen Richtung des „Wertewandels" im Bereich der Arbeit gab es auf der Hamburger Tagung allerdings unterschiedliche wissenschaftliche Auslegungen. Während der Wirtschaftsprofessor und Direktor der Forschungsstelle Sozialökonomik der Arbeit an der Freien Universität Berlin Burkhard Strümpel (auf der Basis von Daten des gemeinsamen Forschungsprojektes mit Noelle-Neumann) weiterhin von einer Distanzierung der Deutschen von der Arbeit ausging,[111] sah der Hamburger Erziehungswissenschaftler und Zukunftsforscher Horst Opaschowski diesen Befund weniger grundsätzlich: Nicht Arbeit an sich sei weniger wichtig geworden, nur die Berufsarbeit habe ihren „Mythos" verloren. Der „eigentliche Motor des Wertewandels" sei die Freizeit. Der Wunsch nach „sinnvoller Selbstverwirklichung" bleibe aber von dieser Verschiebung unberührt. „Leistung hat Zukunft", schlussfolgerte Opaschowski, wenn auch unter anderen Vorzeichen: „Ein Wandel von der sozial-konformen zur individuell-autonomen Leistungsorientierung ist feststellbar. [...] Das Leistungsprinzip wird ent-idealisiert, aber die große Leistungsverweigerung findet nicht statt."[112] Obwohl Strümpels Botschaft für die Unternehmensführer nicht ganz so optimistisch war, erkannte auch er Gestaltungsspielraum für die deutschen Unternehmen. Um Eigeninitiative und Kreativpotential der Mitarbeiter zu fördern, bedürfe es mehr Flexibilität in der individuellen Gestaltung des Arbeitsplatzes und der Arbeitszeit, „vielleicht sogar dezentrale[...] Inseln außerhalb des vollen Zugriffs der Unternehmensbürokratie".[113] Als zukunftsweisende Beispiele nannte Strümpel die neuen arbeitsorganisatorischen und personalpolitischen Ansätze der Firmen IBM und BMW, auf deren „werteorientierte Personalpolitik" weiter unten noch ausführlich eingegangen wird.

Auf der Hamburger Tagung wurde der „Wertewandel" als Herausforderung für die Unternehmensführung nicht im Zeichen einer pessimistischen oder gar

---

[110] Meinhard Miegel, Die Arbeitsmotivation von Führungskräften der deutschen Wirtschaft, in: Unternehmensführung vor neuen gesellschaftlichen Herausforderungen, S. 87–120, hier: 88.
[111] Burkhard Strümpel, Arbeitsmotivation im sozialen Wandel, in: Unternehmensführung vor neuen gesellschaftlichen Herausforderungen, S. 65–81.
[112] Horst Opaschowski, Folgen des Wertewandels. Lebensorientierungen zwischen Arbeitsethos und Mußidee, in: Unternehmensführung vor neuen gesellschaftlichen Herausforderungen, S. 42–64, hier: 55.
[113] Strümpel, Arbeitsmotivation im sozialen Wandel, S. 81. Vgl. auch die Studie: Institut für Wirtschaft und Gesellschaft Bonn (Hrsg.), Die Arbeitsmotivation von Arbeitern und Angestellten in der deutschen Wirtschaft, Gütersloh 1987.

kulturkritischen Gesellschaftsanalyse diskutiert. Es dominierten die Versuche, Möglichkeiten und gestalterische Potentiale des „Wertewandels" zu suchen. Darüber hinaus ist die Hamburger Tagung aber auch ein Beispiel für die in den 1980er Jahren voranschreitende Verflechtung von Wissenschaft, Wirtschaft und Politik im Zeichen des „Wertewandels". Private Forschungsinstitute brachten sozialwissenschaftliche Expertise mit Politik und Unternehmen zusammen. Für „Denkfabriken" wie die Bertelsmann-Stiftung und das IWG war auf diesem Weg der „Wertewandel" zu einem Geschäftsfeld geworden. Inhaltlich zeigt sich, dass Mitte der 1980er Jahre der „Wertewandel" von der deutschen Wirtschaft zunehmend als günstige Gelegenheit begriffen wurde. Letztlich ging es dabei darum, den „Wertewandel" als Anlass für eine Neuorganisation von Arbeit und Neugestaltung von Unternehmensführung zu nutzen.

Die Legitimation des Flexibilisierungsparadigmas der 1980er Jahre speiste sich somit aus den sozialkulturellen Veränderungen, die in der Wirtschaft vornehmlich in den Individualisierungstendenzen und in dem Wunsch nach mehr Selbstverwirklichung gesehen wurden. Dass diese sozialkulturellen Veränderungen sich mit den neuen Möglichkeiten der flexiblen Arbeitsgestaltung durch die neuen Technologien überlappten, war aus Sicht der Wirtschaft geradezu ein „Glücksfall". Paradigmatisch für diese Einschätzung des „Wertewandels" ist eine Präsidiumssitzung des BDI im Januar 1986. Auch hier wurde der „Wertewandel" als „tiefgreifende Strukturveränderung" erkannt:

> Sogenannte postmaterielle Werte wie Selbstverwirklichung und eine hedonistische Lebenseinstellung treffen auf größeren Zuspruch in der Bevölkerung. Die Arbeit als Hauptlebensinhalt verliert gegenüber der Freizeit an Gewicht, was manche – auch vor dem Hintergrund der derzeitigen Arbeitsmarktsituation – voreilig zu dem Schluß verleitet, das Ende der Arbeitsgesellschaft stehe bevor. Nicht zu leugnen ist allerdings, daß wir uns in einer Phase der gesellschaftlichen Umorientierung befinden, der Drang nach größerer Freiheit und Selbstbestimmung wächst und [findet sich] damit – von manchen nur noch nicht erkannt – erfreulicherweise mit den flexiblen Gestaltungs- und Anwendungsmöglichkeiten der modernen Technik zusammen[...].[114]

Noch deutlicher umrissen hinsichtlich der unternehmerischen Maßnahmen wurde diese ökonomische Analyse des „Wertewandels" auf dem Kongress „Technologie – Wertewandel – Zukunft der Arbeit", der ein knappes halbes Jahr vor der Hamburger Tagung im Congress Centrum in Berlin stattgefunden hat. Dieses „1. Berliner Symposium zur Zukunft der Industriegesellschaft" wurde von der Arbeitsgemeinschaft partnerschaftlicher Betriebe, der Deutschen Gesellschaft für Personalführung, der Deutschen Management-Gesellschaft und dem Aspen-Institut veranstaltet und war prominent besetzt: Nach Einführungen des Berliner Regierenden Bürgermeisters Eberhard Diepgen und des Staatssekretärs

---

[114] Sitzung des Präsidiums am 27. Januar 1986. BDI-Archiv A 130.

im Bundesministerium für Arbeit und Sozialordnung, Wolfgang Vogt, trugen Sozialwissenschaftler wie Noelle-Neumann, Strümpel und der amerikanische Soziologe Daniel Bell vor. Aber auch Gewerkschaftsvertreter und eine Reihe von Unternehmern wie der Vorstandsvorsitzende der Bertelsmann AG Mark Wössner referierten aus der betrieblichen Praxis.[115]

Besonders aufschlussreich ist allerdings der Vortrag des weniger bekannten Unternehmers Claus Zoellner.[116] Zoellner war Geschäftsführer und Gesellschafter der Accumulatorenwerke Hoppecke, einem mittelständischen Batterienhersteller aus Frankfurt am Main, und Vorsitzender der Arbeitsgemeinschaft partnerschaftlicher Betriebe (AGP). Sein Beitrag verdient aus drei Gründen ausführlich analysiert zu werden: erstens weil er die praktische mittelständische Perspektive auf das Phänomen „Wertewandel" bietet, zweitens weil Zoellner sehr konkrete organisatorische und personalpolitische Maßnahmen vorschlug und drittens weil seine Gesamteinschätzung der pessimistischen Wertewandeldiagnose von Elisabeth Noelle-Neumann, die vor Zoellner in der Sektion „Wertewandel der Arbeit – Folgen für die Wirtschaft" vorgetragen hatte, widersprach.[117]

Zoellner verstand das Ergebnis des „Wertewandels" grundsätzlich nicht als etwas Beklagenswertes, sondern als Anstoß für institutionelle Veränderungen, vor allem aber als Herausforderung und Chance für die Unternehmer, die es offensiver anzugehen galt: „Wertewandel und unsere Antworten darauf verdienen eine offensive Beschäftigung mit unserem Selbstverständnis. Wir haben das in der Vergangenheit zu sehr den Journalisten, Professoren, Meinungsforschern u. a. überlassen."[118] Im Kern von Zoellners Analyse steht ein positives Menschenbild: das „unabhängige, selbstbewußte, mit kritischer Lernfähigkeit ausgestattete Individuum". Dieses müsse aber wieder in den Mittelpunkt des Unternehmens gestellt werden. Dem Menschen müsse sichtbar und erfahrbar gemacht werden, dass „er das wichtigste Kapital des Unternehmens ist". Es bedürfe eines betrieblichen Umfeldes, „in dem der Mitarbeiter erfolgreich sein, sich selbstverwirklichen kann". Zoellner wurde noch konkreter: „Die sozialen Innovationen der Zukunft besinnen sich mehr auf den Menschen, seine individuellen, geistigen und emotionalen Bedürfnisse, seinen Anspruch

---

[115] Technologie – Wertewandel – Zukunft der Arbeit. 22. + 23. November 1984 im Congress Centrum Berlin. Berliner Symposium zur Zukunft der Industriegesellschaft, Berlin 1984.
[116] Carl [Claus] Zoellner, Wertewandel der Arbeit – Herausforderung an mittelständische Unternehmen, in: Technologie – Wertewandel – Zukunft der Arbeit, S. 113–124. Der Vorname von Zoellner ist in der Publikation fälschlicherweise mit „Carl" angegeben. Vgl. auch Claus Zoellner, Die großen Verbände versagen. Partnerschaft statt Konfrontation im mittelständischen Unternehmen, in: Die Zeit, 7.12.1984.
[117] Diesen Unterschied zwischen Noelle-Neumanns Diagnose und den Berichten aus der betrieblichen Praxis hob auch die Wirtschaftspresse hervor. Vgl. Vertrauen ist besser, in: Wirtschaftswoche, 7.12.1984.
[118] Zoellner, Wertewandel der Arbeit, S. 115.

auf Würde und Selbstbestimmung im Rahmen einer betrieblichen Leistungsgemeinschaft."[119] Im Folgenden erklärte Zoellner, welche Innovationen von unternehmerischer Seite dafür in Frage kommen. Sein Maßnahmenkatalog zur Neugestaltung der Arbeitsbeziehungen greift dabei auf viele Vorschläge zurück, die bereits seit den 1970er Jahren im arbeitswissenschaftlichen und arbeitspolitischen Diskurs um Mitbestimmung und Humanisierung der Arbeit mehr oder weniger konkret virulent gewesen waren. Neu war daran aber der eindeutige Bezug zum „Wertewandel" aus unternehmerischer Perspektive: „Gesellschaftliche Werte – gerade auch die der Arbeit – müssen als bestimmende Faktoren in unternehmerische Zielsetzungen und Entscheidungen eingehen."[120]

Der Fokus auf die Mitarbeiter, ihre Qualifikation und Weiterbildung bedeute, dass die Personalentwicklung „zu einer der zentralen zukunftsorientierten Aufgaben eines Unternehmens" werde. Es gelte, die Mitarbeiter zu Mitträgern, nicht zu Opfern des technischen Wandels zu machen. Diejenigen, die bei diesem Wandel nicht mitkommen, gelte es durch ein „menschlich-sensibles Outplacement-Programm" an andere Betriebe zu vermitteln. Besonders viele Gestaltungsmöglichkeiten eröffne die Arbeitszeitflexibilisierung. Arbeitszeitverkürzungen dürfe es jedoch nur differenziert und individuell unter Berücksichtigung von Produktivitätsentwicklung und internationaler Wettbewerbsfähigkeit geben. „Gleichbehandlung schafft hier Ungerechtigkeit und vergrößert das Arbeitsplatzrisiko."[121]

Neben der Arbeitszeitflexibilisierung bot eine Neugestaltung der Organisationsstruktur des Unternehmens viele Möglichkeiten, um dem „Wertewandel" gerecht zu werden. Hierarchieabbau und Transparenz zur Kreativitätsförderung der Mitarbeiter waren hier die Losung, die ebenfalls schon länger zu den Grundbeständen des arbeitswissenschaftlichen Diskurses und der Empfehlungen der Humanexperten gehörte.[122] Bei Zoellner klang das folgendermaßen: „Eine Organisation, die, wo möglich, auf traditionelle Hierarchieebenen verzichtet oder sie einebnet, schafft mehr Transparenz, erleichtert die Kommunikation, erweitert die Verantwortungsbereiche, baut Barrieren ab und erweiterte kreative Spielräume."[123] Beispielhaft wurde hier das „Projektmanagement" als zukunftsträchtige Organisationsform für betriebliche Abläufe genannt. Wie oben gesehen, handelte es sich dabei um eine Management- und Organisationstechnik, die gegen die herkömmlichen standardisierten und starren Unternehmensprozesse gerichtet war. In der projektzentrierten Sicht der Organisation wird Arbeit abtei-

---

[119] Zoellner, Wertewandel der Arbeit, S. 116.
[120] Ebd., S. 113.
[121] Ebd., S. 118.
[122] Vgl. Kapitel 3.3.2.
[123] Zoellner, Wertewandel der Arbeit, S. 118.

7.1 Der „Wertewandel": eine sozialwissenschaftliche Makrotheorie der 1980er Jahre

lungsübergreifend auf ein temporär zusammenarbeitendes Team übertragen.[124] Zoellner sah im Projektmanagement eine ideale unternehmerische Antwort auf den „Wertewandel", insbesondere für den deutschen Mittelstand:

> Gerade in dieser Einrichtung liegt eine große Chance für mittelständische Unternehmen, die ihren Mitarbeitern geringere Karriereperspektiven geben können, gleichwohl aber kreative und erfolgsbetonte Menschen benötigen. Das Projektmanagement bietet dem Mitarbeiter eine gute Chance, sich vielfältigen Herausforderungen zu stellen, Führungserfahrungen zu sammeln und schließlich Selbstverwirklichung zu erleben.[125]

In eine ähnliche Richtung gingen die anderen von Zoellner vorgeschlagenen Maßnahmen: strukturierte Informations- und Kommunikationsprozesse, Dezentralisierung durch „kleine, selbständige Unternehmenseinheiten" und die aus Japan stammenden „quality circle", also auf unbestimmte Dauer eingesetzte Kleingruppen zur Verbesserung betrieblicher Abläufe.

> Schließlich muss das jeweilige Entlohnungssystem danach beurteilt werden, inwieweit es die Motivation der Mitarbeiter berücksichtigt und fördert. Gemessen an dem neuen Werteverständnis heißt das, dass traditionelle, kompensatorische Akkordentlohnungssysteme zu weniger Leistungsbereitschaft und Arbeitszufriedenheit beitragen als sogenannte „motiv-kongruente Entlohnung".[126]

Gemeint waren damit Entlohnungssysteme, die eine persönliche Beteiligung am Leistungserfolg garantieren und – so die Theorie der Personallehre – die Motivation steigern sollten.

Die von Zoellner vorgeschlagene Neuorganisation von Arbeit und Neugestaltung von Unternehmensführung orientierte sich an den Leitbildern Selbstorganisation, Identifikation, Eigenverantwortung, Flexibilität und Selbstverwirklichung. Das Beispiel zeigt: Die Konzentration auf den einzelnen Mitarbeiter, auf die Bedürfnisse des Individuums war in den 1980er Jahren eine unternehmerische Handlungsmaxime geworden, deren Erfordernis durch den „Wertewandel" „wissenschaftlich" belegt war. Mit dieser Handlungsmaxime ließen sich aus Sicht der Unternehmen Gefahren abwehren (Unzufriedenheit, Motivationsprobleme, Kapitalismuskritik), aber auch bisher unerschlossene Leistungspotentiale und Kreativität der Mitarbeiter aktivieren. Vor allem aber hatte die unternehmerische Adressierung des Individuums den Vorteil der Umgehung der kollektiven Solidarvertretungen der Mitarbeiter. Entsprechend wenig begeistert waren denn auch die Gewerkschaften von dem neuen Wertewandel-Flexibilisierungs-Paradigma. Daher warnte auch Zoellner: „Wenn sich die marxistischen Vordenker der Gewerkschaften durchsetzen, dann werden alle geschilderten Ansätze zu einer wirklichen Humanisierung auf Basis

---

[124] Vgl. Kapitel 3.3.2.
[125] Zoellner, Wertewandel der Arbei, S. 118.
[126] Ebd., S. 119.

des heutigen Werteverständnisses konterkariert."[127] Ziel der Gewerkschaften sei es, individuelle Bindung und Identifikation mit dem Unternehmen und dem Arbeitsergebnis zu verhindern. Der „Wertewandel" sei daher für die Unternehmen, so Zoellner abschließend, sowohl eine Herausforderung von innen als auch von außen.

Trotz dieser gewerkschaftskritischen Perspektive stand Zoellners Beitrag in Kontrast zu dem seiner Vorrednerin Noelle-Neumann. Ebenso wie der andere Unternehmensvertreter in der Wertewandelsektion des Kongresses, Reemtsa-GmbH-Vorstand Ernst Zander,[128] hatte Zoellner der kulturpessimistischen Einschätzung Noelle-Neumanns vom Verfall der deutschen Arbeitsmoral implizit eine Absage erteilt. Dies sorgte auch für Irritationen beim Publikum. Ein Diskussionsteilnehmer warf ein:

> Ich war überrascht, dass die beiden Referate von Herrn Zoellner und Herrn Zander Frau Noelle-Neumann eigentlich grundlegend widersprochen haben. Sie kommen ja offensichtlich ganz gut zurecht mit dem „Wertewandel" von Frau Noelle-Neumann. Mich überrascht eigentlich Frau Noelles Pessimismus und ihre Kassandrarufe. Für wen sprechen Sie eigentlich? [...] Gehen Sie nicht an der Wirklichkeit vorbei? [...] Es ist doch grotesk, ich meine, es hängt doch mit der fixen Idee des Allensbacher Instituts zusammen, dass das Fernsehen an allem schuld ist.[129]

Die kulturpessimistische Interpretation des „Wertewandels" konnte sich in der deutschen Wirtschaftsöffentlichkeit nicht durchsetzen – mit Kulturkritik ließ sich „niemand motivieren", wie Gertrud Höhler treffend festgestellt hatte. Dass neben liberalkonservativen Publizisten gerade die Human- und Personalexperten der Alternative von Helmut Klages den Vorzug gaben, kam auch nicht von ungefähr. Zum einen konnten sie die Theorie in konkrete betriebliche Maßnahmen zur Motivationssteigerung übersetzen – wie im folgenden Kapitel ausführlich dargestellt werden soll. Zum anderen aber gab es mit dem „Wertewandel" der 1980er Jahre im Sinne Klages' eine vereinheitlichende und konsensfähige Theorie für die Notwendigkeit von verschiedenen Neuansätzen in der Personallehre, die seit den 1970er Jahren diskutiert wurden. Die Hinwendung zu Motivation, Selbstverwirklichung und Partizipation war in den 1980er Jahren keine Neuerfindung, sondern geht – wie oben gesehen – auf den „langen Abschied von der Autorität", den Paradigmenwechsel in der Unternehmensführung nach 1966/67 und den Aufstieg des Menschenbilds vom „self-actualizing man" zurück. Sie fand bereits in den 1970er Jahren Eingang in die Führungskräfteausbildung, aber auch in diverse Maßnahmen zur Humanisierung der Arbeit. In den 1980er Jahren stellte

---

[127] Zoellner, Wertewandel der Arbeit, S. 122.
[128] Ernst Zander, Wertewandel der Arbeit. Herausforderung für die großen Unternehmen, in: Technologie – Wertewandel – Zukunft der Arbeit, S. 125–135.
[129] Plenumsdiskussion: Wertewandel der Arbeit – Folgen für die Wirtschaft?, in: Technologie – Wertewandel – Zukunft der Arbeit, S. 138.

die Theorie des „Wertewandels" eine homogenisierende Erklärung für die Zeit des „Wertewandelschubs", also die Zeit zwischen 1965 und 1975, dar. Sie war zugleich – und dies war womöglich noch wichtiger – der empirische „Beweis" für das zukünftige Erfordernis von innovativen personalpolitischen Maßnahmen, die zwar zum Teil schon in den 1970er Jahren erprobt worden waren, jetzt aber eben eine neue Dringlichkeit hatten. Wie eine solche Antwort in den 1980er Jahren konkret aussehen konnte, soll im folgenden Kapitel dargestellt werden.

7.2 Elite, Privatuniversitäten und Managerinnen: Neue kapitalistische Leitbilder in den 1980er Jahren

Zu Beginn der 1980er Jahre ging ein Schreckgespenst in den Wirtschaftsmedien um: der Manager als Aussteiger. Die romantische Vorstellung vom Spitzenmanager, der der alten Berufswelt den Rücken kehrt und stattdessen seinen Hobbys nachgeht, sich „selbst verwirklicht" und vielleicht ein Weingut führt, war für viele faszinierend, bereitete aber den Wirtschaftsführern und insbesondere den Personalexperten der Unternehmen große Sorge. Man fürchtete die symbolische Wirkung, die von einer solchen Herausforderung des Leistungsprinzips ausging. Der Aussteiger als Avantgardist mit möglicherweise negativer Vorbildfunktion für andere Führungskräfte war daher eine Figur, gegen die es anzugehen galt. In einem bemerkenswerten Artikel in einer Schweizer Management-Zeitschrift wurde die mit der Figur des Aussteigers verbundene Herausforderung des Leistungsprinzips angegriffen: Die in den Medien kolportierten Geschichten über Spitzenmanager als glückliche Aussteiger seien irreführend, denn „es gibt keine echten Aussteiger: es gibt nur Menschen, die etwas leisten wollen, und solche, die das nicht wollen oder gar nicht können"[130]. Es sei vielmehr Selbstbetrug, zu glauben, dass durch Verzicht auf Leistung das Glück zu finden sei. „Wer glaubt denn nüchtern und bei Tageslicht, dass der vielbeschäftigte Manager, der erfolgreiche Berufsmann, die verantwortungsvolle Führungskraft sich vom Tage X an nur einfach an die Sonne legen würde?" Die Geschichten von Managern als Aussteiger seien in Wahrheit Geschichten von Männern, die lediglich ihren Fokus auf ein anderes Feld gelegt hätten und ihre Leistung und ihren Erfolg dort suchen würden. Man solle diese Männer nicht mit den „Leistungsunfähigen" verwechseln, die ihr Defizit als bewusste Leistungsverweigerung schönreden wollen. Daher gelte: „Die wahren Aussteiger sind Aufsteiger."[131]

---

[130] Egon Zehnder, Der Aussteiger – Angeber oder Aufgeber, in: Management-Zeitschrift io 50 (1981), S. 525–526.
[131] Ebd.

Wie zuvor anhand anderer vermeintlich leistungsverweigernder Figuren wie dem Gammler und dem Punk[132] wurden in der Wirtschaft zu Beginn der 1980er Jahre anhand der Figur des Aussteigers die Herausforderungen des Leistungsprinzips durch veränderte Einstellungen und Werte von Führungskräften diskutiert. Die Führungskräfte der 1980er Jahre standen generell auf dem Prüfstand, sie wurden sozialwissenschaftlich beobachtet, vermessen und bewertet. Insbesondere die Jung-Manager wurden hinsichtlich ihrer „postmateriellen" Tendenzen unter die Lupe genommen. Es stand zu befürchten, dass „die in den siebziger Jahren gezüchtete Anspruchsmentalität" auch bei Führungskräften ihre Spuren hinterlassen habe. Die Gefahr bestehe darin, dass eine „zunehmende ‚Arbeitnehmermentalität'" geringere Risikobereitschaft, mangelnde Mobilität und Karrierescheu zur Folge haben könnte.[133] Der „Wertewandel" bei Führungskräften war zu Beginn der 1980er Jahre ein großes Thema, dem sich Sozialwissenschaftler, die Wirtschaftspresse und die Unternehmen im Zusammenhang mit generellen Fragen der Arbeits- und Organisationsstrukturen der Unternehmen (z. B. Arbeitszeit und Führungsstil), insbesondere aber auch mit Fragen der Rekrutierung und Ausbildung von Führungskräften widmeten.

Leistung war offenbar nicht mehr selbstverständlich, auch für Führungskräfte wurde über neue Anreizstrukturen nachgedacht. Die Frage nach der Zukunft der Arbeits- und Leistungsgesellschaft machte sich somit in den 1980er Jahren insbesondere auch an dieser Gruppe fest und kulminierte in der Frage: Welche Auswirkungen hat der „Wertewandel" bei Führungskräften für die bundesdeutsche Leistungsgesellschaft? Schon zeitgenössisch waren die Analysen bald nicht mehr eindeutig, und analog zur voluntaristisch-optimistischen Wertewandelinterpretation kamen neue kapitalistische Leitbilder auf. Das gilt beispielsweise für das popkulturelle Phänomen des Yuppies, der gewissermaßen als leistungsbejahende Gegenfigur zum Aussteiger fungierte und die Vertreter der Postmaterialismusthese anscheinend in Verlegenheit brachte. In diesem Kapitel soll es also weiter um die außerordentliche Erfolgsgeschichte des sozialwissenschaftlichen Theorems „Wertewandel" gehen, wobei auch gefragt werden soll, wie und warum sich welche neuen Leitbilder für Lebensstil und Konsum in den 1980er Jahren entwickelten. Damit verbunden war in den 1980er Jahren nun auch die Frage nach den weiblichen Führungskräften. Wie würde sich ihr Aufstieg auswirken, da nun erstmals Managerinnen in nennenswerter Zahl zu

---

[132] Tina Gotthardt, Abkehr von der Wohlstandsgesellschaft. Gammler in den 60er Jahren der BRD, Saarbrücken 2007; Detlef Siegfried, Time is on my side. Konsum und Politik in der westdeutschen Jugendkultur der 60er Jahre, Göttingen 2006.
[133] Wirtschaftswoche, 27.4.1984, S. 67. Vgl. auch Friedemann W. Nerdinger/Lutz von Rosenstiel/Erika Spieß/M. Stengel, Selektion und Sozialisation potentieller Führungskräfte im Zeichen gesellschaftlichen Wertewandels, in: Zeitschrift für Arbeits- und Organisationspsychologie 32 (1988), S. 22–33.

vermerken waren? Was bedeutete eigentlich „weibliche Führung", und welche Auswirkungen würde sie für die bundesdeutsche Wirtschaft haben?

Die wohl folgenreichste Antwort auf den „Wertewandel" bestand in den 1980er Jahren in der Forderung nach einer neuen „Elite", die als Antwort auf die nationale Leistungsgefährdung und die internationale Herausforderung der deutschen Wettbewerbsfähigkeit gesehen wurde. Der Führungskräftediskurs war in den frühen 1980er Jahren somit eingebettet in allgemeinere bildungspolitische Auseinandersetzungen, die sich um die Auswirkungen der Bildungsreformen der 1960er und 1970er Jahre drehten. Eine Vielzahl von Bildungspolitikern sah zu Beginn der 1980er Jahre den Zeitpunkt für eine „Tendenzwende" gekommen. Vor allem aber ergriff die Wirtschaft selbst die Initiative und unterstützte die Gründung von Privatuniversitäten und Business Schools. Hier wollte sie ihre eigene „Elite" heranziehen, und auch wenn hier teilweise die Realität hinter den gesetzten Ansprüchen zurückblieb, hatten diese Initiativen weitreichende normative Folgen, die über die 1980er Jahre hinausreichten.

7.2.1 Neue Eliten

Die Wertewandeldebatte in der bundesdeutschen Gesellschaft und Wirtschaft ist der direkte Hintergrund für die Rückkehr des Elite-Begriffs in den 1980er Jahren.[134] Das gilt sowohl für den politischen Diskurs, der sich vor allem über die bildungspolitischen Auseinandersetzungen um die Förderung einer „Elite" entwickelte, als auch für den ökonomischen Elitendiskurs, der sich stärker um die Themen Führungskräfteausbildung, Wissenschaftsförderung und Gründung von Privatuniversitäten drehte.[135] In konservativer wie auch liberaler Spielart avancierte „Elite" in den frühen 1980er Jahren zu einer Antwort auf eine ganze Reihe von sozioökonomischen „Problemen": die („nivellierende") Bildungspolitik der 1970er Jahre, der drohende Verlust der deutschen Wettbewerbsfähigkeit auf internationalen Märkten und eben der gesellschaftliche „Wertewandel" mit all seinen vermuteten Folgen von „Technikfeindlichkeit" bis zu „Postmaterialismus". Insbesondere das Konzept der „Leistungselite" erwies sich dabei als besonders erfolgreiche Lösungsstrategie mit praktischen Folgen für die Aus- und Weiterbildungswelt der Führungskräfte und die Hochschullandschaft der Bundesrepublik.

---

[134] Vgl. Morten Reitmayer, Comeback der Elite. Die Rückkehr eines politisch-gesellschaftlichen Ordnungsbegriffs, in: Meik Woyke (Hrsg.), Wandel des Politischen. Die Bundesrepublik Deutschland während der 1980er Jahre, Bonn 2013, S. 433–458.

[135] Friederike Sattler, Wissenschaftsförderung aus dem Geist der Gesellschaftspolitik. Alfred Herrhausen und der Stifterverband für die Deutsche Wissenschaft, in: Vierteljahrshefte für Zeitgeschichte 64 (2016), S. 597–635.

Ihren öffentlichen Ausgangspunkt nahm die Elitediskussion der 1980er Jahre in den Empfehlungen des Wissenschaftsrats „zur Förderung besonders Befähigter" aus dem Jahr 1981.[136] Mit seinem Bericht stieß das bildungspolitische Beratungsgremium von Bund und Ländern eine kontroverse Debatte an, in der es nicht nur um Hochschulpolitik ging, sondern auch grundsätzliche Fragen nach der richtigen Gesellschaftsordnung diskutiert wurden. Dabei waren die Empfehlungen schon in ihrer Entstehung nicht ohne Widerspruch geblieben, der von den beteiligten SPD-Bildungspolitikern ausging. In der Vollversammlung des Wissenschaftsrates im Januar 1981 erklärte Hermann Granzow, Staatssekretär im Bonner Bildungsministerium, dass es ihm nicht möglich sei, eine Empfehlung zu unterstützen, die seiner Auffassung nach „die Entwicklung der staatlichen Bildungspolitik in den letzten 15 bis 20 Jahren sowie deren Ziele und Ergebnisse verkenne".[137] In der Folge wurde das Papier immer wieder überarbeitet und es sei dabei „immer sachlicher und nüchterner" geworden, so der IBM-Forschungsmanager und Vorsitzende des Wissenschaftsrat-Ausschusses „Wissenschaftlicher Nachwuchs", Karl Ganzhorn, der diesen Prozess offenkundig bedauerte – die Empfehlungen hätten so „leider ihren sprachlichen Schwung verloren".[138]

Mangelnde öffentliche Resonanz hat Ganzhorn dabei zu Unrecht befürchtet. Schon vor der Veröffentlichung der Empfehlungen erregte das Papier große mediale Aufmerksamkeit und führte zu unterschiedlichen Bewertungen in den großen deutschen Zeitungen: Herrmann Rudolph begrüßte in der *Zeit* die Wiederkehr des Elitebegriffs emphatisch und erkannte in der gesellschaftlichen „Offenheit für Ehrgeiz und Aufstieg" ein „Stück Selbstbestimmung".[139] Nachdem die *Frankfurter Rundschau* eine frühe Version unter dem Titel „Extrawürste braten für eine neue deutsche Elite" im Wortlaut veröffentlicht hatte,[140] äußerte

---

[136] Empfehlung zur Förderung besonders Befähigter vom 15.5.1981, in: Empfehlungen und Stellungnahmen des Wissenschaftsrats 1981, Drucksache 5307/81, S. 70–79. Vgl. dazu Harald Bluhm/Grit Straßenberger, Elitedebatten in der Bundesrepublik, in: Herfried Münkler (Hrsg.), Deutschlands Eliten im Wandel, Frankfurt a. M. 2006, S. 125–145; Silke Hahn, Zwischen Einheitsschule und Eliteförderung. Semantisch relevante Phänomene in der Bildungspolitik als Beitrag zu einer Sprachgeschichte der Bundesrepublik, Frankfurt a. M. 1998; dies., Zwischen Re-education und Zweiter Bildungsreform. Die Sprache der Bildungspolitik in der öffentlichen Diskussion, in: Georg Stötzl/Martin Wengeler (Hrsg.), Kontroverse Begriffe. Geschichte des öffentlichen Sprachgebrauchs in der Bundesrepublik Deutschland, Berlin 1995, S. 163–209.

[137] Vermerk über die wesentlichen Ergebnisse der 27. Sitzung des Ausschusses „Wissenschaftlicher Nachwuchs" am 24. März 1981 in Köln. Bundesarchiv Koblenz B 247/231.

[138] Ebd.

[139] Hermann Rudolph, Elite: ein Begriff kehrt wieder. Exzellenz ist das Unterfutter der Egalität, in: Die Zeit, 30.5.1980. Vgl. auch Jutta Roitsche, Elite-Förderung soll endlich nicht mehr mit Tabu belegt sein, in: Frankfurter Rundschau, 22.5.1980.

[140] Extrawürste braten für eine neue deutsche Elite, in: Frankfurter Rundschau, 16.6.1980.

sich auch der Bildungsexperte der SPD Peter Glotz.[141] In einem ausführlichen Essay für den *Spiegel* zeigte er sich grundsätzlich skeptisch: „Eliteuniversitäten in Deutschland? Das wären schnell Herrschaftsinstrumente eines bürgerlich-toleranten Ober-Mittelstandes." Aber auch Glotz erkannte bildungspolitischen Reformbedarf an, ohne Schwerpunktbildung würden die Universitäten zu „Ausbildungsverwaltungsstellen" verkommen und „versacken".[142] Tatsächlich waren die Vorschläge des Wissenschaftsrats nicht unbedingt revolutionär; er empfahl kleinere Lerngruppen, mehr Wettbewerb und Autonomie für die Hochschulen sowie mehr Auszeichnungen für besondere Leistungen der Studierenden und den Ausbau der „Hochbegabtenförderungswerke". Dabei sei es kein Ziel, „in der Bundesrepublik Deutschland die ENA oder Oxford oder Princeton zu kopieren und neuartige Ausbildungseinrichtungen zu schaffen".[143] Weil aber die Notwendigkeit von Eliten für das „demokratisch-republikanische" Gemeinwesen von den Verfassern, zu denen der Germanist Peter Wapnewski und der Politikwissenschaftler Peter Graf Kielmannsegg gehörten, ausdrücklich betont wurde und die Empfehlungen im Zusammenhang mit den debattierten Strukturproblemen der westdeutschen Universitäten gesehen wurden, wirkten sie „mindestens wie eine partielle Kursänderung der Hochschulpolitik".[144]

Genauso wurde das Papier auch zeitgenössisch von den großen Bildungseinrichtungen wahrgenommen. Die im Bundesarchiv gesammelten Antworten auf das vom Generalsekretär des Wissenschaftsrates Peter Kreyenberg versandte Papier betonen fast durchgängig die unbedingte Notwendigkeit einer Elitediskussion und einer damit verbundenen Reform des Hochschulwesens. Der Generalsekretär der DFG, Carl-Heinz Schiel, wünschte dem Elitepapier entsprechend „eine weite Verbreitung und nachhaltige Wirkung"[145], ähnlich positiv äußerten sich Hilde Rostosky von der Alexander von Humboldt-Stiftung, Rudolf Kerscher, Vorstand der Fritz Thyssen-Stiftung, der Präsident des Hochschulverbands Hartmut Schiedermair, der Kuratoriumsvorsitzende der Stiftung Volkswagenwerk Werner Remmers und Klaus Liesen, Vorstandsvorsitzender des Stifterverbands für die Deutsche Wissenschaft.[146] Hartmut Rahn von der Studienstiftung des deutschen Volkes begrüßte die Initiative ebenfalls und versprach konkrete Zusammenarbeit, und das, obwohl die Studienstiftung bisher „immer ein wenig elitescheu" gewesen

---

[141] Peter Glotz, Elite fördern heißt nicht Extrawürste braten, in: Hochschulpolitische Informationen, 11.7.1980.
[142] Peter Glotz, Die Linke und die Elite, in: Der Spiegel, 13.10.1980.
[143] Wissenschaftsrat, Empfehlung zur Förderung besonders Befähigter, Berlin 15.5.1981, S. 7.
[144] Reitmayer, Comeback der Elite, S. 443.
[145] C. H. Schiel an J. P. Kreyenberg, 11.6.1981. Bundesarchiv Koblenz B 247/232.
[146] Hilde Rostosky an Heinz-Ulrich Schmidt, 16.6.1981; Rudolf Kerscher an Peter Kreyenberg, 15.6.1981; Hartmut Schiedermair an Andreas Heldrich, 25.6.1981; Werner Remmers an A. Heldrich, 16.6.1981; Klaus Liesen an Andreas Heldrich, 2.6.1981. Alle aus Bundesarchiv Koblenz B 247/232.

sei.[147] Angesichts der unbestreitbaren „Brisanz des Problems" versprach auch der Geschäftsführer des Cusanuswerks Aloys Johannes Buch stärkere Kooperation und betonte die Möglichkeit spezieller Ferienakademien und Sommerschulen für Hochbegabte.[148] Auch die Evangelische Akademie Loccum zeigte sich bereit, spezielle Veranstaltungen zur Hochbegabtenförderung in Kooperation mit dem Wissenschaftsrat und einzelnen Hochschulen durchzuführen.[149] Der Vorsitzende der Arbeitsgemeinschaft der Großforschungseinrichtungen (der heutigen Helmholtz-Gemeinschaft) Gisbert zu Putlitz versicherte ebenfalls Unterstützung und erklärte: „Persönlich bin ich vor allem auch froh darüber, dass man allmählich das Wort Elite wieder aussprechen darf in unserem Land, ohne sich dabei entschuldigen zu müssen."[150]

Während also das Elitepapier in den westdeutschen Bildungs- und Wissenschaftsinstitutionen ungemein positiv aufgenommen und generell als wichtiger Anstoß einer längst überfälligen Debatte eingeschätzt wurde, waren die Reaktionen der Politik gemischter. Geradezu euphorisch reagierte der bayerische Ministerpräsident Franz-Josef Strauß und sah sich in seinen bildungspolitischen Ansichten bestätigt. Er halte nichts von dem Wort „Chancengleichheit", es sei „ein Gebot der Ehrlichkeit", stattdessen von „Chancengerechtigkeit" zu sprechen. Strauß begrüßte daher die Empfehlungen des Wissenschaftsrats und wertete sie als eine Stärkung von „Leistung" gegenüber der langjährigen „Nivellierung in unserem Bildungswesen".[151] Auch der schleswig-holsteinische Ministerpräsident Gerhard Stoltenberg[152] und der hessische Ministerpräsident Holger Börner begrüßten die Initiative des Wissenschaftsrats.[153] Der Ministerialdirektor im Bundesministerium für Bildung und Wissenschaft Eberhard Böning reagierte hingegen deutlich reservierter.

> Der jetzige Text erweckt immer noch zu sehr den Eindruck, dass es sich bei den „besonders Befähigten" um eine mehr oder weniger geschlossene und identifizierbare Gruppe handele, als gleichsam eine „Elite" unter den Studierenden. Mir wäre daran gelegen, eine stärkere, auch begriffliche Offenheit zu erreichen.[154]

Die entschiedenste Kritik kam allerdings aus der Wissenschaft selbst. Der Sozialphilosoph Hans Joas erkannte in der „Rehabilitation" des Elitebegriffs eine paradigmatische Bedeutung für die Geschichte der Bundesrepublik. In einem Beitrag für die *Frankfurter Rundschau* im Dezember 1981 sah er den Vorgang in

---

[147] Hartmut Rahn an Peter Kreyenberg, 11.6.1981. Bundesarchiv Koblenz B 247/232.
[148] Aloys Joh. Buch an Heinz-Ulrich Schmidt, 22.6.1981. Bundesarchiv Koblenz B 247/232.
[149] Karl Ermert an Heinz-Ulrich Schmidt, 22.6.1981. Bundesarchiv Koblenz B 247/232.
[150] Gisbert zu Putlitz an Andreas Heldrich, 1.7.1981. Bundesarchiv Koblenz B 247/232.
[151] Franz-Josef Strauß an Andreas Heldrich, 27.7.1981. Bundesarchiv Koblenz B 247/232.
[152] Gerhard Stoltenberg an Andreas Heldrich, 1.7.1981. Bundesarchiv Koblenz B 247/232.
[153] Holger Börner an Andreas Heldrich, 14.7.1981. Bundesarchiv Koblenz B 247/232.
[154] Eberhard Böning an Peter Kreyenberg, 26.2.1981. Bundesarchiv Koblenz B 247/232.

einem Zusammenhang mit der „allgemeinen Tendenzwende, die es zahlreichen kritisch überwundenen oder auch nur tabuisierten Begriffen und Wertvorstellungen heute ermöglicht, sich als das gute Alte neu zu präsentieren".[155] Auch wenn er ähnlich wie Peter Glotz vor „egalitären Reflexen" warnte, interpretierte Joas den politisch-ideellen Hintergrund der Eliterehabilitierung vornehmlich als Bedeutungsgewinn von drei konservativen Argumentationsmustern: erstens die genetische Begabungstheorie, die im amerikanischen „Neokonservatismus" eine „Wiederauferstehung" erlebe („ohne Rücksicht auf ihren wissenschaftlichen Gehalt und auf die sozialethische Fragwürdigkeit aller mit Begabung begründeten Statusprivilegien und Einkommensvorteile in der Wissenschaftspolitik"), zweitens das Argument der Effizienz früher Selektion („als hätte es den Nachweis der Ununterscheidbarkeit leistungsmäßiger und sozio-kultureller Kriterien bei früherer Selektion nie gegeben") und drittens der „pseudopädagogische Mythos von der Schädlichkeit der Unterforderung", der die Tatsache ignoriere, dass die Unterforderung formal zu erbringender Leistungen erst die „nicht vorgeplante Selbst-Anforderung" freisetze. Als besonders schädlich erachtete Joas eine Elitevorstellung, die auch Elemente des Stils, der Lebensführung und des Geschmacks beinhalten solle. Gerade für die Wissenschaft und die Kunst bedeute diese „konventionalistische Ethik" eine große Gefahr, denn von der „wissenschaftlichen Bohème" und den Außenseitern seien immer wieder entscheidende Anstöße gekommen.[156]

Die durchaus reflektierte und keineswegs polemisch vorgetragene Kritik von Joas fand zu Beginn der 1980er Jahre allerdings wenig Gehör, schon gar nicht in der Wirtschaftsöffentlichkeit. In der Wirtschaftspresse wurde der Vorstoß des Wissenschaftsrats entschieden begrüßt, ja es wurden sogar noch weiter gehende Maßnahmen gefordert. Das war insofern folgerichtig, als das Elitepapier keineswegs privat finanzierte Hochschulen gefordert hatte, sondern systemimmanent das deutsche Hochschulsystem zu reformieren suchte. Die in Teilen der deutschen Wirtschaft formulierten Reformvorschläge gingen da deutlich weiter, wie noch zu sehen sein wird. Das *Handelsblatt* stellte jedenfalls in Reaktion auf das Elitenpapier grundsätzlich in Frage, ob sich das Festhalten am Breitenbildungsmodell mit echter Elitenbildung vereinbaren ließ. Dass ausgerechnet die „deutsche Massenuniversität" zur Eliteförderung fähig sein sollte, bezweifelte man sehr: „Stätten der Eliten-Bildung für die Wissenschaft werden wohl weiterhin beispielsweise die Sonderforschungsbereiche, die Max-Planck- oder andere

---

[155] Hans Joas, Die Sehnsucht nach dem noblen Gelehrtensein, in: Frankfurter Rundschau, 24.12.1981. Vgl. auch Björn Engholm, Führung durch Verantwortung: über den Elite-Begriff hinausgehen, in: Die Neue Gesellschaft 28 (1981), S. 819–823; Kurt Lenk, „Elite" – Begriff oder Phänomen, in: Aus Politik und Zeitgeschichte 42 (1982) S. 27–37.
[156] Joas, Die Sehnsucht nach dem noblen Gelehrtensein.

renommierte Institute, für die Wirtschaft aber Management-Akademien und andere Spezialeinrichtungen sein."[157]

Die deutsche Wirtschaft hatte an der Elitendiskussion über ihre Verbände BDA, BDI, DIHT, das Institut der deutschen Wirtschaft, aber auch über Einzelpersönlichkeiten wie Alfred Herrhausen einen großen Anteil.[158] Es wurden eigene Konzeptpapiere verfasst, der Elitebegriff diskutiert und verschiedene Versuche unternommen, Einfluss auf die Bildungspolitik und Begabtenförderung zu nehmen. Der Beitrag der deutschen Wirtschaft an den Elitediskussionen und bildungspolitischen Initiativen ist dabei als Ausdruck des gesellschaftlichen Engagements und der wissenschaftspolitischen Interessenformierung in Folge von „1968" zu sehen.[159] Dies zeigt sich etwa auch in den Aktivitäten des Institut der deutschen Wirtschaft, das 1977 erstmals den „Bildungsbericht des Instituts der deutschen Wirtschaft" verfasste[160] und in der Folge weitere Publikationen veröffentlichte, die sich mit Spitzenuniversitäten in Großbritannien („Oxbridge"), Frankreich („grand écoles") und den USA („ivy league") beschäftigten.[161] Die programmatische Ausrichtung des wissenschafts- und bildungspolitischen Engagements des Instituts hatte sich deutlich verändert: Lag der Fokus Anfang der 1970er Jahre noch auf der Herstellung einer ideologischen Satisfaktionsfähigkeit gegenüber antikapitalistischer Kritik und der Sicherstellung des Führungskräftenachwuchses, so hatte sich das gesellschaftliche Klima zum Ende der 1970er Jahre deutlich gewandelt und es ging nun um Hochbegabtenförderung, Spitzenkräfte und Elite. Die Vorbereitungen zur Gründung des Berliner Wissenschaftskollegs, des „Princeton an der Spree",[162] wurden hier als programmatischer Auftakt für eine weiter gehende Verschiebung zu Spitzen- und Eliteförderung verstanden.[163]

---

[157] Die Elite-Förderung überfordert die deutsche Massenuniversität, in: Handelsblatt, 25.5.1981. Vgl. auch Ein „Elitenpapier" des Wissenschaftsrates, in: Frankfurter Allgemeine Zeitung, 22.5.1981; „Professoren sollen sich mehr als bisher um Studenten kümmern", in: Frankfurter Rundschau, 22.5.1981.

[158] Dieser Befund steht im Gegensatz zu Reitmayers Darstellung, dass es beim „Comeback der Elite" in den 1980er Jahren „nur wenige Berührungen" zwischen Stellungnahmen der Unternehmerschaft und dem bildungspolitischen Elite-Diskurs zu Beginn der 1980er Jahre gegeben habe. Vgl. Reitmayer, Comeback der Elite, S. 452.

[159] Vgl. hierzu Kapitel 4.2 und 4.3.

[160] Winfried Schlaffke (Hrsg.), Bildungsbericht des Instituts der deutschen Wirtschaft 1977, Köln 1977.

[161] Gabriele Wölke, Eliteschulen. Kommt die Demokratie ohne Eliten aus?, Köln 1978.

[162] Die wissenschaftliche Elite nach Princeton an der Spree, in: Frankfurter Allgemeine Zeitung, 29.1.1979.

[163] Gabriele Wölke, Eliten in der Bundesrepublik. Zur Rückkehr eines Begriffs, Köln 1980. Vgl. auch Peter Waldmann, Elitenherrschaft in einer pluralistischen Demokratie?, in: Josef Becker (Hrsg.), Dreißig Jahre Bundesrepublik, München 1979, S. 167–184. Auch erschienen in: Aus Politik und Zeitgeschichte 38 (1979), S. 20–30; Peter Waldmann, Eliten in der modernen Industriegesellschaft, in: Der Arbeitgeber 3 (1980), S. 117–118.

In der deutschen Wirtschaft war das Elitethema vor allem seit 1979 virulent. Direkter Hintergrund dafür war das Scheitern der von den Arbeitgeberverbänden eingereichten Verfassungsklage gegen das Mitbestimmungsgesetz im März 1979. Die Vorstellung, dass die Demokratisierung der Arbeitswelt zu weit gehen und die Produktivität der Wirtschaft gefährden könne, war nun weit verbreitet. Hinzu kamen die beginnenden Debatten über den „Wertewandel", die Zukunft der Arbeitsgesellschaft und die sogenannte „japanische Herausforderung". Wirtschaftsführer und konservative Politiker klagten über die Dominanz der Gewerkschaften und den egalitären Zeitgeist, der sich in bildungspolitischen Konzepten wie „Chancengleichheit" ausdrücke. Bei einem Symposium des *Manager Magazins* zum Thema „Elitedefizit" machte sich der schleswig-holsteinische Ministerpräsident Gerhard Stoltenberg zum Sprachrohr dieser Stimmung.[164] Auch Stoltenberg beklagte die „Parolen der Gleichheit, Demokratisierung und Systemveränderung". Angesichts dieser Mentalität stelle das Reflektieren über Eliten „eine schon fast unzeitgemäße Betrachtung" dar. Es sei allerdings gefährlich, in der Elitefrage ein „neues Tabu" entstehen zu lassen. Denn das Streben nach „absoluter Gleichheit" habe einen erheblichen Qualitätsverlust in Schulen, Universitäten und in der Wissenschaft zur Folge; die internationale Wettbewerbsfähigkeit der Bundesrepublik sei ernsthaft in Gefahr.

Doch Stoltenbergs Vortrag vor deutschen Managern blieb nicht bei der larmoyanten Klage über den egalitären Zeitgeist stehen, sondern der Ministerpräsident bemühte ein Argument, das insbesondere bei dem wirtschaftsfreundlichen Publikum des Symposiums gut angekommen sein muss: Demnach hätten gerade die Bildungsexpansion der 1960er und 1970er Jahre und der „Abbau traditioneller Auslesemuster" die Bedingungen der „Führungsauswahl" verändert. Wie ein „Naturgesetz" hätten die soziale Öffnung der Bildungseinrichtungen und die steigende Bedeutung der zweiten und dritten Führungsebene die Konkurrenz stärker werden lassen. Leistung und Wettbewerb seien in der Folge „unvermeidlich zu den wichtigsten demokratischen Auswahlkriterien für Führungsaufgaben" geworden. Die Bildungsexpansion und der Aufstieg der leitenden Angestellten hätten die Vorherrschaft der alten Eliten herausgefordert, aber dadurch die Notwendigkeit neuer Leistungseliten selbst hervorgerufen, so die besondere Dialektik Stoltenbergs. Eine den Leistungsdruck beklagende „weinerliche Gesellschaftskritik" gehe daher am Problem vorbei und angesichts der sich „dramatisch krisenhaft verschlechternden internationalen Situation" könne die Bundesrepublik gar nicht auf „Vortrefflichkeit", auf „excellence", also auf Eliten verzichten.[165]

---

[164] Gerhard Stoltenberg, Vormarsch der Amateure, in: Manager Magazin 1 (1980).
[165] Ebd.

Elite war aber nicht nur ein Thema für Symposien, vor allem der BDI drängte auf konkrete Veränderungen in der Bildungspolitik und versuchte, ein stärkeres Engagement der deutschen Wirtschaft zugunsten der Hochbegabtenförderung zu mobilisieren. In einem internen BDI-Papier wurde Anfang 1979 außerdem die Gründung eines Hochbegabtenförderungswerks der Wirtschaft zur Diskussion gestellt. Als Vorbild galt die vom DGB getragene Hans-Böckler-Stiftung.[166] Den Grund für die Notwendigkeit dieser Initiativen formulierte man beim BDI so:

> Elite- oder Hochbegabtenförderung ist unverzichtbar. Dieser Notwendigkeit trägt das Bildungssystem jedoch nur ungenügend Rechnung, indem es die Herstellung der Chancengleichheit als Ziel postuliert. Diese Zielsetzung ist eine Folge der politischen Geringschätzung sozialer Differenzierungen, die mit einem egalitären Demokratieverständnis vermeintlich nicht zu vereinbaren sei.[167]

Die wirtschaftspolitischen Forderungen zur Eliteförderung fanden entsprechend ihren Eingang auch in den Bildungsbericht des Instituts der deutschen Wirtschaft von 1979.[168] Der bildungspolitische Referent des BDI, Carsten Kreklau, erkannte ebenfalls das eigentliche Problem in den „Massenhochschulen", die „infolge pädagogisch bedenklicher Tendenzen" nicht mehr in der Lage seien, Hochbegabte zu fördern und zu betreuen.[169]

Auch die Vorgeschichte der Elitendiskussion um die Empfehlungen des Wissenschaftsrats von 1981 gehen in die späten 1970er Jahre und auf die Wiederbelebung eines Netzwerkes der deutschen Wirtschaft und Wissenschaft zurück: 1978 trat erstmals wieder der sogenannte Domkreis zusammen. Dieses 1971 gegründete (und nach dem ursprünglichen Tagungsort, dem Dom-Hotel in Köln, benannte) Kontaktforum bestand aus den Hauptgeschäftsführern der großen Wirtschaftsverbände und den Generalsekretären der großen wissenschaftlichen Organisationen. Die Initiative, eine verstärkte Eliten- und Hochbegabtenförderung im Domkreis zu diskutieren, war dabei vom BDI ausgegangen.[170] An der Gesprächsrunde „Das Problem der Bildung von Eliten" waren u. a. beteiligt: Siegfried Mann, Karl Peiffer, Hans Dichgans vom BDI, Fritz-Heinz Himmelreich von der BDA, Franz Schoser vom DIHT, Horst Niemeyer (Generalsekretär des Stifterverbandes für die Deutsche Wissenschaft), Dietrich Ranft (Generalsekretär der Max-Planck-Gesellschaft), Carl Heinz Schiel (Generalsekretär der Deutschen Forschungsgemeinschaft), Heinrich Pfeiffer (Generalsekretär der

---

[166] BDI-Abteilung II/1 an Herrn Dr. Mann/Herrn Dr. Peiffer, 3.1.1979. BDI-Archiv, HGF PEI 71, Karton 14.
[167] Ebd.
[168] Uwe Göbel, Berichte zur Bildungspolitik 1979/80 des Instituts der deutschen Wirtschaft (1979), Köln 1979.
[169] Carsten Kreklau, Beitrag zum Bildungsbericht 1979 des Instituts der deutschen Wirtschaft. BDI-Archiv, HGF PEI 71, Karton 14.
[170] BDI-Abteilung II/1 an Herrn Dr. Mann/Herrn Dr. Peiffer, 3.1.1979. BDI-Archiv, HGF PEI 71, Karton 14.

Alexander-von-Humboldt-Stiftung), Eberhard Böning vom Bundesministerium für Bildung und Wissenschaft und Peter Kreyenberg vom Wissenschaftsrat.[171] Vor allem die BDI-Vertreter drängten auf bildungspolitischen Einfluss. Eine besondere Rolle spielte hier der CDU-Politiker und ehemalige BDI-Hauptgeschäftsführer Hans Dichgans, der sich in den 1970er Jahren als harter Gegner der sozialliberalen Bildungspolitik erwiesen hatte.[172] Zum Ende der Dekade fasste er seine bildungspolitischen Positionen in einem in der Reihe der Walter-Raymond-Stiftung herausgegebenen Titel „Bildung und Selektion. Von der Unvermeidbarkeit der Auswahl" zusammen.[173] Dichgans' Aufgabe war es, nach dem ersten Treffen des Domkreises die Positionen der Gruppe in einem Papier zusammenzustellen und „im politischen Raum mit einigen Herren zu besprechen".[174] Zunächst diskutierte er das Positionspapier in der Interparlamentarischen Arbeitsgemeinschaft mit Vertretern der drei politischen Parteien, dann mit dem Bundesbildungsminister Jürgen Schmude und dem nordrhein-westfälischen Minister für Wissenschaft und Forschung Reimut Jochimsen.[175] In einem ausführlichen Antwortschreiben erklärte Schmude eine ganze Reihe von Dichgans' Positionen für konsensfähig, darunter die Öffnung der Fachhochschulen für Absolventen der beruflichen Bildung und die Möglichkeit, dass die Hochschulen selbst über die Zulassung entscheiden.[176]

Im entscheidenden Punkt einer besonderen Hochbegabtenförderung aber widersprach der Minister den Wirtschaftsforderungen deutlich. Er glaube nicht, dass eine „institutionell gesonderte Ausbildung und Förderung der wissenschaftlich Hochbegabten" breite Zustimmung finden würde, so Schmude. Eine Herauslösung der Hochbegabten aus ihren normalen Klassen und Studiengän-

---

[171] Verteiler Gesprächsrunde „Das Problem der Bildung von Eliten", 20.3.1980. BDI-Archiv, HGF PEI 71, Karton 14; Verteiler Gesprächsrunde „Das Problem der Bildung von Eliten", 18.12.1979. BDI-Archiv, HGF PEI 71, Karton 14.

[172] Philipp B. Bocks, Mehr Demokratie gewagt? Das Hochschulrahmengesetz und die sozial-liberale Reformpolitik 1969–1976, Bonn 2012, S. 92 f. Zu Dichgans Rolle im bildungspolitischen Diskurs der 1960er Jahre vgl. auch Regina Vogel, Bürgerliche Werte und Statuserhalt. Bildungspolitische Interessenpolitik von Hochschullehrer- und Unternehmerverbänden in der Nachkriegszeit, Diss. Humboldt-Univ. Berlin, Berlin 2005, S. 115, 120, 175, 177.

[173] Hans Dichgans, Bildung und Selektion. Von der Unvermeidbarkeit der Auswahl, Köln 1979. Vgl. auch Hans Dichgans/Johannes Sauer (Hrsg.), Zwang zur Bildungspolitik – Mut zur Bildungspolitik. Vorbereitende Materialien eines Arbeitskreises. Dokumentation eines Bildungspolitischen Gesprächs, Essen, Villa Hügel, Oktober 1978, Essen 1979; Hans Dichgans, Förderung der theoretischen und praktischen Begabung, in: Mitteilungen des Hochschulverbandes 27 (1979).

[174] Horst Niemeyer an die Teilnehmer des Gesprächs vom 27.3.1979. BDI-Archiv, HGF PEI 71, Karton 14.

[175] Ebd.

[176] Jürgen Schmude an Hans Dichgans, 22.8.1979. BDI-Archiv, HGF PEI 71, Karton 14.

gen würde wissenschaftliche Begabungen sich womöglich schneller entwickeln lassen, aber eben nicht unbedingt besser. Daher könne er diesem Vorschlag nicht zustimmen. Schmude begründete diese These mit den sozialen Kosten einer speziellen institutionellen Eliteförderung in Schule und Universität:

> Soziales Verhalten, Solidarität, Hilfe auch für den intellektuell Schwächeren sind für die Gesellschaft ebenso wichtig wie z. B. Hochleistung in der Forschung. Sie sind deshalb notwendige Elemente des Bildungsweges eines jeden jungen Menschen. Gezielte Förderung wissenschaftlicher Hochbegabungen sollten daher innerhalb der allgemeinen Ausbildungsgänge erfolgen bzw. auf ihnen aufbauen.[177]

Dieses inklusive Modell der Hochbegabtenförderung stand im Gegensatz zu den Vorstellungen der Verbände der deutschen Wirtschaft, die in den 1980er Jahren den Fokus verstärkt auf gezielte Förderung von Spitzenforschung und Elitebildung setzten und auch verschiedene Initiativen zur Gründung von Privatuniversitäten förderten.

Trotz dieser klaren Absage durch den Bildungsminister waren die Vertreter des Domkreises nicht unzufrieden. Der Grund war, dass zur selben Zeit die Präsidenten der großen deutschen Wissenschaftsorganisationen, Reimar Lüst (Max-Planck-Gesellschaft), Heinz Maier-Leibnitz (DFG) und Wilhelm Alexander Kewenig[178] (Wissenschaftsrat), ebenfalls mit Forderungen für eine stärkere Elitenförderung an die Öffentlichkeit gegangen waren.[179] Insbesondere die Plädoyers von Reimar Lüst und Wilhelm Alexander Kewenig zu mehr Differenzierung, Leistung und Auslese wurden in der deutschen Wirtschaft rezipiert und bildeten die Grundlage für ein Villa-Hügel-Gespräch über die Förderung wissenschaftlicher Spitzenleistung.[180] In dieser vom Stifterverband organisierten Tagung werden traditionell Akteure aus Wissenschaft, Wirtschaft und Politik auf dem Landsitz des Industriellen Alfred Krupp in Essen zusammengebracht. Das Villa-Hügel-Gespräch am 29. September 1981 stand unter dem Titel „Förderung wissenschaftlicher Spitzenleistungen – Begründungen und Wege". Das Gespräch sollte Gelegenheit geben, „vor dem Hintergrund der Diskussion um die Rolle von Eliten in unserer demokratischen Gesellschaft Perspektiven und Konzepte

---

[177] Jürgen Schmude an Hans Dichgans, 22.8.1979. BDI-Archiv, HGF PEI 71, Karton 14.

[178] Regelstudienzeit und Studienreform. [Referate der wissenschaftlichen Arbeitstagung des Instituts für Begabtenförderung der Konrad-Adenauer-Stiftung Ende 1978] Mit Beitr. von Wilhelm A. Kewenig, Eduard Pestel, Gerd Roellecke. Dokumentation: Horst Albach [u. a.], Stuttgart 1979.

[179] Heinz Maier-Leibnitz/Reimar Lüst, Die Wirkung bedeutender Forscher und Lehrer – Erlebtes aus fünfzig Jahren. Derzeitige Bedingungen und Möglichkeiten für Forschung in der Bundesrepublik Deutschland, Wiesbaden 1983. „Um 1980 vollzog sich eine Wende zu einem leistungsbetonten Elite-Lüst", so der Historiker Paul Nolte in der Rückschau auf die Biographie von Reimar Lüst. Vgl. Reimar Lüst/Paul Nolte, Der Wissenschaftsmacher. Reimar Lüst im Gespräch mit Paul Nolte, München 2008, S. 260 f.

[180] Sattler, Wissenschaftsförderung aus dem Geist der Gesellschaftspolitik, S. 612 f.

für die Förderung wissenschaftlicher Spitzenleistungen zu entwerfen", so der Vorsitzende des Vorstandes des Stifterverbandes Klaus Liesen.[181]

An den Vorbereitungen für das Villa-Hügel-Gespräch von 1981 maßgeblich beteiligt war Alfred Herrhausen durch sein Engagement für den Stifterverband. Sein Plädoyer für Leistungs- und Verantwortungseliten war dabei Ausdruck eines Einstellungswandels: War Herrhausen zu Beginn der 1970er Jahre noch ein entschiedener Verfechter des Prinzips der Chancengleichheit gewesen, so rückte in der zweiten Hälfte der 1970er Jahre die Vorstellung von der Notwendigkeit von besonderen und herausgehobenen Eliten in den Fokus seiner bildungs- und gesellschaftspolitischen Überlegungen. Für Herrhausen war die Heranbildung von prinzipiell offenen Leistungs- und Funktionseliten die notwendige Antwort auf den beschleunigten Strukturwandel der Weltwirtschaft. Herrhausens Überzeugungen waren demnach nicht in erster Linie auf den nationalen Rahmen bezogen und auch weniger auf politische Grundsatzdiskussionen ausgerichtet, sondern er interpretierte die praktische Elitenbildung als notwendige Strategie zur Bewältigung der beginnenden Globalisierung.[182]

Konkrete Grundlage zur Vorbereitung des Villa-Hügel-Gesprächs war ein Thesenpapier des Generalsekretärs des Wissenschaftsrats Peter Kreyenberg, das 1979 und 1980 im Domkreis diskutiert worden war.[183] In dem Papier postulierte Kreyenberg, dass Eliten ein „sozial notwendiges Faktum" seien – notwendig zum Erhalt der Leistungsfähigkeit der Bundesrepublik. Daher dürfe es „keine Scheu geben", neben der Breitenausbildung besonders Befähigte „so früh wie möglich" zu fördern. Hinsichtlich der Umsetzung der angestrebten Förderung der Eliten enthielt das Papier keine konkreten Vorschläge. Lediglich die Unterstützung von Mobilität und von Auslandserfahrungen wurde genannt.[184] Bemerkenswert an der Diskussion des Papiers im Domkreis war, dass der Begriff „Elite" umstritten war. In der Hauptgeschäftsführung des BDI stellte man sich die Frage, ob es wirklich klug sei, an dem Begriff „Elite" festzuhalten, oder ob nicht „ein weniger zu Fehlinterpretationen Anlaß gebender Ausdruck, wie beispielsweise ‚Führungskräfte'" besser geeignet sei.[185] Ähnlich wie Alfred Herrhausen hatte der BDI-Hauptgeschäftsführer Karl Peiffer kein Interesse an politischen Grundsatzdebatten, dem politischen Gegner sollte möglichst wenig Angriffsfläche geboten werden. Doch Kreyenberg war in diesem Punkt wenig kompromissbereit. Zwar sei es richtig, dass der Begriff „Elite" nicht „überall willkommengeheißen" wer-

---

[181] Klaus Liesen an die Mitglieder des Vorstandes des Stifterverbandes für die Deutsche Wissenschaft, 13.4.1981. BDI-Archiv, HGF PEI 71, Karton 14.
[182] Sattler, Wissenschaftsförderung aus dem Geist der Gesellschaftspolitik, S. 611–614.
[183] Peter Kreyenberg. Elite-Förderung. Thesen und Argumente. BDI-Archiv, HGF PEI 71, Karton 14.
[184] Ebd.
[185] Karl Peiffer an Peter Kreyenberg, 5.12.1979. BDI-Archiv, HGF PEI 71, Karton 14.

de, aber er wolle dennoch „an dem Begriff unbedingt festhalten".[186] Beim BDI nahm man dies zur Kenntnis und gab sich Anfang 1980 damit zufrieden, dass Kreyenberg immerhin andere Verbesserungsvorschläge wie die Einführung des parallel benutzten Begriffs „Führungskräfte" angenommen hatte.[187]

Einen Monat später wurde eine leicht veränderte Version erneut stark kritisiert. Nicht nur habe das Papier „sprachliche Mängel", sondern die Aussage sei insgesamt wenig prägnant. Das lag aus Sicht des BDI vor allem an dem ungenauen Elitebegriff. Das Papier müsse hier „systematischer aufgebaut" werden. Die Problematik der Abgrenzung von Eliten („Unterscheidung z. B. zu Führungskräften, Hochleistungsforschern usw."), der unterschiedlichen Funktionen, Anforderungen und Bedingungen für die Entwicklung von Eliten müsse reflektiert werden.[188] Doch Kreyenberg blieb im Wesentlichen bei seinem Entwurf,[189] aus Sicht des BDI hatte er den Begriff „Elite" sogar noch stärker betont. Dies sei allerdings kontraproduktiv, denn solche Äußerungen könnten zum Gegenstand von Kritik werden. Der BDI riet daher intern von einer Veröffentlichung ab:

> In jüngster Zeit sind von verschiedener Seite Äußerungen zur Notwendigkeit und Förderung von Eliten veröffentlicht worden. Teilweise sind diese Papiere durch einen unangemessenen konservativen Zug geprägt, der die Aussagen leicht angreifbar macht und der Polemik aussetzt.[190]

Die nichtöffentlichen Vorbehalte beim BDI gegen die Verwendung des Elitebegriffs deckten sich zu einem gewissen Grad mit der Kritik des SPD-Bildungsexperten Peter Glotz, der in seinen journalistischen Beiträgen und dann auch bei dem Villa-Hügel-Gespräch 1981 vor einer ideologischen Elitediskussion warnte, in der sich die Konservativen zu einem „fragwürdigen Elitismus" versteigen würden und die Linke darauf mit „egalitären Reflexen" reagieren würde.[191] Darüber hinaus ist der Vorgang bemerkenswert, weil die kritische Haltung der BDI-Hauptgeschäftsführung gegenüber einer unreflektierten, potentiell exklusiv-ständisch zu verstehenden Verwendung des Elitebegriffs auf einen tiefgreifenden Wandel im Verband und auch in der deutschen Wirtschaft ver-

---

[186] Peter Kreyenberg an die Teilnehmer der Gesprächsrunde „Das Problem der Bildung von Eliten", 18.12.1979. BDI-Archiv, HGF PEI 71, Karton 14.
[187] BDI-Abteilung II/1 an Herrn Dr. Mann/Herrn Dr. Peiffer, 15.1.1980. BDI-Archiv, HGF PEI 71, Karton 14.
[188] BDI-Abteilung II/1 an Herrn Dr. Mann/Herrn Dr. Peiffer, 19.2.1980. BDI-Archiv, HGF PEI 71, Karton 14.
[189] Martin Mruck an die Teilnehmer der Gesprächsrunde „Das Problem der Bildung von Eliten", 20.4.1980. BDI-Archiv, HGF PEI 71, Karton 14.
[190] BDI-Abteilung II/1 an Herrn Dr. Mann/Herrn Dr. Peiffer, 3.4.1980. BDI-Archiv, HGF PEI 71, Karton 14.
[191] Sattler, Wissenschaftsförderung aus dem Geist der Gesellschaftspolitik, S. 615. Der im Oktober 1980 im *Spiegel* veröffentlichte Aufsatz „Die Linke und die Elite" von Peter Glotz fand „streng vertraulich" bereits am 25.8.1980 seinen Eingang in die BDI-Akten zum Domkreis. Peter Glotz, Die Linke und die Elite. BDI-Archiv, HGF PEI 71, Karton 14.

7.2 Neue kapitalistische Leitbilder in den 1980er Jahren

weist. Denn dass der BDI davon ausgegangen war, dass man zum Unternehmer geboren werde und Führung sich nicht erlernen lasse, war 1980 gerade einmal zwanzig Jahre her. Gleichzeitig war das taktische Antizipieren der kritischen Öffentlichkeit Ausdruck der Anpassungsfähigkeit und Professionalisierung des Verbandes in den 1970er Jahren. Inhaltlich wollte man durchaus eine Stärkung des Konkurrenzprinzips in Schule und Universität; so erhoffte man sich neue Dynamiken angesichts der international herausgeforderten Leistungsfähigkeit der westdeutschen Wirtschaft. Wenn der Elitebegriff verwendet wurde, dann im Sinne der heterogenen „Funktions- und Leistungseliten", nicht im Sinne von „Charakter- oder Werteeliten".

Beispielhaft dafür ist der Entwurf eines Beitrags des BDI-Präsidenten Rolf Rodenstock für die Deutsche Universitätszeitung im August 1981.[192] Rodenstock betonte die grundsätzliche Offenheit der Elite, die „wesentlich auf Eigeninitiative des Individuums" beruhe und daher gerade nicht im Gegensatz zum westdeutschen Demokratieverständnis stehe. Entsprechend bedeute bei Rodenstock „Auslese" auch nicht „Vorenthaltung von Chance oder ungerechter Bevorzugung, sondern Qualifizierung des einzelnen für die Wahrnehmung und Ausübung jeweils unterschiedlicher Aufgaben und Tätigkeiten".[193] Das war insgesamt auch Konsens beim Villa-Hügel-Gespräch 1981.[194] Für den Stifterverband leitete die Veranstaltung einen neuen Kurs in der eigenen Förderungspolitik und eine neue Strategie zu einer langfristigen Veränderung der Hochschullandschaft mit dem Ziel einer Steigerung von Qualität und Leistung ein, die vor allem nach dem Regierungswechsel zur christdemokratisch-liberalen Regierung unter Helmut Kohl vorangetrieben wurde.[195]

Man kann die Renaissance der Elite um 1980 im Sinne des oben zitierten zeitgenössischen Kommentars von Hans Joas als „neokonservative" Wiederbelebung der genetischen Begabungstheorie interpretieren oder wie der Historiker Morten Reitmayer als eine Annäherung von liberaler und konservativer Ideenwelt zu einem „neuen Basiskompromiß" beschreiben, in dem die soziale Hierarchie der „Dynamik der modernen Marktgesellschaft" überantwortet wird.[196] In der Perspektive des hier diskutierten empirischen Materials war das Elitecomeback

---

[192] Entwurf Beitrag für Professor Rodenstock in der Deutschen Universitätszeitung zum Thema „Spitzenkräfte für Spitzenleistungen". BDI-Archiv, HGF PEI 71, Karton 14.
[193] Ebd.
[194] Vgl. Weniger tun, um mehr zu tun. Das Gespräch über Spitzenforschung in Essen, in: Frankfurter Allgemeine Zeitung, 1.10.1981; Debatte über Spitzenforschung. Schluss mit dem Prinzip der Gießkanne!, in: Die Welt, 1.1.0.1981; Die Forscher sind des Klagens müde, in: Süddeutsche Zeitung, 2.10.1981.
[195] Winfried Schulze, Der Stifterverband für die Deutsche Wissenschaft 1920–1995, Berlin 1995, S. 284. Das Villa-Hügel-Gespräch 1983 stand ganz in diesem Trend. Vgl. Hochschulforschung und industrielle Innovation – Sind wir für die Zukunft gerüstet?, Programm Villa-Hügel-Gespräch, 6.10.1983. BDI-Archiv, HGF PEI 71, Karton 14.
[196] Vgl. Reitmayer, Comeback der Elite, S. 458.

7. Die „Aufwertung der Werte"

Ausdruck einer im Feld der Wirtschaftsverbände und Wissenschaftsorganisationen geformten Suche nach neuen Strategien zur Mobilisierung und Optimierung von individuellen Potentialen für zukünftige Spitzenkräfte. Zentral war dabei die Vorstellung, dass in einer wissensbasierten Ökonomie die Leistungsfähigkeit des Bildungssystems zum entscheidenden Faktor im weltweiten Wettbewerb geworden war. Die Leistungsfähigkeit der hochqualifizierten Spitzenkräfte wurde als Grundlage des gesamtgesellschaftlichen Wohlstands interpretiert bzw. sei „für uns als ressourcenarmes Hochlohnland eine Existenzfrage", so der BDI-Präsident Rolf Rodenstock.[197] Ganz ähnlich hieß es in dem Geschäftsbericht der Deutschen Bank von 1982 (der wie alle Geschäftsberichte seit 1980 auf Alfred Herrhausens Drängen hin mit einem politischen Grundkommentar eingeleitet wurde): „Ein Land wie die Bundesrepublik Deutschland, klein, eng, in der Nation geteilt und ohne natürliche Ressourcen, braucht Eliten."[198]

Gleichzeitig gilt es, das Elitecomeback als spezifische Reaktion auf den „Wertewandel" zu interpretieren. Und ähnlich wie bei dem politischen Wertewandeldiskurs der 1980er Jahre[199] lassen sich eine kulturpessimistisch-konservative und eine eher voluntaristische und „neoliberale" Reaktion unterscheiden. Die „neoliberale" Elitenvorstellung entspricht der oben dargestellten vom BDI und von Wirtschaftsführern wie Herrhausen vertretenen Vorstellung von der unbedingten Notwendigkeit von Leistungseliten im globalen Wettbewerb. Die kulturpessimistisch-konservative Elitenvorstellung war eher nach innen gerichtet, knüpfte an ältere Vorstellungen einer Charakter- und Wertelite an, verknüpfte sich mit der Sozialstaatskritik der späten 1970er Jahre und forderte von der neuen Elite eine gesellschaftlich-normative Rolle ein. Angesichts des „Wertewandels" hatten Eliten in diesem Verständnis eine kulturelle Vorbildfunktion; Elite, geistige Führung und Wertekanon wurden zusammengedacht. Dieses Elitenkonzept war in den 1980er Jahren nicht mehr typisch für die deutsche Wirtschaft, wurde aber auch immer noch artikuliert, so beispielsweise auf einem Symposium der arbeitgebernahen Walter-Raymond-Stiftung im März 1981.[200] Auf dieser Tagung – die im Domkreis als Konkurrenzveranstaltung verstanden wurde[201] und an der u. a. der Schweizer Altphilologe und Soziologe Walter Rüegg (ein Pionier der Wertewandelforschung in der Schweiz), der Bonner Erziehungswissenschaftler Erich E. Geißler und der Bayreuther Soziologe Michael Zöller

---

[197] Entwurf Beitrag für Professor Rodenstock in der Deutschen Universitätszeitung zum Thema „Spitzenkräfte für Spitzenleistungen". BDI-Archiv, HGF PEI 71, Karton 14.
[198] Brauchen wir Eliten, Auszug aus dem soeben erschienenen Geschäftsbericht 1982 der Deutschen Bank AG. Bundesarchiv Koblenz B 247/230.
[199] Vgl. Kapitel 6.1.
[200] Elite. Zukunftsorientierung in der Demokratie. 19. Kolloquium, München, 9.-11. März 1981, Köln 1982 (= Veröffentlichungen der Walter-Raymond-Stiftung der BDA 19).
[201] Vermerk Gespräch im Domkreis am 3.11.1980: Hügelgespräch 1981, 6.11.1980. BDI-Archiv, HGF PEI 71, Karton 14.

teilnahmen – wurde diese Forderung nach neuen gesellschaftlichen Leitbildern „in Konkurrenz zur Bildungselite von 1968" erhoben, und das „Elite-Defizit" solle durch „symbolische Repräsentanz", „geistige Führung" und „neue Tugenden" ausgeglichen werden. Da aus Sicht der Redner der Wohlfahrtsstaat „ins Totalitäre" geraten sei und da der Linken Bewertungsmaßstäbe und Instrumente zur Schaffung sozialer Identifikation abgesprochen wurden, hatte die als Gegenrednerin eingeladene Staatsekretärin im Bundesministerium für Arbeit und Sozialordnung Anke Fuchs entsprechend einen schweren Stand.[202]

Rüegg und Zöller waren nicht die einzigen konservativen Professoren, die auf Seiten der BDA an der Elitedebatte teilnahmen. Auch Helmut Schoeck, Professor für Soziologie an der Johannes-Gutenberg-Universität Mainz, mischte sich mit einem polemisch-scharfen Beitrag für die Zeitschrift *Der Arbeitgeber* ein. Schoeck beklagte die „egalitäre Großwetterlage" und die „spätmarxistisch getünchte Kulisse", die bei den deutschen Unternehmern ein „Minderwertigkeitsgefühl" habe entstehen lassen, das anderen Eliten in Kunst, Sport, Literatur und Musik fehle. „Es ist schon eigenartig: ausgerechnet Mitglieder der Wirtschaftselite fielen dem Wahn anheim, bei ihnen bestünde ein ‚Legitimationsdefizit', eine Scharte, die es um jeden Preis auszuwetzen gelte."[203] Der „spezifische Minderwertigkeitswahn" der deutschen Wirtschaftselite komme aus der „modischen Verselbständigung des Wortes ‚Gesellschaft'". Der deutsche Unternehmer habe sich einreden lassen, dass er mit einer außerökonomischen Leistung eine gesellschaftliche Legitimierung herstellen müsse. Wer dies tatsächlich glaube, sei „das Opfer einer Gehirnwäsche".[204] Gleichzeitig habe die „Allergie gegen Eliten in der Bundesrepublik" und das „Verstecken der vorhandenen Eliten der Tüchtigen, der Leistungsbereiten, der Könner und Begabten" dazu geführt, dass „Pseudo-Eliten" und „Hätschel-Eliten" aufgepäppelt worden seien.

> Den Gleichmachern war jedes Mittel recht, auch die Überprivilegierung der Dünnbrettbohrer. In dem Maße, in dem es die legitimen, durch berufliche Leistung, durch erreichtes Lebensalter und durch den Allgemeinheitsgrad ihrer Nützlichkeit ausgewiesenen Eliten immer schwerer hatten, in dem Maße wuchs auch die Immunität, die Anerkennung der Discount-Eliten, der Instant-Eliten.[205]

Schoecks Tirade war eine Reaktion auf eine Rede von Außenminister Hans-Dietrich Genscher vor der BDA im Dezember 1983, mit der die Elitendebatte in der Bundesrepublik der 1980er Jahre ihren zweiten Höhepunkt erreichte.

---

[202] Burkhard Wellmann, Walter-Raymond-Stiftung. Elite – Zukunftsorientierung in der Demokratie, in: Der Arbeitgeber 7 (1981), S. 351–353.
[203] Helmut Schoeck, Darf ein Land seine Eliten verstecken?, in: Der Arbeitgeber 2 (1984), S. 68–69, hier: 68.
[204] Ebd., S. 69.
[205] Ebd.

7.2.2 Privatuniversitäten und Business Schools

In seiner Rede hatte Genscher die Gefahr betont, dass die Bundesrepublik den Anschluss an die von den USA und Japan ausgehende dritte industrielle Revolution verlieren könnte. Um den Rückstand in Spitzentechnologien wie Mikroelektronik und Biotechnik aufholen zu können, bedürfe es privater Eliteschulen und Eliteuniversitäten.[206] Mit seinen Forderungen hatte Genscher eine Debatte zugespitzt, die beispielsweise auch von Lothar Späth geführt und in der die Frage nach den Zukunftschancen des Forschungs- und Industriestandortes Bundesrepublik angesichts des gesellschaftlichen und technologischen Wandels diskutiert wurde.[207] Auch der Domkreis beschäftigte sich im Zusammenhang mit der Frage nach einer Eliteförderung mit Japan und seiner Bedeutung in Wissenschaft und Forschung.[208] Durch die sogenannte „Genscher-Debatte"[209] wurde die Frage nach Bedeutung und Notwendigkeit von Eliten, insbesondere von ökonomischen Eliten, nun zu einem Politikum. Vor allem die Diskussionen um die Notwendigkeit eines neuen Wettbewerbs von staatlichen mit privaten Hochschulen wurden kontrovers, in der Mehrheit aber ablehnend geführt.[210] Publizistische Unterstützung bekam Genscher von Parteigenossen wie Otto Graf Lambsdorff[211] und konservativen Zeitungen wie der *FAZ*[212] und der *Welt*[213]. Dass auch Bildungspolitiker der CDU/CSU wie Hans Maier und Dorothee Wilms eher abwartend und mit allgemeinen Bekenntnissen zu „mehr Wettbewerb" auf den Genscher-Vorstoß reagierten, wurde von konservativen Publizisten scharf

---

[206] Der Spiegel, 9.1.1984.
[207] Vgl. Kapitel 6.1.
[208] Stifterverband an die Mitglieder des Domkreises, 2.3.1983. Einladung zum Treffen im Wissenschaftszentrum Bonn-Bad Godesberg, Thema des Abends: „Japan, seine wirtschaftliche Entwicklung sowie seine Bedeutung in Wissenschaft und Forschung". BDI-Archiv, HGF PEI 71, Karton 14.
[209] Vgl. Hahn, Zwischen Re-education und Zweiter Bildungsreform; Vgl. Reitmayer, Comeback der Elite, S. 446–450.
[210] Ein bißchen Mao, in: Der Spiegel, 9.1.1984; Maier gegen Elite-Hochschulen, in: Frankfurter Allgemeine Zeitung, 16.1.1984; Leopold Glaser, Vorwärts zurück zur Elite?, in: Badische Zeitung, 26.1.1984; Stefan Hüfner, Wird nach der Demokratie jetzt die Ausbildung von Eliten verordnet?, in: Frankfurter Rundschau, 9.2.1984; Ada Brandes, Der Geist aus der Retorte. Genschers Idee einer Elite-Universität findet keine Unterstützung, in: Deutsches Allgemeines Sonntagsblatt, 26.2.1984; Robert Leicht, Ganz schön elitär, in: Süddeutsche Zeitung, 6.3.1984.
[211] Otto Graf Lambsdorff, Fortschritt nur mit neuen Eliten, in: Rheinischer Merkur, 20.1.1984.
[212] Fritz Ullrich Fack, Eliten werden gebraucht, in: Frankfurter Allgemeine Zeitung, 11.1.1984; Trommler Brandt, in: Frankfurter Allgemeine Zeitung, 20.2.1984.
[213] Lothar Schmidt-Mühlisch, Die denunzierte Elite, in: Die Welt, 23.12.1984; Peter Philipps, Elitäres, in: Die Welt, 1.2.1984; Stanford: Akademische Perle und Mutter des Silicon Valley, in: Die Welt, 16.1.1984.

kritisiert. Der ehemalige Chefredakteur des *Münchner Merkur*, Paul Pucher, schrieb in der *Bunten*: „Elite ist das einzige Privileg, das eine Demokratie und Industriegesellschaft sich leisten muß." Daher sei es „unbegreiflich", dass einige Unionspolitiker glauben würden, Eliteschulen stünden einer Volkspartei nicht zu Gesicht. Das Gegenteil sei der Fall.[214] In jenen Medien, die mit Genschers Kritik an der „Massenuniversität" grundsätzlich übereinstimmten, wurde jedoch eine zuweilen deutliche Skepsis hinsichtlich der kurzfristigen Realisierbarkeit von Genschers Plänen artikuliert. Es sei „naiv" zu glauben, so die *Welt am Sonntag*, auf dem „Friedhof" der deutschen Universität „durch ein bißchen Elite und ein bißchen Privatheit aus Amerika Elite-Hochschulen schaffen zu wollen". Eliteuniversitäten würden nicht „wie Venus aus dem Meer" auftauchen, sondern seien das Ergebnis eines langfristigen Wettbewerbs und einer „ständigen Differenzierungsdynamik".[215]

Im Juni 1984 prallten die unterschiedlichen Standpunkte im Bundestag aufeinander: Während der SPD-Abgeordnete Eckart Kuhlwein der Bundesregierung vorwarf, „den bildungspolitischen Konsens aufgekündigt zu haben",[216] und Gert Jannsen von den Grünen in den Eliteuniversitäten ein „Instrument zur Sicherung der wirtschaftlichen Perspektive der Großunternehmen" durch die Heranbildung „sozial angepaßter" Führungskräfte erkannte,[217] bekannte sich Bundesbildungsministerin Dorothee Wilms allgemein zum Ziel der „Bildung von wissenschaftlichen Leistungseliten"[218] und der FDP-Abgeordnete Karl-Hans Laermann verteidigte Genschers Vorstoß für private Eliteuniversitäten als generelles Plädoyer für mehr „Vielfalt, Wettbewerb und mehr Kreativität" in der Hochschullandschaft.[219] Insgesamt führte die Genscher-Debatte zu einem deutlichen Bekenntnis der Bundesregierung zu Leistungseliten und mehr Wettbewerb in der Bildungspolitik. Dieses Eliteverständnis wurde auch in Teilen der SPD mitgetragen.[220] Dem Thema Privatuniversitäten wurde indes in der Folge auf bundespolitischer Ebene kein hoher Stellenwert beigemessen, was nicht zuletzt auch an der Kompetenz der Bundesländer in dieser Frage lag.

---

[214] Paul Pucher, Ohne Elite sind wir nichts!, in: Bunte, 19.1.1984.
[215] Elite-Universität wie Venus aus dem Meer?, in: Welt am Sonntag, 19.2.1984.
[216] Eckart Kuhlwein, in: Deutscher Bundestag, 10. Wahlperiode, 78. Sitzung vom 29.6.1984, S. 5740.
[217] Gert Jannsen, in: Deutscher Bundestag, 10. Wahlperiode, 78. Sitzung vom 29.6.1984, S. 5746.
[218] Dorothee Wilms, in: Deutscher Bundestag, 10. Wahlperiode, 78. Sitzung vom 29.6.1984, S. 5744.
[219] Karl-Hans Laermann, in: Deutscher Bundestag, 10. Wahlperiode, 78. Sitzung vom 29.6.1984, S. 5749.
[220] Björn Engholm, Der diskrete Charme der Elite, in: Der Spiegel, 20.2.1984. Kritisch hingegen Wieland Hempel, *Elite*, oder der Anspruch, mit dem Diktat der uniformierten Mehrheit aufzuräumen, in: Die Neue Gesellschaft 31 (1984), S. 946–953.

Beim BDI wurde die Initiative zur Gründung von Privatuniversitäten grundsätzlich positiv bewertet, so der allgemeine Tenor einer Präsidiumssitzung im Februar 1984. Dadurch könnten „leistungs- und wettbewerbsfördernde Impulse auch auf die staatlichen Hochschulen" übergehen. Die Vorstellung, dass staatliche Hochschulen – „effiziente Rahmenbedingungen vorausgesetzt" – nicht in gleicher Weise zu Spitzenleistungen fähig seien wie Privathochschulen, sei jedoch irrig.[221] Tatsächlich waren aber wirtschaftsnahe Initiativen zur Gründung privater Hochschulen längst im Gange. Der Wegbereiter dieser Entwicklung war die 1970 gegründete European Business School, die zunächst mit vier Studenten in Offenbach am Main begonnen hatte, 1977 staatlich anerkannt worden war,[222] die ab 1980 im Schloss Reichartshausen in Oestrich-Winkel im Rheingau als Fachhochschule für Wirtschaft fungierte[223] und seit 2011 als Universität für Wirtschaft und Recht (EBS) Universitätsstatus hat. Der jahrelange Rechtsstreit der EBS um staatliche Anerkennung verweist auf die strukturellen Schwierigkeiten von privaten Hochschulen in Deutschland, wo der Begriff „Universität" geschützt ist und strengen Akkreditierungsrichtlinien unterliegt. Freie Hochschulen ohne jegliche staatliche Kontrolle gibt es in Deutschland nicht; ohne Programmakkreditierung der Studienangebote und staatliche Anerkennung dürfen private Einrichtungen keine akademischen Grade vergeben. Hinzu kam, dass jede Neugründung für die bereits bestehenden Institutionen auf dem Gebiet der Aus- und Weiterbildung von Führungskräften eine Konkurrenz darstellte – nicht weil man notwendigerweise dieselbe Altersgruppe adressierte, sondern weil man um das rare Gut der privaten Förderung durch die Wirtschaft konkurrierte.

Dies galt auch für die EBS, die in den 1970er Jahren in den einflussreichen Führungskreisen der „Gesellschaft zur Förderung des Unternehmer-Nachwuchses" skeptisch beurteilt wurde. Zwar sei es gut, dass die EBS den staatlichen Universitäten Konkurrenz mache und es sei auch verständlich, dass die EBS-Verantwortlichen „Zuständen wie Vorlesungsstreik und dergleichen" entgehen wollten, so Hans Hellwig vom „Deutschen Institut zur Förderung des industriellen Führungsnachwuchses" in einem Schreiben an Hans-Helmut Kuhnke.[224] Aber sowohl für Hellwig als auch für Ludwig Vaubel sei für die Entscheidung, nicht mit der EBS zu kooperieren, maßgebend gewesen, „dass auch diese Initiative wiederum Mittel aus der deutschen Wirtschaft anderen Anstrengungen

---

[221] Sitzung des Präsidiums, 30.2.1984, BDI-Archiv A 130. Vgl. auch: Privatuniversitäten: Elite-Hochschulen für besonders Begabte, in: Wirtschaftswoche 13 (1984), S. 20–23.
[222] Private Hochschule staatlich anerkannt, in: Blick durch die Wirtschaft, 12.8.1977.
[223] European Business School. Im Urteil der Wirtschaft: erfolgreich, in: Der Arbeitgeber 38 (1986), S. 164–166.
[224] Hans Hellwig an Hans-Helmut Kuhnke, 12.9.1977. Archiv BBUG, Ordner 34. Hellwig antwortete auf Kuhnkes Anfrage, weil diesem die EBS „bisher unbekannt" gewesen war. Hans-Helmut Kuhnke an Hans Hellwig, 8.9.1977. Archiv BBUG, Ordner 34.

7.2 Neue kapitalistische Leitbilder in den 1980er Jahren

entziehen würde".[225] Vaubel und Hellwig hatten also Sorge um die Finanzierung ihrer eigenen Projekte, insbesondere der Flaggschiffe der privaten Weiterbildung für Führungskräfte USW und BBUG. Angesichts solcher Widerstände und der schwierigen Rechtslage blieb die EBS in den 1970er Jahren ein einsamer Vorreiter der privaten Business Schools. In den 1980er Jahren änderte sich diese Situation grundlegend, und veränderte politische Rahmenbedingungen sowie eine neue Bereitschaft der Wirtschaft zur Finanzierung privater Hochschulen brachten weitreichende Folgen für die Hochschullandschaft der Bundesrepublik mit sich.

Die Jahre 1983 und 1984 sind in der Geschichte der deutschen Privatuniversitäten Schlüsseljahre. Denn während die Elitedebatte die deutsche Bundespolitik beschäftigte, wurden mit der Universität Witten/Herdecke[226] und der Wissenschaftlichen Hochschule für Unternehmensführung (WHU) in Koblenz zwei maßgeblich von der Wirtschaft finanzierte Hochschulen gegründet, die explizit als Initiativen zur Heranbildung von Eliten zur Bewältigung des ökonomischen Strukturwandels geplant wurden. Die treibende Kraft hinter der Universität Witten/Herdecke war Alfred Herrhausen, der fest davon überzeugt war, dass angesichts der Internationalisierung der Weltwirtschaft und des wirtschaftlichen Strukturwandels „mehr für die Elitenförderung getan werden müsse", und gegen viel Widerstand das Projekt private Hochschule vorantrieb.[227] Sowohl in Witten als auch in Koblenz wurde anders als an der „Massenuniversität" auf eine begrenzte Zahl von ausgesuchten Studenten gesetzt, die für ihr Studium bezahlten. Es „herrscht Aufbruchsstimmung unter westdeutschen Hochschulgründern", stellte der *Spiegel* im Juni 1984 fest.[228] Damit setzte ein Trend zur privaten Finanzierung und Trägerschaft von Hochschulen ein, der sich bis heute verstärkt hat und sich vor allem in spezialisierten und praxisnahen privaten Einrichtungen manifestiert, die meist einen Schwerpunkt in Betriebswirtschaftslehre und in der Managementausbildung setzen. Ganz offensichtlich ist der Finanzierungswille der Privatwirtschaft für die Ausbildung des eigenen Nachwuchses am größten, eine private Hochschule mit einem breiten Fächerangebot gibt es nur in Bremen mit der 2001 gegründeten Jacobs University.

In Koblenz begannen die Überlegungen zur Gründung einer privaten Elitehochschule im Frühjahr 1983. Angestoßen wurde das Projekt von der Industrie- und Handelskammer zu Koblenz und Professor Udo Glittenberg, der zuvor die European Business School im Rheingau geleitet hatte. Unter dem Mot-

---

[225] Hans Hellwig an Hans-Helmut Kuhnke, 12.9.1977. Archiv BBUG, Ordner 34. Vgl. auch Hans-Helmut Kuhnke an Hans Hellwig, 27.9.1977. Archiv BBUG, Ordner 34.
[226] Vgl. Sattler, Wissenschaftsförderung aus dem Geist der Gesellschaftspolitik.
[227] Ebd., S. 634.
[228] Die dritte Garnitur für die Hochschulen?, in: Der Spiegel, 4.6.1984.

to „Leistungsglück statt Leistungsangst"[229] und „nach amerikanischen Vorbildern" sollte die neue Hochschule ausschließlich aus Privatmitteln finanziert werden.[230] Ihrem Selbstverständnis nach war die WHU auf diese Weise „Stachel im Fleisch der staatlichen Hochschulen", so Glittenberg.[231] Organisatorisch vollzog sich die Neugründung dann rasch: Ein Stifterverband, „Private Universität Koblenz – Wissenschaftliche Hochschule für Unternehmensführung e. V.", konstituierte sich, und im Mai 1983 reichte der Hauptgeschäftsführer der IHK Koblenz Karl Darscheid das Hochschulkonzept beim Kultusministerium des Landes Rheinland-Pfalz ein. Die CDU-geführte Landesregierung von Ministerpräsident Bernhard Vogel und insbesondere der Mainzer Kultusminister Georg Gölter und sein Staatssekretär Christoph Stollenwerk unterstützten das Projekt von Beginn an.[232] Vogel hatte bereits auf das Elitepapier des Wissenschaftsrats von 1981 ausgesprochen positiv reagiert: „Es ist mit ‚Elite' wie mit ‚Leistung': Wir müssen wieder zu einem ganz selbstverständlichen Umgang mit diesen Begriffen kommen."[233] Auch Wirtschaftsminister Rudi Geil war dem Projekt wohlgesonnen, wie er auf einer Tagung des RCDS in Koblenz unter dem Motto „Hochschule für Unternehmensführung – der andere Weg?" deutlich machte:

> Nur private Universitäten haben die Möglichkeit, ihre Studenten gezielt auszuwählen, ihre Anzahl hinreichend klein zu halten und nur besonders qualifizierte, leistungsorientierte und motivierte junge Menschen eine Ausbildung beginnen zu lassen. Der hier zum Ausdruck kommende Gedanke an eine „Elite" hat nichts Anstößiges.[234]

Die nationalen und internationalen Ambitionen der Koblenzer Hochschule zeigten sich gleich zu Beginn in einer symbolischen Personalie: Zum Ehrenrektor wurde der Nationalökonom und Nobelpreisträger Friedrich August von Hayek ernannt,[235] der in der Koblenzer Konzeption seine eigene Vorstellung

---

[229] So Glittenberg gegenüber dem *Rheinischen Merkur*. Vgl. Petra Hopen, Die Wirtschaft investiert in die Elite von morgen, in: Rheinischer Merkur/Christ und Welt, 10.2.1984.
[230] Nachwuchsförderung: Elite-Uni für Manager, in: Wirtschaftswoche, 13.1.1984, S. 50–52. Vgl. auch Was Elite-Universitäten leisten können, in: Der Volks- und Betriebswirt 3 (1984), S. 12–13; P. Schnittker, Mehr Markt – weniger Staat, in: Management Heute 2 (1984), S. 14–16; Wilhelm Pfähler, Die Wissenschaftliche Hochschule für Unternehmensführung (WHU) in der Presse; 1984–1988, Vallendar 1988.
[231] Die dritte Garnitur für die Hochschulen?, in: Der Spiegel, 4.6.1984.
[232] Harald Winkel, Zehn Jahre WHU. Eine Chronik, in: ders. (Hrsg.), Zehn Jahre WHU. Aufbau der Wissenschaftlichen Hochschule für Unternehmensführung in Koblenz, St. Katharinen 1994, S. 1–175, hier: 8.
[233] Bernhard Vogel an Andreas Heldrich, 14.7.1981. Bundesarchiv Koblenz B 247/232.
[234] Wirtschaftsminister Rudi Geil: Neue Wege beschreiten, in: Hochschulnachrichten aus der Wissenschaftlichen Hochschule für Unternehmensführung Koblenz 1 (1987), S. 5.
[235] Hayek ließ sich regelmäßig von WHU-Vertretern über die Entwicklung der WHU unterrichten. Vgl. Zu Besuch bei Friedrich A. von Hayek, in: Hochschulnachrichten aus der Wissenschaftlichen Hochschule für Unternehmensführung Koblenz 1 (1987), S. 10.

verwirklicht sah und mit seinen internationalen Kontakten beim Aufbau der WHU Hilfe leisten wollte.[236]

Mit ihrer Gründung 1984 gab die WHU der politisch-medialen Elitedebatte konkretes Anschauungsmaterial. Dabei fiel die Bestandsaufnahme zu Beginn weitgehend positiv aus. Die *Süddeutsche Zeitung* begrüßte das Projekt und den damit verbundenen „frischen Wind des Wettbewerbs" im Hochschulbetrieb ausdrücklich, empfahl den Koblenzer Gründern aber, „den Elitebegriff nicht über Gebühr zu strapazieren". In einer „pflichtschuldigst egalitär gesonnenen Parteien- und Bildungsbürokratie" provoziere das nur „unnötigen Lärm beim Genehmigungsverfahren".[237] Der *Mannheimer Morgen* erkannte: „Für die Koblenzer Privathochschule bläst kräftiger bildungspolitischer Rückenwind"[238], und die *Welt* konstatierte zufrieden: „Vor dem Wort ‚Elite' schreckt hier niemand zurück."[239] Die *Frankfurter Allgemeine Zeitung* lobte die „Begeisterung" und beispielhafte „Einsatzfreude" der das Projekt WHU vorantreibenden rheinland-pfälzischen Industrie- und Handelskammer, warnte aber insgesamt vor überzogenen Erwartungen: „auf dem Weg nach Harvard, Stanford, Yale, Princeton sind wir damit nicht, weder quantitativ noch qualitativ".[240] Kritisch war hingegen die Reaktion der *Frankfurter Rundschau*. Der Anspruch, ein „Stachel im Fleisch" der staatlichen Universitäten zu sein, breche „bei näherem Hinsehen in sich zusammen". Denn die Studenten würden viel Geld zahlen, mit dem die „Akademie" – von einer Universität wollte die FR nicht sprechen – dann wiederum „Universitätsprofessoren, ‚gestandene' Ordinarien an deutschen Hochschulen" bezahlen würde, um in Koblenz zu unterrichten. Dies sei aber ein äußerst zweifelhafter Vorgang, den es genau zu beobachten gelte: „Verschaffen sich hier nicht beamtete Ordinarien, die zu Lehre und Forschung an ihren öffentlichen Hochschulen verpflichtet sind, beträchtliche Nebeneinkünfte?"[241]

Nachdem die WHU im August 1984 ihre staatliche Anerkennung erhalten hatte,[242] konnte die Hochschule am 1. Oktober 1984 ihren Betrieb aufneh-

---

[236] Nobelpreisträger geht an private Hochschule, in: Die Welt, 29.8.1984.

[237] Hans D. Barbier, Bildungswettbewerb für Spitzen-Manager, in: Süddeutsche Zeitung, 6.1.1984.

[238] Helmut Kübler, Private Premiere in Rheinland-Pfalz. Eine Manager-Hochschule wird aus der Taufe gehoben, in: Mannheimer Morgen, 14.1.1984. Auch die Koblenzer Rhein-Zeitung reagierte positiv: „Sich nicht dem leistungsmindernden Nivellierungstrend anzuschließen, sondern eine leistungsstarke Hochschulstruktur zu finden – darin liegt die allgemeine, zukunftsweisende Bedeutung des Projekts." Vgl. Heinz Günter Klein, Elite-Schmiede, in: Rhein-Zeitung, 12.1.1984.

[239] Peter Philipps, Vor dem Wort „Elite" schreckt hier niemand zurück, in: Die Welt, 14.7.1984.

[240] Begeisterung, in: Frankfurter Allgemeine Zeitung, 24.8.1984. Vgl. auch Kurt Reumann, Eine Hochschule – wie in die Luft gemalt, in: Frankfurter Allgemeine Zeitung, 30.1.1985.

[241] Jutta Roltsch, Stachel im Fleisch?, in: Frankfurter Rundschau, 14.1.1984.

[242] Kultusminister erteilte staatliche Anerkennung, in: Handelsblatt, 23.8.1984, Zulassung für Private Hochschule, in: Frankfurter Allgemeine Zeitung, 23.8.1984, Uni-Koblenz staatlich anerkannt, in: Die Welt, 23.8.1984.

men. Für die Finanzierung des Lehrbetriebs plante man in Koblenz mit drei Einnahmequellen: jährliche Beiträge von Unternehmen und direkte Finanzierung von Lehrstühlen durch die Wirtschaft („nicht die schlechteste Art von Public Relations für ein Unternehmen", fand die *Wirtschaftswoche*), Studiengebühren und schließlich kostenpflichtige Dienstleistungen der Universität in Form von Weiterbildungsprogrammen, Unternehmensberatungen und Softwareentwicklungen.[243] Zunächst engagierten sich nur kleine und mittelständische Unternehmen aus dem Koblenzer Raum finanziell an dem Projekt.[244] Für die an der WHU beteiligten Unternehmen sollte sich ihr Engagement in mehrfacher Hinsicht auszahlen: Sie trugen zu einer Führungskräfteausbildung bei, an der sie über die Lehrformate, praxisnahe Diplomarbeiten der Studenten mit direktem Bezug zu ihren Unternehmen und sogar bei der Auswahl der Studenten in den Bewerbungsgesprächen beteiligt waren. So viel Einfluss kam selbst für manche Wirtschaftsvertreter überraschend: Auf die Einladung zur Auswahlkommission für die Zulassung zum Wintersemester 1986/87 durch WHU-Direktor König reagierte der BDI-Vertreter Eckart John von Freyend mit dem handschriftlichen Vermerk: „Das ist neu!!?"[245] Als 1988 der Pionierjahrgang die WHU verließ, starteten so viele der Abgänger ihre Karriere in bekannten Industrieunternehmen, dass die *Wirtschaftswoche* titelte: „Die Grossen ernten die Früchte".[246] Dabei profitierte die Wirtschaft bzw. die WHU vom staatlichen Hochschulsystem, kam doch die überwältigende Mehrheit der Professoren, Dozenten und wissenschaftlichen Mitarbeiter von westdeutschen Universitäten.

Der Aufnahmeprozess wurde in Koblenz betont anspruchsvoll und kompetitiv gestaltet. Man wollte „nur leistungsstarke Studienbewerber mit hervorragenden intellektuellen und sozialen Kapazitäten".[247] Die potentiellen Studenten mussten sich einem dreiteiligen Auswahlwettbewerb stellen: Bewerben konnten sich grundsätzlich nur Kandidaten mit einer Abiturnote besser als drei und einer erfolgreich abgeschlossenen kaufmännischen Lehre (oder zumindest einem dreimonatigen Praktikum). Als zweite Hürde folgten ein viereinhalbstündiger schriftlicher Leistungstest (entworfen vom Institut für Test- und Begabungsforschung der Studienstiftung des deutschen Volkes) und eine Fremdsprachenprüfung in Englisch und Französisch. Die dritte und entscheidende Prüfung bestand in Auswahlgesprächen mit der 20-köpfigen, paritätisch aus Hochschullehrern der WHU und Vertretern der Wirtschaft zusammengesetzten Kommission, in denen die

---

[243] Nachwuchsförderung: Elite-Uni für Manager, in: Wirtschaftswoche, 13.1.1984, S. 50–52.
[244] Winkel, Zehn Jahre WHU, S. 39–74.
[245] Prof. W. König, Rektor WHU an Eckart John von Freyend, 30.4.1986. BDI-Archiv, HGF PEI 71, Karton 13.
[246] Jürgen Berke, Privatuniversität Koblenz: Die Grossen ernten die Früchte, in: Wirtschaftswoche 44 (1988), S. 74–77.
[247] Studienkonzept. Wissenschaftliche Hochschule für Unternehmensführung. BDI-Archiv, HGF PEI 71, Karton 13.

Kandidaten entlang der Stationen Einzelinterview, Referat und Gruppendiskussion nicht Fachwissen, sondern „Persönlichkeit und Charakter" demonstrieren sollten.[248] Ein indirektes Auswahlkriterium stellten die Studiengebühren dar, die mit 5000 DM pro Semester (also insgesamt 40.000 DM für das auf acht Semester angelegte Studium) erheblich ausfielen. Gegen den Vorwurf, eine elitär-exklusive Einrichtung darzustellen, wehrten sich die Vertreter der WHU mit dem Hinweis auf die Leistungskriterien des Auswahlverfahrens sowie auf die vorhandenen Stipendien und die von der WHU mit einer kooperierenden Bank zur Verfügung gestellten vergünstigten Darlehen für die Studiengebühren. Eckart John von Freyend, der für den BDI in der Auswahlkommission saß, formulierte dieses Konzept so: „Elite vielleicht am Ausgang, aber nicht am Eingang."[249]

Nach bestandener Aufnahmeprüfung erwartete die – pro Studienjahr zunächst nur 40 bis 60 – Koblenzer Studentinnen und Studenten ein „straff organisiertes Studium mit hoher Arbeitsbelastung" und „ständigen Leistungskontrollen".[250] In einem Erfahrungsbericht erzählte ein Student aus der Anfangszeit von 60 bis 70 Stunden Wochenbelastung, 10 bis 15 Klausuren in jedem Semester und strikter Anwesenheitspflicht.[251] Das Studium beinhaltete zwei Pflichtsemester an Partnerhochschulen in den USA, Kanada, Frankreich oder Großbritannien,[252] drei Pflichtpraktika in einem Unternehmen von je

---

[248] Studienkonzept. Wissenschaftliche Hochschule für Unternehmensführung. BDI-Archiv, HGF PEI 71, Karton 13. Vgl. auch Koblenzer Manager-Nachwuchs. Charakter statt Rosinen, in: Wirtschaftswoche, 26.6.1985; Wolfgang Müller-Michaelis, „Koblenzer Modell" der Aufnahmeprüfung: Brief und Siegel für erfolgreiche Karriere, in: Hochschulnachrichten aus der Wissenschaftlichen Hochschule für Unternehmensführung Koblenz 3 (1987), S. 8–9.
[249] Elite-Schmiede für die Chefetage. Private Manager-Universität in Koblenz kann sich die Studenten aussuchen, in: Westdeutsche Allgemeine Zeitung, 12.8.1988. Vgl. auch: Treffpunkt Koblenz: Wo Entscheider von heute im Potential von morgen fischen, in: Karriere (Handelsblatt &Wirtschaftswoche), 24.6.1988.
[250] Studienkonzept. Wissenschaftliche Hochschule für Unternehmensführung. BDI-Archiv, HGF PEI 71, Karton 13.
[251] Markus Henning, Die Investition hat sich gelohnt, in: Unternehmer 8 (1986), S. 7.
[252] Die Partneruniversitäten waren in den USA: Northwestern University – J. L. Kellog Graduate School of Management; Carnegie-Mellon University – Graduate School of Industrial Administration; University of Southern California – Graduate School of Industrial Administration; Texas A&M University – College of Business Administration; The Pennsylvania State University – College of Business Administration. In Kanada: Queens University – School of Business, Kingston; Université de Montréal – École des Hautes Études Commerciales (HEC); The University of Western Ontario – School of Business Administration. In Großbritannien: Cranfield School of Management (CIT); University of Lancaster – School of Management and Organisational Sciences und die Manchester Business School (MBS). In Frankreich: Ecole Supérieure de Commerce de Lyon (ESCL) und Ecole Supérieure de Commerce de Paris (ESCP). Vgl. Wilhelm Pfähler, Das Internationale Jahr, in: Hochschulnachrichten aus der Wissenschaftlichen Hochschule für Unternehmensführung Koblenz 3 (1987), S. 2–5.

drei Monaten Dauer (davon mindestens eins als Auslandspraktikum) und endete mit einer „praxisorientierten Diplomarbeit in Zusammenarbeit mit Partnerunternehmen", auf die der Abschluss Diplom-Kaufmann folgte.[253]

Die „praxisbezogene Diplomarbeit" wurde ganz explizit als ein „return of investment" für die an der WHU beteiligten oder die Hochschule fördernden Unternehmen verstanden.[254] Die von den Studenten zu erarbeitende Fragestellung und Problemlösung musste also „erhebliche Bedeutung für das Unternehmen" haben. Eine „praxisbezogene Diplomarbeit" kam demnach nur dann zustande, wenn alle an dem „Dreiecksverhältnis" zwischen Student, Hochschullehrer und Unternehmen Beteiligten „übereinstimmende Interessen" aufwiesen. Dabei war das Unternehmen der „Lieferant" der wissenschaftlichen Problemstellung.[255] Neben dem Elitegedanken spielte also der Praxisbezug eine zentrale Rolle, der sich auch in der Lehre manifestieren sollte, an der daher auch Praktiker aus der Wirtschaft beteiligt waren, d. h. Manager, Personal- und Marketingexperten, EDV-Spezialisten, technische Leiter und Wissenschaftler aus den Unternehmen.

Ansonsten bestand das Lehrpersonal aus Professoren wie dem USW-Gestalter Horst Albach, dem Leiter des Instituts der deutschen Wirtschaft und ehemaligen Wirtschaftsweisen Gerhard Fels, dem Mainzer Volkswirt Klaus Rose, dem Mannheimer Betriebswirt und Personalwissenschaftler Eduard Gaugler, dem Leiter des Nürnberger Instituts für Arbeitsmarkt- und Berufsforschung Dieter Mertens, Werner Kroeber-Riel vom Institut für Konsum- und Verhaltensforschung der Uni Saarbrücken und dem Passauer Betriebswirt Horst Wildemann.[256] Hinzu kamen 30 nebenberufliche Dozenten. Das Betreuungsverhältnis war also bei 166 Studenten zu 39 Dozenten (1987) deutlich enger als an staatlichen Hochschulen.[257]

---

[253] Studienkonzept. Wissenschaftliche Hochschule für Unternehmensführung. BDI-Archiv, HGF PEI 71, Karton 13.
[254] Jürgen Weber, Praxisbezogene Diplomarbeiten an der Wissenschaftlichen Hochschule für Unternehmensführung, in: Hochschulnachrichten aus der Wissenschaftlichen Hochschule für Unternehmensführung Koblenz 2 (1987), S. 2–3, hier: 2.
[255] Ebd.
[256] Nachwuchsförderung: Elite-Uni für Manager, in: Wirtschaftswoche, 13.1.1984, S. 50–52. Der Gründungssenat der Hochschule bestand aus den Professoren Albach, Gaugler, Fels, Mertens, Rose und Wildemann. Vgl. Wolfgang König, Technikorientierung an der Wissenschaftlichen Hochschule für Unternehmensführung, in: Hochschulnachrichten aus der Wissenschaftlichen Hochschule für Unternehmensführung Koblenz 1 (1986), S. 2–3, hier: 2. Ab Sommersemester 1987 waren fünf Lehrstühle durch die Professoren Hans Bauer, Wolfgang König, Jürgen Weber, Wilhelm Pfähler und Horst Albach fest besetzt. Vgl. Lehrstühle und Dozenten 87, in: Hochschulnachrichten aus der Wissenschaftlichen Hochschule für Unternehmensführung Koblenz 1 (1987), S. 11.
[257] Jörg Klaus Borkowsky, Aufnahme des 4. Studienjahrgangs: Erster Bauabschnitt vollendet, in: Hochschulnachrichten aus der Wissenschaftlichen Hochschule für Unternehmensführung Koblenz 3 (1987), S. 13.

Ziel des Studiums an der WHU war es, auf der Basis einer betriebs- und volkswirtschaftlichen Ausbildung einen „Generalisten heranzubilden", so der Rektor Wolfgang König. Die Hochschule sah sich verpflichtet, einen „Beitrag zur Überwindung der Zersplitterung des Faches Betriebswirtschaftslehre" zu leisten. Es sollte eine integrierende Sicht auf die „verschiedenen Partialprobleme der Unternehmensführung" gelehrt werden. „Damit möchten wir dem Wunsch der Wirtschaft nach in Zusammenhängen denkenden Führungspersönlichkeiten gerecht werden."[258] Um diesem Anspruch zu entsprechen, wurde an der WHU auch ein Studium generale mit Seminaren in Geschichte, Philosophie, Ethik und Rhetorik angeboten. Zum Konzept der Persönlichkeitsbildung gehörte darüber hinaus auch der Wunsch der Hochschulleitung, „eine starke emotionale Bindung an die WHU zu schaffen".[259] Diesem Anspruch sollte beispielsweise das nach amerikanischem Vorbild organisierte und gepflegte Alumni-Netzwerk gerecht werden, das darüber hinaus den Vorteil hatte, dass durch die Alumni neue Verbindungen in die Wirtschaft und im Idealfall neue Förderer gewonnen werden konnten.

Die bewusste Ausrichtung gegen den Spezialisten – dem die normative Gegenfigur der „Führungspersönlichkeit" entgegengesetzt wurde – teilte die WHU mit der anderen Privatuniversität Witten/Herdecke, wie Ekkehard Kappler, Professor und Dekan in Witten/Herdecke in einem Vortrag an der WHU ausdrücklich betonte.[260] Ausdruck dieser Abneigung gegen wirtschaftswissenschaftliche Theorie ist die Simulation von Unternehmensentscheidung im Planspiel. Leitbild war hier nicht der klassische Akademiker, sondern der spielend lernende Praktiker, der sich anwendungsorientiertes Wissen in der jeweiligen Planspielsituation erarbeitet.[261] Eine eigenständige systematisch-hierarchische Wissensaufbereitung auch jenseits der Logiken des Planspiels war hier nicht gefragt. Eine große Bedeutung kam hingegen dem Informationsmanagement und computergestützten Techniken zu.[262]

In den ersten beiden Jahren hatte die WHU erhebliche Startschwierigkeiten: der Rücktritt Udo Glittenbergs von der Leitung der WHU nach nur einem

---

[258] Vgl. König, Technikorientierung an der Wissenschaftlichen Hochschule für Unternehmensführung, S. 2.
[259] Horst Albach, Persönlichkeitsbildung und Forschung an der Wissenschaftlichen Hochschule für Unternehmensführung, in: Hochschulnachrichten aus der Wissenschaftlichen Hochschule für Unternehmensführung Koblenz 1 (1987), S. 2–3, hier: 2 f.
[260] Gast von Privatuni Witten/Herdecke an der WHU, in: Hochschulnachrichten aus der Wissenschaftlichen Hochschule für Unternehmensführung Koblenz 1 (1986), S. 10.
[261] Privatuniversität Witten/Herdecke, Lust zur Leistung, in: Wirtschaftswoche, 1.3.1985, S. 63–69.
[262] Mit Informationsmanagement näher an die Praxis heran: In der Lehre erhält neue Technik Priorität, in: Computerwoche, 2.10.1987.

Jahr,[263] Finanzierungsprobleme und Personalfluktuation.[264] Ab 1986 stabilisierte sich die WHU aber wieder. Zu den mittelständischen Betrieben, die bisher die WHU unterstützt hatten, kamen große Unternehmen wie die Deutsche Shell AG, IBM, die Deutsche Bank oder die Debeka-Versicherungen, die als Förderer einstiegen. Die Duisburger Peter-Klöckner-Stiftung stiftete einen weiteren Lehrstuhl für Unternehmenspolitik,[265] den schließlich Horst Albach annahm und somit sein „Hobby zum Hauptberuf" machte, wie das *Manager Magazin* anmerkte.[266] Dass ein renommierter Wissenschaftler wie Albach, Bonner Ordinarius für Betriebswirtschaftslehre, seine Professur (zumindest zeitweise) für die WHU eintauschte, hatte Signalwirkung, erst recht, nachdem Albach 1987 zum Präsidenten der Akademie der Wissenschaften zu Berlin gewählt worden war.[267] Beim BDI wurden diese Entwicklungen ausdrücklich begrüßt: „Der Gesamteindruck ist insgesamt positiv. Die anfänglichen finanziellen Schwierigkeiten sind offensichtlich überwunden. [...] Vor diesem Hintergrund ist die Initiative zukünftig sicherlich auch aus Sicht des BDI förderungswürdig."[268] Tatsächlich verstärkte sich in der Folge das Interesse der Wirtschaft an der neuen Hochschule: Der Hauptgeschäftsführer des BDI Siegfried Mann trat entsprechend im Februar 1987 in den Vorstand der WHU ein.[269] Auch das Kuratorium konstituierte sich im November 1987. Ihm gehörten nun an: Marcus Bierich (Vorsitzender der Geschäftsführung der Robert Bosch GmbH), Christian-Peter Henle (Klöckner & Co., Duisburg), Martin Leicht (Gründer der ista-Haustechnik GmbH), Wolfgang Röller (Vorstandssprecher der Dresdner Bank), Wilhelm Schötter (Philipp Reemtsma), Paul Robert Wagner (Gerling AG) und der FDP-Politiker Otto Graf Lambsdorff.[270]

---

[263] Mit gutem Beispiel voran, in: Wirtschaftswoche, 24.5.1985.
[264] Privatuni Koblenz: Erzwingt Geldmangel das Ende?, in: Wirtschaftswoche, 24.1.1986.
[265] Private Hochschule Koblenz ist jetzt finanziell gesichert, in: Die Welt, 5./6.7.1986; Wachsendes Interesse großer Firmen trägt zur Konsolidierung bei, in: Handelsblatt, 8.7.1986; Privatuni Koblenz gerettet, in: Wirtschaftswoche, 11.7.1986.
[266] Hochschule Koblenz. Gut fürs Prestige, in: Manager Magazin 9 (1986), S. 21.
[267] Horst Albach geht nach Koblenz, in: Frankfurter Allgemeine Zeitung, 10.2.1987; Kurt Reumann, Kirchenfenster vom Computer. Ein Versuch der Wirtschaft in der Weiterbildung die Führung zu übernehmen, in: Frankfurter Allgemeine Zeitung, 22.6.1987.
[268] Kreklau an Dr. von John, 30.4.1986. BDI-Archiv, HGF PEI 71, Karton 13. Vgl. auch Privatuni Koblenz, in: Handelsblatt, 31.1.1986; Wirtschaft lobt private Hochschulen, in: Süddeutsche Zeitung, 14.4.1987.
[269] Neben Mann gehörten zum neuen Vorstand: Franz Schoser (Hauptgeschäftsführer des DIHT), Peter Greisler (Vorsitzender des Vorstands der Debeka-Versicherungsgesellschaft, Koblenz), Jürgen Heraeus (Vorsitzender der Geschäftsleitung der W. C. Heraeus GmbH, Hanau), Johannes Wellbergen (Präsident der European Foundation for Management and Development, Brüssel), sowie Karl Darscheid und Hanno Ludwig von der Industrie- und Handelskammer Koblenz. Vgl. Neuer Vorstand der Privathochschule, in: Frankfurter Allgemeine Zeitung, 6.3.1987.
[270] Winkel, Zehn Jahre WHU, S. 72.

7.2 Neue kapitalistische Leitbilder in den 1980er Jahren

Gerade Lambsdorff avancierte zum engagierten politischen Förderer der WHU. Er sah die ganz grundsätzliche Funktion der privaten Hochschulen darin, dass sie den „staatlich subventionierten und staatlichen Universitäten und Bildungseinrichtungen Konkurrenz" machen sollten. Aus seiner Sicht konnten Privatuniversitäten wie die WHU vor allem in zwei Bereichen eine Vorbildfunktion ausüben: zum einen im Kampf gegen das „größte Übel, nämlich [die] übertriebene[...] Studiendauer", und zum anderen bei der dringend notwendigen Internationalisierung des Studiums, so Lambsdorff 1986 auf einer gemeinsamen Veranstaltung der Industrie- und Handelskammer und der WHU in Koblenz.[271] Ähnlich argumentierte auch Forschungsminister Heinz Riesenhuber auf einer weiteren Veranstaltung der WHU im Oktober 1986, als er sich mehr „Dynamik und Differenzierung in unserer Hochschullandschaft" wünschte und die neue Konkurrenz durch Privatuniversitäten ausdrücklich begrüßte.[272] Übertrumpft wurden diese Beglückwünschungen nur noch von Edzard Reuter, der 1987 vor Dozenten und Studenten der WHU feststellte: „Ihre Hochschule stellt einen Beitrag zur internationalen Konkurrenzfähigkeit der Bundesrepublik dar."[273]

Endgültig gesichert war die Finanzierung und Zukunft der WHU durch den Einstieg von Otto Beisheim, Gründer und Geschäftsführender Gesellschafter der Metro-Gruppe. Beisheim übernahm im Wintersemester 1988/89 die Finanzierung eines weiteren Lehrstuhls für Betriebswirtschaft und ermöglichte den Umzug der WHU aus Koblenz-Karthause in das Haus d'Ester im Zentrum von Vallendar, wenige Kilometer von Koblenz entfernt,[274] wo im Oktober 1989 nach fünf Jahren die ersten drei Koblenzer Kandidaten der WHU promovierten.[275] Seit 1993 trägt die WHU offiziell den Zusatz „Otto Beisheim" im Namen. Nachdem auch die Dresdner Bank einen Lehrstuhl gestiftet hatte, wurde in der Folge die Internationalisierung auch bei den Lehrkräften der WHU weiter vorange-

---

[271] Otto Graf Lambsdorff: Volle Unterstützung für private Hochschulinitiative, in: Hochschulnachrichten aus der Wissenschaftlichen Hochschule für Unternehmensführung Koblenz 1 (1986), S. 5.

[272] Dr. Heinz Riesenhuber: Wissen und Ideenreichtum müssen sich frei entfalten können, in: Hochschulnachrichten aus der Wissenschaftlichen Hochschule für Unternehmensführung Koblenz 1 (1986), S. 5. Vgl. auch: Neue Technologien können den Kollaps verhindern. Minister Riesenhuber vor Gästen der IHK Koblenz und der WHU, in: Rhein-Zeitung, 18./19.10.1986.

[273] Jörg Klaus Borkowsky, Edzard Reuter zu Gast in der WHU, in: Hochschulnachrichten aus der Wissenschaftlichen Hochschule für Unternehmensführung Koblenz 4 (1987), S. 1. Vgl. auch: Beitrag zur Konkurrenzfähigkeit geleistet. Edzard Reuter lobt Ausbildungskonzept der Koblenzer Stiftungshochschule, in: Rhein-Zeitung, 29.10.1987.

[274] WHU zieht um, in: Hochschulnachrichten aus der Wissenschaftlichen Hochschule für Unternehmensführung Koblenz 1 (1986), S. 11. Vgl. auch Vallendar entwickelt sich zur Universitätsstadt, in: Rhein-Zeitung, 29.4.1987.

[275] Erste Doktorhüte aus Koblenz, in: Management Wissen 10 (1989), S. 114.

trieben. Durch Beisheims finanzielles Engagement konnten nun auch verstärkt internationale Wissenschaftler gewonnen werden: Ebenfalls 1988 wurde der am Massachusetts Institute of Technology promovierte US-Amerikaner James Hess auf den Lehrstuhl für Betriebswirtschaftslehre berufen.[276] Das Engagement der Dresdner Bank war von gegenseitigem Nutzen: Auf die Stiftungsprofessur wurde der bisherige Leiter des Konzernstabes „Konzernplanung" der Dresdner Bank, Professor Adolf-Friedrich Jacob, berufen. Im Gegenzug wurde Horst Albach in den Aufsichtsrat der Dresdner Bank gewählt.[277]

Auch die internationalen Kooperationen der anderen Business Schools wurden ausgebaut. Die EBS etwa, die 1989 vom Status der Fachhochschule zur wissenschaftlichen Hochschule aufsteigen sollte, begann 1988 neben den bisherigen Partnerschaften in Europa und den USA ein Austauschprogramm mit der Universität von Shanghai.[278] Außerdem entstanden weitere betont internationale Business Schools wie die bereits 1984 gegründete International Business School in Lippstadt-Bad Waldliesborn, die zum Ende der 1980er Jahre ihren Lehrbetrieb erheblich ausbaute.[279] Auch das 1968 gegründete Universitätsseminar der deutschen Wirtschaft – „das Flaggschiff der deutschen Weiterbildungsarmada"[280] – wollte sich diesem Trend anschließen, schaffte aber erst durch die im Jahr 2002 gegründete Nachfolgeeinrichtung des USW, die „European School of Management and Technology" (ESMT) mit Hauptsitz in Berlin, den Sprung zu einer internationalen Business School.[281] Perfektes Englisch, die Fähigkeit, in multinationalen Teams zu arbeiten und ein ökonomisches Denken, das nicht mehr in nationalen Märkten verhaftet war, galten als anzustrebende Fähigkeiten der angehenden Führungskräfte. Der Chef der Ford-Werke in Köln, Daniel Goeudevert, formulierte die gestiegenen Anforderungen, die sich seit den späten 1980er Jahren zu einem regelrechten Gemeinplatz entwickelten, so: „Der Manager der Zukunft muß ein Weltbürger sein, der nicht in regionalem Denken verhaftet ist."[282]

---

[276] Neues aus der WHU, in: Management Wissen 12 (1988), S. 91.
[277] Hochschule Koblenz. Dresdner Bank stiftet Lehrstuhl, in: Handelsblatt, 31.5.1988; Lehrstuhl von der Bank, in: Hamburger Abendblatt, 4./5.6.1988; Auf neuen Lehrstuhl berufen, in: Frankfurter Allgemeine Zeitung, 23.6.1988.
[278] Besserer Status für EBS, in: Management-Wissen 11 (1988), S. 115; European Business School. Private Universitäten – marktnahe Unternehmen, in: Der Arbeitgeber 41 (1989), S. 82–83.
[279] IBS Lippstadt im Aufwind, in: Management-Wissen 2 (1989), S. 105.
[280] Managertraining. Millionen für den Aufbau, in: Wirtschaftswoche, 15.8.1981, S. 51–55, hier: 51.
[281] Sattler, „Harvard" in Schloss Gracht. Neben dem Berliner Standort gibt es heute noch immer den „Campus Schloss Gracht" in Erftstadt-Liblar bei Köln. Vgl. die Homepage der ESMT: https://www.esmt.org/ [Zugriff: 18.8.2017].
[282] Friedrich Bräuninger/Manfred Hasenbeck, Kurswechsel im Kader, in: Wirtschaftswoche, 11.12.1987, S. 36–51, hier: 42.

7.2 Neue kapitalistische Leitbilder in den 1980er Jahren

Zum Symbol dieser Entwicklung wurde der Aufstieg der MBA-Ausbildungsprogramme, also der Möglichkeit, direkt nach erfolgreichem (Kurz-)Studium oder aber auch berufsbegleitend als Weiterbildung einen Master of Business Administration zu erlangen. Die nach US-amerikanischem Vorbild entworfenen ein- bis zweijährigen Programme veränderten den Aus- und Weiterbildungsmarkt für Manager nachhaltig.[283] Seit Mitte der 1980er Jahre entstand ein regelrechter „MBA-Boom", der Titel galt für angehende Führungskräfte als „Karriere-Einstiegskarte".[284] Europa galt auch für amerikanische MBA-Programme als lukrativer Markt; um der Konkurrenz zu begegnen, führten auch europäische Business Schools die MBA-Programme ein.[285] Als neuer Standardabschluss war der MBA somit Teil der Europäisierung der Managerausbildung, die von Business Schools wie dem International Institute for Management Development (IMD) in Lausanne, dem INSEAD in Fontainebleau oder der London Business School vorangetrieben wurde.[286] Dabei mussten sich diese Business Schools ebenfalls vermarkten und im internationalen Wettbewerb beweisen; wichtigstes Kriterium wurden fortan die internationalen Rankings der Business Schools.[287] Die Entwicklung fiel zusammen mit der wachsenden Bedeutung des Kapitalmarktes und der damit einhergehenden Aktionärszentrierung des ökonomischen Handelns. Entsprechend waren die MBA-Programme dominiert von einer Ausbildung, die vor allem auf die Analyse von Fallstudien anhand der Logik der Kapitalmärkte setzte. Trainiert wurden schnell abrufbare analytische Fertigkeiten, Effizienz und große Leistungsbereitschaft unter Zeitdruck.[288] Die Fallstudienmethode förderte dabei das Denken in Projekten und teambasierten Problemlösungsstrategien, ging tendenziell aber auf Kosten von Systematik und der Berücksichtigung von

---

[283] Vgl. Rüdiger Pieper, Division and Unification of German Business Administration and Management Education, in: Lars Engwall/Elving Gunnarsson (Hrsg.), Management Education in an Academic Context, Uppsala 1994, S. 116–137; Haldor Byrkjeflot, To MBA or not to MBA? A Dilemma Accentuated by the Recent Boom in Business Education, in: Rolv Petter Amdam/Ravnhild Kvålshaugen/Eirinn Larsen (Hrsg.), Inside the Business Schools. The Content of European Business Education, Oslo 2003, S. 219–246.
[284] Christine Wittenzellner, Business Schools. Die Stunde der Gründerväter, in: Management Wissen 11 (1989), S. 128–134. Vgl. auch Alfred Kieser, The Americanization of Academic Management Education in Germany, in: Journal of Management Inquiry 13 (2004), S. 90–97.
[285] Karin Ferring/Beate Oberlack, Europäische Studiengänge in Europa, Köln 1988.
[286] Vgl. Tina Hedmo, The Europeanisation of Business Education, in: Rolv Petter Amdam/Ravnhild Kvålshaugen/Eirinn Larsen (Hrsg.), Inside the Business Schools. The Content of European Business Education, Oslo 2003, S. 247–266.
[287] Linda Wedlin, Ranking business schools. Forming fields, identities and boundaries in international management education, Cheltenham 2006.
[288] Rakesh Khurana, From Higher Aims to Hired Hands. The Social Transformation of Business Schools and the Unfulfilled Promise of Management as a Profession, Princeton 2007.

Komplexität, Kontext, Unsicherheiten und Ambiguität. „Projektmanagement als Führungsform" war die Zauberformel, die auch in den Weiterbildungskursen des USW gelehrt wurde.[289]

Privatuniversitäten wie die WHU haben sicher nicht die deutsche Hochschullandschaft in ihrem Kern vollständig verändert. Die von Genscher 1983 geforderte bildungspolitische Revolution durch Einführung von privaten Hochschulen und Elitedenken als Antwort auf den angeblichen Technologie- und Exzellenzrückstand ist in den 1980er Jahren weitgehend ausgeblieben. Auch heute noch wird nur ein kleiner Teil des deutschen Managements an privaten Business Schools ausgebildet.[290] Das traditionelle deutsche System der Aus- und Weiterbildung von wirtschaftlichen Führungskräften mit einem Studium an einer staatlichen Hochschule und der anschließenden Weiterbildung an inner- oder überbetrieblichen Einrichtungen der Wirtschaft stellt immer noch den Standardweg dar. Für die deutsche Wirtschaft und die Führungskräfteausbildung waren die Privatuniversitäten dennoch ein wichtiger Schritt. Es wurden von deutschen Unternehmen finanzierte Institutionen geschaffen, auf deren Studenten- und Dozentenauswahl die Wirtschaft nicht nur direkten Einfluss ausübte, sondern durch deren praxisnahe Anbindung sie sich einen neuen und exklusiven Rekrutierungspool von Führungskräften sicherte und von denen sie als weitere Gegenleistung Dienstleistungen im Bereich der Unternehmensberatung bekam. Die Business Schools etablierten normativ eine Output-Orientierung der Bildungsinhalte sowie eine Bereitschaft zu einer permanenten und marktkonformen Weiterbildung und Optimierung. Und auch wenn Horst Albach sicherlich nicht der zuverlässigste Gewährsmann ist, muss man ihm zustimmen, wenn er in einer Rückschau zehn Jahre nach Gründung der WHU feststellt, dass sich durch die Privatuniversitäten „Elite als ein gesellschaftlich akzeptiertes Phänomen durchgesetzt" hat. In der Öffentlichkeit seien die kritischen Stimmen jedenfalls verstummt, die „WHU als Elite-Hochschule" etabliert und in die Normalität des deutschen Bildungswesens integriert, so Albach 1994.[291]

---

[289] „Eine zunehmende Dynamik in Wirtschaft und Wissenschaft und die sich verändernde Umwelt erfordern hohe Flexibilität sowie eine stetige Lern- und Anpassungsbereitschaft der Unternehmen und ihrer Manager, um unbekannte Aufgabengebiete in kurzer Zeit zu analysieren und zu beherrschen. Für die Abwicklung dieser komplexen und innovativen Aufgaben hat sich das Projektmanagement als Führungsform bewährt. Das Seminar wendet sich an Führungskräfte, die sich mit den Problemen systematischen Projektmanagements konfrontiert sehen. Das neue USW-Angebot ist als arbeitsintensiver Workshop konzipiert und zeichnet sich insbesondere durch eine kombinierte Zielsetzung – Integration von Sach- und Beziehungsebene – aus." USW. Geschäftsbericht 1988, S. 17. Deutsche Bank Archiv, Herrhausen, V 30/788.
[290] Michael Hartmann, Die globale Wirtschaftselite. Eine Legende, Frankfurt a. M. 2016.
[291] Horst Albach, Von der Normalität der Eliten. 10 Jahren Persönlichkeitsbildung an der WHU, in: Winkel (Hrsg.), Zehn Jahre WHU, S. 8.

7.2 Neue kapitalistische Leitbilder in den 1980er Jahren

Die Wirtschaftsverbände erhofften sich auch nach Gründung der ersten Privatuniversitäten von der deutschen Politik weitere bildungspolitische Schritte in Richtung Differenzierung und Wettbewerb. Beim BDI war man dabei aber mit dem Begriff „Elite" weiterhin vorsichtig: Nach der Bundestagswahl vom 25. Januar 1987 und der anschließenden Übernahme des Ressorts Bildung und Wissenschaft durch FDP-Minister Jürgen Möllemann erwartete man BDI-intern eine „Wiederbelebung der Elite-Diskussion".[292] Dies wäre grundsätzlich positiv zu bewerten, das Beispiel der privaten Hochschule Koblenz zeige, dass solche elitebezogenen Initiativen – „wenn Industrieinteresse gewonnen werden kann" – auch praktisch „durchaus Erfolgschancen" hätten. Einen ostentativen Gebrauch des Elitebegriffs hielt man aber auch 1987 noch für kontraproduktiv: „Intensivierung der Hochbegabtenförderung ist zu begrüßen, aber Stichwort ‚Elite' erzeugt zu große politische Widerstände."[293] Grundsätzlich sah man aber die bildungspolitischen Positionen der FDP in Einklang mit den BDI-Positionen: Eine rohstoffarme Industriegesellschaft wie die Bundesrepublik lebe von hohem Qualifikationsniveau, daher bedürfe es zur „optimalen Förderung jeder Begabung" eine „Differenzierung nach individueller Leistungsfähigkeit" und eine verstärkte „Vielfalt des Bildungsangebots durch freien Wettbewerb der Ideen", „mehr Chancen für freie Bildungsträger (private Hochschulen)" und „mehr Bewegungsraum für die Hochschulen".[294]

In der Geschichte der deutschen Bildungspolitik waren die Privatuniversitäten mit ihrem Fokus auf verkürzte Studienzeiten, Verschulung, Praxisbezug und international vergleichbare Abschlüsse Vorreiter für die hochschulpolitischen Reformen seit der Jahrtausendwende von Bologna-Prozess bis Exzellenzinitiative. Der Elitensoziologe Michael Hartmann sieht in der politischen Hebelfunktion als „vermeintliche Musterinstitutionen" in Kontrast zum „verkrusteten" und „bürokratischen" öffentlichen Hochschulsystem sogar die nachhaltigste Wirkung der Privatuniversitäten.[295] In diesem Sinne waren die Privatuniversitäten Vorreiter eines marktorientierten Umbaus der Bildungspolitik, der vor allem in den 1990er Jahren an Dynamik gewinnen sollte. Dabei profitierten die Initiativen von einem

---

[292] Kreklau/Schlüter an Herrn Dr. Mann, Herrn Dr. von John, nachrichtlich: Herrn Pfeiffer, Herrn Steves, 19.3.1987. BDI-Archiv, HGF PEI 71, Karton 13.
[293] Ebd.
[294] Kreklau/Schlüter an Mann/von John, 19.3.1987. BDI-Archiv, HGF PEI 71, Karton 13.
[295] Studie zu Hochschulwahl der Topmanager. Braucht die Wirtschaftselite keine Privatunis?, Interview mit Michael Hartmann, 12.2.1015, URL: https://www.studis-online.de/HoPo/art-1720-manager-elite.php [Zugriff: 14.8.2017]. Vgl. auch Michael Hartmann, Die Exzellenzinitiative und die Hierarchisierung des deutschen Bildungssystems, in: Hans-Peter Müller/Tilman Reitz (Hrsg.), Bildung und Klassenbildung, Weinheim 2015, S. 208–230; ders., Managementkarriere, in: H. Hirsch-Kreinsen/H. Minssen (Hrsg.), Lexikon der Arbeits- und Industriesoziologie, Berlin 2013, S. 324–328.

deutlich verschobenen Meinungsklima. Die Elitedebatten der frühen 1980er zeigen, dass das vermeintliche Tabu „Elite" längt keines mehr war, sondern dass die Elitenidee von einer Vielzahl von bildungspolitischen Institutionen, einem großen Teil der westdeutschen Presse und vor allem der deutschen Wirtschaft begierig aufgenommen wurde, auch wenn die konkreten Schlussfolgerungen unterschiedlich ausfielen. Vor allem die Bundespolitik war zurückhaltend bezüglich der Einrichtung von Privatuniversitäten nach französischem, britischem oder amerikanischem Vorbild. Weitgehend konsensfähig war aber zum Ende der 1980er Jahre die Vorstellung, dass „mehr Wettbewerb" – gerne umschrieben mit dem Bild vom „frischen Wind" – den staatlichen Universitäten unbedingt guttun würde.

Vor allem für Führungskräfte der Wirtschaft haben die privaten Hochschulen die akademische Ausbildungslandschaft in der Bundesrepublik nachhaltig verändert. Erstmals wurden seit den Schlüsseljahren 1983 und 1984 von der deutschen Wirtschaft finanzierte Hochschulen durchgesetzt und konnten sich seitdem dauerhaft etablieren. Die Privatuniversitäten waren seit Mitte der 1980er Jahre der normative Gegenpol zu den ungeliebten „Massenuniversitäten". Die Vorgaben der Wirtschaft, also eine starke Verkürzung des Studiums, studienbegleitende Praktika, anwendungsorientierte Fremdsprachenkenntnisse, Internationalität und praxisorientierte Abschlussarbeiten (auch auf Kosten von Verschulung, stofflicher Überladung und individueller akademischer Freiheit) erwiesen sich dabei in der Folge als normative Vorgaben mit erheblicher Wirkung auch über die engere Führungskräfteentwicklung hinaus. Das galt insbesondere für die kompetenz- und outputorientierten Lernvorgänge und die Fokussierung auf quantifizierbare und vermeintlich objektivierbare Rankings, in denen sich die Business Schools international vergleichen ließen und die zur härtesten Währung im Werben um die Studentenschaft geworden waren.

Der Pädagoge und Bildungskritiker Jochen Krautz unterscheidet zwischen drei Dimension der Ökonomisierung von Bildungsprozessen: erstens die Ökonomisierung von *Bildungsinhalten*, bei der Themen und Fertigkeiten auf die Bedürfnisse von vorgegebenen wirtschaftlichen Rahmenbedingungen hin ausgerichtet werden; zweitens die Ökonomisierung von *Bildungsdienstleistungen*, womit gemeint ist, dass Schulen und Hochschulen Bildung als eine austauschbare Ware anbieten und dabei gewinnorientiert auftreten; drittens die Ökonomisierung der *Bildungsinstitutionen*, die bedeutet, dass Hochschulen nach betriebswirtschaftlichen Führungskonzepten strukturiert werden und untereinander und international einen Wettbewerb inszenieren.[296] Alle drei Dimensionen der

---

[296] Jochen Krautz, Ware Bildung. Schule und Universität unter dem Diktat der Ökonomie, Kreuzlingen/München 2007.

Ökonomisierung von Bildung finden sich in den hier besprochenen Beispielen. Und Ökonomisierung von Bildung war – wie das Beispiel der WHU gezeigt hat – kein abstrakter Prozess, der von außen hereingebrochen ist, sondern das erklärte Ziel aller Beteiligter: von der Landespolitik über die lokale und später nationale Wirtschaft in Form von Unternehmen und Verbänden bis hin zu den beteiligten Wissenschaftlern und Hochschullehrern. Einer stärkeren Marktorientierung des deutschen Bildungssystems wurde somit schon in den 1980er Jahren der Weg bereitet. Die weitere Entwicklung der 1990er und 2000er Jahre beschreibt der Historiker Andreas Rödder so:

> Als Leitbild diente die unternehmerische Universität mit „Vorstand" und „Aufsichtsrat", in der die „Kundenbeziehung" zu den Studenten die Treuhänderschaft von Bildung ersetzte. Bildung fiel dem Prozess der Ver-Marktung, der Transformation in handelbare Güter anheim und wurde zur Ware, inklusive werbender Selbstinszenierung von Universitäten, um ein Markenimage aufzubauen.[297]

In der Gesamtschau auf das 20. Jahrhundert wird die Bedeutung dieser Entwicklung noch deutlicher: Seitdem in der Hochindustrialisierung des späten 19. Jahrhunderts ein zunehmend differenziertes Management benötigt wurde und über das richtige Management (zunächst in den USA) nachgedacht wurde und dieses dann in Business Schools gelehrt wurde, bediente sich die Managementlehre für ihre Organisationsmodelle bei anderen Wissensbereichen. Die Managementlehre importierte Modelle beispielsweise aus dem militärischen Bereich (Harzburger Modell) oder aus anderen Wissenschaften wie der Humanpsychologie (Human Resource Management). Seit den 1980er Jahren war dieser konzeptionelle Transfer nicht mehr einseitig, die Managementlehre exportierte nun auch Wissen in andere Lebensbereiche.[298] Ja, Management an sich und die damit verbundenen ökonomischen Organisationsmodelle breiteten sich in alle Sektoren des öffentlichen Lebens aus und die Figur des Managers wurde in der Folge omnipräsent: vom Studienmanager über den Kulturmanager bis zum Facility Manager, der früher mal der Hausmeister war.

7.2.3 Yuppies oder Postmaterielle Leistungseliten? Der „Wertewandel", Konsum und die Führungskräfte

Die „Entdeckung" des „Wertewandels" durch die Wirtschaft betraf in den 1980er Jahren nicht nur die Ebene des Personalmanagements, sondern auch die der

---

[297] Rödder, 21.0, S. 109 f.
[298] Vgl. William Davies, The Limits of Neoliberalism. Authority, Sovereignty and the Logic of Competition, Los Angeles 2017.

Konsum- und Produktebene.[299] „Die Werteverschiebungen werden sicherlich auch neue Akzente im Hinblick auf die Nachfrage nach Gütern und Dienstleistungen setzen", erklärte Werner Then dem *Arbeitgeber*.[300] Marketingexperten und Werbefachleute widmeten sich dem Thema intensiv, versprach doch ein richtiges Verständnis dessen, was die Menschen für wünschenswert hielten, eine Möglichkeit der Prognose zukünftiger Konsumentscheidungen. Damit wurden Prognosen für kommende Verbraucherentscheidungen selbst zu einer Ware, die die Unternehmen verstärkt nachfragten. Das galt umso mehr, als die Produktmärkte Anfang der 1980er Jahre als „stagnierend", „gesättigt" und „reif" galten. Die Analyse des „Wertewandels" eröffnete den „Weg zum neuen Konsumenten".[301] Die Gestaltung des „Wertewandels" in der Produkt- und Konsumwelt wurde auch deswegen als dringlich interpretiert, weil die „Postmaterialisten" mit gewandelten Verbraucherbedürfnissen in gehobener sozialer Stellung vermutet wurden. Wertebasiertes Konsumgütermarketing sei allein schon deshalb wichtig, weil „es sich bei den Wertgewandelten um Angehörige höherer sozialer Schichten handelt, die oft als Meinungsführer gelten und insgesamt nicht als Konsumverweigerer bezeichnet werden können".[302]

Aus diesem Grund war es aus Sicht der Marketingexperten und Werbefachleute unerlässlich, dass die Unternehmen den „Wertewandel" in ihre Unternehmensplanung einbezogen: „Der Wertewandel ist demnach ein Einflussfaktor, den Unternehmensstrategen, Marktforscher, Werbefachleute und Personalplaner in ihr Kalkül einbeziehen müssen."[303] Über veränderte Wert-

---

[299] Vgl. hierzu auch Christopher Neumaier/Andreas Ludwig, Individualisierung der Lebenswelten. Konsum, Wohnkultur und Familienstrukturen in Ost- und Westdeutschland, in: Frank Bösch (Hrsg.), Geteilte Geschichte. Ost- und Westdeutschland 1970–2000, Göttingen/Bristol, CT 2015, S. 239–282, v. a. S. 246 f.; Nepomuk Gasteiger, Vom manipulierbaren Verbraucher zum postmodernen Konsumenten. Das Bild des Verbrauchers in der westdeutschen Werbung und Werbekritik, 1950–1990, in: Archiv für Kulturgeschichte 90 (2008), S. 129–157; ders, Konsum und Gesellschaft. Werbung, Konsumkritik und Verbraucherschutz in der Bundesrepublik der 1960er- und 1970er-Jahre, in: Zeithistorische Forschungen/Studies in Contemporary History 6 (2009), S. 35–57; ders., Der Konsument. Verbraucherbilder in Werbung, Konsumkritik und Verbraucherschutz 1945–1989, Frankfurt a. M./New York 2010.
[300] Werner Then, Reintegration der Wirtschaft in die Gesellschaft, in: Der Arbeitgeber 9 (1985), S. 330–332, hier: 330.
[301] Friedrich A. Rode, Der Weg zum neuen Konsumenten. Wertewandel in der Werbung, Wiesbaden 1989. Vgl. auch G. Silberer, Wertorientiertes Management im Handel, in: Jahrbuch für Absatz und Verbrauchsforschung 4 (1987), S. 332–351; K. G. Windhorst, Wertewandel und Konsumentenverhalten, Münster 1985; Bruno Tietz, Die Wertedynamik der Konsumenten und Unternehmer in ihren Konsequenzen auf das Marketing, in: Marketing. Zeitschrift für Forschung und Praxis 2 (1982), S. 91–102.
[302] Konsumgüter-Marketing (III), in: Wirtschaftswoche, 31.8.1984.
[303] Günter Müller/Michael Schmid, Umbruch im Handel. Sechs Thesen zu den Konsequenzen des Wertewandels, in: Harvard-Manager. Theorie und Praxis des Managements 4 (1985), S. 104–107, hier: 104.

vorstellungen entstünden neue Bedürfnisse, Erwartungen und Forderungen, die es im Rahmen der Unternehmenspolitik frühzeitig zu beachten gelte, erklärten Hans Raffée und Klaus-Peter Wiedmann vom Mannheimer „Institut für Marketing" im *Manager Magazin*.[304] Wertvorstellungen seien generell als Indikatoren für neue Verhaltensmaßstäbe und Konsumbedürfnisse zu begreifen. Von zentraler Bedeutung sei daher ein „gesellschaftsorientiertes Marketing", bei dem „politisch-rechtliche, soziokulturelle und ökologische Aspekte das strategische Denken und Handeln prägen". Dabei wurde auf die neuen alternativen Milieus gezielt und deren Avantgarde-Position hinsichtlich des zentralen Marketingthemas Lebensqualität und Umweltbewusstsein hervorgehoben: „Über die sich unmittelbar anbietende Suche nach Innovationsmöglichkeiten im Zeichen der Öko-, Bio- und Gesundheitswelle hinaus ist grundsätzlich die Frage aufzuwerfen, welche neuen Konsumverhaltenstrends sich ergeben können."[305]

Unternehmerische Strategien, die ökologische Aspekte der Produkte und eine stärkere Umweltorientierung des Unternehmens in den Vordergrund rückten, waren die offensichtlichste, aber nicht die einzige Schlussfolgerung für den Konsum im Zeichen des Wertewandels.[306] „Gesellschaftsorientiertes Marketing" wurde generell als Konzept strategischer Unternehmensführung entwickelt und angewandt.[307] In der Fachzeitschrift *Marketing. Zeitschrift für Forschung und Praxis* ging man davon aus, dass der Wertewandel ein entschiedenes Umdenken im Marketing zur Folge haben müsse und neue Werbeinstrumente entwickelt werden müssten: Eine Verschiebung hin zu höheren Produktqualitäten, „insbesondere zu emotionalen Qualitätselementen", verlange eine Anpassung der Sprache, den verstärkten Einsatz von Bildern und eine erlebnisorientierte Designpolitik, um dem Streben nach Individualisierung gerecht zu werden.[308] Die

---

[304] Hans Raffée/Klaus Peter Wiedmann, Wenn Werte wichtig werden, in: Manager Magazin 3 (1984), S. 172–176.
[305] Ebd., S. 174 f.
[306] Armin Töpfer, Umwelt und Benutzerfreundlichkeit von Produkten als strategische Unternehmungsziele, in: Marketing. Zeitschrift für Forschung und Praxis 4 (1985), S. 241–251; Ralf-Dieter Brunowsky/Lutz Wicke, Der Ökoplan. Durch Umweltschutz zum neuen Wirtschaftswunder, Zürich 1984; Gotthardt Thomé, Produktgestaltung und Ökologie, München 1981; Hans Raffée, Marketing und Umwelt, Stuttgart 1979.
[307] Hans Raffée/Klaus Peter Wiedmann, Der Wertewandel als Herausforderung für Marketingforschung und Marketingpraxis, in: Marketing. Zeitschrift für Forschung und Praxis 3 (1988), S. 198–210; dies. (Hrsg.), Strategisches Marketing, Stuttgart 1985; dies., Die Selbstzerstörung unserer Welt durch unternehmerische Marktpolitik, in: Marketing. Zeitschrift für Forschung und Praxis 4 (1985), S. 229–240; dies., Das gesellschaftliche Bewußtsein und seine Bedeutung für das Marketing, Hamburg 1983.
[308] Franz-Josef Konert, Konsumgütermarketing im Zeichen veränderter Marktstrukturen, in: Marketing. Zeitschrift für Forschung und Praxis 4 (1984), S. 279–285. Vgl. auch Elisabeth Noelle Neumann, Wertewandel. Was kommt, was geht, was gilt? Marketing antwortet, in: Absatzwirtschaft 27 (1984), S. 26–33.

besten „geheimen Verführer" seien jene, die mit dem Konsumenten reden würden, ohne ihm etwas verkaufen zu wollen, die effektivste Kommunikation mit dem „postmodernen Kunden" laufe daher: „über das Herz direkt zur Brieftasche".[309]

Der „Wertewandel" war in der Werbewirtschaft handlungsleitend geworden, und indem die neue Wertewelt massenwirksam präsentiert wurde, wirkten die neuen Ideale, die mit den Produkten verbunden wurden, und die als erstrebenswert dargestellten Lebenshaltungen und Lebensentwürfe selbst normativ.[310] Diese Entwicklung rief auch Kritik hervor. Kurt Biedenkopf, der grundsätzlich den Wert der Werbung für die marktwirtschaftliche Ordnung und die Finanzierung freier Medien als sehr positiv einschätzte, war hinsichtlich der in der Werbung transportierten normativen Botschaften sorgenvoll: Die Tendenz der Werbung, nicht mehr allein das Produkt vorzustellen, sondern einen Lebensentwurf, ein Lebensideal zur Norm zu erheben, könne auf viele Menschen einen Verhaltensdruck ausüben, dem sie nicht mehr gewachsen seien. Die „Fetischisierung der Jugend" und die Pluralisierung der vorgestellten Lebensentwürfe könnten gar zu einer „Entsolidarisierung der Gesellschaft" führen, so Biedenkopf 1987 in einem Vortrag vor dem Zentralausschuss der Werbewirtschaft.[311]

Biedenkopfs Kritik muss vor dem Hintergrund eines tatsächlich fundamentalen Wandels in der Werbewirtschaft in den 1980er Jahren gesehen werden. Beeinflusst von dem in der Sozialpsychologie lange dominanten Behaviorismus, ging man bis in die 1970er Jahre in der Werbeindustrie davon aus, dass

---

[309] Peter Rudolph, Die Launen des postmodernen Konsumenten, in: Werben + Verkaufen, 10.4.1987. Vgl. auch Bernhard Hüppe, Muß die Werbung neue Wege gehen, in: Marketing. Zeitschrift für Forschung und Praxis 4 (1983), S. 294 f.; Wertewandel voller Widersprüche, in: Werben + Verkaufen, 11.6.1986; Manfred Kohnke, Neue Langsamkeit, in: Capital 9 (1988). Die Formel von den „geheimen Verführern" geht auf den amerikanischen Publizisten Vance Packard zurück. Vgl. Vance Packard, Die geheimen Verführer. Der Griff nach dem Unbewussten in jedermann [dt. Übersetzung von The hidden Persuaders], Düsseldorf 1958. Vgl. hierzu auch Lizabeth Cohen, A Consumers' Republic. The Politics of Mass Consumption in Postwar America, New York 2004.

[310] Sylvia Wölfel, Vom Energiekonsum zur Energieeffizienz. Werbung für umweltfreundliche Haushaltsprodukte in der Bundesrepublik und der DDR, in: Dresdener Beiträge zur Geschichte der Technikwissenschaften 33 (2012), S. 83–96; Rainer Gries, Produktkommunikation. Geschichte und Theorie, Wien [u. a.] 2008; Stefan Haas, Sinndiskurse in der Konsumkultur. Die Geschichte der Wirtschaftswerbung von der ständischen bis zur postmodernen Gesellschaft, in: Michael Prinz (Hrsg.), Der lange Weg in den Überfluß. Anfänge und Entwicklung der Konsumgesellschaft seit der Vormoderne, Paderborn [u. a.] 2003, S. 291–314; Peter Borscheid/Clemens Wischermann (Hrsg.), Bilderwelt des Alltags. Werbung in der Konsumgesellschaft des 19. und 20. Jahrhunderts. Festschrift für Hans Jürgen Teuteberg, Stuttgart 1995 (= Studien zur Geschichte des Alltags 13).

[311] Kurt Biedenkopf, Der Wert der Werbung in der modernen Gesellschaft, Bonn 1987; Michael Albaum, Der Wert der Werbung – Vordenker Biedenkopf denkt nach, in: Lebensmittelzeitung, 2.10.1987.

7.2 Neue kapitalistische Leitbilder in den 1980er Jahren

menschliches Verhalten auf der Basis experimental-psychologischer Methoden analysiert und manipuliert werden könne.[312] In Übereinstimmung mit dem Paradigma des *scientific management* war der Mensch demnach ein formbarer und psychologisch kontrollierbarer Konsument. Die Aufgabe der Werbebranche bestand darin, Menschen zu konformen Verbrauchern massenproduzierter Waren zu machen.[313] In den 1980er Jahren verschwand der Glaube an die psychologische Kontrollierbarkeit des Konsumenten beinahe komplett aus den Werbelehrbüchern. Das neue Paradigma bestand in wertebasierten Lebensstilen; die Werbeexperten wandelten sich von psychologischen Manipulatoren zu „ökonomischen Kulturvermittlern". Werbung wurde kreativer, ästhetisch und künstlerisch anspruchsvoller, sie orientierte sich am Ideal „authentischer Lebensführung". Damit hatte die Werbebranche auch auf linke Kritik geantwortet, die Werbung in den 1970er Jahren als Propagandainstrument stumpfsinnigen Massenkonsums verurteilt hatte.[314]

Veränderte Verbraucherbedürfnisse aufgrund des „Wertewandels" waren entsprechend ein besonders wichtiges Thema für die Werbewirtschaft und hatten konkrete Auswirkungen auf den Gestaltwandel von Marken-Leitfiguren. Wie sehr der soziokulturelle Wandel eine Produktwerbung beeinflussen kann, wurde in der Fachpresse 1986 am Beispiel der Zigarettenmarke Camel und ihrer Leitfigur, des „Camel-Manns", diskutiert. „Gesellschaftlicher Wertewandel hat direkten Einfluß auf das Kaufverhalten und muß daher laufend in der Werbung aufgenommen werden"[315], stellte man im *Handelsblatt* bezüglich der sich verändernden Leitfigur der Marke fest. Der direkte Hintergrund für die veränderte Marketingstrategie war ökonomischer Natur: Der Marktanteil von Camel hatte sich seit 1985 deutlich verschlechtert, was nicht zuletzt am Erfolg des Konkurrenten Marlboro lag.[316] Die Ursache war schnell gefunden. Aus Sicht der Geschäftsführung der Reynolds Tobacco, zu der die Marke Camel gehörte, war das Image der Camel nicht mehr zeitgemäß und es wurde eine Kurskor-

---

[312] Cornelia Koppetsch, Die Werbebranche im Wandel. Zur Neujustierung von Ökonomie und Kultur im neuen Kapitalismus, in: Kai-Uwe Hellmann/Dominik Schrage (Hrsg.), Konsum der Werbung. Zur Produktion und Rezeption von Sinn in der kommerziellen Kultur, Wiesbaden 2004, S. 147–161.

[313] Vgl. hierzu auch Nepomuk Gasteiger, Der Konsument. Verbraucherbilder in Werbung, Konsumkritik und Verbraucherschutz 1945–1989, Frankfurt a. M./New York 2010.

[314] Cornelia Koppetsch, Die Werbebranche im Wandel. Zur Neujustierung von Ökonomie und Kultur im neuen Kapitalismus, in: Hellmann/Schrage (Hrsg.), Konsum der Werbung, S. 147–161, hier: 149–152.

[315] „Camel" hat neues Image. Wertewandel erzeugte eine neue „Leitfigur", in: Handelsblatt, 12.6.1986.

[316] Vgl. Der Dampf ist raus. Der Zigarettenabsatz in der Bundesrepublik geht zurück, in: Der Stern, 12.6.1986. Vgl. auch: Ein neuer Werbe-Hero soll der Camel neues Wachstum bringen, in: Frankfurter Allgemeine Zeitung, 21.7.1986.

rektur der Marken-Leitfigur eingeleitet. Zwar sollte weiterhin mit dem in den 1970er Jahren erfolgreichen Abenteurer-Image, der „Sehnsucht nach fremden Ländern" und dem „Eindruck des ursprünglichen, kernigen, echten Mannes" geworben werden, aber was früher Aussteigertum, Abenteuer und „Freiheit im Sinne von Freizügigkeit und Ungebundenheit" waren, müsse nun für die zweite Hälfte der 1980er Jahre umgemünzt werden in „vollbrachte Leistung, Aufgabe, Pflicht".[317] Für die zweite Hälfte des Jahres 1986 wurde daher der alte Camel-Mann ausgewechselt und eine neue, vom Frankfurter Ableger der internationalen Werbeagentur McCann-Erickson entwickelte Anzeigenkampagne geschaltet.[318]

Tatsächlich stand hinter der Ablösung des alten Camel-Manns das Ergebnis einer sozialwissenschaftlichen Untersuchung, die auf einen „gravierenden Wertewandel in der Kernzielgruppe" hindeutete.[319] In der Fachzeitschrift *Werben + Verkaufen* wurde die Geschichte des Camel-Manns als paradigmatisch für die notwendigen Reaktionen der Werbeindustrie auf die sich verändernden Werte dargestellt.[320] Dem Hersteller Reynolds sei es darum gegangen, „sozio-kulturelle Trendwechsel und sozialpsychologische Verschiebungen aufzunehmen, ohne die Grundpositionierung einer Marke in ihrer Substanz zu gefährden"[321]. Vor allem die „starke Anti-Establishment-Komponente" der alten Kampagne sei nicht mehr zeitgemäß. Ein Reynolds-Firmensprecher erklärte,

> daß ein Anwachsen konservativer und konformistischer Werte vor allem bei Jugendlichen festzustellen ist. Leistungsorientierung und die zunehmende Präferenz gepflegter im Gegensatz zu legerer Kleidung sind der sichtbarste Ausdruck. Eskapismus und Ziellosigkeit haben als entgegengesetzte Werte über alle Altersgruppen hinweg deutlich an Boden verloren. Dieser Wertewandel war besonders unter potentiellen Camel-Rauchern ausgeprägt.[322]

Wertewandel wurde also bei *Reynolds* ganz im Sinne der „Wertesynthese" von Helmut Klages interpretiert und es war entsprechend nur folgerichtig, dass man

---

[317] Die Camel-Filter-Story 1968–1978. Marketinggeschichte der Marke. Bericht von Günter Paegelow. JT International Germany GmbH. Köln, RWWA Abt. 351-96-27.
[318] Geworben wurde u. a. in: *Auto Motor Sport, Auto Zeitung, Alpin Magazin, Auto und Verkehr, Abenteuer und Reisen, Bild am Sonntag, Boote, Cinema, Camp, Chip, Club 28, Computer Persönlich, Drachenflieger, Fußball Magazin, Film Illustrierte, Fotoheft, Fachblatt Musikmagazin, Fotomagazin, Fona Forum, Frontal, Geo-Spezial, Kicker, Motorrad, Metal Hammer, Off Road, Playboy, P. M. Magazin, Spiegel, Titanic.* Vgl. Belege aus Zeitungen 2. HJ 1986. JT International Germany GmbH. Köln, RWWA Abt. 351-72-5.
[319] Ein neuer Werbe-Hero soll der Camel neues Wachstum bringen, in: Frankfurter Allgemeine Zeitung, 21.7.1986; „Camel" hat neues Image. Wertewandel erzeugte eine neue „Leitfigur", in: Handelsblatt, 12.6.1986.
[320] Wertewandel und Marketing. Beispiel „Camel", in: Werben + Verkaufen, 1.8.1986.
[321] Ebd.
[322] Meilenweit, in: Die Zeit, 25.7.1986.

sich hinsichtlich sowohl der Zielgruppe als auch der dazu passenden neuen Werbeleitfigur am „aktiven Realisten" orientierte. Der „aktive Realist" konnte „alte" und „neue" Werte verbinden, er war sowohl „Selbstverwirklicher" als auch erfolgsorientiert. Der neue „Camel-Mann" sollte ebenfalls Abenteuer erleben, allerdings nicht mehr ganz so spontan und ungeregelt wie bisher, sondern deutlich zielstrebiger – oder wie es Reynolds-Geschäftsführer Wilfried Dembach ausdrückte: „stärker leistungsorientiert".[323] Das Erscheinungsbild des neuen „Camel-Manns" war dementsprechend deutlich gepflegter und städtischer. Er war jünger, hatte einen korrekten Haarschnitt, trug gebügelte Outdoor-Hemden und in allen Anzeigen eine Rolex-Armbanduhr. Vertäute der alte „Camel-Mann" noch barfuß, ohne Uhr und mit nasser Hose seinen selbstgebauten Katamaran an einer Palme,[324] so stand dem neuen „Camel-Mann" ein modernes Expeditionsboot mit zwei leistungsstarken Außenbordmotoren, Taucherausrüstung und Equipment in glänzenden Aluminiumkoffern zur Verfügung.[325] Rauchte der alte „Camel-Mann" seine Zigarette am Lagerfeuer in der Hängematte einen Brief lesend,[326] so kniete der neue Camel-Mann aufbruchsbereit vor dem großen Frontpropeller seines Wasserflugzeugs, trug Ray-Ban-Sonnenbrille und die Pilotenkopfhörer um den Hals.[327]

In seiner domestizierten Form bewegte sich der neue „Camel-Mann" damit in Richtung einer soziokulturellen Etikettierung, die, aus den USA kommend, auch in der Bundesrepublik in der zweiten Hälfte der 1980er Jahre eine kurze Konjunktur hatte. Gemeint ist der Begriff des „Young Urban Professional", der unter dem Akronym „Yuppie" in US-Medien in den Jahren 1983/1984 auftauchte und vor allem in der Populärkultur zu einem Stereotyp für erfolgs- und luxuskonsumorientierte Berufstätige in leitender Stellung vor allem in der Dienstleistungs- und Finanzindustrie wurde.[328] Der Yuppie war als popkulturelles Zuschreibungsphänomen in den USA und Großbritannien ungemein erfolgreich, wofür das „Yuppie Handbook" den Auftakt gab, das 1984 auf den

---

[323] Bis in die Haarspitzen, in: Der Spiegel, 28.7.1986.
[324] Vgl. Camel-Anzeige in: Auto, Motor, Sport 12 (1986). Belege aus Zeitungen 1986. JT International Germany GmbH. Köln, RWWA Abt. 351-71-4.
[325] Der Spiegel, 28.7.1986. Vgl. Camel-Anzeige in: Auto, Motor, Sport 23 (1986), S. 149. Belege aus Zeitungen 2. HJ 1986. JT International Germany GmbH. Köln, RWWA Abt. 351-72-5.
[326] Vgl. Camel-Anzeige in: Chip 2 (1986). Belege aus Zeitungen 1986. JT International Germany GmbH. Köln, RWWA Abt. 351-71-4.
[327] Der Spiegel, 28.7.1986. Vgl. Camel-Anzeige in: Bild am Sonntag 45 (1986), S. 115. Belege aus Zeitungen 2. HJ 1986. JT International Germany GmbH. Köln, RWWA Abt. 351-72-5.
[328] Kevin L. Ferguson, Eighties People. New Lives in the American Imagination, New York 2016, S. 79–108; Sina Fabian, Das Yuppie-Phänomen in den 1980er Jahren, in: Heuss-Forum, Theodor-Heuss-Kolloquium 2016, URL: www.stiftung-heuss-haus.de/heuss-forum_thk2016_fabian [Zugriff: 1.10.2019].

Markt kam und übersetzt drei Jahre später auch in Deutschland erschien.[329] Mit seinem berühmt gewordenen Cover, das ein erfolgreich aussehendes und teuer gekleidetes Pärchen aus der Geschäftswelt zeigte, und der Katalogisierung der relevanten Luxusmarken und Lifestyle-Optionen etablierte das „Yuppie Handbook" die Ikonographie des Yuppies nicht ganz unironisch, aber ausgesprochen nachhaltig.[330]

Der Yuppie und sein Prestigekonsum standen dabei in der Bundesrepublik vermeintlich in diametralem Gegensatz zu dem seit Jahren diskutierten „Wertewandel", denn „postmaterialistisch" war der Yuppie sicher nicht. Über diese vermeintliche Trendwende zeigte man sich in der Marketingzeitschrift *Absatzwirtschaft* sehr zufrieden:

> Scheinbar völlig unberührt von jeder Diskussion um demonstrativen Konsumverzicht, postmaterielle Wertorientierungen und freizeitorientierte Schonhaltung zeigen sich Hersteller und Werbeagenturen. Zu beobachten ist nicht eine Abnahme, sondern eine Zunahme exklusiver Produkte, Marken und ästhetischer Werbung, die den Prestigekäufer ansprechen wollen. Der Yuppie („Young Urban Professional"), zielstrebig, erfolgreich und konsumverliebt, ist die modale Persönlichkeit, mit der immer mehr Unternehmen ihre Produkte vermarkten wollen. Die Faszination ist groß.[331]

Tatsächlich war der Yuppie allerdings nach dem Börsencrash von 1987 und dem Film „Wall Street" aus dem gleichen Jahr schon bald vornehmlich negativ konnotiert und zur Verkörperung des unverantwortlichen und rücksichtslosen Glücksritters geworden. Im *Manager Magazin* wurden Yuppies portraitiert, die zwar ihren Lebensstil („Reiten, Golf, Tennis" und „knallroter BMW K100") aufrechterhielten, über Börsenspekulationen aber ziemlich desillusioniert waren.[332] Die *Wirtschaftswoche* bilanzierte 1988: „Der vielzitierte *Yuppie* ist schon wieder out."[333] Eine sozialwissenschaftliche Untersuchung von 1993, in der auf der Basis von Umfragedaten nach einem soziokulturellen Substrat für die Yuppies gesucht wurde, kam zu dem Ergebnis, dass sich die Vorstellung vom Yuppie als distinktive soziale Kategorie nicht aufrechterhalten lasse. Yuppies mit distinktiven Wertehaltungen, die sich von

---

[329] Vgl. Marissa Piesman/Marilee Hartley, The Yuppie Handbook. The State-of-the-Art Manual for Young Urban Professionals, New York 1984; Russell Ash/Marissa Piesman/Marilee Hartley, The Official British Yuppie Handbook. The State-of-the-Art Manual for Young Urban Professionals, Horsham 1984; Marissa Piesman/Marilee Hartley, Das Yuppie Handbuch. Einblicke in die Lebens- und Konsumgewohnheiten der Young Urban Professionals, Berlin 1987.
[330] Ferguson, Eighties People, S. 86 f.
[331] Absatzwirtschaft. Zeitschrift für Marketing, 1.10.1986.
[332] Manager Magazin, 1.4.1988, S. 362–373.
[333] Wirtschaftswoche, 12.2.1988.

gleichaltrigen Nicht-Yuppies deutlich unterschieden, ließen sich in allen untersuchten sieben Ländern schwer nachweisen, in Westdeutschland aber am wenigsten.[334]

Angesichts des schnellen Verschwindens des Yuppies als Leitfigur und der einsetzenden „neuen Unübersichtlichkeit" befürchtete man in der Zeitschrift *Absatzwirtschaft* gar das Aufkommen des postmodernen Verbrauchers: „Wird der alte, fortschrittsgläubige, optimistische und vor allen Dingen geradlinige ‚Otto Normalverbraucher' abgelöst durch den postmodernen Anything-goes-Typ ‚Markus Möglich', der für alles alle Optionen offenlässt?"[335] Unabhängig von den in den Fachzeitschriften reflektierten Modewellen des Marketings stellt sich die Frage, ob der Yuppie wirklich als Gegenfigur zum Wertewandel taugte. „Alte Werte" verkörperte der Yuppie jedenfalls sicher nicht, was allein seine libertäre Haltung zu Autorität, Drogen und Sexualität demonstrierte. Der Yuppie war nicht angepasst und konventionell, sondern egoistisch und individualistisch. Er verkörperte auch nicht das Wirtschaftspatriarchat, denn als popkulturelles Zuschreibungsphänomen waren die Yuppies männlich *und* weiblich. Das Cover des „Yuppie Handbook" zeigte in der amerikanischen, britischen und deutschen Ausgabe sowohl einen Mann im Anzug als auch eine Frau im Kostüm, beide verkörperten beruflichen und ökonomischen Erfolg.

Der Yuppie lässt sich somit als zeitgenössischer Vorstoß deuten, die sozialkulturelle Kombination von libertär und materialistisch zu typologisieren; oder anders und in der Terminologie von Helmut Klages ausgedrückt: als ein kultureller Versuch, der „Wertesynthese" in den 1980er Jahren ein menschliches Gesicht zu geben. Der Yuppie war in dieser Hinsicht extrem, die Vorstellung aber, dass sich „alte" und „neue" Werte gerade bei ökonomischen Eliten verbinden ließen, war in der bundesdeutschen Wirtschaft weit verbreitet, nicht zuletzt dank des Erfolgs der Wertewandelinterpretation von Helmut Klages.[336] Gerade aus Sicht von Marketingexperten hatten sich demnach Leistung und Konsum als Werte keineswegs aufgelöst, die Menschen waren auch nicht postmaterialistisch im Sinne von postökonomisch geworden, aber die Inhalte von Konsum und Leistung hatten sich gewandelt.

Insbesondere die Vorstellung eines befriedigten „Grundnutzens" und von „Standardbedürfnissen" und den daraus resultierenden Aufgaben eines wertesensiblen strategischen Marketings zum Aufspüren der „neuen Bedürfnisse"

---

[334] Peter Ester/Henk Vinken, Yuppies in Cross-National Perspective: Is There Evidence for a Yuppie Value Syndrome?, in: Political Psychology 14 (1993), S. 667–696.
[335] Auf dem Weg in die Postmoderne?, in: Absatzwirtschaft. Zeitschrift für Marketing, 1.10.1989.
[336] Vgl. Kapitel 6.13.

hatte sich durchgesetzt. Otto Walter Haseloff, Leiter des Sigma-Instituts für angewandte Psychologie und Marktforschung, erklärte dies in einer Rede auf dem Deutschen Verkaufsleiterkongress 1987 in München so:

> In der Wohlstandsgesellschaft ist – im Zuge des Wertewandels – die Bedeutung dieses sogenannten „Grundnutzens" immer weiter zurückgetreten. Statt dessen hat es die „affluent society"[337] ermöglicht, dass für viele Menschen das Kaufen und Verbrauchen zu einem sich erweiternden Optionsfeld für Selbstdarstellung und für das Streben nach zustimmender Beachtung geworden sind.[338]

Die Gruppe der Yuppies sah Haseloff auch nicht im Gegensatz zum, sondern als eine Folge des Wertewandels: „Diese Menschengruppe ist konsumfreudig, und sie sucht Selbstentfaltung und Selbstverwirklichung im Alltagsleben." Für Haseloff war nebensächlich, wie viele Yuppies es in der Bundesrepublik tatsächlich gab, er sah die Yuppies lediglich als Vorreiter einer Massenbewegung: Individualisierung über Konsumentscheidungen, Selbstdefinition und Selbstprofilierung über bestimmte emotional besetzte Markenartikel und damit eine immer weiter gehende Marktsegmentierung mit großen Potentialen für Herstellung, Handel und nicht zuletzt für die Marketingexperten.[339]

Dieser spezifische Erwartungshorizont des „Wertewandels" hatte in der Wirtschaft weitere konkrete Auswirkungen, wie sich etwa im Produktdesign der 1980er Jahre zeigen lässt. Dass der „Wertewandel" hier ein großes Thema geworden war, war auch insofern folgerichtig, als dass die Verbindung des Produktdesigns mit dem Marketing immer größer geworden war: Es ging um den strategischen Einsatz ästhetischer Werte für Produktion und Vermarktung im Konsumgüter- und Dienstleistungsbereich und das Versprechen eines symbolischen Zusatznutzens. Ein Beispiel hierfür ist der von der baden-württembergischen Landesregierung veranstaltete Internationale Design-Kongress vom 11. bis 14. Mai 1986 in Stuttgart. Das Thema des Kongresses waren der gesellschaftliche „Wertewandel" und seine Folgen für Designer und Unternehmer. Ulrich Becker von der Sinus-Lebensweltforschung formulierte das so: „Wer heute nämlich ein so gewichtiges Wort wie ‚Wertewandel' im Munde führt – was nach unseren Forschungsbefunden durchaus zu recht

---

[337] Der Begriff geht auf den US-Ökonomen John Kenneth Galbraith zurück und wurde mit „Gesellschaft im Überfluß" übersetzt. Vgl. John Kenneth Galbraith, The affluent society, Cambridge, MA [u. a.] 1958; ders., Gesellschaft im Überfluß, München 1959.

[338] Otto Walter Haseloff, Wertewandel ... und nichts gelernt?, in: Werben + Verkaufen, 24.4.1987. Vgl. auch Hans Christian Altmann, Produkte wollen erlebt werden. Marketing im Zeichen des Wertewandels (1), in: Blick durch die Wirtschaft (FAZ), 6.5.1987; Christian Altmann, Kaufen soll zum Erlebnis werden. Marketing im Zeichen des Wertewandels (2), in: Blick durch die Wirtschaft (FAZ), 7.5.1987.

[339] Haseloff, Wertewandel ... und nichts gelernt?.

geschieht – kann an der ästhetischen Dimension dieses Phänomens einfach nicht vorbeigehen."[340]
Laut Becker ergab sich folgender Trend:

> Ästhetiken, die den Konformismus betonen, die Sauberkeit und Ordnung demonstrieren, verlieren an Bedeutung – auch wenn sie nach wie vor den Mehrheitsgeschmack prägen. Dafür kommen verstärkt ästhetische Motive zur Geltung, die Individualität, ja Originalität des Einzelnen – mit unterschiedlichen Stilmitteln – hervorheben.[341]

Das klingt vielleicht trivial, ist aber doch ein, im wahrsten Sinne, plastisches Beispiel für die praktischen Auswirkungen des Wertewandeldiskurses. Denn tatsächlich wurden hier aus der Postmaterialismusthese die neuen Wohnzimmertrends abgeleitet. Die Übersetzung der Postmaterialismusthese in die Konsumwelt bedeutete also nicht Verzicht auf Konsum, sondern neue Formen des Konsums, die sich an den „neuen Werten" orientierten.

Bei Volkswagen wurde die Wertewandelthese in den 1980er Jahren ebenfalls systematisch in das Produktdesign übertragen.[342] Ein Automobilunternehmen könne nur dann langfristig erfolgreich sein, „wenn es seine Produkte auf den sich vollziehenden Wertewandel ausrichtet", erklärte Dirk Bösenberg, der von 1982 bis 1990 die Hauptabteilung für Qualitätsförderung der Volkswagen AG leitete.[343] Konkret bedeutete das bei VW, dass zunächst die Bedürfnispyramide des Humanpsychologen Abraham Maslow auf den Automobilmarkt und die eigenen Produkte angewandt wurde. Bei VW – aber auch bei BMW und Daimler – konnte man dabei auf die Forschungen und Marktanalysen zurückgreifen, die bereits seit Mitte der 1970er Jahre die Diagnose „Wertewandel" als Grundlage für die Produktpolitik empfahlen.[344]

---

[340] Ulrich Becker, Wer „macht" die neuen Werte? Wertewandel, Stilwandel und Alltagsästhetik, in: Erkundungen. Katalog zum Internationalen Design-Kongreß und zur Ausstellung in Stuttgart, Stuttgart 1986, S. 165–169, hier: 165.
[341] Ebd., S. 169.
[342] Vgl. hierzu allgemein Ingo Köhler, Marketingmanagement als Strukturmodell. Der organisatorische Wandel in der deutschen Automobilindustrie der 1960er bis 80er Jahre, in: Zeitschrift für Unternehmensgeschichte 53 (2008), S. 216–239; ders., Marketing als Krisenstrategie. Die deutsche Automobilindustrie und die Herausforderungen der 1970er Jahre, in: Berghoff (Hrsg.), Marketinggeschichte, S. 259–295.
[343] Dirk Bösenberg, Unternehmen und Wertewandel. Die Auswirkungen auf die Produktanforderung, in: Lutz v. Rosenstiel/Herbert E. Einsiedler/Richard K. Streich (Hrsg.), Wertewandel als Herausforderung für die Unternehmenspolitik, Stuttgart 1987 (= USW-Schriften für Führungskräfte 13), S. 63–72. Vgl. auch ders., Unternehmen und Wertewandel. Die Auswirkungen auf die Produktanforderung, in: Lutz v. Rosenstiel (Hrsg.), Wertewandel als Herausforderung für die Unternehmenspolitik: Materialien, 9. Ludwig-Vaubel-Forum, 22.11.1985 in Schloss Gracht. Universitätsseminar der Wirtschaft, Erftstadt 1985.
[344] Köhler, Auto-Identitäten, S. 271–295.

Bei der Nachfrage nach Automobilen ging man bei VW entsprechend von hierarchischen Bedürfnisstrukturen aus: Auf der untersten Ebene wurden aus dem Wert „Selbsterhaltung" als Kaufgründe „Wirtschaftlichkeit, Preis, Verbrauch und Wiederverkaufswert" abgeleitet; auf der zweiten Ebene aus dem Wert „Sicherheit" die Kaufgründe „Sicherheit, Qualität, Kundendienst, gute Erfahrung, Straßenlage"; auf der dritten Ebene aus dem Wert „Kommunikation" die Kaufgründe „Komfort, Ausstattung, Markenclan, Umweltverträglichkeit"; auf der vierten Ebene aus dem Wert „Status" die Kaufgründe „Styling, Leistung, Image"; und auf der höchsten, der fünften Ebene aus dem Wert „Selbstverwirklichung" die Kaufgründe „Variabilität, vielfältige Einsatzfähigkeit und Individualität".[345]

Die Ursache für einen Bedürfniswandel beim „Leitprodukt Automobil" sahen die Wolfsburger Marketingstrategen – in Übereinstimmung mit Ronald Ingleharts Materialismus-Postmaterialismusthese – in einer zunehmenden Befriedigung der Bedürfnisse auf den unteren Ebenen der Pyramide. Diese These deckte sich mit den unternehmensinternen Marktstudien, etwa mit einer Langfriststudie für den VW Golf, in der seit der Einführung des Golfs im Jahr 1974 das Anspruchsniveau von Golf-Käufern an die Automobileigenschaften in Jahresabständen erfasst wurde. Insgesamt ergab die Studie für die Jahre 1974 bis 1984 eine erhebliche Verschiebung in der Gewichtung der einzelnen Ebenen und die Erhöhung des Anspruchsniveaus auf den höheren Ebenen. Dies erklärte Bösenberg mit dem gesellschaftlichen Wertewandel, aber auch mit den von VW geschaffenen Produktanreizen, um die gewandelten Ansprüche zu befriedigen. Der Golf GTI wurde beispielsweise eingeführt, um verstärkt dem Wert „Status" und den abgeleiteten Kaufgründen „Styling, Leistung, Image" zu entsprechen. Damit waren die neuen Produkte selbst Antrieb für neue Bedürfnisse; Konsum und neue Bedürfnisse bedingten sich gegenseitig: „Das Automobil als ein Leitprodukt ist damit sowohl dem Wertewandel in einem Anpassungsprozeß unterworfen, ist aber auch gleichzeitig einer der auslösenden Faktoren für den Wertewandel selber."[346]

Für die automobilrelevanten „künftigen Werttendenzen" bedienten sich die Marketingstrategen von VW recht freihändig bei den Ergebnissen verschiedenster Studien: Untersuchungen des Münchener Marktforschungsunternehmens Institut für Jugendforschung, Ronald Ingleharts Publikationen und die Untersuchungen des Organisations- und Wirtschaftspsychologen Lutz von Rosenstiel wurden mit VW-internen Analysen und weiteren Markforschungsuntersuchungen zusammengenommen und nach gemeinsamen Richtungen des Wandels überprüft. Es ergaben sich sieben Tendenzen: „stärkere Ich-Orientierung", „mehr Gefühl", „verändertes Freiheitsbestreben: innere nach äußerer Freiheit", „er-

---

[345] Bösenberg, Unternehmen und Wertewandel (1987), S. 64.
[346] Ebd., S. 65.

7.2 Neue kapitalistische Leitbilder in den 1980er Jahren

höhtes Umwelt- und Umfeldbewußtsein, anderes Sicherheitsdenken", „neues Prestige", „Qualität statt Quantität", „neues Technikverständnis". Auf der Basis dieser Wertetendenzen und ihrer Ausdrucksformen („Individualität", „Menschlichkeit", „Ungezwungenheit", „Natur" „Verwendung statt Besitz", „Langlebigkeit", „dienende Technik" etc.) ließen sich dann im „Brainstormverfahren" neue Produktaktivitäten entwickeln.[347] Die Analyse von Werten und des „Wertewandels" war also bei VW in den 1980er Jahren zu einem integralen Faktor von Marketingstrategien und Produktentwicklung geworden. Analog zu den oben angeführten Beispielen aus Marketing, Werbung und Produktdesign lässt sich konstatieren: Durch den „Wertewandel" änderten sich Begründung und Motivierung des Konsums.

Für diese wertebasierte Produktpolitik bekam VW viel Lob von dem oben genannten Lutz von Rosenstiel, der in den 1980er Jahren zu dem „Wertewandelexperten" für Führungskräfte in der Bundesrepublik avancierte. Kreative Produktgestaltung unter Berücksichtigung von gesellschaftlichen Werteentwicklungen wie bei VW sei auch Mittel einer modernen Personalpolitik für Führungskräfte, so von Rosenstiel:

> Die aktive und reflektierte Gestaltung des Angebots im Sinne sich wandelnder gesellschaftlicher Werte ist somit ein Weg, der dazu führen kann, auch kritische und nachdenkliche Mitarbeiter an ihre Aufgaben zu binden und ihre Kreativität in das Finden neuer Wege innerhalb des Hauses zu leiten.[348]

Bereits in den 1970er Jahren hatte von Rosenstiel zu Fragen der angewandten Psychologie im Betrieb geforscht, insbesondere zum Problem der betrieblichen Motivation durch Verbesserung von Arbeits- und Organisationsstrukturen. Sein interdisziplinärer Ansatz, der Arbeits-, Markt- und Organisationspsychologie zusammenführte, machte seine Forschung und ihre Übersetzung in die betriebliche Praxis auch für die Wirtschaft interessant. Als Berater von mehreren DAX-Unternehmen war von Rosenstiel in der Personal- und Organisationsentwicklung und am Aufbau von Image- und Marketingkonzepten beteiligt.[349] In zahllosen Publikationen hatte von Rosenstiel sich mit der Psychologie makroökonomischer Prozesse beschäftigt und dabei ab Mitte der 1980er Jahre

---

[347] Bösenberg, Unternehmen und Wertewandel (1987), S. 72.
[348] Lutz v. Rosenstiel, Wandel in der Karrieremotivation. Verfall oder Neuorientierung?, in: Rosenstiel/Einsiedler/Streich (Hrsg.), Wertewandel als Herausforderung für die Unternehmenspolitik, S. 35–52, hier: 50.
[349] Lutz von Rosenstiel hat über 50 Bücher verfasst und herausgegeben und mehr als 500 Aufsätze geschrieben. Hervorgehoben seien von seinen frühen Arbeiten: Lutz von Rosenstiel, Psychologie der Werbung, Rosenheim 1969; ders., Die motivationalen Grundlagen des Verhaltens in Organisationen, Leistung und Zufriedenheit, Berlin 1975; ders., Marktpsychologie. Bd. 1: Konsumverhalten und Kaufentscheidung, Stuttgart 1979; ders., Marktpsychologie. Bd. 2: Psychologie der absatzpolitischen Instrumente, Stuttgart 1979.

den „Wertewandel" und dessen besondere Bedeutung für die wirtschaftlichen Führungskräfte zu seinem Thema gemacht.[350]

Die Führungskräfte der deutschen Wirtschaft waren in den 1980er Jahren in doppelter Hinsicht vom „Wertewandel" betroffen. Zum einen avancierten sie selbst zum wissenschaftlichen Objekt, das im Interesse der Arbeitgeber von Sozialwissenschaftlern hinsichtlich seiner Werte untersucht wurde, zum anderen betraf der „Wertewandel" die Führungskräfte als betriebliches Subjekt, da von ihnen gefordert wurde, ihr Führungsverhalten den veränderten sozialkulturellen Bedingungen anzupassen. Die Führungskräfte wurden also einerseits nach ihren Werten und Einstellungen befragt und die Umfrageergebnisse wurden vor allem in der Wirtschaftspresse breit diskutiert. Andererseits waren sie selbst an der Weiterentwicklung von Personalführungskonzepten und Managementstrategien beteiligt oder mussten die neuen Konzepte in ihren Betrieben umsetzen. Führung wurde also in den 1980er Jahren angesichts des „Wertewandels" erneut verhandelt. Dabei handelte es sich um Fortsetzungen der Diskussionen um den richtigen Führungsstil aus den 1970er Jahren, wie sie weiter oben dargestellt wurden. Gleichzeitig hatten Führungssemantiken und Führungskonzepte der 1980er Jahre durch das sozialwissenschaftliche Wertewandelparadigma eine neue Qualität: Der reflexive „Wertewandel" war Anlass für neue normative Konzepte von Führung.

7.2.4 „Feminine Leadership" in den 1980er Jahren

Die Geschichte von weiblichen Führungskräften und Unternehmerinnen in der Bundesrepublik ist in der deutschen Geschichtsschreibung ein beinahe völlig vernachlässigtes Forschungsgebiet.[351] Dies ist umso bedauerlicher, als generell für

---

[350] Lutz von Rosenstiel, Wertewandel und Führungsnachwuchs, in: Personalführung 11 (1983), S. 214 ff.; ders./Einsiedler/Streich (Hrsg.), Wertewandel als Herausforderung für die Unternehmenspolitik; ders./Martin Stengel, Identifikationskrise? Zum Engagement in betrieblichen Führungspositionen, Bern 1987; dies., Manager von morgen: Alternativ und grün?, in: Psychologie heute 14 (1987), S. 50–55; Lutz von Rosenstiel [u. a.], Führungsnachwuchs im Unternehmen. Wertkonflikte zwischen Individuum und Organisation. München 1989.

[351] Die wichtigsten Arbeiten stammen von der Historikerin Christiane Eifert. Vgl. Christiane Eifert, Auf dem Weg in die wirtschaftliche Elite. Unternehmerinnen in der Bundesrepublik Deutschland, in: Berghahn/Unger/Ziegler (Hrsg.), Die deutsche Wirtschaftselite im 20. Jahrhundert, S. 353–375; dies., Deutsche Unternehmerinnen und die Rhetorik vom „weiblichen Führungsstil" nach 1945, in: Zeitschrift für Unternehmensgeschichte 50 (2005), S. 17–35; dies., Deutsche Unternehmerinnen im 20. Jahrhundert, München 2011; dies., Teilhabe und Ausgrenzung. Das Beispiel bundesdeutscher Unternehmerinnen (1945–1989), in: Julia Paulus/Eva-Maria Silies/Kerstin Wolff (Hrsg.), Zeitgeschichte als Geschlechtergeschichte. Neue Perspektiven auf die Bundesrepublik, Frankfurt a. M. 2012, S. 144–159.

7.2 Neue kapitalistische Leitbilder in den 1980er Jahren

die Geschichte der Arbeit als gesichert gelten kann, dass Arbeitsordnungen und Geschlechterordnung eng miteinander verknüpft sind.[352] Dies gilt insbesondere für den Gegenstand dieser Untersuchung: Geschlechtsspezifische Zuschreibungen von Arbeit sind gerade im Fall der Wirtschaftsführer, Manager und Unternehmer eindeutig männlich. Die typischen Stereotype, mit denen diese Gruppe beschrieben wird, also Entschlusskraft, Risikobereitschaft, Kreativität, Führungsstärke und Gestaltungswille, sind generell ebenfalls männlich konnotiert. „Weibliche Führung" galt lange Zeit als Sonderfall. Die Rhetorik vom spezifisch „weiblichen Führungsstil" erlangte erstmals im Zuge des Paradigmenwechsels in der Unternehmensführung um 1970 einen neuen Stellenwert, nicht zuletzt auch, weil Unternehmerinnen den Abschied vom autoritären Führungsstil für ihre eigene Selbstdarstellung nutzten. Moderne Unternehmensführung war in dieser Sicht weibliche Führung.[353]

Eine echte Konjunktur erlebte das Thema der weiblichen Führungskräfte allerdings erst in den 1980er Jahren. Im Zuge der Frauenbewegung, des Anstiegs der generellen Beschäftigungsquote von Frauen und der Diskussionen um den gesellschaftlichen „Wertewandel" fand das Thema der weiblichen Führungskräfte vor allem ab Mitte des Jahrzehnts eine besondere Beachtung. Das gilt sowohl für das soziologische Phänomen „weibliche Führungskräfte", das nun quantitativ als deutlich bedeutsamer bewertet wurde (das im Hoppenstedt-Verlag erscheinende Standardnachschlagewerk „Leitende Männer der deutschen Wirtschaft" änderte 1979 seinen Titel in „Leitende Männer und Frauen der deutschen Wirtschaft"), als auch für die Frage nach dem „weiblichen Führungsstil".

Den allgemeinen Hintergrund hierfür stellte die Frage nach der Vereinbarkeit von Familie und Beruf dar, die in den 1980er Jahren vor allem auch die Familienpolitik beschäftigte.[354] Die Wirtschaftsverbände griffen das generelle Thema

---

[352] Edith Saurer, Liebe und Arbeit. Geschlechterbeziehungen im 19. und 20. Jahrhundert, Wien 2014; Lars Bluma/Karsten Uhl, Kontrollierte Arbeit – disziplinierte Körper? Zur Sozial- und Kulturgeschichte der Industriearbeit im 19. und 20. Jahrhundert, Berlin 2012; Julia Paulus/Eva-Maria Silies/Kerstin Wolff (Hrsg.), Zeitgeschichte als Geschlechtergeschichte. Neue Perspektiven auf die Bundesrepublik, Frankfurt a. M. 2012. Vgl. ferner u. a. Karin Hausen, Work in Gender, Gender in Work. The German Case in Comparative Perspective, in: Jürgen Kocka (Hrsg.), Work in a Modern Society. The German Historical Experience in Comparative Perspective, New York 2010, S. 73–92; Regina Wecker, Zwischen Ökonomie und Ideologie. Arbeit im Lebenszusammenhang von Frauen im Kanton Basel-Stadt 1870–1910, Zürich 2007; Béatrice Ziegler, Arbeit – Körper – Öffentlichkeit. Berner und Bieler Frauen zwischen Diskurs und Alltag (1919–1945), Zürich 2007; Gisela Bock/Barbara Duden, Arbeit aus Liebe – Liebe als Arbeit. Zur Entstehung der Hausarbeit im Kapitalismus, in: Gruppe Berliner Dozentinnen (Hrsg.), Frauen und Wissenschaft. Beiträge zur Berliner Sommeruniversität für Frauen, Juli 1976, Berlin 1977, S. 118–199.
[353] Vgl. Eifert, Deutsche Unternehmerinnen im 20. Jahrhundert, S. 62–86.
[354] Vgl. David Schumann, Bauarbeiten am „Fundament der Gesellschaft". Christdemokratische Familienpolitik in der Ära Kohl (1973–1998), Hamburg 2014.

7. Die „Aufwertung der Werte"

Frauenbeschäftigung zu Beginn der 1980er zunächst unter den Gesichtspunkten der steigenden Beschäftigungszahlen von Frauen und der sinkenden Geburtenzahlen in der Bundesrepublik auf. Ein von der BDA verfasstes und von Otto Esser im Mai 1980 vorgestelltes Memorandum wies auf den starken Anstieg der Frauenbeschäftigung hin.[355] Demnach gab es 1979 mit 8,5 Millionen doppelt so viele Arbeitnehmerinnen wie im Jahr 1950 mit 4,2 Millionen. Gleichzeitig haben sich das Ausbildungsniveau der Frauen und der Anteil der verheirateten Frauen unter den Beschäftigten erhöht.[356] Angesichts dieser Tendenz rief die BDA zu betrieblichen Maßnahmen auf, die es Frauen ermöglichen sollten, berufliche und familiäre Aufgaben besser miteinander zu verbinden. Besondere Priorität hatten hier aus Sicht der Wirtschaft die verschiedenen Vorstöße und Experimente zu einer Flexibilisierung von Arbeitszeit, insbesondere von Teilzeitregelungen.[357] Aber auch im Hinblick auf Frauen in Führungspositionen rief die BDA zu einer Verbesserung der Chancengleichheit der Frau im Arbeitsleben auf.[358]

Von Seiten der Politik wurden bessere sozial- und familienpolitische Rahmenbedingungen gefordert. Dazu gehörte bereits 1982 die Forderung nach „direkten Transferleistungen für vorübergehend aus dem Erwerbsleben ausscheidende Elternteile" und nach einer „ausreichenden Bereitstellung von Plätzen in Kleinstkinderbetreuungseinrichtungen", so der familienpolitische Experte Max Wingen in der Zeitschrift *Der Arbeitgeber*.[359] Vor allem in der zweiten Hälfte der 1980er Jahre entwickelte sich die Frage nach der Familienfreundlichkeit der Arbeitswelt zu einer neuen Dimension der Debatte um die Humanisierung der Arbeit.[360] In einigen wenigen Unternehmen gab es bereits betriebliche Programme zur Frauenförderung. Die personalpolitischen Maßnahmen reichten von speziellen Rhetorikkursen bis zu Wiedereinstellungsgarantien nach Auszeiten für Kindererziehung. Vor allem in der zweiten Hälfte der 1980er Jahre begannen deutlich mehr Unternehmen mit gezielten Frauenförderungsmaßnahmen, die sich zumindest teilweise explizit an weibliche Führungskräfte wandten.

---

[355] Bundesvereinigung der Deutschen Arbeitgeberverbände, Stellungnahme zu aktuellen Frauen- und Familienfragen, Köln 1980.
[356] Die Mitarbeiterin im Betrieb, Arbeitsberichte des Ausschusses für Soziale Betriebsgestaltung der Bundesvereinigung der Deutschen Arbeitgeberverbände 39 (1977).
[357] Vgl. hierzu Kapitel 6.3.
[358] Dorothee Müller-Hagen, Frauenbeschäftigung. Doppelrolle stärker berücksichtigen, in: Der Arbeitgeber 32 (1980), S. 1122–1123.
[359] Max Wingen, Familienorientierte Arbeitswelt, in: Der Arbeitgeber 34 (1982), S. 1209–1216, hier: 1214. Vgl. ders., Kinder in der Industriegesellschaft – wozu? Analysen, Perspektiven, Kurskorrekturen, Zürich 1982.
[360] Vgl. Christine Wittenzellner, Isoliert und entfremdet, in: Management Wissen 4 (1987), S. 17–25.

Als Pionierunternehmen auf diesem Gebiet galt IBM Deutschland.[361] Das Unternehmen hatte bereits 1976 ein Programm für Chancengleichheit entwickelt, das die Zielsetzung enthielt, bei Neueinstellungen qualifizierte weibliche Bewerber besonders zu berücksichtigen. Zu dieser – eher unverbindlichen – Vorgabe kamen spezielle Schulungs- und Förderungsmaßnahmen für weibliche Führungskräfte und seit 1982 eine Beauftragte für Chancengleichheit. Ähnliche Frauenförderungspläne, die z. B. auch auf eine sensiblere Unternehmenssprache gerade bei Stellenanzeigen zielten, wurden in den 1980er Jahren u. a. bei Coop Industrie AG, Nestlé, Dr. Oetker, Reemtsma, Aral, Audi, Bayer, Robert Bosch, MBB, Ruhrkohle AG, Schering und Volkswagen eingeführt.[362] Als Vorreiter auf dem Gebiet der betrieblichen Vereinbarungen zur Förderung der Vereinbarkeit von Beruf und Familie galt allgemein die BASF.[363] Das Ludwigshafener Chemie-Unternehmen führte 1986 das Programm „Eltern und Kind" ein, das Mitarbeiterinnen im Anschluss an Geburt und gesetzlichen Erziehungsurlaub eine Wiedereinstellungszusage gab. Alternativ konnten BASF-Mitarbeiterinnen das Arbeitsverhältnis nach dem Erziehungsurlaub in Teilzeit weiterführen. Andere Großunternehmen, darunter AEG, Bayer, Commerzbank, Continental, Daimler-Benz, Deutsche Bank, Hoechst, OBI-Baumärkte und die Volksfürsorge Lebensversicherung AG, führten in der Zeit von 1986 bis 1990 ähnliche Programme ein.[364]

Tatsächlich waren Frauen in den Führungsetagen der deutschen Wirtschaft noch immer eine Seltenheit.[365] Vor allem im Top-Management der Großunternehmen waren sie kaum vorhanden. Frauen in Führungspositionen waren bis in die 1980er Jahre also im Wesentlichen selbständige Unternehmerinnen oder Führungskräfte in Familienunternehmen. Lediglich im Bereich der neuen Public-Relations-Abteilungen, in den Personal- und Finanzabteilungen und im Bereich der Aus- und Weiterbildung gab es um 1980 weibliche Führungskräfte in nennenswerter Zahl, so Ernst Zander, Vorstandsmitglied der Reemtsma GmbH und

---

[361] Hildegard Fleck, Chancen der Frauen am Beispiel der IBM, in: Herta Däubler-Gmelin/Heide M. Pfarr/Marianne Weg (Hrsg.), Mehr als nur gleicher Lohn! Handbuch zur beruflichen Förderung von Frauen, Hamburg 1985, S. 71–74; Camilla Krebsbach-Gnath/Ina Schmid-Jörg, Wer Frauen will, muß Frauen fördern, in: Christine Demmer (Hrsg.), Frauen ins Management. Von der Reservearmee zur Begabungsreserve, Wiesbaden 1988, S. 179–218.

[362] Margrit Zauner, Förderung von Managerinnen. Frauenförderpläne als Mittel zur Erschließung weiblicher Führungskräfteressourcen, München 1990, S. 87 f.

[363] Krebsbach-Gnath/Schmid-Jörg, Wer Frauen will, muß Frauen fördern, S. 179–218, hier: 203 f.

[364] Margrit Zauner, Förderung von Managerinnen. Frauenförderpläne als Mittel zur Erschließung weiblicher Führungskräfteressourcen, München 1990, S. 89.

[365] Vgl. auch Cornelia Edding, Frauen in Führungspositionen, in: Däubler-Gmelin/Pfarr/Weg (Hrsg.), Mehr als nur gleicher Lohn!, S. 145–149.

Professor für Personalwirtschaft.[366] Weibliche Führungskräfte waren also Exotinnen. Eine umfangreiche von der Zeitschrift *Capital* beauftragte Untersuchung fand 1986 heraus, dass von 50.000 Führungskräften der deutschen Wirtschaft nur vier Prozent (also 2000) Frauen waren und diese überwiegend in kleineren und mittleren Unternehmen (bis 1000 Beschäftige) und dort vor allem in den Bereichen Finanzen, Einkauf, Werbung und Personalwesen beschäftigt waren. Aufstiegsmöglichkeiten und Verdienst waren dort geringer als in den eindeutig männlich dominierten Bereichen Produktion, Forschung, Vertrieb und General Management.[367] Welchen Vorurteilen Frauen in der Arbeitswelt auch um 1980 noch ausgesetzt waren, zeigt ein Beitrag in der schweizerischen *Management-Zeitschrift io*. Unter dem Titel „Die Frau empfindet ihre Arbeit anders" wurde dem „männlichen Vorgesetzten" erklärt, dass berufstätige Frauen „nicht an eine Karrierelaufbahn", dafür vornehmlich an das „Materielle" denken würden, am Arbeitsplatz nach „Geborgenheit" suchten und daher den „weiblichen Untergebenen" durch „gute Bilder", „dekorative Zierpflanzen", „farbenfrohen Tischbelag" und „anheimelnde Beleuchtung" ein „Gefühl der Wohnlichkeit" geschaffen werden sollte.[368]

Die Vorbehalte gegen Frauen in der Arbeitswelt zeigen sich auch in dem – angesichts des Aufstiegs von Frauen in Führungspositionen diskutierten – Thema der „Frau als Chef". Bereits 1979 hatte der Frankfurter Personalberater Carl Heinz Liebrecht mehreren hundert Managern die Frage gestellt: „Was halten sie von Frauen als Führungskräften?"[369] 1985 wiederholte er die Untersuchung und konnte nun auch einige hundert Frauen in Führungspositionen in die Umfrage einbeziehen.[370] Das Ergebnis deutete auf eine ansteigende Akzeptanz von Frauen

---

[366] Ernst Zander, Frauen im Betrieb. Wandel in der Einstellung zum Beruf, in: Der Arbeitgeber 33 (1981), S. 631–634. Vgl. auch Ist Führung ein männliches Privileg?, in: Blick durch die Wirtschaft, 20.2.1980; Qualifiziert, aber oft ignoriert: Frauen als Manager, in: Management & Seminar: Zeitschrift für Tagungen, Training und Personalentwicklung 4 (1981).

[367] Capital-Enquête: Frauen als Führungskräfte, in: Capital 12 (1986), S. 284–298. Sonja Bischoff, Männer und Frauen in Führungspositionen in der Bundesrepublik Deutschland. Ergebnisse einer schriftlichen Umfrage, Köln 1986; Sonja Bischoff, Frauen zwischen Macht und Mann. Männer in der Defensive. Führungskräfte in Zeiten des Umbruchs, Reinbek 1990, S. 19–42.

[368] Emanuel Riggenbach, Die Frau empfindet ihre Arbeit anders, in: Management-Zeitschrift io 49 (1980), S. 195–196.

[369] Brigitte Zander, Management: Exotin im Herrenreich, in: Die Zeit, 26.10.1979.

[370] Frauen in Führungspositionen waren auch für die Soziologie noch ein relativ neues Feld. Eine der ersten geförderten Untersuchungen war das Forschungsprojekt der Münsteraner Wissenschaftlerinnen Erika Bock-Rosenthal, Christa Haase und Sylvia Streeck. Vgl. Erika Bock-Rosenthal/Christa Haase/Sylvia Streeck, Wenn Frauen Karriere machen, Frankfurt a. M. 1978. Dies ist kein Zufall, war doch der Pionier der soziologischen Forschung Erika Bock-Rosenthals Doktorvater, der Münsteraner Soziologe Heinz Hartmann, der in den

in Führungspositionen hin: Während 1979 noch 18 Prozent aller Befragten eine weibliche Vorgesetzte ablehnten, waren es 1985 nur noch 12,9 Prozent, allerdings hatten auch im Jahr 1985 drei Viertel aller Befragten noch nie eine Frau als Chef gehabt.[371] Die Umfrage war Teil einer Buchpublikation von Lutz E. Dreesbach, Pressesprecher der Thyssen AG, in der 35 in der Wirtschaft erfolgreiche Frauen vorgestellt wurden. Das mit einem Vorwort von Rita Süssmuth versehene Buch porträtierte die Aufstiegsgeschichten erfolgreicher Unternehmerinnen als Vorbilder für weibliche Führungskräfte. Die Umfragen dienten als Beleg für einen beginnenden sozialkulturellen Wandel, den es so lange voranzutreiben gelte, bis Frauen auch im Topmanagement deutscher Unternehmen in großer Zahl vertreten wären.[372]

Um Frauen in Führungspositionen ein Forum und Netzwerk zu geben, konstituierte sich 1984 das „European Women's Management Development Network" (EWMD). Treibende Kraft der Organisation war die Hamburger Anwältin und langjährige Vorsitzende des Juristinnenbundes Helga Stödter. Das Medienecho der Gründung war groß,[373] sogar die *Bild-Zeitung* berichtete über den neuen „Verein für weibliche Manager"[374]. Ziel des EWMD war neben internationalem Kontakt und Vernetzung der Kampf für Gleichberechtigung von Frauen in Führungspositionen. Dabei betonten die Gründerinnen des EWMD, dass sie ihre Organisation nicht als ideologisches Organ zur Emanzipation der Frau verstanden. Eine gesetzlich vorgeschriebene Quotenregelung lehnte Stödter „als schlimmsten Fehler"[375] entschieden ab. Aus Stödters Sicht war die Frauenförderung schlicht eine ökonomische Notwendigkeit, die im Interesse der Wirtschaft sei. Wenn eine wachsende Anzahl von Akademikerinnen keine adäquate Stellung finden würde, sei das eine volkswirtschaftliche Kapitalverschwendung: „Wir

---

1960er Jahren in Zusammenarbeit mit dem Verband deutscher Unternehmerinnen ein Forschungsprojekt zu dem Thema durchgeführt hatte. Vgl. Heinz Hartmann, Die Unternehmerin. Selbstverständnis und soziale Rolle, Köln 1968; Werner Fuchs, Tagesablauf und Tätigkeitsfeld der Unternehmerin, Sozialforschungsstelle an der Universität Münster, Dortmund 1969; Gerald Eberlein, Das Bild der Unternehmerin in deutschen Banalromanen der Gegenwart, in: Soziale Welt 3 (1964), S. 212–243; Sonja Nerge/Marina Stahmann, Mit Seidentuch und ohne Schlips. Frauen im Management: eine empirische Untersuchung ihrer Lebens- und Arbeitsbedingungen, Frankfurt a. M. 1991.

[371] Bienen auf der Galeere, in: Der Spiegel, 23.09.1985.
[372] Lutz E. Dreesbach, Frauen, die Spitze sind: 35 Portraits aus Chefetagen, Düsseldorf 1986.
[373] Mehr Frauen in Chefetagen, in: Hamburger Abendblatt, 9.5.1984; Managerinnen – Weibliche Ressourcen, in: Wirtschaftswoche, 24.8.1984; Managementinitiative für Frauen, in: Blick durch die Wirtschaft, 12.11.1984. Ebenfalls zu EWMD: Frauen im Schatten des Managements – Neue Bemühungen zur Förderung weiblicher leitender Angestellter, in: Süddeutsche Zeitung, 21.6.1985; Die Frauen erobern die Chefsessel, in: Wetzlarer Neue Zeitung, 2.12.1985.
[374] Neuer Verein für weibliche Manager, in: BILD-Zeitung, 9.5.1984.
[375] Vgl. Frauen an der Spitze, in: Wirtschaftswoche, 20.6.1986.

fordern Gleichbehandlung nicht, weil es das Recht der Frauen ist, sondern weil wir die besten Manager brauchen, die es gibt."[376]

Die tragfähigste Argumentation für Frauenfördermaßnahmen war entsprechend aus ihrer Sicht der sich abzeichnende Mangel an qualifizierten Arbeitskräften in den neunziger Jahren und ab der Jahrtausendwende: „Unsere Chance wird immer mehr das Human capital." Daher müsse „jede Ressource" genutzt werden. Orientieren wollte sich das EWMD vor allem an den USA und Frankreich, wo es bereits Frauenfördermaßnahmen in der Wirtschaft gab.[377] Aus Sicht von Stödter waren Frauen in Führungspositionen die ideale Antwort auf den ökonomischen Strukturwandel hin zu einer stärkeren Angebotsorientierung, der sowohl den Marketing- als auch den Personalabteilungen eine erhöhte Bedeutung gegeben hatte. Gerade in der Kundenorientierung wie auch in der Personalführung seien Frauen besonders befähigt. Zum einen, weil in der Konsumgüterindustrie die Zielgruppe größtenteils weiblich sei und daher Frauen den besten Zugang zu den Gründen für die Kaufentscheidungen hätten, zum anderen, weil Frauen für eine teamorientierte Mitarbeiterführung besonders geeignet seien. Für die modernen Führungsstile seien sie geradezu prädestiniert: „In der beruflichen Praxis fällt es Frauen in der Regel leichter als Männern, anstelle des traditionellen autoritären Verhaltens moderne und erfolgreichere Führungsstile – partizipativ, kooperativ, situativ – anzuwenden."[378] In einem Vortrag vor Studentinnen und Studenten der WHU in Koblenz (wo 30 Prozent der Studierenden Frauen waren) spitzte Stödter 1987 diesen Gedanken noch weiter zu: „Gefragt ist nicht mehr die autoritäre, einsame Entscheidung, sondern das partizipative Konsensmanagement." Dafür seien Frauen grundsätzlich besser geeignet als Männer, befand Stödter.[379] Außerdem sei die Hälfte aller Verbraucher Frauen. „Der Wirtschaftszweig, der das nicht berücksichtigt, wird die Ergebnisse früher oder später spüren." Es sei an der Zeit, dass sich die „patriarchalischen Manager" nicht mehr den bestens ausgebildeten Frauen, die ein „‚Mehr' im zwischenmenschlichen Bereich" mitbringen würden, in den Weg stellten, so Stödter.[380]

---

[376] Managerinnen. Weibliche Ressourcen, in: Wirtschaftswoche, 24.8.1984. Vgl. auch Managerinnen. Ungeheures Potential, in: Wirtschaftswoche, 5.4.1985, S. 50–54.
[377] Managerinnen. Vgl. auch Hartmut Steiger, Der Bedarf an weiblichen Führungskräften wird steigen, in: VDI-Nachrichten, 15.4.1988, S. 2.
[378] Frauen-Defizit im Management. Zweifel sind berechtigt, in: Wirtschaftswoche, 15.3.1985, S. 34–46, hier: 42. Vgl. auch Jens Priewe, Managermangel. Mehr Blindgänger als Unternehmer, in: Management Wissen 10 (1988), S. 78–95.
[379] Axel W. Schumacher, Mehr Frauen in die Vorstandsetagen! Dr. Helga Stödter an der WHU, in: Hochschulnachrichten aus der Wissenschaftlichen Hochschule für Unternehmensführung Koblenz 2 (1987), S. 4.
[380] Neuer Führungsstil ist gefragt. Noch immer Pionierinnen in den Vorstandsetagen, in: Rhein-Zeitung, 31.3.1987.

Das Argument einer spezifischen Modernität von „weiblicher Führung" wurde in der Folge immer wieder benutzt. Die Verschiebung der Managementaufgaben in Richtung „Mitarbeiterorientierung" komme den Frauen aufgrund ihrer zwischenmenschlichen und kommunikativen Fähigkeiten entgegen. Der erfolgreiche Manager der Zukunft trage weniger ausgeprägte männliche Züge, sondern tendiere zum „androgynen Typ", der je nach Situation typisch männliche oder typisch weibliche Eigenschaften einsetzen kann, prognostizierte auch Sonja Bischoff,[381] Betriebswirtin an der Universität Hamburg und Herausgeberin der über viele Jahre laufenden Erhebung „Wer führt in (die) Zukunft – Männer und Frauen in Führungspositionen der Wirtschaft in Deutschland". Zum Tragen kam hier die essentialistische Sichtweise, dass die Geschlechtszugehörigkeit die Arbeits- und Führungsweise entscheidend präge. Ja, sie wurde sogar zur Grundlage für den Beweis der besonderen Modernitätskompatibilität von Frauen in Führungspositionen. In dieser Logik war der moderne Führungsstil tendenziell ein weiblicher Führungsstil.

Das Verhältnis des EWMD zur deutschen Frauenbewegung war eher unterkühlt. In einem Bericht der Zeitschrift *Emma* zu der sich organisierenden Bewegung der weiblichen Führungskräfte entwickelte die Autorin eine Art Typologie der „deutschen Managerin":[382] „Am liebsten trägt sie Kostüm mit Krawatte oder dreireihiger Perlenkette, aber nie Hosen. Sie ist mehrheitlich ledig und war entweder nie verheiratet oder ist längst geschieden." Nicht selten habe sie dennoch Kinder: „Dabei helfen ihr wenigstens zwei Frauen, die sie dafür bezahlt: die Putzfrau und die Kinderfrau." Obwohl sie fraglos von der Frauenbewegung profitiere, sei diese ihr suspekt. „Sie befürchtet, auch ohne Feministin zu sein, als Emanze zu gelten, worunter ihre Kollegen die ‚eiskalte Karrieristin' verstehen, den Lady-Boss mit Killerinstinkt." Umgekehrt sei es aber auch nie ein Thema der Frauenbewegung gewesen, die Karriere von Frauen im Management besonders zu fördern.[383] Trotz geteilter Gleichberechtigungsforderungen war die soziale und kulturelle Distanz zu der sich konstituierenden Managerinnen-Bewegung in der *Emma* überdeutlich.[384] Überwiegend positiv waren hingegen die Reaktionen der sonstigen Presse auf den zweiten EWMD-Kongress, der 1986 in Hamburg stattfand. Angesichts von 350 Managerinnen in der Stadt forderte die *Bild-Zeitung*:

---

[381] Frauen – die Manager der Zukunft?, in: Wirtschaftswoche, 12.4.1985, S. 56.
[382] Viola Roggenkamp, Lady-Boss im Anzug, in: Emma 2 (1986), S. 37–38, hier: 37.
[383] Ebd.
[384] Vgl. auch Managing the future: organizational challenge and career perspectives, Hamburg, November 5–7, 1986, selected readings [Hrsg.: FIDA, Gesellschaft zur Förderung der Wissenschaftlichen Erforschung der Lage der Frau in Internationaler Zusammenarbeit e. V., Hamburg], Wentorf 1990.

"Männer wacht endlich auf", und das *Hamburger Abendblatt* wusste: "Eva stürmt die Chefetagen".[385]

Generell nahmen in der zweiten Hälfte der 1980er Jahre die Publikationen, Tagungen und Symposien, die sich mit dem Thema "Frauen als Manager" beschäftigten, deutlich zu. Wichtige Impulse hierfür kamen aus den USA, und seit in einem Beitrag für das *Wall Street Journal* 1986 der Begriff "glass ceiling" ("gläserne Decke") eingeführt wurde,[386] ist diese Beschreibung der strukturellen, aber oft unsichtbaren Karrierehemmnisse für qualifizierte Frauen innerhalb von Organisationen eine wirkungsvolle Metapher. In der Bundesrepublik entwickelte sich der Diskurs um die weiblichen Manager in der wirtschaftlichen und in der politischen Öffentlichkeit ebenfalls ab 1985 mit ansteigender Frequenz. Neben arbeitgebernahen Publikationen[387] und Artikeln in der Wirtschaftspresse handelte es sich zum einem um eher populärwissenschaftliche, ins Deutsche übersetzte, amerikanische Ratgeberliteratur, die einen Wandel in der Unternehmensführung beschrieb. Hier wurde betont, dass nun die Zeit für "Feminine Leadership" und "Tender Power" ("sanfte Macht") angebrochen sei.[388] Hinzu kamen eher politisch-programmatisch ausgerichtete Publikationen[389] und als vierte Kategorie kritische Publikationen der Frauenforschung.[390]

---

[385] Eva stürmt die Chefetagen, in: Hamburger Abendblatt, 01.11.1986; Kongreß in Hamburg: 350 Managerinnen: Männer wacht endlich auf, in: BILD-Zeitung, 5.11.1986; Spätestens im Jahr 2000: Frauen gehen in Führung, in: Die Morgenpost, 5.11.1986; Management by Woman, in: Kreiszeitung Baden-Baden, 6.11.1986; Deutsche Managerinnen gegen "Alibifunktion", in: Süddeutsche Zeitung, 11.11.1986.

[386] Carol Hymowitz/Timothy Schellhardt, The Glass Ceiling. Why Women Can't Seem to Break the Invisible Barrier That Blocks Them from the Top Job, in: Wall Street Journal, 24.3.1986.

[387] Helmut Pathe (Hrsg.), Frauen in Wirtschaft und Gesellschaft. Symposium des Instituts der Deutschen Wirtschaft, Köln 1988; Institut der deutschen Wirtschaft (Hrsg.), Frauen in der Arbeitswelt, Köln 1987. Vgl. auch Marion Schreiber, Zur Karriere wirst du nicht geküßt, in: Der Spiegel, 7.11.1988; Frauen im Management, in: Manager Magazin 5 (1988), S. 212–221.

[388] Marilyn Loden, Als Frau im Unternehmen führen [= Feminine Leadership. Übersetzt aus dem Amerikanischen von Erwin Schuhmacher], Freiburg 1988; Susan Schenkel, Mut zum Erfolg. Warum Frauen blockiert sind und was sie dagegen tun können [= Giving away success. Aus dem Englischen von Julia Nowotny-Iskandar und Bettina Abarbanell], Frankfurt 1984; Ruth Markel, Karriere ist weiblich. Wegweiser für Frauen in ein erfolgreiches Berufsleben [= Room at the top. Aus dem Englischen von Anni Pott], Reinbek 1989; Sherry S. Cohen, Sanfte Macht. Der neue weibliche Weg [= Tender Power. Übersetzt aus dem Amerikanischen von Beate Gorman], Hamburg 1990.

[389] Claudia Bernardoni (Hrsg.), Ohne Seil und Haken: Frauen auf dem Weg nach oben. Deutsche UNESCO-Kommission, Bonn 1987.

[390] Ingrid Ambros/Christiane Schiersmann, Qualifizierung und Beratung von weiblichen Führungskräften und Existenzgründerinnen, Konzepte – Erfahrungen – Empfehlungen, Bielefeld 1991; Monika Blank, Frauen in Führungspositionen – Entwicklungstendenzen und Erklärungsansätze, in: Karin Berty (Hrsg.), Emanzipation im Teufelskreis. Zur Genese

Vor allem in der Wirtschaftspresse, Ratgeberliteratur und den politisch-programmatischen Schriften verdichtete sich für die prognostizierte Rolle von Frauen in Führungspositionen ein spezifisches Argumentationsmuster: Strukturell-ökonomische Argumente (von der Industrie- zur Informationsgesellschaft), demographische Argumente (Fachkräftemangel in den 1990er Jahren) und der Paradigmenwechsel in der Unternehmensführung (Abschied von der Autorität, zunehmende Bedeutung der „soft skills") wurden nun zusammengeführt. Als unhintergehbare Grundlage diente dann auch wieder die sozialwissenschaftliche Theorie vom gesellschaftlichen „Wertewandel", mit der alle Argumentationsstränge wissenschaftlich unterfüttert werden konnten. Paradigmatisch für dieses Muster war ein von der Wirtschaftsjournalistin Christine Demmer (*FAZ*, *Manager Magazin*) herausgegebener Sammelband mit dem programmatischen Titel „Frauen ins Management. Von der Reservearmee zur Begabungsreserve", der 1988 in der Sachbuch-Reihe der *Frankfurter Allgemeinen Zeitung* erschien.[391]

Der Beitrag der Wirtschaftsjournalistin Beate Henes-Karnahl ist exemplarisch für die inhaltliche Stoßrichtung des ganzen Bandes. Unter der Überschrift „Wertewandel im Management" wurden die Leitsätze des „alten Wirtschafts-Paradigmas" denen des „neuen Wirtschafts-Paradigmas" gegenübergestellt.[392] Während im alten Paradigma der traditionelle Manager mehr oder minder als ein konventionell linear denkender „Administrator" fungiert habe, bedürfe es im neuen Paradigma des vernetzt denkenden Managers „als Katalysator",[393] „als Kommunikator" und „als Moderator".[394] Der „Macho-Manager" sei nicht mehr gefragt, der neue Manager fördere Autonomie und Selbstverwirklichung seiner Mitarbeiter zugunsten des Unternehmenserfolgs. Für die hierfür notwendigen „Soft Skills" bringe „aufgrund der spezifischen Sozialisation" das weibliche Geschlecht die besten Voraussetzungen mit. „Die Eigenschaften der Frauen, die jahrzehntelang als Schwächen apostrophiert worden sind, werden plötzlich als Stärken der Zukunft erkannt."[395] Ähnlich äußerte sich der Betriebswirt und Leiter des Instituts für Führung und Personalmanagement an der Hochschule

---

weiblicher Berufs- und Lebensentwürfe, Weinheim 1990, S. 152–173; Ingeborg Stahr, Qualifizierung weiblicher Führungskräfte – Kritische Analyse der neuen Ratgeber-Literatur zur Karriereplanung von Frauen, in: Grundlagen der Weiterbildung 4 (1993), S. 125–129.

[391] Demmer (Hrsg.), Frauen ins Management. Auch bei der Bildungspolitikerin Margrit Zauner dient der „Wertewandel" als „Begründungszusammenhang für Frauenförderungsmaßnahmen". Vgl. Margrit Zauner, Förderung von Managerinnen. Frauenförderpläne als Mittel zur Erschließung weiblicher Führungskräfteressourcen, München 1990.

[392] Beate Henes-Karnahl, Wertewandel im Management. Die Schwachen werden die Starken sein, in: Demmer (Hrsg.), Frauen ins Management., S. 31–51.

[393] Ebd., 36 f.

[394] Ebd., S. 49.

[395] Ebd., S. 42.

St. Gallen, Rolf Wunderer, auf dem von 1300 Personalexperten besuchten Personalleiterkongress in Wiesbaden 1987. Generell sei eine „Verweiblichung des Managements" festzustellen: Vom „Inspirator, Disziplinator, Kontrolleur und Agitator" sei eine Wandlung zum von Frauen leichter zu erfüllenden Rollenbild des „Vorbild[s], Repräsentanten und Wertevermittler[s]" zu beobachten.[396] Auch in der BDA-Zeitschrift *Der Arbeitgeber* hieß es, dass der im Zuge von „Wertewandel" und „neuem Umweltbewußtsein" laut gewordene Ruf nach „New Management" und nach neuen Führungsstilen eine große Chance für aufstiegsorientierte Frauen darstelle: „Nicht an den Männern orientiert, sondern an ihrem Frau-Sein".[397] Ein geschlechtsstereotypes Führungskonzept wurde in diesen Interpretationen zum Zukunftskonzept, die „Verweiblichung des Managements" zur innovativen Strategie erklärt.[398]

Die soziale Praxis in den Führungsetagen stand allerdings weiterhin in einem deutlichen Missverhältnis zu diesen normativen Vorgaben. Laut dem Vorstandsvorsitzenden der Daimler-Benz AG, Edzard Reuter, lag dies an der „Machtstruktur der Männergesellschaft in den Vorständen". Diese gelte es aufzubrechen, forderte Reuter vor Studentinnen und Studenten der Koblenzer WHU: „Es ist eine Schande, dass dieses weibliche Potential nur unzureichend genutzt wird."[399] Um diese Situation zu ändern und um die Förderung von Frauen in Führungspositionen voranzutreiben, wurden in den 1980er Jahren von verschiedenen Anbietern speziell zugeschnittene Weiterbildungsseminare, Führungstrainings und Stressbewältigungskurse angeboten. Vorreiter war hier das Rationalisierungs-Kuratorium der Deutschen Wirtschaft, das bereits zu Beginn der 1980er Jahre einen „Managementkursus für weibliche Führungskräfte" in sein Fortbildungsprogramm aufgenommen hatte. Die Industrie- und Handelskammern folgten mit eigenen speziell zugeschnittenen Programmen für weibliche Manager.[400] Bei den beiden Top-Einrichtungen der deutschen Wirtschaft für die Manager-Weiterbildung, den Baden-Badener Unternehmergesprächen und dem USW, dauerte es etwas länger, bis Frauen mitwirken konnten. Bei den BBUG

---

[396] Personalleiter-Kongreß in Wiesbaden mit über 1300 Teilnehmern. Chancen für Frauen in der Chefetage durch höheren Führungskräftebedarf, in: Handelsblatt, 19.5.1987.
[397] Edith Horsthemke-Becker, Die Frauen proben den Aufstieg, in: Der Arbeitgeber 41 (1989), S. 648–649.
[398] Vgl. auch Horst Biallo, Weibliche Führungskräfte verbessern spürbar das Klima in den Chefetagen, in: VDI-Nachrichten, 2.12.1988, S. 8.
[399] Jörg Klaus Borkowsky, Edzard Reuter zu Gast in der WHU, in: Hochschulnachrichten aus der Wissenschaftlichen Hochschule für Unternehmensführung Koblenz 4 (1987), S. 1.
[400] Kurse für Managerinnen. Der kleine Unterschied, in: Wirtschaftswoche, 12.12.1980, S. 46–47; Karriereplanung für Frauen, in: Der Spiegel, 21.11.1988; Personalchef sucht gute Partie. Mit Förderungsprogrammen für junge Frauen werben Großunternehmen um weiblichen Führungskräftenachwuchs, in: Manager Magazin 5 (1988), S. 211–212; Richard Sietman, Weibliche Führungskräfte denken systemorientierter als Männer, in: VDI-Nachrichten, 5.1.1990, S. 8.

sollten 1987 zunächst die Ehegattinnen der teilnehmenden Manager aktiv in die Gespräche einbezogen werden. Der Vorstand der Gesellschaft zur Förderung des Unternehmernachwuchses beschloss im Juni 1987: „Gegen die Einbeziehung der Damen in der dritten Woche auch in die Diskussionen bestehen keinerlei Bedenken – gegen den Ausschluss wären eher Bedenken angebracht –, und es wird Sache des Gesprächsleiters sein, dies in geeigneter Weise zu steuern."[401]

Die Organisatoren wollten aber offenbar noch einen Schritt weitergehen und Frauen verstärkt als aktive Teilnehmerinnen an den BBUG gewinnen: „Die entsendenden Firmen sollten ermutigt werden, Kandidatinnen aus dem oberen Management zu entsenden." Und es wurde auch erwogen, „bei entsprechender Gelegenheit" eine „Dame" in den Vorstand der GFU zu wählen.[402] Tatsächlich hatte mit Martina Mann, der Tochter des Unternehmers Hanns Voith, bereits bei den ersten BBUG im Jahr 1954 eine Frau zum Teilnehmerkreis gehört. Allerdings hatte sich die Anzahl der an den BBUG teilnehmenden Frauen jahrzehntelang nicht erhöht: Unter den 134 Teilnehmern der ersten fünf Gespräche waren nur zwei Frauen; insgesamt waren in den ersten 50 Jahren der Veranstaltung von den 3503 Teilnehmern 32 weiblich.[403] Erst im Laufe der ersten Dekade des neuen Jahrtausends hat sich der Anteil der Frauen bei den BBUG spürbar erhöht. Auch bis Frauen in den Vorstand der GFU aufstiegen, dauerte es noch fast 20 Jahre, seit dies 1987 zum Ziel erklärt worden war: Seit 2005 mit Gabriele Eick (Executive Communications, Frankfurt) und Katharina Reiche (Verband kommunaler Unternehmen e. V.) die ersten beiden Frauen in den Vorstand aufrückten, ist mindestens eine Frau vertreten.[404]

Das USW entwickelte ein neues Seminar, „Frauen im Management", das erstmals im ersten Halbjahr 1989 im Angebot stand. Das Seminar war kein spezieller Frauenförderungskurs, sondern reflektierte die bestehenden Programme aus der unternehmerischen Praxis und problematisierte grundsätzlich die geschlechterspezifischen Aspekte der Unternehmensführung. Angekündigt wurde das Seminar von den Veranstaltern so:

> In diesem Seminar wird diskutiert, ob und inwieweit geschlechterspezifische Unterschiede im Bereich der Führung, Zusammenarbeit, der Leistungs- und Karrieremotivation bestehen. Praxisorientierte Personalentwicklungskonzepte und bereits eingeführte Frauenförderprogramme werden vorgestellt.[405]

---

[401] Protokoll über die Sitzung des Vorstandes der Gesellschaft zur Förderung des Unternehmernachwuchses am 24.6.1987 in Frankfurt im Hause der Deutschen Bank AG. BBUG-Archiv, Ordner 5, S. 2.
[402] Ebd., S. 3.
[403] Jürgen Bertsch/Horst Weitzmann (Hrsg.), Das Netzwerk der Vordenker. Fünfzig Jahre Baden-Badener Unternehmergespräche im Spiegel der Wirtschaftsgeschichte, Potsdam 2004, S. 303.
[404] Auskünfte von Stephanie Uhrig von den BBUG gegenüber dem Verfasser am 8.9.2016.
[405] USW. Geschäftsbericht 1988, S. 16. Deutsche Bank Archiv, Herrhausen, V 30/788.

Frauenförderung war aus Sicht der USW-Macher ein Thema für die gesamte Unternehmensführung, nicht nur für weibliche Manager. „Um Mißverständnissen vorzubeugen", erinnerte USW-Geschäftsführer Paul Andrykowsky in einem Rundschreiben noch einmal daran, „daß sich das Seminar ,Frauen im Management' an weibliche <u>und</u> männliche Führungskräfte wendet."[406]

Die Symbolfunktion von Frauen in Führungspositionen in der Wirtschaft hatte auch die deutsche Politik erkannt. Bundesfamilienminister Heiner Geißler, nun eine treibende Kraft der christdemokratischen Frauenbewegung, schrieb im Vorfeld des Essener Frauenparteitags von 1985 in einem Beitrag für die *Wirtschaftswoche*, er wünsche sich mehr Frauen in Führungspositionen, um so die „politischen, wirtschaftlichen und gesellschaftlichen Anpassungsprobleme besser bewältigen" zu können.[407] Frauen den beruflichen Aufstieg vorzuenthalten sei eine ökonomische „Verschwendung". Geißler war überzeugt, dass ohne den Sachverstand und die Kreativität der Frauen „die Herausforderungen an die moderne und humane Industrienation" nicht bestanden werden könnten.[408] Die von der *Wirtschaftswoche* gesammelten Reaktionen auf Geißlers Vorstoß waren gemischt: Monika Wulff-Mathies von der ÖTV unterstützte Geißlers Thesen von der „Verschwendung von Humankapital", bezweifelte aber, dass gesetzliche Maßnahmen zur Förderung von Teilzeit und variablen Arbeitszeiten besonders hilfreich wären: „Weibliche Führungskräfte auf Abruf oder Teilzeitmanagerinnen – sind das die neuen Berufsbilder, für die Heiner Geißler eine Lanze brechen will?"[409] Heinrich Weiß, Vorsitzender des Wirtschaftsrats der CDU, sah in der Flexibilisierung von Arbeitszeiten die geeignete Maßnahme zu einer besseren Vereinbarkeit von Familie und Beruf, stellte aber in Frage, ob diese Möglichkeiten auch für Führungskräfte gelten könnten. Keine Zweifel hatte VW-Vorstandsmitglied Heinz Briam, der flexible Arbeitszeiten zur Nutzung des „Managementpotentials der Frauen" für sinnvoll hielt.[410] Generell skeptisch gegenüber weiblichen Führungskräften war der ULA-Vorsitzende Dieter Lueg. Die „spezifischen Möglichkeiten" der Frauen dürften in Wirtschaftsunternehmen „nur beschränkt zur Auswirkung kommen" und dies sei auch nicht bedauerlich; die Rolle der Frau in der Familie gelte es hingegen höher einzuschätzen.[411]

---

[406] Paul Andrykowsky/Rolf Peffekoven, Rundschreiben USW, September 1989, Deutsche Bank Archiv, Herrhausen, V 30/791. Vgl. auch noch Michel Domsch/Erika Regnet, Weibliche Fach- und Führungskräfte. Wege zur Chancengleichheit, Stuttgart 1990 (= Universitätsseminar der Wirtschaft: USW-Schriften für Führungskräfte 19).
[407] Geißlers Thesen, in: Wirtschaftswoche, 15.3.1985, S. 36.
[408] Ebd.
[409] Frauen-Defizit im Management. Zweifel sind berechtigt, in: Wirtschaftswoche, 15.3.1985, S. 34–46, hier: 36.
[410] Ebd., S. 42 f.
[411] Ebd., S. 40.

Trotz solcher Vorbehalte zeigt sich, dass in der zweiten Hälfte der 1980er Jahre das Flexibilisierungsparadigma im Zeichen des „Wertewandels" (das im nächsten Kapitel ausführlich besprochen wird) und die Bewegung für mehr weibliche Führungskräfte klare inhaltliche und argumentative Überschneidungen aufwiesen. Deutlich geworden ist außerdem ein spezieller Aspekt der wirklichkeitskonstituierenden Wirkung des Wertewandelparadigmas: die sich seit den mittleren 1980er Jahren verbreitende Vorstellung von der besonderen Modernitätstauglichkeit weiblicher Führung. Dieses Konzept wurde auch von großen Unternehmensberatungen verbreitet und in griffige Formeln wie „mixed leadership" und „gender diversity" verpackt.[412] Firmen mit Frauen in Führungspositionen erzielten bessere ökonomische Ergebnisse als solche mit rein männlichem Management, ein Argument, das auch von der politischen Bewegung für die „Frauenquote" (Gesetz für die gleichberechtigte Teilhabe von Frauen und Männern an Führungspositionen in der Privatwirtschaft und im öffentlichen Dienst) bemüht wurde.[413]

7.3 Das Ende „der starren Zeit": Der „Wertewandel" und die neue Arbeits- und Personalwelt in den 1980er Jahren

Die vorangegangenen Kapitel haben gezeigt, dass der „Wertewandel" in der Bundesrepublik der 1980er Jahre ein allgegenwärtiges diskursives Phänomen war. Für die deutsche Wirtschaft stand vor allem die Frage nach dem richtigen Umgang mit dem festgestellten soziokulturellen Wandel im Vordergrund. Es setzte sich die Überzeugung durch, dass der „Wertewandel" nicht leistungsgefährdend und somit auch keine Gefahr für die Arbeitsproduktivität der Wirtschaft sein musste, sondern – richtig gestaltet – sogar eine Chance für die Legitimation eines an den Leitbildern Individualität und Flexibilität orientierten Produktionsregimes darstellte. Was die amerikanischen Kreativitätspsychologen bereits in den 1950er Jahren propagiert hatten und um 1970 in den neuen korporativen Führungsstilen zur Anwendung kam, hatte nun in den 1980er Jahren durch

---

[412] McKinsey & Company, Women matter, New York 2008.
[413] Michel Domsch/Désirée Ladwig, Haben Frauen eine Chance in der Wirtschaft? Eine empirische Studie mit Hilfe einer Anzeigenanalyse, Hamburg 1992; Michel Domsch/Olaf Gurtowski/Bianka Lichtenberger, Der internationale Einsatz von weiblichen Führungskräften. Ergebnisse einer empirischen Studie des Instituts für Personalwesen und Arbeitswissenschaft, Hamburg 1991; Michel Domsch/Karin Chemnitzer, Personalentwicklung von weiblichen Fach- und Führungskräften. Eine Bibliographie in englischer Sprache, Köln 1990.

die sozialwissenschaftliche Wertewandelforschung eine empirische Basis mit großer Plausibilität und Anschaulichkeit bekommen: Das menschliche Bedürfnis nach Selbstverwirklichung ist der motivationale Kern des Handelns. Mehr denn je galt der Drang zur Selbstentfaltung als die Quelle der menschlichen Kreativität, eine Ressource, die es durch neue personalpolitische Techniken und Maßnahmen freizulegen und zu stimulieren galt. Dass diese Vorstellungen in den 1980er Jahren auf einen so fruchtbaren Boden fielen, hat auch viel mit den neuen politisch-ökonomischen Rahmenbedingungen zu tun. Mit der Machtübernahme von Margaret Thatcher in Großbritannien (1979) und Ronald Reagan in den USA (1981) erlebten die Ideen einer individuellen Selbstverantwortung und umfassenden Orientierung am Markt als zentrales Steuerungselement aller Lebensbereiche einen umfassenden Aufschwung.[414] Auch in der Bundesrepublik endete das „sozialdemokratische Jahrzehnt" mit der Regierungsüberahme von Helmut Kohl (1982) und auch hier hatte dies – wie weiter unten gezeigt werden wird – Auswirkungen auf das normative Menschenbild, wenn etwa als Bewältigungsstrategie der Massenarbeitslosigkeit verstärkt auf Selbststeuerungspotentiale gesetzt wurde.

Für die Unternehmen und ihre personalpolitischen Vordenker wurde das Management des „Wertewandels" in den 1980er Jahren zu einer neuen Handlungsmaxime, allerdings nicht im Sinne einer makroökonomischen Steuerung, sondern im Sinne individueller betrieblicher Lösungen. Im Unternehmen, im einzelnen Betrieb sah man den Ort für die Steuerung und Verarbeitung gesellschaftlicher Spannungen und Veränderungen. Jetzt war der Zeitpunkt für die Human- und Personalexperten gekommen, ihre Unternehmensleitungen von der Notwendigkeit von neuen Führungsstilen, Organisationsstrukturen und personalpolitischen Steuerungsinstrumenten zu überzeugen. Nun konnten sie auf die sozialwissenschaftlich herbeigeführte Evidenz des „Wertewandels", die große mediale Aufmerksamkeit und die lebensweltliche Plausibilität des „Postmaterialismus" in den alternativen Milieus und jugendlichen Lebenswelten verweisen und ihren Chefs die neuen Leistungsanreizsysteme erklären. Anders als in den 1970er Jahren wurden Forderungen nach Partizipation, Selbstentfaltung und Autonomie unter der liberal-konservativen Regierung auch nicht mehr mit der politischen Mitbestimmungsbewegung in Verbindung gebracht – dass die neue Bundesregierung im Gegenteil auf Arbeitsmarktderegulierung

---

[414] Doering-Manteuffel/Raphael, Nach dem Boom, S. 63–70; Daniel T. Rogers, Age of Fracture, Cambridge, MA/London 2011; Dominik Geppert, Thatchers konservative Revolution. Der Richtungswandel der britischen Tories (1975–1979), München 2002, S. 227–317. Vgl. auch: Marc Levinson, An Extraordinary Time: The End of the Postwar Boom and the Return of the Ordinary Economy, London 2016; Davies, The Limits of Neoliberalism; Jefferson Cowie, The Great Exception: The New Deal and the Limits of American Politics, Princeton 2016.

7.3 Die neue Arbeits- und Personalwelt in den 1980er Jahren

setzen sollte, wurde auch schnell deutlich. Dass Individualität und Flexibilität auch in der Bundesrepublik die neuen Leitbilder für die 1980er Jahre werden sollten, hatte allerdings paradoxerweise mit einem Sieg der Gewerkschaften zu tun. Denn der Tarifkompromiss von 1984 beendete den Arbeitskampf in der Druck- und Metallindustrie um die „35-Stunden-Woche" zwar mit einer Verkürzung der Arbeitszeit auf durchschnittlich 38,5 Stunden, erlaubte aber individuell-betriebliche Lösungen zur Umsetzung dieses Arbeitszeitziels. Der Flexibilisierung der Arbeitszeit war der Weg bereitet, das „Ende der starren Zeit" war eingeleitet, was von vielen zunächst als Möglichkeit zur „Selbstverwirklichung" gepriesen, doch schon bald auch als gewerkschaftsfeindliche Praxis kritisiert wurde.

Bei der historischen Einordnung des Flexibilisierungsparadigmas der 1980er Jahre sollte man allerdings vorsichtig sein, im „Wertewandel" ausschließlich eine geschickte Überzeugungsstrategie, gewissermaßen das semantische Schmiermittel für den Neoliberalismus zu sehen. Eine solche Interpretation ist nicht grundsätzlich falsch, reicht aber nicht aus, um der Realität der 1980er Jahre gerecht zu werden. Denn zum einen war die Sorge um die Identität der Bundesrepublik als innovationsabhängiges Industrieland angesichts der vielfach verbreiteten Ergebnisse der Sozialwissenschaften zu veränderten Arbeitswerten und zur Technologiefeindlichkeit ernsthaft, zum anderen war der Wertewandeldiskurs der 1980er Jahre eben nicht nur ein Oberflächen- oder Sonntagsreden-Phänomen. Denn auf Basis der Wertewandelanalyse wurden in den 1980er Jahren unterschiedlichste Handlungskonzepte entwickelt. Der „Wertewandel" wurde übersetzt in ein neues Arbeitszeitmanagement und in neue Personalführungskonzepte, er fand seinen Eingang in die Marketingstrategien und in das Produktdesign der 1980er Jahre. Das sozialwissenschaftliche Theorem entwickelte in der Personal- und Produktwelt eine erstaunlich produktive Kraft. In der Arbeitszeitorganisation der Betriebe, in der Bürogestaltung, in der Fernsehwerbung, im Design von Möbeln und Autos wurde der „Wertewandel" zugrunde gelegt und errang so eine neue Alltäglichkeit weit jenseits soziologischer Umfrageforschung. In Wissenschaft, Kultur und Politik wurde der „Wertewandel" diskutiert, aber nirgends wurde er so konkret zu sozialer Praxis wie in der Personal- und Produktwelt der 1980er Jahre. Wie und auf welchem Weg das möglich war und welche Folgen diese Entwicklung hatte, ist Thema dieses Kapitels. In der Folge werden die wichtigsten dieser personalpolitischen Neuerungen auf der Basis des Wertekonzepts dargestellt. Kern des Kapitels ist eine ausführliche Darstellung der Entwicklung bei BMW. Bei dem bayerischen Automobilhersteller wurde in den 1980er Jahren wie bei keinem zweiten deutschen Unternehmen der „Wertewandel" zur Grundlage der Ausrichtung des Managements und der Personalpolitik. Damit avancierte BMW zu einem Trendsetter für die deutsche Wirtschaft mit weitreichenden Konsequenzen für die Neugestaltung der Arbeitsbeziehungen in den 1990er Jahren.

7.3.1 Flexibilisierung und veränderte Zeitstrukturen: Der „Wertewandel" im Personalmanagement

In der zeitgenössischen Wahrnehmung war die Arbeitswelt der 1980er Jahre einer fundamentalen Transformation ausgesetzt. Mehrere zeitgleiche und sich überlappende ökonomische, soziale und politische Phänomene verdichteten sich zu grundsätzlichen Fragen nach der Zukunft der Arbeit. Vor allem drei Prozesse kamen zusammen: *erstens* der Wandel zu einer Dienstleistungsgesellschaft, in der die Industrie keine dominierende Rolle mehr zu spielen schien; damit verbunden waren *zweitens* die technische Revolution durch Computerisierung und Automatisierung, die den Menschen immer mehr von der körperlichen Arbeit trennte, und *drittens* das verstärkte Vordringen der Frauen auf den Arbeitsmarkt, das den Wettkampf um die wenigen Arbeitsplätze noch zu verstärken drohte. Die von Sozialwissenschaftlern schon in den 1970er Jahren geprägten Prognosen der „postindustriellen Gesellschaft" und der „Dienstleistungsgesellschaft" waren aus Sicht der Zeitgenossen in den 1980er Jahren Realität geworden.[415] Hierfür gab es handfeste sozioökonomische Gründe: Die gestiegene Beschäftigung im Dienstleistungssektor, der Niedergang der traditionellen Schwerindustrie und Umstrukturierungen in vielen Industriebranchen wie z. B. in der Automobilindustrie aufgrund des Drucks japanischer Konkurrenz veränderten die Arbeitswelt nachhaltig. Ob man daher wirklich von einem Bruch zwischen industriellem und postindustriellem Produktionsregime sprechen kann, ist umstritten, und es gibt gute Gründe, eine solche Vorstellung zu relativieren.[416] Das klischeehafte Bild vom „Abschied vom Malocher" hatte im Hinblick auf die Bergbau- und Stahlindustrie seine Berechtigung, unqualifizierte Arbeiter waren tatsächlich die „Hauptverlierer" dieser Branchenkrisen. Aber eine zunehmende „Beruflichung" der industriellen Arbeitswelt und die dauerhafte Bedeutung des gut ausgebildeten Facharbeiters und nicht zuletzt die Erfolgsgeschichte der deutschen Industrie in jüngster Zeit sprechen gegen eine

---

[415] Jean Fourastié, Die große Hoffnung des zwanzigsten Jahrhunderts, 3. Auflage, Köln-Deutz 1954; Daniel Bell, Die nachindustrielle Gesellschaft, Frankfurt a. M. 1975.

[416] Vgl. Adelheid von Saldern/Rüdiger Hachtmann, Das fordistische Jahrhundert. Eine Einleitung, in: Zeithistorische Forschungen/Studies in Contemporary History 6 (2009), Online-Ausgabe, URL: http://www.zeithistorische-forschungen.de/16126041-Editorial-2-2009 [Zugriff: 11.7.2016], Druckausgabe: S. 174–185; dies., „Gesellschaft am Fließband". Fordistische Produktion und Herrschaftspraxis in Deutschland, in: ebd., URL: http://www.zeithistorische-forschungen.de/16126041-Hachtmann-Saldern-2-2009 [Zugriff: 11.7.2016], Druckausgabe: S. 186–208; Rüdiger Hachtmann, Fordismus, Version: 1.0, in: Docupedia-Zeitgeschichte, 27.10.2011, S. 1–18, URL: http://docupedia.de/zg/Fordismus?oldid=84605 [Zugriff: 11.7.2016]; Plumpe/Steiner, Der Mythos von der postindustriellen Welt, in: dies. (Hrsg.), Der Mythos von der postindustriellen Welt, S. 7–14.

7.3 Die neue Arbeits- und Personalwelt in den 1980er Jahren

generelle De-Industrialisierung und eher für Prozesse der Umstrukturierung in der deutschen Industrielandschaft.[417]

Das zeitgenössische Zäsur-Empfinden war allerdings erheblich und drückte sich in Schlagworten wie „Ende des Keynesianismus", „Krise des Fordismus" und „nachtayloristische Arbeitsorganisation" aus.[418] Die Regierungsübernahme durch Bundeskanzler Kohl verstärkte den Eindruck des Umbruchs in der Arbeitswelt, denn die neue Bundesregierung hatte von Beginn an deutlich gemacht, dass die zentralen Leitbilder ihrer Wirtschafts- und Arbeitsmarktpolitik Deregulierung, Privatisierung und Flexibilisierung sein würden.[419] Das Prinzip des Marktes sollte verstärkt auch im Arbeitsleben angewandt werden. „Wir wollen mehr Flexibilität im Arbeitsleben", hatte Helmut Kohl bereits in seiner ersten Regierungserklärung im Oktober 1982 erklärt.[420]

Aus Sicht der Bundesbürger war die Arbeit im Umbruch, und wie oben gesehen kann die Diskussion um den gesellschaftlichen „Wertewandel" nur vor diesem Hintergrund verstanden werden. Erst im Zusammenspiel mit dem Wandel der Arbeitsstrukturen und der Arbeitstechnologien bekam die Frage nach den Arbeitswerten ihre eigentliche Dynamik und war der „Wertewandel" aus Sicht der Wirtschaft ein ernstzunehmendes Phänomen geworden, das es zu gestalten galt. Die Wirtschaftspublizistik, die Personalexperten, die großen Verbände und vor allem auch immer wieder Manager aus den Unternehmen beteiligten sich an den Entwürfen für ein solches „Wertewandelmanagement". Dabei wurden unterschiedliche betriebliche Strategien und Politiken diskutiert und angewendet: Traditionelle Hierarchien und Führungstechniken standen (erneut) auf dem Prüfstand, eine Neugestaltung der betrieblichen Organisation, Abläufe und Strukturen wurde angestrebt.

Dies passte zur zeitgenössischen Wahrnehmung eines ökonomischen Paradigmenwechsels: Das Zeitalter des Taylorismus, also des arbeitsteiligen, auf

---

[417] Vgl. Lutz Raphael, Flexible Anpassung und prekäre Sicherheiten. Industriearbeit(er) nach dem Boom, in: Reitmayer/Schlemmer (Hrsg.), Die Anfänge der Gegenwart, S. 51–64; hier: 60.

[418] Joachim Hirsch/Roland Roth, Das neue Gesicht des Kapitalismus. Vom Fordismus zum Post-Fordismus, Hamburg 1986.

[419] Wirsching, Abschied vom Provisorium, S. 255–264. Vgl. auch Günther Schmid/Frank Oschmiansky, Arbeitsmarktpolitik und Arbeitslosenversicherung, in: Manfred G. Schmidt (Hrsg.), Geschichte der Sozialpolitik seit 1945, Bd. 7: 1982–1989. Bundesrepublik Deutschland. Finanzielle Konsolidierung und institutionelle Reform, Baden-Baden 2005, S. 237–287; Friedbert W. Rüb/Frank Nullmeier, Die Flexibilisierung der Arbeitsgesellschaft. Auf dem Weg in eine Gesellschaft flexibler Sozialstrukturen?, in: Werner Süß (Hrsg.), Die Bundesrepublik in den achtziger Jahren. Innenpolitik. Politische Kultur. Außenpolitik, Wiesbaden 1991, S. 121–136.

[420] Helmut Kohl am 13.10.1982, in: Verhandlungen des Deutschen Bundestags, Stenographische Berichte, 9/121, S. 7219.

detaillierten und zerlegten Aufgaben basierenden Produktionsregimes, schien beendet. „Der Taylorismus ist passé"[421], konstatierte der Vorsitzende des Ausschusses für Bildungspolitik und Bildungsarbeit der BDA Alexander Koch in einem Beitrag für die Zeitschrift *Der Arbeitgeber*. Stattdessen habe sich in den 1980er Jahren ein neues Produktionsregime durchgesetzt: „Die Dezentralisierung von Informationen und Prozessen führt in den Wirtschaftsunternehmen zu völlig neuen Arbeitsformen und Führungsnotwendigkeiten. Traditionelle Hierarchien werden durch kleine eigenverantwortliche Teams ersetzt."[422] In diesem neuen Produktionsregime war demnach die entscheidende Ressource der Mensch selbst. Eckart von Freyend vom BDI beschrieb dies so: „An die Stelle knapper Rohstoffe treten zunehmend neue Knappheiten: Der Rohstoff der modernen Industriegesellschaft ist der Mensch selbst und seine Fähigkeit, die Geschwindigkeit technologischen Wandels zu definieren, zu akzeptieren und zu internalisieren."[423] Gerade diese Argumentationsfigur von der knappen Ressource Mensch in der rohstoffarmen Bundesrepublik war zentral für die Führungskräfteausbildung und Elitendebatten der 1980er Jahre, wie weiter oben gezeigt worden ist.[424]

Die BDA- und BDI-Vertreter übersetzten, was vor allem die US-amerikanische Managementliteratur seit den frühen 1980er Jahren propagierte: Um Spitzenleistungen zu provozieren, müssten die Unternehmen ihren Mitarbeitern neue Freiräume und Anreize für selbständiges Handeln geben. Gerade das mittlere Management sollte eine „simulierte Unternehmerfunktion" ausüben, also in „quasi-autonomen Positionen" ein hohes Maß an Unternehmergeist entfalten und so neue Innovationspotentiale schaffen, wie Tom Peters und Robert H. Waterman in ihrem 1982 erstmals erschienenen Buch „In Search of Excellence" forderten, das zum meistverkauften Managementbuch überhaupt werden sollte.[425]

Tatsächlich war die Vorstellung vom Unternehmen als einem hierarchisch gegliederten, arbeitsteilig organisierten, in einen nationalen Rahmen eingebetteten und von oben gesteuerten System an ein Ende gekommen. Die Internationalisierung der Märkte und nicht zuletzt die neuen Leittechnologien der Informations- und Kommunikationstechnologien hatten die bisherigen Organisationsstruk-

---

[421] Alexander Koch, Vor neuen Herausforderungen, in: Der Arbeitgeber 13–14 (1988), S. 504–507, hier: 505.
[422] Ebd.
[423] Eckart John von Freyend, Ein neuer Typ von Führungskräften, in: Der Arbeitgeber 7 (1986), S. 253–254, hier: 254.
[424] Vgl. Kapitel 6.2.
[425] Thomas J. Peters/Robert H. Waterman, In Search of Excellence – Lessons from America's Best-Run Companies, New York 1982, S. 248. Die deutsche Übersetzung des Buches erschien ein Jahr später und wurde auch in der Bundesrepublik ein Bestseller: Thomas J. Peters/Robert H. Waterman, Auf der Suche nach Spitzenleistungen. Was man von den bestgeführten US-Unternehmen lernen kann, Landsberg am Lech 1983.

7.3 Die neue Arbeits- und Personalwelt in den 1980er Jahren

turen immer mehr unter Druck gesetzt. Oder wie es die Arbeitssoziologen vom Institut für Sozialwissenschaftliche Forschung in München in einem historisch angelegten Beitrag ausdrücken: „Die großen Trusts fordistisch-tayloristischer Prägung erschienen zunehmend als überlebensunfähige Dinosaurier."[426] Die These vom Ende des Taylorismus stützte sich auch auf die Befunde der Industriesoziologie. Das „Ende der Arbeitsteilung" hatten die beiden Soziologen Horst Kern und Michael Schumann bereits 1984 festgestellt.[427] Angesichts des großflächigen Einsatzes der neuen Technologien und der zunehmenden Konzentration auf die Erzeugung hochkomplexer Qualitätsartikel bedürfe es in den industriellen Kernsektoren immer mehr eines ganzheitlicheren Aufgabenzuschnitts und einer breiteren Verwendung von „Produktionsintelligenz", also von hochqualifizierten und souveränen Facharbeitern. Eine Rationalisierung nach tayloristischem Muster lohne sich schlicht nicht mehr. Die Entwicklung gehe notwendigerweise weg von einer starren, zentralistischen, den Menschen verdrängenden Organisation zu einer flexibleren, dezentraleren, den Menschen integrierenden Organisation. „Kapitalverwertung selbst erfordert den Umbruch in der Nutzung von Arbeitskraft."[428] Wegen der gestiegenen Bedeutung der „Produktionsintelligenz" bedürfe es auch verstärkt kooperativer Führungstechniken: „Höhere Produktivität ist unter den gegenwärtigen Umständen ohne pfleglicheren, ‚aufgeklärteren' Umgang mit der lebendigen Arbeit nicht zu bekommen – das ist eine Erfahrung, die auch das Kapital machen muß."[429] Wie repräsentativ die Ergebnisse von Kern und Schumann tatsächlich waren und wie weit der arbeitspolitische Paradigmenwechsel wirklich ging, war in der westdeutschen Soziologie umstritten. Die grundsätzliche Vorstellung einer industrieorganisatorischen Zeitenwende war allerdings weit verbreitet. Unternehmensberater und Managementexperten hatten schon seit Beginn der 1980er Jahre ein neues Leitbild für die Arbeits- und Betriebsorganisation der Zukunft ausgerufen: das Netzwerk.

---

[426] Andreas Boes/Tobias Kämpf/Thomas Lühr, Von der „großen Industrie" zum „Informationsraum". Informatisierung und der Umbruch in den Unternehmen in historischer Perspektive, in: Anselm Doering-Manteuffel/Lutz Raphael/Thomas Schlemmer (Hrsg.), Vorgeschichte der Gegenwart. Dimensionen des Strukturbruchs nach dem Boom, Göttingen 2016, S. 57–78, hier: 67.

[427] Horst Kern/Michael Schumann, Das Ende der Arbeitsteilung? München 1984. Zum Entstehungskontext der industriesoziologischen Untersuchungen vgl. Kerstin Brückweh, Arbeitssoziologische Fallstudien. Wissensproduktion am Soziologischen Forschungsinstitut Göttingen (SOFI), historisch betrachtet, in: Zeithistorische Forschungen/Studies in Contemporary History 14 (2017), Online-Ausgabe, URL: http://www.zeithistorische-forschungen.de/1-2017/id=5459 [Zugriff: 1.10.2019], Druckausgabe: S. 149–162.

[428] Horst Kern/Michael Schumann, Das Ende der Arbeitsteilung? Eine Herausforderung für die Gewerkschaften, in: Gewerkschaftliche Monatshefte 36 (1985), S. 27–39, hier: 30 f.

[429] Ebd., S. 31.

Die Idee des Netzwerkes stand in starker Abgrenzung zu Taylorismus und *scientific management*, also zur bürokratischen und hierarchischen Betriebsorganisation der 1960er und 1970er Jahre mit der Vorstellung einer klaren Abfolge von Planung, Entscheidung und Ausführung durch Experten. Dieses „Spezialisten-Ressort-Denken ist die Folge einer konsequenten Anwendung des Delegationsprinzips im Rahmen einer kooperativen Führung", stellte der Schweizer Unternehmensberater und Führungskräfteausbilder Fred Krummenacher fest.[430] Stattdessen bedürfe es aber in Zukunft einer „alternativ-informalen Führung". Arbeit werde in diesem Modell nicht mehr nach vorgegebenem Muster an Spezialisten delegiert, sondern an ein Kollektiv, an einen „Produktionspool" weitergegeben, wodurch sich wiederum erhebliche Einsparmöglichkeiten bei Dispositionsstellen und zentralen Diensten ergeben würden. Bildhaft gesprochen sei die Devise für die zukünftige Betriebsorganisation: „nicht mehr Paläste, sondern in Zukunft Zelte bauen".[431] Der Philosoph Alexander Friedrich konstatiert gar, dass die Idee der Netzwerke und der Vernetzung in den 1980er Jahren den „Status eines Weltbildes" erlangte, das „höchst diffusions- und adaptionsfähig für unterschiedlichste Diskurse und Akteure" war.[432]

Mit der Netzwerkidee eng verbunden war das Konzept des Projektmanagements, also des zeitlich begrenzten Einsatzes eines projektgebundenen Teams jenseits der traditionellen Strukturen und Hierarchien mit der Aufgabe eines gemeinsam geplanten, erstellten und verantworteten Produkts. Der Soziologe Ulrich Bröckling sieht in diesen in den 1980er Jahren aufgekommenen Projektteams eine entscheidende Weiterentwicklung bisher bestehender alternativer Organisationsmodelle:

> Projektteams radikalisieren das Konzept teilautonomer Gruppenarbeit, das verschiedene Industrieunternehmen seit den 70er-Jahren eingeführt hatten, um den hohen Fluktuations- und Abwesenheitsraten bei den Mitarbeitern sowie den gravierenden Qualitätsdefiziten bei den Produkten zu begegnen. Während die Gruppenfertigung etwa von Automobilen jedoch zumindest mittelbar an den Takt des Fließbands gekoppelt blieb und die Arbeitsgruppen vor allem nicht nur für eine Aufgabe von begrenzter Laufzeit zusammengestellt wurden, bilden Projektteams so etwas wie „Unternehmen auf Zeit".[433]

---

[430] Fred Krummenacher, Die Schwächen der kooperativen Führung überwinden. Flexibles Management statt Bürokratie, in: Zeitschrift Führung + Organisation 55 (1986), S. 169–175; ders., Flexibles Management statt Bürokratie. Nicht Paläste, sondern Zelte bauen, Landsberg/Zürich 1985.

[431] Krummenacher, Die Schwächen der kooperativen Führung überwinden, S. 171.

[432] Alexander Friedrich, Vernetzung als Modell gesellschaftlichen Wandels: Zur Begriffsgeschichte einer historischen Problemkonstellation, in: Ariane Leendertz/Wencke Meteling (Hrsg.), Die neue Wirklichkeit. Semantische Neuvermessungen und Politik seit den 1970er Jahren, Frankfurt a.M, 2016, S. 35–62, hier: 57 f.

[433] Ulrich Bröckling, Das unternehmerische Selbst. Soziologie einer Subjektivierungsform, Frankfurt a. M. 2007, S. 272.

Inwieweit die Netzwerkökonomie und das Projektmanagement sich in den 1980er Jahren tatsächlich schon etablieren konnten, ist umstritten. Die Unternehmens- und Wirtschaftsgeschichte ist hier eher skeptisch und betont die Bedeutung der 1990er Jahre für die tatsächliche und breitere Durchsetzung von einer netzwerkartigen Organisationsstruktur in den Unternehmen.[434] Das Beispiel BMW wird zeigen, inwiefern die Anfänge dieser neuen Organisationsstrukturen in den 1980er Jahren zu finden sind.

Wenig zweifelhaft hingegen ist der kausale Nexus von „Wertewandel" und Arbeitszeit – mit tatsächlichen und grundsätzlichen Veränderungen des Arbeitszeitregimes in den 1980er Jahren.[435] In der Tat stand hinsichtlich der betrieblichen Reaktionen auf die soziokulturellen Veränderungen kein anderes Thema so im Fokus wie das der Arbeitszeit. Dass die Gestaltung von Arbeitszeit zum zentralen arbeitspolitischen Thema der 1980er avancierte, lag sicher nicht nur am „Wertewandel". Die hohe Arbeitslosigkeit, die Forderungen der Gewerkschaften nach Arbeitszeitverkürzung (Kampf um die 35-Stunden-Woche), die gestiegene Bedeutung der Freizeit, aber auch die „Frauenarbeit" provozierten grundsätzliche Auseinandersetzungen mit der Frage der Arbeitszeit. Forderungen nach flexiblen Arbeitszeiten kamen nicht nur aus der Wirtschaft, sondern konnten in den 1980er Jahren Fixpunkt sozialreformerischer und emanzipatorischer Ansätze sein. Das „Ende der starren Zeit" ließ sich demnach auch als große Chance zur „Umrüstung des industriellen Tankers" Bundesrepublik interpretieren.[436] Aus Sicht der Wirtschaft und derjenigen Unternehmen, die sich intensiv mit dem „Wertewandel" auseinandersetzten, war die Gestaltung der Arbeitszeit zum Schlüssel ihres „Wertewandelmanagements" geworden. In der Neujustierung von Arbeitszeit erkannten deutsche Wirtschaftsführer und insbesondere die Personalmanager die entscheidende Stellschraube, um den arbeitspolitischen *und* soziokulturellen Herausforderungen gerecht zu werden.

---

[434] Dies betont Stefanie van de Kerkhof und kommt am Beispiel der Firma Rheinmetall zu dem Ergebnis, dass sich im Verlauf der 1970er und 1980er Jahre keineswegs eine netzwerkartige und projektbasierte Organisationsstruktur durchgesetzt hat, sondern vielmehr der Trend zur Diversifizierung und Divisionalisierung erst in den 1990er Jahren zu einem Ende kam. Stefanie van de Kerkhof, Auf dem Weg vom Konzern zum Netzwerk? Organisationsstruktur der Rheinmetall AG im Kalten Krieg. 1956–1989, in: Reitmayer/Rosenberger (Hrsg.), Unternehmen am Ende des „goldenen Zeitalters", S. 67–89.

[435] Dietmar Süß, Stechen, Streiken, Zeiterfassen. Arbeitszeit und Wertewandel seit den 1970er in Europa, in: Archiv für Sozialgeschichte 52 (2012), S. 139–162; ders., Der Sieg der grauen Herren? Flexibilisierung und der Kampf um Zeit in den 1970er und 1980er Jahren, in: Doering-Manteuffel/Raphael/Schlemmer (Hrsg.), Die Vorgeschichte der Gegenwart, S. 109–127; Dieter Sauer, Permanente Reorganisation. Unsicherheit und Überforderung in der Arbeitswelt, in: Doering-Manteuffel/Raphael/Schlemmer (Hrsg.), Vorgeschichte der Gegenwart, S. 37–57.

[436] Thomas Schmid (Hrsg.), Das Ende der starren Zeit. Vorschläge zur flexiblen Arbeitszeitpolitik, Berlin 1985.

7. Die „Aufwertung der Werte"

Zu Beginn der 1980er Jahre wurde eine Vielzahl neuer Arbeitszeitmodelle diskutiert und ausprobiert, die vom traditionellen Modell der Regelarbeitszeit abweichen: Gleitzeit, Teilzeitarbeit, Arbeitsplatzteilung, Telearbeit, Leiharbeit, Sabbaticals, gleitender Ruhestand und andere Formen der individuellen Gestaltung von Arbeitszeit waren verstärkt in der Diskussion. Die Nutzung der Ressource Zeit stand grundsätzlich auf dem Prüfstand und beinahe alle vorgeschlagenen Reformmodelle liefen auf eine verstärkte Individualisierung von Arbeitszeit hinaus. „Acht Stunden Arbeit, acht Stunden Freizeit, acht Stunden Schlaf, die goldene Dreiteilung des Tages hat sich überlebt", erklärte Bernhard Teriet vom Institut für Arbeitsmarkt- und Berufsforschung der Bundesanstalt für Arbeit im Oktober 1981 dem *Manager Magazin*.[437] Teriet war ein Pionier der Arbeitszeitflexibilisierung und hatte bereits 1976 die Arbeitszeit als multidimensionales und flexibel gestaltbares Phänomen betrachtet.[438] Kreatives Arbeitszeitmanagement wurde als ein zentraler Faktor der zukünftigen Unternehmensführung gesehen, „phantasielose Zeitökonomie" als ein Relikt der alten Industriekultur mit ihrer „genormten Pünktlichkeit".[439] Zur Inspiration bezüglich alternativer Modelle zur Gestaltung der Arbeitszeitstrukturen blickten Arbeitszeitforscher dabei schon länger in andere Industrieländer wie die USA, Frankreich, Großbritannien, die Niederlande und die Schweiz.[440] Das entscheidende Stichwort hierbei war Flexibilisierung, aber deren Wirkung und Nutzen waren in den 1980er Jahren stark umstritten.[441] Während Personalmanager und Arbeitgeber in flexiblen Arbeitszeiten ein „Wundermittel" erkannten, fürchteten sich die Gewerkschaften vor diesem „Schreckgespenst", so Harald Bielenski

---

[437] Dieter Derschka/Dietmar Gottschall, Die Muße als Maß, in: Manager Magazin 10 (1981), S. 148–160, hier: 154.

[438] Bernhard Teriet, Neue Strukturen der Arbeitszeitverteilung. Möglichkeiten, Voraussetzungen und Konsequenzen, Göttingen 1976. Vgl. auch ders., Neue Arbeitszeitformen. Oder: Vom passiven zum aktiven Arbeits- und Betriebszeitmanagment, in: Management-Zeitschrift io 50 (1981), S. 527–529; ders., Arbeitsumverteilung zwischen linearer Arbeitszeitverkürzung und/oder Arbeitszeitflexibilisierung. Optionen einer Arbeitsum- und -neuverteilung, in: Gewerkschaftliche Monatshefte 33 (1982), S. 94–105; ders., Möglichkeiten der Arbeitszeitverteilung und der Arbeitszeitflexibilität, in: Gewerkschaftliche Monatshefte 25 (1974), S. 412–423.

[439] Dieter Derschka/Dietmar Gottschall, Die Muße als Maß, in: Manager Magazin 10 (1981), S. 148–160, hier: 160.

[440] Flexible Arbeitszeit. Modelle für morgen, in: Die Wirtschaftswoche 18, 2.5.1980, S. 32–41; Peter Carl, Ein Job für zwei, in: Manager Magazin 3 (1983), S. 18–23; Eduard Gaugler, Flexibilisierung der Arbeitszeit. Das Management reagiert eher reserviert, in: Der Arbeitgeber 20 (1983), S. 764–765; Flexible Arbeitszeiten. Ein bißchen Freiheit, in: Wirtschaftswoche 12.10.1984, S. 87 f.; Flexible Arbeitszeit. Die neue Ressource, in: Wirtschaftswoche, 2.11.1984, S. 68–72.

[441] Vgl. hierzu auch Richard Senett, Der flexible Mensch. Die Kultur des neuen Kapitalismus, Berlin 1998.

vom Marktforschungsunternehmen Infratest-Sozialforschung.[442] Dabei würden sich pauschale Urteile verbieten, erklärte Bielenski in einer Zusammenfassung eines Mitte 1982 vom Bundesministerium für Forschung und Technologie im Rahmen des Programms „Forschung zur Humanisierung des Arbeitslebens" in Auftrag gegebenen Forschungsprojekts zu flexiblen Arbeitszeitregelungen in 42 ausgewählten Betrieben.[443] Gut funktionierende flexible Arbeitszeitorganisationen seien möglich, wenn die Bedürfnisse der Arbeitnehmer verstanden und berücksichtigt würden.[444] Einen Schlüssel zum „Verständnis" dieser Bedürfnisse fanden die Personalexperten in den zu erforschenden Werten der Mitarbeiter.

In der Arbeitszeitflexibilisierung erkannten Werteforscher wie Helmut Klages, Personalexperten und Manager die ideale Antwort auf die Herausforderung des „Wertewandels". Das Flexibilisierungskonzept war seit Jahren in der Diskussion, doch erst als die Bundesrepublik einen der härtesten Arbeitskonflikte ihrer Geschichte erlebte, bekam es seine eigentliche Relevanz: In den Tarifauseinandersetzungen um die 35-Stunden-Woche in den Jahren 1983/84 war das Flexibilisierungskonzept der inhaltliche und taktische Gegenentwurf der Arbeitgeber zu einheitlichen Wochenarbeitszeitverkürzungen, wie sie die Gewerkschaften forderten. In einer Artikelserie für die Zeitung *Blick durch die Wirtschaft* wandte sich Helmut Klages in dieser zentralen arbeitspolitischen Auseinandersetzung der 1980er Jahre gegen eine generelle Verkürzung der Arbeitszeit und unterstützte das von den Arbeitgebern favorisierte Modell der Arbeitszeitflexibilisierung,[445] da dieses am ehesten den Trend der „Wertesynthese", also das Miteinander von „Befriedigung von Selbstverwirklichungsbedürfnissen" und „zuverlässiger Pflichterfüllung" darstelle.[446]

Das Flexibilisierungskonzept fand dann auch Eingang in den Tarifkompromiss von 1984, der den siebenwöchigen Arbeitskampf in der Druck- und Metallindustrie beendete und dessen Kern eine Verkürzung der Arbeitszeit auf durchschnittlich 38,5 Stunden darstellte. Wie diese Arbeitszeitverkürzung

---

[442] Harald Bielenski, Flexible Arbeitszeiten. Weder Schreckgespenst noch Wundermittel – Ergebnisse von 42 Fallstudien in Betrieben, in: Friedhelm Gehrmann/Thomas Becker (Hrsg.), Arbeitszeit-Flexibilisierung. Tarifpolitische Erfahrungen und neue Modelle in Westdeutschland, Österreich und der Schweiz, Frankfurt a. M. 1987, S. 123–138.
[443] Flexible Arbeitszeiten. Erfahrungen aus der Praxis/Infratest-Sozialforschung GmbH München (Projektleiter Harald Bielenski). Wissenschaftszentrum Berlin (Projektleiter Friedhart Hegner), Frankfurt a. M. 1985 (= Schriftenreihe Humanisierung des Arbeitslebens 68).
[444] Bielenski, Flexible Arbeitszeiten, S. 137.
[445] Vgl. Helmut Klages, Modelle, die nichts bewirken. Arbeitszeitverkürzung – Entlastung für den Arbeitsmarkt? (I), in: Blick durch die Wirtschaft (FAZ), 10.6.1983; ders., Die „sozialen Kosten" sind erschreckend. Zur Frage der Arbeitszeitverkürzung (2), in: Blick durch die Wirtschaft (FAZ), 14.6.1983; ders., Flexibilisierung als Lösung. Zum Thema Arbeitszeitverkürzung (3), in: Blick durch die Wirtschaft (FAZ), 15.6.1983.
[446] Vgl. Helmut Klages, Der anspruchsvolle Mensch im Wandel. Synthese traditionaler und fortschrittlicher Werte, in: Blick durch die Wirtschaft (FAZ), 17.8.1984.

umgelegt wurde, blieb allerdings den Betrieben überlassen und war Aushandlungssache zwischen den einzelnen Geschäftsführungen und den Betriebsräten. Die fundamentale Bedeutung des Flexibilisierungskonzepts für die Zukunft formulierte man beim BDI folgendermaßen:

> Erste Anläufe zu einer stärkeren Flexibilisierung wurden unternommen und müssen konsequent umgesetzt und fortgeführt werden. Mit dem Einstieg in die Flexibilisierung der Arbeitszeit muss ernst gemacht werden, um einerseits den Kostendruck einer Arbeitszeitverkürzung abzufangen und andererseits der individuellen Arbeitszeitgestaltung größeren Raum zu geben.[447]

Die Arbeitszeitflexibilisierung war zugleich ökonomische Kompensation für Arbeitszeitverkürzung wie auch zentraler Pfeiler der Strategie gegen die Gewerkschaften: „Nur durch Ausschöpfung der Flexibilisierungsspielräume können wir die Kosten der Arbeitszeitverkürzung auffangen und der Forderung der Gewerkschaften nach einer weiteren Verkürzung der Wochenarbeitszeit die Argumentationsbasis entziehen."[448] Auch der Sachverständigenrat zur Begutachtung der gesamtwirtschaftlichen Entwicklung erkannte in seinem Jahresgutachten 1984/85 in der Einführung des Flexibilisierungskonzepts eine bedeutende tarifpolitische Zäsur:

> Im ganzen ist der Rahmen für eine flexiblere und differenziertere Arbeitszeitgestaltung für die Gesamtbelegschaft, wie sie der Tarifvertrag für die Metallindustrie vorsieht, zwar noch vergleichsweise eng gezogen. Aber die Regelungen zur Flexibilität sind doch ein wichtiger Schritt in tarifpolitisches Neuland.[449]

Gegen die Gewerkschaften konnte man mit der Arbeitszeitflexibilisierung ein Konzept ins Spiel bringen, das in vielerlei Hinsicht „moderner" erschien als das gewerkschaftliche reine Arbeitszeitverkürzungskonzept.[450] Das ökonomische Potential des Flexibilisierungskonzepts ging jedoch weit über die Tarifauseinandersetzungen hinaus, wie man in der *Wirtschaftswoche* schnell erkannt hatte:

---

[447] Ausführungen von Hauptgeschäftsführer Dr. Mann zu TO 1: Bericht zur wirtschaftlichen Lage. Sitzung des Präsidiums am 21.1.1985. BDI A 130.

[448] Ausführungen Dr. Langmann zu TO 2: Schwerpunkte des BDI in den nächsten zwei Jahren. Sitzung des Präsidiums am 21.1.1985. BDI A 130.

[449] Sachverständigenrat zur Begutachtung der gesamtwirtschaftlichen Entwicklung, Jahresgutachten 1984/85 vom 30.11.1984, „Chancen für einen langen Aufschwung", Deutscher Bundestag, Drucksache 10/2541, Ziff. 13*.

[450] Vgl. Helmut Glaubrecht/Dieter Wagner/Ernst Zander (Hrsg.), Arbeitszeit im Wandel. Neue Formen der Arbeitszeitgestaltung, Freiburg 1984; Winfried Hamel, Flexibilisierung der Arbeit aus betriebswirtschaftlicher Sicht, in: Personalwirtschaft 10 (1985), S. 377 ff.; D. Wagner, Arbeitszeit und Organisation. Das Konzept der Arbeitszeitflexibilisierung aus organisatorischer Sicht, in: Zeitschrift für Organisation 4 (1985), S. 257–260; A. Schulte, Flexible Arbeitszeitgestaltung – Technische und organisatorische Aspekte, in: Angewandte Arbeitswissenschaft 1 (1985), S. 3–17; Detlef Hensche, Wertewandel und neue Bedürfnisse. Wer will flexible Arbeitszeiten?, in: Ingrid Kurz-Scherf/Gisela Breil (Hrsg.), Wem gehört die Zeit? Ein Lesebuch zum 6-Stunden-Tag, Hamburg 1987, S. 88–94.

7.3 Die neue Arbeits- und Personalwelt in den 1980er Jahren

Seit die Flexibilisierung der Arbeitszeit von Arbeitgeberseite als konstruktives Gegenkonzept zu der von den Gewerkschaften geforderten allgemeinen Arbeitszeitverkürzung erkannt worden ist, werden mehr und mehr Möglichkeiten arbeitszeitpolitischer Innovation auf der betrieblichen Ebene entdeckt. Betriebliche Arbeitszeitgestaltung hat plötzlich Konjunktur.[451]

Eine Flexibilisierung der Arbeitszeit brachte aus der Sicht der Unternehmen enorme Vorteile angesichts sich weiter verändernder ökonomischer Faktoren wie der Zunahme der Maschinenintensität in der Produktion, der erwarteten weiteren Personalrationalisierung und der Veränderungen der Absatzmärkte, die internationaler, damit aber auch unsicherer wurden.

Während also die Wirtschaft das „Tauschgeschäft" Arbeitszeitflexibilisierung für Arbeitszeitverkürzung durchaus sehr positiv bewertete, erkannten insbesondere linke Kritiker in der Flexibilisierungspolitik einen bedrohlichen Trend. Dies manifestierte sich auch ein Jahr später in den Auseinandersetzungen um das Beschäftigungsförderungsgesetz vom 26. April 1985.[452] Aus Sicht der Bundesregierung war der Abbau arbeitsrechtlicher Schutzvorschriften notwendig, um die hohe Arbeitslosigkeit zu bekämpfen. Mehr arbeitsrechtliche Flexibilität durch Ausdehnung alternativer Erwerbsformen („Arbeit auf Abruf", „job sharing") sollte bessere Eintrittschancen für Arbeitslose schaffen. Zu den Maßnahmen zählten auch eine erleichterte Zulassung befristeter Arbeitsverträge und die Verlängerung der zulässigen Leiharbeit.[453]

Beim BDI wurde das Beschäftigungsförderungsgesetz entschieden begrüßt. Es wurde als äußerst wichtiges Zeichen einer Veränderung des politisch-geistigen Klimas interpretiert und als Kernelement einer „wachstums- und beschäftigungsorientierten Wirtschaftspolitik" auf der Basis einer „Erweiterung von Freiraum und Flexibilität wirtschaftlichen Verhaltens" gewertet. Entsprechend identifizierte das BDI-Präsidium in der Unterstützung des Gesetzes einen der wichtigsten Schwerpunkte für die Arbeits- und Strukturpolitik des BDI der nächsten Jahre, wobei man auf eine weitere Ausdehnung einwirken wollte:

> Die im Beschäftigungsförderungsgesetz 1985 vorgesehenen Lockerungen sind zu begrüßen, aber noch ergänzungsbedürftig. Hier sollten wir auf mehr Mut drängen. Zum Beispiel ist die Befristung von Zeitarbeitsverträgen auf ein Jahr bei der Einstellung von Arbeitslosen nicht ausreichend. Wünschenswert ist eine generelle und dauerhafte Lösung mit einer Ausdehnung der Befristung auf drei Jahre.[454]

---

[451] Wirtschaftswoche, 3.2.1984, S. 52.
[452] Beschäftigungsförderungsgesetz 1985 (BeschFG 1985) vom 26. April 1985, in: BGBl. 1985, I, Bd. 1, S. 710–717.
[453] Vgl. Wirsching, Abschied vom Provisorium, S. 259–264; Reimut Zohlnhöfer, Die Wirtschaftspolitik in der Ära Kohl. Eine Analyse der Schlüsselentscheidungen in den Politikfeldern Finanzen, Arbeit und Entstaatlichung. 1982–1998, Opladen 2001, S. 110–120; Schmid/Oschmiansky, Arbeitsmarktpolitik und Arbeitslosenversicherung.
[454] Ausführungen Dr. Langmann zu TO 2: Schwerpunkte des BDI in den nächsten zwei Jahren. Sitzung des Präsidiums am 21.1.1985. BDI-Archiv A 130.

Das Gesetz provozierte nicht nur Kritik bei linker Opposition und Gewerkschaften, sondern machte auch das „Normalarbeitsverhältnis" zum arbeitspolitischen Argument und zum sozial- und rechtswissenschaftlichen Thema. Das „Normalarbeitsverhältnis" wurde als historische und arbeitsrechtliche Errungenschaft dargestellt und gegen alternative Beschäftigungsformen abgegrenzt (Teilzeitarbeit, geringfügige Beschäftigung, Leiharbeit, befristete Beschäftigung, Scheinselbständigkeit, Niedriglohnbeschäftigung und Schwarzarbeit). Bemerkenswert ist dabei, dass der Begriff „Normalarbeitsverhältnis" sich erst 1985 einbürgerte: In dem Moment, in dem das „Normalarbeitsverhältnis" empirisch an Stellenwert verlor und von anderen Beschäftigungsformen herausgefordert wurde, bekam es auf normativer Ebene eine verstärkte Bedeutung und es wurde vor dem „Ende"[455] und der „Zerstörung" des „Normalarbeitsverhältnisses" gewarnt.[456]

Gegen diese Kritik machte der BDI entschieden Front. Im Präsidium war man sich 1986 einig, dass die Unternehmen und die Verbände für die Erhaltung des Beschäftigungsförderungsgesetzes kämpfen müssten, „nicht zuletzt als Voraussetzung für weitere Schritte auf diesem wichtigen Weg zur Flexibilisierung der Arbeitsbeziehungen"[457]. Vor allem dem Vorwurf, dass das Gesetz nicht zu einer stärkeren Schaffung von Arbeitsplätzen geführt habe, sollte entschieden entgegengetreten werden.

> Der zu erwartenden Auseinandersetzung um dieses Gesetz sollte von seiten der Wirtschaft durch handfeste Zahlen und Fakten begegnet werden, die nachweisen, daß durch Zeitarbeitsverträge Überstunden vermieden und zusätzliche Arbeitsplätze geschaffen werden können. Es wäre hilfreich, wenn die Unternehmen sich in den nächsten Wochen und Monaten in diesem Sinne äußern könnten.[458]

Schon jetzt könne der Nachweis erbracht werden, dass die befristete Einstellung in den überwiegenden Fällen zu festen Arbeitsverhältnissen führe. Die Vorwürfe der Opposition, die durch das Gesetz geschaffenen arbeitspolitischen Instrumente würden von der Wirtschaft missbräuchlich eingesetzt, seien „völlig haltlos" und könnten „mit exakten Zahlen widerlegt werden".[459] Der Erhaltung des Be-

---

[455] Ulrich Mückenberger, Die Krise des Normalarbeitsverhältnisses, in: Zeitschrift für Sozialreform 31 (1985), S. 415–435 und 457–475; Ulrich Zacher, Die Zerstörung des Normalarbeitsverhältnisses, in: Arbeit und Recht 36 (1988), S. 129–137. Mückenberger gilt als Schöpfer des Begriffs „Normalarbeitsverhältnis".

[456] Vgl. auch Toni Pierenkemper, Quo vadis Normalarbeitsverhältnis? Bestandsaufnahme und Zukunftsüberlegungen aus wirtschaftshistorischer Perspektive, in: Holger Hinte/Klaus F. Zimmermann (Hrsg.), Zeitenwende auf dem Arbeitsmarkt. Wie der demografische Wandel die Erwerbsgesellschaft verändert, Bonn 2013, S. 383–405; Toni Pierenkemper, The Rise and Fall of the „Normalarbeitsverhaeltnis" in Germany (IZA Discussion Paper No. 4068), Bonn 2009.

[457] Dr. Langmann zu Arbeitsschwerpunkten. Sitzung des Präsidiums am 27.1.1986. BDI-Archiv A 130.

[458] Ebd.

[459] Aussprache. Sitzung des Präsidiums am 27.1.1986. BDI-Archiv A 130.

schäftigungsförderungsgesetzes komme im Rahmen einer Politik zur Schaffung neuer Arbeitsplätze „eine herausragende Bedeutung" zu. Insbesondere für den industriellen Mittelstand stelle „die Möglichkeit befristeter Einstellungen eine große Hilfe dar".[460]

Das Beschäftigungsförderungsgesetz war eine Reaktion auf die Arbeitslosigkeit der frühen 1980er Jahre und gesellschaftliche Trends wie die steigende Erwerbsneigung der Frauen und den Zuwachs der Teilzeitbeschäftigung. Somit reagierte es auf sozioökonomische Tendenzen, die es dann aber auch weiter verstärkte, insbesondere indem es die Vergrößerung des Anteils an flexibel beschäftigten Menschen förderte. Auch wenn die arbeitsrechtliche Deregulierung in der Bundesrepublik im Vergleich zu anderen Industrieländern (insbesondere im Vergleich zu Großbritannien)[461] eher moderat war, hatte das Gesetz einschneidende Konsequenzen für das Arbeitsleben von vielen Menschen, oder in den Worten des Historikers Andreas Wirsching: „Außer Frage steht, dass das Gesetz den gesellschaftlichen Trend zur Entstandardisierung der Normalerwerbsbiographie verstärkte."[462] Für den arbeitsrechtlichen Zäsurcharakter des Beschäftigungsförderungsgesetzes spricht auch, dass es für die Zeiträume 1990 bis 1995 und 1995 bis 2000 in den wesentlichen Zügen verlängert wurde. Das Gesetz steht somit am Beginn einer Entwicklung zu einer zunehmenden Nachfrageorientierung von Arbeit, die sich mit weiteren arbeitsrechtlichen Deregulierungen (z. B. auch die Liberalisierung des Ladenschlusses 1989, 1996 und 2003) in den 1990er Jahren und vor allem unter der rot-grünen Bundesregierung und Kanzler Gerhard Schröder fortsetzte.[463]

Die flexiblere Gestaltung der Arbeitszeit wurde in den 1980er Jahren – nicht zuletzt dank der arbeitsrechtlichen Deregulierungen – zu einem lukrativen Geschäft. Das gilt insbesondere für die Leiharbeit, die ab Mitte der 1980er Jahre einen enormen Aufschwung erlebte. Eine Schlüsselfigur in diesem Geschäft war Werner Then, Geschäftsführer der Randstad Organisation für Zeitarbeit GmbH. Then war zunächst politisch aktiv gewesen (zeitweilig gehörte er dem CDU-Landesvorstand Rheinland-Pfalz an). Nachdem das Bundesverfassungsgericht

---

[460] Aussprache. Sitzung des Präsidiums am 27.1.1986. BDI-Archiv A 130.
[461] Dominik Geppert, Konservative Revolutionen? Thatcher, Reagan und das Feindbild des *consensus liberalism*, in: Anselm Doering-Manteuffel/Jörn Leonhard (Hrsg.), Liberalismus im 20. Jahrhundert, Stuttgart 2015, S. 271–289; ders., „Englische Krankheit"? Margaret Thatchers Therapie für Großbritannien, in: Norbert Frei/Dietmar Süß (Hrsg.), Privatisierung. Idee und Praxis seit den 1970er Jahren, Göttingen 2012, S. 51–68.
[462] Wirsching, Abschied vom Provisorium, S. 260. Vgl. auch Andreas Wirsching, Erwerbsbiographien und Privatheitsformen. Die Entstandardisierung von Lebensläufen, in: Thomas Raithel/Andreas Rödder/Andreas Wirsching (Hrsg.), Auf dem Weg in eine neue Moderne? Die Bundesrepublik Deutschland in den siebziger und achtziger Jahren, München 2009, S. 83–97.
[463] Edgar Wolfrum, Rot-Grün an der Macht. Deutschland 1998–2005. München 2013, S. 528–583.

1967 private Arbeitsvermittlungen zugelassen hatte, baute Then 1968 mit der Randstad Organisation für Zeitarbeit in Eschborn den deutschen Ableger des holländischen Personaldienstleistungsunternehmens auf. Von Beginn an war Then publizistisch aktiv und warb intensiv für das Teilzeitarbeitsmodell in der Bundesrepublik. Seine große Stunde schlug jedoch erst in den 1980er Jahren: Als die Massenarbeitslosigkeit zum Großthema wurde, fanden alternative Arbeitszeitmodelle wie die Leiharbeit eine große Resonanz.[464] Wenn es eine flexiblere Gestaltung der Arbeitszeit bei Firmen und Behörden gäbe, könnte jeder zehnte Arbeitslose wieder einen Job finden, erklärte Then im März 1982 der *Zeit*.[465]

Die Basis für sein eigenes Geschäftsmodell der Leiharbeit war laut Then der gesellschaftliche „Wertewandel", der zur Folge habe, dass die Menschen nach individuellen Arbeitszeiten und mehr Flexibilität verlangten. Angesichts des „Wertewandels" bedürfe es einer Neugestaltung des „Systems Arbeit", so Werner Then in der Zeitschrift *Arbeitgeber* im Mai 1985. „Arbeit muß flexibler organisiert werden, und durch die Individualisierung von Arbeitsformen und -zeiten kann Arbeit freier werden."[466] Auch die zunehmende Bedeutung der neuen Telearbeit von zu Hause wurde mit dem „Wertewandel" begründet. Der „Wertewandel" spreche für ein „allmähliches Aufbrechen verkrusteter Arbeits- und Organisationsstrukturen", bemerkte der Vorsitzende der Geschäftsführung des Beratungsunternehmens Integrata Wolfgang Heilmann in der Zeitschrift *Computerwoche*.[467] Der computergestützte Arbeitsplatz zu Hause sei kein Ersatz für die Büroarbeit, wohl aber eine Möglichkeit, die Organisations-, Arbeits- und Tarifstrukturen „menschengerechter, effektiver und kostenneutraler zu gestalten"[468].

Als Beleg für die Notwendigkeit einer Flexibilisierung von Arbeit führte Werner Then den Leistungsdrang der Deutschen an, der sich zurzeit auf anderen und alternativen Wegen Bahn breche: „Das emsige Schaffen bei Freizeit- und Hobbytätigkeiten, ja sogar in der Schwarzarbeit beweist eindrucksvoll, daß die Arbeitnehmer hier finden, was im Unternehmen und im heutigen ‚System Arbeit' noch zu selten geboten ist."[469] Then, der in den 1980er Jahren auch

---

[464] Vgl. Ursula Wagner, Teilzeitarbeit, Zeitarbeit, Leiharbeit: Literatur und Forschungsprojekte [Institut für Arbeitsmarkt- u. Berufsforschung der Bundesanstalt für Arbeit], Nürnberg 1984.
[465] Michael Jungblut, Phantasie ist Mangelware, in: Die Zeit, 19.3.1982.
[466] Werner Then, Führungsverhalten im Wertewandel, in: Der Arbeitgeber 7 (1985), S. 258–259, hier: 258.
[467] Wertewandel und Telearbeit! Zwei Millionen Tele-Jobs in den 90ern. Integrata: Wertewandel verändert Arbeitsorganisation, in: Computerwoche, 16.10.1987.
[468] Ebd.
[469] Then, Führungsverhalten im Wertewandel, S. 258. Vgl. auch ders., Schattenwirtschaft. Ein Signal für neue Formen der Arbeit?, in: Zeitschrift für Sozialreform 31 (1985), S. 148–160; ders., Auf der Suche nach der neuen Arbeitskultur, in: Der Arbeitgeber 38 (1986), S. 447–448.

Vorsitzender der Deutschen Management-Gesellschaft und Sprecher des Vorstandes des Bundesverbandes Zeitarbeit war, prognostizierte angesichts dieser Entwicklung neue Formen von Arbeit: freie Mitarbeiter als Auftragnehmer im Unternehmen, autonome Unternehmenseinheiten, Zweitberuf, Monats- und Jahresarbeitszeitregelungen, Sabbatzeiten, neue Formen der Gleitzeit, Zeitkonto neben dem Lohnkonto, Heimarbeit und überbetriebliche Dauerarbeitsplätze bei Zeitarbeitsfirmen.[470] Hierbei hatte Then aber nicht nur die Mitarbeiter und ihre Wertvorstellungen im Blick. „Mehr Flexibilität im ‚System Arbeit' berücksichtigt nicht allein die individuellen Bedürfnisse der Mitarbeiter, sondern trägt auch den betrieblichen Erfordernissen im Rahmen weltweiten Wettbewerbs Rechnung."[471]

Tatsächlich beschäftigten Großunternehmen in zunehmendem Maße Leiharbeitsfirmen wie Randstad, zunächst vor allem für Reinigungs-, Wartungs- und Instandsetzungsarbeiten. Doch auch in der Datenverarbeitungsbranche seien Zeitarbeitskräfte nichts Ungewöhnliches mehr, erklärte Then: „Wir sind nicht mehr Lückenbüßer oder Feuerwehr, sondern ein Instrument des Arbeitsmarktes und der Personalwirtschaft."[472] Dabei konnte Then auf eine „außergewöhnliche Wachstumsphase" seines Unternehmens verweisen: 1984 habe der Umsatz 53 Millionen Mark betragen, was eine Steigerung von 35 Prozent zum Vorjahr darstelle. Die wesentliche Ursache für die Zunahme an Leihverträgen sei die Tendenz zur Arbeitsflexibilisierung. Angesichts des wechselhaften Marktklimas seien die Unternehmen auf mehr Beweglichkeit ihrer Personalkapazität angewiesen.[473] Nicht zuletzt hatten aber die Arbeitsmarktderegulierungen der Bundesregierung ihren Anteil am Erfolg von Leiharbeitsfirmen wie Randstad.[474]

Die Kritik der Gewerkschaften an der Leiharbeit war lautstark. Gewarnt wurde vor einer Spaltungsstrategie der Unternehmer, die zu einer Entsolidarisierung der Arbeitnehmer führen solle. Die Unsicherheit der Randbelegschaften wurde genauso beklagt wie der Abbau von regulären Arbeitsplätzen durch Leiharbeit.[475] Von „Sklavenhandel" und „Arbeitsklau" war die Rede.[476] Der Widerstand gegen

---

[470] Werner Then, Reintegration der Wirtschaft in die Gesellschaft, in: Der Arbeitgeber 9 (1985), S. 330–332, hier: 330.
[471] Ebd.
[472] Zeitarbeitsbosse sind keine Menschenhändler. DV-Branche zieht auf dem neuen Arbeitsmarkt mit, in: Computerwoche, 06.09.1985.
[473] Ebd.
[474] Michael Kvasnicka, Temporary agency work in Germany, Aachen 2005.
[475] Forderungen und Argumente zum Verbot der Leiharbeit: DGB-Fachtagung Leiharbeit am 26./27. September 1983 in Bonn-Bad Godesberg [Hrsg. v. DGB-Bundesvorstand, Abt. Arbeitsmarktpolitik. Red. Bearb.: Ursula Engelen-Kefer], Düsseldorf 1983; Norbert Debus, Leiharbeit, das Geschäft mit der Ware Arbeitskraft. Zur unternehmerischen Strategie der Arbeitskräfteflexibilisierung und dem Problem gewerkschaftlicher Interessenvertretung, Marburg 1983.
[476] Besonderes Völkchen, in: Der Spiegel, 27.9.1982.

die Flexibilisierungsstrategie kam auch von der deutschen Frauenbewegung. Die Zeitschrift *Emma* kritisierte, dass Teilzeitarbeit, Heimarbeit, Leiharbeit und „kapazitätsorientierte variable Arbeitszeit" in Zukunft noch mehr als jetzt „ungeschützte Arbeitsverhältnisse" zur Folge haben würden, also

> Arbeitsplätze, die den Unternehmen massive Vorteile bringen und den Arbeitenden fast nur Nachteile: Sie sind häufig nicht sozialversichert, erwerben nur einen geringen oder gar keinen Rentenanspruch, sie haben schlechten oder gar keinen Kündigungsschutz, ihre Arbeitsbedingungen sind oft nicht kontrollierbar und damit auch nicht zu schützen, sie sind individualisiert, das heißt, aus der Stammbelegschaft der Betriebe ausgegliedert.[477]

In der *Emma* wurde insbesondere die Teilzeitproblematik als spezifisches Frauenthema identifiziert. „Teilzeitarbeit ist (bis auf minimale Ausnahmen) Frauenarbeit"[478], hieß es 1983. Tatsächlich stieg der Anteil der Teilzeitbeschäftigten an der Gesamtzahl der Erwerbstätigen seit den 1970er Jahren kontinuierlich an: von 7,7 Prozent im Jahr 1970 auf 10,5 Prozent im Jahr 1980 und 14,9 Prozent im Jahr 1989.[479] Gerade weil Frauen die Möglichkeit der Teilzeitarbeit und des geringfügigen Zuverdienstes nutzten, forcierte sich in der *Emma* der Widerstand gegen diese Form der Arbeitsmarktpolitik. Die Journalistin Ingrid Strobl kritisierte, dass weder Gewerkschaften noch Arbeitgeberverbände eine frauenspezifische Perspektive auf die Problematik hätten und den Zusammenhang mit gesellschaftlichen Grundsatzfragen von Arbeit und Familie nicht sehen wollten. Insbesondere das Flexibilisierungsparadigma und die neue „Weiblichkeitspropaganda" der CDU und der Arbeitgeberverbände wurden bemängelt: „Da es in Zukunft noch weniger und noch schlechtere Arbeitsplätze für Frauen geben wird, soll uns eingeredet werden, wir würden uns unser Recht auf Flexibilität, auf mehr Freizeit zurückholen, wenn wir (statt der 35-Stunden-Woche) mehr Teilzeitarbeit fordern." Teilzeitarbeit sei Realität, hebe aber die geschlechtsspezifische Arbeitsteilung nicht auf, sondern zementiere sie im Gegenteil noch. Daher sei die Förderung der Teilzeitarbeit ganz im Sinne einer konservativen Familien- und Frauenpolitik. „Deshalb sollen uns Frauen gleichzeitig mit der Forderung nach ‚mehr Flexibilität' Heim und Herd wieder schmackhaft gemacht werden."[480]

Ob dies tatsächlich die Intention der Bundesregierung war oder ob gerade zu Beginn der 1980er nicht eher die Bekämpfung der Arbeitslosigkeit im Vordergrund der Flexibilisierungspolitik stand, sei hier dahingestellt. Sicher ist, dass die familienpolitische Antwort der CDU auf die zunehmende Frauenerwerbstätigkeit vor allem in der zweiten Hälfte der 1980er Jahre umstritten war und sich der

---

[477] Ingrid Strobl, Teilzeitarbeit. Netz oder Fessel?, in: Emma 9 (1983), S. 29–33, hier: 31.
[478] Ebd., S. 33.
[479] Bernhard Schäfers/Wolfgang Zapf (Hrsg.), Handwörterbuch zur Gesellschaft Deutschlands, Opladen 1998, S. 28.
[480] Ingrid Strobl, Teilzeitarbeit. Netz oder Fessel?, in: Emma 9 (1983), S. 29–33, hier: 32.

progressive Flügel um Rita Süssmuth mit einem Programm der Vereinbarkeit von Familie und Erwerbstätigkeit über den Ausbau der Krippen- und Tagesmütterplätze nicht durchsetzen konnte.[481] Mindestens so gravierend wie die zunehmende Teilzeitarbeit für das gesellschaftliche Leben und seine Zeitrhythmen war in den 1980er Jahren eine weitere Entwicklung, die sich ebenfalls aus dem Arbeitszeitflexibilisierungsparadigma ergab: die Entkopplung von Betriebs- und Arbeitszeit, also die Ausdehnung der Betriebszeit über die individuelle Arbeitszeit eines Beschäftigten. Wie dieses Programm aus dem „Wertewandel" abgeleitet und umgesetzt wurde, welche Konflikte und welche langfristigen Folgen für die normativen Konzepte von Arbeit, Leistung und Führung dies zur Folge hatte, wird im folgenden Abschnitt anhand der Personalpolitik der Firma BMW in den 1980er Jahren dargestellt.

7.3.2 Personalpolitik im Zeichen des „Wertewandels": BMW in den 1980er Jahren

Deutsche Personalexperten hatten, wie oben schon gesehen, keine Schwierigkeiten, rasch Konsequenzen aus der sozialwissenschaftlichen Analyse des „Wertewandels" zu ziehen und die Theorie in personalpolitische Praxis umzusetzen. Und so wurden im Laufe der 1980er Jahre in einer ganzen Reihe von Unternehmen „wertebasierte" personalpolitische Maßnahmen entwickelt, die vor allem die Organisationsstruktur, die Aus- und Weiterbildung (vor allem von Führungskräften), Führungsstile und Motivationstechniken, neue Entlohnungs- und Leistungsbewertungssysteme und die Arbeitszeitgestaltung betrafen. Besondere Aufmerksamkeit erreichten die personalpolitischen Strategien von Beiersdorf, Bertelsmann, Dräger, Esso, Hewlett-Packard, IBM, Nixdorf, Opel, Otto-Versand und Philips.[482] Hewlett Packard betonte die eigene kooperative Unternehmenskultur mit dem Ziel eines „höchstmöglichen Wertekonsens[es]"[483], der beispielsweise durch demonstrativen Verzicht auf Statussymbole, durch die Anrede mit Vornamen, durch Großraumbüros und die Abschaffung von Stechuhren („Zeitkontrollen führen die Mitarbeiter selbst durch."[484]) herbeigeführt werden sollte. Solche Strategien zur Identifikation mit der Arbeit und Subjektivierung von Arbeit hatten bei Bertelsmann vor allem die Führungskräfte im Visier. Hier sprach man explizit nicht mehr von „Managern",

---

[481] Schumann, Bauarbeiten am „Fundament der Gesellschaft".
[482] Hans-Christian Riekhof (Hrsg.), Strategien der Personalentwicklung. Beiersdorf, Bertelsmann, BMW, Dräger, Esso, Hewlett-Packard, IBM, Nixdorf, Opel, Otto Versand, Philips, 2. Auflage, Wiesbaden 1989.
[483] Heinz Fischer, Mitarbeiterentwicklung bei Hewlett Packard. Die HP-Unternehmenskultur, in: Riekhof (Hrsg.), Strategien der Personalentwicklung, S. 201–212, hier: 202.
[484] Ebd., S. 207.

denn diese hätten ihre Stärken lediglich in der Umsetzung vorgegebener Ziele. Als neue Leitfigur sahen die Gütersloher Personalplaner die „unternehmerische Führungskraft".[485] Wie ein echter Unternehmer könne die „unternehmerische Führungskraft" Ziele nicht nur umsetzen, sondern sie vorher entwickeln und festsetzen, und hohen Anforderungen an Kreativität und Eigenverantwortung gerecht werden. Aber anders als der echte Unternehmer, der durch Fehler sein Unternehmen in den Konkurs treibt, „kann die unternehmerische Führungskraft bei Mißerfolg ersetzt werden".[486]

Personalpolitische Strategien als Antwort auf den festgestellten sozialkulturellen Wandel hatten also in den 1980er Jahren Konjunktur. Aber kein deutsches Unternehmen hat die sozialwissenschaftliche Diagnose des „Wertewandels" so entschieden und konsequent in Unternehmenspolitik und Personalführungskonzepte umgesetzt wie die Bayerischen Motoren Werke. Mit seiner „werteorientierten Personalpolitik" betrat der bayerische Automobil- und Motorradbauer in den 1980er Jahren ganz bewusst unternehmenspolitisches Neuland und erhielt dafür in der Wirtschaftspresse und in der personalpolitischen Fachliteratur viel Aufmerksamkeit. Für viele zeitgenössische Arbeitsmarktreformer war BMW ein Pionier der modernen und flexiblen Unternehmensorganisation und Arbeitszeitpolitik. Diese Wahrnehmung verstärkte sich in den 1990er Jahren noch – insbesondere bei Experten für Personalmanagement und Unternehmenskultur. Doch die „werteorientierte Personalpolitik" war keineswegs unumstritten, sondern stieß auch auf erheblichen Widerstand, vor allem bei Gewerkschaften und Betriebsräten. Die Auseinandersetzungen um die „werteorientierte Personalpolitik" von BMW in den 1980er Jahren sind somit ein Beispiel, wie in den 1980er Jahren aus dem Befund „Wertewandel" eine neue Personalpolitik gemacht wurde, die wiederum selbst normativ wirkte, betriebliche Konflikte provozierte und gravierende längerfristige Auswirkungen auf die Strukturierung der Arbeitsbeziehungen in der betrieblichen Praxis hatte.

In der unternehmenshistorischen Forschung zu BMW wurden die 1970er und 1980er Jahre erst in Ansätzen erforscht.[487] Die Schwerpunkte der bisherigen For-

---

[485] Vgl. Joachim Bieker, Managemententwicklung bei Bertelsmann, in: Riekhof (Hrsg.), Strategien der Personalentwicklung, S. 227–226, hier: 229.
[486] Vgl. ebd., S. 230.
[487] Florian Triebel, Die Bayerischen Motoren Werke während der Rezession 1966/67 und der Ölkrise 1973/74, in: Stephanie Tilly (Hrsg.), Automobilindustrie 1945–2000. Eine Schlüsselindustrie zwischen Boom und Krise, München 2013, S. 111–153; Markus Nöhl, Automobile Symbole im Umbruch. Automobilkritik und Symbolproduktion am Ende des Booms 1965–1975, in: Tilly (Hrsg.), Automobilindustrie 1945–2000, S. 363–385; Florian Triebel/Manfred Grunert, Krisenerfahrung bei der BMW AG. Zur Typologie des Phänomens Unternehmenskrise, in: Jahrbuch für Wirtschaftsgeschichte 2 (2006), S. 19–30; ders., Vom „Marketingloch" zur Wiederentdeckung der sportlichen Mittelklasse. Vom Produktionsregime zur Marketingorientierung bei BMW, in: Jahrbuch für Wirtschaftsgeschichte 1 (2010), S. 37–63.

schung zur BMW-Geschichte[488] liegen auf der Frühzeit des Unternehmens,[489] auf BMW als Flugmotorenhersteller in der Zeit der Weimarer Republik und des Nationalsozialismus,[490] auf Kriegswirtschaft und Zwangsarbeit während des Zweiten Weltkriegs[491] und auf den Entwicklungen des Unternehmens in der bundesdeutschen Nachkriegszeit.[492] Wegweisend ist die Dissertation von Annika Biss, die den Aufstieg des Unternehmens zu einem global agierenden Konzern zwischen 1945 und 1981 erforscht und eine detaillierte Vertriebs- und Marketinggeschichte der BMW AG vorgelegt hat.[493] Noch einschlägiger für die vorliegende Analyse ist die Untersuchung von Ingo Köhler zum Automobilmarketing in den 1970er Jahren. Denn gerade anhand seines Fallbeispiels BMW kann Köhler eindrucksvoll zeigen, dass bereits Mitte der 1970er Jahre die Diagnose „Wertewandel" zur Grundlage von unternehmensinternen Marktanalysen geworden war.[494] Der gesellschaftliche „Wertewandel" diente bei BMW als Schlüssel zu einem differenzierten „Verständnis der motivpsychologischen Grundlagen des Konsums"[495] und hatte somit direkten Einfluss auf die Entwicklung des automobilen Leitbildes in der zweiten Hälfte der 1970er Jahre.

---

[488] Eine BMW-Geschichte als Dokumentationen ist das Standardwerk von Horst Mönnich in Neuauflage. Vgl. Horst Mönnich, BMW. Eine deutsche Geschichte, Überarb. Neuausg. München [u. a.] 2004.

[489] Rainer Simons/Walter Zeichner, Von der Idee zum Erfolg. Die Entwicklungsgeschichte der BMW Automobile. 1918–1932. München 2004; René Del Fabbro, Internationaler Markt und nationale Interessen. Die BMW AG in der Ära Castiglioni 1917–1930, in: Sozial.Geschichte, Neue Folge 18 (2003), S. 35–62.

[490] Till Lorenzen, BMW als Flugmotorenhersteller. 1926–1940. Staatliche Lenkungsmaßnahmen und unternehmerische Handlungsspielräume. Im Auftr. von MTU Aero Engines u. BMW Group, München 2008; Fred Jakobs/Robert Kröschel/Christian Pierer, BMW Flugtriebwerke. Meilensteine der Luftfahrt von den Anfängen bis zur Moderne, hrsg v. BMW Group Classic, Königswinter 2009; Till Lorenzen, Unternehmerische Handlungsspielräume der Bayerischen Motoren Werke im Flugmotorenbau 1933–1940, in: Andreas Heusler (Hrsg.), Rüstung, Kriegswirtschaft und Zwangsarbeit im „Dritten Reich", München 2010, S. 15–36; Christian Pierer, Die Bayerischen Motoren Werke bis 1933. Eine Unternehmensgründung in Krieg, Inflation und Weltwirtschaftskrise, München 2011.

[491] Constanze Werner, Kriegswirtschaft und Zwangsarbeit bei BMW. Im Auftr. von MTU Aero Engines u. BMW Group, München 2006; dies., Kriegswirtschaft und Zwangsarbeit bei BMW, in: Andreas Heusler (Hrsg.), Rüstung, Kriegswirtschaft und Zwangsarbeit im „Dritten Reich", München 2010, S. 145–147; Zdenek Zofka, Allach – Sklaven für BMW. Zur Geschichte eines Außenlagers des KZ Dachau, in: Wolfgang Benz (Hrsg.), Sklavenarbeit im KZ, München 1993, S. 68–78.

[492] Jürgen Seidl, Die Bayerischen Motorenwerke (BMW) 1945–1969. Staatlicher Rahmen und unternehmerisches Handeln, München 2002.

[493] Annika Biss, Die Internationalisierung der Bayerischen Motoren Werke AG. Vom reinen Exportgeschäft zur Gründung eigener Tochtergesellschaften im Ausland 1945–1981, München 2017.

[494] Köhler, Auto-Identitäten, S. 271–295.

[495] Ebd. S. 273.

Wenig beachtet worden ist bisher die Vorreiterrolle des Unternehmens im Bereich der Personalpolitik und Organisationsentwicklung. Dabei galt BMW bereits in den 1970er Jahren als ein personalpolitisch progressives Unternehmen und hatte sich mit spezifischen Formen der Gruppenarbeit (Lernstatt) als Beitrag zu einer Humanisierung der Arbeit einen Namen gemacht.[496] Auch der Weiterbildung der Führungskräfte wurde bereits in den 1970er Jahren ein hoher Stellenwert beigemessen und die Unternehmensführung schickte ihre Manager regelmäßig zu den als innovativ angesehenen Weiterbildungsseminaren des USW. Aber die meisten Ansätze zur Formulierung moderner Führungsprinzipien blieben theoretisch, oder wie es BMW-Personalleiter Helmut Schartner rückblickend formulierte: „In den siebziger Jahren war es schon üblich, Führungsleitsätze aufzustellen. Doch die sind bei keinem Unternehmen über die Papierform hinausgekommen – das unsere eingeschlossen."[497]

In den 1980er Jahren änderte sich dies und man beließ es bei BMW nicht mehr nur bei Worten. 1983 wurde das Konzept der „werteorientierten Personalpolitik" erarbeitet, das sowohl zeitgenössisch als auch in der Retrospektive der 1990er Jahre als revolutionär und wegweisend beurteilt wurde. Ausgangspunkt waren Anfang 1983 vor allem vier Aspekte. Erstens der sogenannte „Japan-Schock" in der deutschen Automobilindustrie zu Beginn der 1980er Jahre, also der außergewöhnliche Markterfolg der japanischen Autobauer, der eine tiefgehende Analyse japanischer Produktions- und arbeitsorganisatorischer Methoden zur Folge hatte,[498] zweitens der gesellschaftliche „Wertewandel", der als ernsthafte Herausforderung für die mittel- und langfristige Unternehmensplanung wahrgenommen wurde, drittens die Einsicht der BMW-Führung, dass sich die gewerkschaftlichen Forderungen nach Arbeitszeitverkürzungen in der Metallindustrie nicht aufhalten lassen würden und viertens die ersten Planungen für ein neues Automobilwerk in Regensburg aufgrund der starken Nachfrage bei der 1976 eingeführten BMW 3er-Serie. Angesichts der hohen Investitionssumme von 1,7 Milliarden DM sollten grundsätzliche Überlegungen zur Arbeitszeitgestaltung die Planung des Werkes von Beginn an begleiten. Grundsätzlich konnte BMW bei seinen Reformvorhaben auf einen kooperationsbereiten Betriebsrat zählen. Schon länger war das Unternehmen stolz darauf, in Abstimmung mit dem Betriebsrat flexible Lösungen gefunden zu haben, um Nachfrageschwankungen zu glätten und Entlassungen zu vermeiden.

---

[496] Das Lernstatt-Konzept von BMW wurde 1976 auf dem „Humanisierung der Arbeit"-Kongress in Essen vorgestellt. Grundsätzlich wurde zu Beginn der 1970er Jahre bei vielen deutschen Automobilherstellern im Zuge des Programms zur „Humanisierung der Arbeit" über alternative Produktionsabläufe und Formen von Gruppenarbeit nachgedacht. Vgl. Michael Granel, Gruppenarbeit in der PKW-Motorenmontage, Stuttgart 1976; Kleinschmidt, Der produktive Blick, S. 374.

[497] Führung. Zurück zum Vorbild, in: Wirtschaftswoche, 3.1.1986, S. 44–48, hier: 45.

[498] Kleinschmidt, Der produktive Blick, S. 366–394.

7.3 Die neue Arbeits- und Personalwelt in den 1980er Jahren

Der langjährige BMW-Gesamtbetriebsratsvorsitzende Kurt Golda erklärte der Werkszeitung *Bayernmotor* diese Haltung so: „Es ist unbestritten, dass wir auch zukünftig zur Stärkung der Marktposition unsere Flexibilität erhalten müssen. Letztlich dient dies nicht nur der Unternehmensstärkung, sondern primär der Arbeitssicherung der Belegschaft."[499]

Der entscheidende Impuls für eine neue Personalpolitik waren die gewerkschaftlichen Forderungen nach einer Arbeitszeitverkürzung. Im BMW-Vorstand fürchtete man im Oktober 1983 die Einführung der 35-Stunden-Woche als reale Gefahr für den Bestand des Unternehmens: „Falls die 35-Stunden-Woche tatsächlich mit vollem Lohnausgleich durchgesetzt würde, bedeutete dies – das ergibt sich aus der Modellrechnung mit aller Deutlichkeit – bei unveränderten Rahmenbedingungen, daß BMW in die Verlustzone geraten würde."[500] Die sich aus einer Arbeitszeitverkürzung ergebenden höheren Stückkosten würden „mit Sicherheit" nicht in dem erforderlichen Umfang am Markt („das gilt vor allem für die Exportmärkte") weitergegeben werden können. Daher sah der Vorstand nur einen Ausweg: „Angesichts der drohenden Beeinträchtigung der Wettbewerbsfähigkeit durch verkürzte Arbeitszeiten und der dadurch im internationalen Maßstab völlig überzogenen Stückkosten muß BMW beginnen, die Nutzungsdauer der betrieblichen Anlagen auszuweiten."[501] Von Beginn an wurden also bei BMW Effizienzsteigerung und personalpolitische Maßnahmen zusammengedacht.

Zwei Monate später, in der Vorstandssitzung vom 20. Dezember 1983, wurde die neue personalpolitische Strategie ausführlich erörtert.[502] Im Zentrum der Überlegungen stand dabei der Begriff „Leistung", die Zielsetzung der neuen Strategie war die Steigerung der „Leistungsfähigkeit", „Leistungsbereitschaft" und „Leistungsmöglichkeit" der Mitarbeiter. Zu diesem Zweck sollten Weiterbildungsmaßnahmen, eine leistungsfördernde Gestaltung der Entgeltsysteme, ein verbesserter Führungsstil und Arbeitsstrukturen geschaffen werden, die für eine optimale Entfaltung der Leistungsfähigkeit und Leistungsbereitschaft sorgen sollten.[503] Dabei anerkannte der BMW-Vorstand die grundlegende Bedeutung der Werte für die personalpolitische Zukunft des Unternehmens:

> Die Effizienz der Personalarbeit hängt entscheidend von der angemessenen Berücksichtigung der berechtigten Bedürfnisse, Interessen und Wertvorstellungen der Mitarbeiter ab. Die Identifikation mit dem Unternehmen und damit ihre Motivation und Leistungsbereitschaft soll durch eine werteorientierte Personalpolitik positiv beeinflußt werden. Die Personalpolitik von BMW nimmt dementsprechend künftig ausdrücklich Bezug auf Wertvorstellungen, hierzu wird ein Katalog von 16 Grundwerten, die allgemein anerkannt werden, formuliert.

---

[499] Bayernmotor. Zeitung für die BMW-Mitarbeiter 3 (1984), S. 5.
[500] Protokoll der Vorstandssitzung vom 25.10.1983. BMW-Archiv UA 1440-1.
[501] Ebd.
[502] Protokoll der Vorstandssitzung vom 20.12.1983. BMW-Archiv UA 1440-1.
[503] Ebd.

Das neue Personalkonzept war offensichtlich überzeugend, es wurde vom BMW-Vorstand ohne Einschränkung verabschiedet.[504] Zudem schätzte die BMW-Führung ihre eigene organisations- und personalpolitische Innovationsbereitschaft als wichtigen Vorteil gegenüber der Konkurrenz ein. In einer Vorstandssitzung im September 1984 wurde das so formuliert: „Die Fähigkeit, die eigene Organisation rasch und angemessen an wechselnde Umweltbedingungen und Aufgaben anzupassen, kann für BMW zu einem wesentlichen Wettbewerbsvorteil in einer traditionell eher konservativen Branche werden."[505]

Verantwortlich für die „wertorientierte Personalpolitik" waren Artur Wollert, bis Mitte 1985 Leiter des Zentralen Personal- und Sozialwesens der BMW-AG in München, und sein Mitarbeiter Gerhard Bihl, der spätere Personalleiter des neuen Werks in Regensburg. Wollert war vor seiner Arbeit bei BMW fast zehn Jahre bei Siemens gewesen und vertrat seine personalpolitischen Vorstellungen auch im Programmbeirat des USW. Bihl teilte Wollerts Auffassung vom grundsätzlichen Reformbedarf deutscher Personalpolitik und war unternehmenspolitisch seine „rechte Hand".[506] Bereits seit den frühen 1970er Jahren hatte sich Bihl mit radikalen Neuansätzen der Betriebsorganisation und Personalpolitik beschäftigt. So untersuchte er das skandinavische Modell der selbststeuernden Arbeitsgruppe – ein durch Volvo bekannt gewordenes Verfahren der Arbeitsgestaltung, bei der eine Kleingruppe eine komplexe Aufgabe übernimmt und teilautonom durchführt – und empfahl es für die Einführung in deutschen Betrieben.[507] Bis zu seinem Weggang nach Regensburg war Bihl Leiter der Abteilung „Grundsatzfragen der Personalpolitik" in der Konzernzentrale in München. Ausgangspunkt der allgemeinen Überlegungen von Wollert und Bihl waren sowohl der deutsche Wertewandeldiskurs und internationale Umfragen wie „Jobs in the 80s" als auch die Debatte über das Vorbild Japan für Führungsstile, Organisationsprinzipien und Managementtechniken in der Automobilindustrie seit Ende der 1970er Jahre.

In zwei programmatischen Artikeln für die interne Führungskräfte-Publikation *Menschen, Arbeit, Mitarbeiter*,[508] die dann ähnlich auch in der Fachzeitschrift *Personalführung* veröffentlicht wurden, machten Wollert und Bihl jedoch deutlich, dass es ihnen, anders als anderen deutschen Unterneh-

---

[504] Protokoll der Vorstandssitzung vom 20.12.1983. BMW-Archiv UA 1440-1.
[505] Protokoll der Vorstandssitzung vom 25.9.1984. BMW-Archiv UA 1438-1.
[506] So die Auskunft Artur Wollerts gegenüber dem Autor am 28.3.2017.
[507] Gerhard Bihl, Von der Mitbestimmung zur Selbstbestimmung. Das skandinavische Modell der selbststeuernden Gruppen, München 1973.
[508] Artur Wollert, Grundgedanken einer Personalpolitik der Zukunft. Werteorientierte Personalpolitik, in: Menschen, Arbeit, Mitarbeiter 7. BMW-Archiv UU 1127-10; Gerhard Bihl, Wertorientierte Personalpolitik. Ein Diskussionsbeitrag zur Personalpolitik der Zukunft, in: Menschen, Arbeit, Mitarbeiter 7. BMW-Archiv UU 1127-10.

men, bei BMW nicht darum ging, einzelne Maßnahmen des japanischen Managements und der Personalpolitik zu kopieren.[509] Zwar zeigte man sich beeindruckt von der „Identität der Leitbilder von Betrieb und Gesellschaft" in Japan, die ein „hohes Maß an Identifikation zwischen Mitarbeiter und Unternehmen" zur Folge habe und letztlich als verantwortlich für das japanische „Motivationswunder" gesehen wurde.[510] Aber Japans Werte dienten nur bedingt als Vorbild für die Bundesrepublik, zwar gebe es auch kulturkreisübergreifende Werte, aber: „Anpassung? Die natürlich nicht. Die ist Gift für unsere Kultur von Individualisten." Daraus ergab sich die Schlussfolgerung: „Die Japaner können nur zeigen, wie gut es ist, wenn Werthaltungen eine zentrale Rolle spielen. Sie können nur nichts darüber sagen, <u>welche</u> Werthaltungen wir haben sollen; dies ist unsere eigene Sache."[511]

Entsprechend begannen Wollert und Bihl ein Konzept für eine Personalpolitik zu entwickeln, die gesellschaftliche Einflüsse aus dem Unternehmensumfeld berücksichtigen sollte. Aus ihrer Sicht war es für das Unternehmen von zentraler Bedeutung, dass die Führungskräfte und Personalchefs die gegenwärtigen und künftigen Wertvorstellungen der Mitarbeiter kennen mussten, um dann mit spezifischen personalpolitischen Maßnahmen auf diese reagieren zu können. Die Beschäftigung mit den Werten und die Anerkennung ihrer zentralen Stellung waren aus Sicht von Artur Wollert „existenzentscheidend" für das Überleben des Unternehmens.[512] Ein weiterer Grund für eine mitarbeiterorientierte Personalpolitik bestand laut Wollert in den neuen technologischen Möglichkeiten sowohl für die Produktion als auch für das Personalmanagement durch elektronische Personaldatenverarbeitungssysteme.[513]

Das Ziel der Personalmanager war es insbesondere, den „neuen Freizeitwerten" gerecht zu werden. Die Vorstellung war, dass man diese Freizeitwerte im Unternehmen ausleben können müsse, um zu einem Gleichklang zwischen Freizeit und Berufswelt kommen zu können. In einer Publikation von 1986 formulierte Wollert das so: „Der Mitarbeiter muss seine Konzeption

---

[509] Artur Wollert/Gerhard Bihl, Wertorientierte Personalpolitik, in: Personalführung 16 (1983), S. 154–162; dies., Wertorientierte Personalpolitik II, in: Personalführung 16 (1983), S. 200–205.
[510] Wollert/Bihl, Wertorientierte Personalpolitik, S. 156.
[511] Ludwig Reichart, Wertorientierung – Grundlage für erfolgreiche Unternehmen. Beilage zu BMW intern. Informationsdienst für Führungskräfte, 8.12.1983. BMW-Archiv UU 2631. [Hervorhebung im Original, B. D.]
[512] Artur Wollert, Wertewandel und Anforderungen an die betriebliche Personalpolitik, in: Friedhelm Gehrmann/Thomas Becker (Hrsg.), Arbeitszeit-Flexibilisierung. Tarifpolitische Erfahrungen und neue Modelle in Westdeutschland, Österreich und der Schweiz, Frankfurt a. M./New York 1987, S. 23–35, hier: 27.
[513] Artur Wollert, Techno-Schub zwingt Führung zu Wertumkehr, in: Computerwoche, 10.05.1985.

des Wünschenswerten in seiner Arbeit wiederfinden. Unsere Personalarbeit muss sich daher auf den ganzen Menschen erstrecken. Die Trennscheibe zwischen Arbeits- und Freizeit muss verschwinden."⁵¹⁴ Damit erreiche man eine stärkere Identifikation mit dem Unternehmen: Der Mitarbeiter würde dann idealerweise vom „Arbeitnehmer" zum „produktiven Leistungspartner".⁵¹⁵ Oder wie Wollerts Nachfolger Helmut Schartner das finale Ziel der BMW-Personalpolitik formulierte: „Wir wollen den unternehmerisch agierenden Mitarbeiter."⁵¹⁶

Unter Werten verstanden die Personalexperten bei BMW

> allgemeine Wegweiser für die individuelle Weltorientierung. Sie sind nötig als Stabilisatoren des menschlichen Verhaltens. Werte sind für den Einzelnen Vorstellungen des Wünschenswerten. Sie sind für ihn Kriterien, nach denen er seine Handlungen und das Geschehen um ihn herum einordnet.⁵¹⁷

Dass die Werte, also die „Ziele hinter den Zielen", im Wandel waren, stand für Wollert außer Frage: „Auch der sog. einfache Mann kann heute seiner Konzeption immer mehr nachleben, da die Grundbedürfnisse gedeckt, die hierarchischen Strukturen aufgeweicht und die Glaubensbefehle geschwunden sind."⁵¹⁸ Der gesellschaftliche „Wertewandel" habe eben auch vor den Werkstoren von BMW nicht Halt gemacht, wie auch Helmut Schartner in einem Vortrag bei der österreichischen Personalleitertagung im Oktober 1985 feststellte:

> die Mitarbeiter dienen weniger, d. h. sie sind weniger „diszipliniert", sie sind vielmehr bemüht, ihre eigenen Ziele und Wertvorstellungen zu verwirklichen. Sie denken auch „ökonomischer", d. h. sie stellen in bezug auf Arbeits- und Berufswelt einerseits und Freizeit und Privatleben andererseits – wenn auch nicht immer bewußt – zunehmend Nutzwertanalysen mit Grenznutzenbetrachtungen an.⁵¹⁹

Angesichts der vielen Interpretationen zum „Wertewandel", die in der Bundesrepublik der 1980er Jahre kursierten, versuchte Schartner die Arbeitshaltung der „neuen ‚Mitarbeiterklasse'" bei BMW so zu beschreiben:

---

⁵¹⁴ Artur Wollert, Wertorientierte Personalpolitik – eine Antwort?, in: Friedhelm Gehrmann (Hrsg.), Arbeitsmoral und Technikfeindlichkeit. Über demoskopische Fehlschlüsse, Frankfurt a. M. 1986, S. 229–240. Vgl. auch Artur Wollert, Werteorientierte Personalpolitik als Bestandteil einer gesamthaften Unternehmenspolitik, in: Hermann Bayer (Hrsg.), Unternehmensführung und Führungsethik. Praxiserfahrungen und Perspektiven, Heidelberg 1985, S. 95–114; Artur Wollert, Personalpolitik als betrieblicher Gestaltungsfaktor, in: Paul Gert von Beckerath (Hrsg.), Verhaltensethik im Personalwesen, Stuttgart 1988, S. 11–73.
⁵¹⁵ Wollert, Wertorientierte Personalpolitik – eine Antwort?.
⁵¹⁶ Helmut Schartner, Wertewandel in der Arbeitswelt, Vortrag am 10.10.1985 bei der österreichischen Personalleitertagung in Badgastein. BMW-Archiv, UR 434–1.
⁵¹⁷ Entwurf: Werteorientierte Personalpolitik, 1.10.1984. BMW-Archiv UR 434–1.
⁵¹⁸ Wollert, Wertorientierte Personalpolitik – eine Antwort?.
⁵¹⁹ Helmut Schartner, Wertewandel in der Arbeitswelt, Vortrag am 10.10.1985 bei der österreichischen Personalleitertagung in Badgastein. BMW-Archiv, UR 434–1.

7.3 Die neue Arbeits- und Personalwelt in den 1980er Jahren

Entfremdung ja, aber keine Abwendung und auch keine „Vergiftung" des Arbeitslebens. Arbeit muß sein, Arbeit soll auch sein, aber wenn sie neben vernünftiger Bezahlung nicht auch einen Eigenwert hat, dann kann sie nur das ethische Minimum beanspruchen. Dann geht man hin und tut nur das Nötigste.[520]

Besonders eine spezielle Eigenschaft der Werte fanden die BMW-Personalmanager interessant und identifizierten sie als den entscheidenden Ansatzpunkt für die Motivierung bisher ungenutzter Leistungsressourcen: die Freiwilligkeit der Verpflichtung der Werte, also die Tatsache, dass Werte einen bindenden Charakter haben, dieser aber nicht als einschränkend empfunden wird.

> Die Werte sind ihre Wegweiser, die sie [die Menschen, B. D.] gern akzeptieren. Mit aus diesem Grund sehen wir es als erste Aufgabe jeder Führungskraft an, Werte zu setzen. Sie sind die zentralen Orientierungspunkte für das Handeln der Mitarbeiter und damit Basis für die Legitimation der Führung.[521]

Die Personalmanager des bayerischen Automobil- und Motorradbauers wollten also keineswegs das gesellschaftliche Wertesystem einfach in die Unternehmen kopieren, sondern selbst „Werte" gestalten und „setzen". In diesem Sinne war es aus Sicht der Unternehmen alles andere als ein Nachteil, dass der „Wertewandel" das alte einheitliche gesellschaftliche Wertesystem aufgelöst habe:

> Der heutige Wertepluralismus und Werterelativismus gibt uns die Chance, Wertsysteme planmäßig zu gestalten und zu übertragen. [...] Diese Einsicht, daß nämlich Wertordnungen beeinflußbar und gestaltbar sind, zu gewinnen und zu vermitteln ist wichtigste Aufgabe des obersten Managements.[522]

Die Basis für dieses Wertemanagement durch die Führungskräfte waren Grundwerte, die auf der Basis von eigenen repräsentativen Umfragen in der Bevölkerung, Erkenntnissen aus der Literatur über den „Wertewandel" und BMW-internen Mitarbeitergesprächen eruiert wurden. Dabei wurden insgesamt 16 Grundwerte festgestellt, die das relevante Wertspektrum abbilden sollten.[523]

---

[520] Helmut Schartner, Wertewandel in der Arbeitswelt, Vortrag am 10.10.1985 bei der österreichischen Personalleitertagung in Badgastein. BMW-Archiv, UR 434-1.
[521] Entwurf: Werteorientierte Personalpolitik, 1.10.1984. BMW-Archiv UR 434-1.
[522] Ebd.
[523] Die 16 Grundwerte sind: 1.) Orientierung des Verhaltens (Führungsverhaltens) an ethischen Zielen, 2.) Menschlichkeit (Humanität)/Würde des Menschen, 3.) Liberalität und Toleranz (z. B. gegenüber Randgruppen und Minderheiten), 4.) Gerechtigkeitsstreben, 5.) Eigentum/Besitzstreben, 6.) Prinzip von Leistung und Gegenleistung, 7.) Selbständigkeit und Individualität, 8.) Selbstverwirklichung in der Arbeit, 9.) Selbstverwirklichung außerhalb der Arbeit, 10.) Status, Macht, Hierarchie (Streben nach sozialem Aufstieg), 11.) Streben nach sozialen Kontakten/Gemeinschaftsgefühl, 12.) Information und Kommunikation, 13.) freie Meinungsäußerung, 14.) Sicherheitsstreben, 15.) sozialer Nutzen der Arbeit, 16.) Demokratie (z. B. Beteiligung an Entscheidungen/Selbstbestimmung). Vgl. Gerhard Bihl, Wertorientierte Personalpolitik, in: Personalführung 11–12 (1987), S. 768–785, hier: 772.

7. Die „Aufwertung der Werte"

Für jeden dieser Grundwerte konnten die Personalexperten nun eine Werteskala (von eins bis sechs) entwickeln, auf der der Zustand eines Wertes qualifiziert werden konnte. Es wurde also versucht, anhand der Werteskala zu messen, wie stark ein Wert bei BMW gewichtet wurde (eins = weniger wichtig – sechs = sehr wichtig). Dabei unterschied man zwischen „tatsächlichem Ist", „gegenwärtigem Soll" und „zukünftigem Soll". Die „werteorientierte Personalpolitik" hatte also bereits im Analysestadium einen normativen Charakter. Die Vermessung der Werte richtete sich nach dem Idealzustand eines Wertes für das Unternehmen. Besser verständlich wird die BMW-Werteanalyse anhand eines Beispiels: Für den Wert „Status, Macht, Hierarchie (Streben nach sozialem Aufstieg)" konstatierten die Personalexperten 1983 ein „tatsächliches Ist" von sechs, also eine Beurteilung als sehr wichtig. Das „gegenwärtige Soll" wurde hingegen mit fünf und das „zukünftige Soll" mit 4,5 bemessen, also mit geringeren Gewichtungen. Die Personalmanager erkannten demnach bei BMW 1983 eine zu hohe Gewichtung des Werts „Status, Macht, Hierarchie", die es leicht abzubauen galt.[524]

Auf der anderen Seite des Wertespektrums wurde beispielsweise der Wert „Information und Kommunikation (z. B. Transparenz der betrieblichen Systeme)" mit einem „tatsächlichen Ist" von nur 2,5, aber einem „gegenwärtigen Soll" von vier und einem „zukünftigen Soll" von fünf bewertet. Aus Sicht der Personalmanager wurde der Wert „Information und Kommunikation" bei BMW also deutlich zu gering gewichtet und es galt die Gewichtung dieses Wertes deutlich zu verstärken.[525] Um solche Veränderungen vornehmen zu können, entwickelten die Personalmanager einen detaillierten Strategie- und Maßnahmenkatalog. Von jedem abstrakten Grundwert wurden dabei zunächst allgemeine Ziele, dann personalpolitische Strategien und Konzepte und schließlich ganz konkrete betriebliche Instrumente und Maßnahmen abgeleitet.

Am einfachsten lässt sich dieses Element der „werteorientierten Personalpolitik" wieder mit Hilfe eines Beispiels demonstrieren: Aus dem Grundwert „Selbständigkeit und Individualität" wurden vier personalpolitische Ziele abgeleitet (z. B. „Berücksichtigung des Unternehmensergebnisses bei den Zusatzleistungen" und „Schaffung persönlicher Freiräume und Wahlmöglichkeiten").[526] Auf der Basis dieser Ziele entwickelten die Personalmanager elf personalpolitische Strategien und Konzepte (u. a. „Schaffung und Anwendung leistungsfördernder Entlohnungssysteme", „Flexible Führungskräftestruktur", „Flexibilisierung der Arbeitszeit", „System der Zielvereinbarung"). Aus diesen Strategien und Konzepten wurden dann wiederum 24 konkrete Instrumente und Maßnahmen hergeleitet (u. a. „Prämienlohnsystem", „Erfolgsbeteiligung", „Führungskräftebeurteilung", „Trennung Arbeitszeit/Betriebszeit", „Projektma-

---

[524] Wollert/Bihl, Wertorientierte Personalpolitik, S. 158.
[525] Ebd.
[526] Wollert/Bihl, Wertorientierte Personalpolitik II, S. 202.

nagement/Teamarbeit", „Lernstatt/Qualitätszirkel").[527] Dieses Verfahren ließ sich für jeden der 16 Grundwerte durchführen. Die Idee der Werte und das Konzept des „Wertewandels" wurden auf diese Weise integraler Bestandteil der Unternehmensplanung und reichten von der langfristigen personalpolitischen Strategie bis zur konkreten personenbezogenen Zielvereinbarung.

In einem internen Schreiben an die Führungskräfte des Personalwesens wurde die Zielsetzung der neuen Personalpolitik folgendermaßen zusammengefasst:

> Ausgehend von den Werten und dem Wertewandel unserer Gesellschaft liegt eine personalpolitische Strategie vor, die die langfristigen und grundlegenden Erwartungshaltungen der Mitarbeiter einbezieht und dadurch Rahmenbedingungen für eine größere Effektivität und damit eine höhere „Produktivität" der Mitarbeiter schafft und so den langfristigen wirtschaftlichen Erfolg von BMW sichert.[528]

Die „werteorientierte Personalpolitik" von BMW galt in der deutschen Wirtschaft Mitte der 1980er Jahre als personalpolitische Pionierleistung und als Beispiel einer gelungenen Antwort auf die Herausforderungen durch den „Wertewandel". Die BMW-Personalpolitik machte im wahrsten Sinne „Schule", indem sie von Gerhard Bihl beispielsweise im USW in Schloss Gracht im Weiterbildungsseminar „Wertewandel als Herausforderung für die Unternehmenspolitik" präsentiert wurde.[529] Anschaulich und mit vielen Graphiken wurde den anwesenden Jungmanagern das BMW-Konzept mit seiner simplifizierenden Ableitung von personalpolitischen Maßnahmen aus Grundwerten dargestellt. Solche Managementbeispiele aus der Praxis waren im USW besonders beliebt und die Veranstaltung war mit 90 Teilnehmern „außerordentlich gut besucht und führte zu einem breiten und positiven Presseecho".[530] Es überrascht aber auch nicht, dass die „werteorientierte Personalpolitik" von BMW auch Kritik auf den Plan rief. Diese kam von den Gewerkschaften (insbesondere wenn es um neue Arbeitszeitregelungen ging, worauf weiter unten ausführlich eingegangen wird), aber vereinzelt auch von den Sozialwissenschaften. Der Direktor der Forschungsstelle Sozialökonomik der Arbeit an der Freien Universität Berlin Burkhard Strümpel räumte ein, dass man die Resultate der neuen Personalpolitik bei BMW zwar erst empirisch überprüfen müsse, er war aber grundsätzlich skeptisch: „Es

---

[527] Wollert/Bihl, Wertorientierte Personalpolitik II, S. 202.
[528] Schreiben an Führungskräfte des Personalwesens: Personalpolitisches Strategiepapier, 9.1.1984 [unterzeichnet von Schulz, PZ 10] BMW-Archiv UR 434-1.
[529] Unternehmen und Wertewandel. Wie lauten Antworten für die Personalpolitik? Zusammenfassende Thesen zum Referat von Gerhard Bihl/BMW AG, in: Lutz v. Rosenstiel (Hrsg.), Wertewandel als Herausforderung für die Unternehmenspolitik: Materialien/9. Ludwig-Vaubel-Forum, 22.11.1985 in Schloss Gracht. Universitätsseminar der Wirtschaft, Erftstadt 1985. Vgl. auch Gerhard Bihl, Unternehmen und Wertewandel. Wie lauten Antworten für die Personalpolitik?, in: Rosenstiel/Einsiedler/Streich (Hrsg.), Wertewandel als Herausforderung für die Unternehmenspolitik, S. 53–61.
[530] USW Geschäftsbericht 1985, Deutsche Bank Archiv, Herrhausen. V30/788.

scheint vielmehr, als werden neue Werthaltungen recht oberflächlich aufgegriffen mit dem Ziel, die Leistungsbereitschaft und Loyalität der Mitarbeiter zu steigern."[531]

Die „werteorientierte Personalpolitik" von BMW war nicht das, was sich Strümpel unter einer wirklich wertesensiblen Personalpolitik vorstellte. Tatsächlich hatten die bayerischen Personalexperten und die Unternehmensführung – wie sollte es auch anders sein – ihre Orientierung an Gewinnmaximierung und unternehmerischem Erfolg nicht aufgegeben. Sie waren aber fest davon überzeugt, dass sich die Bedingungen des ökonomischen Erfolgs gewandelt hatten. Die BMW-Führung fragte sich zu Beginn der 1980er Jahre nicht nur vordergründig, ob sie mit der alten Personalpolitik überhaupt noch erfolgreich sein konnte. Die „werteorientierte Personalpolitik" war entsprechend kein „Marketing-Gag". Man war bei BMW überzeugt, dass das Unternehmen zukünftig nur dann erfolgreich sein würde, wenn die Wertvorstellungen der Mitarbeiter im Unternehmen aufgegriffen und gestaltet würden, die „werteorientierte Personalpolitik" sollte entscheidende Produktivitätsvorteile bringen.[532]

Für die Operationalisierung der neuen Strategie waren bei BMW die Führungskräfte besonders gefragt.[533] Sie galten als die entscheidenden Vermittler der neuen personalpolitischen Strategie und als betriebliche Trägerschicht der kulturellen Identität des Unternehmens. Ein wesentlicher Beitrag zu einer Unternehmenskultur liege in der Gestaltung der von den Führungskräften gesetzten Normen und Wertvorstellungen als Ausdruck ihrer bewussten Verantwortung für das Unternehmen, so Helmut Schartner.[534] Um den gesellschaftlichen „Wertewandel" besser zu verstehen, schickte BMW seine Führungskräfte regelmäßig zu Weiterbildungsseminaren des USW. Dort wurden ihnen beispielsweise im BMW-Seminar vom 13. bis 24. Januar 1985 Themen nahegebracht wie „Wertewandel und Wirtschaftsethik", „Jugend zwischen Optimismus und Pessimismus" und „Politische und ökonomische Vorstellungen der Grünen".[535]

Die Führungskräfte bei BMW waren aufgefordert, sich an konkreten Konzepten zur Schaffung interner Aufstiegs- und Entwicklungsmöglichkeiten auf allen Ebenen und an der „Bereinigung bestehender Entgeltstrukturen" durch Einführung neuer, „leistungsbezogener Lohn- und Gehaltssysteme" sowie durch

---

[531] Burkhard Strümpel, Werte im Wandel – starre Strukturen in der Arbeitswelt, in: Walter Bungard (Hrsg.), Investitionen in die Zukunft. Szenarien 2000, Siebter Deutscher Quality Circle Kongress 1988, Mannheim 1989, S. 67–75.
[532] Aktennotiz „Referat einer wertorientierten Personal- und Unternehmenspolitik", 11.11.1985. BMW-Archiv UR 434-1.
[533] Protokoll der Vorstandssitzung vom 20.12.1983. BMW-Archiv UA 1440-1.
[534] Helmut Schartner, Wertewandel in der Arbeitswelt, Vortrag am 10.10.1985 bei der österreichischen Personalleitertagung in Badgastein. BMW-Archiv, UR 434-1.
[535] BMW-Archiv UR 4941-1 und UR 4942-1.

"Optimierung des Zusatzleistungsprogrammes" zu beteiligen.[536] Doch es ging nicht nur um materielle, sondern vor allem um ideelle Veränderungen. Ein konkretes Ziel war die Gestaltung und Durchsetzung einer eigenen „Führungsethik", also eines kollektiven Identitäts- und Gemeinschaftsangebots zur Leistungssteigerung und Überhöhung der betrieblichen Wirklichkeit. In Abstimmung mit dem Vorstand bemühten sich die Personalmanager um die Mitarbeit der Führungskräfte bei der Erarbeitung der „Führungsethik". Parallel zu der Erarbeitung der neuen Personalpolitik und aus den gleichen Motiven hatten Wollert und seine Leute die sogenannte Ammerwald-Reihe erarbeitet.[537] Im firmeneigenen Erholungs- und Bildungszentrum Alpenhotel Ammerwald wurde mit allen oberen Führungskräften gruppenweise in dreitägigen Diskussionen das BMW-Grundverständnis erarbeitet. Die Grundsätze der BMW-Führungskultur wurden vom Vorstand und Aufsichtsrat akzeptiert und anlässlich des fünften BMW-Tages im Frühjahr 1985 offiziell verabschiedet.[538] In der BMW-Führungskultur sollte die „Leistungsethik" weiter im Zentrum stehen, aber da Arbeit als Identifikationsanreiz nicht mehr ausreiche, müssten andere Anreize hinzukommen, so Helmut Schartner.[539] Oder anders formuliert: „Das Unternehmen muß – deutlicher als bisher – eine sozialintegrative Rolle einnehmen (siehe das Beispiel Japan)."[540]

Die neue Unternehmenskultur machte auch klare normative Vorgaben für die betriebliche Führung. Die BMW-Führungskräfte sollten nicht einen autoritären, sondern einen „situativen Führungsstil" praktizieren, erklärte Gerhard Hehl, Leiter Personalentwicklung, in der internen Führungskräfte-Publikation *Menschen, Arbeit, Mitarbeiter*: „Führung, wie wir sie verstehen, ist nicht undemokratisch. Sie vermittelt nicht autoritär Befehle, sie überzeugt den Mitarbeiter, seine Aufgaben engagiert zu leisten."[541] Die Führungskraft müsse den Mitarbeitern „innerhalb klarer Aufgabenstellung persönliche Freiräume schaffen und sie dabei unterstützen, diese optimal auszufüllen".[542] Von den Führungskräften wurde verlangt, als Leitfiguren die „BMW-Werte" vorzuleben. Verhaltensverstöße waren keine individuellen Fehltritte, sondern wurden als Verletzung der

---

[536] Schreiben an Führungskräfte des Personalwesens: Personalpolitisches Strategiepapier, 9.1.1984 [unterzeichnet von Schulz, PZ 10] BMW-Archiv UR 434-1.
[537] Protokoll der Vorstandssitzung vom 20.12.1983. BMW-Archiv UA 1440-1.
[538] Grundsätze der BMW-Führungskultur. Orientierungsrahmen als Ergebnis der 4. Ammerwald-Reihe zur „Führungsethik". Grundsätze der Personal- und Unternehmenspolitik, hrsg. v. Bayerische Motoren-Werke, München 1985.
[539] Helmut Schartner, Wertewandel in der Arbeitswelt, Vortrag am 10.10.1985 bei der österreichischen Personalleitertagung in Badgastein. BMW-Archiv, UR 434-1.
[540] Ebd.
[541] Gerhard Hehl, Rolle und Aufgabe einer Führungskraft bei BMW, 1983–84, in: Menschen, Arbeit, Mitarbeiter 5. BMW-Archiv UU 1132-10.
[542] Ebd.

wertebasierten Unternehmensphilosophie gemaßregelt. In einem Schreiben des Vorstandsvorsitzenden Eberhard von Kuenheim wurden Vorfälle von falschen Spesenabrechnungen, Annahme von Geschenken und Alkohol am Steuer kritisiert: „Als Führungskraft kann nur gelten, wer seinem Handeln Wertmaßstäbe zugrunde legt und so sein Handeln vor sich selbst, vor der Unternehmensleitung und vor den Mitarbeitern vertreten kann."[543]

Die Führungskräfte waren bei BMW als „wertsetzende Vorbilder" gefragt,[544] sie sollten die Implementierung und Weiterentwicklung der neuen Personalpolitik gestalten, waren aber auch selbst Objekt der neuen Politik. Gerade bei den unteren und mittleren Führungskräften sah der BMW-Vorstand 1985 dabei noch Probleme, weil das „erhebliche kreative und Führungspotential" dieser Gruppe immer noch nicht voll genutzt werde. Daher sei es Aufgabe der oberen Führungskräfte, „dieses Potential zur Entfaltung kommen zu lassen, um dem Mitarbeiter die Chance zur Selbstverwirklichung und Identifikation mit der Arbeit zu bieten und dem Unternehmen den vollen Nutzen zukommen zu lassen".[545] Der neue Führungsstil auf Basis der BMW-Werte müsse noch konsequenter umgesetzt werden.[546]

Ein bereits seit 1983 erprobtes personalpolitisches Steuerungsmittel zur Durchsetzung dieses Führungsstils war die sogenannte „Aufwärtsbeurteilung", also die Beurteilung des Führungsverhaltens durch die untergebenen Mitarbeiter mittels eines Fragebogens.[547] Diese diente der kommunikativen Rückkopplung im Betrieb, war aber freiwillig und anonym. Das Beurteilungsergebnis erhielt ausschließlich der beurteilte Vorgesetzte, während die für die Personalentwicklung zuständige Zentralstelle lediglich aggregierte Größen und Durchschnittswerte bekam. Der Fragebogen trug ganz deutlich die Handschrift der Personalplaner und ihrer „werteorientierten Personalpolitik". Anhand von 32 Beurteilungskriterien – wie „Überträgt dort, wo es möglich ist, ganze Aufgabenkomplexe und nicht nur Einzelaufgaben" oder „Gibt mir Gelegenheit zur Abgabe meines eigenen Urteils und ermöglicht mir, an Entscheidungen mitzuwirken" – konnte so überprüft werden, inwieweit die BMW-Manager dem Idealbild der delegierenden, motivierenden, kommunikativen, kooperativen, fördernden Führungskraft entgegenkamen.[548] Ziel war eine permanente Verbesserung des Führungsverhaltens.

---

[543] Undatiertes Schreiben des Vorstandes, unterzeichnet von v. Kuenheim und Dr. Safert. BMW Archiv, UR 434-1.
[544] Führungskräfte. Zurück zum Vorbild, Wirtschaftswoche, 3.1.1986.
[545] Protokoll der Vorstandssitzung, 26.11.1985. BMW-Archiv UA 1437-1.
[546] Ebd.
[547] Vgl. Helmut Schartner, Aufwärtsbeurteilung bei BMW, in: Riekhof (Hrsg.), Strategien der Personalentwicklung, S. 269–282.
[548] Vgl. ebd.

Aus Sicht des BMW-Vorstands war dies vor allem auch aufgrund von ökonomischen Strukturveränderungen notwendig. Das rasche Wachstum, die zunehmende Regionalisierung der Produktion, die Internationalisierung des Geschäftes und die starke Diversifizierung würden eine „weitgehende Dezentralisierung operativer Entscheidungen" verlangen. Während „strategische Festlegungen" weiter zentral zu treffen seien, werde die „aufgabenbezogene Selbstkoordination auf nachgeordneten Führungsebenen" immer wichtiger.[549] Es bedürfe daher besonders kompetenter, entscheidungsfreudiger Führungskräfte. „Die Rückdelegation operativer Entscheidungen an höhere Instanzen muß vermieden werden. Die oberen Führungsebenen und insbesondere der Vorstand müssen sich auf die grundlegenden, strategischen Entscheidungen konzentrieren können." Damit war auch die bisherige vorwiegend funktional orientierte Organisationsstruktur in Frage gestellt. Ein Aufbrechen der zentralen Unternehmensorganisation zugunsten stärker dezentraler und netzwerkartiger Strukturen war aus Sicht der BMW-Führung notwendig. „Neben die Linienorganisation treten zunehmend Matrixbeziehungen u. a. in der Form von Projektteams und Ausschüssen".[550] Eine „projekt- und funktionsbezogene Zusammenarbeit" in Teams war angesichts der technischen Entwicklung besser möglich. „Die schrittweise Einführung von Techniken wie elektronisches Telefon und elektronischer Briefkasten, Textverarbeitung und elektronische Archivierung, Video-Konferenztechnik und Datenfernübertragung zu Lieferanten ist geplant."[551] Neue Organisationsstrukturen und neue Personalpolitik wurden bei BMW Mitte der 1980er Jahre zusammengedacht, und im Zentrum aller Überlegungen stand als Verkörperung aller normativen Vorgaben: die Führungskraft.

Das galt insbesondere für die Flexibilisierung der Arbeitszeit und mündete bei BMW in einer gänzlichen Auflösung bisher gängiger Arbeitszeitstrukturen gerade für die Manager. Zum Ende der 1980er Jahre verdichtete sich die Führungskräfte-Arbeitszeitpolitik im Begriff der „Zeitsouveränität". „Zeitsouveränität für Führungskräfte" bedeutete bei BMW ab 1988, dass es für die außertariflichen Führungskräfte keine Erfassung der täglichen Arbeitszeit mehr gab. Auf der Basis einer 40-Stunden-Woche wurde die Arbeitszeit den betrieblichen Erfordernissen angepasst. „Zeitsouveränität" besagte also, dass es keine formale Zeiterfassung mehr gab und sich die tägliche Anwesenheit zumindest formal ausschließlich nach den betrieblichen Notwendigkeiten richtete. Im Vordergrund standen „Funktionserfüllung" und „Verantwortungsbewusstsein", also nicht die Ableistung einer genau zu messenden Stundenzahl, sondern

---

[549] Protokoll der Vorstandssitzung, 25.9.1984. BMW-Archiv, UA 1438-1.
[550] Ebd.
[551] Ebd.

eine fest umrissene Aufgabenerfüllung. Für das obere Management ging man bei BMW noch einen Schritt weiter: Die seit 1989 geltende „volle Zeitsouveränität" bedeutete, dass Urlaubskonten ganz abgeschafft wurden und eine strikte Ergebnisorientierung der Arbeit sämtliche Regelungen zur Zeiterfassung obsolet machen sollte.[552] Für die Führungskräfte bei BMW entstand also in den 1980er Jahren ein neues Ordnungsmuster, das sämtliche bisherigen kollektiven Arbeitszeitregelungen ablöste. Die Arbeitszeit der Manager wurde entstrukturiert, entkollektiviert und vollständig individualisiert. Diese Politik war ein früher Beitrag zur Ausdifferenzierung und Flexibilisierung gesellschaftlicher Zeitstrukturen. Noch stärker wahrgenommen wurde zeitgenössisch aber ein anderer Vorstoß von BMW zur Flexibilisierung der Arbeits- und Lebensrhythmen: die wertebasierte Personalpolitik mit der Wiedereinführung der Samstagsarbeit im Autowerk Regensburg.

7.3.3 Das Werk Regensburg als Keimzelle eines neuen Arbeitszeitregimes

Nach der Grundsteinlegung durch Ministerpräsident Franz Josef Strauß am 2. April 1984 dauerte es keine drei Jahre, bis im November 1986 der erste 3er-BMW aus dem Regensburger Werk vom Montageband rollte. Der neue Standort galt aufgrund seiner intelligenten Konzeption, seiner Infrastruktur und mitarbeiterorientierten Gestaltung als eine der modernsten Automobilfabriken der Welt und man rechnete mit einem Investitionsvolumen von 1,3 Milliarden DM.[553] Die anvisierten 3500 Arbeitsplätze sollten dem Großraum Regensburg „manche Sorgen nehmen, der Geschäftswelt neue Impulse geben und die Gesamtstruktur weiter verbessern", informierte eine Pressemitteilung.[554] Intern hatte man mit dem Werk noch andere Pläne. In Regensburg sollten die aus dem Kampf um die 35-Stunden-Woche gezogenen Lehren personal- und organisationspolitisch konsequent umgesetzt werden. Im BMW-Vorstand wurde unter dem Tagespunkt „Analyse und Konsequenzen aus dem Arbeitskampf in der Metallindustrie" beschlossen, dass vor allem die im Metalltarifvertrag vereinbarten Regelungen zur Flexibilisierung der Arbeitszeit „betrieblich ausgefüllt werden"

---

[552] Peter Gassner, Formel für Arbeit. Flexible Gestaltung der Arbeitszeit, in: Hans-Jörg Bullinger/Hans Jürgen Wernecke/Engelbert Westkämper (Hrsg.), Neue Organisationsformen im Unternehmen. Ein Handbuch für das moderne Management, 2. Auflage, Berlin 2003, S. 1086.
[553] Rudolf Ebneth, Die Autostadt. Die BMW-Ansiedlung in Regensburg. Neue Perspektiven für Stadt und Region, in: Peter Schmid (Hrsg.), Geschichte der Stadt Regensburg, Bd. 1, Regensburg 2000, S. 517–532.
[554] Presseinformation BMW AG, BMW-Grundsteinlegung Werk 6 in Regensburg, April 1984. BMW-Archiv UA 1601-1.

7.3 Die neue Arbeits- und Personalwelt in den 1980er Jahren

sollten,[555] die Gegenleistung der Gewerkschaften für die Arbeitszeitverkürzung also voll beansprucht werden sollte.

Von den ersten Planungen an war dabei Regensburg ein wichtiges Experimentierfeld für die neuen unternehmenspolitischen Strategien. Das galt insbesondere für das neue Konzept der „werteorientierten Personalpolitik". Den Führungskräften des Personalwesens erklärte man das so: „Erstmals besteht die uneingeschränkte Möglichkeit, ein neues Werk tatsächlich ‚auf der grünen Wiese' zu planen und zu gestalten. Dieser Freiraum soll durch die konsequente Umsetzung der vorgeschlagenen Strategien und Konzepte in der Praxis genutzt werden."[556] Zur Planung „auf der grünen Wiese" gehörte auch eine strategische Personalauswahl, die konsequent auf junge, flexible und besonders leistungswillige Mitarbeiter setzte. Unter den 30.000 Bewerbungen für die Stellen im neuen Werk wurden 3000 Personen ausgewählt, die mit einem Durchschnittsalter von 27 Jahren relativ jung waren und bei der Einstellung bekundeten, auch am Samstag arbeiten zu wollen. Schon bei der Personaleinstellung war also die Bereitschaft der Mitarbeiter, ihre Lebensplanung und ihr Familienleben in einem stärkeren Maß als bisher in anderen Werken den betrieblichen Interessen und Anforderungen unterzuordnen, wichtiges Auswahlkriterium geworden. Insbesondere bei der Auswahl der BMW-Führungskräfte für Regensburg sollten diese Leistungskriterien kompromisslos angewandt werden.[557]

Verantwortlich für die systematische Ausgestaltung und Umsetzung des personalpolitischen Konzepts in dem neuen Werk war Gerhard Bihl, der Personalchef in Regensburg wurde.[558] Die aus den Grundwerten abgeleiteten personalpolitischen Maßnahmen wurden nun erstmals in ihrer ganzen Bandbreite angewandt. Dies konnte vergleichsweise unspektakulär daherkommen: So wurden beispielsweise – auf der Basis des Werts „Information und Kommunikation" – die Informations- und Kommunikationsprozesse intensiviert und neben der allgemeinen Mitarbeiterzeitung *Bayernmotor* weitere auf die verschiedenen Hierarchieebenen angepasste Mitarbeiterzeitschriften eingeführt und um ein weiteres

---

[555] Protokoll der Vorstandssitzung vom 4.12.1984. BMW-Archiv UA 1438-1. Vgl. auch Protokoll des Vorstands, 9./10.7.1984. BMW-Archiv, UA 1438-1; Protokoll des Vorstands, 19.6.1984. BMW-Archiv, UA 1438-1.
[556] Schreiben an Führungskräfte des Personalwesens: Personalpolitisches Strategiepapier, 9.1.1984 [unterzeichnet von Schulz, PZ 10] BMW-Archiv UR 434-1.
[557] Protokoll der Vorstandssitzung vom 20.12.1983. BMW-Archiv UA 1440-1.
[558] Bihl, Wertorientierte Personalpolitik. Vgl. auch ders., Werteorientierte Personalarbeit. Strategie und Umsetzung in einem neuen Automobilwerk, München 1995; ders., Anreizaspekte einer wertorientierten Personalpolitik in einem neuen Automobilwerk bei BMW, in: G. Schanz (Hrsg.), Handbuch Anreizsystem in Wirtschaft und Verwaltung, Stuttgart 1991, S. 933–964; Helmut Schartner, Eine neue Rolle des Personalwesens bei BMW, in: Personalführung 1 (1990), S. 32–37; Gerhard Berghahn/Gerhard Bihl/Manfred Theunert, BMW-Werk Regensburg I, in: Personalführung 11 (1990), S. 768–775; dies., BMW-Werk Regensburg II, in: Personalführung 12 (1990), S. 836–841.

Informationsblatt für den Standort Regensburg ergänzt.[559] Größere Auswirkungen hatten die personalpolitischen Maßnahmen, die aus dem Wert „Leistung und Gegenleistung" abgeleitet wurden. In diesem Fall hieß es, dem allgemeinen Wertewandel „entgegenzusteuern und dem Leistungsprinzip bei BMW weiterhin allerhöchste Priorität beizumessen". Der Maßnahmenkatalog reichte hier von einer Optimierung der Personalauswahl („Assessment-Center-Methode") über eine konsequente Anwendung des Leistungsprinzips bei der Führungskräftepolitik („Loslösung von leistungsfremden Kriterien wie z. B. dem Geschlecht der Kandidaten für die jeweilige Führungsposition") bis hin zu einer leistungsorientierten Entgeltpolitik („neugestaltetes Entgeltsystem für Führungskräfte" mit deutlich stärkerem Anteil von „variablen Entgeltbestandteilen").[560]

Bei den organisatorischen Maßnahmen zur Entfaltung und Förderung von Gruppenarbeit und Teampotentialen konnten die Personalplaner auf das schon in den 1970er Jahren eingeführte Konzept der Lernstatt zurückgreifen. Das Kürzel steht für „Lernen in der Werkstatt" und war ursprünglich eingeführt worden, um ausländischen Mitarbeitern die Integration im Betrieb zu erleichtern. Wegen seines Erfolgs wurde es für alle Mitarbeiter ausgebaut und avancierte zu einem etablierten Führungsinstrument von BMW. In Lernstattgruppen trafen sich auf strikt freiwilliger Basis kleinere Teams, um arbeits- und betriebsbezogene Probleme und mögliche betriebliche Verbesserungen offen und ohne formale Kontrolle durch Führungskräfte zu diskutieren. Die Lernstatt war ein Konzept von BMW, auf das die Personalplaner von BMW gerade im Zusammenhang mit der Rezeption japanischer Organisationsmethoden ostentativ stolz waren: „Die BMW-Lernstatt war fast ein Jahrzehnt vor Einführung der japanischen Quality-Circles in Europa als eine deutsche Alternative in unserem Unternehmen entwickelt worden."[561] Tatsächlich war das Konzept erfolgreich, wofür sein systematischer Ausbau und die hohen Teilnehmerzahlen in den 1980er Jahren sprechen: Ab 1984 wurde es nicht mehr nur in der Produktion, sondern auch in den Entwicklungsabteilungen, der Logistik, der Verwaltung und im Ausbildungswesen praktiziert, und bis 1986 hatten bereits 9000 BMW-Mitarbeiter an Lernstattaktivitäten teilgenommen.[562] In Regensburg wurde das Lernstattkonzept zusammen mit anderen Programmen wie dem Betrieblichen Vorschlagswesen als Teil der „werteorientierten Personalpolitik" ausgebaut, um dem Wert „Selbstverwirklichung in der Arbeit" besser gerecht zu werden.[563] Laut Bihl konnten gerade diese personalpolitischen Maßnahmen dazu beitra-

---

[559] Bihl, Wertorientierte Personalpolitik, S. 774 f.
[560] Ebd., S. 777 f.
[561] Helmut Schartner, Wertewandel in der Arbeitswelt, Vortrag am 10.10.1985 bei der österreichischen Personalleitertagung in Badgastein. BMW-Archiv, UR 434-1.
[562] Michael Jungblut, Nicht nur faul und geldgierig. Die „Lernstatt" fördert Integration und Kommunikation der BMW-Mitarbeiter, in: Die Zeit, 17.1.1986.
[563] Das BVW als Teil der wertorientierten Personalpolitik bei BMW. BMW Archiv, UR 434-1.

gen, „unter den Mitarbeitern enge Beziehungen herzustellen, diese zu vertiefen, Arbeitsabläufe zu koordinieren, Arbeitseffizienz zu optimieren, Konzeptionen zu formulieren sowie jedem einzelnen soviel Spielraum und Anstöße für seine freie Entfaltung zu schaffen wie möglich"[564].

Aber keine personalpolitische Maßnahme erregte auch nur annähernd so viel Aufmerksamkeit wie die in Regensburg erprobten und schließlich fest eingeführten flexiblen Arbeitszeitkonzepte, die als „Regensburger Modell" deutschlandweit diskutiert und auch im Ausland wahrgenommen wurden.[565] „Flexible Arbeitszeitgestaltung" hatte bis dahin auch bei BMW zunächst vor allem Teilzeitarbeit für weibliche Mitarbeiter in der Verwaltung bedeutet.[566] In Regensburg wurde nun aber umfassender geplant. Ausgangspunkt der Flexibilisierung der Arbeitszeit war der Wert „Selbständigkeit und Individualität", dem laut der internen Analyse bei BMW bisher nicht ausreichend entsprochen worden sei. Also wurden eine ganze Reihe von neuen Wahlmöglichkeiten zur individuellen Arbeitszeitgestaltung geschaffen. Dies reichte von einer Zunahme der Teilzeitarbeit über eine Ausweitung der Gleitzeit bis zu verschiedenen Programmen zur vorzeitigen Pensionierung. Der eigentliche Kern des „Regensburger Modells" war jedoch der Versuch, alternative Schichtpläne einzuführen, die Arbeitszeit und Betriebszeit trennen sollten.

Die Gründe für die Suche nach alternativen Schichtplänen waren nicht nur personalpolitischer, sondern auch ökonomischer Natur. Angesichts der hohen Investitionssumme in Regensburg, mit der man auch auf die steigende Nachfrage reagiert hatte, und der allgemeinen Arbeitszeitverkürzungstendenz in der Metallindustrie suchte man in Regensburg nach Modellen einer besseren Ausnutzung der Ressource Arbeitszeit. Ziele waren eine verstärkte Auslastung der Produktionsanlagen, eine Senkung der Betriebskosten *und* eine Flexibilisierungsmöglichkeit von Arbeitszeit über individuelle Regelungen. Im BMW-Vorstand wurde die Einführung des neuen Arbeitszeitmodells im November 1984 beschlossen. Entsprechende Gespräche mit dem Betriebsrat sollten schnell eingeleitet werden:

> Der Neubau des Werkes 6 bietet die Möglichkeit, dieses Modell unabhängig von Traditionen und bestehenden einzelvertraglichen Regelungen und unter Ausnutzung des Gestaltungsrahmens des bayerischen Metalltarifvertrages einzuführen. [...] Die Anlagenlaufzeit und damit die Kapazität können dadurch theoretisch um 35 % gesteigert werden; entsprechend viele Arbeitsplätze würden zusätzlich geschaffen. Das Modell erlaubt eine flexible, dem Bedarf angepaßte Handhabung.[567]

---

[564] Bihl, Wertorientierte Personalpolitik, S. 782.
[565] Vgl. auch Manfred Theunert, Das Regensburger Modell von BMW. Ein neuer Weg für Schicht- und Gleitzeit, in: André Büssing/Hartmut Seifert (Hrsg.), Sozialverträgliche Arbeitszeitgestaltung, München 1995, S. 235–242.
[566] Gerhard Bihl, Die Bedeutung flexibler Arbeitszeitsysteme, in: Personalführung 8/9 (1982), S. 186–193.
[567] Protokoll des Vorstands, 13.11.1984. BMW-Archiv, UA 1438-1.

Außerdem werde eine Übertragung des Modells auf die anderen BMW-Werke angestrebt, daher sei zu prüfen, wie eine solche Ausweitung organisatorisch möglich wäre.[568]

Die Grundidee des Regensburger Modells bestand nun darin, dass die Mitarbeiter eine durchschnittliche Wochenarbeitszeit von 36 Stunden bei einer Schichtzeit von neun Stunden arbeiteten. Dabei wechselten sich durch einen veränderten Schichtenrhythmus drei Arbeitnehmer auf zwei Arbeitsplätzen ab. Die Anlagennutzung erfolgte an sechs Tagen, der Samstag wurde also in die Arbeitszeit einbezogen. Das bedeutete, dass der einzelne Mitarbeiter vier Tage am Stück arbeitete und einmal in drei Wochen dann auch der Samstag zum individuellen Schichtplan gehörte. Gearbeitet wurde also mal montags bis donnerstags, mal mittwochs bis samstags.[569] Verglichen mit einem alten Schichtplan von zwei Schichten zu je acht Stunden an fünf Tagen resultierte der neue Plan in einer Reduktion der individuellen Wochenarbeitszeit von 40 auf 36 Stunden, aber in einer Verlängerung der wöchentlichen Betriebszeit von 80 auf 108 Stunden. Die Betriebszeit wurde also über die individuelle Arbeitszeit eines einzelnen Mitarbeiters ausgedehnt. Zusätzliche Arbeitsplätze und eine erhebliche Steigerung der Stückzahlen waren demnach die Folge der Entkopplung von Betriebs- und Arbeitszeit.[570] Die demonstrative Verbundenheit zum Standort Bayern und die Arbeitsplatzsicherung in Zeiten hoher Arbeitslosigkeit und internationalen Wettbewerbs waren dabei die zentralen Argumente der BMW-Führung für die Notwendigkeit einer höheren Kapazitätsauslastung im neuen Werk in der Oberpfalz. Der Vorstandsvorsitzende Eberhard von Kuenheim erklärte auf einer Betriebsversammlung im November 1986: „Wenn wir uns eine persönlich kürzere Wochenarbeitszeit leisten wollen, müssen zumindest die industriellen Anlagen länger eingesetzt werden."[571]

Einen ersten Test für das neue Arbeitszeitmodell startete der Regensburger Personalchef Gerhard Bihl im Sommer 1986. Da aber die Werksleitung nur 36 Stunden und nicht die volle Wochenarbeitszeit von 38,5 Stunden nach dem Tarifvertrag zahlen wollte, lehnte der Gesamtbetriebsrat die Regelung ab. Der BMW-Gesamtbetriebsratsvorsitzende Kurt Golda kritisierte das Modell als ein „Unterlaufen des Tarifvertrages" und verlangte die „Beendigung des Experi-

---

[568] Protokoll des Vorstands, 13.11.1984. BMW-Archiv, UA 1438-1. Vgl. auch Protokoll des Vorstands, 2.8.1984. BMW-Archiv, UA 1438-1.

[569] Dieses Modell geht auf die Überlegungen des Organisationsfachmanns Willi Haller zurück, der bereits in den 1970er Jahren flexible Arbeitszeitkonzepte entwickelt hatte und als „Vater der Gleitzeit" gilt. Vgl. Willi Haller, Zwei Jobs für drei, in: Manager Magazin 8 (1977); ders./Hermann Neher, Arbeiten wir zeitgemäß? Flexible Arbeitszeit als unternehmerische Chance, Wiesbaden 1986.

[570] Berghahn/Bihl/Theunert, Zukunftsorientierte Arbeitsgestaltung am Beispiel BMW Werk Regensburg.

[571] Bayernmotor. Zeitung für die BMW-Mitarbeiter 12 (1986), S. 2.

7.3 Die neue Arbeits- und Personalwelt in den 1980er Jahren

ments".[572] Neben negativen Folgen für das Familienleben und das Wohlergehen der Beschäftigten unter dem neuen Arbeitszeitregime hatte Golda bei seinem Widerstand auch langfristige unternehmensstrategische Gesichtspunkte im Blick. Die mit der neuen Regelung mögliche Kapazitätssteigerung des Regensburger Werks würde zwar zu mehr, aber keineswegs sicheren Arbeitsplätzen führen. Seine Sorge war außerdem, dass die Mehrproduktion von Fahrzeugen keine entsprechende Nachfrage finden würde und BMW stattdessen in der Massenfertigung von Autos seine Exklusivität verlieren könnte. „In diesem Falle wäre die Folge, da braucht man kein Experte zu sein, daß wir uns in [sic!] einen tödlichen Konkurrenzkampf, insbesondere mit den Japanern, einlassen würden, den wir nicht gewinnen könnten."[573] Auf einer BMW-Betriebsversammlung erklärte er am 28. April 1986 im Hinblick auf Urlaubs- und Arbeitszeitregelungen angesichts des internationalen Konkurrenzdrucks: „Der Betriebsrat ist wie in der Vergangenheit so auch in der Zukunft flexibel, das setzt natürlich voraus, daß die Mehrproduktion tatsächlich in den Markt abfließt und nachweisbar der Auftragseingang so hoch ist, daß er zu nicht vertretbaren Lieferfristen führen könnte."[574]

Tatsächlich sah der BMW-Vorstand durch die japanische Konkurrenz auch die Position von BMW „als relativ kleine[m] Anbieter von Exklusiv-Fahrzeugen" in Gefahr. Die „Steigerung des Innovationstempos in Japan" wirke sich auf alle europäischen Automobilhersteller aus. Insbesondere die Firma Honda bemühe sich mit wachsendem Erfolg um ein eigenständiges Image und werde „auf einigen Auslandsmärkten ein zunehmend wichtigerer Konkurrent für BMW".[575] Die Schlussfolgerung von BMW-Mitarbeitern aus Japan-Besuchen war aber eben nicht unbedingte Massenproduktion, sondern Steigerung der Innovation und Qualität, um die Differenzierung zur Konkurrenz zu erreichen.[576] „Die Gefahr für BMW kommt nicht nur aus Stuttgart oder Ingolstadt, sondern zunehmend aus Japan (insbes. Honda)."[577] Dabei hatte man insbesondere Sorge um den wichtigen US-Markt: „In den USA liegen Japaner beim Image-Merkmal ‚technisch fortschrittlich' vor den deutschen Anbietern."[578]

---

[572] Manager und Märkte, in: Die Zeit, 15.8.1986.
[573] Kurt Golda, Flexibilisierung aus Sicht von Arbeitnehmern und deren Angehörigen, in: Friedhelm Gehrmann/Thomas Becker (Hrsg.), Arbeitszeit-Flexibilisierung. Tarifpolitische Erfahrungen und neue Modelle in Westdeutschland, Oesterreich und der Schweiz, Frankfurt 1987, S. 47–56, hier: 51. Vgl. hier noch BMW Regensburg Umfrage, in: Manfred Garhammer, Balanceakt Zeit. Auswirkungen flexibler Arbeitszeiten auf Alltag, Freizeit und Familie, Berlin 1994.
[574] Kurt Golda, Zur Betriebsversammlung am 28.4.1986, BMW-Archiv, UA 757.
[575] Protokoll der Vorstandssitzung, 3.12.1985. UA 1437-1.
[576] Ebd.
[577] Schlussfolgerungen für BMW aus dem Japan-Besuch anlässlich der Tokyo Motor Show 1985. BMW-Archiv UA 1437-1.
[578] Aufgaben zur Erreichung der produktpolitischen Ziele, 29.11.1985. BMW-Archiv UA 1437-1.

Samstagsarbeit diente aus Sicht des BMW-Vorstands einer höheren Produktionsauslastung bei gleichzeitiger Steigerung von technischen Innovationen. „Technisch funktionale Spitzenprodukte mit hohem Erlebniswert" sollten angeboten werden, aber auch im „hochwertigen Leistungssegment" erwartete die BMW-Führung 1985 eine sich immer weiter verstärkende internationale Konkurrenz.

> Der Markt verlangt daher von BMW noch größere Leistungen, um bei der hohen Fortschrittsgeschwindigkeit der Wettbewerber noch einen technischen Vorsprung zu behaupten und damit die Voraussetzungen zur Durchsetzung einer Hochpreispolitik in Verbindung mit den geplanten Absatzmengen zu besitzen. Die Dynamik der Wettbewerber bestimmt also das notwendige Tempo bei BMW und nicht die augenblickliche Möglichkeit der Fachstellen.[579]

Das Argument vom Druck durch den internationalen Wettbewerb wurde nicht von allen akzeptiert. Die DKP-Betriebsgruppe von BMW leistete mit ähnlichen Argumenten entschiedenen Widerstand gegen die Samstagsarbeit wie der Gesamtbetriebsrat. Unter der fehlenden gemeinsamen Freizeit am Samstag würden Kinder, Ehe und Gesundheit leiden: „Und den Samstagnachmittag auf dem Fußballplatz kann man dann ganz abschreiben."[580] Sorge hatte man auch davor, dass das Regensburger Modell auf andere BMW-Werke übertragen werden könnte (und lag – wie oben gesehen – mit diesen Befürchtungen durchaus richtig). Vor allem fürchtete die DKP-Betriebsgruppe aber die nationale Wirkung, die vom Regensburger Modell auf die nächsten Tarifverhandlungen und die Forderungen der Arbeitgeber ausgehen könnte:

> Dieses Modell passt voll in das Konzept des Unternehmerverbandes Gesamtmetall. Denn diese Entkopplung der persönlichen Arbeitszeit von der Betriebsnutzungszeit und eine Flexibilisierungskampagne werden die Hauptforderungen der Unternehmer im nächsten Arbeitskampf werden.[581]

Man einigte sich 1986 schließlich auf einen „höheren Flexibilisierungsgrad" im Regensburger Werk: Das neue Modell wurde zunächst im Einschichtbetrieb umgesetzt, aber der freie Samstag wurde vorerst nicht angetastet. 1988 machte die Unternehmensführung mehr Druck: Es sollte zunächst der Einschichtbetrieb auch auf den Samstag ausgedehnt und zwei Jahre später der geplante Zweischichtbetrieb einschließlich der Samstagsspätschicht eingeführt werden. Gedroht wurde mit einer Kündigung der Gesamtbetriebsvereinbarungen über

---

[579] Aufgaben zur Erreichung der produktpolitischen Ziele, 29.11.1985. BMW-Archiv UA 1437-1.
[580] Weg mit den Überstunden! 35-Stunden-Woche bei vollem Lohnausgleich, in: Die Zündung. Zeitung der DKP-Betriebsgruppe für die Arbeiter und Angestellten bei BMW, 27.1.1987, S. 2.
[581] Samstagsarbeit? Nie wieder!, in: Die Zündung. Zeitung der DKP-Betriebsgruppe für die Arbeiter und Angestellten bei BMW, 16.9.1986, S. 2.

7.3 Die neue Arbeits- und Personalwelt in den 1980er Jahren

„Weihnachtsgeld" und die „Erfolgsbeteiligung" für alle BMW-Mitarbeiter. Dies brachte den Regensburger Betriebsrat in eine doppelte Konfliktlage:

> Der Regensburger Betriebsrat stand somit nicht nur unter dem Zwang, dass wegen damals 2.000 Beschäftigten in Regensburg 52.000 Beschäftigte in der AG ihre Sozialleistungen verlieren würden, sondern auch, dass in Regensburg „nur" 3.500 Arbeitsplätze, wie geplant, entstehen.[582]

Der Betriebsrat stimmte schließlich einem Kompromiss zu: Für die Arbeiter und Angestellten im BMW-Werk Regensburg galt nun die 36-Stunden-Woche, bezahlt wurden sie für 37,5 Stunden. Der Samstag wurde zum regulären Arbeitstag. Abgelehnt hatte der Betriebsrat aber die zweite Schicht am Samstag. Im Juni 1990 wurde auf den Zweischichtbetrieb mit elf Schichten à neun Stunden umgestellt, so dass die Maschinen in Regensburg fortan 99 Stunden pro Woche liefen.[583]

Die kritischen Reaktionen ließen nicht auf sich warten: „Samstags-Arbeit bei BMW. Menschliche Arbeitszeit: Ade!", titelte die IG-Metall-Zeitung.[584] In der Zeitschrift *Die Zündung* der DKP-Betriebsgruppe kritisierte man den BMW-Vorstandsvorsitzenden direkt:

> Herr von Kuenheim will neue Arbeitszeiten, bei denen die Maschinen länger laufen. Die Beschäftigten müssen sich dem anpassen – Flexibilisierung heißt das. Und nicht nur der Arbeitszeit, sondern auch des Familienlebens. Hat der Mann frei, ist die Frau in der Arbeit und die Kinder in der Schule und umgekehrt. Gemeinsames wohlverdientes Wochenende ist damit futsch.[585]

Die Frage der Samstagsarbeit schlug hohe Wellen. Schließlich ging es bei dem arbeitsfreien Samstag um eine historisch erkämpfte und auch symbolisch höchst bedeutsame Errungenschaft der Arbeiterbewegung. Der Gewerkschaftsführer Detlef Hensche erklärte entsprechend, dass die Gewerkschaften den freien Samstag in den 1950er Jahren nicht mit der „Allerweltsformel ‚40 Stunden sind genug'" erkämpft hätten, sondern unter dem inhaltlichen Ziel „Samstags gehört Vati mir". Daher fragte sich Hensche: „Und das soll heute nicht mehr gelten? Im Namen von ‚Individualität' und ‚Flexibilität' sollen sich die Arbeiter vom ‚starren Regime' festgelegter Arbeitszeiten und dementsprechend verläßlicher Freizeit ‚befreien'?"[586] Gewerkschafsfunktionäre wie Hensche wollten auch

---

[582] Betriebsrat der BMW AG Werke Regensburg und Wackersdorf (Hrsg.), 10 Jahre BMW Regensburg 1986–1996, S. 28. BMW-Archiv, Sign. UI-1105-1.
[583] Vgl. Bihl, Werteorientierte Personalarbeit (1995), S. 107–112.
[584] Metall-Nachrichten für die bayerische Metallindustrie, 2.3.1988, zit. nach: Die Zündung. Zeitung der DKP-Betriebsgruppe für die Arbeiter und Angestellten bei BMW, 11.3.1987, S. 2.
[585] Samstagsarbeit in Regensburg, in: Die Zündung. Zeitung der DKP-Betriebsgruppe für die Arbeiter und Angestellten bei BMW, 11.3.1987, S. 1 f.
[586] Detlef Hensche, Wertewandel und neue Bedürfnisse. Wer will flexible Arbeitszeiten?, in: Ingrid Kurz-Scherf/Gisela Breil (Hrsg.), Wem gehört die Zeit? Ein Lesebuch zum 6-Stunden-Tag, Hamburg 1987, S. 88–94, hier: 89.

die sozialwissenschaftliche Begründung der Flexibilisierungspolitik nicht gelten lassen und warfen den „Propheten in den Unternehmensführungen, den Stabsabteilungen der konservativen Parteien und den pseudowissenschaftlichen Instituten" vor, den „Wertewandel" einseitig zu interpretieren und für Rationalisierungsmaßnahmen zu missbrauchen. Das zeige sich am deutlichsten am vermeintlichen Bedürfnis nach mehr Teilzeitarbeit, das in Wahrheit den „Zwang der Frauen" widerspiegele, die Doppelbelastung von Familie und Beruf zu organisieren. „Die allerwenigsten Frauen würden sich mit Teilzeitarbeit zufrieden geben, hätten sie die Alternative eines ausfüllenden Berufes bei gleichzeitiger Entlastung von familiären Aufgaben."[587] Von veränderten Werten und einem tatsächlichen Wunsch nach mehr Teilzeitarbeit könne daher nur bedingt die Rede sein. „Vieles von dem, was unter dem Schlagwort vom ‚Wertewandel' und ‚neuen Bedürfnissen' diskutiert wird, entpuppt sich bei näherem Hinsehen als eine aufgrund gesellschaftlicher Mängelverhältnisse aufgezwungene Notlösung."[588]

Bei BMW in Regensburg sah man das anders. Trotz der Bedenken von Gewerkschaftsseite stimmte der Betriebsrat dem neuen Arbeitszeitmodell zu. Zentrales Argument waren die neuen Arbeitsplätze, die dadurch entstehen würden. Der Regensburger BMW-Betriebsratsvorsitzende Martin Held erklärte sein Dilemma angesichts kritischer Gewerkschaftsbosse so: „Wie soll ich mich gegen 900 neue Arbeitsplätze stellen?"[589] Ein weiteres Argument für das Regensburger Modell galt der Sicherung bestehender Arbeitsplätze. Auf der BMW-Betriebsversammlung im April 1988 wurde das neue Arbeitszeitmodell von Vorstandsmitglied Hans Koch direkt in Verbindung gebracht mit der Frage nach der Wettbewerbsfähigkeit des Industriestandortes Deutschland.[590] Ein Jahr später brachte der Vorstandsvorsitzende Eberhard von Kuenheim die Argumentationsstränge in einer Rede vor der Hauptversammlung am 6. Juli 1989 zusammen: Die Produktivität müsse durch einen höheren Auslastungsgrad teurer Produktionsanlagen gesteigert werden, andernfalls werde der „Standort Bundesrepublik Deutschland" massiv leiden. Angesichts der japanischen Konkurrenz müsse die deutsche Automobilindustrie flexibel und schnell sein: „Zeit diktiert den Wettbewerb am Weltmarkt." Entsprechend müssten nicht nur die Markteinführungen neuer Produkte schneller als die der Japaner gelingen, sondern auch die Arbeitszeiten weiter flexibilisiert werden:

---

[587] Detlef Hensche, Wertewandel und neue Bedürfnisse: wer will flexible Arbeitszeiten?, in: Kurz-Scherf/Breil (Hrsg.), Wem gehört die Zeit?, S. 88–94, hier: 92.
[588] Ebd., S. 93.
[589] Produktivität im Visier. Wie vier deutsche Firmen mit kürzeren Arbeitszeiten fertig werden, in: Manager Magazin 4 (1989).
[590] Bayernmotor. BMW Mitarbeiter Zeitung 5 (1988).

7.3 Die neue Arbeits- und Personalwelt in den 1980er Jahren 443

Wir werden Abschied nehmen müssen von dem Gedanken, dass ein Industriezweig – in unserem Fall die Metallindustrie – trotz unterschiedlicher Strukturen und saisonaler Nachfrageschwankungen im ganzen Bundesgebiet zur selben Zeit gleich lang arbeiten muß. Es kommt darauf an, von einem Einheitszuschnitt abzusehen, der alle Tätigkeitsbereiche, alle Werke und alle Betriebe über den gleichen Leisten scheren wollte. Die Gewerkschaften sind aufgefordert, so modern zu denken wie die Arbeiter und Angestellten, für die sie sprechen.[591]

Gewirkt hatte das Argument der Sicherung der Arbeitsplätze angesichts japanischer Konkurrenten auch bei den BMW-Mitarbeitern: Wenn die Asiaten Autos auf den Markt bringen würden, die so gut wie ein BMW, aber 10.000 DM billiger seien, „geht es uns allen an den Kragen", erklärte der bei BMW Regensburg beschäftigte Elektroniker Peter Rofalski gegenüber dem *Spiegel*, der im Juli 1989 eine lange Reportage zur Samstagsarbeit bei BMW brachte.[592] In der Werkszeitung *Bayernmotor* wurde eine insgesamt positive Bilanz gezogen. Zwar seien die neuen Arbeitszeiten und der damit einhergehende veränderte Lebensrhythmus für die Mitarbeiter gewöhnungsbedürftig, aber insgesamt überwiegen die Vorteile und auch der befürchtete erhöhte Krankenstand am Samstag sei ausgeblieben.[593]

Die neuen Arbeitszeitstrukturen in Regensburg galten in den späten 1980er Jahren als überregionaler Testfall, ob Samstagsarbeit ein „Standortvorteil" für die Bundesrepublik im internationalen Wettbewerb sein könne und wie weit die Gewerkschaften bereit sein würden, den auch symbolisch so bedeutsamen erkämpften freien Samstag wieder freizugeben. Unter Verweis auf das Regensburger Modell und seine befürchtete Avantgardefunktion fragte sich der *Stern* im November 1988 in einem Beitrag mit dem Titel „Samstags gehört Vati mir!", ob die neuen flexiblen Arbeitszeitregelungen den „Weg in eine neue Knechtschaft?" bedeuteten.[594] Die Antwort auf diese Frage war auch politisch umstritten. Dabei waren die Fronten keineswegs eindeutig, denn auch viele SPD-Politiker – wie beispielsweise Oskar Lafontaine – befürworteten grundsätzlich, dass Maschinenlaufzeiten und individuelle Arbeitszeit stärker entkoppelt werden müssten. Arbeitsminister Norbert Blüm erhob im Bundestag die Flexibilisierung der Arbeitszeit gar zum „Gebot der Stunde"[595] und erklärte das Regensburger Modell zum Zukunftsvorbild:

---

[591] Ausführungen von Eberhard von Kuenheim, Vorsitzender des Vorstands der BMW AG, anläßlich der 69. ordentlichen Hauptversammlung am 6. Juli 1989. BMW-Archiv, UA 757.
[592] Dieter Hawranek, Im Jahr 2000 ist das ganz normal, in: Der Spiegel, 17.07.1989.
[593] Bayernmotor. BMW Mitarbeiter Zeitung 9 (1988), S. 3.
[594] Gerhard Thomssen, Samstags gehört Vati mir!, in: Der Stern, 17.11.1988.
[595] Deutscher Bundestag, Stenographischer Bericht, 11. Wahlperiode, 107. Sitzung, 11.11.1988, S. 7382.

> Wenn die Menschen kürzer arbeiten wollen, dann werden die Maschinen länger laufen müssen. [...] Deshalb glaube ich, viermal neun Stunden auf die Woche verteilt ist eine Möglichkeit, Arbeiten zu verkürzen und dennoch die Kosten nicht hochzutreiben. Dass es geht, beweist doch BMW in Regensburg: 900 neue Arbeitnehmer wurden eingestellt.[596]

Lediglich die Grünen erkannten im BMW-Modell keine Zukunftsvision und waren entschieden gegen Arbeitszeitflexibilisierung und Samstagsarbeit. Der Abgeordnete Willi Hoss wandte sich im Bundestag vehement gegen eine „flexibilisierte Rund-um-die-Uhr-Gesellschaft" und riet Norbert Blüm: „Gehen Sie und Herr Lafontaine doch zu BMW und IBM, und sehen Sie sich an, daß den Leuten dort diese Neun-Stunden-Zeit nur mit dem Argument aufgezwungen wird, daß sonst verlagert wird, und sie so nur mit erpresserischen Argumenten in diese Situation gebracht werden!"[597]

Im *Manager Magazin* wurde die Pionierfunktion von BMW positiv bewertet. Angesichts der internationalen Konkurrenz galt es für die deutschen Unternehmen, BMW und den anderen „Vorreitern beim Einsatz flexibler Arbeitszeiten" unbedingt zu folgen. Denn: „Wer Arbeits- und Maschinenzeit jetzt nicht entkoppelt, droht in Kosten zu ersticken."[598]

Die mit den Arbeitszeitregelungen verbundene Standortfrage hatte dabei auch im Hinblick auf den bevorstehenden europäischen Binnenmarkt eine große Dringlichkeit, gerade aus Sicht der Automobilindustrie, die auf günstigere Produktionsbedingungen in anderen Teilen Europas verweisen konnte. Die *Stuttgarter Zeitung* fand entsprechend das Regensburger Modell „logisch vernünftig" und lobte die „handfesten wirtschaftlichen Vorteile", die sich durch die Einsparung der Produktionskosten ergeben würden.[599] In der Kontroverse um Arbeitszeit am Wochenende, die in der Bundesrepublik entbrannte, wurde immer wieder auf das BMW-Modell rekurriert. Die *Frankfurter Rundschau* schrieb: „Alle berufen sich auf ‚das' Modell – im Positiven wie im Negativen: Gemeint ist die Arbeitszeitgestaltung im BMW-Werk Regensburg."[600] Das Regensburger Arbeitszeitmodell sorgte auch international für Aufmerksamkeit[601] und galt vor allem im Zusammenhang mit der Debatte um den Standort Deutschland als

---

[596] Ebd., S. 7383. Der Süddeutschen Zeitung erklärte Norbert Blüm die Verträglichkeit des „Regensburger Modells" mit den gewerkschaftlichen Errungenschaften der Vergangenheit so: „Der Sonntag bleibt heilig, der Samstag war es nie." Vgl. Süddeutsche Zeitung, 7.11.1988.

[597] Deutscher Bundestag, Stenographischer Bericht, 11. Wahlperiode, 107. Sitzung, 11.11.1988, S. 7381.

[598] Andreas Nölting, Rund um die Uhr, in: Manager Magazin 4 (1989).

[599] Stuttgarter Zeitung, 30.4.1988.

[600] Frankfurter Rundschau, 6.5.1989.

[601] James Fallon, New BMW Plant gets best out of machines, workers, in: Metalworking News, 2.4.1990.

wegweisend, wie etwa im Bericht des Sachverständigenrats zur Begutachtung der gesamtwirtschaftlichen Entwicklung 1995.[602]

Das „Regensburger Modell" fand als „Pionierleistung" der Arbeitszeitflexibilisierung Eingang in Standardwerke der Personal- und Managementlehre.[603] Die Berufung auf „Wertorientierungen im strategischen Personalmanagement"[604] war in den 1990ern keine Seltenheit mehr und ist in den 2000er Jahren zur Regel geworden. Werte, Führungsleitsätze und Unternehmenskultur gehören seitdem wie selbstverständlich zur Personal- und Unternehmenspolitik. Aber bereits in den 1980er Jahren waren die BMW-Personalmanager in ihrem Gestaltungsanspruch ausgesprochen selbstbewusst. Der Aufstieg der Leitideologie des Human Resource Management gab ihnen ein gesteigertes Gefühl von Bedeutung. War das Personalwesen in den 1950er und 1960er Jahren noch weitgehend mit administrativen Aufgaben beschäftigt, wurde es in den folgenden beiden Jahrzehnten zu einem eigenständigen und spezialisierten Bereich der Unternehmensführung. Personalpolitik war nicht mehr eine von vielen Aufgaben, die im Wesentlichen – rein funktional – in der Beschaffung, Verwaltung und Entlassung von Personal bestand. Stattdessen wurde der Faktor Arbeit selbst als strategischer Erfolgsfaktor interpretiert. Human Resource Management war integraler Bestandteil der Unternehmensstrategie geworden und damit war Personalpolitik zu einer genuinen Managementaufgabe aufgestiegen. Oder wie es Artur Wollert ausdrückte: „In den vergangenen Jahren sind nun Einfluß und Reputation der Personalfunktion sichtbar gestiegen."[605] Das lag laut Artur Wollert nicht zuletzt am gesellschaftlichen „Wertewandel", der zwei zentrale Aufgaben des

---

[602] Im Standortwettbewerb. Sachverständigenrat zur Begutachtung der gesamtwirtschaftlichen Entwicklung 1995, S. 224. Vgl. auch Arbeitszeit und Arbeitszeitflexibilisierung als Faktor internationaler Konkurrenzfähigkeit. Ein Beitrag zur Standortdiskussion; Konferenz am 25. April 1989 in Köln, Köln 1989 (= Veröffentlichungen der Walter-Raymond-Stiftung der BDA 28).

[603] Vera Wiegand, Die Entwicklung der Personal- und Organisationsentwicklung bei BMW, in: Klaus Götz (Hrsg.), Personalentwicklung. „Moving the people – people on the move", Würzburg 1998, S. 11–17; Steffen Lehndorff, „Das ganze Unternehmen ist auf Flexibilität aufgebaut". Arbeitszeitpolitik in Automobilzulieferbetrieben des BMW-Werks Regensburg, in: Dietrich Hoß/Bernhard Wirth (Hrsg.), Wege zur innovativen Organisation. Konzepte und Erfahrungsberichte aus der Industrie, Stuttgart 1996, S. 241–262; Mathias Hofmann, Das Arbeitszeitmodell im BMW Werk Regensburg, in: Susanne Ehses/Eva-Maria Nobis (Hrsg.), Zukunft der Arbeit – Arbeit der Zukunft, Münster/Hamburg 1992, S. 65–70.

[604] Lutz Rosenstiel, Wertorientierungen im strategischen Personalmanagement, in: Christian Scholz/Maryam Djarrahzadeh (Hrsg.), Strategisches Personalmanagement. Konzeptionen und Realisationen, Stuttgart 1995 (= USW-Schriften für Führungskräfte 28), S. 201–216.

[605] Artur Wollert, Wertewandel und Anforderungen an die betriebliche Personalpolitik, in: Friedhelm Gehrmann/Thomas Becker (Hrsg.), Arbeitszeit-Flexibilisierung. Tarifpolitische Erfahrungen und neue Modelle in Westdeutschland, Österreich und der Schweiz, Frankfurt a. M./New York 1987, S. 23–35, hier: 24. Vgl. auch Schartner, Eine neue Rolle des Personalwesens bei BMW.

Personalmanagements in den Vordergrund gerückt hatte: „Sicherstellung von Leistungsfähigkeit, Leistungsbereitschaft und Leistungsmöglichkeit der Ressource Mensch" und „Berücksichtigung der Bedürfnisse, Interessen und Forderungen der Mitarbeiter beim Leistungsvollzug".[606]

Die BMW-Personalexperten handelten dabei absolut im Sinne der Unternehmensführung. Im Sinne Max Webers war die „werteorientierte Personalpolitik" also keine wertrationale, sondern eine zweckrationale Unternehmensstrategie. Sie galt als ein zeitgemäßes Anreizsystem zur Leistungserhaltung und Leistungssteigerung im Sinne des Unternehmens. Sozialkulturelle Faktoren wurden bei BMW vor allem im neuen Regensburger Werk als zentrale Faktoren ökonomischen Erfolgs verstanden. Die Diagnose „Wertewandel" wurde nicht nur ernst genommen, sondern war vor allem auch deswegen so überzeugend, weil das zugrunde liegende Menschenbild des „self-actualizing man" von den Personalexperten und Managern bei BMW längst geteilt wurde. Für Männer wie Wollert und Bihl war die Logik eines nach Selbstverwirklichung strebenden Menschen aus den verschiedenen motivationstheoretischen Neuansätzen der 1970er Jahre vertraut. Nun half ihnen der sozialwissenschaftlich konstatierte „Wertewandel", eine wertebasierte Personalpolitik umzusetzen. Diese war aber nicht nur eine Reaktion auf veränderte Werte, sondern sollte selbst normativ wirken. Aus der Analyse „Wertewandel" wurde in München und Regensburg eine neue normative Struktur, die sich in Führungsleitsätzen und Unternehmenskultur niederschlug. Die gesellschaftlich festgestellten Tendenzen der Individualisierung und Autonomisierung wurden wiederum selbst in normative betriebliche Maximen umgesetzt. Überspitzt gesagt: Weil die Sozialwissenschaften festgestellt hatten, dass die Westdeutschen stärker nach Selbstbestimmung strebten, sollten das jetzt auch alle BMW-Mitarbeiter tun. Die Subjektivierung von Arbeit und die Identifikation mit den Unternehmenszielen über „erfüllende Arbeit" waren nicht einfach Angebote, sondern wurden ausdrücklich gefordert: „Wir wollen den unternehmerisch agierenden Mitarbeiter"[607], hatte Helmut Schartner gesagt.

Das Normative schuf neue betriebliche Fakten. Die Folge war vor allem eine Entkollektivierung und Individualisierung von Arbeitsstrukturen. Diese Form der Modernisierung der Arbeitswelt zeigte sich konkret in einer neuen Mannigfaltigkeit von Arbeitszeitmodellen. Das Regensburger Modell stand dabei zeitgenössisch auch deswegen so unter Beobachtung, weil hier in einer neuen, teuren und technisch hochmodernen Fabrik die klassische Fünftagewoche mit dem Achtstundentag erst gar nicht praktiziert werden sollte, sondern von Beginn an auf das neue Modell gesetzt wurde, das vor allem in der Wirtschaft als Arbeitsform der Zukunft verstanden wurde. Angesichts neuer Fertigungstechno-

---

[606] Wollert, Wertewandel und Anforderungen an die betriebliche Personalpolitik, S. 26.
[607] Helmut Schartner, Wertewandel in der Arbeitswelt, Vortrag am 10.10.1985 bei der österreichischen Personalleitertagung in Badgastein. BMW-Archiv, UR 434-1.

logien wurde die Flexibilisierung von Arbeitszeit selbst zu einer unternehmerischen Ressource. Neue komplexe Methoden des Zeitmanagements auf der Basis von elektronischen Personaldatenverarbeitungssystemen begünstigten diesen Prozess.

Die Vorreiterrolle von BMW für die Automobilindustrie und die deutsche Industrie im Allgemeinen lag also in der in Regensburg praktizierten Entkopplung von Betriebs- und Arbeitszeit. Die „werteorientierte Personalpolitik" beinhaltete viele Elemente, die als moderne Antworten auf die neuen sozialkulturellen Rahmenbedingungen galten, aber wohl keine andere Maßnahme hatte eine solche Tragweite wie das neue Arbeitszeitmodell. Nicht nur kehrte der Samstag als normaler Arbeitstag zurück, auch andere Flexibilisierungsmaßnahmen wie Teilzeit und Leiharbeit waren die Folge. Arbeitszeitflexibilisierung und „Standort Deutschland" wurden fortan zusammen diskutiert. Das wertebasierte Regensburger Modell steht somit für eine Neustrukturierung der Arbeits- und Sozialbeziehungen, die viele Nachahmer finden sollte.

8. Fazit: Der Aufstieg der Manager und der Wandel der normativen Konzepte von Arbeit, Leistung und Führung

Das vorangegangene Kapitel begann mit einer heute seltsam vertrauten Diagnose. Vom Ende der Arbeitsgesellschaft war zu Beginn der 1980er Jahre die Rede. Die Sorge war groß, dass angesichts der technischen und ökonomischen Veränderungen der bundesdeutschen Gesellschaft die Arbeit ausgehen könnte oder sogar die Automation und der Siegeszug des Computers die menschliche Arbeit gänzlich überflüssig machen könnten. Doch nicht nur die Auswirkungen der Technik wurden vor knapp 40 Jahren als Gefahr für die klassische Arbeitsgesellschaft interpretiert. Angesichts der soziokulturellen Veränderungen, des Aufstiegs neuer „hedonistischer Werte", sorgten sich viele Beobachter, dass Arbeit grundsätzlich ihren Stellenwert als Mittelpunkt des Lebens der Menschen verlieren und die Freizeit zum neuen Gravitationspunkt werden könnte. Dass diese Prognosen nicht zutrafen, zeigt schon ein Blick auf die Statistiken zum Ende der Dekade: Am Vorabend der Wiedervereinigung konnte die westdeutsche Wirtschaft auf hohe Wachstumszahlen blicken und die Zahl der Erwerbstätigen nahm zum Ende der 1980er Jahre deutlich zu (auch wenn dies nicht mit einem substantiellen Rückgang der Arbeitslosigkeit verbunden war).[1] Das Schreckensszenario einer de-industrialisierten Gesellschaft, in der die auf den Arbeitsmarkt drängenden Frauen um die wenigen verbliebenen Arbeitsplätze im Dienstleistungsbereich konkurrieren, ist jedenfalls nicht eingetreten. Trotz der im Vergleich zu früheren Perioden gewachsenen Bedeutung der Freizeit hat Arbeit bis heute eine Schlüsselfunktion für Struktur und Dynamik der Gesellschaft und die gesellschaftlichen Teilhabe- und Lebenschancen der Menschen sind weiterhin an die Erwerbsarbeit gekoppelt.

Die Arbeitsgesellschaft hat sich in den 1980er Jahren somit nicht aufgelöst, aber grundlegend gewandelt. Die deutsche Industrie ist nicht verschwunden, aber der Wandel der technischen Verfahren brachte veränderte Berufsrollen mit sich. Dem viel beschriebenen „Abschied von der Proletarität"[2] steht eben auch eine konstant große Bedeutung des gut ausgebildeten Facharbeiters gegenüber. Der ökonomische Strukturwandel, die veränderten Unternehmensstrukturen, die zunehmende Bedeutung von Automation und EDV und die Internationalisie-

---

[1] Vgl. Andreas Rödder, Die Bundesrepublik Deutschland 1969–1990, München 2003, S. 86 f.
[2] Josef Mooser, Abschied von der „Proletarität". Sozialstruktur und Lage der Arbeiterschaft in der Bundesrepublik in historischer Perspektive, in: Werner Conze/Rainer Lepsius (Hrsg.), Sozialgeschichte der Bundesrepublik Deutschland: Beiträge zum Kontinuitätsproblem, Stuttgart 1983, S. 143–186.

rung sorgten nicht für ein Ende der Industriearbeit, aber für einen Gestaltwandel der Industriearbeit. Auch das Drängen der Frauen auf den Arbeitsmarkt und die größer gewordene Bedeutung des Dienstleistungssektors beendeten nicht grundsätzlich „klassische" Arbeitsstrukturen, sondern fügten neue hinzu, sodass sich insgesamt die Arbeitsgesellschaft pluralisierte und neu hierarchisierte. Zeitgenössisch begleitet und vorangetrieben wurde dieser Prozess sowohl von der Politik als auch den Unternehmen mit dem oben beschriebenen Flexibilisierungsparadigma. Die Argumentationsfigur war dabei sowohl für die Forderung nach verstärkter Flexibilisierung der Arbeit als auch nach neuer Eliteförderung die gleiche: Angesichts des technischen Fortschritts, der internationalen Herausforderung und der wachsenden Bedeutung des Kapitalmarktes bedürfe die deutsche Wirtschaft zur Zukunftsbewältigung bzw. für eine dauerhafte Konkurrenzfähigkeit eines neuen Fundaments: zum einen neue Eliten, die für den wissenschaftlichen, technischen und ökonomischen Wettbewerbsvorsprung sorgen sollten, und zum anderen flexible Betriebe, die sich für ihre Globalisierungsstrategien schnell an neue Marktbedingungen anpassen könnten. Dieser Wandel zum Erhalt der „Wettbewerbsfähigkeit" wurde metaphorisch als Wandel vom „Betrieb als Maschine" zum „Betrieb als Organismus" gedeutet: Statt der starren, immer gleich laufenden Maschine sollte nun der bewegliche und atmende Organismus für Leistungssteigerung und mehr Konkurrenzfestigkeit sorgen.

Konkret äußerten sich diese neuen handlungsleitenden Ordnungsentwürfe zum einen in der Arbeitsmarktpolitik der Bundesregierung (z. B. Beschäftigungsförderungsgesetz), zum anderen in den Flexibilisierungsmaßnahmen der Unternehmen, die oben am Beispiel BMW untersucht wurden. Das bayerische Unternehmen agierte in dieser Beziehung als Vorreiter: die Entkopplung von Betriebs- und Arbeitszeit, also die Ausdehnung der Betriebszeit über die individuelle Arbeitszeit eines individuellen Beschäftigten hinaus, brachte große Vorteile für die Unternehmen. Die Ressource Arbeit ließ sich gleichmäßiger, effektiver und bedarfsgerechter nutzen, unproduktive Leerzeiten des Betriebs reduzieren und generell die Kapazitätssteuerung optimieren. Für die Beschäftigten waren die Folgen gemischt: Zwar konnten sie auch von mehr „Zeitsouveränität" profitieren, aber die Schattenseiten der Neustrukturierung der Arbeits- und Sozialbeziehungen waren erheblich: Nicht nur kehrte die Samstagsarbeit zurück, sondern alternative Beschäftigungsformen wie Teilzeitarbeit und Leiharbeit gewannen an Bedeutung. Den fest angestellten Stammbeschäftigen mit hinreichend bedeutender innerbetrieblicher Stellung standen zunehmend Randbelegschaften mit ungesicherten Arbeitsplätzen gegenüber. Eine direkte Folge der Entkopplung von Betriebs- und Arbeitszeit stellte außerdem eine Beschleunigung der Zeitstrukturen dar. In der Terminologie des Soziologen Hartmut Rosa handelt es sich bei den in den 1980er Jahren angestoßenen Prozessen um eine „technische Beschleunigung", also eine „intentionale Beschleunigung zielgerichteter

Prozesse",[3] mit Folgen jenseits der betrieblich-organisatorischen Sphäre, also einer „Beschleunigung des Lebenstempos" und einer „Beschleunigung des sozialen Wandels" insgesamt. Die gesellschaftlichen Rhythmen veränderten und beschleunigten sich vor allem ab den 1990er Jahren durch weitere Flexibilisierungsmaßnahmen (z. B. Ladenöffnungszeiten), aber mit der Entkopplung von Betriebs- und Arbeitszeit erreichte die globalisierungsbedingte Beschleunigung die Menschen schon in den 1980er Jahren.

Aus dieser Sicht waren die Erfolge der Gewerkschaften im Kampf um die 35-Stunden-Woche zu Beginn der 1980er Jahre mit einem hohen Preis erkauft, nämlich mit der Entkollektivierung der Arbeits- und Sozialbeziehungen und der abnehmenden gewerkschaftlichen Handlungsfähigkeit. Das Flexibilisierungsparadigma konnte aber nur aufgrund seiner argumentativen Doppelstruktur funktionieren: zum einen als unausweichliche Antwort auf die internationalisierte Wettbewerbssituation und zum anderen als sozialgestalterische Antwort auf die Bedürfnisse nach mehr Individualitätsentfaltung und Autonomie in der Arbeit. Internationalisierung und „Wertewandel" wirkten auf diese Art in den 1980er Jahren zusammen. Die sozialwissenschaftliche Diagnose „Wertewandel" war omnipräsent und fand Eingang in personal- und organisationspolitische Konzepte von Unternehmen. Im Namen des „Wertewandels" wurden Führungstechniken, Produktionsabläufe, Entlohnungssysteme und Arbeitszeitstrukturen verändert. Dabei setzte sich allgemein die zukunftsoptimistische Interpretation des „Wertewandels als Chance" durch. (In besonderem Maße galt das für die Förderer von weiblichen Führungskräften, die anhand des Wertewandel-Paradigmas die besondere Modernitätstauglichkeit weiblicher Führung belegten). Personalexperten, die im Sinne des Human Resource Management schon länger auf intrinsische Arbeitsmotivation und die reflexive Selbststeuerung durch Selbstverwirklichung setzten, bekamen von der sozialwissenschaftlichen Wertewandelforschung gewissermaßen den Beleg für die Richtigkeit der eigenen Überzeugungen. Noch dazu ließ sich argumentieren, dass progressive Reaktionen westdeutscher Unternehmen auf den „Wertewandel" ein Beweis für die „Menschlichkeit" der sozialen Marktwirtschaft darstellten, die anders als der „Kollektivismus" im Osten Individualität nicht unterdrücke.

Der „Wertewandel" wurde in den 1980er Jahren Teil des allgemeinen Erwartungshorizonts, und Kategorien wie der „aktive Realist" (Helmut Klages), also ein kritisch-produktiver Mitarbeiter, avancierten zu neuen normativen Richtgrößen in der Personalpolitik. Das galt insbesondere für die Führungskräfte, denen durch die neuen personalpolitischen Konzepte mehr Eigeninitiative, Verantwortung, Selbstbestimmung und Mitgestaltung angetragen wurden und die gleichzeitig als Vorbild für eine Subjektivierung von Arbeit dienen sollten. Sicher

---

[3] Hartmut Rosa, Beschleunigung. Die Veränderung der Zeitstrukturen in der Moderne, Frankfurt a. M. 2005, S. 129.

ist das Potential einer solchen Subjektivierung von Arbeit bei gutverdienenden Managern, die sich mit ihrem Betrieb identifizieren, größer als bei einem einfachen, lediglich ausführend tätigen Verwaltungsangestellten. Entscheidend ist aber, dass im Zuge der auf den „Wertewandel" basierenden Personalpolitik die Subjektivierung von Arbeit selbst zur Norm erhoben wurde, ja sogar als eine personalpolitisch steuerbare Ressource entdeckt wurde.

Angesichts des bisher Zusammengefassten könnte der Eindruck entstehen, dass unter „Wertewandel" vornehmlich die Anwendung einer sozialwissenschaftlichen Theorie zur Legitimation neuer kapitalistischer Strukturen zu verstehen sei, also dass der „Wertewandel" gewissermaßen das rhetorische Schmiermittel für den Neoliberalismus in den 1980er Jahren gewesen sei. Eine solche Interpretation ist sicher nicht grundsätzlich falsch, aber stark verkürzt. Das Anliegen der vorliegenden Untersuchung war es hingegen, dem normativen Wandel in der Wirtschaftswelt in einer langfristig-diachronen Perspektive und jenseits einfacher Dichotomien (materialistisch versus postmaterialistisch) nachzugehen. Dazu wurden ganz explizit Gegenstandsbereiche und Perioden ausgewählt, die der sozialwissenschaftlichen Wertewandelforschung nicht zugänglich waren. Es wurden vier miteinander verwobene thematische Entwicklungsstränge über einen Untersuchungszeitraum von 40 Jahren verfolgt: *erstens* die Geschichte der leitenden Angestellten, *zweitens* die Geschichte der Führungskräfteausbildung, *drittens* die Geschichte von Personalführungskonzepten, Motivationstechniken und Managementmodellen und *viertens* die Konfliktgeschichte zwischen Unternehmen und Öffentlichkeit. Diese vier Geschichten sollen im Folgenden knapp und thesenartig zusammengefasst werden.

Erstens: *Der Aufstieg der leitenden Angestellten und die Pluralisierung der Interessen im Betrieb.*

Das 20. Jahrhundert war ein Jahrhundert der Manager: Aus einer Gruppe patriarchisch führender Eigentumsunternehmer und einiger weniger angestellter „Oberbeamter" am Ende des 19. Jahrhunderts wurde während eines Zeitraums von 100 Jahren die große, aber heterogene Funktionselite der Manager. Ausdruck der vertikalen und horizontalen Expansion der Angestelltenpositionen in Folge zunehmender Betriebsgröße und wachsender Bedeutung der betrieblichen Experten ist der betriebsgeschichtliche und sozialgeschichtliche Aufstieg der leitenden Angestellten nach dem Zweiten Weltkrieg. Die Debatten um das Wesen der Unternehmerfunktion und um die Fragen nach der Autorität im Betrieb und die richtige Führung („Delegation von Verantwortung") sind ohne diesen Prozess nicht erklärbar. Die Arbeitsrechtsprechung kodifizierte sukzessive den Bedeutungsgewinn dieser Gruppe: Ihre betriebliche Sonderstellung wurde anerkannt; die leitenden Angestellten wurden von allen anderen Arbeitnehmern, also den Arbeitern und den restlichen Angestellten abgegrenzt. Mit ihrer Forderung nach eigenständigen betriebsverfassungsrechtlichen Vertretungsorganen setzten sie sich endgültig 1988 (Sprecherausschussgesetz) durch. Damit wurde insgesamt den meritokratischen Vorstellungen der Organisationen der leitenden Angestellten Rechnung getragen. Mit ihrem Konzept der besonderen Rolle der leitenden Angestellten in einer funktional gegliederten Leistungsgesellschaft hatte insbesondere die ULA – zum Leidwesen der Gewerkschaften – durchaus Erfolg.

Die Leistungsideologie der leitenden Angestellten war allerdings nicht mehr traditionell bürgerlich. Das bürgerliche Manko des leitenden Angestellten, also seine Eigenschaft als „Nicht-Eigentümer", als „unselbständige Führungskraft", ließ sich zunächst in der Figur des „Geistesarbeiters", später in Konzepten von der „dritten Kraft" oder dem „Faktor Disposition" zumindest partiell kompensieren. Ihre Karriereläufe, die gerade im unteren und mittleren Management oft betriebsinterne Aufstiegskarrieren waren, ließen eine Gruppenfindung über eine einheitliche Berufsgruppe oder einen einheitlichen Bildungsabschluss nicht mehr zu. Stattdessen waren es die besondere *Leistung* und die besondere *Funktion* – sowohl für das Unternehmen, aber auch für die Gesamtgesellschaft –, die immer wieder betont wurden. Den bildungsbürgerlichen Statushierarchien wurden die funktionalen, vorgeblich ausschließlich auf Leistungskriterien basierenden Hierarchien der freien Wirtschaft gegenübergestellt. Statt klassischer Bildung wurde die Bedeutung des akkumulierten Fachwissens betont; statt der besitzbürgerlichen die geistig-kreative Selbständigkeit beschworen. Die leitenden Angestellten porträtierten sich als die eigentlichen Gewinner der Modernisierung der Unternehmenslandschaft. Tatsächlich hatte die Vergrößerung und Verwissenschaftlichung der Unternehmen zur Folge gehabt, dass die Unternehmer immer mehr arbeitsleitende, konstruierende, analysierende und verwaltende Aufgaben an akademisch ausgebildete Angestellte übertragen mussten. Es hat durchaus eine gewisse Ironie, dass die leitenden Angestellten den ja klassischerweise als „bürgerlich" verstandenen Wert der Leistung *gegen* traditionelle bürgerliche Arbeits- und Gesellschaftsvorstellungen wendeten. Die leitenden Angestellten folgten so einem modernen, radikal outputorientierten Leistungsethos. Sie orientierten sich an der erst Ende des 19. Jahrhunderts geborenen Vorstellung, dass individuelle Leistung standardisierbar sei und sich nach allgemein anerkannten Regeln mess- und vergleichbar machen lasse.[4] Obwohl sie bis in die

---

[4] Die Historikerin Nina Verheyen unterscheidet das moderne, outputorientierte Leistungsethos vom klassisch bürgerlichen Arbeitsethos um 1800. „Die bürgerliche Wertschätzung von Arbeit wiederum darf nicht auf den heute so wichtigen Anspruch ökonomischer Erfolge und zielorientierter Selbstoptimierung reduziert werden. Sie war tief in den allgemeinen bürgerlichen Tugendkatalog eingebettet, der nach Ordnung, Fleiß, Sparsamkeit, Mäßigkeit und methodischer Lebensführung verlangte. Entsprechend sollte die Arbeit regelmäßig verrichtet werden, aber eben nicht übermäßig." Vgl. Nina Verheyen, Die Erfindung der Leistung, Berlin 2018, S. 112. Vgl. auch Nina Verheyen, Bürgerliches Leistungsethos? Geschichtswissenschaftliche Korrekturen einer irreführenden Formel, in: Denis Hänzi/Hildegard Matthies/Dagmar Simon (Hrsg.), Erfolg – Konstellationen und Paradoxien einer gesellschaftlichen Leitorientierung, Leviathan 42 (2014), Sonderband 29, S. 45–61.

1970er Jahre das Leitbild des angelsächsischen Managers für sich ablehnten, orientierten sie sich so bereits zuvor am inhaltlichen Kern dieser Leitfigur der Moderne, also am Symbolcharakter des Managers für eine ergebnisorientierte, marktwirtschaftlich-meritokratische Wissensgesellschaft. Insgesamt steht also der „Emanzipationsprozess" der leitenden Angestellten für einen Wandel der traditionellen Eigentums- und Führungsstruktur *und* für die Pluralisierung der Interessen im Betrieb und in der westdeutschen Gesellschaft. Leistung – diese „Fundamentalnorm der Gegenwart"[5] – war für sie seit den 1950er Jahren politisches Argument, Legitimation der sozialen Abgrenzung und Kern ihrer Gruppenidentität.

Zweitens: *Vom westdeutschen Sonderweg zum Master of Business Administration.*
Die Geschichte der Führungskräfteaus- und -weiterbildung in der Bundesrepublik war lange Zeit geprägt durch die Auseinandersetzung mit dem amerikanischen Modell, verkörpert insbesondere durch die Harvard Business School. Vor allem der deutschen Industrie gelang es nach dem Krieg, amerikanische Pläne zur Errichtung einer zentralen Managerschule zu vereiteln. Die stattdessen etablierten Baden-Badener Unternehmergespräche wiederum waren (und sind) keine wirkliche Business School, sondern ein abgeschottetes Forum für die Elitenbildung und individuelle Nachwuchsrekrutierung. Der zaghafte Baden-Badener Modernisierungswille und die ersten Ansätze zur Professionalisierung von Führung (also der grundsätzlichen Möglichkeit der Lernbarkeit von Führung) trafen auf die verbreiteten Vorstellungen von der gesellschaftlichen und politischen Notwendigkeit von ökonomisch-politischen Eliten. Damit waren die BBUG auch eine Gegenbewegung zur Mitbestimmungsdiskussion der 1950er Jahre, um „Führungswissen" – jenseits von Parität, Mitbestimmung, Gewerkschaften und Sozialpartnerschaft – vom Unternehmer an ausgewählte Nachfolger weiterzugeben. Die hier praktizierte Form der sozialen Selbstrekrutierung betraf vor allem die erweiterte Unternehmensspitze. Die prägende Weiterbildungsinstitution vor allem für das mittlere Management war in den 1950er und 1960er Jahren die Akademie für Führungskräfte in Bad Harzburg. Das hier unterrichtete „Harzburger Modell" sollte mit Hilfe des Prinzips der Delegation von Verantwortung betriebliche Führung hierarchisch rationalisieren und vor autoritärem Missbrauch und Willkür schützen. Durch seine umfassende und allgemeingültige Organisationsstruktur und einen umfangreichen Regelkatalog zur Steuerung des Verhaltens aller Mitarbeiter war „Führung" hier nicht mehr auf eine Person konzentriert, sondern verteilte sich nach rationalen Prinzipien auf mehrere Ebenen. Das „Harzburger Modell" war somit das organisationspolitische Gegenstück zum funktionalen Leistungs- und Aufstiegsethos der leitenden Angestellten:

---

[5] Kai Dröge/Kira Marrs/Wolfgang Menz (Hrsg.), Rückkehr der Leistungsfrage. Leistung in Arbeit, Unternehmen und Gesellschaft, Berlin 2008, S. 7.

Geprägt von tayloristisch-fordistischen Ordnungsprinzipien stellte es eine Antwort auf die Erfordernisse der modernen Unternehmensstruktur dar, es half, „Führung" zu relegitimieren und über formalisierte Hierarchien den internen Bewährungsaufstieg und somit auch soziale Mobilität auf den unteren und mittleren Führungsebenen zu fördern. Mit der „Invasion der Experten" verknüpfte sich die Hoffnung auf eine weitere Rationalisierung der Führungspraxis.

Schon Ende der 1960er Jahre entsprach das Modell allerdings nicht mehr den politischen und ökonomischen Anforderungen der Zeit und wurde als zu bürokratisch, statisch und „versteckt" autoritär kritisiert. Betont modern und wissenschaftlich sollte hingegen das 1968 gegründete und von der westdeutschen Wirtschaft finanzierte Universitätsseminar der deutschen Wirtschaft als „deutsches Harvard" die Führungskräfte der 1970er Jahre ausbilden. Anders als das amerikanische Vorbild ist das USW aber keine in universitäre Strukturen integrierte Business School geworden, denn dafür hätten die beteiligten Unternehmen einen Teil ihres Einflusses abgeben müssen. Kernstück der Lehre war eine moderne Ausrichtung der Betriebswirtschaftslehre, die Führungs- und Steuerungstechniken auf der Basis angewandter Mathematik bereitstellte. Hinzu kam eine interdisziplinäre Öffnung des Programms hin zu einer neuen Wirtschafts- und Sozialpsychologie, aus der eine verhaltenswissenschaftlich und motivationstheoretisch fundierte Managementlehre resultierte. Der humanwissenschaftliche Paradigmenwechsel, wie er mit dem neuen Ansatz des Human Resource Management und des verhaltenswissenschaftlich fundierten Marketings verbunden ist, wurde im USW von Beginn an mitgetragen. Das normative Konzept von Führung wurde „humaner", weil menschliche Bedürfnisse, Einstellungen und Werte zu ökonomischen Entscheidungsgrundlagen in Marketing und Personalführung aufstiegen und damit Teil der Managementaufgaben wurden. Elementarer Bestandteil der Lehrphilosophie waren außerdem gesellschaftspolitische Themen, da man davon ausging, dass in einer komplexer gewordenen Umwelt erfolgreiche und somit auch rentable Unternehmensführung nur durch ein richtiges Verständnis der ökonomischen, rechtlichen, sozialen und ökologischen „Umweltfaktoren" möglich sei.

Während das USW als Anbieter einer überbetrieblichen Weiterbildung nach dem Studium an einer staatlichen Hochschule noch weitgehend innerhalb des traditionellen deutschen Bildungssystems fungierte, bot die 1984 in Koblenz gegründete Wissenschaftliche Hochschule für Unternehmensführung ein Vollstudium an. Anders aber als für die ganz frühen Pioniere (wie die 1970 gegründete European Business School) war das politische Umfeld für die Privatuniversitäten der 1980er Jahre deutlich günstiger. Eine neue Elite als Antwort auf den angeblichen Technologie- und Exzellenzrückstand wurde von einer Vielzahl bildungspolitischer Institutionen und einem großen Teil der westdeutschen Presse und vor allem von den Verbänden der westdeutschen Wirtschaft gefordert. An Privatuniversitäten wie der WHU konnten die Vorgaben der Wirtschaft, also eine starke Verkürzung des Studiums, studienbegleitende Praktika, anwendungsorientierte Fremdsprachenkenntnisse, Internationalität und praxisorientierte Abschlussarbeiten durchgesetzt werden. Inhaltlich setzte die Ausbildung vor allem auf die Analyse von Fallstudien. Trainiert wurden schnell abrufbare analytische Fertigkeiten, Effizienz und große Leistungsbereitschaft unter Zeitdruck. Die Fallstudienmethode förderte dabei das Denken in Projekten und teambasierten Problemlösungsstrategien, ging tendenziell aber auf Kosten von Systematik und der Berücksichtigung von Komplexität, Kontext, Unsicherheiten und Ambiguität. Damit passten sich die Privatuniversitäten wie die WHU dem internationalen Trend zu einer Vereinheitlichung der internationalen Führungskräfteausbildung an. Zum Symbol dieser Entwicklung wurde der Siegeszug der MBA-Ausbildungsprogramme. Der Manager wurde auch in Westdeutschland zu einem eigenen Berufsstand, gefragt war nicht mehr der Spezialist, sondern der Generalist. In den 1980er Jahren vollzog sich also normativ jene Wandlung vom Spezialisten zum Generalisten, für den die Fachbereiche und Unternehmen austauschbar sind. Die Mitte der 1950er Jahre von amerikanischen Beobachtern für Westdeutschland geforderte „Entspezialisierung der Spezialisten"[6] wurde 30 Jahre später Realität.

Drittens: Von der Pflicht zur Kreativität.

Die verhaltensökonomischen und motivationspsychologischen Ansätze von Abraham Maslow, Frederick Herzberg, Chris Argyris und Douglas McGregor, die in den USA seit Ende der 1950er Jahre diskutiert wurden, erreichten die Bundesrepublik erst Ende der 1960er Jahre, hatten dann aber in der Managementliteratur eine enorme Konjunktur. Führung wurde hier nicht mehr als Verhaltenssteuerung über Vorgaben (durch Befehl oder Stellenbeschreibung), sondern als Verhaltenssteuerung über die Aktivierung von Motiven verstanden. Der Mensch ist ein „self-actualizing man", so die Annahme; er will sich von Natur aus verwirklichen und entfalten. Seine das Verhalten steuernden Bedürfnisse, Motive oder eben Werte sind (mehr oder weniger) hierarchisch gestuft. Sind die basalen Motive (Sicherheitsmotive) gratifiziert, bedarf es zusätzlicher Anreizformationen für die Aktivierung von Leistung.

Der Siegeszug des Menschenbilds vom „self-actualizing man" hatte gerade für die Führungskräfte weiterreichende Implikationen, denn der damit verbundene Aufstieg der Kreativität zum Leitbild war gerade für sie von zentraler Bedeutung. Konnte der „geborene Unternehmer" sich noch auf sein „Genie", auf sein „heroisches Schöpfertum" verlassen – und „Genie" lässt sich bekanntlich nicht lernen –, war in der Führungskräfteausbildung die Möglichkeit des Erlernens

---

[6] Thomas H. Carroll/Thomas L. Norton, Education for Management in Berlin, 10.10.1956, S. 4–7. National Archives, Record Group 469, Subject Files RKW German Productivity Center, 1950–1956, Box 4.

von Kreativität ausdrücklich vorgesehen. In der Tat: Anders als Genialität ist Kreativität menschlich-normal, sie verteilt sich viel breiter und vor allem ist sie eine erschließbare Ressource. Keine Sozialtechnik der Welt kann „Genie" hervorbringen, das hat man (oder eben meist nicht). Ganz anders bei der Kreativität, denn diese gilt als grundsätzlich förderbar, sie lässt sich provozieren und stimulieren. Und so wurden die neuen Führungskonzepte zu Techniken mit vor allem einem Ziel: der Freilegung von bisher ungenutzten Kreativitätsressourcen. Die meisten dieser Techniken zielten darauf, die bisherigen als starr empfundenen – also kreativitätshemmenden – Ordnungen und Hierarchien aufzubrechen und neue unkonventionelle, motivierende und produktive Situationen zu schaffen. Organisationspolitische Konzepte wie Kooperation, Team, Projekt und Netzwerk sollten ungewohnte und außergewöhnliche Arbeitssituationen schaffen, um einen quasikünstlerischen Prozess zu provozieren, an dessen Ende die neue, „kreative" Lösung stehen sollte. Im „Wettbewerb des Denkens" bedeutete „Führung" also vor allem Kreativitätsförderung. Dies hatte aber Folgen für die Leistungsbewertung, denn wenn Kreativität des Experiments bedurfte, musste sich die Bewertung der Leistung nicht mehr an den Wegen der Leistungserstellung, sondern radikal am Ergebnis der Tätigkeiten orientieren. Der Weg der Leistungserstellung blieb so dem Individuum überlassen.

Der Soziologe Ulrich Bröckling hat für diese historische Entwicklung einer zunehmenden Subjektivierung von Arbeit auf dem Weg zum „unternehmerischen Selbst" in Anlehnung an Boltanski und Chiapello vor allem die linke, alternative Gegenkultur verantwortlich gemacht:

> Ohne die utopischen Energien und die praktischen Kämpfe der Neuen Sozialen Bewegungen, ohne ihre Experimente mit nichthierarchischen Organisationsformen, ohne massenhafte Weigerung, das eigene Leben in den vorgezeichneten Bahnen einer fordistischen Normalbiographie zu führen, hätte dieses Rollenmodell niemals eine solche Anziehungskraft entwickeln können.[7]

Die vorliegende Untersuchung kam zu einem anderen Schluss. Es war nicht der utopische Überschuss der „1968er" oder der Neuen Sozialen Bewegungen, der die normativen Konzepte von Arbeit, Leistung und Führung ins Wanken brachte. Dass um 1970 intuitiv-adaptive Führungsstile oder das „Genie" des Unternehmers generell als nicht mehr ausreichend betrachtet wurden, hatte vor allem ökonomische Gründe: zum einen den seit den frühen 1960er Jahren voranschreitenden Prozess der Professionalisierung von Unternehmensführung, durch den Autorität eingehegt und formalisiert wurde; zum anderen den mit der Wirtschaftskrise von 1966/67 einsetzenden Paradigmenwechsel in der deutschen Industrie, der durch eine Abkehr von der Produktionsorientierung und eine Hinwendung zu einer Angebotsorientierung geprägt war. Die divisiona-

---

[7] Bröckling, Das unternehmerische Selbst, S. 58.

len Unternehmensstrukturen und die größer gewordene Bedeutung mittlerer Führungsebenen in Großunternehmen brachten die Frage nach der Delegation von Entscheidungsvollmachten unter dem Gesichtspunkt von Effizienzlogiken notwendigerweise mit sich. Gleichzeitig entstand durch die sich krisenhaft wandelnde Weltwirtschaft, durch die technologischen Entwicklungen und durch eine stärkere internationale Konkurrenz ein Handlungsdruck auf die Unternehmer, sich auf neue Techniken für Management und Organisation einzulassen. In einer angebotsorientierten Konsumwirtschaft wurde Kreativität zur überlebenswichtigen Ressource, um in einem gesättigten Markt weiter erfolgreich Produkte verkaufen zu können. Dass die neuen partizipativ-kooperativen Führungsmodelle sich auch als Antwort auf die allgemeinen Forderungen nach einer Humanisierung der Arbeit darstellen ließen und sich so Kapitalismus-Kritik an der entfremdeten Arbeit in Fragen nach der individuellen Arbeitszufriedenheit transformieren ließ, war ein zusätzlicher Erfolg. Das Narrativ einer kapitalistischen Kaperung von ursprünglich linken Alternativentwürfen und ihrer Umwandlung in neoliberale (Selbst-)Regulierungskonzepte ist jedenfalls zu verkürzt, weil es die ökonomischen Sachzwänge vernachlässigt. Gleichzeitig gilt es unter Berücksichtigung der hier vorliegenden Ergebnisse, in der Frage nach dem „Strukturbruch" die Bedeutung der Ölkrise von 1973 einzuschränken und die Wirtschaftskrise von 1966/67 zu betonen – weniger wegen ihrer konjunkturellen Auswirkungen als aufgrund ihres Zäsurcharakters für politisch-ökonomische Wahrnehmungsmuster.

Viertens: *Von der Verteidigungshaltung zur Moralisierung der Ökonomie.*

In den ersten Jahren nach dem Zweiten Weltkrieg waren westdeutsche Unternehmer in der politischen und medialen Defensive. Vor allem um dem Vorwurf zu begegnen, schuldbehaftete Handlanger des NS-Systems gewesen zu sein, reagierten die Wirtschaftsverbände sehr schnell und gründeten das Deutsche Industrieinstitut, das helfen sollte, ein neues Unternehmerbild zu konstruieren und in den Auseinandersetzungen mit den Gewerkschaften ideologisch besser gerüstet zu sein. Gerade bei der Darstellung der Wirtschaftsführer als fleißig-schöpferische und verantwortungsvolle Unternehmer und Väter des Wirtschaftswunders hatte das Deutsche Industrieinstitut einen großen Anteil. Schon Mitte der 1950er Jahre wurde so aus der Unternehmerschaft eine diskursprägende Gruppe gesellschaftlicher Vorbilder und unverzichtbarer Garanten für Prosperität und Stabilität. Die kommunikative Ausrichtung des DII war dabei von Beginn an eine doppelte: Zum einen diente es der Gestaltung einer Binnenöffentlichkeit, also zur Selbstvergewisserung unternehmerischer Standpunkte und Identität. Zum anderen diente das DII – durch den öffentlichen Aufbau von Gegenpositionen zu SPD, Gewerkschaften und linksliberalen Medien – der Gestaltung einer breiteren Wirtschaftsöffentlichkeit im Sinne unternehmerischer Interessen.

Als zu Beginn der 1960er Jahre eine kritische Elitensoziologie auf den Plan trat und „autoritäre Verhältnisse" in westdeutschen Unternehmen anprangerte, fühlte sich die Unternehmerschaft in ihrem Selbstbild erneut angegriffen. Es wuchs aber auch das Bewusstsein dafür, dass sowohl elitär-ständische Vorstellungen vom deutschen Unternehmertum in der Gesellschaft als auch autoritär-patriarchische Führungsideen im Betrieb nicht mehr vermittelbar waren. Der lange Abschied von der Autorität wurde also einige Jahre vor „1968" eingeleitet. In einer zunehmend rechtfertigungs- und publikationspflichtigen Gesellschaft gingen die deutschen Unternehmer entsprechend zu einer aktiveren Medienpolitik über und suchten dafür im Arbeitskreis Unternehmensführung auch bewusst die Partnerschaft mit linken Soziologen aus dem Umfeld der Frankfurter Schule. Aufgrund der seit der Wirtschaftskrise von 1966/67 lauter werdenden Klage eines Management-Gaps (also einer als defizitär wahrgenommenen Lücke zwischen der Bundesrepublik und den USA bezüglich der Modernität von Management- und Führungsmethoden) unterstützten die deutschen Wirtschaftsführer die Gründung von neuen Wirtschaftsmagazinen.

Einen Höhepunkt erreichte die Interaktion der deutschen Wirtschaft mit der kritischen Öffentlichkeit in der Folge von „1968" und der Kapitalismuskritik der neuen Linken. Aber erst im Zusammenspiel mit medienhistorischen Veränderungen (neben der Rolle des Fernsehens insbesondere das Aufkommen eines kritisch-investigativen Managementjournalismus), des politischen Reformdrucks zu mehr „Wirtschaftsdemokratie" und des Generationenkonflikts in der westdeutschen Wirtschaft kam es zu einer Akzeptanzkrise des ökonomischen Systems. In den Jahren 1968–1973 kam es somit (nach 1949–53) zu einer zweiten Vertrauenskrise des bundesdeutschen Kapitalismus. Dem neuen Legitimationsdruck stellten sich die westdeutschen Wirtschaftsvertreter einerseits mit bildungspolitischen Aktionen für den Führungskräftenachwuchs und mit ideologischer Aufrüstung („Marxismus für Manager"), andererseits mit diversen Initiativen zur moralischen Normierung ökonomischen Verhaltens. Die alten Überzeugungs- und Legitimationsstrategien (Stichwort Elite, Schöpfungskraft, Wiederaufbau, „Wirtschaftswunder") gerieten um 1970 aus unterschiedlichen Gründen in eine Krise und es bedurfte neuer Leitbilder (korporative Führung, Partizipation, Mitbestimmung, gesellschaftliche Verantwortung). Deutlich wurde dies auch in dem Verantwortungsdiskurs der „Studiengruppe Unternehmer in der Gesellschaft" um Hermann Josef Abs. Als Antwort auf Zweifel an der Konsumgesellschaft, auf Wachstumskritik und die marxistische Entfremdungsthese wollte Abs aber nicht weniger Markt, sondern eine Ausdehnung des Ordnungsprinzips des Marktes auf alle gesellschaftlichen Bereiche erreichen. Die von vielen geforderte gesellschaftspolitische Verantwortung der Unternehmen sollte nicht neben oder jenseits des Marktes organisiert werden, sondern als Antwort auf veränderte Verbraucherbedürfnisse selbst den Marktgesetzen unterworfen sein. Die in den 1970er Jahren einsetzende Moralisierung und Kulturalisierung der

Unternehmen (Sozialbilanzen, Führungsleitlinien, Unternehmenskultur) war also durchaus eine direkte Reaktion auf Kapitalismuskritik, allerdings fiel die Antwort mit einer Ökonomisierung von Moral und Verantwortung anders aus als von den Kritikern erhofft. Die Kulturalisierung der Unternehmen führte aber generell dazu, dass nicht mehr nur die Ergebnisse objektiver Faktenanalyse als Möglichkeit gesehen wurden, ein Unternehmen zu steuern, sondern eben auch Werte, Leitbilder und orientierungsstiftende Grundsätze. Vor allem die Führungskräfte wurden zunehmend zu Sinngebern ihrer Firma und sollten die „Kultur" des Unternehmens vermitteln. Der „Aufwertung der Werte" in den 1980er Jahren war somit schon in den 1970er Jahre der Boden bereitet worden.

Insgesamt hat sich gezeigt, dass sich die normativen Konzepte von Arbeit, Leistung und Führung in einem vielschichtig-komplexen Spannungsfeld bewegen, welches einem historischen Wandel unterliegt. Den großen historischen Rahmen dafür stellt die Entwicklung der Industrie- und Arbeitsgesellschaft seit der Hochmoderne Ende des 19. Jahrhunderts dar. Die Genese des modernen outputorientierten Leistungsethos und die Geschichte von Führungstechniken sind nur in dieser weiten Perspektive und auch nur in einer transnationalen Perspektive zu verstehen. Gleichzeitig aber ist deutlich geworden, dass die Kulturgeschichte des westdeutschen Kapitalismus eben doch eine sehr deutsche Geschichte ist, die sich nicht mit einer rein ökonomischen Perspektive erklären lässt und eben auch keine amerikanisch-deutsche Transfergeschichte darstellt. Verdrängte nationalsozialistische Mittäterschaft, Vorstellungen vom genialischen, „geborenen Unternehmer", Ablehnung des US-Managers, der Stolz auf „deutsche Arbeit" und das „Wirtschaftswunder", Frankfurter Schule und „1968", Mitbestimmung und Humanisierung der Arbeit, Konsumkritik und „Wertewandel" – das waren weitestgehend keine internationalen, sondern vor allem westdeutsche Themen. Die für die Bundesrepublik so bedeutsamen Fragen nach Schuld und Gehorsam, Autorität und Kritik, Arbeit und Identität haben so den „rheinischen Kapitalismus" geprägt, dessen „Geist" allerdings schon Mitte der 1980er Jahre deutliche Auflösungserscheinungen zeigte.

Quellen- und Literaturverzeichnis

1 Quellenverzeichnis

1.1 Ungedruckte Quellen

Archiv der sozialen Demokratie (AdsD) der Friedrich-Ebert-Stiftung, Bonn

Sitzungsprotokolle von Fraktionsvorstand und Geschäftsführendem Fraktionsvorstand der SPD

Archiv des Deutschen Bundestages, Berlin

Protokolle des Ausschusses für Arbeit und Sozialordnung

Archiv der Baden-Badener Unternehmergespräche (BBUG), Baden-Baden

Protokolle über die Vorstandssitzungen der Gesellschaft zur Förderung des Unternehmernachwuchses e. V.
Protokolle über die Kuratoriumssitzungen der Gesellschaft zur Förderung des Unternehmernachwuchses e. V.
Korrespondenz, Berichte der Geschäftsführung

Archiv des Instituts der Deutschen Wirtschaft

Protokolle über die Vorstands- und Kuratoriumssitzungen des Deutschen Industrieinstituts

Bundesverband der deutschen Industrie, Historisches Archiv (BDI-Archiv), Berlin

A	Geschäftsführung
PI	Presse und Information
HGF	Hauptgeschäftsführung

BMW-Archiv, München

Protokolle der Vorstandssitzungen, Akten der Personalabteilung, Unternehmenspublikationen

Bundesarchiv Koblenz

B 136	Bundeskanzleramt
B 102	Bundeswirtschaftsministerium
B 149	Bundesarbeitsministerium

B 247   Wissenschaftsrat
N 1223 Nachlass Josef Winschuh
N 1300 Nachlass Ernst Wolf Mommsen

DGB-Archiv im Archiv der sozialen Demokratie (AdsD) der Friedrich-Ebert-Stiftung, Bonn

Abt. Angestellte

Rheinisch-Westfälisches Wirtschaftsarchiv zu Köln (RWWA)

Vereinigte Glanzstoff Fabriken AG/Enka AG Wuppertal
B 6 12   Nachlass Ludwig Vaubel
Abt. 130 Hermann Reusch
Abt. 351 JT International Germany GmbH

Hessisches Wirtschaftsarchiv, Darmstadt

Vereinigte Glanzstoff Fabriken AG/Enka AG Wuppertal, Werk Kelsterbach

Historisches Archiv Deutsche Bank (HADB), Frankfurt

V01   Multinationale Gesellschaften
V25   Büro Guth
V30   Büro Herrhausen
ZA   Büro Abs

National Archives II, College Park/Maryland

Record Group 469, Subject Files Management Development
Record Group 469, Subject Files RKW German Productivity Center

Spiegel-Archiv Hamburg

Nachlass Leo Brawand

ThyssenKrupp Konzernarchiv, Duisburg

Akten der Rheinstahl Aktiengesellschaft

1.2 Gedruckte Quellen

a) Parteitage, Bundestagsprotokolle, Drucksachen

Beschäftigungsförderungsgesetz 1985 (BeschFG 1985) vom 26. April 1985, in: BGBl. 1985, I, Bd. 1, S. 710–717.

22. Bundesparteitag der CDU, Hamburg 18.-20. November 1973, hrsg. von der Bundesgeschäftsstelle der CDU, Bonn 1973.

29. Bundesparteitag der CDU, Mannheim 9.-10. März 1981, hrsg. von der Bundesgeschäftsstelle der CDU, Bonn 1981.

34. Bundesparteitag der CDU, 7.-8. Oktober 1986, hrsg. von der Bundesgeschäftsstelle der CDU, Bonn 1986.

Bundesvorstand der FDP, Freiburger Thesen der FDP zur Gesellschaftspolitik, Bonn 1971.

Drucksachen des Deutschen Bundestags.

Empfehlung zur Förderung besonders Befähigter vom 15.5.1981, in: Empfehlungen und Stellungnahmen des Wissenschaftsrats 1981, Drucksache 5307/81, S. 70–79.

Verhandlungen des Deutschen Bundestags, Stenographische Berichte.

b) Zeitungen und Zeitschriften

Absatzwirtschaft. Zeitschrift für Marketing

Accounting, Organizations and Society

Angestellten Magazin

Angewandte Arbeitswissenschaft

Arbeit und Recht

Arbeit und Sozialpolitik

Aus Politik und Zeitgeschichte

Bayernmotor. Zeitung für die BMW-Mitarbeiter

Betriebswirtschaftliche Probleme

BILD-Zeitung

Biss Public. Wissenschaftliche Mitteilungen aus dem Berliner Institut für Sozialwissenschaftliche Studien

Blätter für deutsche und internationale Politik

Blätter für Steuerrecht, Sozialversicherung und Arbeitsrecht

Blick durch die Wirtschaft (FAZ)

British Journal of Industrial Relations

Bundesgesetzblatt

Bunte

Capital

Computerwoche

Deutsches Allgemeines Sonntagsblatt

Deutsche Zeitung

Emma
Frankfurter Allgemeine Zeitung
Frankfurter Hefte
Frankfurter Rundschau
Führungspraxis. Modernes Management
Gewerkschaftliche Monatshefte
Grundlagen der Weiterbildung
Hamburger Abendblatt
Handelsblatt
Harvard Business Review
Harvard-Manager. Theorie und Praxis des Managements
Harzburger Hefte
Hochschulnachrichten aus der Wissenschaftlichen Hochschule für Unternehmensführung Koblenz
Hochschulpolitische Informationen
Industriekurier
Industriemagazin
Jahrbuch für Absatz und Verbrauchsforschung
Junge Wirtschaft. Zeitschrift für fortschrittliches Unternehmertum
Karriere (Handelsblatt & Wirtschaftswoche)
Kölner Zeitschrift für Soziologie und Sozialpsychologie
Kreiszeitung Baden-Baden
Lebensmittelzeitung
Der Leitende Angestellte
Management im Aufbruch – Karrieren in die Zukunft. Eine Dokumentation von Handelsblatt und Plus
Management Wissen
Management-Zeitschrift io
Manager Magazin
Mannheimer Morgen
Marketing Zeitschrift für Forschung und Praxis
Mensch und Arbeit
Merkur
Metall-Zeitung
Mitteilungen aus der Arbeitsmarkt- und Berufsforschung
Mitteilungen des Hochschulverbandes
Die Morgenpost
Die Neue Gesellschaft
Offene Welt. Zeitschrift für Wirtschaft, Politik und Gesellschaft

Passauer Neue Presse
Personalführung
Plus. Zeitschrift für Unternehmensführung
Political Psychology
Psychologie heute
Rheinischer Merkur/Christ und Welt
Rhein-Zeitung
Sonntagsblatt
Soziale Welt
Der Spiegel
Der Stern
Stuttgarter Zeitung
Süddeutsche Zeitung
Trierische Landeszeitung
Die Union
Unternehmer
Unternehmerbrief des Deutschen Industrieinstituts
VDI-Nachrichten
Der Volks- und Betriebswirt
Der Volkswirt
Vorwärts
Wall Street Journal
Die Welt
Welt der Arbeit
Werben + Verkaufen
Westdeutsche Allgemeine Zeitung
Wetzlarer Neue Zeitung
Widersprüche
Wirtschaftswoche
Die Zeit
Zeitschrift Führung + Organisation
Zeitschrift für Arbeits- und Organisationspsychologie
Zeitschrift für Betriebswirtschaft
Zeitschrift für Sozialreform
Die Zündung. Zeitung der DKP-Betriebsgruppe für die Arbeiter und Angestellten bei BMW

c) Zeitgenössische Literatur

Heidrun Abromeit, Der Führungsanspruch der Wirtschaft gegenüber der Politik, in: Aus Politik und Zeitgeschichte 11 (1981), S. 19–39.

Albert Ackermann, Praktische Psychologie für Führungskräfte. Die Kunst der Menschenführung, München 1967.

Ders., Praktische Führungspsychologie, München 1973.

Rudolf Affemann, Psychologie: Pflichtfach für Manager, in: Plus. Zeitschrift für Unternehmensführung 9 (1972), S. 73–75.

Agitation im Betrieb, die roten „Kollegen" [= Die neue Linke, Nr. 11], hrsg. v. Deutschen Industrieinstitut, Köln 1972.

Johannes Alasco, Intellectual capitalism. A study of changing ownership and control in modern industrial society, New York 1950.

Horst Albach, Management-Ausbildung in Deutschland. 1. Zehnwochen-Seminar für Führungskräfte am Universitätsseminar der Wirtschaft, Wiesbaden 1969.

Ders., Mitarbeiterführung. Text und Fälle, Wiesbaden 1977.

Ders., Persönlichkeitsbildung und Forschung an der Wissenschaftlichen Hochschule für Unternehmensführung, in: Hochschulnachrichten aus der Wissenschaftlichen Hochschule für Unternehmensführung Koblenz 1 (1987), S. 2–3.

Ders., Von der Normalität der Eliten. 10 Jahre Persönlichkeitsbildung an der WHU, in: Harald Winkel (Hrsg.), Zehn Jahre WHU. Aufbau der Wissenschaftlichen Hochschule für Unternehmensführung in Koblenz, St. Katharinen 1994, S. 1–175.

Michael Albaum, Der Wert der Werbung – Vordenker Biedenkopf denkt nach, in: Lebensmittelzeitung, 2.10.1987.

Hans Christian Altmann, Produkte wollen erlebt werden. Marketing im Zeichen des Wertewandels (1), in: Blick durch die Wirtschaft (FAZ), 6.5.1987.

Ders., Kaufen soll zum Erlebnis werden. Marketing im Zeichen des Wertewandels (2), in: Blick durch die Wirtschaft (FAZ), 7.5.1987.

Rüdiger Altmann, Auf schmalem Grat in die Zukunft. Kulturkonflikte der 80er Jahre, in: Manager Magazin 4 (1981), S. 192–200.

Ingrid Ambros/Christiane Schiersmann, Qualifizierung und Beratung von weiblichen Führungskräften und Existenzgründerinnen, Konzepte – Erfahrungen – Empfehlungen, Bielefeld 1991.

Clemens-August Andreae/Burghard Freudenfeld, Sündenbock Unternehmer? Das Risiko der Freiheit im Wandel der Gesellschaft, 2. Auflage, Köln 1973.

Arbeitszeit und Arbeitszeitflexibilisierung als Faktor internationaler Konkurrenzfähigkeit. Ein Beitrag zur Standortdiskussion; Konferenz am 25. April 1989 in Köln, Köln 1989 (= Veröffentlichungen der Walter-Raymond-Stiftung der BDA 28).

Chris Argyris, Personality and Organization. The Conflict between System and the Individual, New York 1957.

Ders., Interpersonal Competence and Organizational Effectiveness, Homewood 1962.

Ders., Integrating the Individual and the Organization, New York 1964.

Ders., Organization and Innovation, Homewood 1965.

Hans-Joachim Arndt, Die Rolle der Führung und die Versachlichung der Unternehmensleitung, in: Unternehmensführung. Weiterbildung des Führungsnachwuchses in Deutschland. Berichte zur Düsseldorfer Tagung der Europäischen Vereinigung von Instituten zur Weiterbildung von Führungskräften der Wirtschaft, Düsseldorf 1965, S. 63–84.

Ders., Unternehmensführung als Fachberuf? Zur Kritik der Management-Ausbildung, Essen 1966.

Ders./Siegfried Faßbender/Hans Hellwig, Weiterbildung wirtschaftlicher Führungskräfte an der Universität. Denkschrift des Deutschen Instituts zur Förderung des Industriellen Führungsnachwuchses, Düsseldorf 1968.

Ders./Siegfried Faßbender, Management-Weiterbildung im Betrieb. Erfahrungen aus Feldstudien in Deutschland, Frankfurt a. M. 1971.

Christoff Aschoff, Betriebliches Humanvermögen. Grundlagen einer Humanvermögensrechnung, Wiesbaden 1978.

Russell Ash/Marissa Piesman/Marilee Hartley, The Official British Yuppie Handbook. The State-of-the-Art Manual for Young Urban Professionals, Horsham 1984.

Johann D. Auffermann, Betriebsführung durch Planung und Kontrolle. Eindrücke einer Studienreise deutscher Betriebswirtschaftler aus Wissenschaft und Industrie, Rationalisierungs-Kuratorium der Deutschen Wirtschaft: RKW-Auslandsdienst 51, München 1957.

Rudolf Augstein, Geld und Politik, in: Der Spiegel, 20.6.1951.

Ausbildung von Führungskräften in der amerikanischen Wirtschaft. Beobachtungen einer deutschen Studiengruppe, Rationalisierungs-Kuratorium der Deutschen Wirtschaft: RKW-Auslandsdienst 45, München 1956.

Hans D. Barbier, Bildungswettbewerb für Spitzen-Manager, in: Süddeutsche Zeitung, 6.1.1984.

H. G. Bärsch, Arbeitszeitverkürzung. Feierabend für die 40-Std.-Woche, in: Der Arbeitgeber 33 (1981), S. 240–244.

Niels Beckenbach [u. a.], Klassenlage und Bewußtseinsformen der technisch-wissenschaftlichen Lohnarbeiter. Zur Diskussion über die „Technische Intelligenz", Frankfurt a. M. 1973.

Gary Becker, Human Capital. A Theoretical and Empirical Analysis, with Special Reference to Education, New York 1964.

Ulrich Becker, Wer „macht" die neuen Werte? Wertewandel, Stilwandel und Alltagsästhetik, in: Erkundungen. Katalog zum Internationalen Design-Kongreß und zur Ausstellung in Stuttgart, Stuttgart 1986, S. 165–169.

Annedore Bell, Sind die Gewerkschaften für die „Leitenden Angestellten" attraktiv?, in: Gewerkschaftliche Monatshefte 4 (1972), S. 262–264.

Daniel Bell, Die nachindustrielle Gesellschaft, in: Die Zeit, 28.11.1969.

Ders., The Coming of Post-Industrial Society, New York 1973.

Ders., Die nachindustrielle Gesellschaft, Frankfurt a. M. 1975.

Peter Bendixen/Eckhard Miketta, Können wir uns Hierarchie noch leisten, in: Plus. Zeitschrift für Unternehmensführung 3 (1974), S. 26–31.

Helmut Berecke. Wo ist Amerika „besser"?, in: Die Zeit, 31.1.1952.

Rolf Berger, Europas technologische Lücke, Mythos und Wirklichkeit, Berlin 1968.

Gerhard Berghahn/Gerhard Bihl/Manfred Theunert, BMW-Werk Regensburg I, in: Personalführung 11 (1990), S. 768–775.

Dies., BMW-Werk Regensburg II, in: Personalführung 12 (1990), S. 836–841.

Dies., Zukunftsorientierte Arbeitsgestaltung am Beispiel BMW Werk Regensburg, in: Reiner Marr (Hrsg.), Arbeitszeitmanagement, 2. Auflage, Berlin 1993, S. 235–254.

Bericht der Kommission „Zukunftsperspektiven gesellschaftlicher Entwicklungen". Erstellt im Auftrag der Landesregierung von Baden-Württemberg, Stuttgart 1983.

Jürgen Berke, Privatuniversität Koblenz: Die Grossen ernten die Früchte, in: Wirtschaftswoche 44 (1988), S. 74–77.

Adolf A. Berle/Gardiner C. Means, The Modern Corporation and Private Property, New York 1932.

Claudia Bernardoni (Hrsg.), Ohne Seil und Haken. Frauen auf dem Weg nach oben. Deutsche UNESCO-Kommission, Bonn 1987.

Joachim Besser, Das Regime der Manager ist da, in: Die Welt, 20.12.1955.

Horst Biallo, Weibliche Führungskräfte verbessern spürbar das Klima in den Chefetagen, in: VDI-Nachrichten, 2.12.1988, S. 8.

Kurt Biedenkopf, Unternehmer stellt euch der Jugend!, in: Plus. Zeitschrift für Unternehmensführung 10 (1972), S. 7–10.

Ders., Hat der Unternehmer noch eine Chance?, in: Vortragsreihe des Deutschen Industrieinstituts 23 (1973), Nr. 16.

Ders., Der Wert der Werbung in der modernen Gesellschaft, Bonn 1987.

Joachim Bieker, Managementwicklung bei Bertelsmann, in: Hans-Christian Riekhof (Hrsg.), Strategien der Personalentwicklung. Beiersdorf, Bertelsmann, BMW, Dräger, Esso, Hewlett-Packard, IBM, Nixdorf, Opel, Otto Versand, Philips, 2. Auflage, Wiesbaden 1989, S. 227–236.

Harald Bielenski, Flexible Arbeitszeiten. Weder Schreckgespenst noch Wundermittel – Ergebnisse von 42 Fallstudien in Betrieben, in: Friedhelm Gehrmann/Thomas Becker (Hrsg.), Arbeitszeit-Flexibilisierung. Tarifpolitische Erfahrungen und neue Modelle in Westdeutschland, Österreich und der Schweiz, Frankfurt 1987, S. 123–138.

Gerhard Bihl, Von der Mitbestimmung zur Selbstbestimmung. Das skandinavische Modell der selbststeuernden Gruppen, München 1973.

Ders., Die Bedeutung flexibler Arbeitszeitsysteme, in: Personalführung 8/9 (1982), S. 186–193.

Ders., Wertorientierte Personalpolitik, in: Personalführung 11/12 (1987), S. 768–785.

Ders., Unternehmen und Wertewandel. Wie lauten Antworten für die Personalpolitik?, in: Lutz v. Rosenstiel/Herbert E. Einsiedler/Richard K. Streich (Hrsg.), Wertewandel als Herausforderung für die Unternehmenspolitik, Stuttgart 1987 (= USW-Schriften für Führungskräfte 13), S. 53–61.

Ders., Anreizaspekte einer wertorientierten Personalpolitik in einem neuen Automobilwerk bei BMW, in: G. Schanz (Hrsg.), Handbuch Anreizsystem in Wirtschaft und Verwaltung, Stuttgart 1991, S. 933–964.

Ders., Werteorientierte Personalarbeit. Strategie und Umsetzung in einem neuen Automobilwerk, München 1995.

Sonja Bischoff, Männer und Frauen in Führungspositionen in der Bundesrepublik Deutschland. Ergebnisse einer schriftlichen Umfrage, Köln 1986.

Dies., Frauen zwischen Macht und Mann. Männer in der Defensive. Führungskräfte in Zeiten des Umbruchs, Reinbek 1990, S. 19–42.

Monika Blank, Frauen in Führungspositionen – Entwicklungstendenzen und Erklärungsansätze, in: Karin Berty (Hrsg.), Emanzipation im Teufelskreis. Zur Genese weiblicher Berufs- und Lebensentwürfe, Weinheim 1990, S. 152–173.

Kurt Blauhorn, Erdteil zweiter Klasse? Europas technologische Lücke, Gütersloh 1970.

Hans Peter Bleuel, Die Stützen der Gesellschaft. Unternehmer – Manager – Leitende – Akademiker. Privilegiert durch Herkunft, Bildung und Einkommen?, Frankfurt a. M. [u. a.] 1976.

Erika Bock-Rosenthal, Leitende Angestellte und Unternehmer. Kooperation oder kollektive Auseinandersetzung, Münster 1974.

Dies./Christa Haase/Sylvia Streeck, Wenn Frauen Karriere machen, Frankfurt a. M. 1978.

Karl W. Boetticher, Ihre Pflicht ist, das Haus zu bestellen. Die Stellung der Manager in der modernen Industriegesellschaft, in: Deutsche Zeitung, 24./25.10.1959.

Ders., Suche nach dem Inhalt industrieller Führung, in: Frankfurter Allgemeine Zeitung, September 1961.

Ders., Unternehmer in seiner Zeit. Noch fehlt uns für die industrielle Führung ein eigenes Konzept, in: Die Zeit, 29.6.1962.

Ders., Führung und Autorität, in: Frankfurter Hefte, August 1962.

Ders., Leiten – nicht befehlen! Delegation von Verantwortung, das neue Stichwort industrieller Führung, in: Die Zeit, 14.12.1962.

Ders., Unternehmer oder Manager – Grundprobleme industrieller Führerschaft, Köln 1963.

Ders., Was ist die Aktiengesellschaft? Die Reform, die Wirklichkeit und die Frage nach dem Konzept, in: Die Zeit, 12.4.1963.

Ders., Allein mit dem Automaten. Soziologische Aspekte der industriellen Entwicklung, in: Die Zeit, 11.9.1964.

Ders., Der Unternehmer und die Wirklichkeit der Gesellschaft, in: Offene Welt. Zeitschrift für Wirtschaft, Politik und Gesellschaft 87 (1965), S. 78–87.

Regina Bohne, Freizeit bedeutet nicht mehr „freie Zeit", in: Süddeutsche Zeitung, 5.11.1955.

Karl Martin Bolte, Wertewandel und Arbeitswelt. Versuch einer Bilanz, in: ders., Wertewandel – Lebensführung – Arbeitswelt, München 1993, S. 1–28.

Manfred Boni/Frank Deppe/Mira Maase/Gerd Wilbert, Kaderschule für das Kapital. Theorie und Praxis der Harzburger Akademie für Führungskräfte der Wirtschaft, Frankfurt a. M. 1972 (= Informationsbericht des Instituts für Marxistische Studien und Forschungen 10).

Jürgen Borgwardt, Ortsbestimmung der Leitenden, in: Arbeit und Sozialpolitik 11/12 (1970), S. 365–369.

Ders., Die Kuh ist vom Eis, in: Der Leitende Angestellte 1 (1976), S. 3–5.

Ders., Das Selbstverständnis der Union der Leitenden Angestellten, Essen 1977 (= ULA-Schriftenreihe 9).

Wolfgang Borkel, Amerikanische Management-Techniken und das Harzburger Modell, in: Harzburger Hefte 5/6 (1969), S. 266–276.

Jörg Klaus Borkowsky, Aufnahme des 4. Studienjahrgangs: Erster Bauabschnitt vollendet, in: Hochschulnachrichten aus der Wissenschaftlichen Hochschule für Unternehmensführung Koblenz 3 (1987), S. 13.

Ders., Edzard Reuter zu Gast in der WHU, in: Hochschulnachrichten aus der Wissenschaftlichen Hochschule für Unternehmensführung Koblenz 4 (1987), S. 1.

Ernst Bornemann, Gruppenarbeit und Produktivität. Bericht über eine Studienreise in USA, Rationalisierungs-Kuratorium der Deutschen Wirtschaft: RKW-Auslandsdienst 72, München 1958.

Dirk Bösenberg, Unternehmen und Wertewandel. Die Auswirkungen auf die Produktanforderung, in: Lutz von Rosenstiel (Hrsg.), Wertewandel als Herausforderung für die Unternehmenspolitik: Materialien, 9. Ludwig-Vaubel-Forum, 22.11.1985 in Schloss Gracht. Universitätsseminar der Wirtschaft, Erftstadt 1985.

Ders., Unternehmen und Wertewandel. Die Auswirkungen auf die Produktanforderung, in: Lutz von Rosenstiel [u. a.] (Hrsg.), Wertewandel als Herausforderung für die Unternehmenspolitik, Stuttgart 1987 (= USW-Schriften für Führungskräfte 13), S. 63–72.

Michael A. Boss, Unternehmenspolitische und gesellschaftliche Konsequenzen einer staatlich verordneten Einschränkung der Werbung, Berlin 1976.

Ada Brandes, Der Geist aus der Retorte. Genschers Idee einer Elite-Universität findet keine Unterstützung, in: Deutsches Allgemeines Sonntagsblatt, 26.2.1984.

Willy Brandt, Mehr Beschäftigung durch weniger Arbeit, in: Die Zeit, 9.7.1982.

Wolfram Braun/Georg Schreyögg, Zu den Grundsätzen der „Führung im Mitarbeiterverhältnis". Eine Analyse des Harzburger Modells, in: Wirtschaftswissenschaftliches Studium 2 (1976), S. 56–61.

Friedrich Bräuninger/Manfred Hasenbeck, Kurswechsel im Kader, in: Wirtschaftswoche, 11.12.1987, S. 36–51.

Leo Brawand, Mißmanagement en famille, in: Manager Magazin 12 (1972), S. 3.

Ders., Ein Forum für die Führungskräfte, in: Manager Magazin 4 (1973), S. 3.

Gerhard Brinkmann/Wolfgang Rippe, Qualität und Quantität des Bedarfs an Führungskräften der Wirtschaft Nordrhein-Westfalens bis zum Jahre 1990 [Forschungsberichte des Landes Nordrhein-Westfalen Nr. 2233], Opladen 1972.

Ralf-Dieter Brunowsky/Lutz Wicke, Der Ökoplan. Durch Umweltschutz zum neuen Wirtschaftswunder, Zürich 1984.

Karl-Werner Bühler, Der Warenhimmel auf Erden: Trivialreligion im Konsum-Zeitalter, Wuppertal 1973.

Karlheinz Bund, Auf Zahlen bauen statt auf Dialektik, in: Manager Magazin 11 (1973), S. 64–71.

Bundesverband der Deutschen Industrie, BDI-Jahresbericht 1970/1971.

Bundesverband der Deutschen Industrie, Jahrestagung 1982, Arbeitskreis II: Technologisch-ökonomischer Wandel – Herausforderung an die Bildungs- und Gesellschaftspolitik der 80er Jahre, Drucksache 153 des Bundesverbandes der Deutschen Industrie e. V., Köln 1982.

Bundesvereinigung der Deutschen Arbeitgeberverbände, Stellungnahme zu aktuellen Frauen- und Familienfragen, Köln 1980.

Manfred Bunte, Anti-autoritär führen?, in: Management im Aufbruch – Karrieren in die Zukunft. Eine Dokumentation von Handelsblatt und Plus, November 1970, S. 53.

Heinz Burneleit, Feindschaft oder Vertrauen zwischen Staat und Wirtschaft?, Frankfurt a. M. 1961.

Ders., „Ich hab' mich ergeben ...". Eine Bestandsaufnahme zur Frage nach dem Vaterland, zusammengestellt nach Äußerungen deutscher Politiker, Wissenschaftler, Theologen und Schriftsteller, Würzburg 1967.

James Burnham, The Managerial Revolution. What is happening in the world, New York 1941.

Peter Carl, Ein Job für zwei, in: Manager Magazin 3 (1983), S. 18–23.

Alfred Chandler, Strategy and Structure. Chapters in the History of Industrial Enterprise, Cambridge, MA 1962.

Joseph W. Chilver, The human aspects of management, Oxford 1976.

Sherry S. Cohen, Sanfte Macht. Der neue weibliche Weg [= Tender Power. Übersetzt aus dem Amerikanischen von Beate Gorman], Hamburg 1990.

James Bryant Conant, Die Nachwuchsschulung für die Wirtschaftsführung der USA, Köln 1955 (= Vortragsreihe des Deutschen Industrieinstituts 20).

Ders., Die Nachwuchsschulung für die Wirtschaftsführung der USA, in: Die Union 10 (1955), S. 146–148.

Ders., Erfahrungen an der Harvard School of Business Administration, in: Ernst Wolf Mommsen (Hrsg.), Elitebildung in der Wirtschaft, Darmstadt 1955, S. 74–80.

Ralf Dahrendorf, Eine neue deutsche Oberschicht. Notizen über die Eliten der Bundesrepublik, in: Die Neue Gesellschaft 9 (1962), S. 18–31.

Ders., Im Entschwinden der Arbeitsgesellschaft. Wandlungen in der sozialen Konstruktion des menschlichen Lebens, in: Merkur 34 (1980), S. 749–760.

Ders., Wenn der Arbeitsgesellschaft die Arbeit ausgeht, in: Joachim Matthes (Hrsg.), Krise der Arbeitsgesellschaft? Verhandlungen des 21. Deutschen Soziologentages in Bamberg 1982, Frankfurt a. M. 1983, S. 25–37.

Norbert Debus, Leiharbeit, das Geschäft mit der Ware Arbeitskraft. Zur unternehmerischen Strategie der Arbeitskräfteflexibilisierung und dem Problem gewerkschaftlicher Interessenvertretung, Marburg 1983.

Christine Demmer (Hrsg.), Frauen ins Management. Von der Reservearmee zur Begabungsreserve, Wiesbaden 1988.

Frank Deppe, Leitende Angestellte, Führungsideologien und die Aufgaben der Gewerkschaften, in: Christoph Kievenheim/André Leisewitz (Hrsg.), Soziale Stellung und Bewusstsein der Intelligenz, Köln 1973, S. 286–316.

Dieter Derschka/Dietmar Gottschall, Die Muße als Maß, in: Manager Magazin 10 (1981), S. 148–160.

Peter Derschka, Ritual und Ratio, in: Manager Magazin 10 (1979), S. 101–104.

Ders., Krise der Arbeit. Zweifel am Ziel, in: Manager Magazin 12 (1982), S. 102–107.

Ders., Politur eines Oldtimers, in: Manager Magazin 11 (1983), S. 174–181.

Hans Dichgans, Bildung und Selektion. Von der Unvermeidbarkeit der Auswahl, Köln 1979.

Ders., Förderung der theoretischen und praktischen Begabung, in: Mitteilungen des Hochschulverbandes 27 (1979).

Ders./Johannes Sauer (Hrsg.), Zwang zur Bildungspolitik – Mut zur Bildungspolitik. Vorbereitende Materialien eines Arbeitskreises. Dokumentation eines Bildungspolitischen Gesprächs, Essen, Villa Hügel, Oktober 1978, Essen 1979.

Die Arbeitsmotivation von Führungskräften der deutschen Wirtschaft: Ergebnisse einer Umfrage bei Unternehmern und leitenden Angestellten, durchgeführt vom EMNID-Institut, im Auftrag des Instituts für Wirtschafts- und Gesellschaftspolitik – IWG – und der Bertelsmann-Stiftung, Gütersloh 1985.

Die Leitenden Angestellten: Abgrenzung, Mitbestimmung, Sprecherausschüsse. Ein praktischer Wegweiser, Essen 1977 (= ULA-Schriftenreihe 8).

Meinolf Dierkes, Unternehmer im Spiegel der öffentlichen Meinung (I und II), in: Der Arbeitgeber 22 (1970), S. 761–762 (I) und 806–807 (II).

Ders., Die Sozialbilanz. Ein gesellschaftsbezogenes Informations- und Rechnungssystem, Frankfurt 1974.

Ders., Corporate Social Reporting in Germany. Conceptual Developments and Practical Experience, in: Accounting, Organizations and Society 4 (1979), S. 87–107.

Ders., Gesellschaftsbezogene Berichterstattung. Was lehren uns die Experimente der letzten 10 Jahre?, in: Zeitschrift für Betriebswirtschaft 54 (1984), S. 1210–1235.

Ders./Burkhard Strümpel, Wenig Arbeit – aber viel zu tun. Neue Wege der Arbeitsmarktpolitik, Opladen 1985.

Paul Diestel, Werden und Aufgaben der Union der leitenden Angestellten, in: Der Leitende Angestellte 1960, S. 144 ff.

Hans Domizlaff, Es geht um Deutschland: massenpsychologische Stichworte für eine sozialpolitische Reform, Hamburg 1952.

Michel Domsch/Karin Chemnitzer, Personalentwicklung von weiblichen Fach- und Führungskräften. Eine Bibliographie in englischer Sprache, Köln 1990.

Ders./Erika Regnet, Weibliche Fach- und Führungskräfte. Wege zur Chancengleichheit, Stuttgart 1990 (= Universitätsseminar der Wirtschaft: USW-Schriften für Führungskräfte 19).

Ders./Olaf Gurtowski/Bianka Lichtenberger, Der internationale Einsatz von weiblichen Führungskräften. Ergebnisse einer empirischen Studie des Instituts für Personalwesen und Arbeitswissenschaft, Hamburg 1991.

Ders./Désirée Ladwig, Haben Frauen eine Chance in der Wirtschaft? Eine empirische Studie mit Hilfe einer Anzeigenanalyse, Hamburg 1992.

Lutz E. Dreesbach, Frauen, die Spitze sind. 35 Portraits aus Chefetagen, Düsseldorf 1986.

Peter F. Drucker, Concept of the Corporation, New York 1946.

Ders., Gesellschaft am Fließband. Eine Anatomie der industriellen Ordnung, Düsseldorf 1949/1950.

Ders., Praxis des Managements. Ein Leitfaden für die Führungs-Aufgaben in der modernen Wirtschaft, Düsseldorf 1956.

Ders., Das Großunternehmen. Sinn, Arbeitsweise und Zielsetzung in unserer Zeit, Düsseldorf 1966.

Sebastian Dworatschek, Management für alle Führungskräfte in Wirtschaft und Verwaltung. Begleitmaterial zur gleichnamigen Fernsehreihe in Zusammenarbeit mit dem Südwestfunk und dem Norddeutschen Rundfunk, Stuttgart 1972.

Walter Eberle (Hrsg.), Unternehmenspolitik heute und morgen. Denkansätze für eine zeitgemäße Konzeption, Köln 1971.

Ders., Der Gewinn – Legitimation und Funktion, Köln 1978.

Gerald Eberlein, Das Bild der Unternehmerin in deutschen Banalromanen der Gegenwart, in: Soziale Welt 3 (1964), S. 212–243.

Cornelia Edding, Frauen in Führungspositionen, in: Herta Däubler-Gmelin/Heide M. Pfarr/Marianne Weg (Hrsg.), Mehr als nur gleicher Lohn! Handbuch zur beruflichen Förderung von Frauen, Hamburg 1985, S. 145–149.

Bernt Engelmann, Schmiede der Elite: Wo Bosse kommandieren lernen. Im Harzburger „Führer"-Hauptquartier lehrt Ex-General Höhn Planspiele gegen die Demokratie, in: Vorwärts, 9.12.1971.

Wolfram Engels (Hrsg.), Neue Wege in der Arbeitswelt, Frankfurt a. M. 1978.

Ders./Hans H. Wenkebach, Die Verteilung des Wohlstandes. Eine Betrachtung über die Bedeutung von Vermögen und Einkommen, Köln 1976.

Björn Engholm, Führung durch Verantwortung: über den Elite-Begriff hinausgehen, in: Die Neue Gesellschaft 28 (1981), S. 819–823.

Ders., Der diskrete Charme der Elite, in: Der Spiegel, 20.2.1984.

Elite: Zukunftsorientierung in der Demokratie. 19. Kolloquium, München, 9.-11. März 1981, Köln 1982 (= Veröffentlichungen der Walter-Raymond-Stiftung der BDA 19).

ESMT Berlin, esmt: Ministerpräsident Rüttgers als Festredner bei USW-Jubiläum/30 Jahre Managerfortbildung in Schloss Gracht, URL: https://www.ots.at/presseaussendung/OTS_20060910_OTS0018/esmt-ministerpraesident-ruettgers-als-festredner-bei-usw-jubilaeum-30-jahre-managerfortbildung-in-schloss-gracht [Zugriff: 1.10.2019].

Peter Ester/Henk Vinken, Yuppies in Cross-National Perspective. Is There Evidence for a Yuppie Value Syndrome?, in: Political Psychology 14 (1993), S. 667–696.

Fritz Ullrich Fack, Eliten werden gebraucht, in: Frankfurter Allgemeine Zeitung, 11.1.1984.

James Fallon, New BMW Plant gets best out of machines, workers, in: Metalworking News, 2.4.1990.

Siegfried Faßbender, Überbetriebliche Weiterbildung von Führungskräften. Der Wuppertaler Kreis und seine Mitglieder, Essen 1969.

Mortimer F. Feinberg/Robert Tanofsky/John J. Tarrant, The new psychology for managing people, Englewood Cliffs, NJ 1975 [dt.: Chefs müssen wieder führen. Die neue Psychologie für Manager, München 1978].

Karin Ferring/Beate Oberlack, Europäische Studiengänge in Europa, Köln 1988.

Hans Fiedler, Wie motiviere ich meine Mitarbeiter?, in: Der Leitende Angestellte 6 (1979), S. 16–19.

Rosemarie Fiedler-Winter, Der Boß von morgen, in: Die Zeit, 6.6.1975.

Alden L. Fiertz, Wie wird man Unternehmensberater? in: Management im Aufbruch – Karrieren in die Zukunft. Eine Dokumentation von Handelsblatt und Plus, November 1970, S. 50.

Hans-Peter Fischer/Hans-Jürgen Heinecke, Schlußfolgerungen für die betriebliche Praxis, in: Uwe Schäkel/Frederic Vester (Hrsg.), Neue Wege der Leistungsgesellschaft. Wertewandel und seine praktischen Konsequenzen im Unternehmen, Essen 1982, S. 154–216.

Heinz Fischer, Mitarbeiterentwicklung bei Hewlett-Packard. Die HP-Unternehmenskultur, in: Hans-Christian Riekhof (Hrsg.), Strategien der Personalentwicklung. Beiersdorf, Bertelsmann, BMW, Dräger, Esso, Hewlett-Packard, IBM, Nixdorf, Opel, Otto Versand, Philips, 2. Auflage, Wiesbaden 1989, S. 201–212.

Karl-Hermann Flach/Werner Maihofer/Walter Scheel, Die Freiburger Thesen der Liberalen, Reinbek bei Hamburg 1972.

Hildegard Fleck, Chancen der Frauen am Beispiel der IBM; in: Herta Däubler-Gmelin/Heide M. Pfarr/Marianne Weg (Hrsg.), Mehr als nur gleicher Lohn! Handbuch zur beruflichen Förderung von Frauen, Hamburg 1985, S. 71–74.

Flexible Arbeitszeiten. Erfahrungen aus der Praxis, Infratest-Sozialforschung GmbH München (Projektleiter Harald Bielenski), Wissenschaftszentrum Berlin (Projektleiter Friedhart Hegner), Frankfurt a. M. 1985 (= Schriftenreihe Humanisierung des Arbeitslebens 68).

Forderungen und Argumente zum Verbot der Leiharbeit: DGB-Fachtagung Leiharbeit am 26./27. September 1983 in Bonn-Bad Godesberg [Hrsg. v. DGB-Bundesvorstand, Abt. Arbeitsmarktpolitik. Red. Bearb.: Ursula Engelen-Kefer], Düsseldorf 1983.

Jean Fourastié, Die große Hoffnung des zwanzigsten Jahrhunderts, 3. Auflage, Köln-Deutz 1954.

K. Franke, Herz und Kreislauf – Gefahrenzonen des modernen Menschen, in: Die Union 8 (1954), S. 131–132.

Gerhard Franz/Willi Herbert, Wertewandel und Mitarbeitermotivation. Eine Strategie zur Entwicklung von Motivationsproblemen, in: Harvard Manager 1 (1987), S. 96–102.

Burghard Freudenfeld, „Standort und Perspektive", in: Clemens-August Andreae/Burghard Freudenfeld, Sündenbock Unternehmer? Das Risiko der Freiheit im Wandel der Gesellschaft, 2. Auflage, Köln 1973, S. 97–129.

Eckart John von Freyend, Ein neuer Typ von Führungskräften, in: Der Arbeitgeber 7 (1986), S. 253–254.

Hans Freyer, Theorie des gegenwärtigen Zeitalters, Stuttgart 1955.

Ferdinand Fried, Das Ende des Kapitalismus, Jena 1931.

Ders., Unternehmer unter Druck, in: Sonntagsblatt 22 (1951).

Ders., Die neue Schicht, in: Die Welt, 20.5.1954.

Ders., Sollen Unternehmer Politik machen?, in: Die Welt, 20.11.1954.

Ders., Verbände und Interessenten. Fünf Jahre BDI, in: Die Welt, 18.12.1954.

Ders., Die Machtkämpfe in der Wirtschaft, in: Die Welt, 29.1.1955.

Otto A. Friedrich, Das Leitbild des Unternehmers wandelt sich, Stuttgart-Degerloch 1959.

Ders., Der Unternehmer und die freie Gesellschaft, in: Vortragsreihe des Deutschen Industrieinstituts, Jg.20, Nr.46, 17.11.1970.

Hans Friedrichs, Die Problematik der außertariflichen Angestellten, in: Mensch und Arbeit 8 (1970), S. 226–230.

Werner Fuchs, Tagesablauf und Tätigkeitsfeld der Unternehmerin, Sozialforschungsstelle an der Universität Münster, Dortmund 1969.

Wilhelm Fucks, Formeln zur Macht. Prognosen über Völker, Wirtschaft, Potentiale, Stuttgart.

Eduard Gabele, Autoritär fürs Firmenwohl. Werte von Führungskräften, in: Wirtschaftswoche, 22.1.1982.

Ders./Werner Kirsch/Jürgen Treffert, Werte von Führungskräften der deutschen Wirtschaft. Eine empirische Analyse, München 1977.

Dies., Die Messung von Werten in Unternehmen: ein empirischer Versuch, in: Helmut Klages, Wertewandel und gesellschaftlicher Wandel, Frankfurt a. M. [u. a.] 1979.

John Kenneth Galbraith, The affluent society, Cambridge, Mass. [u. a.] 1958.

Ders., Gesellschaft im Überfluß, München 1959.

Ders., The new industrial state, London 1967.

Gerd Garbrecht, Die Herzen in der Wirtschaft. Ist die Managerkrankheit ein Generationenproblem, in: Die Welt, 24.9.1955.

Manfred Garhammer, Balanceakt Zeit. Auswirkungen flexibler Arbeitszeiten auf Alltag, Freizeit und Familie, Berlin 1994.

Eduard Gaugler, Leistungsverhalten, Veränderungen im Betrieb, in: Der Arbeitgeber 32 (1980), S. 1166–1174.

Ders., Flexibilisierung der Arbeitszeit. Das Management reagiert eher reserviert, in: Der Arbeitgeber 20 (1983), S. 764–765.

Helmut Gehrhard, Manager, Management und leitende Angestellte in amerikanischen Betrieben, in: Die Union 10 (1953), S. 149–151.

Heiner Geißler (Hrsg.), Abschied von der Männergesellschaft, Frankfurt 1986.

Manfred Geist, Die Krise der Unternehmer, in: Wirtschaftswoche 21.1.1972, S. 16.

Werner Glahe, Ist das Harzburger Modell verstaubt?, in: Plus. Zeitschrift für Unternehmensführung 4 (1972), S. 43 ff.

Leopold Glaser, Vorwärts zurück zur Elite?, in: Badische Zeitung, 26.1.1984.

Helmut Glaubrecht/Dieter Wagner/Ernst Zander (Hrsg.), Arbeitszeit im Wandel. Neue Formen der Arbeitszeitgestaltung, Freiburg 1984.

Peter Glotz, Elite fördern heißt nicht Extrawürste braten, in: Hochschulpolitische Informationen, 11.7.1980.

Ders., Die Linke und die Elite, in: Der Spiegel, 13.10.1980.

Uwe Göbel, Berichte zur Bildungspolitik 1979/80 des Instituts der deutschen Wirtschaft (1979), Köln 1979.

Kurt Golda, Flexibilisierung aus Sicht von Arbeitnehmern und deren Angehörigen, in: Friedhelm Gehrmann/Thomas Becker (Hrsg.), Arbeitszeit-Flexibilisierung. Tarifpolitische Erfahrungen und neue Modelle in Westdeutschland, Oesterreich und der Schweiz, Frankfurt a. M. 1987, S. 47–56.

Dietmar Gottschall, Kein Pardon für einsame Entschlüsse, in: Manager Magazin 1 (1973), S. 50–55.

Johannes Gottwald, o.T., in: Der Spiegel 19 (1971).

Otto Graf, Die Krankheit der Verantwortlichen. Die Manager-Krankheit, Köln 1953.

Michael Granel, Gruppenarbeit in der PKW-Motorenmontage, Stuttgart 1976.

Herbert Gross, Manager von Morgen. Partnerschaft als Wirtschaftsform der Zukunft, Düsseldorf 1950.

Ders., Ein Urteil über die soziologische Funktion des Angestellten, in: Die Union 5 (1952), S. 73–74.

Ders., Fünf Tage Arbeit – eine neuer Lebensstil, in: Handelsblatt, 23.4.1954.

Ders., Der Unternehmer im neuen Jahrzehnt, Köln 1959.

Ders., Auf dem Weg zum professionellen Unternehmertum. Die industrielle Führung heute in der Welt, in: Handelsblatt, 18./19.3.1960.

Ferdinand Grüll, Die Gefahr der Nivellierung, in: Die Union 1 (1952), S. 1–2.

Ders., Nachwuchs an Führungskräften, in: Die Union 12 (1954), S. 191–192.

Ders., Geist- und Fähigkeitskapital. Neue Dimensionen der Kreativität, in: ders. (Hrsg.), Zukunft aus Kreativität, Düsseldorf 1971, S. 201–213.

Grundsätze der BMW-Führungskultur. Orientierungsrahmen als Ergebnis der 4. Ammerwald-Reihe zur „Führungsethik". Grundsätze der Personal- und Unternehmenspolitik, hrsg. v. Bayerische Motoren-Werke, München 1985.

Richard Guserl, Das Harzburger Modell: Idee und Wirklichkeit und Alternative zum Harzburger Modell, Wiesbaden 1973.

Ders./Michael Hofmann, Das Harzburger Modell: Bürokratie statt Kooperation, in: Manager Magazin 2 (1972), S. 60–65.

Dies., Modell-Kritik: Kampf um Harzburg, in: Manager Magazin 7 (1972), S. 52–55.

Dies., Das Harzburger Modell. Idee und Wirklichkeit und Alternative zum Harzburger Modell, Wiesbaden 1976.

W. Hahn, Ausbildung des Managements in den USA, in: Die Union 4 (1954), S. 55–57.

Heinz Haller (Hrsg.), Die 40-Stunden-Woche, Darmstadt 1955.

Willi Haller, Zwei Jobs für drei, in: Manager Magazin 8 (1977).

Winfried Hamel, Flexibilisierung der Arbeit aus betriebswirtschaftlicher Sicht, in: Personalwirtschaft 10 (1985), S. 377 ff.

Günter Hartfiel, „Leitende Angestellte" – leidende Angestellte in der Betriebsverfassung?, in: Gewerkschaftliche Monatshefte 1 (1972), S. 9–19.

Heinz Hartmann, Authority and Organization in German Management [A project of the Industrial Relations Section, Princeton University], Princeton 1959.

Ders., Das neue Verhältnis von Stab zu Linie und seine sozialen Grundlagen, in: Der Leitende Angestellte 8/9 (1962), S. 142–150.

Ders., Amerikanische Firmen in Deutschland. Beobachtungen über Kontakte und Kontraste zwischen Industriegesellschaften, Köln 1963.

Ders., Der heutige Unternehmer in soziologischer Sicht, in: Der Arbeitgeber 11/12 (1963), S. 297.

Ders., Funktionale Autorität. Systematische Abhandlung zu einem soziologischen Begriff, Stuttgart 1964.

Ders., Der deutsche Unternehmer, Autorität und Organisation (Aus d. Amerikanischen von Meino Büning), Frankfurt a. M. 1968, S. 265–292.

Ders., Die Unternehmerin. Selbstverständnis und soziale Rolle, Köln 1968.

Ders., Führungsqualität: Bewertung des deutschen Managers, in: Manager Magazin 2 (1972), S. 57–59.

Ders., Soziallage und Interessenvertretung der Leitenden, in: Arbeit und Sozialpolitik 3 (1972), S. 91–101.

Ders., Sie landen nicht unter fremden Fittichen, in: Der Leitende Angestellte 4 (1972), S. 14–16.

Ders., Soziallage und Interessenvertretung der Leitenden, in: Günter Albrecht (Hrsg.), Soziologie. Sprache, Bezug zur Praxis, Verhältnis zu anderen Wissenschaften. René König zum 65. Geburtstag, Opladen 1973, S. 489–506.

Ders., Sie brauchen keinen Souffleur. Gruppenbildung und Selbstbewußtsein der Leitenden weit fortgeschritten, in: Der Leitende Angestellte 11 (1973), S. 4–11.

Ders., Managerial Employees – New Participants in Industrial Relations, in: British Journal of Industrial Relations 12 (1974), S. 268–281.

Ders./Hanns Wienold, Universität und Unternehmer, Gütersloh 1967.

Ders./Erika Bock-Rosenthal/Elvira Helmer, Angst vor offenem Konflikt: Selbstbild leitender Angestellter, in: Manager Magazin 2 (1972), S. 104–108.

Dies., Leitende Angestellte. Selbstverständnis und kollektive Forderungen. Ergebnisse einer empirischen Untersuchung, Neuwied 1973.

Dies., Leitende Angestellte. Loyalität zum Unternehmen, in: Der Arbeitgeber 20 (1973), S. 924–926.

Dies., Das Selbstbild der leitenden Angestellten, in: Blätter für Steuerrecht, Sozialversicherung und Arbeitsrecht 20 (1973), S. 305–309.

Rolf-Peter Hartmann, Delegation der Verantwortung, in: Frankfurter Allgemeine Zeitung, 4.9.1961.

Otto Walter Haseloff, Wertewandel... und nichts gelernt?, in: Werben + Verkaufen, 24.4.1987.

Wolfgang Fritz Haug (Hrsg.), Warenästhetik: Beiträge zur Diskussion, Weiterentwicklung und Vermittlung ihrer Kritik, Frankfurt a. M. 1975.

Joachim Häusler, Der Führungsprozeß in der industriellen Unternehmung, in: Rudolf Stöhr (Hrsg.), Unternehmensführung auf neuen Wegen, Wiesbaden 1967, S. 19–86.

Dieter Hawranek, Im Jahr 2000 ist das ganz normal, in: Der Spiegel, 17.07.1989.

August Heinrichsbauer, Schwerindustrie und Politik, Essen 1948.

Mario Helfert, Wertewandel der Arbeit und Mitbestimmung am Arbeitsplatz, in: Ruhr-Universität Bochum/Industriegewerkschaft Metall (Hrsg.), Ringvorlesung 1984/85 „Arbeitsgesellschaft im Umbruch". Vereinbarung über Zusammenarbeit, Frankfurt a. M. 1985 (= Gemeinsame Veranstaltungen Ruhr-Universität Bochum/IG-Metall-Bildungszentrum Sprockhövel, H. 9), S. 55–73.

Elvira Helmer, Soziale Stellung und Selbstverständnis der leitenden Angestellten, Münster 1974.

Ernst Helmstädter, Die ökonomischen Leitbilder des neuen Radikalismus, in: Vortragsreihe des Deutschen Industrieinstituts, Jg. 21, Nr. 47, 23.11.1971.

Wieland Hempel, Elite, oder der Anspruch, mit dem Diktat der uniformierten Mehrheit aufzuräumen, in: Die Neue Gesellschaft 31 (1984), S. 946–953.

Beate Henes-Karnahl, Wertewandel im Management. Die Schwachen werden die Starken sein, in: Christine Demmer (Hrsg.), Frauen ins Management. Von der Reservearmee zur Begabungsreserve, Wiesbaden 1988, S. 31–51.

Markus Henning, Die Investition hat sich gelohnt, in: Unternehmer 8 (1986), S. 7.

Detlef Hensche, Wertewandel und neue Bedürfnisse. Wer will flexible Arbeitszeiten?, in: Ingrid Kurz-Scherf/Gisela Breil (Hrsg.), Wem gehört die Zeit? Ein Lesebuch zum 6-Stunden-Tag, Hamburg 1987, S. 88–94.

Wolfgang Herion, Der Angriff auf den Unternehmer, in: Vortragsreihe des Deutschen Industrieinstituts 23 (1973), Nr. 29.

Rudolf Herlt, Dreißig Jahre und ein bißchen weiser. Die Wandlung eines Verbandes, in: Die Zeit, 26.10.1979.

Alfred Herrhausen, Die wirtschaftlichen und ein Teil der damit verbundenen geistigen Gegenwartstendenzen in der Bundesrepublik, in: Handelsblatt, 22.5.1987.

Frederick Herzberg, The work and the nature of man, Cleveland, OH 1966.

Ders./Bernard Mausner/Barbara Bloch Snyderman, The motivation to work, New York 1959.

Rudolf Hickel, Eine Kaderschmiede bundesrepublikanischer Restauration. Ideologie und Praxis der Harzburger Akademie für Führungskräfte der Wirtschaft, in: Martin Greiffenhagen (Hrsg.), Der neue Konservatismus der siebziger Jahre, Hamburg 1974, S. 108–154 und 218–225.

Joachim Hirsch/Roland Roth, Das neue Gesicht des Kapitalismus. Vom Fordismus zum Post-Fordismus, Hamburg 1986.

Max Hochrein/Irene Schleicher, Unternehmerkrankheit. Entstehung und Verhütung, Stuttgart 1953.

A. Hoff, Raubbau am Menschen, in: Die Union 3 (1954), S. 41–43.

Harriet Hoffmann, Nachwuchsprobleme der leitenden Angestellten, in: Die Union 3 (1957), S. 49–51.

Joseph Höffner, Ortsbestimmung des leitenden Angestellten, in: Die Union 1957, S. 184 ff.

Mathias Hofmann, Das Arbeitszeitmodell im BMW Werk Regensburg, in: Susanne Ehses/Eva-Maria Nobis (Hrsg.), Zukunft der Arbeit – Arbeit der Zukunft, Münster/Hamburg 1992, S. 65–70.

Gertrud Höhler, Freizeitlust statt Arbeitswut. Arbeitsethik im Wertewandel, in: Führung und Mitarbeit. Unternehmen im Wertewandel. Dokumentation zum Deutschen Beratertag BDU 1986. Öffentliche Veranstaltung am 20. November 1986 in München, Bonn 1987, S. 21–23.

Dies., Virtuosen des Abschieds – neue Werte für eine Welt im Wandel, Düsseldorf [u. a.] 1989.

Reinhard Höhn, Die Führung mit Stäben in der Wirtschaft, Bad Harzburg 1961.

Ders., Der Chef kann nicht alles wissen. Über die Arbeit mit Führungsstäben und den Einsatz von Spezialisten in der Wirtschaft, in: Die Zeit, 17.3.1961.

Ders. (Hrsg.), Das Harzburger Modell in der Praxis. Rundgespräch über die Erfahrungen mit dem neuen Führungsstil in der Wirtschaft, Bad Harzburg 1967.

Ders., Die Autorität im Rahmen einer Führung im Mitarbeiterverhältnis, in: Harzburger Hefte 13 (1970), S. 292–298.

Ders., Delegation von Verantwortung und hierarchische Ordnung, in: Harzburger Hefte 13 (1970), S. 331–339.

Ders./Gisela Böhme, Der Weg zur Delegation von Verantwortung im Unternehmen. Ein Stufenplan, Bad Harzburg 1969.

Petra Hopen, Die Wirtschaft investiert in die Elite von morgen, in: Rheinischer Merkur/ Christ und Welt, 10.2.1984.

Edith Horsthemke-Becker, Die Frauen proben den Aufstieg, in: Der Arbeitgeber 41 (1989), S. 648–649.

Stefan Hüfner, Wird nach der Demokratie jetzt die Ausbildung von Eliten verordnet?, in: Frankfurter Rundschau, 9.2.1984.

Carl Hundhausen, Public Relations als Werbung um öffentliches Vertrauen, in: Vortragsreihe des Deutschen Industrieinstituts, Nr. 4, 16.7.1951.

Bernhard Hüppe, Muß die Werbung neue Wege gehen, in: Marketing. Zeitschrift für Forschung und Praxis 4 (1983), S. 294 f.

Carol Hymowitz/Timothy Schellhardt, The Glass Ceiling. Why Women Can't Seem to Break the Invisible Barrier That Blocks Them from the Top Job, in: Wall Street Journal, 24.3.1986.

Im Standortwettbewerb. Sachverständigenrat zur Begutachtung der gesamtwirtschaftlichen Entwicklung, Stuttgart 1995.

Ronald Inglehart, Changing Value Priorities and European Integration, in: Journal of Common Market Studies 10 (1971/72), S. 1–36.

Ders., The Silent Revolution in Europe. Intergenerational Change in Post-Industrial Societies, in: The American Political Science Review 65 (1971), S. 991–1017.

Ders., The Silent Revolution. Changing Values and Political Styles among Western Publics, Princeton 1977.

Institut der deutschen Wirtschaft (Hrsg.), Frauen in der Arbeitswelt, Köln 1987.

Institut für Wirtschaft und Gesellschaft Bonn (Hrsg.), Die Arbeitsmotivation von Arbeitern und Angestellten in der deutschen Wirtschaft, Gütersloh 1987.

Knut Ipsen, Eröffnung der Ringvorlesung 1984/85 am 15. November 1984, Arbeitsgesellschaft im Umbruch, in: Ruhr-Universität Bochum/Industriegewerkschaft Metall (Hrsg.), Ringvorlesung 1984/85 „Arbeitsgesellschaft im Umbruch". Vereinbarung über Zusammenarbeit, Frankfurt a. M. 1985 (= Gemeinsame Veranstaltungen Ruhr-Universität Bochum/IG-Metall-Bildungszentrum Sprockhövel, H. 9), S. 9.

Hans Joas, Die Sehnsucht nach dem noblen Gelehrtensein, in: Frankfurter Rundschau, 24.12.1981.

Michael Jungblut, Die „Clique" an der Spitze. Woher kommen Deutschlands Manager?, in: Die Zeit, 23.12.1966.

Ders., Phantasie ist Mangelware, in: Die Zeit, 19.3.1982.

Ders., Nicht nur faul und geldgierig. Die „Lernstatt" fördert Integration und Kommunikation der BMW-Mitarbeiter, in: Die Zeit, 17.1.1986.

Karl Kaiser, Die Manager-Krankheit lässt sich vermeiden, Köln 1953.

Horst Kern/Michael Schumann, Das Ende der Arbeitsteilung? München 1984.

Dies., Das Ende der Arbeitsteilung? Eine Herausforderung für die Gewerkschaften, in: Gewerkschaftliche Monatshefte 36 (1985), S. 27–39.

Helmut Klages, Überlasteter Staat – verdrossene Bürger? Zu den Dissonanzen der Wohlfahrtsgesellschaft, Frankfurt a. M. 1981.

Ders., Modelle, die nichts bewirken. Arbeitszeitverkürzung – Entlastung für den Arbeitsmarkt? (1), in: Blick durch die Wirtschaft (FAZ), 10.6.1983.

Ders., Die „sozialen Kosten" sind erschreckend. Zur Frage der Arbeitszeitverkürzung (2), in: Blick durch die Wirtschaft (FAZ), 14.6.1983.

Ders., Flexibilisierung als Lösung. Zum Thema Arbeitszeitverkürzung (3), in: Blick durch die Wirtschaft (FAZ), 15.6.1983.

Ders., Wertorientierungen im Wandel. Rückblick, Gegenwartsanalyse, Prognosen, Frankfurt a. M. 1984.

Ders., Der anspruchsvolle Mensch im Wandel. Synthese traditionaler und fortschrittlicher Werte, in: Blick durch die Wirtschaft (FAZ), 17.8.1984.

Ders., Morgen hat man andere Ansprüche. Den Wertewandel begreifen und gestalten, in: Blick durch die Wirtschaft (FAZ), 6.9.1984.

Ders., Empirische Bestandsaufnahme des Wertewandels, in: Unternehmensführung vor neuen gesellschaftlichen Herausforderungen. Ergebnisse einer gemeinsamen Arbeitstagung der Bertelsmann-Stiftung, Gütersloh, und des Instituts für Wirtschafts- und Gesellschaftspolitik e. V. – IWG –, Bonn, am 23. und 24. April 1985 in Hamburg, Gütersloh 1985, S. 24–39.

Ders., Wertedynamik. Über die Wandelbarkeit des Selbstverständlichen, Zürich [u. a.] 1988.

Ders., Der Wertewandel in den westlichen Bundesländern, in: Biss Public. Wissenschaftliche Mitteilungen aus dem Berliner Institut für Sozialwissenschaftliche Studien 2 (1991), S. 99–118.

Ders., Traditionsbruch als Herausforderung. Perspektiven der Wertewandelsgesellschaft, Frankfurt a. M. 1993.

Ders., Entstehung, Bedeutung und Zukunft der Werteforschung, in: Erich H. Witte (Hrsg.), Sozialpsychologie und Werte, Lengerich 2008, S. 11–29.

Ders./Peter Kmieciak, Einführung, in: dies. (Hrsg.), Wertewandel und gesellschaftlicher Wandel, Frankfurt a. M. 1979, S. 11–19.

Ders./Willi Herbert, Wertorientierung und Staatsbezug. Untersuchung zur politischen Kultur in der Bundesrepublik Deutschland, Frankfurt a. M. 1983.

Heinz Günter Klein, Elite-Schmiede, in: Rhein-Zeitung, 12.1.1984.

Gisela Kleine, Stand – Klasse – Organisierter Berufsstand, in: Die Union 5 (1952), S. 94–98.

Dies., Wer sind die Manager, in: Die Union 12 (1954), S. 193–195.

Dies., Kann man die leitenden Angestellten von der unternehmerischen Funktion her einordnen?, in: Die Union 5 (1955), S. 72–76.

Dies., Soziologie des leitenden Angestellten, in: Ferdinand Grüll (Hrsg.), Handbuch für Leitende Angestellte, Bd. 1, Heidelberg 1962, S. 19–158.

Dies., Leistungsbereiche und Funktionsbedeutung der leitenden Angestellten, in: Der Leitende Angestellte 1 (1964), S. 4–9.

Michael von Klipstein/Burkhard Strümpel (Hrsg.), Gewandelte Werte – Erstarrte Strukturen. Wie die Bürger Wirtschaft und Arbeit erleben, Bonn 1985.

Dies., Die Entmythologisierung der Produktion, in: dies. (Hrsg.), Gewandelte Werte – Erstarrte Strukturen. Wie die Bürger Wirtschaft und Arbeit erleben, Bonn 1985, S. 263–274.

Peter Kmieciak, Wertstrukturen und Wertwandel in der Bundesrepublik Deutschland, Göttingen 1976.

Gerald Knabe, Wann autoritär führen?, in: Plus. Zeitschrift für Unternehmensführung 11 (1972), S. 31–33.

Alexander Koch, Vor neuen Herausforderungen, in: Der Arbeitgeber 13–14 (1988), S. 504–507.

Rainer Koehne, Das Selbstbild deutscher Unternehmer. Legitimation und Leitbild einer Institution, Berlin 1976.

Helmut Kohl, Leistung fördern und honorieren, in: Führungskräfte in Wirtschaft und Gesellschaft. Festveranstaltung der ULA anläßlich ihres 25. Bestehens am 10. Mai in Bonn, Essen 1976 (= ULA-Schriftenreihe 7).

Manfred Kohnke, Neue Langsamkeit, in: Capital 9 (1988).

Franz-Josef Konert, Konsumgütermarketing im Zeichen veränderter Marktstrukturen, in: Marketing. Zeitschrift für Forschung und Praxis 4 (1984), S. 279–285.

Wolfgang König, Technikorientierung an der Wissenschaftlichen Hochschule für Unternehmensführung, in: Hochschulnachrichten aus der Wissenschaftlichen Hochschule für Unternehmensführung Koblenz 1 (1986), S. 2–3.

Ernst Korff, Leiten und Führen. Profil und Funktionen des leitenden Angestellten, Heidelberg 1967.

Camilla Krebsbach-Gnath/Ina Schmid-Jörg, Wer Frauen will, muß Frauen fördern, in: Christine Demmer (Hrsg.), Frauen ins Management. Von der Reservearmee zur Begabungsreserve, Wiesbaden 1988, S. 179–218.

L. Kroeber-Keneth, Fünftagewoche und Freizeit, in: Die Union 2 (1955), S. 28–30.

Ders., Frauen unter Männern. Grenzen und Möglichkeiten der arbeitenden Frau, Düsseldorf 1955.

Ders., Die Frau im Betrieb, in: Die Union 10 (1956), S. 173–176.

Ders., Freizeit und Muße, in: Die Union 4 (1957), S. 70–72.

Wolfgang Krüger, Wertewandel in der Wirtschaft. Kein Teufelswerk von Intellektuellen, in: Die Zeit, 14.2.1986.

Fred Krummenacher, Flexibles Management statt Bürokratie. Nicht Paläste, sondern Zelte bauen, Landsberg/Zürich 1985.

Ders., Die Schwächen der kooperativen Führung überwinden. Flexibles Management statt Bürokratie, in: Zeitschrift Führung + Organisation 55 (1986), S. 169–175.

Hans Jürgen Krysmanski, Zukunfts-Mythen des Spät-Kapitalismus. Zum Bericht der Kommission „Zukunftsperspektiven gesellschaftlicher Entwicklungen", in: Blätter für deutsche und internationale Politik 29 (1984), S. 806–820.

Helmut Kübler, Private Premiere in Rheinland-Pfalz. Eine Manager-Hochschule wird aus der Taufe gehoben, in: Mannheimer Morgen, 14.1.1984.

Erwin Küchle, Menschenkenntnis für Manager. Der Schlüssel zum anderen, 4. Auflage, München 1983.

Horst Künnemann, Kinder und Kulturkonsum. Überlegungen zu bewältigten und unbewältigten Massenmedien unserer Zeit, Weinheim 1972.

Hilde Kunst, Frauen fördern die Karriere des Mannes, in: Die Union 4 (1954), S. 58 f.

Otto Graf Lambsdorff, Fortschritt nur mit neuen Eliten, in: Rheinischer Merkur, 20.1.1984.

Wolfang Lecher/Johann Welsch, Japan – Mythos und Wirklichkeit. Eine kritische Analyse von Ökonomie und Arbeit, Köln 1983.

Steffen Lehndorff, „Das ganze Unternehmen ist auf Flexibilität aufgebaut". Arbeitszeitpolitik in Automobilzulieferbetrieben des BMW-Werks Regensburg, in: Dietrich Hoß/Bernhard Wirth (Hrsg.), Wege zur innovativen Organisation. Konzepte und Erfahrungsberichte aus der Industrie, Stuttgart 1996, S. 241–262.

Robert Leicht, Ganz schön elitär, in: Süddeutsche Zeitung, 6.3.1984.

Leitende Angestellte und Mitbestimmung. Ergebnisse der Infratestbefragung 1972/73, Essen 1973 (= ULA-Schriftenreihe 6).

Kurt Lenk, „Elite" – Begriff oder Phänomen, in: Aus Politik und Zeitgeschichte 42 (1982) S. 27–37.

Johannes Leppich, Christus und der Manager, in: Passauer Neue Presse, 25.6.1959.

M. Rainer Lepsius, Rezension von Heinz Hartmann, Authority and Organization in German Management, in: Jahrbücher für Nationalökonomie und Statistik 173 (1961), S. 98–99.

Harry Levinson, Management by whose objectives, in: Harvard Business Review 4 (1970), S. 125–134.

Theodore Levitt, Ist Werbung moralisch?, in: Plus. Zeitschrift für Unternehmensführung 3 (1974), S. 67–73.

Bernhard M. Lichtwer, Erst Sicherheit macht frei, in: Die Zeit, 15.5.1970.

Friedrich Liegert, Führungspsychologie für Vorgesetzte, München 1973.

Rensis Likert, The Human Organisation, New York 1967.

Willy Linder, „Management gap" – Schlagwort oder Realität?: Bemerkungen zu einem neuen Forschungsgegenstand, in: Betriebswirtschaftliche Probleme 4 (1969), S. 103–106.

Rolf Lindner, Kritik der Konsumgüterwerbung: Gesellschaftliche Voraussetzungen, ökonomische Funktionen und ideologische Implikationen eines Kommunikationsmittels, Berlin 1975.

Gustav G. Liss, Unternehmer und leitende Angestellte. Gedanken über den betrieblichen und soziologischen Standort „unselbständiger" Führungskräfte, in: Die Union 8 (1954), S. 124–127.

Gerd Lobodda/Gerhard Richter, Antworten auf den „Späth-Kapitalismus". Ausgewählte Konzepte, Aktionen, Modelle in Betrieb, Branche und Region, München 1985 (= IMU-Institut-Studien 4).

Marilyn Loden, Als Frau im Unternehmen führen [= Feminine Leadership. Übersetzt aus dem Amerikanischen von Erwin Schuhmacher], Freiburg 1988.

Uwe Loesch, Managementbeschimpfung, in: Management im Aufbruch – Karrieren in die Zukunft. Eine Dokumentation von Handelsblatt und Plus, November 1970, S. 63.

Manfred Löwisch, Mitbestimmungsmonopol durch Mehrheitswahl, in: Frankfurter Allgemeine Zeitung, 7.3.1974.

Hermann Lübbe, Leistungsdruck. Über Ursachen einer aktuellen Klage. Vortrag anlässlich der Mitgliederversammlung der Landesvereinigung Rheinland-Pfälzischer Unternehmerverbände e. V. am 10. Juni 1980 in Mainz, Mainz 1980.

Ders., Der Wertewandel und die Arbeitsmoral, in: Frankfurter Allgemeine Zeitung, 10.12.1983.

Ders., Wertewandel. Kulturelle Folgen des sozialen Fortschritts. Festvortrag am 16. Mai 1985 in Regensburg anlässlich der 74. Fortbildungstagung für Ärzte, Frankfurt a. M. 1985.

Heinz Maier-Leibnitz/Reimar Lüst, Die Wirkung bedeutender Forscher und Lehrer – Erlebtes aus fünfzig Jahren. Derzeitige Bedingungen und Möglichkeiten für Forschung in der Bundesrepublik Deutschland, Wiesbaden 1983.

Helge Majer, Die technologische Lücke zwischen der Bundesrepublik Deutschland und den Vereinigten Staaten, Tübingen 1973.

Management im Aufbruch – Karrieren in die Zukunft. Eine Dokumentation von Handelsblatt und Plus, November 1970.

Managing the future. Organizational challenge and career perspectives, Hamburg, November 5–7, 1986, selected readings [Hrsg.: FIDA, Gesellschaft zur Förderung der Wissenschaftlichen Erforschung der Lage der Frau in Internationaler Zusammenarbeit e. V., Hamburg], Wentorf 1990.

Herbert Marcuse, Der eindimensionale Mensch. Studien zur Ideologie der fortgeschrittenen Industriegesellschaft, Neuwied 1969.

Ruth Markel, Karriere ist weiblich. Wegweiser für Frauen in ein erfolgreiches Berufsleben. [= Room at the top. Aus dem Englischen von Anni Pott], Reinbek 1989.

Alfred Marquart, Glück zu verkaufen: Werbung, Leistung, Konsum, Ravensburg 1974.

Anke Martiny, Die Diskriminierung von Frauen in der Werbung, in: Aus Politik und Zeitgeschichte: Beilage zur Wochenzeitung Das Parlament 32/33 (1979), S. 32–41.

Abraham H. Maslow, Motivation and personality, New York 1954.

John L. McCaffrey, Was den Chefs schlaflose Nächte bereitet, in: Frankfurter Allgemeine Zeitung, 29.12.1953.

Douglas McGregor, The Human Side of Enterprise, New York 1960.

McKinsey & Company, Women matter, New York 2008.

Hanns Meenzen, Unternehmer auf der Schulbank. Stand und Problematik der Weiterbildung des deutschen wirtschaftlichen Führungsnachwuchses, in: Die Union 1 (1958), S. 2–4.

Ders., Die Arbeitslosigkeit leitender Angestellter. Wer mit fünfzig Jahren noch den Betrieb wechselt, in: Arbeit und Sozialpolitik 1 (1966), S. 7–9.

Ders., Die leitenden Angestellten müssen handeln, bevor sie domestiziert werden, in: Industriekurier, 7.2.1970.

Ders., Die „Leitenden" lassen sich nicht unterbuttern, in: Junge Wirtschaft. Zeitschrift für fortschrittliches Unternehmertum 1 (1971), S. 22–23.

Ders., Der Stein im Magen des DGB, in: Junge Wirtschaft. Zeitschrift für fortschrittliches Unternehmertum 4 (1973), S. 8.

Ders., Leitende wollen mitbestimmen, in: Arbeit und Sozialpolitik 10 (1973), S. 335–340.

Ders., Die dritte Kraft formiert sich. Positionen und Ziele der Leitenden Angestellten, in: Der Leitende Angestellte 10 (1973), S. 19–21.

Ders., Leitende Angestellte. Die dritte Kraft formiert sich, Stuttgart 1973.

Wolfgang Menge, Der verkaufte Käufer. Die Manipulation der Konsumgesellschaft, München 1971.

Gerhard Merk, Zur Begrenzung der Offensivwerbung, Berlin 1977.

Peter Merseburger, Feindbild Fernsehmacher, in: Manager Magazin 4 (1975), S. 68–71.

Heiner Meulemann, Werte und Wertewandel. Zur Identität einer geteilten und wieder vereinten Nation, Weinheim/München 1996.

Middle Management in USA. Seine Stellung und seine Förderung. Reisebericht einer deutschen Studiengruppe, Rationalisierungs-Kuratorium der Deutschen Wirtschaft: RKW-Auslandsdienst 6, München 1958.

Meinhard Miegel, Die Arbeitsmotivation von Führungskräften der deutschen Wirtschaft, in: Unternehmensführung vor neuen gesellschaftlichen Herausforderungen: Ergebnisse einer gemeinsamen Arbeitstagung der Bertelsmann-Stiftung, Gütersloh, und des Instituts für Wirtschafts- und Gesellschaftspolitik e. V. – IWG –, Bonn, am 23. und 24. April 1985 in Hamburg, Gütersloh 1985, S. 87–120.

Raymond E. Miles, Human Relations or Human Resources, in: Harvard Business Review 4 (1965), S. 148–163.

Peter Mohler, Wertkonflikt oder Wertdiffusion, in: Kölner Zeitschrift für Soziologie und Sozialpsychologie 41 (1989), S. 95–122.

Ernst Wolf Mommsen, Elitenbildung in der Wirtschaft, in: ders. (Hrsg.), Elitenbildung in der Wirtschaft, Darmstadt 1955, S. 7–18.

Ders., Management-Aufgaben der 70-er Jahre, in: Vortragsreihe des Deutschen Industrieinstituts, Jg. 19, Nr.31, 5.8.1969.

Ders., Die Gesellschaft fordert Rechenschaft, in: Management im Aufbruch – Karrieren in die Zukunft. Eine Dokumentation von Handelsblatt und Plus, November 1970, S. 7.

Ulrich Mückenberger, Die Krise des Normalarbeitsverhältnisses, in: Zeitschrift für Sozialreform 31 (1985), S. 415–435 und 457–475.

Leo Müffelmann, Die Gewerkschaftsbewegung der leitenden Angestellten, in: Die soziale Bewegung der leitenden Angestellten [Schriften der Vereinigung der leitenden Angestellten in Handel und Industrie VELA, Heft II], Berlin 1921, S. 7–14.

Günter Müller/Michael Schmid, Umbruch im Handel. Sechs Thesen zu den Konsequenzen des Wertewandels, in: Harvard-Manager. Theorie und Praxis des Managements 4 (1985), S. 104–107.

Rolf Müller, Menschenkenntnis im Betrieb. Das psychologische Instrumentarium des Vorgesetzten, Zürich 1973.

Dorothee Müller-Hagen, Frauenbeschäftigung. Doppelrolle stärker berücksichtigen, in: Der Arbeitgeber 32 (1980), S. 1122–1123.

Wolfgang Müller-Michaelis, „Koblenzer Modell" der Aufnahmeprüfung: Brief und Siegel für erfolgreiche Karriere, in: Hochschulnachrichten aus der Wissenschaftlichen Hochschule für Unternehmensführung Koblenz 3 (1987), S. 8–9.

Nöll von der Nahmer, Gesellschaftliche und wirtschaftliche Stellung der geistig Schaffenden in der Gegenwart, in: Die Union 1 (1953).

Helmar Nahr, Mehrwert heute. Leistung und Verteilung in der Industriegesellschaft, Frankfurt a. M. 1977.

Friedemann W. Nerdinger [u. a.], Selektion und Sozialisation potentieller Führungskräfte im Zeichen gesellschaftlichen Wertewandels. Ergebnisse einer Längsschnittstudie des Übergangs vom Bildungs- ins Beschäftigungssystem, in: Zeitschrift für Arbeits- und Organisationspsychologie 32 (1988), S. 22–33.

Sonja Nerge/Marina Stahmann, Mit Seidentuch und ohne Schlips – Frauen im Management. Eine empirische Untersuchung ihrer Lebens- und Arbeitsbedingungen, Frankfurt a. M. 1991.

I. A. Niehues, Die 40-Stunden-Woche, ein Fernziel, in: Die Union 6 (1955), S. 88–90.

Elisabeth Noelle-Neumann, Werden wir alle Proletarier? Ungewöhnliche Wandlungen im Bewußtsein der Bevölkerung, in: Die Zeit, 13.6.1975.

Dies., Die Lust an der Revolution erlosch. Es bleibt die Umwertung der Werte, in: Die Zeit, 23.4.1976.

Dies., Werden wir alle Proletarier? Wertewandel in unserer Gesellschaft, 2. Auflage, Zürich 1979.

Dies., Wertewandel. Was kommt, was geht, was gilt? Marketing antwortet, in: Absatzwirtschaft. Zeitschrift für Marketing 27 (1984), S. 26–33.

Dies., Wir rüsten ab – im Arbeitsleben, in: Frankfurter Allgemeine Zeitung, 25.1.1985.

Dies./Burkhard Strümpel, Macht Arbeit krank? Macht Arbeit glücklich? Eine aktuelle Kontroverse, München 1984.

Dies./Renate Köcher, Die verletzte Nation. Über den Versuch der Deutschen, ihren Charakter zu ändern, 2. Auflage, Stuttgart 1988.

Markus Nöhl, Automobile Symbole im Umbruch. Automobilkritik und Symbolproduktion am Ende des Booms 1965–1975, in: Stephanie Tilly (Hrsg.), Automobilindustrie 1945–2000. Eine Schlüsselindustrie zwischen Boom und Krise, München 2013, S. 363–385.

Andreas Nölting, Rund um die Uhr, in: Manager Magazin 4 (1989).

OECD (Hrsg.), Gaps in Technology Between Member Countries, Paris 1968.

Horst Opaschowski, Folgen des Wertewandels: Lebensorientierungen zwischen Arbeitsethos und Mußidee, in: Unternehmensführung vor neuen gesellschaftlichen Herausforderungen: Ergebnisse einer gemeinsamen Arbeitstagung der Bertelsmann-Stiftung, Gütersloh, und des Instituts für Wirtschafts- und Gesellschaftspolitik e. V. – IWG –, Bonn, am 23. und 24. April 1985 in Hamburg, Gütersloh 1985, S. 42–64.

Heinrich Oswald, Führen statt verwalten! Akzente der Unternehmensführung, Bern 1967.

Ludwig Pack, Ausbildung und Weiterbildung von Führungskräften an amerikanischen und deutschen Universitäten, Wiesbaden 1969.

Vance Packard, Die geheimen Verführer. Der Griff nach dem Unbewussten in jedermann [dt. Übersetzung von The hidden Persuaders], Düsseldorf 1958.

Helmut Pathe (Hrsg.), Frauen in Wirtschaft und Gesellschaft. Symposium des Instituts der Deutschen Wirtschaft, Köln 1988.

Kurt Pentzlin, Gestaltwandel des Unternehmers? Betrachtungen zu Burnhams „Managerial Revolution", in: Josef Sommer (Hrsg.), Technik und Wirtschaft im Fortschritt der Zeit, München 1949.

Thomas J. Peters/Robert H. Waterman, In Search of Excellence – Lessons from America's Best-Run Companies, New York 1982.

Dies., Auf der Suche nach Spitzenleistungen. Was man von den bestgeführten US-Unternehmen lernen kann, Landsberg am Lech 1983.

Wilhelm Pfähler, Das Internationale Jahr, in: Hochschulnachrichten aus der Wissenschaftlichen Hochschule für Unternehmensführung Koblenz 3 (1987), S. 2–5.

Ders., Die Wissenschaftliche Hochschule für Unternehmensführung (WHU) in der Presse 1984–1988, Vallendar 1988.

Peter Philipps, Elitäres, in: Die Welt, 1.2.1984.

Ders., Vor dem Wort „Elite" schreckt hier niemand zurück, in: Die Welt, 14.7.1984.

Marissa Piesman/Marilee Hartley, The Yuppie Handbook. The State-of-the-Art Manual for Young Urban Professionals, New York 1984.

Dies., Das Yuppie Handbuch. Einblicke in die Lebens- und Konsumgewohnheiten der Young Urban Professionals, Berlin 1987.

Plenumsdiskussion: Wertewandel der Arbeit – Folgen für die Wirtschaft?, in: Technologie – Wertewandel – Zukunft der Arbeit. 22. + 23. November 1984 im Congress Centrum Berlin. Berliner Symposium zur Zukunft der Industriegesellschaft, Berlin 1984, S. 136–150.

Ernst H. Plesser (Hrsg.), Was machen die Unternehmer? Über wirtschaftliche Macht und gesellschaftliche Verantwortung, Freiburg 1974.

Ders./Werner Dräger, Das Unternehmen im Dienste des Menschen und der Gesellschaft, Köln 1973.

Jens Priewe, Managermangel. Mehr Blindgänger als Unternehmer, in: Management Wissen 10 (1988), S. 78–95.

Helge Pross, Manager und Aktionäre in Deutschland. Untersuchungen zum Verhältnis von Eigentum und Verfügungsmacht, Frankfurt a. M. 1965.

Dies./Karl W. Boetticher, Manager des Kapitalismus. Untersuchung über leitende Angestellte in Großunternehmen, Frankfurt a. M. 1971.

Dies., Kritik am Management. Der autoritäre Frieden geht zu Ende, in: Manager Magazin 12 (1971), S. 122–126.

Jost Prüssing, Freiheitliche Demokratie braucht freie Unternehmer, in: Junge Wirtschaft 9 (1961), S. 525–531.

Paul Pucher, Ohne Elite sind wir nichts!, in: Bunte, 19.1.1984.

Hans Raffée, Marketing und Umwelt, Stuttgart 1979.

Ders./Klaus Peter Wiedmann, Das gesellschaftliche Bewußtsein und seine Bedeutung für das Marketing, Hamburg 1983.

Dies., Wenn Werte wichtig werden, in: Manager Magazin 3 (1984), S. 172–176.

Dies., (Hrsg.) Strategisches Marketing, Stuttgart 1985.

Dies., Die Selbstzerstörung unserer Welt durch unternehmerische Marktpolitik, in: Marketing. Zeitschrift für Forschung und Praxis 4 (1985), S. 229–240.

Dies., Der Wertewandel als Herausforderung für Marketingforschung und Marketingpraxis, in: Marketing. Zeitschrift für Forschung und Praxis 3 (1988), S. 198–210.

Helmut Raithel, Salamander – Aus Tradition am Markt vorbei, in: Manager Magazin 2 (1971), S. 24–29.

Johannes Rau, Die Zukunft der Arbeit, in: Rolf G. Heinze/Bodo Hombach/Siegmar Mosdorf (Hrsg.), Beschäftigungskrise und Neuverteilung der Arbeit. Ein Diskussionsband, Bonn 1984 (= Forschungsinstitut der Friedrich-Ebert-Stiftung. Reihe: Arbeit 12), S. 10–23.

Hasso von Recum, Wertwandel. Veränderungen der sozial-kulturellen Rahmenbedingungen für das Erziehungs- und Bildungswesen, Braunschweig 1985.

Ders., Wertewandel und Industriekultur, in: Thomas Kreuder/Hanno Loewy (Hrsg.), Konservatismus in der Strukturkrise, Frankfurt a. M. 1987, S. 123–141.

Redaktion Plus, Das Bücherregal des Chefs, in: Management im Aufbruch – Karrieren in die Zukunft. Eine Dokumentation von Handelsblatt und Plus, November 1970, S. 39.

Regelstudienzeit und Studienreform [Referate der wissenschaftlichen Arbeitstagung des Instituts für Begabtenförderung der Konrad-Adenauer-Stiftung Ende 1978]. Mit Beitr. von Wilhelm A. Kewenig, Eduard Pestel, Gerd Roellecke. Dokumentation: Horst Albach [u. a.], Stuttgart 1979.

W. O. Reichelt, Freudiges Ereignis, in: Die Zeit, 21.7.1955.

Kurt Reumann, Eine Hochschule – wie in die Luft gemalt, in: Frankfurter Allgemeine Zeitung, 30.1.1985.

Ders., Kirchenfenster vom Computer. Ein Versuch der Wirtschaft in der Weiterbildung die Führung zu übernehmen, in: Frankfurter Allgemeine Zeitung, 22.6.1987.

Hans-Christian Riekhof (Hrsg.), Strategien der Personalentwicklung. Beiersdorf, Bertelsmann, BMW, Dräger, Esso, Hewlett-Packard, IBM, Nixdorf, Opel, Otto Versand, Philips, 2. Auflage, Wiesbaden 1989.

Emanuel Riggenbach, Die Frau empfindet ihre Arbeit anders, in: Management-Zeitschrift io 49 (1980), S. 195–196.

Friedrich A. Rode, Der Weg zum neuen Konsumenten. Wertewandel in der Werbung, Wiesbaden 1989.

Viola Roggenkamp, Lady-Boss im Anzug, in: Emma 2 (1986), S. 37–38.

Günter Rohrmoser, Die Herausforderung der Radikalen. Eine ideenpolitische Analyse, in: Der Leitende Angestellte 6 (1972), S. 9.

Ders., Die Herausforderung der Radikalen. 12 Kolumnen zum Zeitgeschehen, Köln 1973.

Jutta Roitsche, Elite-Förderung soll endlich nicht mehr mit Tabu belegt sein, in: Frankfurter Rundschau, 22.5.1980.

Jutta Roltsch, Stachel im Fleisch?, in: Frankfurter Rundschau, 14.1.1984.

Lutz von Rosenstiel, Psychologie der Werbung, Rosenheim 1969.

Ders., Die motivationalen Grundlagen des Verhaltens in Organisationen, Leistung und Zufriedenheit, Berlin 1975.

Ders., Marktpsychologie. Bd. 1: Konsumverhalten und Kaufentscheidung, Stuttgart 1979.

Ders., Marktpsychologie. Bd. 2: Psychologie der absatzpolitischen Instrumente, Stuttgart 1979.

Ders., Wertewandel und Führungsnachwuchs, in: Personalführung 11 (1983), S. 214 ff.

Ders., Wandel in der Karrieremotivation. Verfall oder Neuorientierung?, in: ders./Herbert E. Einsiedler/Richard K. Streich (Hrsg.), Wertewandel als Herausforderung für die Unternehmenspolitik, Stuttgart 1987 (= USW-Schriften für Führungskräfte 13), S. 35–52.

Ders./Herbert E. Einsiedler/Richard K. Streich (Hrsg.), Wertewandel als Herausforderung für die Unternehmenspolitik, Stuttgart 1987 (= USW-Schriften für Führungskräfte 13), S. 63–72.

Ders./Martin Stengel, Identifikationskrise? Zum Engagement in betrieblichen Führungspositionen, Bern 1987.

Dies., Manager von morgen: Alternativ und grün?, in: Psychologie heute 14 (1987), S. 50–55.

Lutz von Rosenstiel [u. a.], Führungsnachwuchs im Unternehmen. Wertkonflikte zwischen Individuum und Organisation, München 1989.

Dies., Wertorientierungen im strategischen Personalmanagement, in: Christian Scholz/Maryam Djarrahzadeh (Hrsg.), Strategisches Personalmanagement. Konzeptionen und Realisationen, Stuttgart 1995 (= USW-Schriften für Führungskräfte 28), S. 201–216.

Ludwig Rosner, Moderne Führungspsychologie. Psychologie und Technik der Gruppenführung im Betrieb, München 1971.

Katrin Roth, Strategie der Konservativen am Beispiel der Späth-Kommission, in: Gerd Lobodda/Gerhard Richter (Hrsg.), Antworten auf den „Späth-Kapitalismus". Ausgewählte Konzepte, Aktionen, Modelle in Betrieb, Branche und Region, München 1985 (= IMU-Institut-Studien 4), S. 12–25.

Hermann Rudolph, Elite: ein Begriff kehrt wieder. Exzellenz ist das Unterfutter der Egalität, in: Die Zeit, 30.5.1980.

Peter Rudolph, Die Launen des postmodernen Konsumenten, in: Werben + Verkaufen, 10.4.1987.

Karl Heinrich Rüßmann, Votum für soziale Pflicht, in: Manager Magazin 5 (1975), S. 15–21.

Walter Salzmann, Die Frau als Arbeitskraft. Umfang, Bedeutung und Probleme der Frauenarbeit, in: Der Volkswirt 35 (1956), S. 16–19.

Günther Schanz, Grundlagen der verhaltenstheoretischen Betriebswirtschaftslehre, Tübingen 1977.

Ders., Verhalten in Wirtschaftsorganisationen. Personalwirtschaftliche und organisationstheoretische Probleme, München 1978.

Helmut Schartner, Aufwärtsbeurteilung bei BMW, in: Hans-Christian Riekhof (Hrsg.), Strategien der Personalentwicklung. Beiersdorf, Bertelsmann, BMW, Dräger, Esso, Hewlett-Packard, IBM, Nixdorf, Opel, Otto Versand, Philips, 2. Auflage, Wiesbaden 1989, S. 269–282.

Ders., Eine neue Rolle des Personalwesens bei BMW, in: Personalführung 1 (1990), S. 32–37.

Wolfang Schelle, Wie sollte Teamarbeit organisiert werden, in: Führungspraxis. Modernes Management, Juni 1963, S. 8–12.

Helmut Schelsky, Wandlungen der deutschen Familie in der Gegenwart. Darstellung und Deutung einer empirisch-soziologischen Tatbestandsaufnahme, Dortmund 1953.

Ders., Berechtigung und Anmaßung der Managerherrschaft, in: ders. (Hrsg.), Auf der Suche nach Wirklichkeit. Gesammelte Aufsätze, Düsseldorf/Köln 1965.

Susan Schenkel, Mut zum Erfolg. Warum Frauen blockiert sind und was sie dagegen tun können [= Giving away success. Aus dem Englischen von Julia Nowotny-Iskandar und Bettina Abarbanell], Frankfurt a. M. 1984.

Wilhelm K. Scheuten, Wertewandel und Unternehmenskultur, in: Der Arbeitgeber 17 (1985), S. 608–609.

Heinz Schimmelbusch, Marktwirtschaft, Bürokratie und Leistung. Die Entstehung und die Folgen zentraler Wirtschaftsentscheidungen, Köln 1977.

Winfried Schlaffke, Leistungsgesellschaft in der Kritik, in: Vortragsreihe des Deutschen Industrieinstituts 23 (1973), Nr. 11.

Ders. (Hrsg.), Bildungsbericht des Instituts der deutschen Wirtschaft 1977, Köln 1977.

Ders., Technischer Fortschritt und gesellschaftlicher Strukturwandel. Rolle und Aufgabe von Führungskräften in der Wirtschaft, in: Der Leitende Angestellte 6 (1984), S. 24.

Peter A. Schlenzka, Unternehmer, Direktoren, Manager. Krise der Betriebsführung?, Düsseldorf 1954.

Hanns Martin Schleyer, Gesellschaftspolitik als Konfliktbewältigung, in: Vortragsreihe des Deutschen Industrieinstituts 23 (1973), Nr. 14.

Ders., Unannehmbar!, in: Der Arbeitgeber 26 (1974), S. 70.

Ders., Führungskräfte unterstützen, in: Der Leitende Angestellte 4 (1976), S. 13.

Rolf Schmädeke, Fahndung nach falschen Führern, in: Der Leitende Angestellte 5 (1974), S. 9–10.

Christiane Schmerl, Frauenfeindliche Werbung: Sexismus als heimlicher Lehrplan, Berlin 1980.

Dies./Michaela Huber, Frauenfeindliche Klischees in der Werbung, in: Psychologie heute 2 (1979), S. 24–25.

Thomas Schmid (Hrsg.), Das Ende der starren Zeit. Vorschläge zur flexiblen Arbeitszeitpolitik, Berlin 1985.

Wolfgang Schmidbauer, Homo Consumens. Der Kult des Überflusses, Stuttgart 1972.

Mark Schmid-Neuhaus, Manager – nur Liebediener der Spätkapitalisten?, in: Management im Aufbruch – Karrieren in die Zukunft. Eine Dokumentation von Handelsblatt und Plus, November 1970, S. 15.

Lothar Schmidt-Mühlisch, Die denunzierte Elite, in: Die Welt, 23.12.1984.

Günter Schmölders, „Gut durchgekommen?". Lebenserinnerungen, Berlin 1988.

P. Schnittker, Mehr Markt – weniger Staat, in: Management Heute 2 (1984), S. 14–16.

Helmut Schoeck, Darf ein Land seine Eliten verstecken?, in: Der Arbeitgeber 2 (1984), S. 68–69.

Hanns-Martin Schönfeld, Die Führungsausbildung im betrieblichen Funktionsgefüge, Wiesbaden 1967.

Marion Schreiber, Zur Karriere wirst du nicht geküßt, in: Der Spiegel, 7.11.1988.

A. Schulte, Flexible Arbeitszeitgestaltung – Technische und organisatorische Aspekte, in: Angewandte Arbeitswissenschaft 1 (1985), S. 3–17.

Theodore W. Schultz, The Economic Value of Education, New York 1963.

Ders., Investment in Human Capital. The Role of Education and of Research, New York 1971.

Axel W. Schumacher, Mehr Frauen in die Vorstandsetagen! Dr. Helga Stödter an der WHU, in: Hochschulnachrichten aus der Wissenschaftlichen Hochschule für Unternehmensführung Koblenz 2 (1987), S. 4.

Ursula Schumm-Garling, Leitung und „Führungsstile", in: Gewerkschaftliche Monatshefte 9 (1974), S. 549–557.

Klaus Schweickart, Das „falsche Bewußtsein" der Leitenden, in: Frankfurter Allgemeine Zeitung, 17.3.1975.

Wolfgang Schwetlick/Rainer Lessing, Bilanz des Versagens, in: Manager Magazin 3 (1977), S. 26.

Bruno Seifert, Volkswagen. Virtuosin des Zeitgeistes Wolfsburg liegt quer, in: Wirtschaftswoche, 13.10.1989.

Jean-Jacques Servan-Schreiber, Die amerikanische Herausforderung, Hamburg 1968.

Werner Siegert, Warum?, in: Management im Aufbruch – Karrieren in die Zukunft. Eine Dokumentation von Handelsblatt und Plus, November 1970, S. 3.

Richard Sietman, Weibliche Führungskräfte denken systemorientierter als Männer, in: VDI-Nachrichten, 5.1.1990, S. 8.

G. Silberer, Wertorientiertes Management im Handel, in: Jahrbuch für Absatz und Verbrauchsforschung 4 (1987), S. 332–351.

Theo Sommer, Jenseits von Pendelschwung und Wellenschlag. Vom Wertewandel in unserer Zeit, in: Die Zeit, 3.1.1986.

Kurt Sontheimer, Die anfälligen Deutschen, in: Wirtschaftswoche, 28.11.1986.

Lothar Späth, Wende in die Zukunft. Die Bundesrepublik auf dem Weg in die Informationsgesellschaft, Hamburg 1985.

Ders., Dienstleistungen im Struktur- und Wertewandel, in: Rudolf Henn/Walter F. Schickinger (Hrsg.), Staat, Wirtschaft, Assekuranz und Wissenschaft. Festschrift für Robert Schwebler, Karlsruhe 1986, S. 129–134.

Bernt Spiegel, Werbepsychologische Untersuchungsmethoden. Experimentelle Forschungs- und Prüfverfahren, Berlin 1958.

Ders., Die Struktur der Meinungsverteilung im sozialen Feld. Das psychologische Marktmodell, Bern/Stuttgart 1961.

Staatsministerium Baden-Württemberg (Hrsg.), Zukunftschancen eines Industrielandes. Kongreß der Landesregierung Baden-Württemberg am 13. und 14. Dezember 1983, Stuttgart 1983.

Ingeborg Stahr, Qualifizierung weiblicher Führungskräfte – Kritische Analyse der neuen Ratgeber-Literatur zur Karriereplanung von Frauen, in: Grundlagen der Weiterbildung 4 (1993), S. 125–129.

Hartmut Steiger, Der Bedarf an weiblichen Führungskräften wird steigen, in: VDI-Nachrichten, 15.4.1988, S. 2.

Gustav Stein (Hrsg.), Unternehmer in der Politik, verfasst von Herbert Gross, Düsseldorf 1954.

Hans P. Steinbrenner/Hans H. Wenkebach, Kapital und Arbeit. Kooperationsformen zur Erstellung wirtschaftlicher Leistungen, Köln 1977.

Karl Steinbuch, Die informierte Gesellschaft. Geschichte und Zukunft der Nachrichtentechnik, Stuttgart 1966.

Peter J. Steincrohn, Wollen Sie länger leben, Herr Direktor?, München 1962.

Heinz Steinke, Welche Führungsmethoden sind zeitgemäss? Gedanken eines Teilnehmers der Chefseminare in Bad Harzburg, in: Führungspraxis. Modernes Management, November 1965, S. 4–7.

Claus Steinle, Leistungsverhalten und Führung in der Unternehmung. Das Harzburger Führungsmodell im Vergleich mit einem motivationstheoretisch fundierten Leistungs-Verhaltensmodell, Berlin 1975.

Günter Stephan/Annedore Bell, 30000 „Leitende Angestellte" bestellten beim DGB einen Musterarbeitsvertrag. Bericht über eine Aktion des Deutschen Gewerkschaftsbundes sowie über eine repräsentative Untersuchung bei „Leitenden Angestellten und Führungskräften", Düsseldorf 1971.

Rudolf W. Stöhr, Unternehmensführung auf neuen Wegen, Wiesbaden 1967.

Zoran Stojadinović, Reform des Kapitalismus oder antikapitalistischer Kampf?, in: Management im Aufbruch – Karrieren in die Zukunft. Eine Dokumentation von Handelsblatt und Plus, November 1970, S. 14.

Gerhard Stoltenberg, Vormarsch der Amateure, in: Manager Magazin 1 (1980).

Caspar von Stosch, Unternehmensführung als Wissenschafts- und Bildungsproblem, in: ders. (Hrsg.), Unternehmensführung auf neuen Wegen, Wiesbaden 1967, S. 317–377.

Ders., Der Mann, der seine Firma „verschenkte", in: Welt der Arbeit, 10.11.1972.

Ders., CDU-Entwurf für Sprecherausschüsse zementiert die Spaltung der Angestellten, in: Angestellten Magazin 1 (1979), S. 3–6.

Ingrid Strobl, Teilzeitarbeit. Netz oder Fessel?, in: Emma 9 (1983), S. 29–33.

Burkhard Strümpel, Lebensstile gegen Wirtschaftsstile, in: Der Spiegel 22 (1985), S. 56–57.

Ders., Arbeitsmotivation im sozialen Wandel, in: Unternehmensführung vor neuen gesellschaftlichen Herausforderungen: Ergebnisse einer gemeinsamen Arbeitstagung der Bertelsmann-Stiftung, Gütersloh, und des Instituts für Wirtschafts- und Gesellschaftspolitik e. V. – IWG –, Bonn, am 23. und 24. April 1985 in Hamburg, Gütersloh 1985, S. 65–81.

Ders., Werte im Wandel – starre Strukturen in der Arbeitswelt, in: Walter Bungard (Hrsg.), Investitionen in die Zukunft. Szenarien 2000, Siebter Deutscher Quality Circle Kongress 1988, Mannheim 1989, S. 67–75.

Ders./Peter Pawlowsky, Wandel in der Einstellung zur Arbeit. Haben sich die Menschen oder hat sich die Arbeit verändert?, in: Lutz von Rosenstiel (Hrsg.), Wertewandel. Herausforderungen für die Unternehmenspolitik in den 90er Jahren, 2. Auflage, Stuttgart 1993, S. 17–27.

Herbert Studders, Memorandum zur Gründung einer Gesellschaft zur Förderung des Unternehmernachwuchses und eines Instituts zur Förderung des industriellen Führungsnachwuchses, Köln 1955.

Werner Sturzenecker, Der leitende Angestellte in Theorie und Praxis, Diss., Münster 1965.

Robert E. Tannehill, Motivation and Management Development, Princeton 1970 [dt.: Praktische Psychologie und Motivation als Führungsaufgabe, München 1974].

Frederick W. Taylor, The Principles of Scientific Management, Lexington, KY 2008 [Nachdruck der Originalausgabe von 1911].

Bernhard Teriet, Möglichkeiten der Arbeitszeitverteilung und der Arbeitszeitflexibilität, in: Gewerkschaftliche Monatshefte 25 (1974), S. 412–423.

Ders., Neue Strukturen der Arbeitszeitverteilung. Möglichkeiten, Voraussetzungen und Konsequenzen, Göttingen 1976.

Ders., Neue Arbeitszeitformen. Oder: Vom passiven zum aktiven Arbeits- und Betriebszeitmanagment, in: Management-Zeitschrift io 50 (1981), S. 527–529.

Ders., Arbeitsumverteilung zwischen linearer Arbeitszeitverkürzung und/oder Arbeitszeitflexibilisierung. Optionen einer Arbeitsum- und -neuverteilung, in: Gewerkschaftliche Monatshefte 33 (1982), S. 94–105.

Werner Then, Führungsverhalten im Wertewandel, in: Der Arbeitgeber 7 (1985), S. 258–259.

Ders., Reintegration der Wirtschaft in die Gesellschaft, in: Der Arbeitgeber 9 (1985), S. 330–332.

Ders., Schattenwirtschaft. Ein Signal für neue Formen der Arbeit?, in: Zeitschrift für Sozialreform 31 (1985), S. 148–160.

Ders., Auf der Suche nach der neuen Arbeitskultur, in: Der Arbeitgeber 38 (1986), S. 447–448.

Manfred Theunert, Das Regensburger Modell von BMW. Ein neuer Weg für Schicht- und Gleitzeit, in: André Büssing/Hartmut Seifert (Hrsg.), Sozialverträgliche Arbeitszeitgestaltung, München 1995, S. 235–242.

Gotthardt Thomé, Produktgestaltung und Ökologie, München 1981.

Gerhard Thomssen, Samstags gehört Vati mir!, in: Der Stern, 17.11.1988.

Bruno Tietz, Die Wertedynamik der Konsumenten und Unternehmer in ihren Konsequenzen auf das Marketing, in: Marketing. Zeitschrift für Forschung und Praxis 2 (1982), S. 91–102.

Armin Töpfer, Umwelt und Benutzerfreundlichkeit von Produkten als strategische Unternehmungsziele, in: Marketing. Zeitschrift für Forschung und Praxis 4 (1985), S. 241–251.

Egon Tuchtfeldt, Die Marktwirtschaft zwischen gestern und morgen, in: Zeitschrift für Wirtschaftspolitik 2 (1972), S. 7–14.

Unternehmen und Wertewandel. Wie lauten Antworten für die Personalpolitik? Zusammenfassende Thesen zum Referat von Gerhard Bihl/BMW AG, in: Lutz von Rosenstiel (Hrsg.), Wertewandel als Herausforderung für die Unternehmenspolitik: Materialien/9. Ludwig-Vaubel-Forum, 22.11.1985 in Schloss Gracht. Universitätsseminar der Wirtschaft, Erftstadt 1985.

Unternehmer und Bildung. Festschrift zum 60. Geburtstag von Ludwig Vaubel, Wiesbaden 1968 (= Veröffentlichungen der Walter-Raymond-Stiftung 10).

Universitätsseminar der Wirtschaft (Hrsg.), 25 Jahre Universitätsseminar der Wirtschaft 1968–1993, Stuttgart 1993.

Luwig Vaubel, Unternehmer gehen zur Schule. Ein Erfahrungsbericht aus USA, Düsseldorf 1952.

Ders., Der Führungsnachwuchs für die Industrie, in: Der Volkswirt, 25.12.1954, S. 67–70.

Ders., Erfahrungen mit der Auswahl und Entwicklung von Führungskräften, in: Ernst Wolf Mommsen (Hrsg.), Elitebildung in der Wirtschaft, Darmstadt 1955, S. 279–288.

Ders., Zusammenbruch und Wiederaufbau. Ein Tagebuch aus der Wirtschaft 1945–1949, hrsg. v. Wolfgang Benz, München 1984.

Hans-Joachim Veen/Elisabeth Noelle-Neumann (Hrsg.), Bestimmungsgründe und politisch-kulturelle Trends am Beispiel der Bundestagswahl 1987, Paderborn 1991.

Ernst Günter Vetter, Leitende Angestellte zwischen den Fronten, in: Frankfurter Allgemeine Zeitung, 27.8.1969.

Vogel, Überlastungs- und Aufbruchschäden beim Geistesarbeiter, in: Die Union 1 (1953), S. 6–7.

D. Wagner, Arbeitszeit und Organisation. Das Konzept der Arbeitszeitflexibilisierung aus organisatorischer Sicht, in: Zeitschrift für Organisation 4 (1985), S. 257–260.

Ursula Wagner, Teilzeitarbeit, Zeitarbeit, Leiharbeit: Literatur und Forschungsprojekte [Institut für Arbeitsmarkt- u. Berufsforschung der Bundesanstalt für Arbeit], Nürnberg 1984.

Manfred P. Wahl, Die technische Lücke, in: Die Zeit, 28.11.1969.

Peter Waldmann, Elitenherrschaft in einer pluralistischen Demokratie?, in: Josef Becker (Hrsg.), Dreißig Jahre Bundesrepublik, München 1979, S. 167–184.

Ders., Elitenherrschaft in einer pluralistischen Demokratie?, in: Aus Politik und Zeitgeschichte 38 (1979), S. 20–30.

Ders., Eliten in der modernen Industriegesellschaft, in: Der Arbeitgeber 3 (1980), S. 117–118.

Günter Wallraff, Wir brauchen dich. Als Arbeiter in deutschen Industriebetrieben. München 1966.

Ders., Industriereportagen. Als Arbeiter in deutschen Grossbetrieben, Reinbek 1970.

Warum sie Sozialismus wollen: Kritik an der Wirtschaft [= Die neue Linke, Nr. 3], hrsg. v. Deutschen Industrieinstitut, Köln 1971.

Jürgen Weber, Praxisbezogene Diplomarbeiten an der Wissenschaftlichen Hochschule für Unternehmensführung, in: Hochschulnachrichten aus der Wissenschaftlichen Hochschule für Unternehmensführung Koblenz 2 (1987), S. 2–3.

Albrecht Weiß, Der leitende Angestellte im Betrieb, in: Die Union 1954, S. 186 ff.

Burkhard Wellmann, Leitende Angestellte: Die Neue Klasse?, in: Der Arbeitgeber 20 (1971), S. 229.

Ders., Loyalität und Interesse, in: Der Arbeitgeber 25 (1973), S. 894.

Ders., Leitende Angestellte. Gefahr und Chance, in: Der Arbeitgeber 17 (1976), S. 684–686.

Ders., Walter-Raymond-Stiftung. Elite – Zukunftsorientierung in der Demokratie, in: Der Arbeitgeber 7 (1981), S. 351–353.

Werbung: Manipulation und Konsumterror [= Die Neue Linke, Nr. 15], hrsg. v. Deutschen Industrieinstitut, Köln 1971.

Vera Wiegand, Die Entwicklung der Personal- und Organisationsentwicklung bei BMW, in: Klaus Götz (Hrsg.), Personalentwicklung. „Moving the people – people on the move", Würzburg 1998, S. 11–17.

Walter Wiltschegg, Stirbt der Unternehmer? Diagnose und Therapie, Düsseldorf 1964.

K. G. Windhorst, Wertewandel und Konsumentenverhalten, Münster 1985.

Max Wingen, Kinder in der Industriegesellschaft – wozu? Analysen, Perspektiven, Kurskorrekturen, Zürich 1982.

Ders., Familienorientierte Arbeitswelt, in: Der Arbeitgeber 34 (1982), S. 1209–1216.

Josef Winschuh, Das neue Unternehmerbild. Grundzüge einer Unternehmerpolitik, Frankfurt a. M. 1954.

Ders., Die Stunde des Geistesarbeiters, in: Industriekurier, 30.1.1954.

Ders., Ist der Unternehmerberuf erlernbar?, in: Der Arbeitgeber 9 (1957), S. 608–612.

Rosemarie Winter, Kein Kleid von der Stange. Harzburg – populärstes deutsches Schulungszentrum, in: Der Leitende Angestellte 5 (1971), S. 18–20.

Giselher Wirsing, Es geht um die deutsche Substanz. Der materielle Ausverkauf der geistigen Schichten – ein unabwendbarer Prozeß, in: Die Union 1 (1951), S. 5–7.

Jochen Wistinghausen, Leitende Angestellte. Der 4. Produktionsfaktor, in: Der Arbeitgeber 10 (1971), S. 446–448.

Eberhard Witte/Rolf Bronner, Die Leitenden Angestellten. Eine empirische Untersuchung, München 1974.

Christine Wittenzellner, Isoliert und entfremdet, in: Management Wissen 4 (1987), S. 17–25.

Dies., Business Schools. Die Stunde der Gründerväter, in: Management Wissen 11 (1989), S. 128–134.

Gabriele Wölke, Eliteschulen. Kommt die Demokratie ohne Eliten aus?, Köln 1978.

Dies., Eliten in der Bundesrepublik. Zur Rückkehr eines Begriffs, Köln 1980.

Artur Wollert, Werteorientierte Personalpolitik als Bestandteil einer gesamthaften Unternehmenspolitik, in: Hermann Bayer (Hrsg.), Unternehmensführung und Führungsethik. Praxiserfahrungen und Perspektiven, Heidelberg 1985, S. 95–114.

Ders., Techno-Schub zwingt Führung zu Wertumkehr, in: Computerwoche, 10.5.1985.

Ders., Wertorientierte Personalpolitik – eine Antwort?, in: Friedhelm Gehrmann (Hrsg.), Arbeitsmoral und Technikfeindlichkeit. Über demoskopische Fehlschlüsse, Frankfurt a. M. 1986, S. 229–240.

Ders., Wertewandel und Anforderungen an die betriebliche Personalpolitik, in: Friedhelm Gehrmann/Thomas Becker (Hrsg.), Arbeitszeit-Flexibilisierung. Tarifpolitische Erfahrungen und neue Modelle in Westdeutschland, Österreich und der Schweiz, Frankfurt a. M./New York 1987, S. 23–35.

Ders., Personalpolitik als betrieblicher Gestaltungsfaktor, in: Paul Gert von Beckerath (Hrsg.), Verhaltensethik im Personalwesen, Stuttgart 1988, S. 11–73.

Ders./Gerhard Bihl, Wertorientierte Personalpolitik, in: Personalführung 16 (1983), S. 154–162.

Dies., Wertorientierte Personalpolitik II, in: Personalführung 16 (1983), S. 200–205.

Woran sie glauben: der ideologische Hintergrund [= Die neue Linke, Nr. 1], hrsg. v. Deutschen Industrieinstitut, Köln 1971.

Ulrich Zacher, Die Zerstörung des Normalarbeitsverhältnisses, in: Arbeit und Recht 36 (1988), S. 129–137.

Horst-Dieter Zahn, Kultur und Technik in konservativen Strategien, in: Widersprüche 7 (1987), URL: http://www.widersprueche-zeitschrift.de/article379.html [Zugriff: 20.1.2017].

Brigitte Zander, Management: Exotin im Herrenreich, in: Die Zeit, 26.10.1979.

Ernst Zander, Frauen im Betrieb. Wandel in der Einstellung zum Beruf, in: Der Arbeitgeber 33 (1981), S. 631–634.

Ders., Wertewandel der Arbeit. Herausforderung für die großen Unternehmen, in: Technologie – Wertewandel – Zukunft der Arbeit. 22. + 23. November 1984 im Congress Centrum Berlin. Berliner Symposium zur Zukunft der Industriegesellschaft, Berlin 1984, S. 125–135.

Ders., Die Arbeit dient der Selbstentfaltung, in: Der Arbeitgeber 1 (1987), S. 28 f.

Ders., Führungsgrundsätze und Wertewandel, in: Der Arbeitgeber 3 (1987), S. 112 f.

Wolfgang Zapf, Die deutschen Manager. Sozialprofil und Karriereweg, in: ders./Werner Baur (Hrsg.), Beiträge zur Analyse der deutschen Oberschicht, München 1965.

Margrit Zauner, Förderung von Managerinnen. Frauenförderpläne als Mittel zur Erschließung weiblicher Führungskräfteressourcen, München 1990.

Egon Zehnder, Der Aussteiger – Angeber oder Aufgeber, in: Management-Zeitschrift io 50 (1981), S. 525–526.

Hans Zehrer, Der Mensch in dieser Welt, Hamburg 1948.

Ders., Herren – aber es reicht nicht ganz, in: Die Welt, 17.10.1953.

Ders., Wir leben in einer Epoche der Frau, in: Die Union 2 (1954), S. 26–27.

Ders., Fünf Tage – und was dann?, in: Die Welt, 22.5.1954.

Carl [Claus] Zoellner, Wertewandel der Arbeit – Herausforderung an mittelständische Unternehmen, in: Technologie – Wertewandel – Zukunft der Arbeit. 22. + 23. November 1984 im Congress Centrum Berlin. Berliner Symposium zur Zukunft der Industriegesellschaft, Berlin 1984, S. 113–124.

Claus Zoellner, Die großen Verbände versagen. Partnerschaft statt Konfrontation im mittelständischen Unternehmen, in: Die Zeit, 7.12.1984.

2 Literaturverzeichnis

Werner Abelshauser, Wirtschaft in Westdeutschland 1945–1948. Rekonstruktion und Wachstumsbedingungen in der amerikanischen und britischen Zone, Stuttgart 1975.

Ders., Probleme des Wiederaufbaus der westdeutschen Wirtschaft 1945 bis 1953, in: Heinrich August Winkler (Hrsg.), Politische Weichenstellungen im Nachkriegsdeutschland 1945–1953, Göttingen 1979 (= Geschichte und Gesellschaft, Sonderheft 5), S. 208–253.

Ders., The first post-liberal nation. Stages in the development of modern corporatism in Germany, in: European History Quarterly 14 (1984), S. 285–317.

Ders., Umbruch und Persistenz. Das deutsche Produktionsregime in historischer Perspektive, in: Geschichte und Gesellschaft 27 (2001), S. 503–523.

Ders., Die BASF. Eine Unternehmensgeschichte, München 2002.

Ders., Deutsche Wirtschaftsgeschichte seit 1945, München 2004.

Ralf Ahrens/Boris Gehlen/Alfred Reckendrees (Hrsg.), Die „Deutschland AG". Historische Annäherungen an den bundesdeutschen Kapitalismus, Essen 2013.

Dies., Die Deutschland AG als historischer Forschungsgegenstand, in: dies. (Hrsg.), Die „Deutschland AG". Historische Annäherungen an den bundesdeutschen Kapitalismus. Essen 2013, S. 7–28.

Horst Albach, Business Administration: History in German Speaking Countries [1990], in: Klaus Brockhoff (Hrsg.), Geschichte der Betriebswirtschaftslehre. Kommentierte Meilensteine und Originaltexte, 2. Auflage, Wiesbaden 2002, S. 143–169.

Kenneth Anders/Frank Uekötter, Viel Lärm ums stille Sterben. Die Debatte über das Waldsterben in Deutschland, in: Frank Uekötter/Jens Hohensee (Hrsg.), Wird Kassandra heiser? Die Geschichte falscher Ökoalarme, Stuttgart 2004, S. 112–138.

Knud Andresen, Die bundesdeutsche Lehrlingsbewegung 1968–1973. Zum Prozess der kollektiven Identitäten, in: Jürgen Mittag/Helke Stadtland (Hrsg.), Theoretische Ansätze und Konzepte der Forschung über soziale Bewegungen in der Geschichtswissenschaft, Essen 2014, S. 219–241.

Ders./Ursula Bitzegeio/Jürgen Mittag, Nach dem Strukturbruch? Kontinuität und Wandel von Arbeitsbeziehungen und Arbeitswelt(en) seit den 1970er-Jahren, Bonn 2011.

Johannes Bähr, Die „amerikanische Herausforderung". Anfänge der Technologiepolitik in der Bundesrepublik Deutschland, in: Archiv für Sozialgeschichte 39 (1995), S. 115–130.

Ders./Christopher Kopper, Industrie, Politik, Gesellschaft. Der BDI und seine Vorgänger 1919–1990, Göttingen 2019.

Ralf Banken, Kurzfristiger Boom oder langfristiger Forschungsschwerpunkt? Die neuere deutsche Unternehmensgeschichte und die Zeit des Nationalsozialismus, in: Geschichte in Wissenschaft und Unterricht 56 (2005), S. 183–196.

Peter-Paul Bänziger, Fordistische Körper in der Geschichte des 20. Jahrhunderts – eine Skizze, in: Body Politics 1 (2013), S. 11–40.

Ders., Von der Arbeits- zur Konsumgesellschaft? Kritik eines Leitmotivs der deutschsprachigen Zeitgeschichtsschreibung, in: Zeithistorische Forschungen 12 (2015), S. 11–38.

Beate Battenfeld, „Neumann, Carl", in: Neue Deutsche Biographie 19 (1999), S. 154–156.

Hans Becker von Sothen, Hans Zehrer als politischer Publizist nach 1945, in: Frank-Lothar Kroll (Hrsg.), Die kupierte Alternative. Konservatismus in Deutschland nach 1945, Berlin 2005, S. 125–178.

Wolfgang Benz, Vorwort, in: Ludwig Vaubel, Zusammenbruch und Wiederaufbau. Ein Tagebuch aus der Wirtschaft 1945–1949, hrsg. v. Wolfgang Benz, München 1984, S. 7–16.

Ulrike Berger, Organisierte Interessen im Gespräch. Die politische Kommunikation der Wirtschaft, Frankfurt a. M. 2004.

Volker Berghahn, Westdeutsche Unternehmer, Weltmarkt und Wirtschaftsordnung. Zur Bedeutung des Kartellgesetzes, in: Lothar Albertin/Werner Link (Hrsg.), Politische Parteien auf dem Weg zur parlamentarischen Demokratie in Deutschland. Entwicklungslinien bis zur Gegenwart, Düsseldorf 1981, S. 301–324.

Ders., Unternehmer und Politik in der Bundesrepublik, Frankfurt a. M. 1985.

Ders., Unternehmer in der frühen Bundesrepublik. Selbstverständnis und politischer Einfluß in der Marktwirtschaft, in: Thomas Großbölting/Rüdiger Schmidt (Hrsg.), Unternehmerwirtschaft zwischen Markt und Lenkung. Organisationsformen, politischer Einfluß und ökonomisches Verhalten 1930–1960, München 2002, S. 283–300.

Ders., Transatlantische Kulturkriege. Shepard Stone, die Ford-Stiftung und der europäische Antiamerikanismus, Stuttgart 2004.

Ders./Paul J. Friedrich, Otto A. Friedrich, ein politischer Unternehmer. Sein Leben und seine Zeit, 1902–1975, Frankfurt a. M. 1993.

Ders./Stefan Unger/Dieter Ziegler (Hrsg.), Die deutsche Wirtschaftselite im 20. Jahrhundert. Kontinuität und Mentalität, Essen 2003.

Hartmut Berghoff, Moderne Unternehmensgeschichte. Eine themen- und theorieorientierte Einführung, Paderborn [u. a.] 2004.

Jürgen Bertsch/Horst Weitzmann (Hrsg.), Das Netzwerk der Vordenker. Fünfzig Jahre Baden-Badener Unternehmergespräche im Spiegel der Wirtschaftsgeschichte, Potsdam 2004.

Barbara Bichler, Die Formierung der Angestelltenbewegung im Kaiserreich und die Entstehung des Angestelltenversicherungsgesetzes von 1911, Frankfurt a. M. 1997.

Elisabeth Binder, Die Entstehung unternehmerischer Public Relations in der Bundesrepublik Deutschland, Münster 1983.

Annika Biss, Die Internationalisierung der Bayerischen Motoren Werke AG. Vom reinen Exportgeschäft zur Gründung eigener Tochtergesellschaften im Ausland 1945–1981, München 2017.

Harald Bluhm/Grit Straßenberger, Elitedebatten in der Bundesrepublik, in: Herfried Münkler (Hrsg.), Deutschlands Eliten im Wandel, Frankfurt a. M. 2006, S. 125–145.

Lars Bluma/Karsten Uhl, Kontrollierte Arbeit – disziplinierte Körper? Zur Sozial- und Kulturgeschichte der Industriearbeit im 19. und 20. Jahrhundert, Berlin 2012.

Gisela Bock/Barbara Duden, Arbeit aus Liebe – Liebe als Arbeit. Zur Entstehung der Hausarbeit im Kapitalismus, in: Gruppe Berliner Dozentinnen (Hrsg.), Frauen und Wissenschaft. Beiträge zur Berliner Sommeruniversität für Frauen, Juli 1976, Berlin 1977, S. 118–199.

Philipp B. Bocks, Mehr Demokratie gewagt? Das Hochschulrahmengesetz und die sozialliberale Reformpolitik 1969–1976, Bonn 2012.

Andreas Boes/Tobias Kämpf/Thomas Lühr, Von der „großen Industrie" zum „Informationsraum". Informatisierung und der Umbruch in den Unternehmen in historischer Perspektive, in: Anselm Doering-Manteuffel/Lutz Raphael/Thomas Schlemmer (Hrsg.), Vorgeschichte der Gegenwart. Dimensionen des Strukturbruchs nach dem Boom, Göttingen 2016, S. 57–78.

Luc Boltanski/Ève Chiapello, Der neue Geist des Kapitalismus, Konstanz 2006.

Giuseppe Bonazzi, Geschichte des organisatorischen Denkens, Wiesbaden 2008.

Peter Borscheid, Agenten des Konsums. Werbung und Marketing, in: Heinz-Gerhard Haupt (Hrsg.), Die Konsumgesellschaft in Deutschland 1890–1990. Ein Handbuch, Frankfurt a. M. 2009, S. 79–96.

Ders./Clemens Wischermann (Hrsg.), Bilderwelt des Alltags. Werbung in der Konsumgesellschaft des 19. und 20. Jahrhunderts. Festschrift für Hans Jürgen Teuteberg, Stuttgart 1995 (= Studien zur Geschichte des Alltags 13).

Frank Bösch, Macht und Machtverlust. Die Geschichte der CDU, Stuttgart 2002.

Pierre Bourdieu, Die feinen Unterschiede. Kritik der gesellschaftlichen Urteilskraft, Frankfurt a. M. 1982 [original: La distinction. Critique sociale du jugement, Paris 1979].

Karl Dietrich Bracher, Politik und Zeitgeist. Tendenzen der siebziger Jahre, in: ders. [u. a.], Geschichte der Bundesrepublik, Bd. 5, I: Republik im Wandel 1969–1974. Die Ära Brandt, Stuttgart 1986, S. 285–406.

Stefan Breuer, Anatomie der Konservativen Revolution, Darmstadt 1993.

Ulrich Bröckling, Das unternehmerische Selbst. Soziologie einer Subjektivierungsform, Frankfurt a. M. 2007.

Kerstin Brückweh, Arbeitssoziologische Fallstudien. Wissensproduktion am Soziologischen Forschungsinstitut Göttingen (SOFI), historisch betrachtet, in: Zeithistorische Forschungen/Studies in Contemporary History 14 (2017), Online-Ausgabe, URL: http://www.zeithistorische-forschungen.de/1-2017/id=5459 [Zugriff: 1.10.2019], Druckausgabe: S. 149–162.

Gunilla Budde/Eckart Conze/Cornelia Rauh, Einleitung, in: dies. (Hrsg.), Bürgertum nach dem bürgerlichen Zeitalter. Leitbilder und Praxis seit 1945, Göttingen 2010, S. 7–25.

Heinz Bude, Deutsche Karrieren. Lebenskonstruktionen von Aufsteigern aus der Flakhelfer-Generation, Frankfurt a. M. 1987.

Werner Bührer, „… insofern steckt in jedem echten Unternehmer auch ein künstlerisches Element." Die Erneuerung des Bundesverbands der Deutschen Industrie (BDI) in den 1970er Jahren, in: Morten Reitmayer/Ruth Rosenberger (Hrsg.), Unternehmen am Ende des „goldenen Zeitalters". Die 1970er Jahre in unternehmenshistorischer Perspektive, Essen 2008, S. 233–250.

Ders., „Opposition" im Bundesverband der Deutschen Industrie, in: Detlef Sack/Christoph Strünck (Hrsg.), Verbände unter Druck. Protest, Opposition und Spaltung in Interessenorganisationen, Wiesbaden 2016 (= Zeitschrift für Politikwissenschaft, Sonderheft 2), S. 37–52.

Haldor Byrkjeflot, To MBA or not to MBA? A Dilemma Accentuated by the Recent Boom in Business Education, in: Rolv Petter Amdam/Ravnhild Kvålshaugen/Eirinn Larsen (Hrsg.), Inside the Business Schools. The Content of European Business Education, Oslo 2003, S. 219–246.

Youssef Cassis, Big Business. The European Experience in the Twentieth Century, Oxford 1997.

Alfred D. Chandler, The Visible Hand. The Managerial Revolution in American Business, Cambridge, MA 1977.

Lizabeth Cohen, A Consumers' Republic. The Politics of Mass Consumption in Postwar America, New York 2004.

Sebastian Conrad/Elisio Macamo/Bénédicte Zimmermann, Die Kodifizierung der Arbeit. Individuum, Gesellschaft, Nation, in: Jürgen Kocka/Claus Offe (Hrsg.), Geschichte und Zukunft der Arbeit, Frankfurt a. M. 2000, S. 449–475.

Eckart Conze, Eine bürgerliche Republik. Bürgertum und Bürgerlichkeit in der westdeutschen Gesellschaft, in: Geschichte und Gesellschaft 30 (2004), S. 527–542.

Ders., Die Suche nach Sicherheit. Eine Geschichte der Bundesrepublik Deutschland von 1949 bis in die Gegenwart, München 2009.

Jefferson Cowie, The Great Exception. The New Deal and the Limits of American Politics, Princeton 2016.

Fritz Croner, Die Angestelltenbewegung nach der Währungsstabilisierung, in: Archiv für Sozialwissenschaft und Sozialpolitik 60 (1928), S. 103–146.

Ders., Soziologie der Angestellten, Köln 1962.

William Davies, The Limits of Neoliberalism. Authority, Sovereignty and the Logic of Competition, Los Angeles 2017.

Ebbo Demant, Hans Zehrer als politischer Publizist. Von Schleicher zu Springer, Mainz 1971.

Pierre-Antoine Dessaux/Jean-Philippe Mazaud, Hybridizing the Emerging European Corporation. Danone, Hachette, and the Divisionalization Process in France during the 1970s, in: Enterprise & Society 7 (2006), S. 227–265.

Roderich von Detten (Hrsg.), Das Waldsterben. Rückblick auf einen Ausnahmezustand, München 2013.

Bernhard Dietz, Wertewandel in der Wirtschaft? Die leitenden Angestellten und die Konflikte um Mitbestimmung und Führungsstil in den siebziger Jahren, in: ders./Christopher Neumaier/Andreas Rödder (Hrsg.), Gab es den Wertewandel? Neue Forschungen zum gesellschaftlich-kulturellen Wandel seit den 1960er Jahren, München 2014 (= Wertewandel im 20. Jahrhundert 1), S. 169–197.

Ders., Zur Theorie des „Wertewandels". Ein Schlüssel für sozialen und mentalen Wandel in der Geschichte, in: Peter Dinzelbacher/Friedrich Harrer (Hrsg.), Wandlungsprozesse der Mentalitätsgeschichte, Baden-Baden 2015, S. 25–47.

Ders., „Von der Industriegesellschaft zur Gesellschaftsindustrie." Wirtschaft, Wirtschaftspresse und der „Wertewandel" 1970–1985, in: ders./Jörg Neuheiser (Hrsg.), Wertewandel in Wirtschaft und Arbeitswelt? Arbeit, Leistung, Führung in den 1970er und 1980er Jahren in der Bundesrepublik Deutschland, München 2016 (= Wertewandel im 20. Jahrhundert 2), S. 179–206.

Ders., Weniger Autorität wagen. „1968" und der Wandel von Führungskonzepten in der westdeutschen Wirtschaft, in: Mittelweg 36. Zeitschrift des Hamburger Instituts für Sozialforschung 27 (2018), Heft 6, S. 43–64.

Ders., Die Ressource Mensch, in: Frankfurter Allgemeine Zeitung, 22.10.2018.

Ders., „Proletarisierung" oder Verwirklichung von Bürgerlichkeit? Der „Wertewandel" der Arbeit und die CDU in der Bundesrepublik der 1980er Jahre, in: Manfred Hettling/Richard Pohle (Hrsg.), Bürgertum. Bilanzen, Perspektiven, Begriffe, Göttingen 2019 (= Bürgertum Neue Folge. Studien zur Zivilgesellschaft 18), S. 297–322.

Ders./Christopher Neumaier, Vom Nutzen der Sozialwissenschaften für die Zeitgeschichte. Werte und Wertewandel als Gegenstand historischer Forschung, in: Vierteljahrshefte für Zeitgeschichte 60 (2012), S. 293–304.

Peter Dinzelbacher, Zur Theorie und Praxis der Mentalitätsgeschichte, in: ders. (Hrsg.), Europäische Mentalitätsgeschichte. Hauptthemen in Einzeldarstellungen, Stuttgart 1993, S. XV–XXXVIII.

Anselm Doering-Manteuffel/Lutz Raphael, Nach dem Boom. Perspektiven auf die Zeitgeschichte, 2. Auflage, Göttingen 2010.

Dies./Thomas Schlemmer (Hrsg.), Vorgeschichte der Gegenwart. Dimensionen des Strukturbruchs nach dem Boom, Göttingen 2016.

Sabine Donauer, Emotions at work – working on emotions. The production of economic selves in the twentieth century Germany, Berlin 2013.

Dies., Faktor Freude. Wie die Wirtschaft Arbeitsgefühle erzeugt, Hamburg 2015.

Dies., Job Satisfaction statt Arbeitszufriedenheit. Gefühlswissen im arbeitswissenschaftlichen Diskurs der siebziger Jahre, in: Pascal Eitler/Jens Elberfeld (Hrsg.), Zeitgeschichte des Selbst. Therapeutisierung. Politisierung. Emotionalisierung, Bielefeld 2015, S. 343–371.

Rudolf Ebneth, Die Autostadt. Die BMW-Ansiedlung in Regensburg. Neue Perspektiven für Stadt und Region, in: Peter Schmid (Hrsg.), Geschichte der Stadt Regensburg, Bd. 1, Regensburg 2000, S. 517–532.

Christiane Eifert, Auf dem Weg in die wirtschaftliche Elite. Unternehmerinnen in der Bundesrepublik Deutschland, in: Volker Berghahn/Stefan Unger/Dieter Ziegler (Hrsg.), Die deutsche Wirtschaftselite im 20. Jahrhundert. Kontinuität und Mentalität, Essen 2003, S. 353–375.

Dies., Deutsche Unternehmerinnen und die Rhetorik vom „weiblichen Führungsstil" nach 1945, in: Zeitschrift für Unternehmensgeschichte 50 (2005), S. 17–35.

Dies., Deutsche Unternehmerinnen im 20. Jahrhundert, München 2011.

Dies., Teilhabe und Ausgrenzung. Das Beispiel bundesdeutscher Unternehmerinnen (1945–1989), in: Julia Paulus/Eva-Maria Silies/Kerstin Wolff (Hrsg.), Zeitgeschichte als Geschlechtergeschichte. Neue Perspektiven auf die Bundesrepublik, Frankfurt a. M. 2012, S. 144–159.

Entgrenzung, Pluralisierung und Identitätsbestimmung. Herausforderungen der Zeitgeschichte in der Welt der Sozialwissenschaften, 25.02.2016–27.02.2016, Potsdam, in: H-Soz-Kult, 10.05.2016, URL: http://www.hsozkult.de/conferencereport/id/tagungsberichte-6512 [Zugriff: 12.7.2016].

Paul Erker/Toni Pierenkemper (Hrsg.), Deutsche Unternehmer zwischen Kriegswirtschaft und Wiederaufbau. Studien zur Erfahrungsbildung von Industrie-Eliten, München 1998.

Thomas Etzemüller (Hrsg.), Die Ordnung der Moderne. Social Engineering im 20. Jahrhundert, Bielefeld 2009.

European Responses to the Crisis of the 1970s and 1980s. Journal of Modern European History 9 (2011).

Sina Fabian, Das Yuppie-Phänomen in den 1980er Jahren, in: Heuss-Forum, Theodor-Heuss-Kolloquium 2016, URL: www.stiftung-heuss-haus.de/heuss-forum_thk2016_fabian [Zugriff: 1.10.2019].

René Del Fabbro, Helge Pross, Manager und Aktionäre in Deutschland. Untersuchungen zum Verhältnis von Eigentum und Verfügungsmacht, in: Georg W. Oesterdiekhoff (Hrsg.), Lexikon der soziologischen Werke, Wiesbaden 2001, S. 555–556.

Dies., Internationaler Markt und nationale Interessen. Die BMW AG in der Ära Castiglioni 1917–1930, in: Sozial.Geschichte, Neue Folge 18 (2003), S. 35–62.

Bernd Faulenbach, Das sozialdemokratische Jahrzehnt. Von der Reformeuphorie zur neuen Unübersichtlichkeit. Die SPD 1969–1982, Bonn 2011.

Kevin L. Ferguson, Eighties People. New Lives in the American Imagination, New York 2016.

Niall Ferguson [u. a.] (Hrsg.), Shock of the Global. The 1970s in Perspective, Cambridge, MA 2010.

Scott Flanagan, Value Change in Industrial Society, in: American Political Science Review 81 (1987), S. 1303–1319.

Jean Fourastié, Le Trente Glorieuses (ou la revolution invisible de 1946 á 1975), Paris 1979.

Norbert Frei/Tim Schanetzky (Hrsg.), Unternehmen im Nationalsozialismus. Zur Historisierung einer Forschungskonjunktur, Göttingen 2010.

Manuel Frey, Der reinliche Bürger. Entstehung und Verbreitung bürgerlicher Tugenden in Deutschland, 1760–1860, Göttingen 1997.

Klaus Fritzsche, Fluchtwege in der Krise der bürgerlichen Gesellschaft. Das Beispiel des „Tat"-Kreises, Frankfurt 1976.

Wolfgang Fuchs, Die Entstehung des Gesetzes über Sprecherausschüsse der leitenden Angestellten. Eine Analyse aus verschiedenen theoretischen Perspektiven, München 2000.

Lothar Gall, Der Bankier Hermann Josef Abs. Eine Biographie, München 2006.

Peter Gassner, Formel für Arbeit. Flexible Gestaltung der Arbeitszeit, in: Hans-Jörg Bullinger/Hans Jürgen Wernecke/Engelbert Westkämper (Hrsg.), Neue Organisationsformen im Unternehmen. Ein Handbuch für das moderne Management, 2. Auflage, Berlin 2003, S. 1086.

Nepomuk Gasteiger, Vom manipulierbaren zum postmodernen Konsumenten. Das Bild des Verbrauchers in der westdeutschen Werbung und Werbekritik, 1950–1990, in: Archiv für Kulturgeschichte 90 (2008), S. 129–157.

Ders, Konsum und Gesellschaft. Werbung, Konsumkritik und Verbraucherschutz in der Bundesrepublik der 1960er- und 1970er-Jahre, in: Zeithistorische Forschungen/Studies in Contemporary History 6 (2009), S. 35–57.

Ders., Der Konsument. Verbraucherbilder in Werbung, Konsumkritik und Verbraucherschutz 1945–1989, Frankfurt a. M./New York 2010.

Paul Du Gay/Glenn Morgan (Hrsg.), New Spirits of Capitalism. Crises, Justifications, and Dynamics, Oxford 2013.

Jürgen Gebhardt, Die Werte. Zum Ursprung eines Schlüsselbegriffs der politisch-sozialen Sprache der Gegenwart in der deutschen Philosophie des späten 19. Jahrhunderts, in: Rupert Hofmann/Jörg Jantzen/Henning Ottmann (Hrsg.), Anodos. Festschrift für Helmut Kuhn, Weinheim 1989, S. 35–54.

Ann-Katrin Gembries/Theresia Theuke/Isabel Heinemann (Hrsg.), Children by Choice?: Changing Values, Reproduction, and Family Planning in the 20th Century, München 2018 (= Wertewandel im 20. Jahrhundert 3).

Guiliana Gemelli/Benedict Rodenstock, German Obstinancy and its Historical Variations, in: Guiliana Gemelli (Hrsg.), The Ford Foundation and Europe (1950's-1970's). Cross-fertilization of Learning in Social Science and Management, Brüssel 1998, S. 307–349.

Dominik Geppert, Thatchers konservative Revolution. Der Richtungswandel der britischen Tories (1975–1979), München 2002.

Ders., „Englische Krankheit"? Margaret Thatchers Therapie für Großbritannien, in: Norbert Frei/Dietmar Süß (Hrsg.), Privatisierung. Idee und Praxis seit den 1970er Jahren, Göttingen 2012, S. 51–68.

Ders., Konservative Revolutionen? Thatcher, Reagan und das Feindbild des consensus liberalism, in: Anselm Doering-Manteuffel/Jörn Leonhard (Hrsg.), Liberalismus im 20. Jahrhundert, Stuttgart 2015, S. 271–289.

Ders./Jens Hacke, Streit um den Staat. Intellektuelle Debatten in der Bundesrepublik 1960–1980, Göttingen 2008.

Andreas Gestrich, Familiale Werterziehung im deutschen Bürgertum um 1800, in: Hans-Werner Hahn/Dieter Hein (Hrsg.), Bürgerliche Werte um 1800. Entwurf – Vermittlung – Rezeption, Köln [u. a.] 2005, S. 121–140.

Martin H. Geyer, Die Gegenwart der Vergangenheit. Die Sozialstaatsdebatten der 1970er Jahre und die umstrittenen Entwürfe der Moderne, in: Archiv für Sozialgeschichte 47 (2007), S. 47–93.

Ders., Sozialpolitische Denk- und Handlungsfelder. Der Umgang mit Sicherheit und Unsicherheit, in: ders. (Hrsg.), Geschichte der Sozialpolitik in Deutschland seit 1945, Bd. 6: Bundesrepublik 1974–1982. Neue Herausforderungen, wachsende Unsicherheiten, Baden-Baden 2008, S. 114–231.

Erving Goffman, Rahmen-Analyse. Ein Versuch über die Organisation von Alltagserfahrungen, Frankfurt a. M. 1977.

Manfred Görtemaker, Geschichte der Bundesrepublik Deutschland. Von der Gründung bis zur Gegenwart, München 1999.

Constantin Goschler, Schuld und Schulden. Die Politik der Wiedergutmachung für NS-Verfolgte seit 1945. Göttingen 2005.

Ders., Radikalkonservative Intellektuelle in der frühen Bundesrepublik, in: Erhard Schütz (Hrsg.), Solitäre und Netzwerker. Akteure des kulturpolitischen Konservatismus nach 1945 in den Westzonen Deutschlands, Essen 2009, S. 23–33.

Dieter Gosewinkel, Zivilgesellschaft – Bürgerlichkeit – Zivilität? Konzeptionelle Überlegungen zur Deutung deutscher Geschichte im 20. Jahrhundert, in: Gunilla Budde/Eckart Conze/Cornelia Rauh (Hrsg.), Bürgertum nach dem bürgerlichen Zeitalter. Leitbilder und Praxis seit 1945, Göttingen 2010, S. 29–52.

Tina Gotthardt, Abkehr von der Wohlstandsgesellschaft. Gammler in den 60er Jahren der BRD, Saarbrücken 2007.

Rüdiger Graf/Kim Christian Priemel, Zeitgeschichte in der Welt der Sozialwissenschaften. Legitimität und Originalität einer Disziplin, in: Vierteljahrshefte für Zeitgeschichte 59 (2011), S. 479–508.

Helga Grebing, Konservative gegen die Demokratie. Konservative Kritik an der Demokratie in der Bundesrepublik nach 1945, Frankfurt a. M. 1971.

Siegfried Greif, Geschichte der Organisationspsychologie, in: Heinz Schuler (Hrsg.), Lehrbuch Organisationspsychologie, Bern 2007, S. 21–57.

Martin Greiffenhagen, Das Dilemma des Konservatismus in Deutschland, München 1971.

Manfred Grieger, Der neue Geist im Volkswagenwerk. Produktinnovation, Kapazitätsabbau und Mitbestimmungsmodernisierung, 1968–1976, in: Morten Reitmayer/Ruth Rosenberger (Hrsg.), Unternehmen am Ende des „goldenen Zeitalters". Die 1970er Jahre in unternehmenshistorischer Perspektive, Essen 2008, S. 31–66.

Ders., Die „geplatzte Wirtschaftswundertüte". Die Krise 1966/67 und 1973/75 im deutschen Symbolunternehmen Volkswagen, in: Stephanie Tilly/Florian Triebel (Hrsg.), Automobilindustrie 1945–2000. Eine Schlüsselindustrie zwischen Boom und Krise, München 2013, S. 23–75.

Rainer Gries, Produktkommunikation. Geschichte und Theorie, Wien [u. a.] 2008.

Frank Grobe, Zirkel und Zahnrad. Ingenieure im bürgerlichen Emanzipationskampf um 1900 – Die Geschichte der technischen Burschenschaft, Heidelberg 2009 (= Darstellungen und Quellen zur Geschichte der deutschen Einheitsbewegung im neunzehnten und zwanzigsten Jahrhundert 16).

Herbert Gross, Drucker's influence on the renaissance of the entrepreneur in German and European business, in: John C. Wood/Michael C. Wood (Hrsg.), Peter F. Drucker. Critical Evaluations in Business and Management, London 2005, S. 383–394.

Johannes Großmann, Die Internationale der Konservativen. Transnationale Elitenzirkel und private Außenpolitik in Westeuropa seit 1945, München 2014.

Norbert Grube, Seines Glückes Schmied? Entstehungs- und Verwendungskontexte von Allensbacher Umfragen zum Wertewandel 1947–2001, in: Bernhard Dietz/Christopher Neumaier/Andreas Rödder (Hrsg.), Gab es den Wertewandel? Neue Forschungen zum gesellschaftlich-kulturellen Wandel seit den 1960er Jahren, München 2014, S. 95–119.

Armin Grünbacher, The Americanisation that never was? The first decade of the Baden-Badener Unternehmergespräche, 1954–64 and top management training in 1950s Germany, in: Business History 54 (2012), S. 245–261.

Ders., West German Industrialists and the Making of the Economic Miracle. A History of Mentality and Recovery, London 2017.

Stefan Haas, Sinndiskurse in der Konsumkultur. Die Geschichte der Wirtschaftswerbung von der ständischen bis zur postmodernen Gesellschaft, in: Michael Prinz (Hrsg.), Der lange Weg in den Überfluß. Anfänge und Entwicklung der Konsumgesellschaft seit der Vormoderne, Paderborn [u. a.] 2003, S. 291–314.

Rüdiger Hachtmann, Fordismus und Sklavenarbeit. Thesen zur betrieblichen Rationalisierungsbewegung 1941 bis 1944, in: ZZF-Bulletin 43/44 (2008), S. 21–34.

Ders., Fordismus, Version: 1.0, in: Docupedia-Zeitgeschichte, 27.10.2011, S. 1–18, URL: http://docupedia.de/zg/Fordismus?oldid=84605 [Zugriff: 11.7.2016].

Jens Hacke, Philosophie der Bürgerlichkeit. Die liberalkonservative Begründung der Bundesrepublik, Göttingen 2006.

Stephanie Hagemann-Wilholt, Das „gute" Unternehmen. Zur Geschichte der Unternehmenskommunikation, Bielefeld 2016.

Hans-Werner Hahn/Dieter Hein (Hrsg.), Bürgerliche Werte um 1800. Entwurf – Vermittlung – Rezeption, Köln [u. a.] 2005.

Silke Hahn, Zwischen Re-education und Zweiter Bildungsreform. Die Sprache der Bildungspolitik in der öffentlichen Diskussion, in: Georg Stötzl/Martin Wengeler (Hrsg.), Kontroverse Begriffe. Geschichte des öffentlichen Sprachgebrauchs in der Bundesrepublik Deutschland, Berlin 1995, S. 163–209.

Dies., Zwischen Einheitsschule und Eliteförderung. Semantisch relevante Phänomene in der Bildungspolitik als Beitrag zu einer Sprachgeschichte der Bundesrepublik, Frankfurt a. M. 1998.

Handwörterbuch zur Gesellschaft Deutschlands, hrsg. v. Bernhard Schäfers und Wolfgang Zapf, Opladen 1998.

Heinz Hartmann, Logbuch eines Soziologen. Ausbildung, Arbeit, Anerkennung im Fach 1950–2000, Münster 2007.

Michael Hartmann, Topmanager – Die Rekrutierung einer Elite, Frankfurt a. M. 1996.

Ders., Kontinuität oder Wandel? Die deutsche Wirtschaftselite zwischen 1970 und 1995, in: Dieter Ziegler (Hrsg.), Großbürger und Unternehmer: Die deutsche Wirtschaftselite im 20. Jahrhundert, Göttingen 2000, S. 73–92.

Ders., Der Mythos von den Leistungseliten, Frankfurt a. M. [u. a.] 2002.

Ders., Elitesoziologie. Eine Einführung, Frankfurt a. M. [u. a.] 2004.

Ders., Eliten in Deutschland – Rekrutierungswege und Karrierepfade, in: Aus Politik und Zeitgeschichte 10 (2004), S. 17–21.

Ders., Eliten und Macht in Europa. Ein internationaler Vergleich, Frankfurt a. M. [u. a.] 2007.

Ders., Managementkarriere, in: H. Hirsch-Kreinsen/H. Minssen (Hrsg.), Lexikon der Arbeits- und Industriesoziologie, Berlin 2013, S. 324–328.

Ders., Die Exzellenzinitiative und die Hierarchisierung des deutschen Bildungssystems, in: Hans-Peter Müller/Tilman Reitz (Hrsg.), Bildung und Klassenbildung, Weinheim 2015, S. 208–230.

Ders., Die globale Wirtschaftselite. Eine Legende, Frankfurt a. M. 2016.

Karin Hausen, Work in Gender, Gender in Work. The German Case in Comparative Perspective, in: Jürgen Kocka (Hrsg.), Work in a Modern Society. The German Historical Experience in Comparative Perspective, New York 2010, S. 73–92.

Michael R. Hayse, Recasting West German elites. Higher civil servants, business leaders, and physicians in Hesse between Nazism and democracy, 1945–1955, New York 2003.

Tina Hedmo, The Europeanisation of Business Education, in: Rolv Petter Amdam/Ravnhild Kvålshaugen/Eirinn Larsen (Hrsg.), Inside the Business Schools. The Content of European Business Education, Oslo 2003, S. 247–266.

Hans Hellwig, Unternehmergespräche (Baden-Badener). Sonderdruck aus: Management-Enzyklopädie, Bd. 5, München 1970, S. 1090–1097.

Klaus-Dietmar Henke, Die amerikanische Besetzung Deutschlands, München 1995.

Jan-Otmar Hesse, Wirtschaft als Wissenschaft. Die Volkswirtschaftslehre in der frühen Bundesrepublik, Frankfurt a. M. 2010.

Ders./Tim Schanetzky/Jens Scholten (Hrsg.), Das Unternehmen als gesellschaftliches Reformprojekt. Strukturen und Entwicklungen von Unternehmen der „moralischen Ökonomie" nach 1945, Essen 2004.

Manfred Hettling, Die persönliche Selbständigkeit. Der archimedische Punkt bürgerlicher Lebensführung, in: ders./Stefan-Ludwig Hoffmann (Hrsg.), Der bürgerliche Wertehimmel. Innenansichten des 19. Jahrhunderts, Göttingen 2000, S. 57–78.

Ders./Stefan-Ludwig Hoffmann, Der bürgerliche Wertehimmel. Zum Problem individueller Lebensführung im 19. Jahrhundert, in: Geschichte und Gesellschaft 23 (1997), S. 333–359.

Dies. (Hrsg.), Der bürgerliche Wertehimmel. Innenansichten des 19. Jahrhunderts, Göttingen 2000.

Dies., Zur Historisierung bürgerlicher Werte. Einleitung, in: dies. (Hrsg.), Der bürgerliche Wertehimmel, Innenansichten des 19. Jahrhunderts, Göttingen 2000, S. 7–21.

Knut Hickethier, Geschichte des deutschen Fernsehens, Stuttgart 1998.

Susanne Hilger, „Amerikanisierung" deutscher Unternehmen. Wettbewerbsstrategien und Unternehmenspolitik bei Henkel, Siemens und Daimler-Benz (1945/49–1975), Wiesbaden 2004.

Dies., „Globalisation by Americanisation". American companies and the internationalisation of German industry after the Second World War, in: European Review of History/Revue européenne d'histoire 15 (2008), S. 375–401.

Karl-Heinz Hillmann, Zur Wertewandelforschung. Einführung, Übersicht und Ausblick, in: Georg W. Oesterdiekhoff/Norbert Jegelka (Hrsg.), Werte und Wertewandel in westlichen Gesellschaften. Resultate und Perspektiven der Sozialwissenschaften, Opladen 2001, S. 15–39.

Eric Hobsbawm, Age of Extremes. The Short Twentieth Century, London 1994.

Hans Günter Hockerts, Zeitgeschichte in Deutschland. Begriff, Methoden, Themenfelder, in: Historisches Jahrbuch 113 (1993), S. 98–127.

Ders., Der deutsche Sozialstaat. Entfaltung und Gefährdung seit 1945, Göttingen [u. a.] 2011.

Ders./Claudia Moisel/Tobias Winstel, Grenzen der Wiedergutmachung. Die Entschädigung für NS-Verfolgte in West- und Osteuropa 1945–2000. Göttingen 2006.

Ders./Günther Schulz (Hrsg.), Der „Rheinische Kapitalismus" in der Ära Adenauer, Paderborn 2016.

Christina von Hodenberg, Der Fluch des Geldsacks. Der Aufstieg des Industriellen als Herausforderung bürgerlicher Werte, in: Manfred Hettling/Stefan-Ludwig Hoffmann (Hrsg.), Der bürgerliche Wertehimmel. Innenansichten des 19. Jahrhunderts, Göttingen 2000, S. 79–104.

Peter Hoeres, Von der „Tendenzwende" zur „geistig-moralischen Wende". Konstruktion und Kritik konservativer Signaturen in den 1970er und 1980er Jahren, in: Vierteljahrshefte für Zeitgeschichte 61 (2013), S. 93–119.

Rudi Holzberger, Das sogenannte Waldsterben. Zur Karriere eines Klischees. Das Thema Wald im journalistischen Diskurs, Bergatreute 1995.

Rainer Holze/Marga Voigt (Hrsg.), 1945 – eine „Stunde Null" in den Köpfen? Zur geistigen Situation in Deutschland nach der Befreiung vom Faschismus, Neuruppin 2016.

Walter Hömberg, Zur Geschichte des Wirtschaftsjournalismus, in: Stephan Ruß Mohl/Heinz D. Struckmann (Hrsg.), Wirtschaftsjournalismus. Ein Handbuch für Ausbildung und Praxis, München 1991, S. 231–235.

Wolfgang Hromadka, Das Recht der leitenden Angestellten im historisch-gesellschaftlichen Zusammenhang, München 1979.

Andrzej Huczynski, Management Gurus, London 2006.

Ronald Inglehart, Changing human beliefs and values, 1981–2007. A cross-cultural sourcebook based on the world values surveys and European values studies, Mexico 2010.

Fred Jakobs/Robert Kröschel/Christian Pierer, BMW Flugtriebwerke. Meilensteine der Luftfahrt von den Anfängen bis zur Moderne, hrsg v. BMW Group Classic, Königswinter 2009.

Konrad Jarausch (Hrsg.), Das Ende der Zuversicht? Die siebziger Jahre als Geschichte, Göttingen 2008.

Hans Joas, Die Entstehung der Werte, Frankfurt a. M. 1999.

Ders., Die Sakralität der Person. Eine neue Genealogie der Menschenrechte, Berlin 2011.

Hervé Joly, Großunternehmer in Deutschland, Soziologie einer industriellen Elite. 1933–1989, Leipzig 1998.

Ders., Kontinuität und Diskontinuität der industriellen Eliten nach 1945, in: Dieter Ziegler (Hrsg.), Großbürger und Unternehmer. Die deutsche Wirtschaftselite im 20. Jahrhundert, Göttingen 2000, S. 54–72.

Tony Judt, Postwar. A History of Europe since 1945, London 2005.

Ulrike Jureit, Generationenforschung, Göttingen 2006.

Hartmut Kaelble, The 1970s in Europe. A Period of Disillusionment or Promise? The 2009 Annual Lecture of the German Historical Institute London, London 2010.

Hermann Kaste, Die Diskussion um einen „kooperativen Führungsstil" und die Auseinandersetzungen um die „Mitbestimmung am Arbeitsplatz" in den Jahren nach 1966/67, in: ders., Arbeitgeber und Humanisierung der Arbeit. Eine exemplarische Analyse, Wiesbaden 1981, S. 59–84.

Bruce E. Kaufman, Managing the Human Factor. The Early Years of Human Resource Management in American Industry, Ithaca, NY 2008.

Stefanie van de Kerkhof, Auf dem Weg vom Konzern zum Netzwerk? Organisationsstruktur der Rheinmetall AG im Kalten Krieg. 1956–1989, in: Morten Reitmayer/Ruth Rosenberger (Hrsg.), Unternehmen am Ende des „goldenen Zeitalters". Die 1970er Jahre in unternehmens- und wirtschaftshistorischer Perspektive, Essen 2008, S. 67–89.

Rakesh Khurana, From Higher Aims to Hired Hands. The Social Transformation of Business Schools and the Unfulfilled Promise of Management as a Profession, Princeton 2007.

Alfred Kieser, The Americanization of Academic Management Education in Germany, in: Journal of Management Inquiry 13 (2004), S. 90–97.

Ders., Braucht der Kapitalismus erfolgreiche Unternehmer? Oder: warum werden immer mehr Unternehmer charismatisiert?, in: Werner Plumpe (Hrsg.), Unternehmer – Fakten und Fiktionen. Historisch-biografische Studien, Berlin 2014, S. 27–56.

Matthias Kipping, The hidden business schools. Management training in Germany since 1945, in: Lars Engwall/Vera Zamagni (Hrsg.), Management education in historical perspective, Manchester/New York 1998, S. 95–110.

Ders./Christian Kleinschmidt, Ludwig Vaubel and the Renewal of Management Education in Germany after 1945, in: Anne Marie Kuijlaars [u. a.] (Hrsg.), Business and Society, Entrepreneurs, Politics and Networks in Historical Perspective, Rotterdam 2000, S. 521–530.

Alexandra Klei/Katrin Stoll/Annika Wienert (Hrsg.), 8. Mai 1945. Internationale und interdisziplinäre Perspektiven, Berlin 2016.

Nina Kleinöder, „Humanisierung der Arbeit". Literaturbericht „Forschungsprogramm zur Humanisierung des Arbeitslebens", Düsseldorf 2016 (= Hans-Böckler-Stiftung, Working Paper Forschungsförderung, Nummer 008, Februar 2016).

Christian Kleinschmidt, Der produktive Blick. Wahrnehmung amerikanischer und japanischer Management- und Produktionsmethoden durch deutsche Unternehmer, Berlin 2002.

Ders., Das „1968" der Manager. Fremdwahrnehmung und Selbstreflexion einer sozialen Elite in den 1960er Jahren, in: Jan-Otmar Hesse/Christian Kleinschmidt/Karl Lauschke (Hrsg.), Kulturalismus, neue Institutionenökonomik oder Theorienvielfalt – Eine Zwischenbilanz der Unternehmensgeschichte, Essen 2002, S. 19–31.

Clyde Kluckhohn, Values and Value-Orientations in the Theory of Action. An Exploration in Definition and Classification, in: Talcott Parsons/Edward A. Shils (Hrsg.), Toward a General Theory of Action, Cambridge, MA 1962, S. 388–433.

Heike Knortz, Innovationsmanagement in der DDR 1973/79–1989. Der sozialistische Manager zwischen ökonomischen Herausforderungen und Systemblockaden, Berlin 2004.

Ursula E. Koch, Angriff auf ein Monopol. Gewerkschaften außerhalb des DGB, Köln 1981.

Jürgen Kocka, Unternehmensverwaltung und Angestelltenschaft am Beispiel Siemens 1848–1914, Stuttgart 1969.

Ders., Angestellte zwischen Faschismus und Demokratie. Zur politischen Sozialgeschichte der Angestellten. USA 1890–1940 im internationalen Vergleich, Göttingen 1977.

Ders., 1945. Neubeginn oder Restauration?, in: Carola Stern/Heinrich August Winkler (Hrsg.), Wendepunkte deutscher Geschichte, Frankfurt a. M. 1979, S. 141–168.

Ders., Die Angestellten in der deutschen Geschichte 1850–1980, Göttingen 1981.

Ders. (Hrsg.), Angestellte im europäischen Vergleich. Zur Herausbildung angestellter Mittelschichten im 19. Jahrhundert, Göttingen 1981.

Ders., Das lange 19. Jahrhundert. Arbeit, Nation und bürgerliche Gesellschaft, Stuttgart 2002.

Ders., Geschichte des Kapitalismus, München 2014.

Klaus Kocks/Jan-Paul Klünder, Ur- und Abgründe der Markentechnik – Hans Domizlaff als Großvater der PR, in: Klaus Merten (Hrsg.), Konstruktion von Kommunikation in der Mediengesellschaft. Festschrift für Joachim Westerbarkey, Wiesbaden 2009, S. 215–230.

Ingo Köhler, Marketing als Krisenstrategie. Die deutsche Automobilindustrie und die Herausforderungen der 1970er Jahre, in: Hartmut Berghoff (Hrsg.), Marketinggeschichte. Die Genese einer modernen Sozialtechnik, Frankfurt a. M./New York 2007, S. 259–295.

Ders., Auto-Identitäten. Marketing, Konsum und Produktbilder des Automobils nach dem Boom, Göttingen 2008.

Ders., Marketingmanagement als Strukturmodell. Der organisatorische Wandel in der deutschen Automobilindustrie der 1960er bis 80er Jahre, in: Zeitschrift für Unternehmensgeschichte 53 (2008), S. 216–239.

Ders., Havarie der „Schönwetterkapitäne"? Die Wirtschaftswunder-Unternehmer in den 1970er Jahren, in: ders./Roman Rossfeld (Hrsg.), Pleitiers und Bankrotteure. Geschichte des ökonomischen Scheiterns vom 18. bis 20. Jahrhundert, Frankfurt a. M. 2012, S. 251–283.

Mario König, Die Angestellten zwischen Bürgertum und Arbeiterbewegung, Zürich 1984.

Barbara Koller, Die Entwicklung der persönlichkeitsbezogenen Anforderungsprofile an die Wirtschaftselite seit den sechziger Jahren, in: Volker Berghahn/Stefan Unger/Dieter Ziegler (Hrsg.), Deutsche Wirtschaftselite im 20. Jahrhundert. Kontinuität und Mentalität, Essen 2003, S. 337–351.

Cornelia Koppetsch, Die Werbebranche im Wandel. Zur Neujustierung von Ökonomie und Kultur im neuen Kapitalismus, in: Kai-Uwe Hellmann/Dominik Schrage (Hrsg.), Konsum der Werbung. Zur Produktion und Rezeption von Sinn in der kommerziellen Kultur, Wiesbaden 2004, S. 147–161.

Siegfried Kracauer, Die Angestellten. Aus dem neuesten Deutschland, 2. Auflage, Frankfurt a. M. 1930.

Anna Kranzdorf, Ausleseinstrument, Denkschule und Muttersprache des Abendlandes. Debatten um den Lateinunterricht in Deutschland 1920–1980. München 2018 (= Wertewandel im 20. Jahrhundert 5).

Jochen Krautz, Ware Bildung. Schule und Universität unter dem Diktat der Ökonomie, Kreuzlingen/München 2007.

Anja Kruke, Der Kampf um die politische Deutungshoheit. Meinungsforschung als Instrument von Parteien und Medien in den Siebzigerjahren, in: Archiv für Sozialgeschichte 44 (2004), S. 293–326.

Dies., Demoskopie in der Bundesrepublik Deutschland. Meinungsforschung, Parteien und Medien 1949–1990, Düsseldorf 2007.

Wolfgang Krumbein [u. a.], Finanzmarktkapitalismus? Zur Kritik einer gängigen Kriseninterpretation und Zeitdiagnose, Marburg 2014.

Patrick Kury, Der überforderte Mensch. Eine Wissensgeschichte vom Stress zum Burnout, Frankfurt a. M./New York 2012.

Werner Kurzlechner, Von der Semantik der Klage zu einer offensiven Medienpolitik. Selbstbild und Wahrnehmung westdeutscher Unternehmer 1965–1975, in: Morten Reitmayer/Ruth Rosenberger (Hrsg.), Unternehmen am Ende des „goldenen Zeitalters". Die 1970er Jahre in unternehmenshistorischer Perspektive, Essen 2008, S. 289–318.

Ders., Zivilisationskrankheiten an der Schwelle zur Konsumgesellschaft. Das Beispiel der Managerkrankheit in den 1950er und 1960er Jahren, in: Petra Overath (Hrsg.), Die vergangene Zukunft Europas. Bevölkerungsforschung und -prognosen im 20. und 21. Jahrhundert, Köln 2011, S. 185–207.

Maximilian Kutzner, Vom „Fluch der Unterbelastung" zur „Last der reifen Jahre" – Die Wertewandel-Debatte in der bundesdeutschen Presse zwischen 1950 und 1990, in: Bernhard Dietz/Jörg Neuheiser (Hrsg.), Wertewandel in Wirtschaft und Arbeitswelt? Arbeit, Leistung und Führung in den 1970er und 1980er Jahren in der Bundesrepublik Deutschland, München 2016 (= Wertewandel im 20. Jahrhundert 2), S. 207–238.

Michael Kvasnicka, Temporary agency work in Germany, Aachen 2005.

Dirk van Laak, Gespräche in der Sicherheit des Schweigens, Berlin 1993.

Ders., „Nach dem Sturm schlägt man auf die Barometer ein". Rechtsintellektuelle Reaktionen auf das Ende des „Dritten Reiches", in: WerkstattGeschichte 6 (1997), S. 25–44.

Ders., Trotz und Nachurteil. Rechtsintellektuelle im Anschluß an das „Dritte Reich", in: Wilfried Loth/Bernd-A. Rusinek (Hrsg.), Verwandlungspolitik. NS-Eliten in der westdeutschen Nachkriegsgesellschaft, Frankfurt a. M. 1998, S. 55–77.

Ders., From the Conservative Revolution to Technocratic Conservatism, in: Jan-Werner Müller (Hrsg.), German Ideologies Since 1945. Studies in the Political Thought and Culture of the Bonn Republic, New York 2003, S. 147–160.

Karl Lauschke, „Wir sind heute mehr Mensch als früher". Unternehmenskultur in einem montanmitbestimmten Großbetrieb der fünfziger Jahre, in: Jahrbuch für Wirtschaftsgeschichte 2 (1993), S. 137–157.

Ders., Vom Schlotbaron zum Krisenmanager. Der Wandel der Wirtschaftselite in der Eisen- und Stahlindustrie. Eine Skizze, in: Volker R. Berghahn/Stefan Unger/Dieter Ziegler (Hrsg.), Die deutsche Wirtschaftselite im 20. Jahrhundert. Kontinuität und Mentalität, Essen 2003, S. 115–128.

Ders., Mehr Demokratie in der Wirtschaft. Die Entstehung des Mitbestimmungsgesetzes von 1976, Düsseldorf 2006.

Ariane Leendertz/Wencke Meteling (Hrsg.), Die neue Wirklichkeit. Semantische Neuvermessungen und Politik seit den 1970er Jahren, Frankfurt a. M. 2016.

Nikolas Lelle, „Firm im Führen". Das „Harzburger Modell" und eine (Nachkriegs-)Geschichte deutscher Arbeit, in: Werner Konitzer/David Palme (Hrsg.), „Arbeit", „Volk", „Gemeinschaft": Ethik und Ethiken im Nationalsozialismus, Frankfurt a. M. 2016, S. 205–224.

Manfred Lesch, Die Rolle des Offiziers in der deutschen Wirtschaft nach dem Ende des Zweiten Weltkrieges, Berlin 1970.

Jörg Lesczenski, Wirtschaftsbürgertum in der Zwischenkriegszeit. Zeitgenössische Analysen in der Nationalökonomie und Wirtschaftspublizistik, in: Wolfram Pyta/Carsten Kretschmann (Hrsg.), Bürgerlichkeit. Spurensuche in Vergangenheit und Gegenwart, Stuttgart 2016, S. 83–101.

Marc Levinson, An Extraordinary Time. The End of the Postwar Boom and the Return of the Ordinary Economy, London 2016.

Massimiliano Livi/Daniel Schmidt/Michael Sturm (Hrsg.), Die 1970er Jahre – auch ein schwarzes Jahrzehnt? Politisierungs- und Mobilisierungsprozesse zwischen rechter Mitte und extremer Rechter in Italien und der Bundesrepublik 1967–1982, Bielefeld 2010.

Robert L. Locke, Business Education in Germany. Past Systems and Current Practice, in: Business History Review 52 (1985), S. 232–253.

Ders., The Collapse of the American Management Mystique, Oxford 1996.

Bernhard Löffler, Soziale Marktwirtschaft und administrative Praxis. Das Bundeswirtschaftsministerium und Ludwig Erhard, Wiesbaden 2001.

Till Lorenzen, BMW als Flugmotorenhersteller. 1926–1940. Staatliche Lenkungsmaßnahmen und unternehmerische Handlungsspielräume. Im Auftr. von MTU Aero Engines u. BMW Group, München 2008.

Ders., Unternehmerische Handlungsspielräume der Bayerischen Motoren Werke im Flugmotorenbau 1933–1940, in: Andreas Heusler (Hrsg.), Rüstung, Kriegswirtschaft und Zwangsarbeit im „Dritten Reich", München 2010, S. 15–36.

Timo Luks, Der Betrieb als Ort der Moderne. Zur Geschichte von Industriearbeit, Ordnungsdenken und Social Engineering im 20. Jahrhundert, Bielefeld 2010.

Reimar Lüst/Paul Nolte, Der Wissenschaftsmacher. Reimar Lüst im Gespräch mit Paul Nolte, München 2008.

Stephan Malinowski/Alexander Sedlmaier, „1968" als Katalysator der Konsumgesellschaft. Performative Regelverstöße, kommerzielle Adaptionen und ihre gegenseitige Durchdringung, in: Geschichte und Gesellschaft 32 (2006), S. 238–267.

Wiebke Mandel, Der Wertewandel in der Arbeitswelt. Ursachen, Theorien und Folgen, Saarbrücken 2007.

Stephen A. Marglin/Juliet B. Schor (Hrsg.), The Golden Age of Capitalism. Reinterpreting the postwar experience, Oxford 2000.

Christian Marx, Die Manager und McKinsey. Der Aufstieg externer Beratung und die Vermarktlichung des Unternehmens am Beispiel Glanzstoff, in: Morten Reitmayer/Thomas Schlemmer (Hrsg.), Die Anfänge der Gegenwart. Umbrüche in Westeuropa nach dem Boom, München 2014, S. 65–77.

Ders., Vom nationalen Interesse zum Shareholder Value? Wertewandel in den Führungsetagen westdeutscher Großunternehmen in den 1970er und 1980er Jahren, in: Bernhard

Dietz/Jörg Neuheiser (Hrsg.), Wertewandel in der Wirtschaft und Arbeitswelt. Arbeit, Leistung und Führung in den 1970er und 1980er Jahren in der Bundesrepublik Deutschland, München 2016 (= Wertewandel im 20. Jahrhundert 2), S. 151–176.

Timothy W. Mason, Zur Entstehung des Gesetzes zur Ordnung der nationalen Arbeit vom 20. Januar 1934. Ein Versuch über das Verhältnis „archaischer" und „moderner" Momente in der neuesten deutschen Geschichte, in: Hans Mommsen/Dietmar Petzina/Bernd Weisbrod (Hrsg.), Industrielles System und politische Entwicklung in der Weimarer Republik, Düsseldorf 1974, S. 322–351.

Silke Mende, „Nicht rechts, nicht links, sondern vorn". Eine Geschichte der Gründungsgrünen, München 2011.

Dies., Eine Partei nach dem Boom. Die Grünen als Spiegel und Motor ideengeschichtlicher Wandlungsprozesse seit den 1970er Jahren, in: Morten Reitmayer/Thomas Schlemmer (Hrsg.), Die Anfänge der Gegenwart. Umbrüche in Westeuropa nach dem Boom, München 2014, S. 23–36.

Peter Merseburger, Rudolf Augstein. Biographie, München 2007.

Birgit Metzger, „Erst stirbt der Wald, dann du!" Das Waldsterben als westdeutsches Politikum (1978–1986), Frankfurt a. M. 2015.

Timo Meynhardt, Klassiker der Organisationsforschung (6): Peter Drucker, in: Organisationsentwicklung. Zeitschrift für Unternehmensentwicklung und Change Management 4 (2012), S. 86–90.

Werner Milert/Rudolf Tschirbs, Die andere Demokratie. Betriebliche Interessensvertretung in Deutschland. 1848 bis 2008, Essen 2012.

Horst Mönnich, BMW. Eine deutsche Geschichte, Überarb. Neuausg. München [u. a.] 2004.

Josef Mooser, Abschied von der „Proletarität". Sozialstruktur und Lage der Arbeiterschaft in der Bundesrepublik in historischer Perspektive, in: Werner Conze/Rainer Lepsius (Hrsg.), Sozialgeschichte der Bundesrepublik Deutschland. Beiträge zum Kontinuitätsproblem, Stuttgart 1983, S. 143–186.

Daniel Morat, Von der Tat zur Gelassenheit. Konservatives Denken bei Martin Heidegger, Ernst Jünger und Friedrich Georg Jünger. 1920–1960, Göttingen 2007.

Dirk A. Moses, German Intellectuals and the Nazi Past, Cambridge 2006.

Alexander O. Müller, Reinhard Höhn. Ein Leben zwischen Kontinuität und Neubeginn, Berlin 2019.

Gloria Müller, Mitbestimmung in der Nachkriegszeit. Britische Besatzungsmacht – Unternehmer – Gewerkschaften, Düsseldorf 1987.

Dies., Strukturwandel und Arbeitnehmerrechte. Die wirtschaftliche Mitbestimmung in der Eisen- und Stahlindustrie 1945–1975, Essen 1991.

Hans-Peter Müller, Die Deutsche Angestellten-Gewerkschaft im Wettbewerb mit dem DGB. Geschichte der DAG 1947–2001, Baden-Baden 2001.

Jerry Z. Muller, The Other God That Failed. Hans Freyer and the Deradicalization of German Conservatism, Princeton, NJ 1987.

Rainer Müller, Zur politischen Funktion kritischer Gruppen in der Öffentlichkeit. Eine soziologische Untersuchung der Cabora Bassa Kampagne in der BRD und in Westberlin (Diplomarbeit), Freie Universität Berlin 1973, URL: http://www.socium.uni-bremen. de/uploads/Mitarbeiter/RainerMueller/1973_Cabora_Bassa_Kampagne.pdf [Zugriff: 4.10.2019].

Hugo Müller-Vogg, Public Relations für die soziale Marktwirtschaft. Die Öffentlichkeitsarbeit der Bundesvereinigung der Deutschen Arbeitgeberverbände, des Bundesverbandes der Deutschen Industrie und des Instituts der Deutschen Wirtschaft zwischen 1966 und 1974, München 1979.

Jörg Neuheiser, Arbeit zwischen Entgrenzung und Konsum. Die Geschichte der Arbeit im 20. Jahrhundert als Gegenstand aktueller zeithistorischer und sozialwissenschaftlicher Studien, in: Neue Politische Literatur 58 (2013), S. 421–448.

Ders., Vom bürgerlichen Arbeitsethos zum postmaterialistischen Arbeiten? Werteforschung, neue Arbeitssemantiken und betriebliche Praxis in den 1970er Jahren, in: Jörn Leonhard/Willibald Steinmetz (Hrsg.), Semantiken von Arbeit. Diachrone und vergleichende Perspektiven, Köln 2016 (= Industrielle Welt 91), S. 319–346.

Ders., Utopische „Schulen unternehmerischer Tugenden"? Leistung, Qualität und Qualifizierung als Probleme des Alternativen Wirtschaftens in den 1970er und 1980er Jahren, in: Bernhard Dietz/Jörg Neuheiser (Hrsg.), Wertewandel in der Wirtschaft und Arbeitswelt. Arbeit, Leistung und Führung in den 1970er und 1980er Jahren in der Bundesrepublik Deutschland, München 2016, S. 283–310.

Christopher Neumaier, Ringen um Familienwerte. Die Reform des Ehescheidungsrechts in den 1960er/70er Jahren, in: Bernhard Dietz/Christopher Neumaier/Andreas Rödder (Hrsg.), Gab es den Wertewandel? Neue Forschungen zum gesellschaftlich-kulturellen Wandel seit den 1960er Jahren, München 2014 (= Wertewandel im 20. Jahrhundert 1), S. 201–225.

Ders., Familie im 20. Jahrhundert. Konflikte um Ideale, Politiken und Praktiken, München 2019 (= Wertewandel im 20. Jahrhundert 6).

Ders./Thomas Gensicke, Wert/Wertewandel, in: Günter Endruweit/Gisela Trommsdorff/Nicole Burzan (Hrsg.), Wörterbuch der Soziologie, 3. Auflage, Konstanz 2014, S. 610–616.

Ders./Andreas Ludwig, Individualisierung der Lebenswelten. Konsum, Wohnkultur und Familienstrukturen in Ost- und Westdeutschland, in: Frank Bösch (Hrsg.), Geteilte Geschichte. Ost- und Westdeutschland 1970–2000, Göttingen/Bristol, CT 2015, S. 239–282.

Rolf F. Nohr/Theo Röhle, „Schulen ohne zu schulmeistern". Unternehmensplanspiele in den 1960er-Jahren, in: Zeithistorische Forschungen/Studies in Contemporary History 13 (2016), Online-Ausgabe, URL: http://www.zeithistorische-forschungen.de/1-2016/id=5327, [Zugriff: 1.10.2019], Druckausgabe: S. 38–60.

Paul Nolte, Die Ordnung der deutschen Gesellschaft. Selbstentwurf und Selbstbeschreibung im 20. Jahrhundert, München 2000.

O. A., Peter Drucker, in: Die bedeutendsten Management-Vordenker. Handelsblatt Management Bibliothek, Bd. 3, Frankfurt a. M. 2005, S. 46–53.

o. A., Führungsgrundsätze, in: Gabler Wirtschaftslexikon, hrsg. v. Gabler Springer Verlag, URL: http://wirtschaftslexikon.gabler.de/Archiv/86178/fuehrungsgrundsaetze-v8.html [Zugriff: 4.10.2019].

Christine von Oertzen, Teilzeitarbeit und die Lust am Zuverdienen. Geschlechterpolitik und gesellschaftlicher Wandel in Westdeutschland 1948–1969, Göttingen 1999.

Richard Overy, State and Industry in Germany in the Twentieth Century, in: German History 12 (1994), S. 180–189.

Dietmar Petzina, Kontinuität oder Neubeginn? Aspekte wirtschaftlicher Rekonstruktion nach 1945, in: K. Rudolph/K. Wickert (Hrsg.), Geschichte als Möglichkeit. Über Chancen von Demokratie. Festschrift für Helga Grebing, Essen 1995, S. 258–269.

Rüdiger Pieper, Division and Unification of German Business Administration and Management Education, in: Lars Engwall/Elving Gunnarsson (Hrsg.), Management Education in an Academic Context, Uppsala 1994, S. 116–137.

Toni Pierenkemper, The Rise and Fall of the „Normalarbeitsverhaeltnis" in Germany (IZA Discussion Paper No. 4068), Bonn 2009.

Ders., Quo vadis Normalarbeitsverhältnis? Bestandsaufnahme und Zukunftsüberlegungen aus wirtschaftshistorischer Perspektive, in: Holger Hinte/Klaus F. Zimmermann (Hrsg.), Zeitenwende auf dem Arbeitsmarkt. Wie der demografische Wandel die Erwerbsgesellschaft verändert, Bonn 2013, S. 383–405.

Christian Pierer, Die Bayerischen Motoren Werke bis 1933. Eine Unternehmensgründung in Krieg, Inflation und Weltwirtschaftskrise, München 2011.

Alexander von Plato, „Wirtschaftskapitäne". Biographische Selbstkonstruktionen von Unternehmern der Nachkriegszeit, in: Axel Schildt/Arnold Sywottek (Hrsg.), Modernisierung im Wiederaufbau. Die westdeutsche Gesellschaft der 50er Jahre, Bonn 1993, S. 377–391.

Johannes Platz, „Die White Collars in den Griff bekommen". Industrieangestellte im Spannungsfeld sozialwissenschaftlicher Expertise und gewerkschaftlicher Politik, in: Archiv für Sozialgeschichte 50 (2010), S. 271–288.

Jenny Pleinen/Lutz Raphael, Zeithistoriker in den Archiven der Sozialwissenschaften. Erkenntnispotenziale und Relevanzgewinne für die Disziplin, in: Vierteljahrshefte für Zeitgeschichte 62 (2014), S. 173–196.

Werner Plumpe, Unternehmen im Nationalsozialismus. Eine Zwischenbilanz, in: Werner Abelshauser/Jan-Otmar Hesse/Werner Plumpe (Hrsg.), Wirtschaftsordnung, Staat und Unternehmen. Neue Forschungen zur Wirtschaftsgeschichte des Nationalsozialismus. Festschrift für Dietmar Petzina zum 65. Geburtstag, Essen 2003, S. 243–266.

Ders., 1968 und die deutschen Unternehmen. Zur Markierung eines Forschungsfeldes, in: Zeitschrift für Unternehmensgeschichte 49 (2004), S. 44–65.

Ders., Das Ende des deutschen Kapitalismus, in: WestEnd. Neue Zeitschrift für Sozialforschung 2 (2005), S. 1–23.

Ders., Nützliche Fiktionen. Der Wandel der Unternehmen und die Literatur der Berater, in: Morten Reitmayer/Ruth Rosenberger (Hrsg.), Unternehmen am Ende des „goldenen Zeitalters". Die 1970er Jahre in unternehmenshistorischer Perspektive, Essen 2008, S. 251–270.

Ders., Ökonomisches Denken und wirtschaftliche Entwicklung. Zum Zusammenhang von Wirtschaftsgeschichte und historischer Semantik der Ökonomie, in: Jahrbuch für Wirtschaftsgeschichte 1 (2009), S. 27–52.

Ders., Wirtschaftskrisen. Geschichte und Gegenwart, München 2010, S. 95–101.

Ders., Die Wirtschaftskrise 1966/67 und ihre Bedeutung in der deutschen Wirtschaftsgeschichte, in: Martin Wengeler (Hrsg.), Sprachliche Konstruktionen von Krisen. Interdisziplinäre Perspektiven auf ein fortwährend aktuelles Phänomen, Bremen 2013, S. 19–29.

Ders., Unternehmer – Fakten und Fiktionen. Einleitung, in: ders. (Hrsg.), Unternehmer – Fakten und Fiktionen. Historisch-biographische Studien, München 2014, S. 1–26.

Ders., Das kalte Herz. Kapitalismus: Die Geschichte einer andauernden Revolution, Berlin 2019.

Ders./Christian Reuber, Unternehmen und Wirtschaftsbürgertum im 20. Jahrhundert, in: Gunilla Budde/Eckart Conze/Cornelia Rauh (Hrsg.), Bürgertum nach dem bürgerlichen Zeitalter. Leitbilder und Praxis seit 1945, Göttingen 2010, S. 151–164.

Ders./André Steiner (Hrsg.), Der Mythos von der postindustriellen Welt. Wirtschaftlicher Strukturwandel in Deutschland 1960–1980, Göttingen 2016.

Dies., Der Mythos von der postindustriellen Welt, in: dies. (Hrsg.), Der Mythos von der postindustriellen Welt. Wirtschaftlicher Strukturwandel in Deutschland 1960–1990, Göttingen 2016, S. 7–14.

Manfred Pohl, 75 Jahre RKW. Die Geschichte der Rationalisierung, in: Berichte des Forschungsinstituts der Internationalen Wissenschaftlichen Vereinigung Weltwirtschaft und Weltpolitik (IWVWW) 7 (1997), S. 49–55.

Kim Christian Priemel, Heaps of work. The ways of labour history, in: H-Soz-Kult, 23.01.2014, URL: http://www.hsozkult.de/literaturereview/id/ forschungsberichte-1223 [Zugriff: 17.9.2019].

Ders., The betrayal. The Nuremberg trials and German divergence, Oxford 2016.

Michael Prinz, Vom neuen Mittelstand zum Volksgenossen. Die Entwicklung des sozialen Status der Angestellten von der Weimarer Republik bis zum Ende der NS-Zeit, München 1986.

Diethelm Prowe, Foundations of West German Democracy. Corporatist Patterns, in: Kathy Harms/Lutz-Reiner Reuter/Volker Duerr (Hrsg.), Coping with the past. Germany and Austria after 1945, Madison 1990, S. 105–130.

Lutz Raphael, Flexible Anpassung und prekäre Sicherheiten. Industriearbeit(er) nach dem Boom, in: Morten Reitmayer/Thomas Schlemmer (Hrsg.), Die Anfänge der Gegenwart. Umbrüche in Westeuropa nach dem Boom, München 2014, S. 51–64.

Ders., Jenseits von Kohle und Stahl. Eine Gesellschaftsgeschichte Westeuropas nach dem Boom, Berlin 2019.

Andrea Rehling, Die deutschen Wirtschaftseliten in der öffentlichen Wahrnehmung am Beispiel von „Spiegel", „Stern" und „Quick", in: Akkumulation. Informationen des Arbeitskreises für kritische Unternehmensgeschichte 18 (2003), S. 1–14.

Dirk Reinhardt, Von der Reklame zum Marketing. Geschichte der Wirtschaftswerbung in Deutschland, Berlin 1993.

Morten Reitmayer, Elite. Sozialgeschichte einer politisch-gesellschaftlichen Idee in der frühen Bundesrepublik, München 2009.

Ders., Comeback der Elite. Die Rückkehr eines politisch-gesellschaftlichen Ordnungsbegriffs, in: Meik Woyke (Hrsg.), Wandel des Politischen. Die Bundesrepublik Deutschland während der 1980er Jahre, Bonn 2013, S. 433–458.

Ders./Ruth Rosenberger (Hrsg.), Unternehmen am Ende des „goldenen Zeitalters". Die 1970er Jahre in unternehmens- und wirtschaftshistorischer Perspektive, Essen 2008.

Ders./Thomas Schlemmer (Hrsg.), Die Anfänge der Gegenwart. Umbrüche in Westeuropa nach dem Boom, München 2014.

Christian Reuber, Der lange Weg an die Spitze. Karrieren von Führungskräften deutscher Großunternehmen im 20. Jahrhundert, Frankfurt a. M. 2012.

Norbert Reuter, Arbeitslosigkeit bei ausbleibendem Wachstum – das Ende der Arbeitsmarktpolitik?, in: Aus Politik und Zeitgeschichte 35 (1997), S. 3–13.

Reinhard Richardi, Arbeitsverfassung und Arbeitsrecht, in: Hans Günter Hockerts, Bundesrepublik Deutschland 1966–1974. Eine Zeit vielfältigen Aufbruchs, Geschichte der Sozialpolitik in Deutschland seit 1945, Bd. 5, Baden-Baden 2006, S. 225–276.

Gerhard A. Ritter/Margit Szöllösi-Jantze/Helmuth Trischler (Hrsg.), Antworten auf die amerikanische Herausforderung. Forschungen in der Bundesrepublik und der DDR in den „langen" siebziger Jahren, Frankfurt a. M. [u. a.] 1999.

Andreas Rödder, Die Bundesrepublik Deutschland, 1969–1990, München 2003.

Ders., Vom Materialismus zum Postmaterialismus? Ronald Ingleharts Diagnosen des Wertewandels, ihre Grenzen und ihre Perspektiven, in: Zeithistorische Forschungen/Studies in Contemporary History 3 (2006), Online-Ausgabe, URL: http://www.zeithistorische-forschungen.de/16126041-Roedder-3-2006 [Zugriff: 17.9.2019], Druckausgabe: S. 480–485.

Ders., Wertewandel in historischer Perspektive. Ein Forschungskonzept, in: Bernhard Dietz/Christopher Neumaier/Andreas Rödder (Hrsg.), Gab es den Wertewandel? Neue Forschungen zum gesellschaftlich-kulturellen Wandel seit den 1960er Jahre, München 2014 (= Wertewandel im 20. Jahrhundert 1), S. 17–40.

Ders., 21.0. Eine kurze Geschichte der Gegenwart, München 2015.

Daniel T. Rodgers, Age of Fracture, Cambridge, MA/London 2011.

Hartmut Rosa, Beschleunigung. Die Veränderung der Zeitstrukturen in der Moderne, Frankfurt a. M. 2005.

Ruth Rosenberger, Experten für Humankapital. Die Entdeckung des Personalmanagements in der Bundesrepublik Deutschland, München 2008.

Friedbert W. Rüb/Frank Nullmeier, Die Flexibilisierung der Arbeitsgesellschaft. Auf dem Weg in eine Gesellschaft flexibler Sozialstrukturen?, in: Werner Süß (Hrsg.), Die Bundesrepublik in den achtziger Jahren. Innenpolitik. Politische Kultur. Außenpolitik, Wiesbaden 1991, S. 121–136.

Dieter Rucht, Das alternative Milieu in der Bundesrepublik, in: Sven Reichardt/Detlef Siegfried (Hrsg.), Das Alternative Milieu. Antibürgerlicher Lebensstil und linke Politik in der Bundesrepublik Deutschland und Europa 1968–1973, Göttingen 2010, S. 61–86.

Richard Saage, Von der „Revolution von rechts" zum „technokratischen Konservativismus", in: Eike Henning/Richard Saage (Hrsg.), Konservatismus – eine Gefahr für die Freiheit? Für Iring Fetscher, München 1983, S. 120–143.

Adelheid von Saldern, Das „Harzburger Modell". Ein Ordnungssystem für bundesrepublikanische Unternehmen, 1960–1975, in: Thomas Etzemüller (Hrsg.), Die Ordnung der Moderne. Social Engineering im 20. Jahrhundert, Bielefeld 2009, S. 303–330.

Dies., Bürgerliche Werte für Führungskräfte und Mitarbeiter in Unternehmen. Das Harzburger Modell (1960–1975), in: Gunilla Budde/Eckart Conze/Cornelia Rauh (Hrsg.), Bürgertum nach dem bürgerlichen Zeitalter. Leitbilder und Praxis seit 1945, Göttingen 2010, S. 165–184.

Dies./Rüdiger Hachtmann, Das fordistische Jahrhundert. Eine Einleitung, in: Zeithistorische Forschungen/Studies in Contemporary History 6 (2009), Online-Ausgabe, URL: http://www.zeithistorische-forschungen.de/16126041-Editorial-2-2009 [Zugriff: 11.7.2016], Druckausgabe: S. 174–185.

Dies., „Gesellschaft am Fließband". Fordistische Produktion und Herrschaftspraxis in Deutschland, in: Zeithistorische Forschungen/Studies in Contemporary History 6 (2009), Online-Ausgabe, URL: http://www.zeithistorische-forschungen.de/16126041-Hachtmann-Saldern-2-2009 [Zugriff: 11.7.2016], Druckausgabe: S. 186–208.

Tobias Sander, Die doppelte Defensive. Soziale Lage, Mentalitäten und Politik der Ingenieure in Deutschland 1890–1933, 2. Auflage, Wiesbaden 2011.

Friederike Sattler, „Harvard in Schloss Gracht": Das Universitätsseminar der Wirtschaft (USW). Wertewandel durch Management-Schulung?, in: Bernhard Dietz/Jörg Neuheiser (Hrsg.), Wertewandel in Wirtschaft und Arbeitswelt? Arbeit, Leistung, Führung in den 1970er und 1980er Jahren in der Bundesrepublik Deutschland, München 2016 (= Wertewandel im 20. Jahrhundert 2), S. 97–126.

Dies., Wissenschaftsförderung aus dem Geist der Gesellschaftspolitik. Alfred Herrhausen und der Stifterverband für die Deutsche Wissenschaft, in: Vierteljahrshefte für Zeitgeschichte 64 (2016), S. 597–635.

Dies., Herrhausen. Banker, Querdenker, Global Player. Ein deutsches Leben, München 2019.

Dieter Sauer, Von der „Humanisierung der Arbeit" zur „Guten Arbeit", in: Aus Politik und Zeitgeschichte 15 (2011), S. 18–24.

Ders., Permanente Reorganisation. Unsicherheit und Überforderung in der Arbeitswelt, in: Anselm Doering-Manteuffel/Lutz Raphael/Thomas Schlemmer (Hrsg.), Vorgeschichte der Gegenwart. Dimensionen des Strukturbruchs nach dem Boom, Göttingen 2016, S. 37–57.

Edith Saurer, Liebe und Arbeit. Geschlechterbeziehungen im 19. und 20. Jahrhundert, Wien 2014.

Michael Schäfer, „Bürgerliche Werte" im Wandel. Zur Begriffsbildung des Bürgerlichen in der historischen Bürgertumsforschung, in: Bernhard Dietz/Christopher Neumaier/Andreas Rödder (Hrsg.), Gab es den Wertewandel? Neue Forschungen zum gesellschaftlich-kulturellen Wandel seit den 1960er Jahren, München 2014 (= Wertewandel im 20. Jahrhundert 1), S. 121–137.

Tim Schanetzky, Unternehmer. Profiteure des Unrechts, in: Norbert Frei (Hrsg.), Karrieren im Zwielicht. Hitlers Eliten nach 1945, Frankfurt a. M. 2001, S. 73–126.

Axel Schildt, Deutschlands Platz in einem „christlichen Abendland". Konservative Publizisten aus dem Tat-Kreis in der Kriegs- und Nachkriegszeit, in: Thomas Köbner/Gert Sautermeister/Sigrid Schneider (Hrsg.), Deutschland nach Hitler, Opladen 1987, S. 344–369.

Ders., Zwischen Abendland und Amerika. Studien zur westdeutschen Ideenlandschaft der 50er Jahre, München 1999.

Ders., Die Sozialgeschichte der Bundesrepublik Deutschland bis 1989/90, München 2007.

Dirk Schindelbeck/Volker Ilgen, „Haste was, biste was!": Werbung für die soziale Marktwirtschaft, Darmstadt 1999.

Daniel C. Schmid, „Quo vadis, Homo harzburgensis?" Aufstieg und Niedergang des „Harzburger Modells", in: Zeitschrift für Unternehmensgeschichte 59 (2014), S. 73–98.

Günther Schmid/Frank Oschmiansky, Arbeitsmarktpolitik und Arbeitslosenversicherung 1982–1989, in: Manfred G. Schmidt (Hrsg.), Geschichte der Sozialpolitik in Deutschland seit 1945, Bd. 7: Bundesrepublik 1982–1989. Finanzielle Konsolidierung und institutionelle Reform, Baden-Baden 2005, S. 237–287.

Wolfgang Schroeder/Viktoria Kalass/Samuel Greef, Berufsgewerkschaften in der Offensive. Vom Wandel des deutschen Gewerkschaftsmodells, Wiesbaden 2011.

Annette Schuhmann, Der Traum vom perfekten Unternehmen. Die Computerisierung der Arbeitswelt in der Bundesrepublik Deutschland (1950er- bis 1980er-Jahre), in: Zeithistorische Forschungen/Studies in Contemporary History 9 (2012), Online-Ausgabe, URL: http://www.zeithistorische-forschungen.de/2-2012/id=4697 [Zugriff: 1.10.2019], Druckausgabe: S. 231–256.

David Schumann, Bauarbeiten am „Fundament der Gesellschaft". Christdemokratische Familienpolitik in der Ära Kohl (1973-1998), Hamburg 2014.

Andreas Schulz, Lebenswelt und Kultur des Bürgertums im 19. und 20. Jahrhundert, München 2005 (= Enzyklopädie deutscher Geschichte 75).

Ders., „Bürgerliche Werte", in: Andreas Rödder/Wolfgang Elz (Hrsg.), Alte Werte – Neue Werte. Schlaglichter des Wertewandels, Göttingen 2008, S. 29-36.

Günter Schulz, Die Angestellten seit dem 19. Jahrhundert, München 2000.

Gerhard Schulze, Die Erlebnisgesellschaft. Kultursoziologie der Gegenwart, Frankfurt a. M. 1992.

Winfried Schulze, Der Stifterverband für die Deutsche Wissenschaft 1920-1995, Berlin 1995.

Alexander Sedlmaier, Konsum und Gewalt: Radikaler Protest in der Bundesrepublik, Berlin 2018.

Elke Seefried, Zukünfte. Aufstieg und Krise der Zukunftsforschung 1945-1980, München 2015.

Anne Seibring, Die Humanisierung des Arbeitslebens in den 1970er Jahren. Forschungsstand und Forschungsperspektiven, in: Knud Andresen/Ursula Bitzegeio/Jürgen Mittag (Hrsg.), „Nach dem Strukturbruch"? Kontinuität und Wandel von Arbeitswelten, Bonn 2011, S. 107-126.

Jürgen Seidl, Die Bayerischen Motorenwerke (BMW) 1945-1969. Staatlicher Rahmen und unternehmerisches Handeln, München 2002.

Richard Senett, Der flexible Mensch. Die Kultur des neuen Kapitalismus, Berlin 1998.

Detlef Siegfried, Time is on my side. Konsum und Politik in der westdeutschen Jugendkultur der 60er Jahre, Göttingen 2006.

Rainer Simons/Walter Zeichner, Von der Idee zum Erfolg. Die Entwicklungsgeschichte der BMW Automobile. 1918-1932. München 2004.

Hans Speier, Die Angestellten vor dem Nationalsozialismus. Ein Beitrag zum Verständnis der deutschen Sozialstruktur 1918-1933, Frankfurt a. M. 1989.

Wolfgang H. Staehle, Human Resource Management und Unternehmungsstrategie, in: Mitteilungen aus der Arbeitsmarkt- und Berufsforschung 22 (1989), S. 388-396.

Martina Steber, Die Hüter der Begriffe. Politische Sprachen des Konservativen in Großbritannien und der Bundesrepublik Deutschland, 1945-1980, München 2017 (= Veröffentlichungen des Deutschen Historischen Instituts London/Publications of the German Historical Institute London 78).

André Steiner, Von Plan zu Plan. Eine Wirtschaftsgeschichte der DDR, München 2004.

Ders., Bundesrepublik und DDR in der Doppelkrise europäischer Industriegesellschaften. Zum sozialökonomischen Wandel in den 1970er-Jahren, in: Zeithistorische Forschungen/ Studies in Contemporary History 3 (2006), S. 342-362.

Ders., Die Planwirtschaft in der DDR. Aufstieg und Niedergang, Erfurt 2016.

Studie zu Hochschulwahl der Topmanager. Braucht die Wirtschaftselite keine Privatunis?, Interview mit Michael Hartmann, 12.2.2015, URL: https://www.studis-online.de/HoPo/art-1720-manager-elite.php [Zugriff: 14.8.2017].

Dietmar Süß, Stechen, Streiken, Zeiterfassen. Arbeitszeit und Wertewandel seit den 1970er in Europa, in: Archiv für Sozialgeschichte 52 (2012), S. 139-162.

Ders., Der Sieg der grauen Herren? Flexibilisierung und der Kampf um Zeit in den 1970er und 1980er Jahren, in: Anselm Doering-Manteuffel/Lutz Raphael/Thomas Schlemmer (Hrsg.), Die Vorgeschichte der Gegenwart. Dimensionen des Strukturbruchs nach dem Boom, München 2016, S. 109–127.

Winfried Süß, Der keynesianische Traum und sein langes Ende. Sozioökonomischer Wandel und Sozialpolitik in den siebziger Jahren, in: Konrad H. Jarausch (Hrsg.), Das Ende der Zuversicht? Die siebziger Jahre als Geschichte, Göttingen 2008, S. 120–137.

Ders./Dietmar Süß, Zeitgeschichte der Arbeit. Beobachtungen und Perspektiven, in: Knud Andresen/Ursula Bitzegeio/Jürgen Mittag (Hrsg.), „Nach dem Strukturbruch"? Kontinuität und Wandel von Arbeitswelten, Bonn 2011, S. 345–365.

Evelyn Tegeler, Frauenfragen sind Männerfragen. Helge Pross als Vorreiterin des Gender Mainstreaming, Opladen 2003.

Christian Testorf, Ein heißes Eisen. Zur Entstehung des Gesetzes über die Mitbestimmung der Arbeitnehmer von 1976, Bonn 2017.

Helmut Thome, Soziologische Werteforschung. Ein von Niklas Luhmann inspirierter Vorschlag für die engere Verknüpfung von Theorie und Empirie, in: Zeitschrift für Soziologie 32 (2003), S. 4–28.

Ders., Wertewandel in Europa aus der Sicht der empirischen Sozialforschung, in: Hans Joas/Klaus Wiegandt (Hrsg.), Die kulturellen Werte Europas, Frankfurt a. M. 2005, S. 386–443.

Ders., Wandel gesellschaftlicher Wertvorstellungen aus der Sicht der empirischen Sozialforschung, in: Bernhard Dietz/Christopher Neumaier/Andreas Rödder (Hrsg.), Gab es den Wertewandel? Neue Forschungen zum gesellschaftlich-kulturellen Wandel seit den 1960er Jahre, München 2014 (= Wertewandel im 20. Jahrhundert 1), S. 41–67.

Horst Thum, Wirtschaftsdemokratie und Mitbestimmung. Von den Anfängen 1916 bis zum Mitbestimmungsgesetz 1976, Köln 1991.

Florian Triebel, Vom „Marketingloch" zur Wiederentdeckung der sportlichen Mittelklasse. Vom Produktionsregime zur Marketingorientierung bei BMW, in: Jahrbuch für Wirtschaftsgeschichte 1 (2010), S. 37–63.

Ders., Die Bayerischen Motoren Werke während der Rezession 1966/67 und der Ölkrise 1973/74, in: Stephanie Tilly (Hrsg.), Automobilindustrie 1945–2000. Eine Schlüsselindustrie zwischen Boom und Krise, München 2013, S. 111–153.

Ders./Manfred Grunert, Krisenerfahrung bei der BMW AG. Zur Typologie des Phänomens Unternehmenskrise, in: Jahrbuch für Wirtschaftsgeschichte 2 (2006), S. 19–30.

Helmuth Trischler, Das bundesdeutsche Innovationssystem in den „langen 70er Jahren". Antworten auf die „amerikanische Herausforderung", in: Johannes Abele (Hrsg.), Innovationskulturen und Fortschrittserwartungen im geteilten Deutschland, Köln [u. a.] 2001, S. 47–70.

Karsten Uhl, Der Faktor Mensch und das Management. Führungsstile und Machtbeziehungen im industriellen Betrieb des 20. Jahrhunderts, in: Neue Politische Literatur 55 (2010), S. 233–254.

Ders., Humane Rationalisierung? Die Raumordnung der Fabrik im fordistischen Jahrhundert, Bielefeld 2014.

Nina Verheyen, Bürgerliches Leistungsethos? Geschichtswissenschaftliche Korrekturen einer irreführenden Formel, in: Denis Hänzi (Hrsg.), Erfolg. Konstellationen und Paradoxien einer gesellschaftlichen Leitorientierung. Baden-Baden 2014, S. 45–61.

Dies., Die soziale Konstruktion individueller Leistung. Forschungsperspektiven zwischen Geschichts- und Sozialwissenschaften, in: Neue Politische Literatur 59 (2014), S. 63–87.

Dies., Die Erfindung der Leistung, München 2018.

Regina Vogel, Bürgerliche Werte und Statuserhalt. Bildungspolitische Interessenspolitik von Hochschullehrer- und Unternehmensverbänden in der Nachkriegszeit, Diss. Humboldt-Univ. Berlin, Berlin 2005.

Jonathan Voges, (Arbeits-)Ethos der Freizeit? Do it yourself und Heimwerken und der Wertewandel der Arbeit, in: Bernhard Dietz/Jörg Neuheiser (Hrsg.), Arbeit, Leistung und Führung in den 1970er und 1980er Jahren in der Bundesrepublik Deutschland, München 2016 (= Wertewandel im 20. Jahrhundert 2), S. 73–94.

Günter Voss/Hans-Jürgen Pongartz, Der Arbeitskraftunternehmer. Eine neue Grundform der Ware Arbeitskraft, in: Kölner Zeitschrift für Soziologie und Sozialpsychologie 50 (1998), S. 131–158.

Gabriele Wagner/Philipp Hessinger (Hrsg.), Ein neuer Geist des Kapitalismus? Paradoxien und Ambivalenzen der Netzwerkökonomie, Wiesbaden 2008.

Regina Wecker, Zwischen Ökonomie und Ideologie. Arbeit im Lebenszusammenhang von Frauen im Kanton Basel-Stadt 1870–1910, Zürich 2007.

Linda Wedlin, Ranking business schools. Forming fields, identities and boundaries in international management education, Cheltenham 2006.

Hans-Ulrich Wehler, Deutsche Gesellschaftsgeschichte, Bd 5: Bundesrepublik und DDR 1949–1990, München 2008.

Christian Welzel, Werte und Wertewandelforschung, in: Viktoria Kaina/Andrea Römmele (Hrsg.), Politische Soziologie. Ein Studienbuch, Wiesbaden 2009, S. 109–139.

Constanze Werner, Kriegswirtschaft und Zwangsarbeit bei BMW. Im Auftr. von MTU Aero Engines u. BMW Group, München 2006.

Dies., Kriegswirtschaft und Zwangsarbeit bei BMW, in: Andreas Heusler (Hrsg.), Rüstung, Kriegswirtschaft und Zwangsarbeit im „Dritten Reich", München 2010, S. 145–147.

David Robert White, Upper-middle-class complicity in the National Socialist phenomenon in Germany, PhD-Thesis, University of Edinburgh 2001.

Manfred Wichmann, Die Gesellschaft zum Studium des Faschismus. Ein antidemokratisches Netzwerk zwischen Rechtskonservativismus und Nationalsozialismus, in: Bulletin für Faschismus- und Weltkriegsforschung. Wissenschaftliche Halbjahresschrift 31/32 (2008), S. 72–104.

Jonathan Wiesen, Overcoming Nazism, Big Business, Public Relations, and the Politics of Memory, 1945–1950, in: Central European History 29 (1996), S. 201–226.

Ders., West German Industry and the Challenge of the Nazi Past, Chapel Hill 2001.

Michael Wildt, Der Fall Reinhard Höhn. Vom Reichssicherheitshauptamt zur Harzburger Akademie, in: Alexander Gallus/Axel Schildt (Hrsg.), Rückblickend in die Zukunft. Politische Öffentlichkeit und intellektuelle Positionen in Deutschland um 1950 und um 1930, Göttingen 2011, S. 254–271.

Paul Windolf (Hrsg.), Finanzmarkt-Kapitalismus. Analysen zum Wandel von Produktionsregimen, Wiesbaden 2005 (= Kölner Zeitschrift für Soziologie und Sozialpsychologie, Sonderheft 45).

Harald Winkel, Zehn Jahre WHU. Eine Chronik, in: ders. (Hrsg.), Zehn Jahre WHU. Aufbau der Wissenschaftlichen Hochschule für Unternehmensführung in Koblenz, St. Katharinen 1994, S. 1–175.

Carsten Wippermann/Katja Wippermann, Mensch und Wald. Einstellungen der Deutschen zum Wald und zur nachhaltigen Waldwirtschaft, Bielefeld 2010.

Andreas Wirsching, Abschied vom Provisorium. 1982–1990, München 2006.

Ders., Erwerbsbiographien und Privatheitsformen. Die Entstandardisierung von Lebensläufen, in: Thomas Raithel/Andreas Rödder/Andreas Wirsching (Hrsg.), Auf dem Weg in eine neue Moderne? Die Bundesrepublik Deutschland in den siebziger und achtziger Jahren, München 2009, S. 83–97.

Ders., Konsum statt Arbeit? Zum Wandel von Individualität in der modernen Massengesellschaft, in: Vierteljahrshefte für Zeitgeschichte 57 (2009), S. 171–199.

Ders., From Work to Consumption. Transatlantic Visions of Individuality in Modern Mass Society, in: Contemporary European History 20 (2011), S. 1–26.

Ders., „Neoliberalismus" als wirtschaftspolitisches Ordnungsmodell? Die Bundesrepublik Deutschland in den 1980er Jahren, in: Werner Plumpe/Joachim Scholtyseck (Hrsg.), Der Staat und die Ordnung der Wirtschaft. Vom Kaiserreich bis zur Berliner Republik, Stuttgart 2012, S. 139–150.

Sylvia Wölfel, Vom Energiekonsum zur Energieeffizienz. Werbung für umweltfreundliche Haushaltsprodukte in der Bundesrepublik und der DDR, in: Dresdener Beiträge zur Geschichte der Technikwissenschaften 33 (2012), S. 83–96.

Volker Wolff, „Finanzjournalismus", in: Gabriele Reckinger/Volker Wolff (Hrsg.), Finanzjournalismus, Konstanz 2011, S. 168–175.

Edgar Wolfrum, Die geglückte Demokratie. Geschichte der Bundesrepublik Deutschland von ihren Anfängen bis zur Gegenwart, Bonn 2007.

Ders., Rot-Grün an der Macht. Deutschland 1998–2005, München 2013.

Béatrice Ziegler, Arbeit – Körper – Öffentlichkeit. Berner und Bieler Frauen zwischen Diskurs und Alltag (1919–1945), Zürich 2007.

Benjamin Ziemann, Sozialgeschichte und empirische Sozialforschung, in: Pascal Maeder/Barbara Lüthi/Thomas Mergel (Hrsg.), Wozu noch Sozialgeschichte? Eine Disziplin im Umbruch, Göttingen 2012, S. 131–149.

Zdenek Zofka, Allach – Sklaven für BMW. Zur Geschichte eines Außenlagers des KZ Dachau, in: Wolfgang Benz (Hrsg.), Sklavenarbeit im KZ, München 1993, S. 68–78.

Reimut Zohlnhöfer, Die Wirtschaftspolitik in der Ära Kohl. Eine Analyse der Schlüsselentscheidungen in den Politikfeldern Finanzen, Arbeit und Entstaatlichung. 1982–1998, Opladen 2001.

Personenregister

Abs, Hermann Josef 82, 85, 125 f., 246–248, 459
Adorno, Theodor W. 124, 126, 128, 215
Alasco, Johannes 265
Albach, Horst 174, 185 f., 190–197, 201, 221, 230, 252, 352, 366–368, 370, 372
Albrecht, Karl 120, 148, 221
Amerongen, Otto Wolff von 83, 146, 182 f., 185 f., 199, 211, 213, 240
Andreae, Clemens-August 142, 205 f.
Andrykowsky, Paul 200, 400
Apel, Günter 279
Arendt, Walter 272, 288
Argyris, Chris 175, 456
Arlt, Fritz 133, 164 f.
Audouard, Rolf 207, 239
Augstein, Rudolf 139, 151 f.
August von Hayek, Friedrich 19, 362

Backsmann, Horst 186
Bähr, Johannes 211
Baier, Horst 322
Balke, Siegfried 148, 186, 221
Ballhaus, Karl Josef 248
Barnick, Max 187
Bayer, Wilhelm F. 184
Becker, Hans Detlev 152, 239
Becker, Ulrich 384 f.
Beckerath, Paul Gert von 191, 194 f.
Beisheim, Otto 369
Beitz, Berthold 237
Bell, Annedore 279 f.
Bell, Daniel 128, 143, 265, 337
Bender, Robert 97
Bennigsen-Foerder, Rudolf von 248
Berg, Fritz 75, 83, 186, 208 f., 211 f.
Berle, Adolf A. 60, 128
Berlet, Karl Hans 224–226
Berthel, Fridolin 238
Beutler, Hans-Wilhelm 53, 75 f., 82
Biedenkopf, Kurt 196, 220, 233, 327, 334, 378
Bielenski, Harald 410 f.
Bierich, Marcus 368
Bihl, Gerhard 424 f., 427–429, 435–438, 441, 446

Bischoff, Sonja 395
Bleicher, Knut 251
Blüm, Norbert 257, 325, 327, 443 f.
Boetticher, Karl W. 119 f., 123–130, 132, 134–140, 142
Böhme, Günter 275
Bolte, Karl Martin 235
Böning, Eberhard 346, 351
Borgwardt, Jürgen 262, 273, 294, 296
Börner, Holger 213, 346
Börsig, Clemens 182
Bösenberg, Dirk 385–387
Bösenberg, Walther A. 163
Bouillon, Erhard 247
Brandt, Willy 204, 207, 209, 212–215, 256, 281, 289, 293, 314
Brauchitsch, Eberhard von 195, 200
Brawand, Leo 140, 151–153, 167, 237, 239 f., 245, 251, 269
Briam, Heinz 400
Buch, Aloys Johannes 346
Bührer, Werner 73
Bülow, Vicco von 56
Bund, Karlheinz 250
Bunte, Manfred 221, 223
Burandt, Jürgen 238
Burneleit, Heinz 124
Burnham, James 60, 128, 264 f., 267

Carroll, Thomas H. 90–92, 456
Christians, Friedrich Wilhelm 85
Coenen, Hans 186
Colbe, Walter Busse von 185 f., 191
Conant, James Bryant 88, 95 f.
Cordes, Walter 136, 182, 184, 186

Dahrendorf, Ralf 137
Darscheid, Karl 362
Davidson, Hans von 79
Dembach, Wilfried 381
Demmer, Christine 391, 397
Deutsch, Karl W. 322
Dichgans, Hans 350–352
Diepgen, Eberhard 336
Dierkes, Meinolf 248–251
Dohnanyi, Klaus von 148 f., 184

Domizlaff, Hans 54 f.
Dreesbach, Lutz E. 393
Drucker, Peter F. 61, 169

Eberle, Walter 249
Ehmke, Horst 120, 272 f.
Eick, Gabriele 399
Erhard, Ludwig 93, 95, 111, 210
Esser, Otto 82, 121, 390
Ettinger, Cornell 238
Eversmann, Rudolf Wilhelm 186

Falkenheim, Ernst 73
Farthmann, Friedhelm 262, 291 f.
Faßbender, Siegfried 147, 158
Fels, Gerhard 366
Fest, Joachim 208
Fiedler-Winter, Rosemarie 147
Fiertz, Alden L. 224
Fischer, Josef 187
Franz, Gerhard 334
Freudenberg, Hermann 139, 232
Freudenfeld, Burghard 206, 230–232, 234, 247
Freyburg, Joachim 227
Freyend, Eckart John von 224, 226, 364 f., 406, 474
Freyer, Hans 83 f.
Frickhöffer, Wolfgang 123
Fried, Ferdinand 52, 100, 103, 110
Friedrich, Otto A. 50, 74, 109–111, 124, 130, 148, 186, 200, 210 f., 213 f., 282
Fritsch, Bruno 322
Frühe, Gerhard 187
Fuchs, Anke 357
Fucks, Wilhelm 143 f.

Galbraith, John Kenneth 128, 265, 267, 291, 384
Ganzhorn, Karl 344
Garhammer, Manfred 439
Gaugler, Eduard 366
Geil, Rudi 362
Geißler, Erich E. 356
Geißler, Heiner 325–327, 400
Genscher, Hans-Dietrich 274, 357–359, 372
Gienow, Herbert 186
Glittenberg, Udo 361 f., 367
Glotz, Peter 345, 347, 354
Golda, Kurt 423, 438 f.

Gölter, Georg 362
Gottwald, Johannes 269, 271, 277
Grabowski, Franz 135
Gracey, Harry F. 89
Granzow, Hermann 344
Greisler, Peter 368
Gross, Herbert 61, 64, 84, 108, 221, 265
Gross-Fengels, Kurt 78–82
Grosspeter, Carl-Ludwig 212
Grüll, Ferdinand 131
Gutenberg, Erich 186
Guth, Karl 75 f., 78, 80, 92, 96 f.
Guth, Wilfried 40, 75

Hagenmüller, Karl Friedrich 186 f.
Haller, Willi 438
Hansen, Kurt 186
Hartmann, Heinz 115–120, 124 f., 128, 132 f., 135, 140, 263 f., 266, 289, 302, 392
Haseloff, Otto Walter 140, 153, 384
Haußmann, Fritz 122
Hehl, Gerhard 431
Heilmann, Wolfgang 416
Heinecke, Hans-Jürgen 311
Heinrichsbauer, August 53 f.
Held, Martin 442
Heldrich, Andreas 345 f., 362
Helfert, Mario 321
Hellwig, Fritz 51 f.
Hellwig, Hans 188 f., 221, 360 f.
Helmer, Elvira 266
Henes-Karnahl, Beate 397
Henle, Christian-Peter 368
Hensche, Detlef 441
Heraeus, Jürgen 368
Herbert, Willi 334
Herrhausen, Alfred 40, 139, 148–151, 154, 170, 182, 186, 192 f., 195–198, 219, 241, 243, 328, 331, 348, 353, 356, 361
Herzberg, Frederick 175–177, 456
Hess, James 370
Himmelreich, Fritz-Heinz 350
Höhler, Gertrud 331, 340
Höhn, Reinhard 160–166, 168, 171 f., 222
Honsberg, Albert 55
Horkheimer, Max 124, 128, 215, 221
Horn, Heinz 183
Hoss, Willi 444
Hundhausen, Carl 55

Inglehart, Ronald 310, 320, 386
Ipsen, Knut 314
Ische, Friedrich 293

Jacob, Adolf-Friedrich 370
Jacobi, Fritz 113, 183
Jakopp, Heinrich 126
Jannott, Horst K. 241
Jannsen, Gert 359
Jehmlich, Günter 80
Joas, Hans 346 f., 355
Jochimsen, Reimut 351
Jungblut, Michael 136
Juraschek, Georg 215

Käckenhoff, Günther 149
Kahn, Herman 143
Kappler, Ekkehard 367
Kästner, Erich 166
Kater, Helmut 280
Kern, Ernst 126
Kern, Horst 407
Kerscher, Rudolf 345
Kewenig, Wilhelm Alexander 352
Kieffer, Karl Werner 124
Kielmannsegg, Peter Graf 345
Kiesinger, Kurt Georg 120, 190
Kilger, Wolfgang 186
Kirch, Peter 285
Klages, Helmut 312, 320–322, 324 f., 327, 331–335, 340, 380, 383, 411, 451
Kleine, Gisela 102, 108, 130, 133
Kleinlein, Friedrich-Wilhelm 224, 227, 237–240, 251 f.
Knief, Hans-Georg 121
Koch, Alexander 406
Koch, Hans 442
Koch, Harald 124
Kohl, Helmut 296 f., 312, 321, 324, 327, 355, 402, 405
Könecke, Fritz 74 f.
König, Klaus 324
König, René 186
König, Wolfgang 364, 366 f.
Korff, Ernst 131
Kost, Heinrich 73
Krämer, Friedrich 186
Kreklau, Carsten 350, 368, 373
Kreyenberg, Peter 345 f., 351, 353 f.
Kroeber-Riel, Werner 366

Krueger, Werner 237
Krüger, Hans Georg 295
Krummenacher, Fred 408
Krupp, Alfred 104, 352
Kuenheim, Eberhard von 241, 432, 438, 441–443
Kuhlwein, Eckart 359
Kuhnke, Hans-Helmut 83, 188 f., 360 f.

Laermann, Karl-Hans 359
Lafontaine, Oskar 443 f.
Lambeck, A. 238
Lambsdorff, Otto Graf 358, 368 f.
Langen, Günter 55
Leicht, Martin 368
Leitner, Hans 237–239
Lenel, Hans Otto 120 f.
Lenz, Siegfried 166
Leppich, Johannes 104
Lepsius, Rainer M. 115
Lersch, Willy 80
Liesen, Klaus 345, 353
Lilienstern, Hans Rühle von 147, 187
Linde, Werner von 124
Litten, Jens 240
Loessl, Ottmar von 120
Losacker, Ludwig 247
Löwenthal, Richard 235
Lübbe, Hermann 319 f., 322
Ludwig, Hanno 368
Lueg, Dieter 400
Lüst, Reimar 352

Maier, Hans 358
Maier-Leibnitz, Heinz 352
Maihofer, Werner 274
Majer, Helge 144
Mann, Martina (geb. Voith) 80, 399
Mann, Siegfried 350, 354, 368, 412
Marcuse, Herbert 215 f., 220 f., 233
Marquart, Alfred 216 f.
Maslow, Abraham H. 175–177, 245, 303, 385, 456
Matthöfer, Hans 194, 292
Maucher, Helmut 85
McClelland, David 177
McGregor, Douglas 175 f., 456
Means, Gardiner C. 60, 128
Meenzen, Hanns 78, 260 f., 267, 269, 289 f.
Mellerowicz, Konrad 90

Merkle, Hans L. 187, 240
Merseburger, Peter 152, 208 f.
Mertens, Dieter 366
Miegel, Meinhard 335
Mikat, Paul 183
Mischnick, Wolfgang 275
Mitscherlich, Alexander 223
Mittelsten Scheid, Erich 83, 93, 134, 247 f.
Möllemann, Jürgen 373
Möllenberg, Gustav 73
Mommsen, Ernst Wolf 40, 109 f., 148, 170, 186, 200, 221–223, 248
Morner, Peter 239
Mruck, Martin 354
Mückenberger, Ulrich 414
Mühlbauer, Wolfgang 258

Nawrath, Günter 148
Neef, Fritz 219, 287 f.
Neumann, Carl 50, 70 f.
Niemeyer, Horst 350 f.
Noelle-Neumann, Elisabeth 83, 311, 315 f., 320, 324, 327, 330 f., 335, 337, 340, 377
Norton, Thomas L. 90–92

Oberlack, Beate 371
Oertzen, Joachim von 187
Opaschowski, Horst 335
Overbeck, Egon 80, 186, 248

Pack, Ludwig 186
Packard, Vance 378
Paleczek, Otto 194 f.
Paulssen, Hans-Constantin 120
Peiffer, Karl 350, 353 f.
Pentzlin, Heinz 187
Pentzlin, Kurt 82
Peters, Thomas J. 406
Pfeiffer, Heinrich 350, 373
Pieper, Theodor 208
Plesser, Ernst H. 247 f., 252
Pohle, Wolfgang 83, 113 f., 124, 135
Pohlmann, Eberhard 296 f.
Ponto, Jürgen 248
Potthoff, Erich 221
Pross, Helge 128–130, 132, 134–141, 220
Prüssing, Jost 120–122
Pucher, Paul 359
Putlitz, Gisbert zu 346

Radunski, Peter 325
Raffée, Hans 377
Rahn, Hartmut 329, 345 f.
Ranft, Dietrich 350
Rau, Johannes 314 f.
Reagan, Ronald 402
Recum, Hasso von 316 f.
Reiche, Katharina 399
Reintges, Hans 187
Remmers, Werner 345
Reusch, Hermann 40, 50 f., 54–56
Reuter, Edzard 369, 398
Reuter, Helmuth 210
Rheinländer, Paul 124
Richter, Gerhard 323
Riesenhuber, Heinz 369
Röchling, Ernst 124
Röchling, Herrmann 124
Rodenstock, Rolf 212, 355, 356
Rofalski, Peter 443
Rogge, Peter 221
Roggenkamp, Viola 395
Rohrmoser, Günter 221, 235
Röller, Wolfgang 368
Rose, Klaus 366
Rosenberg, Ludwig XXX
Rosenstiel, Lutz von 385–388, 429, 445
Rosner, Ludwig 181
Rostosky, Hilde 345
Roth, Karin 323 f.
Roth, Wolfgang 221
Rudolph, Dieter 122
Rudolph, Herrmann 344
Rüegg, Walter 356 f.
Rüggenberg, H. 247

Sandler, Guido 241, 244 f.
Schanz, Günther 174
Schartner, Helmut 422, 426, 430 f., 446
Scheel, Walter 70
Schelsky, Helmut 129, 255, 280, 332
Schenkel, Susan 396
Scherf, Heinz 72, 82, 93, 122 f., 138
Scheuch, Erwin K. 140, 185, 196
Scheuten, Wilhelm K. 330
Schiedermair, Hartmut 345
Schiel, Carl-Heinz 345, 350
Schiersmann, Christiane 396
Schiller, Karl 147, 149
Schlenker, Rudolf 186, 240

Schleyer, Hanns Martin 80, 126, 135, 187, 200, 207, 209, 262, 272, 282, 288, 294
Schlicht, Günther 165
Schmid, Max H. 70 f.
Schmidt, Hans 183, 186
Schmidt, Heinz-Ulrich 345 f.
Schmidt, Helmut 293, 321
Schmitz, Wilhelm 187
Schmölders, Günter 183, 185
Schmude, Jürgen 351 f.
Schneider, Ernst 72
Schnittker, P. 362
Schoeck, Helmut 357
Schönbohm, Wulf 325
Schoser, Franz 350, 368
Schötter, Wilhelm 368
Schröder, Gerhard 415
Schröder, Horst 296
Schumann, Michael 407
Schumpeter, Joseph 59 f., 74, 128, 270
Schwesinger, Helmut 170, 186
Selowsky, Rolf 187
Siegert, Werner 148–151, 154, 221 f.
Siemens, Peter von 230
Siemens, Werner von 234
Sigle, Jakob 237
Silberer, G. 376
Sohl, Hans-Günther 211–214
Sombart, Werner 60
Sonne, Karl-Heinz 183
Sontheimer, Kurt 318
Späth, Lothar 321, 323, 326 f., 358
Spiegel, Bernt 197
Stein, Gustav 84, 108 f.
Steinbuch, Karl 144
Steinle, Claus 177
Stephan, Günter 285 f.
Stödter, Helga 393 f.
Stollenwerk, Christoph 362
Stoltenberg, Gerhard 346, 349
Stosch, Caspar von 291, 295
Strauß, Franz-Josef 346, 434
Streeck, Sylvia 392
Strobl, Ingrid 418
Strümpel, Burkhard 317, 335, 337, 429 f.
Studders, Herbert 72, 77, 82, 92, 97, 164
Süssmuth, Rita 325, 327, 393, 419

Taylor, Frederick W. 22
Tegtmeier, Werner 276

Teriet, Bernhard 410
Thatcher, Margaret 402
Then, Werner 415–417
Thiée, Ingo 201
Thoma, Helmut 187
Tiefenthaler, Harry 284

Ulrich, Franz-Heinrich 186, 240

Vaubel, Ludwig 40, 45–47, 61 f., 68, 70 f., 75 f., 81, 85, 90, 92–96, 101, 109, 113 f., 119 f., 122–128, 133–136, 138, 142, 158–160, 164–166, 170 f., 182–184, 186–191, 198, 360 f.
Veen, Hans-Joachim 325
Vester, Klaus 268 f.
Vogel, Bernhard 362
Vogel, Friedrich 148
Vogel, Otto A. H. 73
Vogelsang, Günter 186, 237
Vogt, Wolfgang 337
Voith, Hanns 80, 399
Volmer, Carl-Alex 187

Wagner, Hellmuth 190
Wagner, Helmut 159
Wagner, Paul Robert 368
Wahl, Manfred P. 187
Waldmann, Peter 348
Wallraff, Günter 166, 204
Wapnewski, Peter 345
Waterman, Robert H. 406
Wehrenalp, Erwin Barth von 148
Weidenfeld, Kurt 60
Weiß, Heinrich 400
Wellbergen, Johannes 368
Wellmann, Burkhard 256, 267, 301
Wiedmann, Klaus-Peter 377
Wildemann, Horst 366
Wildmann, Rudolf 322
Wilms, Dorothee 358 f.
Wingen, Max 322, 390
Winkelmann, Günter 79
Winkhaus, Hermann 124
Winnacker, Karl 82, 124
Winschuh, Josef 40, 51, 66, 72, 78, 80, 82, 96 f., 209
Wirsing, Giselher 100, 102
Wistinghausen, Jochen 83, 133

Witzleben, Wolf-Dietrich von 70, 72, 75 f., 85 f., 90, 92–96, 165
Wolf, Helmut 248
Wollert, Artur 424–426, 431, 445 f.
Wössner, Mark 331, 337
Wulff-Mathies, Monika 400
Wunderer, Rolf 398
Wuppermann, Siegfried 79
Wuppermann, Theodor 72

Zahn, Hans 55
Zahn, Joachim 240, 248
Zander, Ernst 309 f., 340, 391 f.
Zangen, Wilhelm 80
Zapf, Wolfgang 137, 322
Zehrer, Hans 100–103, 106
Zempelin, Hans Günther 220 f., 247 f.
Zoellner, Carl Claus 337–340
Zöller, Michael 356 f.
Zundler, Wilhelm 150 f., 154, 193

www.ingramcontent.com/pod-product-compliance
Lightning Source LLC
Chambersburg PA
CBHW020602300426
44113CB00007B/483